Turhan Feyizoğlu

MAHİR

On'ların Öyküsü

Ozan Yayıncılık
Mart/2003

Turhan Feyizoğlu

MAHİR

On'ların Öyküsü

Ozan Yayıncılık
Mart/2003

Yayın No: 41

Kitabın adı: ©MAHİR/On'ların Öyküsü
Editör: Mustafa Demir
Kapak Tasarımı: Belli Tanıtım
Montaj ve Baskı: Göksu Ofset
Mücellit: Göksu Mücellit

7. Baskı 2003

ISBN 975-7891-41-X

OZAN YAYINCILIK

Cemal Nadir Sk. No: 9 Kat 1 Cağaloğlu/İstanbul
Tel: (212) 520 43 90-520 43 91-511 93 95 **Faks:** (212) 527 98 47
İnternet Adresi: www.ozanyayincilik.com
email: info@ozanyayincilik.com

Annem Meryem ile babam Kemal Feyizoğlu' na
sonsuz sevgilerimle

İÇİNDEKİLER

YAZARIN ÖZGEÇMİŞİ

1958'de İspir'de doğdu.

İstanbul Üniversitesi Yabancı Diller Yüksek Okulu'nda okudu (1980-83).

Marmara Üniversitesi Atatürk Eğitim Fakültesi Fransızca Öğretmenliği Bölümü'nde okudu (1983-87).

"Yarın" adlı sanat ve edebiyat dergisinde çalıştı (1984-87).

"Deniz", "Türkiye'de Devrimci Gençlik Hareketleri Tarihi", "Mahir", "İbo / İbrahim Kaypakkaya", "Sinan", "Fırtınalı Yıllarda Ülkücü Hareket" ve "Fikir Külüpleri Federasyonu (FKF)/ Demokrasi Mücadelesinde Sosyalist Bir Öğrenci Hareketi" adlı yayınlanmış yedi kitabı bulunmaktadır.

ÖNSÖZ

Türkiye sol hareketinin tarihindeki yoğunluk ile bu tarih üzerine yapılmış araştırmalar değerlendirildiğinde bir paralellik olmadığını görürüz. Solun siyasi tarihinin yaklaşık 100 yıllık bir geçmişi olmasına rağmen bu konuda yayınlanmış eserler çok sınırlıdır.

Bunun çok çeşitli nedenleri vardır. En önemli neden yasaklı bir tarih olmasıdır. Solun siyasi geçmişini merak edenler konuyu ilk önce anti-komünist yayınlardan öğrenmeye çalıştılar. Ancak 1961'den sonra bu konuda daha ciddi araştırmalar yayınlanmaya başlanmıştır. Artık konu giderek kendi içinde gençlik, sendikalar, enternasyonal ilişkiler gibi belli alanlarda ayrıntılı çalışmaları gerektiren bir boyuta gelmiştir.

Fakat, "tarihi yazmak, tarihi yapmaktan daha zordur" derler. Belli zorlukları aşarak bir okuyucunun eline ulaşan böyle bir kitabın nasıl hazırlandığının-yazıldığının okuyucu tarafından bilinmesinde yarar var. Okuyucu bu ön bilgilerle, okuduğu kitabı daha iyi anlayabilir, daha iyi değerlendirebilir, edineceği bilgi ve hazzı daha da artırabilir. Ayrıca yazar-okuyucu arasında oluşacak güven ilişkisini daha da pekiştirebilir.

Mahir Çayan hakkındaki bu biyografik kitap da solun genel tarihine ilişkin araştırmalardan pek farklı değildir. Bu kitap ana hatlarıyla şöyle hazırlandı: İlk elde araştırmacıların karşılaştığı sorun ekonomik olmuştur. İkinci sorun, elde edilecek bilgilerin derlenip toparlanmasıdır. Kitabı hazırlarken konuyu birinci dereceden bilen kişilerle görüşme yapmak, belge ve dokümanları incelemek için yurt içi-yurt dışı değişik yerlere gidilmesi gerekiyordu. Bu sorun kitabın bitme aşamasına kadar sürmüştür.

Mahir'in biyografisini hazırlamak elbette ki kolay olmadı. 91'de belge toplamaya başladığımda sonuçta binlerce sayfalık doküman-belge-araştırma okumam gerekeceğini ve yüzden fazla kaseti dolduracak röportajlar yapacağımı düşünmemiştim. İlk anda direkt bilgilere ulaşmakta zorluk çektim. Bunun en önemli nedeni olayı bilen birinci elden tanıkların büyük çoğunluğunun sağ olmamasıdır. İkinci neden, devletin elinde bulunan belgelere (mahkeme tutanakları, ifadeler vb.) ulaşma güçlüğüdür. Ayrıca sanık avukatlarında olması gereken belgelerin önemli bir kısmı gözaltı-tutuklama-arama nedeniyle yokolup gitmiştir.

Belgelerin bir kısmını bugüne kadar koruyan ve yararlanmama izin veren Avukat Nebil Varuy'a teşekkür ederim.

Belgelere sahip bazı kişiler ise bu belgelerden yararlanılması konusunda, "yok", "hukukçu olarak ikinci ve üçüncü kişilere göstermem olanaklı değil" gibi gerekçeler öne sürdükleri için bu kaynaklardan yararlanılamadı.

Bu nedenle yazılı belge olarak daha çok dönemin gazeteleri, dergileri, bulunabilen bazı mahkeme tutanakları, yayınlanmış anı, inceleme-araştırma kitapları, romanlar kaynak olarak kullanılmıştır. Bu kaynaklara ulaşabilmek için devlet ve vakıf kütüphaneleri ile şahıs kütüphanelerinden yararlandım.

Kütüphanelerde bulunan bütün günlük gazeteler ve ajans bültenleri 1962 yılından 1974 yılına kadar günü gününe taranmıştır.

Olayı birinci dereceden bilen kişilerle olanaklar ölçüsünde doğrudan sözlü görüşmeler yapılmıştır. Bu görüşmeler sonucunda yüz kaset ortaya çıkmıştır. Bu kasetler yazıya dönüştürülerek titiz bir şekilde değerlendirilmiştir. Aynı olaylar, görüşme yapılan herkese sorularak bilgiler zenginleştirilip, ayrıntılandırılmaya, en doğrusu aktarılmaya çalışılmıştır.

Sözlü bilgi edinmede ister istemez bazı zorluklar ve sınırlamalarla karşılaşıldı. Anılarını aktaran kişiler, aynı olayı yaklaşık 25 yıl sonra anlattığı için ve olaydan nasıl etkilenmişse o şekilde anlattığı, ayrıca anısında nasıl ve neler kalmışsa, doğal olarak o şekilde anlattığından olaylar-yorumlar içiçe geçmiştir.

Bu nedenle konu anlatımları olayı anlatanın ağzından doğrudan verilmiştir. Sözlü anlatımlarda dikkat ettiğim en önemli nokta kişisel yorumlardan çok, olayları dikkate almak olmuştur.

Bunun dışında, politik, hukuki ve zamanlama açısından bazı bilgiler, görüşülen kişiler açısından açıklanmasında erken ve sakıncalı bulunduğu için anlatılmamıştır.

Yaptığım görüşmelerde elde ettiğim sözlü bilgileri yazılı bilgilerle karşılaştırıp değerlendirdim. Bu nedenle, görüşme yaptığım kişilerle tekrar görüşmem gerekti. Elde edilen bilgileri tekrar tekrar gözden geçirip, değerlendirdim, karşılaştırdım ve yayınlanır biçime getirdim. Buna rağmen çelişkili görünen bazı olayları çeşitli kişilerin anlatımından aktararak okuyucunun olayı değişik boyutlarıyla değerlendirmesini sağlamaya çalıştım.

Bu çabalar sonunda ortaya çıkan bu kitap, umarım Türkiye sol hareketi tarihine bir katkı olacaktır.

*

Yakın tarih üzerine çalışmalarım devam ediyor. Bu konularda bilgi ve belge aktararak katkıda bulunmak isteyenlerin beni aramalarını rica ediyorum.

*

Yaptığım çalışmalara katkıda bulunan ve yardımcı olan herkese teşekkür ederim.

*

Uzun yıllar uğraşarak kitap haline getirdiğim "Deniz" ile "Mahir" isimli kitaplarım yasal baskılarından daha çok "korsan" baskı olarak piyasaya sürülmektedir.

*

Okunan ve ilgi gören kitapların hepsi "korsan" baskı olarak okuyucuya sunulmaktadır. Okuyucuyu "korsan" baskı kitap almamaya çağırıyorum.

27.05.2002
Turhan Feyizoğlu

KISALTMALAR

AID : Amerikan Yardım Örgütü.
AİTİA-ÖD : Ankara İktisadi Ticari İlimler Akademisi Öğrenci Derneği.
AP : Adalet Partisi.
ASD : Aydınlık Sosyalist Dergi.
ASDAM : Aydınlık Sosyalist Dergiye Açık Mektup.
ATÜT : Asya Tipi Üretim Tarzı
AÜ-ÖB : Ankara Üniversitesi Öğrenci Birliği.
AÜ-TB : Ankara Üniversitesi Talebe Birliği
BYYO-ÖD : Basın Yayın Yüksek Okulu Öğrenci Derneği.
CHP : Cumhuriyet Halk Partisi.
Dev-Genç : Devrimci Gençlik.
Dev-Güç : Devrimciler Güçbirliği.
DDKO : Devrimci Doğu Kültür Ocakları.
DP : Demokrat Parti.
DİSK : Devrimci İşçi Sendikaları Konfederasyonu.
DÖB : Devrimci Öğrenci Birliği.
DTCF : Dil ve Tarih-Coğrafya Fakültesi.
EÜ-ÖB : Ege Üniversitesi Öğrenci Birliği.
FKF-MYK : Fikir Kulüpleri Federasyonu Merkez Yürütme Kurulu.
FKF-GYK : Fikir Kulüpleri Federasyonu Genel Yönetim Kurulu.
HFTC : Hukuk Fakültesi Talebe Cemiyeti.
HÜ-ÖB : Hacettepe Üniversitesi Öğrenci Birliği
Hv. Tğm. : Havacı Teğmen.
Hv. Üstğ. : Havacı Üsteğmen.
Hv. Yzb. : Havacı Yüzbaşı
İLK-SEN : İlkokul Öğretmenleri Sendikası.
ITÜ-ÖB : İstanbul Teknik Üniversitesi Öğrenci Birliği.

MDD	: Milli Demokratik Devrim.
MGK	: Milli Güvenlik Konseyi.
MİT	: Milli İstihbarat Teşkilatı.
M-L	: Marksist-Leninist.
NEP	: Yeni Ekonomik Plan.
ODTÜ-ÖB	: Orta Doğu Teknik Üniversitesi Öğrenci Birliği.
ODTÜ-SFK	: Orta Doğu Teknik Üniversitesi Sosyalist Fikir Kulübü.
PDA	: Proleter Devrimci Aydınlık.
PDK	: Proleter Devrimci Kurultay.
SBF-SFK	: Siyasal Bilgiler Fakültesi Sosyalist Fikir Kulübü.
SBF-ÖD	: Siyasal Bilgiler Fakültesi Öğrenci Derneği.
SBKP	: Sovyetler Birliği Komünist Partisi.
SD	: Sosyalist Devrim.
SDD	: Sosyal Demokrasi Derneği.
SDDF	: Sosyal Demokrasi Dernekleri Federasyonu.
SGÖ	: Sosyalist Gençlik Örgütü.
SSCB	: Sovyet Sosyalist Cumhuriyetleri Birliği.
TDGF-MYK	: Türkiye Devrimci Gençlik Dernekleri Federasyonu Merkez Yürütme Kurulu.
TDGF-GYK	: Türkiye Devrimci Gençlik Dernekleri Federasyonu Genel Yönetim Kurulu.
THKO	: Türkiye Halk Kurtuluş Ordusu.
THKP-C	: Türkiye Halk Kurtuluş Partisi Cephesi.
TİİKP	: Türkiye İhtilalci İşçi Köylü Partisi.
TİP-GYK	: Türkiye İşçi Partisi Genel Yönetim Kurulu.
TKP	: Türkiye Komünist Partisi.
TMGT	: Türkiye Milli Gençlik Teşkilatı.
TMTF	: Türkiye Milli Talebe Federasyonu.
TÖS	: Türkiye Öğretmenler Sendikası.
TÖDMF	: Türkiye Öğretmen Dernekleri Milli Federasyonu.
TÜTÜS	: Tütün Üreticileri Sendikası.
ÜNAS	: Üniversite Asistanları Sendikası.
YİS	: Yapı İşçileri Sendikası.

I. BÖLÜM

Çayanoğlu* Kışlağı

Dünyanın en eski yerleşim merkezlerinden biri sayılan Anadolu, tarih boyunca çeşitli uygarlıklara sahne olmuş, birçok uygarlık, kültür, kaybolup gitmiş, birçok uygarlık varlığını günümüze kadar koruyabilmiştir. Yaşayan toplumsal grupların arasında varlığını günümüze kadar koruyabilen Türkler, dünyanın çeşitli kıtalarında olduğu gibi Anadolu'yu da kendilerine yurt edinmiş, uygarlıklarını günümüze kadar, bir ulus devlet olarak sürdürmüşlerdir.[1]

Anadolu'da varlığını sürdüren birçok Türk aşireti, yaşadıkları yerlerde kendi isimleri ile köy ve kasaba gibi yerleşim yerleri teşkil etmişlerdir.[2]

Boz-Ulus Türkmenlerinden bir cemaat olduğu söylenen Çayanların[3], "Boynuinceli Yörüklerinin, Türkmenlere, (Çayan) dediklerini kendilerinden duyduk. Eski bir Türk parasının üzerinde de bu ismin bulunduğunu ve şahıs adı olabileceğini aşağıdaki satırlardan anlıyoruz: '1884 de Wiatka vilayetine tâbi Sediarsk'ta da bir Türk parası bulunmuştur ki, Ermitaj müzesinde saklı olan bu paranın üzerinde de eski Türk yazısı ile yazılmış ibare vardır: Ben Çayan, bir akça. Demek oluyor ki, paranın üzerinde bunu bastıranın ismi ve kaç akça olduğu kaydedilmiştir.' Ayrıca Anadolu'da (Çayan'lı) beş tane köy adı mevcuttur. Çayan (Çorum-Mecidözü), Çayan (Çorum-Sungurlu), Çayan (Muğla-Fethiye), Çayan Yurdu (Erzurum-Pasinler)."[4]

Bir Türk oymağı olan Çayanlar da, zamanında, Amasya'nın Gümüş

*) Çayan sözcüğü şu anlamlarda kullanılmaktadır: Akrep, Kırkayak, Çıyan, Yılan, Midye. Yılana benzer kertenkele gibi yürüyen hayvan. Yengeç, Mavi gözlü, Arpa başağı. Kızak. (Bkz. Türkiye'de Halk Ağzından Derleme Sözlüğü, Cilt: 3, Türk Dil Kurumu Yayını - Ankara, 1968.

ilçesinde, eski ismi "Çayanoğlu Kışlağı" şimdiki ismi Yeniköy olan yerleşim bölgesinin feodal beyleri olmuşlardır. O yörede aynı oymağın soyundan gelen Çayanların dışında, Özçayan, Erçayan adını taşıyan aileler de bulunmaktadır. Mahir Çayan'ın üç kuşak öncesi hakkında, amcası Enver bey, şu bilgileri vermiştir:

Dedesi Hacı Halil Çayan, büyük arazi ve toprak sahibi. Köye su getirmiş, cami yaptırmış. Köyü oturulabilir hale sokmuş. O dönemde civar köylerde büyük toprağı olan feodaller gibi, o da Gümüş bucağında oturmuş. Dört evlilik yapmış. Bu evliliklerinden Emine, Mustafa, İbrahim, Münevver ve Aliye adında çocukları olmuş.

Mahir'in büyükbabası olan Hacı Mustafa Çayan, 1. Dünya Savaşı çıktığında bedel ödeyerek askerlik yapmaz. Daha sonra bedellilerin de askere çağrılmalarıyla Enver Paşa'nın komutasındaki Üçüncü Ordu'da görev alır. Ruslarla yapılan Sarıkamış Savaşı'na katılır, esir düşer. 5 yıl Sibirya'da sürgün kalır. Çarlık Rusyası'nın ve Osmanlı İmparatorluğu'nun sona ermesinden sonra Ankara'da kurulan TBMM Hükümeti ile Rusya'da kurulan Sovyet Sosyalist Cumhuriyetler Birliği arasında yapılan barış antlaşması sonucu Türkiye'ye döner. Kurtuluş Savaşı sırasında Ankara ile Amasya arasında cephe gerisinde askeri görev alır. Savaş sonrası Gümüş'e döner. Babaları Hacı Halil'in ölümüyle topraklar, kardeşler arasında pay edilir. Kendisine ait toprakları idare ederek yaşamını sürdürür.

1. Dünya Savaşı'nda şehit olan Hacı Kamil'in kızı Kafiye hanımla evliliklerinden Abdülaziz, Mahir, Mehmet Kamil, Naciye (Bir rastlantı olarak Mahir'in annesinin ismi de Naciye'dir) ve Enver (İttihatçı Enver Paşa'yı çok sevdiği için bu ismi vermiş) adlarında çocukları olur.

Hacı Mustafa Ağa'nın ilk oğlu Abdülaziz; önce eski Türkçe alfabeyle eğitime başlar. Daha sonra yapılan harf inkîlabıyla getirilen yeni alfabeyle eğitimini bitirir. İlkokul sonrası eğitim için İstanbul'a Kazım dayısının yanına gönderilir. Fakat Abdülaziz Bey, eğitim için geldiği İstanbul'da okumaktan çok eğlence hayatıyla ilgilenir. Ailesiyle arasında bu konuda sorunlar çıkar. Memleketine dönmeyerek bir gözlük ithalatçısının yanında çalışmaya başlar. Çok kısa bir süre içinde bu işin İstanbul ve Anadolu'da pazarlamasını üstlenerek iyi para kazanmaya başlar. 1944 yılında, kardeşi Mehmet Kamil'in hanımı, bir tanıdığı olan Çarşambalı Naciye Aktaş'ı Abdülaziz Beye evlenmeleri için önerir. Ailenin büyükleri ve Abdülaziz Bey, Naciye Hanımı beğenirler. Daha sonra, Abdülaziz Çayan ile Naciye Aktaş evlenerek Samsun'a yerleşir.

Bu evlilikten, 15 Mart 1946 Cuma günü, bir erkek çocukları dünyaya gelir. Dede Hacı Mustafa Ağa'nın isteği ile çocuğun ismi, 16 yaşında iken bir hastalık sonucu ölmüş olan oğlu Mahir'in anısına Mahir konulur.

Samsun'da gözlük ticareti yaparak ailesiyle birlikte yaşamını sürdürmeye çalışan Abdülaziz Bey, bir yıl kadar Samsun'da kaldıktan sonra hem Naciye Hanımın TCDD'de müdürlük yapan dayısının yardımı olur, hem de, gözlük ticaretini daha iyi yaparım gerekçesiyle, ailece, Ankara'ya göç eder.

Bu sırada Askeri Müzik Okulu'nda eğitime başlayan Enver Çayan, Mamak semtinde oturan ağabeyi Abdülaziz Beyin evinde kalır.

Bir sene kadar da Ankara'da yaşamını sürdüren aile, bu kez İstanbul'a göç ederek, Abdülaziz Bey'in kardeşi Mehmet Kamil'in de evinin bulunduğu Üsküdar'a yerleşir ve bundan sonraki yaşamlarını orada sürdürmeye karar verir.

Abdülaziz Bey ve Naciye Hanım'ın, 1948 yılında, Hüseyin Ergün adını verdikleri ikinci erkek çocukları dünyaya gelir. Bu sırada dede Hacı Mustafa Ağa, duyduğu özlemle torunu Mahir'i anne ve babasının rızasıyla Gümüş'e yanına istetir. Amca Enver Çayan, bir yaz günü Ankara'dan İstanbul'a gelerek, 4 yaşındaki Mahir'i bir tren yolculuğuyla Gümüş'e dedesinin yanına götürür.

Mahir, böylece çocukluğunu, Osmanlı kültürü almış bir ailenin Cumhuriyet ideolojisiyle yetişmiş bir çocuğu olan dede ile büyükannesinin ve halası Naciye Hanımın yanında geçirir. Okul çağına geldiğinde, annesi Naciye hanım, Mahir'in eğitiminin İstanbul'da daha iyi olacağı düşüncesiyle oğlunu geri ister. Dede Hacı Mustafa Ağa, nasılsa bir erkek çocukları daha var duygusuyla Mahir'i yanından ayırmak istemez, ama anne ve babası istediği için ısrar etmeyerek sonuçta torununu İstanbul'a gönderir.

İstanbul Dükalığı

Çocukluğunun ilk yıllarını değişik yerleşim bölgelerinde geçiren Mahir, İstanbul'a anne ve babasının yanına gönderildikten sonra 1952-53 ders yılında, Üsküdar Halil Rüşdü İlkokulu'na 687 No.lu öğrenci olarak kaydedilir.

Kardeşi Hüseyin Ergün Çayan'ın anlattığına göre, "Mahir, dedesinin yanından İstanbul'a geldiği zaman en çok merak ettiği şey Kur'anı incelemektir. İlkokulda, okumayı öğrendikten sonra yaptığı ilk iş, acaba çarpılır mıyım, diye abdest almak olmuş, daha sonra da Kur'an'ın Türkçesini okumuştur."

Mahir, İlkokul eğitimi sürecinde bazı piyeslerde rol alır. Annesi kendisini her konuda desteklemektedir. İlkokulu, "Pekiyi" derece ile 1956-57 döneminde bitirir.

Aynı okulda Mahir'den iki sınıf altta okuyan kardeşi Hüseyin Ergün Çayan'ın anlattığına göre, "Mahir, sinirli bir mizaca sahip olduğu için, okul müdürüne bir nedenle hakaret eder. Okul müdürü, Mahir'in okulu bitirmesi nedeniyle ona bir şey yapamaz, ama Ergün'ü bir sene sınıfta çaktırır".

Üsküdar Paşakapısı Ortaokulu'na 1957-58 döneminde kaydı yaptırılan Mahir, bu okulu 1959-60 döneminde normal süresi içinde bitirir.

"Tamam Çok Cesursunuz;
Ama Bu Kadar Adamla Başa Çıkamazsınız"

Mahir, l960-61 ders döneminde kaydını Haydarpaşa Lisesi'ne yaptırır.

Bu sırada, Mahir'in amcası Enver Bey, TRT'deki görevine başlamak üzere İstanbul'a gelmiştir. Mahir, eğitimini sürdürürken, amcası Enver Beyin önerisiyle, bir yandan da İngilizce dil kurslarına gitmeye başlar. Bu dil kursları lise eğitimi süresince devam eder.

1960'lı yılların gençliği gibi Mahir de bir arayış içindedir. Toplumdaki değişimlerden etkilenmektedir. Örneğin Mahir, bu ilk gençlik yıllarında, annesi Naciye Hanımın, gelini Hikmet Hanım'a anlattığına göre, "Elizabeth Taylor'u beğenir", arkadaşlarının söylediğine göre ise Mahir, kendini fizik olarak Alain Delon'a benzetirmiş.

Üsküdar Ahmediye Meydanı'nda gençlerin de rahatça gidip zamanlarını değerlendirdikleri, üç katlı "Romans Kıraathanesi" vardır.

Mahir'i o günlerde arkadaşlarıyla, "Romans Kıraathanesi"nin alt katında çikolatalı pasta yedikten sonra, üst kata çıkıp, zaman zaman kendinden yaşça daha büyük ağabeyleri ile birlikte okey, bilardo, iskambil oynarken görürüz. Kamil Dede'nin üvey ağabeyi Edip Özkonuksever ve Fenerbahçe Kulübü'nde yelken sporu yapan Taner Türkantöz, o günleri, tatlı birer anı olarak anlatmaktadır.

İstiklal Caddesi, herkesin eğlenmek için gittiği bir yerdir. Mahir, mahalle arkadaşlarından Ertunç Çetinbaş ile zaman zaman İstiklal Caddesi'ne çıkar. Harçlıklarının durumuna göre, sinemaya gider, yemek yer, içki içerler.

Mahir, ilk içkisini, Çiçek Pasajı sırasında bulunan meyhanelerde satılan fıçı şaraplardan içerek başlar. Arabalı vapurda sızıp kaldıkları için birkaç defa Üsküdar'a gidip, gelinir.

Ertunç Çetinbaş'ın oturduğu üç katlı ev, mahalleye hakim bir tepenin üzerindedir. Ertunç, evin çatı katında kalmaktadır. Mahir, bazen misafirliğe giderek, Ertunç ile birlikte çatı katından mahallede olup bitenleri seyreder.

Mahir, Selimiye ve Salacak sahilinde gezer. Sıcak yaz günlerinde arkadaşlarıyla Salacak ile Kız Kulesi arasında yüzme yarışı yapar.

Güneş gözlüğü takmayı çok seven Mahir, kayıkla denize açılır, balık tutar.

Gençler arasında, bu dönem, langırt oyunu çok yaygındır. Bu oyunda usta olan Mahir, rakiplerini zaman zaman kışkırtır. Bu nedenle kavgalar çıkar. Bir keresinde langırt oynadıktan sonra Mahir ile Ertunç Çetinbaş, kahvehaneden çıktıklarında kendilerinden kalabalık olan bir grupla Üsküdar Meydanı'nda kavga etmek zorunda kalır. Kavga sürerken, olayı izleyen yirmibeş yaşlarında bir adam gelir, "Tamam çok cesursunuz ama bu kadar adamla başa çıkamazsınız" deyip, Mahir ile Ertunç Çetinbaş'ı bir taksiye atarak oradan uzaklaştırır.

Mahir ile Ertunç Çetinbaş, Doğancılar Parkı'nda, Küçük Çamlıca Parkı'nda kız arkadaşlarıyla dolaşırken, kendilerini zaman zaman da ergenlik çağı kavgaları içinde bulur.

Mahir, fırsat buldukça, Şemsi Paşa Halk Kütüphanesi'ne giderek, ilgisini çeken kitapları okur. Bazen arkadaşlarını da götürür.

"Bu Hareket, Haydarpaşa Lisesi'ndeki İlk Olaydır"

Mahir, lise son sınıftayken, Hürriyet gazetesinde, 16 Mart 1963 Cumartesi günü, birinci sayfadan, "Haydarpaşa Lisesi'nde Altı Öğrenciye Tecavüz Edilmiş" başlığıyla bir haber yayınlanır.

Bu habere göre, Haydarpaşa Lisesi müdür muavini ve müzik öğretmeni, aynı zamanda lisenin pansiyon müdürü eski Fenerbahçeli ünlü futbolcu Ömer Boncuk, orta ve lisede okuyan yatılı öğrencilerden altısını, sizi sınıf geçireceğim, diyerek odasına götürmüş ve tecavüzde bulunmuştur.

Hürriyet gazetesinin bu haberini okuyan, duyan Haydarpaşa Lisesi'nden bine yakın öğrenci, Haydarpaşa Lisesi ile özdeşleştirdikleri öğretmenleri Ömer Boncuk'a iftira atıldığına inandıkları için vapurlarla Eminönü'ne geçer.

Eminönü'nden, ellerinde, "Boncuk Ömer Babamız", "Boncuk'suz Haydarpaşa Olmaz", "Boncuk'u İsteriz", "İftira Etme Hürriyet" yazılı pankartlarla yürüyen öğrenciler, Hürriyet gazetesinin Cağaloğlu'ndaki binasının önüne gelir. Burada gazetenin bazı nüshalarını yakan ve protesto gösterilerinde bulunan öğrenciler, gazete binasını taşlayarak camların kırılmasına neden olur.

Eminönü Kaymakamı, Hürriyet Gazetesi önünde, bir polis otomobilinin tamponuna çıkarak talebelere, hitap eder ve dağılmalarını ister.

Milli Eğitim Müdürlüğü ve Vilayet'in önünde de gösteri yapıp marşlar söyleyen öğrenciler, "Boncuk Ömer bizim babamızdır. O'nu bizden ayıramazsınız" diye bağırır.

Milli Eğitim Müdür Muavini Sabri Babacan ile konuşan 5 öğrenci temsilcisi, okullarına kara bir leke sürülmek istendiğini, bu nedenle soruşturmanın en kısa zamanda bitirilmesini ister.

Tekrar Haydarpaşa Lisesi'ne dönen öğrenciler, öğleyin mutad merasime katılmaz ve "Boncuk Ömer'i İsteriz" diye bağırır. Bütün olaylardan okul müdürünü sorumlu tutan öğrenciler, müdürü istifaya davet eder ve Boncuk Ömer okula dönmediği takdirde, derslere girmeyeceklerini belirtir.

Öğrencilerin, "İstifa, istifa" diye bağırmaları üzerine, okul müdürü, ceketini çıkararak, "Benim bir canım var. İsterseniz gelin onu alın" der. Öğrenciler, bilahare dağılır.

Haydarpaşa Lisesi öğrencileri, 18 Mart 1963 Pazartesi günü sabahı da, okulun bahçesinde toplanarak öğretmenleri Ömer Boncuk lehinde gösteri yapar ve İstiklal Marşı'nın müzik öğretmeni Ömer Boncuk tarafından söyletilmesini ister. Gösteriler üzerine Ömer Boncuk, öğrencilerin arasına iner ve İstiklal Marşı ile Haydarpaşa Lisesi Marşı'nın söylenmesini idare eder.

Üsküdar Yüksek Tahsil Talebe ve İstanbul İktisat Fakültesi Talebe Cemiyetlerinde yönetici ve İktisat Fakültesi'nde okuyan Haydarpaşa Lisesi mezunu Satılmış Halil Baloğlu, protesto gösterisini şöyle anlatmıştır:

"Ömer Boncuk, bütün öğrencilerin çok sevdiği bir öğretmenimizdi.

Çok duygulu bir insandı ve küçük bir çocuğunu yitirdiği için çocuklara karşı müşfik birisiydi. Bu iftira ona karşı yapılan büyük bir saygısızlık olduğu için, öğrenciler, büyük bir infial içinde nereye gideceklerini, ne yapacaklarını bilemiyorlardı. Başsız kalmışlar bağırıyor, çağırıyorlardı. Bine yakın öğrenci vapur iskelelerine doluşmuş karşıya geçmeye çalışıyordu. Polisler ve görevli memurlar da çocuklara biraz haşin davranıyordu. Bazılarını gözaltına almışlar. Kadıköy Kaymakamı beni cemiyet çalışmalarından tanıdığı için, gittim onunla konuştum ve gözaltındaki çocukların serbest bırakılmalarını sağladım. Daha sonra karşıya geçildi ve Hürriyet gazetesinin önünde deşarj olunarak yeniden okula geri dönüldü. Bu hareket, Haydarpaşa Lisesi'ndeki ilk olaydır."

Olay yerinde güvenlik güçlerinin çektiği ve gazetelerde yayınlanan fotoğraflardan, bu olayda elebaşı olarak başta Mahir Çayan olmak üzere Satılmış Halil Baloğlu, Tarık Erman, Çetin Örgen, Turgut Marangozlar, Nejdi Katmer, Osman Şeref, Kemalettin Kabasakal, Fuat Kaya, Mustafa Berktan, Gültekin Deniz, Haluk Çevik, Doğan Satı, Erdoğan Barutoğlu, Necat Bulkı, Mahmut Aras, Yusuf Baykan ve Şakir Baykan saptanır.

Selimiye Karakolu'nda alınan ifadelerinden sonra Kadıköy Nöbetçi 2. Asliye Ceza Mahkemesi'ne sevkedilen gençler, tutuksuz yargılanmak için serbest bırakılır. Bu olayla Mahir ilk kez yargı karşısına çıkıyordu.

Ömer Boncuk olayını soruşturan müfettiş Emin Oktay, 17 Nisan 1963'de yaptığı açıklamada özetle şunları söylemiştir: "İleri sürülen tecavüz hadisesinin bahis konusu olmadığı neticesine vardık. Öğretmen yalnız küfür ve kötü sözleri yüzünden cezalandırılacaktır. Teklifimizde öğretmenin başka bir yere naklini veya emekliye sevkini istedik. Bu konuda karar verme yetkisi Bakanlığa aittir."

Üsküdar Tribünü

1960'lı yıllarda, sadece müzik, sinema alanında değil spor, özellikle de futbol alanında çok farklı bir canlılık görürüz.

Fenerbahçe futbol takımı taraftarı olan Mahir, bu sıralar bir taraftan Üsküdar Toptaşı, Bağlarbaşı ve Fıstıkağacı Beyleroğlu sahasında mahalle takımında oynar. Sokaklarında oynayacak arsa olmadığı için tek kale şut atılır.

Haydarpaşa Lisesi okul takımında futbol oynayan Mahir, okul takımında oynarken diğer liselerle yapılan müsabakalara da katılmaktadır.

Kışın Haydarpaşa Lisesi'nin büyük koridorlarında altışar kişilik ekiplerle futbol oynanır. Bu yetmez, sınıfta iken sıraların üzerinde orta ve işaret parmakları kale gibi yapılarak madeni para ile gol atılmaya çalışılır.

Üsküdar'da faaliyette bulunan "Anadolu Spor Kulübü"nün kuruluş tarihi 1903'tür. Üsküdar Hakimiyeti Milliye Caddesinde lokali bulunan "Anadolu Spor Külübü"nün 1970'teki veznedarı Edip Özkonuksever'dir. Halter, güreş şubeleri de bulunan kulübün futbolcularının büyük çoğunluğunu ise değişik yüksek okullarda eğitim gören öğrenciler yapmaktadır.

Mahir, mahalle arkadaşlarıyla birlikte Dolmabahçe Stadı'nda taraftarı olduğu takımın oynadığı her maçına gider. Numaralı tribünün hemen yanındaki açık tribünün üst tarafı Üsküdar'dan gelenlerin buluştuğu yerdir. Bu nedenle, oraya, "Üsküdar Tribünü" diye ad takılır.

Bir futbol tutkunu olan Mahir, liseyi bitirdiği yıl Beşiktaş Kulübü'nün açmış olduğu genç yetenekler sınavını kazanır ve bir süre Beşiktaş Genç Takımı'nda oynar. Sol elini kullanan Mahir, futbolda da sol ayağını kullanır ve solaçık oynar.

60'lı yılların ortalarında önde gelen öğrenci liderlerinden sayılan Mahir, bazen Ankara SBF yurdunun altındaki spor salonunda ve İstanbul'a gittiğinde İTÜ Gümüşsuyu'ndaki Makine Fakültesi'nin önündeki sahada, aralarında Saffet Rüştü Tekin, İlhami Aras, Sebahattin Kurt, Oktay Etiman, Osman Tokcan, Haluk Menemencioğlu, Deniz Gezmiş, Mustafa Lütfü Kıyıcı, Ömer Erim Süerkan, Mustafa İlker Gürkan, Gökalp Eren, Ömer Güven'in de bulunduğu arkadaşlarıyla ayaklarında askeri postallar, plastik top ya da yurt koridorlarında gazoz şisesi kapağıyla dehşetli maçlar yapar.

Futbol, Mahir'in kısacık ömründe önemli bir yer tutmuştur. Futbol sohbeti ve maçlar yaparak yeni ilişkiler kurar, var olan ilişkilerini geliştirerek, bu ilişkilerini arkadaşlıklara ve dostluklara dönüştürür. Böyle gelişen ilişkiler politik düzlemde devam ettirilir.

Mahir lise yaşamının sonlarına doğru futbol nedeniyle çok ciddi bir ameliyat geçirir. Mahallede taşlı, sert toprak zeminde maç yaparken sık sık düşer, dizleri sakatlanır. Eklem yerleri sürekli futbol oynamaktan kireçlenir. Sonuçta, iki ayağını oynatmakta, dizlerini bükmekte zorluklarla karşılaşır. Doktora gider. Ameliyat ve bir daha futbol oynamamak teşhisi konulur. İstanbul Kıbrıs Türk Kültür Derneği Başkanlığı da yapmış olan Kıbrıslı Prof. Mehmet Derviş Manizade, 1964 yılında, Teşvikiye civarındaki, bir hastahanede yaptığı bir ameliyatla, Mahir'in iki dizine platin çubuklar takar.

Mahir, ameliyat nedeniyle evde sürekli yattığı günlerde, tam karşı apartmanda oturan Sevgi Yener adında bir genç kızla aralarında, ilk önce pencereden pencereye başlayan yakınlaşma olur. Ardından, duygusal bir ilişkiye dönüşür.

"Sen Bu Kitapları Oku. Cumartesi Pazar Gider Eğleniriz"

Ameliyat nedeniyle Mahir, uzunca bir süre yatakta yatmak zorunda kalır. Bu sıra yapacağı tek şey vardır. Bol bol kitap okumak.

Amcası Enver Bey her ziyaretinde kitap getirir. Okuduğu bu kitaplar Mahir'in bilgi ve fikri gelişimine önemli katkılar sağlar.

Mahir, futbola düşkün olduğu için, amcası sanat, edebiyat, felsefe kitapları ve romanlar verir ve "sen bu kitapları oku; Cumartesi-Pazar gider eğleniriz" der. Çoğu hafta sonları maça giderek değerlendirilir. Bu birlikte olunan süre içinde de okunan kitaplar üzerinde yapılan tartışmalar, görüş alışverişinde bulunmalar, bir anlamda Mahir'in düşünce ve muhakeme yeteneğini geliştirir.

Enver Bey, bu dostluğu şöyle anlatır, "Mahir'le kadınların dışında her konuda arkadaşlık yapmışızdır. Tiyatroya, maçlara gitmiş, içki içmişizdir. Zaman zaman telefon eder, çalıştığım Radyoevi'ne konuşma amacıyla gelirdi. Divan Oteli'nin, Park Oteli'nin barına giderdik. Oralara gelen ilerici aydınlarla, sanatçılarla, seçkin insanlarla bir arada olur ve bazılarıyla tanışırdı. Aramızda zımni bir anlaşma vardı. 'Her konuda, her şeyi sansürsüz karşılıklı tartışacağız'. Mahir'le bu nedenle her konuyu tartışırdık."

İlk Önce Tıp, Sonra Hukuk, En Son SBF

Mahir, 1963 yazında üniversite sınavına girer ve İstanbul Üniversitesi Hukuk ile Tıp Fakültesi'ni kazanır. Mahir, ailesinin isteğiyle ilk önce İstanbul Üniversitesi Tıp Fakültesi'ne kaydını yaptırır. Amcası Enver Bey, Mahir'in üniversite sınavlarına girdiği ve Tıp Fakültesi'ne kaydını yaptırdığı dönemde Gümüş'tedir. Gümüş dönüşü, Mahirlerin evlerine uğrar. Mahir, o sıra evde yoktur. Naciye Hanımla sohbet eder. Mahir'in odasına göz gezdirir. Bir yerde kafatası, bir torbanın içinde çeşitli boylarda kemikler, anatomi atlasları, beyaz gömlek vb. görür, şaşırır. Bir süre sonra Mahir geldiğinde,

"-Nedir bunlar?"

"-Tıp'a kaydımı yaptırdım."

"-Yahu ne işin var Tıp'ta. Bizim konuşmalarımızda Tıp yoktu, siyasi amaçlarımız vardı."

"-Doğru amca, haklısın, ama annem ve babam bu fakülteye kaydımı yaptırmamı istedi. Ayrıca Ankara'ya gitmemi de istemiyorlar."

Mahir, amcasıyla yaptığı bu konuşmadan sonra, İstanbul Tıp Fakültesi'nden kaydını sildirir, 3 Aralık 1963 Salı günü İstanbul Üniversitesi Hukuk Fakültesi'ne, 4007 No.lu öğrenci olarak kaydını yaptırır.

1964 yazında yeniden üniversite sınavlarına girer; bu kez Ankara Üniversitesi Siyasal Bilgiler Fakültesi'ni yedek listeden kazanır. Amacına uygun ve daha rahat bir ortamda okumak isteğiyle Ankara'ya gider, 1 Aralık 1964 Salı günü, 2690 No.lu öğrenci olarak SBF'ye kaydını yaptırır.

Mahir'in politik bilinç kazanmasında önemli rol oynayan amcası Enver Çayan, SBF'ye kayıt yaptırmasındaki ısrarının nedenini özetle şöyle açıklar:

"Sevdiğim bir dost, iyi bir çocuk. Tehlikesizce bu köprüyü geçebilseydi çok iyi bir yön izleyecekti. İlerde, Türk siyasal hayatının, sosyal hayatının içinde parlak biri olacaktı. Dürüst, doğru bir yolla, ortak üretebileceğimiz bir politikada, Türk siyasi hareketinin içine girecektik. Ama olmadı. Bu iç diyaloglar yetmedi."

"Okulumuz Çok Demokratikti"

Mülkiye, tarihi boyunca sadece devlet yönetiminin üst kademelerine bürokrat, özel sektöre nitelikli eleman yetiştiren bir kurum değil, aynı zamanda kendine özgü sosyal yapısıyla her zaman aranan, tercih edilen seçkin bir eğitim kurumu olmuştur.

Üniversitede okumak denince kuruluşlarından günümüze kadar üç yüksek okul olan Mülkiye, Tıbbiye, Harbiye akla gelmiş, öğrenci hareketini de bu üç okul ağırlıklı olarak karakterize etmiştir. Daha sonra, endüstrileşmenin ortaya çıkarttığı gereksinim sonucu İTÜ ve ODTÜ, aktif olarak ön plana çıkmaya başlar. Özellikle SBF, o dönem, saygınlığı ile yüksek okul okumak isteyen gençler tarafından tercih edilen bir okuldur.

Mahir'in, SBF'ye kaydını yaptırdığı 1964-65 eğitim döneminde daha sonra Fikir Kulüpleri ve devrimci-demokrat politikanın içinde yer alanlardan Yusuf Küpeli, İstemihan Talay, Erdal Yavuz, Uluç Gürkan, Mehmet Ali Kılıçbay, Ümit Hassan, Kutlay Ebiri, Melih Aşık, Tuğrul Eryılmaz, Savaş Dizdar, Ömer Madra, Mustafa Kemal Çamkıran, Murat Cahit Koğacıoğlu kayıtlarını yaptırıyorlardı. Aynı dönem Hasan Celal Güzel de kaydını yaptıranlar arasındadır.

Derslerin büyük bir bölümü toplumsal ve siyasal sorunlarla doğrudan ilgilidir. Bu nedenle, okul öğrencileri arasında canlı politik tartışmalar olmaktadır.

"Burjuva Geleneği Diye Yasaklandı"

Bu dönem üniversitelerin en dinamik, en canlı, en özgür mekanı kantinlerdir. Kantinler öğrencilerin sadece buluşup, görüştükleri yerler değil politikaların oluşturulduğu, önemli kararların alındığı, en iyi dostlukların kurulduğu ya da sona erdirildiği, özgür tartışma mekanlarıdır. 1960'lı yılların üniversite gençliğinin kimliğini, kişiliğini bulduğu, geliştirmeye, olgunlaştırmaya çalıştığı yerlerdir.

Öğrenci-öğretim ilişkileri konusunda Arslan Sonat, şunları anlatmıştır: "Okulumuz çok demokratikti. Hocalarımızla ilişkilerimiz çok demokratikti. Hocalarla, asistanlarla pikniğe giderdik. Bir çoğunun evine gider, sohbet ederdik. Birkaç tane saldırgan adam vardı, Fahir Armaoğlu gibi. 68'de öğrenci şiddeti, hocaları öğrencilerden uzaklaştırdı."

Osman Tokcan ise, SBF'nin o dönemdeki ortamını şöyle anlatmıştır: "SBF'nin ortamı çok güzeldi. Yatılı okul gibiydi. Kampüs havası vardı. Okulla yurt yan yana idi. Kız yurdu ile erkek yurdunu ortadan bir duvar ayırıyordu. Kantine, istediğimiz zaman istediğimiz kıyafetle inebiliyorduk. Çok rahat ve hoş bir ortamdı. SBF'nin dışına çıkmayı pek düşünmezdik.

Kızlarla aynı kantini paylaşıyorduk. Aynı mekanda tartışıyor, gülüp, eğleniyorduk. Maç yapar, şakalar düzenler, kışın kartopu oynardık. SBF'ye ilk gittiğim dönem, benim bağlı olduğum bir grup arkadaşım vardı. O döneme denk düşen davranışlar içindeydik. İşte Hippi denilen bir gruptuk. Beatles dinliyorduk. Bazı arkadaşların saçları uzundu."[5]

O dönem kendilerini "kantinci" olarak adlandırdıklarını söyleyen Tuğrul Eryılmaz ise bu konuda şunları söylemiştir: "Biz 68'i karakoluyla, mahkemesiyle, polisiyle, Beatles'ı ve esrarıyla tam anlamıyla hepsini yaptık ve yaşadık. Bu daha sonra değişti. İlginçtir, her sene SBF'de kutlanılan, İnek Bayramı'nı 1969 yılında, halkımız kan ağlarken, biz eğlenemeyiz diye boykot etmiştik."

O dönemin, yaşama bakış açısının, çok kısa bir süre içinde nasıl değiştiğini esprili bir şekilde anlatılan bir olay şu şekilde yansıtmaktadır: Yusuf Küpeli'nin FKF Başkanı olduğu dönem, 14 Haziran 1969 günü Ankara'da, "Özel Okullara Hayır Yürüyüşü" yapılmaktadır. Uzun saçlı bir gençle, sarışın bir kız sarmaş dolaş gelerek yürüyüşe katılır. Yürüyüştekiler bu iki genci biraz yadırgar ve olayı FKF başkanına haber verir. Küpeli, bu uzun saçlı ve Hippi görünüşlü gencin yanına gelerek,

"-Bak arkadaş, Bolivya Dağları'nda Che saçlarını uzatabilir. Ama burası Türkiye. Halkımız böyle şeyleri hoş karşılamaz, yadırgar. Bu nedenle sen en iyisi bir berbere git, tıraş ol, ondan sonra gel, yürüyüşe katıl" der.

Küpeli'nin, uzun saçlarını berbere gidip tıraş etmesini istediği genç, daha sonra THKP-C örgütlenmesinde birlikte olduğu Ertuğrul Kürkçü'dür.

Efkar dağıtmak ya da bir olayı kutlamak için bir araya gelen herhangi bir arkadaş grubu, bunu, sadece yurt odalarında, kalınan bekar evlerinde değil burslar, krediler alındığında gidilen daha uygun mekanlarda da gerçekleştirir.

SBF öğrencisi Şadi Samer'in söylediği gibi, "O dönem, birçok genç, kentli gençlerin yaşadığı her türlü ilişkinin içinde yaşayarak günlerini geçiriyordu. Çay partileri oluyordu, davetler oluyordu. O partilerde insanlar beraber oluyordu. Diskotekler vardı. İnsanlar o diskoteklere ve partilere gider eğlenirdi. Mahir'in siyasi kimliği dışında öğrenci olarak, insan olarak da bir yanı vardır. Mahir, nasıl bir öğrenciydi? Herkes gibi bir öğrenciydi."

1966 Kasımında, SBF'ye kaydını yaptıran Alp Orçun, İstanbul Erkek Lisesi'ni bitiren bir arkadaşıyla, SBF'nin açılacağı günden birkaç gün önce, Kızılay'a yakın, merdivenle inilen bir meyhaneye giderek fakülteye başlamadan önce güzel bir gün geçirmek ister. Bir taraftan yemek yer, bir taraftan içerler.

Oturdukları masanın yan tarafında birleştirilmiş masalarda oturan ve içki içerek eğlenen 7-8 kişilik bir gençlik grubu daha vardır. Zaman zaman bu grubu ilgiyle izlerler. Bir süre sonra bu grup, gitmek için kalkar. Giderlerken içlerinden birisi, geriye döner ve masada yarım kalmış rakı bardaklarını birbiri ardına alarak, içtikten sonra grubun en arkasından çıkar.

Alp Orçun, daha sonra, Fikir Kulübü'ne nasıl üye olacağım diye araştırırken, meyhane anısından aklında kalan Mahir Çayan, Kulüp Başkanı olarak karşısına çıkar.

Arslan Sonat'ın, "Yurt odalarında, ara sıra, ucuz 'Güzel Marmara Şarabı' içerdik. Ama daha sonra içki 'burjuva geleneği' diye yasaklandı" dediği gibi, bazı alışkanlıklar süreç içinde yerini başka alışkanlıklara, davranışlara bırakır.

"Tercüman Gazetesini Gizli Okurdum"

THKP-C'nin kuruluşu ve örgütlenmesinde yer alan Mustafa Kemal Kaçaroğlu, 1966-67 ders yılında kaydını yaptırdığı SBF'nin ortamını, yaşadığı bir olayla şöyle anlatmıştır:

"Sağ bir düşünceye sahiptim. 27-29 Kasım 1966 günleri Ankara'da yapılan Adalet Partisi büyük kongresinde görevli olan birisiydim. O zaman SBF'nin birinci sınıfında okuyor, okulun yurdunda kalıyordum. Babam Tercüman gazetesi okurdu. Ben de Tercüman gazetesi okuyordum. Fakat okulun havası, sol bir hava olduğu için Tercüman gazetesini, Cumhuriyet gazetesinin içine koyup, SBF yurdunun odasında gizli okurdum. Bunu, birisi bana baskı yaptığı veya herhangi birisinden çekindiğim için değil, çevremdeki kişilerin hepsi, özellikle Cumhuriyet, Akşam gibi sol eğilimli gazeteleri okuduğu için yapıyordum. Fakat, böyle yaptığım için birazcık da rahatsız oluyordum. O rahatsızlıkta da Cumhuriyet gazetesini taşırken, insan, para vererek aldığı bir şeyin içeriğinin ne olduğunu okumak ihtiyacı hissediyor. Ben yavaş yavaş Cumhuriyet gazetesi okumaya başladım. Halbuki SBF'ye gelene kadar böyle bir şeyi kesinlikle okumamışımdır."

1966-67 döneminde, SBF Yurdu'nda kalan öğrencilerin odalarındaki dolap kapaklarına yapıştırdıkları posterler, değişiklik göstermektedir. Yusuf Küpeli, Che Guevera'nın posterini, Kutlay Ebiri ise Mao'nun posterini asmıştır. Kişilerin Latin Amerika ve Çin gerilla deneyimlerinin etkileri ile bu posterleri dolaplarına astıkları söylenebilir. SBF'de ilk defa Maoist düşünceleri aktaran Kutlay Ebiri'dir. Kutlay Ebiri, o dönem, Mao'nun İngilizce kitaplarını bulup SBF'ne getirir ve çevresine anlatır. Hatta Türkçeye çevirerek, bunları teksir eder ve çevresindeki arkadaşlarına dağıtır. Şahin Alpay, Ömer Madra, Nuri Çolakoğlu SBF'nin ilk Mao hayranı öğrencileridir.

"Bir Gençlik Örgütünün Üzerinde Başka Bir Gençlik Örgütünün Denetimini Hiç Kabul Etmiyordum"

Mahir, SBF'ne kaydını yaptırdığı dönem SBF Fikir Kulübü Başkanı Hüseyin Ergün'dür.

Hüseyin Ergün Başkanlığındaki SBF Fikir Kulübü Yönetim Kurulu üyelerinin hepsi FKF'de kurucu üye olduğu için, 23 Aralık 1965 Perşembe günü saat 16.30'da Fikir Kulübü'nün SBF'ye yapılan Genel Kurul Toplantısı'nda, SBF Fikir Kulübü'nün geleneğine uygun olarak Arslan Sonat başkanlığa seçilir. İkinci başkanlığa ise üyeliğe 8 Kasım 1965 günü kabul edilen Mahir Çayan getirilir.

Yusuf Küpeli'nin söylediğine göre, bu dönem, "SBF Fikir Kulübü içinde TİP çizgisini Hüseyin Ergün, İsmet Özel ve Alper Aktan, karşı tarafı da Erdal Yavuz ve Ayhan Başaran temsil etmektedir."

Erdal Yavuz Barış Derneği'nin, Ayhan Başaran ise Toplumcular Derneği'nin başkanıdır.

Ataol Behramoğlu, izlediği bu genel kurulu şöyle anlatmıştır: "Arkadaşlar, 'SBF Fikir Kulübü'nde bir toplantı olacak. Yönetimi için bir seçim var. Yetenekli bir arkadaş var, muhtemelen onu başkan yapacağız' dediler. Salona girdik. Bizler arka sıralarda oturuyoruz. O sıra Mahir konuşma yapıyordu. Koyu renkli bir takım elbise vardı üzerinde. Kravatlıydı. Bizler için o sıralarda alışılmış bir görüntü değildi.

Kelimeleri seçmeye gayret ederek, heyecanlı bir konuşma yapıyordu. 'Gerçekten yetenekli bir arkadaş', dedik. Çarpıcı, büyüleyici bir konuşma değil ama, ağzı laf yapan, ciddi bir arkadaş ve iyi eğitim görmüş, kentli bir insan olarak gördük. Mahir, bu görüntüyü o dönem hep korudu.

Mahir'le ilgili olarak hatırladığım bir başka olay da, 69'da bir gün Sağlık Sokak'taki evime geldi. O civarlarda bir yere toplantıya gidecekmiş. 'Silahımı bırakabilir miyim' dedi. 'Tabii' dedim. Bu sadece bir arkadaş ve güven ilişkisiydi. Hangi toplantıya gitti, nereye gitti bilmiyorum."

Muharrem Kılıç, Mahir'in başkan seçilme olayı konusunda şunu anlatmıştır, "Mahir'i kulüp başkanı yapan Hüseyin Ergün'dür. 'Ümit verici bir arkadaş' diye görüp kulüp başkanlığına getirilmiş. Fakat, kulüp başkanlığını yürütmek kolay değil. Çünkü, ben okula girdiğimde, bir avuçtular. Böyle bir gruba İstanbul'dan genç birisi geliyor, giriyor. İlk önce yönetim kuruluna sokuyorlar. Fakat bir süre sonra umduklarını bulamadıkları için eleştirilmeye başlandı. Sonra da Fikir Kulübü başkanlığından devrildi."

23 Aralık 1965 Perşembe günü yapılan olağan SBF Fikir Kulübü Genel Kurulu'nda başkan seçilen Arslan Sonat, aradan 21 gün gibi çok kısa bir süre geçtikten sonra istifa eder. Boşalan başkanlığa ise 13 Ocak

1966 Perşembe günü yapılan Yönetim Kurulu toplantısından sonra, ikinci başkan olan Mahir getirilir.

Yusuf Küpeli, bu konuda şunları söylemiştir:

"Hüseyin Ergün ve çevresi anlaşarak, Aslan Sonat'ı başkan yapmaya karar vermişler. Aslan, anlaşma ile başkan oldu. Mahir de, onun Haydarpaşa Lisesi'nden tanıdığı diye yönetim kuruluna alındı. Aslan, Hüseyinlere kızarak istifa edince, başkanlık otomatikman Mahir'e kaldı.

Esasında, SBF Fikir Kulübünde çatışmaların derinliklerinde, kişilik problemleri yatmaktadır. Yoksa, herkes şu veya bu ölçüde TİP'li idi."

SBF Fikir Kulübü Başkanı Mahir Çayan, ilk bildirisini 13 Ocak 1966 Perşembe günü yayınlar. Mahir Çayan imzasıyla yayınlanan bildiride: Toplum yararına olan davranışları sömürücü ve çıkarcı çevrelerin "komünizm propagandası" adı altında baskıya alma gayretini son zamanlarda şiddetlendirdiği, bu tutumun şimdi de genç lise öğrencilerini hedef aldığı belirtilerek protesto edilir.

Arslan Sonat, istifa nedenini şöyle açıklamıştır:

"Ben Fikir Kulübü başkanlığından istifa ettiğim zaman zaten azınlıktaydık. O biraz çatışmalı bir genel kurul oldu ve azınlıkta kalındı. Mahir zaten azınlıkta olarak bir süre devam etti. Fikir Kulübü'ne girene kadar arkadaş grubu geniş olan ve herkesin tanıdığı birisi değildi.

O zamana kadar Fikir Kulübü için kararlar önceden verilirdi. Herhalde, Hüseyin'in ya da FKF'nin denetiminde olması ve dolaylı olarak da partinin denetiminde olması bekleniyordu. Öyle bir denetime katılmayınca, denetim altına girmeyince tepki de doğdu. Hüseyin Ergün, Mahir'e ilk önce açıktan muhalefet etmiyordu. Bir süre sonra açık muhalefete dönüştü. 'Fikir Kulübü Başkanı Federasyon'a para vermedi' diyorlardı. FKF'ye niye para vereyim.

Benim istifa nedenim, Hüseyin'in denetimine karşı çıkmamdı. Bir gençlik örgütünün üzerinde başka bir gençlik örgütünün denetimini hiç kabul etmiyordum. Ayrıca şunu savunuyordum, partinin çizgisini aşacak bir gençlik örgütlenmesi olanağı vardı. O zaman bu düşünce vardı. Ben de bunu savunuyordum. Mahir de onu söylüyordu. Mahir, Fikir Kulübü Başkanı olduktan sonra bunu çok daha etkin biçimde söylemeye başladı. Yani, Çankaya ilçesinden haber gelecek, biz ondan sonra eylem yapacağız. 'Böyle şey olmaz' diyorduk.

Doğrudan doğruya gençlik örgütü olarak, parti ilişkisini TİP'le kurmaya çalışıyorlardı. 1965 yılının başlarında TİP Çankaya ilçesi, SBF'nin karşısına taşındı. Onlar, partide toplanıyorlardı. Ben de Çankaya ilçesine üyeydim, ama ben Fikir Kulübü'nün toplantısı, Fakülte'de, Fikir Kulübü'nde olur, Parti'de değil diye düşünüyordum.

SBF Fikir Kulübü içinde gruplaşmalar vardı, ama çok belirgin net bir çizgi değildi. Örneğin Hüseyin Ergün'ün başkanlık yaptığı dönem ben de yönetim kurulu üyesiydim. Siyasi bir ayırım, siyasi bir çizgi farkı yoktu. Benim istifa ettiğim dönemde azınlıkta kaldık ve Mahir, benim yanımda yer aldı. Böyle bir durumun partiye karşı olmak ya da partiye yakın olmakla bir ilgisi yok. Daha sonra o biçime dönüştü.

TİP'i pasif bulma çizgisi ortaya çıktı. O zaman Mahir'le konuşmalarımızı hatırlıyorum. Hüseyin Ergün'ü, FKF kuruluşunu, bina alıp, lokal işletme meselesini hep konuşurduk. Para meselesi de bu noktada ortaya çıktı zaten. Yönetim kurulunda biz, pankart hazırlamak ya da afiş yaptırmak gibi şeyler düşünüyorduk. Lokal tutmak, lokal oluşturmak ve oradan para kazanmak gibi etkinliklerin pasifist bir çizgi olarak görülmesi o dönem çok net değildi. Belirsiz fikirlerdi onlar. Sonra çok daha belirgin hale geldi bunlar. Bunlar çok belirginleşmiş, kalın çizgiler değildi, ama insanların o olaylara bakışları demek ki böyle bir ayırımı ortaya çıkarttı.

İlk defa Hüseyin'in SBF Fikir Kulübü başkanlığından ayrılmasından sonra bunlar ortaya çıkmaya başladı. 1965'te ilk defa böyle, benim istifa ettiğim bir olay oldu. Çok büyük bir olay değildi, ama daha sonra o gruplaşma devam etti.

Mahir, partinin çalışmasını yetersiz buluyordu. Gençlik içinde, daha aktif örgütlenilmesini, daha aktif bir politika izlenmesini istiyor ve TİP'in o zamanki politikasını beğenmiyordu. Nazım'ın şiirlerinin gizli gizli okunduğu dönemlerdi. Yön dergisi Nazım'ın şiirlerini bastı, olay oldu. Sol klasiklerin çıkması, yayınlanması o yıllardan sonradır. O zamanki teorik birikim çok zayıftır. Hepimiz için çok zayıftı. Çok temel Marksist kavramları yeni yeni öğrendiğimiz ve onları çok sınırlı bildiğimiz bir dönem. Sadece, 'Eski Tüfek' abiler vardı, onlardan sözlü olarak, ikinci elden dinleyerek öğreniyorduk. Ya da eskiden çıkmış broşürleri el altından bulur, onları okurduk.

İdeolojik birikim çok sınırlı da olsa, fakültede çok tartışma olurdu. Savunurduk fikirlerimizi ve biz kendimizi Mahir'le birlikte Marksist diye tanımlıyorduk.

O dönem şunları tartıştığımızı hatırlıyorum: Marksizmde genel olarak, partilerin sınıf partisi olduğunu, sınıfsız bir toplumda çok parti olmaması gerektiğini bilir ve onu savunurduk. Hüseyin Ergün, bir gün, 'Çok parti olsa ne olur' demişti ve 'Sen ne biçim sosyalistsin' anlamında çok şaşırmıştık. Yani hepimiz çok sınırlı bir teorik birikim üzerindeydik. Marksizmi öğrenmemiz çok sonradır."

Tanık olduğu bir olayı Altan Kuddusi Öztaş, şöyle anlatmıştır: "Hüseyin Ergün, 1966 Ekim ayında askere gideceği sırada FKF'ye kim başkan olacak diye değişik anlayışlar vardı. Yusuf Küpeli ile Mahir Çayan, o sıralar kaldığım Koç Yurduna gelerek benimle görüştüler. Yusuf Küpeli ile Mahir Çayan, 'FKF'ye yeni bir yön verelim' diyorlardı. Fikir düzeyinde değilde üslupta farklılıklar vardı. FKF yönetimi daha elit bir yaklaşım sergilediği için taban ile uyumsuzluk çekiliyor, kaynaşma sağlanamıyordu. Diğerleri daha kitci bir çizgi izliyorlardı. Sonuçta Kudret Ulutürk FKF Genel Başkanı olmuştu."

Kuusinen'in Diyalektik Materyalizm Kitabı

Ülkü ve Önay adlı İTÜ'de okuyan iki Tokatlı öğrenci ile Veysi Sarısözen, Feriköy otobüs durağının arkasında bulunan bir evde kalmaktadır. İstanbul'da olduğu zaman, bu eve ara sıra Mahir de gelip kalır.

Yeni çıkmış sol bir kitap alındığında hemen okunup, anlamaya çalışılır. Kuusinen'in "Diyalektik Materyalizm" kitabı yeni çıkmıştır. Çeviride Osmanlı ile Fransızca terimler kullanılmıştır.

Mahir, Veysi Sarısözen ve Ülkü ile Önay, Kuusinen'in kitabını birlikte okuyarak, anlamaya çalışır. Kitapta, "Daha yüksek şekiller, daha aşağı şekillere icra olunamazlar. Mesela, fizyolojik prosesüslerde bir mekanik hareket -bu prosesüslere katılan unsurların mekan içinde yer değiştirmesi- görülür, fakat fizyolojik fenomenler bu unsurların yer değiştirmesine icra edilemez" diye bir cümle vardır.[6]

Dört genç, bu cümlenin üzerinde sabaha kadar tartışır fakat bir türlü çözemezler. Sabahleyin Zeytinburnu TİP İlçe Merkezi'ne gider ve Cemal Güner'e bunu sorarlar.

TİP Zeytinburnu İlçe Başkanı Cemal Güner, emekli bir felsefe öğretmeni ve komünisttir. Veysi Sarısözen de TİP Zeytinburnu İlçe Sekreteridir.

O zamanlar TİP'in bütün örgütlerinde eğitim ve haber amacıyla birer tane kara tahta bulunmaktadır.

Eline bir tebeşir alan Cemal Güner, kara tahtaya ilk önce bir nokta, daha sonra bir daire çizer.

Hüner, noktayı işaret ederek, "Bu bir pirinçtir" dedikten sonra, daireyi gösterir, "Bu da bir tencere pilavdır" der ve sözlerine şöyle devam eder:

"Pirinç pilav haline gelir ama pilav hiçbir zaman pirinç haline gelemez. Çünkü, pirinç aşağı seviyeden fenomendir. Pirinç pilavı ise yüksek seviyeden prosesüstür. Bu prosesüs yeniden o aşağı seviyeden fenomen haline gelemez. Doğru mudur?"

Gençler, anlayamadıkları konunun bu kadar basit olduğunu görünce, "doğrudur" diyerek, çok uzun tartışmalarla kendi kafalarını karıştırdıkları için kendilerine gülerler.

"1962-63'te TİP Üyesi Olmak Kolay Değildi"

Federasyon kurma çalışmalarına katılan ve çok kısa bir süre SBF Fikir Kulübü yöneticiliği yapan Arslan Sonat, o dönem yaptıkları çalışmalar hakkında şunları anlatmıştır:

"1965'te küçük bir gruptuk. 66'da kantinin bir köşesinde toplanan, giderek büyüyen ve ilk defa marşlar söylemeye başlayan bir gruptuk. Bizim hayatımız çok sınırlıydı. Sabahtan akşama kadar genellikle okulun kantininde otururduk. Bütün hayat okulun kantininde geçerdi.

En azından baskıları göğüsleyebilecek ya da etrafa karşı direnebilecek grup haline geldik 65'te. Ondan sonra hızla büyüdük, Hüseyin Ergün'ün başkanlık döneminde. Ben hatırlıyorum. Kantinde bir köşede toplanmıştık. 'Yine toplandılar' demişlerdi. Genel kitleden ayrı bir grup olarak, ama giderek büyüyorduk. Masanın etrafında çember olurduk ve marşlar söylenirdi."

DTCF Fikir Kulübü üyelerinin durumlarını ise Ataol Behramoğlu şöyle anlatmıştır:

"1962-63'te TİP üyesi olmak kolay değildi. Ankara'da TİP ilçelerini kurarken olmadık tehlikeli işler başımıza geliyordu. Bazı arkadaşlarımız gittikleri yerlerden kovalandılar. Ölüm tehlikesi ile karşı karşıya kalan arkadaşlarımız oldu.

1965 yılında Dönüşüm dergisi çıkmaya başladı. O derginin fikrini oluşturanlar ve kurucuları SBF'deki arkadaşlardır. Derginin sahibi olarak benim adım gözükür. Arkadaşlar, derginin sahibi benim olmamı istediler, ben de açıkcası kabul ettim. Derginin bulvardaki ilk satışı sırasında CKMP'nin militanları bize saldırdılar.

Derginin ikinci sayısında, bu sefer daha hazırlıklı gittik, ama hazırlığımız pankart sopalarıydı. Eylemde farklılaşmalar ortaya çıktı, hatta bazı tatsızlıklar oldu arkadaşlar arasında. Derginin çıkışı birkaç sayı sonra engellendi. Çünkü her seferinde bizi gözaltına aldılar. Tutuklanmadık, ama hakkımızda durmadan dava açtılar. Öğrenci hareketinde öncülük, o dönem SBF'deydi. O nedenle bizim ilişkilerimiz daha çok SBF ile oluyordu."

"Komünist Damgası Yemek Korkusu Ağır Basıyordu"

Sadun Aren'in yazdığı gibi, "M. A. Aybar Genel Başkan oluncaya kadar TİP ne kamuoyunda tanınıyordu, ne de sözü edilecek önemde bir örgütlenmeye sahipti."

Etkinliğinin artmasını ise Aren şuna bağlamaktadır: "Partinin örgütlenmesi ve ülke düzeyinde tanınması bakımından en elverişli ortamı seçimler sağlamıştır. Gerçekten seçimler partiye yoğun bir biçimde açık hava ve kapalı salon toplantıları yapmanın yanı sıra bunlardan çok daha önemli olarak radyodan (o dönemde televizyon henüz yoktu) konuşma olanağı da veriyordu. Bu konudaki ilk fırsat 17 Kasım 1963 yerel yönetim seçimleriydi. Parti örgütlü olduğu bir kısım illerde bu seçimlere girdi ve radyodan konuştu. Bu konuşmalarda 'işçiler, köylüler, ırgatlar ve böyle...' denilerek yalnız emekçi halka hitap edilmesi ve TİP'in yalnız işçi ve diğer emekçilerin partisi olduğunun vurgulanması, kamuoyunda büyük etki yapmış ve doğal olarak tepkilere de neden olmuştu. Konuşmacıların bazıları için adli kovuşturma açılmış, fakat bunlardan bir sonuç çıkmamıştı.

Bundan sonraki ilk seçim fırsatı 7 Haziran 1964 kısmi senato seçimleriydi."[7]

Fakat, 15 ilin bütün ilçelerinde örgütlerini kuramadığı gerekçesiyle TİP'in bu seçime girmesi Yüksek Seçim Kurulu kararıyla engellenir. "Bu, TİP gibi Marksist-Sosyalist bir parti için yerine getirilmesi çok güç bir koşuldu. Çünkü en gelişmiş illerimizin bile çok geri kalmış ve az nüfuslu ilçeleri vardı. Değil buralarda, hatta büyük kentlerimizin dışındaki il merkezlerinde bile ciddi bir biçimde örgütlenmek olanaksızdı."[8]

Parti yöneticileri, "komünist" suçlamasından öyle korkmaktadırlar ki, adı çıkmış diye özellikle parti kurucuları, Behice Boran'ın üyelik başvurusunu sakıncalı bularak ilk önce kabul etmemişlerdir. Behice Boran bunun üzerine, yeniden doldurduğu üyelik fişini partiye değil doğrudan Mehmet Ali Aybar'a vermiş, Aybar da belli tereddütlerden sonra üyeliğini kabul etmiştir.[9]

TİP Genel Başkanı M. Ali Aybar, bu konuda şunları yazmış: "Behice Boran en çok tartışılan kişi olmuştu. Üniversitedeki görevine neden, hangi koşullarda son verildiğini açıklamış; Türkiye'de, işçilerden halktan yana olan aydınların, halka, halk düşmanı, yabancı ajanları olarak tanıtıldığını anlatmıştım. Gene de kolay olmamıştı. Kurucuların, o günlerde sosyalizme en açık olanlarından İbrahim Güzelce, toplantıdan çıkarken, Peşte Radyosu'nda adımdan söz edilmesinden hoşlanmadığını söylemişti. Komünist damgası yemek korkusu ağır basıyordu."[10]

Bu dönemde, "komünizm" kitleler için tam bir "öcü"dür. 2. Dünya Savaşı ertesinde, bütün dünyada estirilen "komünizm öcüsü" rüzgarı, doğrudan ya da dolaylı olarak herkesi etkilemiştir.

Rusya'nın sınır komşusu ve ABD ile askeri, ekonomik, kültürel, siyasi bağlantıları olan Türkiye için bu etki çok daha yoğundur. TİP, bu baskıyı üzerinde her zaman yaşamıştır. Bu nedenle, "komünist" suçlaması karşısında TİP yöneticileri ve yandaşları çok duyarlı davranmıştır.

TİP Ankara İl Başkanı Niyazi Ağırnaslı, 1964 yazında Almanya, İngiltere ve Macaristan'ı kapsayan bir yurtdışı gezisi yapar. Ağırnaslı, bu gezisinde Budapeşte'de arkadaşı ve o dönem TKP Genel Sekreteri olan Zeki Baştımar (Yakup Demir) ile görüşür. Türkiye'ye dönüşünde de bu görüşmesini M. A. Aybar'a anlatır. Aybar, birincisi komünist suçlamasına maruz kalınacağı, ikincisi de parti içi çelişkiler nedeniyle, TİP Ankara Senatörü Niyazi Ağırnaslı'yı istifaya zorlar. Ağırnaslı, 27 Aralık 1964'te TİP Ankara İl Başkanlığı'ndan istifa eder.[11]

"Toplantılara Geldikleri Olmuştur, Ama Parti İşlerine Girişme Olmamıştır"

Sadece toplumun en iyi insanları değil, en seçkin, en aydın insanları o dönemde TİP'te çalışıyorlardı. TİP'li olmak bir ayrıcalıktır.

1965 seçimleri yapıldığı dönem SBF ikinci sınıf öğrencisi olan Mahir'in, bu seçim çalışmalarına katılıp katılmadığını bilmiyoruz, fakat sola, sosyalizme, TİP'e gönül vermiş kimseler, seçim çalışmalarına aktif olarak katılmıştır.

12 Aralık 1965 Pazar günü yapılan TİP Ankara İl Kongresi'ne sunulan Çalışma Raporu, bu konuda bize bazı bilgiler vermektedir:

"Ankara Üniversitesi'ne bağlı fakültelerde bulunan sandıklardan hemen hepsinde partimiz çok yüksek oranda oy almış, hatta Siyasal Bilgiler Fakültesi ve Ankara Yüksek Öğretmen Okulu'nda diğer partileri büyük oy çoğunluğuyla geçerek, en çok oy alan parti durumuna yükselmiştir."

Mahir'in TİP Çankaya ilçesine üye olduğu konusunda bilgi olmasına rağmen, ne zaman üye olduğu konusunda şimdilik net bir bilgi bulunmamaktadır.

Mahir ile SBF'de aynı sınıfta okuyan ve TİP Ankara İl Gençlik Kolları Sekreteri Necmiye Alpay, bu konuda şunları anlatmıştır:

"Gerek Yusuf'u gerek Mahir'i TİP'e götürmeye çalıştığımı hatırlıyorum. Çok hoşlanmazlardı partiden. TİP'e yakın durmazlardı. Yusuf daha yakın arkadaşımdı. Onu çeke çeke götürdüğümü hatırlıyorum. Gelmezlerdi. 'Bu partiyle bu iş olmaz' havasında oldular hep. Baştan beri öyleydiler. TİP'e, toplantılara geldikleri olmuştur. Ama aktif üyelik, parti işlerine girişme olmamıştır."

1965 seçimlerine kadar, hatta 1968'deki Üçüncü Kongre'ye kadar TİP çalışmalarında en ağır yükü üniversiteli gençler başta olmak üzere öğretmenler, avukatlar, öğretim üyeleri, yazarlar, sanatçılar omuzlamış ve bütün güçlerini, heyecanlarını, coşkularını, yeteneklerini ortaya koymuşlardır.

"TİP o devrede gençliğin potansiyel gücünü, örgütlenmede ve AP' den gelen saldırılara karşı savunmada kullanmıştır.

1965 seçimlerinden önce sosyalist gençlerin elinde bulunan ODTÜ Öğrenci Birliği aracılığıyla Bekir Harputlu ve arkadaşları 35 bin lira sarfederek TİP'in 46 ilçe teşkilatını kurmuşlardı. Buna benzer pek çok çalışmalar olmuştur."[12]

"Bugün Mülkiye'de Yarın Türkiye'de"

19 Ocak 1963 tarihinde Fikir Kulübü başkanlığına seçilen Ömür Sezgin, Fikir Kulübü başkanlığını 22 Ocak 1964 günü Alper Aktan'a devrettikten sonra, Fikir Kulübü'nün desteğiyle SBF Talebe Cemiyeti başkanlığına aday olur.

SBF Fikir Kulübü'nün, "Bugün Mülkiye'de Yarın Türkiye'de" şiarıyla, SBF öğrencileri karşısında yaptığı propaganda çalışmalarında, Ömür Sezgin, "Evet Türkiye İşçi Partisi üyesiyim ve sosyalistim. Talebe Cemiyeti başkanlığı için fikirlerimden fedakarlık etmeyeceğim" diyordu.[13]

O dönem, sağ bir yayın organı olan Yarın dergisinde, "Siyasal Bilgiler'de Demokratik Cephenin Zaferi" başlığıyla yayınlanan yazıda, cemiyet seçimleri konusunda şöyle ilginç bir değerlendirme yapılmış:

"Siyasal Bilgiler Fakültesi'ndeki seçimlerin, Türkiye'de hergün yapılagelmekte olan düzinelerle dernek seçiminden ne farkı olabilir diye düşünenler çok geçmeden ne kadar gafil olduklarını anlayacaklardır. Dünyada öyle olaylar vardır ki, bugün kimsenin dikkatini çekmeyen, kimsenin önemsemediği küçük olaylar gibi, otların, fundalıkların altında yeşermekte olan bu uzviyetler, çok sonraları etrafı saran, çevresine hakim olan büyük varlıklar haline gelmiştir."

"Denilebilir ki, bundan sonra Türk fikir hayatının, siyasetinin, sosyal mücadelelerinin mihraklaşacağı, dikkatlerin temerküz edeceği büyük kavgalar, bugün Siyasal Bilgiler Fakültesi'nde yapılagelmekte olan üstü örtülü mücadelenin şekline göre yön alacaktır. Bugün Siyasal Bilgiler Fakültesi'nde devam edegelmekte olan sathın altındaki kavga, Türkiye'nin müstakbel hayatına istikamet verecek büyük mücadelelerin ilk öncü çatışmalarıdır."[14]

10 Nisan 1964 Cuma günü yapılan, SBF Talebe Cemiyeti seçimlerinde başkan adaylarından Sadi Nebrekli 447, Ömür Sezgin ise 410 oy alır.

1965 Ocak ayının ilk haftasında yapılan SBF Talebe Cemiyeti seçimlerine yeniden Fikir Kulübü adayı olarak katılan Ömür Sezgin bu kez, rakip adayın aldığı 370 oya karşılık, aldığı 386 oy ile SBF Talebe Cemiyeti'nin ilk sosyalist başkanı olur.

Ömür Sezgin'in, SBF Talebe Cemiyeti Başkanı olarak ilk çıkışı, 10 Ocak 1965 günü İstanbul'da yapılan TİP Genel Yönetim Kurulu toplantısına 150 kişilik sağcı bir topluluğun taşlı, sopalı saldırısını protesto etmek için yayınladığı bildiridir.[15]

17 Mart 1965 Çarşamba günü yapılacak olan yürüyüşü destekleyip, desteklememe konusunda cemiyet yönetim kurulu üyeleri arasında görüş ayrılığı çıkar. 13 kişilik yönetim kurulu içinde 4 üye lehte, 4 üye aleyhte ve 4 üye çekimser oy kullanır. Fakat Başkan Ömür Sezgin'in lehte oy kullanmasıyla, mitinge katılma yönünde karar çıkar. Ama 8 üye daha sonra birleşerek, mitinge katılma kararının geri alınmasını ister. Ömür Sezgin, bu karardan vazgeçmez ve başkanlıktan istifa etmeye mecbur edilir. Bu nedenle yönetim kurulu düşer ve yeniden cemiyet seçimlerine gidilir.

21 Nisan 1965 günü yapılan cemiyet seçimlerine, "Toplumcu Grup" adayı olarak Erhan Tezgör katılır. Diğer adaylar ise Abdülkadir Ateş ve Şükrü Tufan'dır. Abdülkadir Ateş 159 oy, Erhan Tezgör 232 oy alır. Şükrü Tufan ise 340 oy alarak SBF Talebe Cemiyeti Başkanı seçilir.

Yeni öğretim döneminde, Şükrü Tufan başkanlığındaki cemiyet yönetimi özellikle Fikir Kulübü üyeleri tarafından iyi çalışmadığı gerekçesiyle yoğun şekilde eleştirilir. Bu nedenle, 23 Kasım 1965 Salı günü tüm cemiyet üyelerinin katıldığı bir toplantıda cemiyet yönetiminin çalışmaları tartışılır.

Toplantıda "cemiyetin demokratik olmaktan uzakta, tek yönlü çalıştığı", "Vietnam Türkiye'nin bir sorunudur; böyle olunca da Amerika'nın Vietnam politikasına niçin karşı durulmamıştır; halbuki Amerikan Üniversitesi gerekli reaksiyonu göstermiştir; bugünkü sosyal düzenimiz geniş anlamda bir demokratik düzen değil, dar anlamda bir burjuva demokrasisidir", "petrol konusunda aktif rol oynayabilmemiz için ODTÜ talebeleri gibi bizim de Petrol Ofisi istasyonlarında satış yapmamız lazımdı", "fakültede satılan Amerikan sigarası dolayısıyla, emperyalizmin fakülteye de kol atmış olduğu fakültede Amerikan polisinin kol gezdiği" gibi konularda eleştiriler yapılır.[16]

Yapılan eleştirilerin ardından yapılan güven oylaması sonucunda, kullanılan oylar sayıldığında cemiyet yönetimi 141 red oyuna karşılık 217 kabul oyu alarak, yönetimde kalır.

Fakat, "Bununla beraber, SBF'de mücadele bitmemiştir. El'an öğrenciler arasında kuvvetli bir sol akım ilgisi vardır."[17]

"Biz Genciz, Biz Düzenle Bağlantı İçinde Değiliz"

Yaklaşan yeni cemiyet yönetimi seçimleri dolayısıyla Mahir Çayan başkanlığında toplanan, Oğuz Kutdemir, Ali Kulebi, Atilla Arsoy, Atilla Atasü, Rüstem Sungur ve Haluk Gürsel'den oluşan SBF Fikir Kulübü yönetimi, 19 Ocak 1966 Çarşamba günü yaptığı toplantı sonunda ilk önce Nuri Çolakoğlu'nu Talebe Cemiyeti başkan adayı olarak saptar.

Nuri Çolakoğlu ile Şahin Alpay, bu sırada, Ocak 1966 tarihinde, Sol Yayınları tarafından yayınlanan, "Vietnam'da Savaş ve Zulüm" adlı kitabı, İngilizceden Türkçeye beraber çevirecek kadar yakın ilişki içerisindedir. Rüstem Sungur'un söylediğine göre, Nuri Çolakoğlu, "Tiyatro Kolu başkanı olduğu ve sanat çalışmaları yaptığı için ikisini birlikte yürütemeyeceği gerekçesiyle öneriyi reddeder ve arkadaşı olan Şahin Alpay'ı önerir."

21 Ocak 1966 Cuma günü, yeniden toplanan SBF Fikir Kulübü Yönetim Kurulu, yaptığı ikinci toplantı sonunda aldığı karar gereğince Şahin Alpay'ı Talebe Cemiyeti başkan adayı olarak saptar.

Muharrem Kılıç'ın söylediğine göre, "Fikir Kulübü, başkan adayını belirlerken sıkıntı yaşar. Fikir Kulübü'nün eski ve güçlü üyeleri (ki bunlar aynı zamanda FKF'nin kuruluşunda da belirleyici rol oynamışlardı) Kudret Ulutürk'ü aday olarak düşünüyorlardı. Kulüp içindeki bir başka grup ise seçilme şansı daha yüksek birinin bulunmasında diretiyorlardı. Sonuçta, Diplomasi 3. sınıfta okuyan, ama öğrenci yurdunda kalmadığı için öğrencilerin pek tanımadığı Şahin Alpay aday olmuştu.

Fakat, aday belirlemede yaşanan sancı Fikir Kulübü'nü ikiye bölmüştü. Aslında her iki grup da sosyalist olduğunu söylüyordu. Hatta her iki taraf, bu noktada birbiriyle yarış içindeydi. Çekişme ilginç bir formülle tatlıya bağlandı. Kudret Ulutürk ve onunla birlikte davranan arkadaşlar FKF'de etkin hale getirildi, Fikir Kulübü'nde ise Yusuf Küpeli ve Mahir Çayan gibi arkadaşlar görev aldı. Bu düzenlemeyi yapanlar, Hüseyin Ergün ve Alper Aktan'dı."

Bu hava içinde 27 Nisan 1966 Çarşamba günü yapılan seçimler sonunda Şahin Alpay, 487 oyla başkanlığa seçilir. Nuri Çolakoğlu sekreter olur.

SBF Öğrenci Derneği seçimleri sırasında yaptıkları konuşmalar nedeniyle İsmet Özel ile Erdal Yavuz hakkında "Komünizm propagandası yaptıkları" gerekçesiyle haklarında dava açılır.

SBF Talebe Cemiyeti'ni kazanmanın sonunda, "On kişilik bir grup, Küba'da ihtilalcilerin söyledikleri Enternasyonal'i söylüyorlardı bağıra çağıra. Bu Latince-İspanyolca bir takım sözlerden ve bir nakarattan ibaretti: Viva Sosyalismus-Viva Komünismus. Yüz on yıllık Mülkiye'nin kutsal çatıları bu kelimelerle defalarca inledi."[18]

Necmiye Alpay, katıldığı bu genel kuruldan anısında kalanları şöyle anlatmıştır: "Mahir'in ajitatif olmaya çalışan bir konuşma yaptığını hatırlıyorum. O zaman alıştığımız konuşmadan öte ajitatif olmaya çalışırken, 'Biz genciz. Biz düzenle bağlantı içinde değiliz' sözünü çok iyi hatırlıyorum."

Yeni yönetim kuruluna Tuğrul Eryılmaz, Şahin Alpay, Erdal Yavuz, Esat Güçhan, Savaş Dizdar ve Betül isimli bir bayan seçilir. Betül, 17 yaşında olduğu için üç-dört ay sonra cemiyetler kanununa göre yaşından dolayı istifa etmek zorunda kalır. SBF'de bu dönem çok demokratik bir ortam vardır ve cemiyet yönetimine seçilen Esat Güçhan aynı zamanda Fikir Kulübü'ne karşı alternatif olarak kurulan Hür Düşünce Kulübü'nün başkanıdır.

1966-67 öğretim yılı başladıktan hemen sonra, Şahin Alpay'ın başkan olduğu SBF Talebe Cemiyeti, tüzükte bir kısım değişiklikler yapmak amacıyla, 30 Kasım 1966 Çarşamba günü akşamı başlayan fakat yarıda kaldığı için 12 Aralık 1966 Pazartesi günü devam eden olağanüstü bir Genel Kurul toplantısı düzenler.

Başkan Şahin Alpay, konuşmaya, "Bu Genel Kurul sosyalist zaferlere bir yenisini katacaktır" diye başlar. Fikir Kulübü Başkanı olan Mahir Çayan da, yaptığı konuşmada, özetle şunları söylemiştir, "Kardeşlerim! Emperyalistlerin ve sömürücülerin adamları burada güya eleştiride bulundular. Türkiye'de bugün iğrenç bir oyun oynanmaktadır. Bu oyunun yöneticileri, bugün maalesef fakültemize kadar sızmış bulunmaktadır. Biz emperyalistlere, sömürücülere (...) vatan hainlerine karşı çarpışıyoruz.

Dünyada bugün iki cephe vardır. Birisi sözde hürriyet savunucusu, emperyalist Amerikalıların liderliğini yaptığı batı cephesi, diğeri de Sovyetler. İşte biz bu emperyalist batılılarla savaşıyoruz."[19]

Grupların birbirlerini kıyasıya eleştirdikleri, eleştirilere yanıt verdikleri tartışmalı toplantının sonunda, 150 civarında üyenin oyuyla Sadi Nebrekli ve Mustafa Dinçer'in karşısında daha çok oy aldığı için son sınıf öğrencisi olan Şahin Alpay, cemiyet başkanlığını 1967 Nisan ayındaki olağan kongresine kadar aynı şekilde devam ettirir.

Mahir'i, Fikir Kulübü Başkanlığından Deviriyorlar

TİP 20-24 Kasım 1966 tarihinde yapılacak olan İkinci Büyük Kurultayının hazırlıklarını yaparken, YÖN dergisi, Haziran 1966'da "TİP Tartışmaları" başlığı altında, TİP yönetimine karşı açıkça saldırı ve muhalefet başlatır. v

Tartışmalar en çok TİP yanlısı üniversiteli gençlik arasında yansımasını bulmaktadır.

Zülküf Şahin, bu konuda şunları anlatmıştır: "Mahir, bu dönem, FKF'yi eleştirmekten çok TİP'e karşıydılar. Çeşitli çevrelerin etkisiyle bunlar bir topluluk oluşturmuştular. Ben bunlara 'Türk Baasçıları' diyordum. Mahir'i hiç bir zaman lider olarak görmedim ve düşünmedim. Kemal Tahir'in 18 Aralık 1966'da KFK'de yapılan 'Türkiye ve ATÜT' başlıklı bir paneli vardı. Mahir, panelde bizim düşüncemize ters şeyler söyledi. Biz de onu panelden dışarı çıkarttık. Hüseyin Ergün, panelde Mahir'e karşı iyi bir konuşma yapmıştı."

Yaşanan tartışmalar sonucu, Mahir Çayan başkanlığında toplanan SBF Fikir Kulübü Yönetim Kurulu, aldığı bir kararla SBF Fikir Kulübü'nün, olağanüstü olarak toplanmasına karar verir.

10 Nisan 1967 Pazartesi günü yapılan Olağanüstü Fikir Kulübü Toplantısı sonucunda Mahir'in başkanlığında olan Fikir Kulübü yönetimi düşürülerek, yerine Kaya Ersoy, Koray Düzgören, Hayri Muşlu, Yurdakul Alpay ve Fehmi Baykan'dan oluşan SBF Fikir Kulübü'nün yeni yönetimi seçilir.

Kaya Ersoy başkanlığındaki yeni Fikir Kulübü yönetiminin artık Talebe Cemiyeti Seçimleri için yapabileceği fazla birşey kalmamıştır. Çünkü, seçimler 3 gün sonra yapılacaktır.

13 Nisan 1967 Perşembe günü yapılan Olağan SBF Talebe Cemiyeti Seçimleri'ni Ortanın Solu grubundan Uluç Gürkan ve ekibi kazanır.

SBF Fikir Kulübü Başkanı Kaya Ersoy, devirdikleri eski Fikir Kulübü yönetimi konusunda şu değerlendirmeyi yapmıştır: "Fikir Kulübü başkanlığından düşürülmesi Mahir Çayan'ın SBF Fikir Kulübü içindeki ve genelde SBF'deki çalışmalarının sonu olmuştur. Mahir artık çalışmalarını başka çevrelerde yürütmektedir. Bu durum, Yusuf Küpeli'nin FKF Genel Başkanı olmasına kadar sürecektir. Kulüp başkanlığından düşürülmesi Mahir'in politik çizgisini daha da netleştirecek ve TİP'den uzaklaşan tavrı belirginleşecektir."

Mahir, başkanlıktan düşürüldükten sonra çalışmalarını başka çevrelerle yürütür. Çünkü, delege olmasına rağmen, İzzet Ararat'ın genel başkan seçildiği FKF'nin 22 Ocak 1967 tarihinde yapılan 1. Olağan Kurultayı ile 28 Mart 1968 tarihinde yapılan ve Doğu Perinçek'in başkan seçildiği, FKF'nin İkinci Olağan Kurultayı'na katılmaz.

Milli Kurtuluş Komitesi

18 Ocak 1966 Salı günü, SBF'nin bahçesine atılmış, "Hür Subaylar Komitesi" imzalı ve AP hükümeti karşıtı bildiriler bulunur. Bu nedenle, SBF Fikir Kulübü üyeleri ile SBF öğrencilerinden 150 kişi evleri arandıktan sonra 1. Şube yetkilileri tarafından sorgulanır.

4 Mart 1966 Cuma sabahı da, Ankara, Bahçelievler ve Yenimahalle'de evlere, "Milli Kurtuluş Komitesi" imzalı yine AP hükümeti aleyhtarı bildiriler dağıtılır. Dağıtılan bu bildirinin ardından 5 Mart 1966 günü, 1960'taki gibi (555 K) parolası ile Kızılay'da hükümet aleyhtarı bir gösteri yapılacağı söylentileri çıkar. Suçlanan ve gözaltına alınanlar yine solculardır.

ODTÜ Fikir Kulübü Başkanı Kamuran Bekir Harputlu, SBF öğrencisi Faruk Sindel bu bildiri nedeni ile gözaltına alınır.

Yeni bir 28-29 Nisan olaylarının ve yeni bir askeri ihtilalin olabileceği söylentilerinin çok yaygın olduğu böyle bir ortamda, Başbakan Süleyman Demirel yönetimindeki AP hükümeti, büyük illerde olağanüstü önlemler alır ve tanınmış aydınları gözaltına alır. Yazar Orhan Kemal, şair Can Yücel, ozan Ruhi Su, Nesimi Çimen, yazar Yaşar Kemal, Ahmet Yürür, Kemal Çiftler, TİP Fatih İlçe Başkanı Mehmet Şahin, TİP üyesi Mustafa Kutlu ve Ankara'da Namık Kemal Ortaokulu ikinci sınıf öğrencisi Gürbüz Şimşek, "Komünizm propagandası" yaptıkları gerekçesiyle gözaltına alınır.

SBF Fikir Kulübü Başkanı olan Mahir, bu olayı protesto etmek amacıyla onbeş arkadaşıyla birlikte Namık Kemal Ortaokulu'na giderek siyah çelenk bırakır ve SBF Fikir Kulübü adına bir protesto bildirisi yayınlar.

SBF Fikir Kulübü üyelerine ve ilerici kamuoyuna yönelik yaratılan ve sürdürülen baskılar üzerine yayınlanan bildiride, toplum kaynaklarını sömürenlere karşı çıkan, toplum çıkarlarını savunan devrimci güçleri aşırı akımlar, tehlikeli akımlar gürültüsü ile boğmak isteyen düşüncenin son günlerde bir terör havası yaratarak bulanık suda balık avlamak sevdasına kapıldığını açıklamış, özellikle bu "aşırı akımlar komedisi"nin SBF Fikir Kulübü üzerinde hızlandırıldığını kaydetmiştir. Bildiride daha sonra özetle şunlar ifade edilmiştir:

"Böylelikle SBF Fikir Kulübü'nün kamuoyundaki etkin, devrimci niteliği yitirilmek istenmektedir. Aslında bu baskıların nedeni, SBF Fikir Kulübü'nün devrimci niteliğinden ve yurt sorunlarına bilinçle eğilmesinden doğan korkudur.

Biz biliriz ki, salt faşist çabalara karşı toplumlar daima ilerlemişlerdir. Türk halkı da bir gün mutlak huzura ve refaha kavuşacaktır.

Bugün bizim üzerimizde bu tedbirler gittikçe artabilir. Fakat tüm bunlar bizim direnme gücümüzü kıramayacaktır. Çünkü biz kuvvetimizi, gücümüzü halktan, toplumdan almaktayız.

Mutlu günlerin özlemini çeken Türk halkına bildiririz ki:

Sana karşı olan, seni sömürmek isteyen Ortaçağ kalıntılarının her zaman karşısındayız ve varlığımız pahasına, sonuna dek direnme gücümüzü kullanacağız.

Gizli bildirilerden sonra Fikir Kulübü üyelerinin evleri aranıyor, ifadeleri alınıyor, tartaklanıyor. Toplum yararlarını savunan devrimci güçleri aşırı akımlar gürültüsü ile boğmak isteyen düşünce, son sıralarda terör havası yaratarak, bulanık suda balık avlamak sevdasındadır."

Başbakan Demirel Yuhalanıyor

10 Ekim 1965 Pazar günü yapılan Milletvekili Genel Seçimleri'nin ardından Türkiye'nin "iki önemli olgusu vardı: Yeni bir iktidarla AP; Türkiye'nin işitmediği sloganlar ve sözlerle sol bir parti olan TİP."[20]

27 Mayıs'ı gerçekleştiren ve destekleyen çevreler, 1965 seçimlerinde AP'nin tek başına iktidar olmasını şaşkınlık ve tepkiyle karşılar.

Yön dergisi, "Anayasa tehlikededir. Anayasa ancak 27 Mayıs'tan yana güçlerin bilinçli ve azimli direnmesiyle korunabilir" yorumunu yapar.[21]

Kim dergisi, "Bugünün baş meselesi Başbakan Demirel'dir" diye başlık atar.[22]

Ankara Üniversitesi SBF ve Hukuk Fakültesi öğretim üyeleri, ortaklaşa bir bildiri yayınlayarak, Başbakan Demirel'i, Hükümeti ve yetkilileri demokratik rejimin yaşaması ve anayasa düzeninin korunması konusunda uyarır. Bu bildirinin yankıları sürerken İstanbul, Ankara ve ODTÜ Üniversitelerine mensup 101 öğretim üyesi tarafından imzalanan ve bu bildiriyi destekleyen yeni bir bildiri daha yayınlanır.[23]

Ülkenin önde gelen aydınlarından gelen bu yoğun tepkiler üzerine, AP'ye yakınlığı ile bilinen SBF Dekanı Prof. Fahir Armaoğlu, Başbakan Süleyman Demirel'in, "Üniversitelerimizin en dik başlı hocalarını barındıran SBF'ye, gelmesini" ister.

Demirel, 8 Mart 1966 Salı günü beraberinde Milli Eğitim Bakanı Orhan Dengiz ve daha önce SBF'de öğretim üyesi olan AP İstanbul Milletvekili Prof. Aydın Yalçın'la birlikte SBF'yi ziyaret eder.

Demirel saat 16.30'da fakülteye girerken, birkaç SBF öğrencisi, Demirel'i yuhalar. Yakalarında İlahiyat ve Hukuk Fakültesi rozeti taşıyan gençler ise 'Bravo' diye bağırır.

Başbakan Demirel'i, SBF'nin kapısında Dekan Prof. Fahir Armaoğlu karşılar ve dinlenmesi için kendi odasına götürür. Demirel, daha sonra aleyhine bildiri yayınlayan SBF öğretim üyeleri ile görüşme yapmak üzere, öğretim üyelerinin odasına gider. Görüşme saat 20.15'e kadar sürer.

29 Nisan 1960'ta SBF öğrencilerini öldürmek amacıyla üzerlerine

ateş açtıran Demokrat Parti'nin siyasi devamcısı olduğunu iddia eden AP Genel Başkanı'nın SBF'ye gelmesini bir meydan okuma ve kendilerine hakaret sayan bir kısım öğrenci, tepkilerini dile getirmek amacıyla Başbakan'ın geçeceği koridora doluşur. Demirel, görüşme yapılan odanın kapısını açıp koridora çıktığında, orada bulunan öğrencilerden, koridora bir "tsss" sesi yayılır. Bu, bir şaşkınlık yaratır ve sesi çıkartan bulunmaya çalışılır, ama koridoru doldurup, hep birden hareket eden yüzlerce öğrenci arasında kimin yaptığını saptamak olanaksızdır. Bu arada merdivenin başında duran 10-15 kadar genç de bağırmaya başlar,

"-Demirel, Demirel çok yaşa! Yaşa, yaşa, yaşa! Bravo."

Bu, bir anlık sessizlik yaratır ve "tsss" durur. Hemen arkasından, SBF'nin koridorları, "Yuhh!" sesleri ile inlemeye başlar. Demirel, bu sesler üzerine gülümser ve her zaman yaptığı gibi elini kaldırarak, kendisini yuhalayan genç üniversitelileri şükranla selamlar. Bu arada tüküren bazı öğrenciler de olur. Demirel arabasına biner. Araba hareket ederken bir genç, merdivenlerden bağırır:

"Go home Demirel, go home!"

Demirel'in yuhalanması üzerine SBF Hür Düşünce Kulübü Başkanı Ali Muhsin Nakipoğlu, "Türkiye Cumhuriyeti Hükümeti Başbakanı' na, fakülteden ayrılışı esnasında fakültemizde faaliyet gösteren bir kulüp ile bu kulübün dışardan topladığı birtakım maksatlı kişiler tarafından çirkin ve medeni olmayan sesler çıkartılarak aleyhte gösteri yapıldığını üzüntü ile müşahade ettik" diye açıklamada bulunur. Ertesi gün, SBF'den 7 kişilik bir öğrenci grubu, Başbakan Demirel'i ziyaret eder ve 40 dakika görüşür. Fatih Özgür adlı öğrenci, "yuhalamayı milliyetçi gençler yapmazlar ve yapmamışlardır. Sayın Başbakanımızı yuhalayanlar TİP'e mensup arkadaşlarımızdır" diye konuşur.

TİP Lideri Aybar Yuhalanıyor

Başbakan Demirel'in yuhalanmasından tam bir hafta sonra SBF Fikir Kulübü, TİP Genel Başkanı ve İstanbul Milletvekili Mehmet Ali Aybar'ı, SBF'de, "Osmanlı İmparatorluğu'ndan Bu Yana Rejim Sorunu" konulu bir konferans vermek üzere davet eder. Fakülte idarecileri, bu konferansa izin verir.

15 Mart 1966 Salı günü, Aybar'ın konferans vereceği salon, koridorlar ve dış bahçe, özellikle yakasında TİP rozeti bulunan üniversiteli öğrenciler ile Milliyetçiler Derneği'ne üye bozkurt rozetli gençlerle dolmuştur.

Bu arada SBF Fikir Kulübü Başkanı Mahir Çayan, Mehmet Ali Aybar'ı TBMM'den alıp SBF'ye gelir.

SBF Dekanı Fahir Armaoğlu, Aybar'dan, "Konferansını başka bir günde vermesini" ister. Aybar ise konunun bilimsel bir yönü olduğunu, bu nedenle konferansını vereceğini söyler.

Saat 16.30'da Aybar, beraberinde İstanbul Milletvekili, eski SBF öğretim üyesi Sadun Aren ve Fikir Kulübü yöneticileri olduğu halde salona girerken, bir taraftan lehte, bir taraftan da, "Komünistler Moskova'ya" diye aleyhte tezahürat başlar. Bu tezahürata karşı TİP'liler ve SBF Fikir Kulübü üyelerinin ilk tepkisi, "Ayıptır, misafir gelmiş" şeklinde olur.

Aybar'ı yuhalayanlar ise, geçen hafta SBF'yi ziyarete gelen Başbakan'ın da misafir olduğunu, fakat buna rağmen yuhalandığını söyler ve "Komünistler Moskova'ya" sesleriyle aleyhte tezahürata devam eder.

Aybar gürültüler arasında kürsüye çıkar. İlk konuşmayı Fikir Kulübü yöneticileri yapar. Aybar, ağzını açar açmaz saldırgan grubun bağırtılarıyla karşılaşır ve gruba hitaben, aralarında art niyetli kişilerin bulunacağını sanmadığını, gençlerin yurt sorunlarını olgunluk içinde dinleyeceğine inandığını söylerse de, aleyhte tezahürat saat 17'ye kadar sürer.

Bunun üzerine, FKF Başkanı Hüseyin Ergün, bir konuşma yaparak ortalığı kısa bir süre yatıştırır ve Aybar konuşmaya başlar. Konuşma 1908 Meşrutiyeti'ne geldiği zaman, konferansın verildiği salonun balkonunda bulunan sağcılar, tekrar aleyhte tezahürat yapmaya başlayınca kavga başlar. Dayak yiyip dışarı atılan sağcılar, bu kez, konferans salonuna taş atmaya başlar. Atılan taşlarla camlar kırılır, konferans salonunun içi tam bir savaş alanına döner. Konferans salonundaki sandalyeler parçalanıp sopa olarak kullanılır. Sağcıların attığı taşlar sonunda, fakültenin bahçeye bakan cephesinde sağlam cam bırakılmaz.

Kavga başladıktan sonra Dekan Fahir Armaoğlu'na giden Fikir Kulübü yöneticileri, olay çıktığını ve bastıramadıklarını söyler. Dekan Fahir Armaoğlu, Fakülte Yönetim Kurulu üyelerini toplayarak, Fikir Kulübü yöneticilerine taleplerini tekrarlatır ve daha sonra da Emniyet Müdürlüğü'ne telefon edip, polisi fakülteye davet eder.

İki otobüs dolusu toplum polisi olay yerine gelir. Ayrıca Emniyet Genel Müdürü Hayrettin Nakiboğlu ve Ankara Emniyet Müdürü Muzaffer Çağlar da, alınan güvenlik önlemlerini yerinde incelemek üzere fakülteye gelir.

Polisin, fakültenin bahçesine girdiğini gören SBF öğrencileri, üniversitenin özerk olduğunu, polisin üniversiteye giremeyeceğini söyler, ancak polis şefleri, Dekan Fahir Armaoğlu'nun yazılı isteği üzerine gelindiğini açıklar.

1961-71 döneminde polis, herhangi bir nedenle de olsa, değil fakülte binalarına, kampüs içinde bulunan yurt binalarına bile giremezdi. 1960 öncesinde siyasi iktidarın üniversitelere yaptığı saldırılar nedeniyle 27 Mayıs İhtilali'nden sonra üniversite özekliğinin korunması için yasal güvenceler sağlanmıştır. Öğrenci cemiyetleri bu nedenle rahat bir çalışma olanağı buluyorlardı.

Sağcıları dövüp, SBF'den tamamen püskürten ilericiler, "Dağ Başını Duman Almış" ve "Mülkiye Marşı"nı söylemeye başlar. Bu arada polis, iki grup arasında barikat kurarak, olayları engellemeye çalışır. Kavga nedeniyle konferansı yarım kalan TİP Genel Başkanı Aybar, bazı öğrenciler tarafından koruma altında bir otomobile bindirilerek fakülteden uzaklaştırılır. Bu arada, Kızılay'a yürümek isteyen öğrencilere polis engel olur. TİP milletvekillerinden Şaban Erik, Rıza Kuas ve Kemal Nebioğlu da olayları yerinde incelemek üzere SBF'ye gelir.

Saat 18.30'a doğru bazı SBF öğrencileri, "Dağ Başını Duman Almış" marşını söyleyerek dağılmaya başlar.

"Bozkurt Ordu Buraya" diye slogan atan İmam Hatip Okulu, Ticari İlimler Akademisi ile Hukuk Fakültesi öğrencilerinin oluşturduğu milliyetçi grup ise, Hukuk Fakültesi'nde toplanır ve İstiklal Marşı'nı okuduktan sonra Atatürk büstü önünde, "Komünistleri bu topraklardan kovmaya Atatürk büstü önünde and içiyoruz" diye bağırıp, dağılır.

"Birleşmiş İlerici Vatansever Bir Mülkiye Vardır"

Saldırıdan bir gün sonra SBF Profesörler Kurulu, toplantı yapar. Dekan Armaoğlu, aldığı sert eleştiriler üzerine SBF dekanlığı görevinden istifa etmek zorunda kalır. Yerine Prof. Aziz Köklü, dekan seçilir.

TİP Genel Başkanı Mehmet Ali Aybar'ın SBF'de verdiği konferans sırasında çıkan olaylarla ilgili olarak Mülkiye öğrenci örgütleri başkanları, 16 Mart 1966 Çarşamba günü, SBF Talebe Cemiyeti odasında ortak bir basın toplantısı düzenler. Toplantıda ilk konuşmayı SBF Talebe Cemiyeti Başkanı Şükrü Tufan yapar ve Mülkiyeliler'e karşı girişilen hareketlerin kendilerini yıldırmayacağını söyler. Daha sonra Hür Düşünce Kulübü Başkanı Ali Nakipoğlu, "Olaylardan üzgünüz. Ancak böyle bir konferans düzenlendiği zaman hadisenin çıkacağı bilinen bir gerçekti.

Armaoğlu'nun, TİP Genel Başkanı'nı ikaz etmesine rağmen Aybar'ın bu konuda ısrar etmesini tasvip etmiyoruz" diye konuşur. Nakipoğlu'nun bu konuşması, diğer kulüp yöneticilerini sinirlendirir. Öğrenciler arasında karşılıklı küfürleşmelere varan tartışmalar çıkar.

FKF Başkanı Hüseyin Ergün, dünkü olayların üzücü olduğunu belirterek, "Bir hukuk ve kanun devleti olan Türkiye'de herkes fikrini serbestçe söyleyebilmelidir" der.

SBF Fikir Kulübü Başkanı Mahir Çayan da, polisin pasif hareketi yüzünden dünkü olayların çıktığını, hükümetin gerçek görevinin söz hürriyetini sağlamak için gerekli güvenlik önlemlerini almak olduğunu belirtir.

SBF Talebe Cemiyeti ile Fikir Kulübü yöneticileri, "Fikir kaba kuvvetle susturulamaz. Aybar'a konferansını tamamlatacağız" şeklinde görüş birliğine varır. Bazı konularda farklı görüş savunmalarına rağmen toplantı sonunda ortak bir bildiri yayınlanır. Olayla ilgili, sağ ve sol grup cemiyet başkanları ortak bir tavır koyar, ama sağ cemiyet başkanları, kendi grupları tarafından SBF'ye saldırı yaptıkları gerekçesiyle suçlanır ve sağcı cemiyetlerin okul içindeki saygınlığı giderek azalır.

SBF Fikir Kulübü Başkanı Mahir Çayan, SBF Hür Düşünce Kulübü Başkanı Esat Güçhan, SBF Talebe Cemiyeti Başkanı Şahin Alpay ve SBF Toplumcular Derneği Başkanı Tayfur Özsen'in imzasıyla ortaklaşa yayınlanan bildiri şöyledir:

"Konferans kendilerine, mukaddesatçı, milliyetçi adlarını veren ve aslında hangi paralelde oldukları herkesçe bilinen bazı maksatlı gruplar tarafından sabote edilmek istenmiş ve müessif olaylar meydana gelmiştir. Konu artık bir düşünce ve doktrin tartışması olmaktan çıkmış, dejenere edilerek kamuoyunu aldatıcı ve hukuk devleti anlayışını yıkıcı bir nitelik almıştır. Bunun sorumluları bellidir. İlerici ülkülerin savunuculuğunu yapan mülkiyeye dil uzatanlar ve tecavüz edenler, şunu bilmelidirler ki, onun ilerici gücünü tüketemeyecekler ve sonunda kendi örümceklenmiş, süfli düşüncelerinin zavallılığında kendi kendilerini yiyeceklerdir.

Mülkiye çatısı altında da farklı görüşler vardır. Bunlar değişik çözüm yolu etrafında toplanırlar. Ancak komünizm fobisi yaratarak onu aldatan ve bu şerefli camiaya tecavüze yeltenen malum zihniyetin karşısında birleşmiş bir Mülkiye, ilerici vatansever Mülkiye vardır. Ve bu Mülkiye, mücadelesini onların metodları ile değil, içten benimsediği, hukuk ve Anayasa düzeni içerisinde yapacaktır. Bu ülkenin mutluluğa kavuşması, kendisinden başkasının düşüncesine saygı göstermeyen bilinçsiz, kaba kuvvet aşığı bir zihniyetle başarılamaz. Bu zihniyeti şiddetle ve nefretle protesto ederiz."

Ata'nın Büstüne Kadar Uzanmaya Cüret Eden Ellerinizi Kıracağız

1965'te, Adalet Partisi tek başına iktidara geldikten sonra Atatürk büstlerine saldırılar daha sık tekrarlanır.

Malatya ve Antalya'da Atatürk büstleri parçalanır. 1 Nisan 1966 Cuma günü, İzmir'de Cumhuriyet Alanı'ndaki Atatürk heykelinin kaidesinde önce iki rekat namaz kılan Ahmet Ali Gezgin adındaki vatandaş, besmele çekip, elindeki baltayla Atatürk heykelini parçalamak isterken yakalanır.

Türkiye'nin değişik şehirlerinde Atatürk heykellerine üst üste yapılan saldırılar üzerine başta İstanbul, Ankara ve İzmir'de üniversite öğrencileri protesto gösterileri düzenler. Yine İstanbul'da, Ankara'da ve İzmir'de, Atatürk heykelleri önünde, "Atatürk'e Bağlılık Nöbetleri" tutulmaya başlanır.

SBF öğrencileri de, olayı protesto etmek için Zafer Anıtı önünde bir gösteri yapar. Gösteri sırasında Zafer Anıtı önünde konuşma yaptığı gerekçesiyle SBF öğrencilerinden Adem Yavuz, Ankara 1. Şube ekipleri tarafından yakalanarak gözaltına alınır. Daha sonra savcılığa götürülüp ifadesi alınır ve serbest bırakılır.

Mahir'in başkan olduğu SBF Fikir Kulübü de, Atatürk'e saldırılarla ilgili şu bildiriyi yayınlar:

"Büyük kurtarıcı Atatürk'ün büstüne saldıran, yeşil bayrak isteyen gerici, korkunç zihniyet AP döneminde tekrar hortladı.

Yıllardır düşünce akımlarını baskı altında tutma çabaları yalnızca çıkarcı çevrelerin, sömürgen azınlığın yararına çalışmıştır. Neticede bu çabalar, yoksul halkımızın bu kadar geri kalmasına ve sömürülmesine yol açmıştır. Çirkin politikacı, yurtsevmez politikacı yıllardır Atatürk ilkelerine karşı dilini uzatmış, karşı çıkmıştır. Ve yıllardır bu yurtsevmezlere dur diyen çıkmamıştır. Uzun seneler başıboş bırakılan bu hareket, gerici ve çıkarcı basının ahlaksızca aracılığı ile yoksul halkımızın dini inançlarını, milli duygularını sömürmüş, halkı devrimlere karşı kışkırtmıştır. Ve nihayet bu korkunç düşünce, ilerici güçlerin potansiyeli olan yüce Ata'nın büstüne saldırmıştır. Biz, bu çirkin saldırılara araç olan uyutulmuş zavallı kişilere değil, bu anlayışın bilinçli, çıkarcı sözcülerine sesleniyoruz:

Kuvvetini Atatürk Devrimleri'nden alan bir gençlik örgütü olarak biz, SBF Fikir Kulübü, tüm bu yurtsevmez hareketlerin karşısında sonuna dek direneceğiz ve Ata'nın büstüne kadar uzanmaya cüret eden ellerinizi kıracağız."[24]

"İlerici Güçlerin Karşısına Tutucu ve Gerici Güçler, Çıkarcı Çevreler Tarafından Çıkarılır"

1965'te tek başına iktidara gelen AP, ilk etapta, 1961 Anayasası'nı, toplumdaki bütün görüşlerin parlamentoda temsil edilmesine olanak sağlayan seçim sistemini değiştirmeyi hedefler; Temel Hak ve Hürriyetleri Koruma Kanunu adı altında düşünceyi açıklama ve örgütlenme özgürlüğünü ortadan kaldıracak yeni baskı tedbirleri öngören çalışmalara girişir.

Bu sırada, TİP'liler tarafından değişik yörelerde yerel, haftalık, onbeş günlük ve aylık dergi ve gazeteler çıkarılmaktadır.

Bu yayın organları bir taraftan ekonomik baskı ve zorluklar içinde yayınlarını sürdürmeye çalışırken, bir taraftan da siyasi iktidarın yasal, keyfi baskı ve uygulamalarına karşı yaşam savaşı veriyorlardı. Bu yayınlar, zaman zaman anti-demokratik uygulamalarla toplatılır, koğuşturmaya uğrar ve sorumlu yazı işleri müdürleri gözaltına alınır.

TİP Samsun il başkanı Oğuz Koyutürk'ün Samsun'da yayınladığı "Çaltı" adlı dergi, daha önceki yazı işleri müdürleri gibi en son Ahmet Yeşilyurt'un da tutuklanması üzerine, yeni bir yazı işleri müdürü bulamaz ve Nisan 1966'da kapanır. Çeşitli kuruluşlar, yayınladıkları bildirilerle olaya duydukları tepkiyi açıklarlar. Bu tepkilere, Ankara'dan da iki kuruluş katılır. 12 Nisan 1966 tarihinde Oğuz Koyutürk'e gönderilen telgraflar ve gönderenler şunlardır:

"Sayın Oğuz Koyutürk, sizlere yapılan baskıları öğrenmiş bulunuyoruz. Bilgiye, düşünceye, ilericiliğe karşı kaba kuvvetle ortaya çıkanlar, zorbalığa dayananlar bunu çaresizlikleri ve güçsüzlüklerinden yaparlar. Kendilerini fikirle ortaya koyamayanların durumu budur. Bilgisiz ve geri bırakılan halkımız bir gün, elbet bilinçlenecek ve güzel günler gelecektir. Çabanız çabamızdır. Saygılarımızla. FKF Başkanı Hüseyin Ergün."

Aynı gün gönderilen diğer bildiri de şöyledir: "Sayın Oğuz Koyutürk, Tarihin her devrinde, ilerici güçlerin karşısına tutucu ve gerici güçler, çıkarcı çevreler tarafından çıkarılır. Fakat, hiçbir zaman tarihin akışını ve ilericiliğini durdurmayı ve engellemeyi başaramamışlardır. Nitelik niceliği, bilim menfaatı yenecektir. Yanınızdayız. Saygılarımızla. SBF Fikir Kulübü Başkanı Mahir Çayan."

Anti-Amerikan Gösteriler

ABD Dışişleri Bakanı Dean Rusk, CENTO Dışişleri Bakanları toplantısına katılmak üzere 19 Nisan 1966 Salı günü uçakla Ankara'ya gelir ve FKF'li öğrencilerin yoğun protesto gösterisiyle karşılaşır.

ABD Dışişleri Bakanı Rusk'ın, Atatürk Bulvarı'ndan geçerek, ABD Büyükelçiliği'ne gideceğini öğrenen FKF'li öğrenciler, Rusk'ı protesto etmek için Lozan Meydanı-Kızılay arasında göze batmayacak fakat aniden bir araya gelebilecek şekilde ikişer, üçer kişilik gruplar halinde dolanmaya, paltolarının altında, "Yankee Go Home-Amerikalı Evine Dön", "The world is not Johnson's ranch-Dünya Johnson'un Çiftliği Değildir", "We are at the same age with Tran Van Tung-Vietnam'da Öldürülen Genç Tung ile Aynı Yaştayız" "Ne Amerika, Ne Rusya", "Türkiye'de Amerikan Tesisi İstemiyoruz", "Kıbrıs'ı Sizin Yüzünüzden Kaybediyoruz" yazılı dövizler taşımaya başlar.

Siyasi polis, Güney Amerika'da yüzüne tükürülen Rusk'ı benzer durumdan ve çürük yumurta ziyafetinden kurtarmak için "kaçırma" ihtiyacını duyar. Son dakikada alınan kararla, Atatürk Bulvarı yerine arka yol tercih edilir.

Bu oyunun farkına varan gençler, Kızılay'dan gruplar halinde ABD Elçiliği'ne doğru yönelirler. Ancak yol, Amerikanvari beyaz miğferler giyen polisler tarafından tutulmuştur. Bir grup genç, polis barikatını yaramayacağını anlayınca, Çankaya'ya doğru giden bir belediye otobüsüne binerler, fakat otobüs toplum polisleri tarafından çevrilerek içinde bulunan gençler gözaltına alınır. Bu olay sırasında toplam olarak 74 öğrenci gözaltına alınır. Öğrencilerin savunmasını Avukat Prof. Muammer Aksoy üstlenir. Aynı gün, bir protesto yürüyüşü için Ankara Valiliği'ne başvuran Barış Derneği yöneticileri de tehdit edilir. Dernek Başkanı Ayhan Başaran, "İkili anlaşmaların kaldırılmasını amaçlayan bir yürüyüşümüzü Ankara Valiliği 'halkı isyana teşvik' gibi gerekçelerle yasadışı sayacağını bildirdi" diyerek, durumu kamuoyuna açıklar.

Gösteriler çarşamba günü de devam eder. Sabahın erken saatlerinde bir kısım üniversite öğrencisi ve SBF Talebe Cemiyeti Başkanı ile SBF Fikir Kulübü, gençlerin gözaltına alınmalarını ve adliyeye verilmelerini protesto etmek amacıyla Anıtkabir'e siyah kurdeleli bir çelenk bırakma kararı alır. Bu nedenle SBF Fikir Kulübü yönetiminden Atilla Arsoy ile SBF Talebe Cemiyeti yönetiminden Savaş Dizdar, SBF'de çelenk yaptırmak için para toplamaya başlar. Bu nedenle birinci sınıf öğrencilerinden Muharrem Kılıç'a giderek,

"-Para topluyoruz. ABD Dışişleri Bakanı gelmiş onun için çelenk yaptıracağız" diyerek, para talep eder. Muharrem de, henüz siyah çelenk bırakma denilen olayı bilmediği için,

"-Ne demek! Niye o adama çiçek yapılsın ki, bunun için ben neden para vereyim?" dediğinde ikisi de şaşırır ve ısrar etmeden ayrılırlar. Muharrem, yanında bulunan arkadaşlarına,

"-Yahu bunlar iyi arkadaşlar, niye bir Amerikalı kişiye çiçek alıyorlar?" diye sorar. İçlerinden birisi,

"-Onlar, protesto amacıyla siyah çelenk koyacaklar. Parayı onun için topluyorlar" diye yanıt verir.

Sonuçta toplanan bir miktar parayla alınan siyah kurdeleli bir çelenk, CENTO Ülkeleri Dışişleri Bakanlarının Anıtkabir'i ziyaretlerinin hemen ardından, Rusk'ın Türkiye'ye gelişini protesto etmek amacıyla Anıtkabir'e SBF Fikir Kulübü ve SBF Talebe Cemiyeti'nden bir grup öğrenciyle götürülerek bırakılır. Polis, olaya müdahale etmez, ama çelengi bırakan Şahin Alpay ve Yusuf Küpeli'yi gözaltına alır, kimliklerini tespit ettikten sonra serbest bırakır.

Aynı gün, saat 13.00'te Başbakan Demirel tarafından Orduevi'nde, şerefine verilen yemeğe gelirken, Dean Rusk ikinci kere öğrencilerin protestosuyla karşılaşır. Yüksel Palas önünde kümelenen 10 kadar üniversite öğrencisinin ıslıklarla başlayan ve daha sonra, "Yuh-Kahrolsunlar" diye devam eden protestolarını gülümseyerek izler. Rusk, Orduevi'ne girdikten sonra polis, öğrencileri dağıtır. Bu arada Yılmaz Yalçıner'in önderliğinde Milliyetçi Türk Gençlik Teşkilatı'na bağlı gençler, Rusk'ı yuhalayan gençlere saldırır. SBF öğrencilerinden Mahmut Atilla Arsoy ile Osman Aybars bıçakla yaralanır. Yaralananlar arasında MTGT'lı Yılmaz Yalçıner de vardır.

Polis tarafından uzaklaştırılan ve içlerinde Ataol Behramoğlu'nun da bulunduğu gençler, bu defa da Kızılay yönüne doğru, "Olur mu böyle olur mu, kardeş kardeşi vurur mu?" marşını söyleyerek yürür. AP genel merkezinin ve USIS'in önüne geldiklerinde, burada da, "Memleketi komünistlere mi satmak istiyorsunuz?" diyenlerin saldırılarına uğrarlar. Amerika Kütüphanesi'nin önünde milliyetçi grupla, TİP'li gençlerin tekrar çatıştıkları görülür. Polis, üç kişiyi adliyeye sevkeder.

SBF Talebe Cemiyeti Başkanı Şahin Alpay, SBF Toplumcular Derneği Başkanı Tayfur Özsen, SBF Hür Düşünce Kulübü Başkanı Esat Güçhan ve SBF Fikir Kulübü Başkanı Mahir Çayan, şu ortak bildiriyi yayınlar:

"Türkiye'nin bağımsızlığına gölge düşüren ve halkımızın ilerlemesine, kalkınmasına engel olan kurumların karşısındayız.

Ulusal kurtuluş savaşlarının ilkini veren ve tam bağımsız Türkiye'yi kuran Türk halkı bugün bağımsızlığına gölge düşüren birtakım paktlar, birtakım ikili anlaşmalarla karşı karşıyadır. 1961 Anayasası'nın getirdiği özgürlüklerin yaşatılması ancak o özgürlüklere Türk gençliğinin sahip çıkması ile olanaklı olacaktır" diye devam eden ortak bildiride, Atatürk'ün Bursa Nutku'nda gençlere gösterdiği yol hatırlatılmaktadır: "Anayasamızın getirdiği özgürlükleri yozlaştırmaya yönelen çıkarcı, gerici-sömürücü çevreler bilmelidirler ki, gücümüz sonsuzdur."

"İranlı Gençlerin Yanında Olduğumuzu Bildiririz"

1960'lı yıllarda sadece Türkiye'de değil tüm dünyada, Küba, Vietnam ve Filistin'de meydana gelen olaylar nedeniyle protesto eylemleri yapılmaktadır.

Türkiye üniversitelerinde, yapılan kültür ve eğitim anlaşmaları gereği yabancı uyruklu öğrenciler de öğrenim görmektedir. Bu öğrenciler, daha çok Orta Doğu ülkelerindendir. O dönem, bu öğrencilerin büyük çoğunluğu, Türkiye'de yasal olarak dernek kurmuş ve ilerici örgütlerle ilişki içine girmiştir.

Türkiye üniversitelerinde öğrenim gören yabancı uyruklu öğrencilerin kurmuş olduğu yasal derneklerden bir tanesi de, "İran Yüksek Tahsil Talebe Federasyonu"dur.

Türkiye'de bulunan İranlı öğrenciler, bir dönem İran Yüksek Tahsil Talebe Federasyonu Başkanlığını yapan Perviz Pürmehdi'nin öncülüğünde, İran'daki Şah Rıza Pehlevi yönetimine karşı 21 Ocak 1965 Perşembe günü İstanbul'da yürüyüş yapar. İstanbul Emniyet Müdürlüğü Siyasi Şubesi'nden üç polis, 22 Ocak günü, İTÜ'ye gidip Perviz Pürmehdi'yi gözaltına almak ister. Ama o sıra İTÜ İnşaat Fakültesi Talebe Cemiyeti Başkanı olan Harun Karadeniz ve arkadaşları, üniversite özerkliği olduğunu öne sürerek, gözaltına alınmasına karşı çıkar, ama engelleyemezler. Bu olayın arkasından İran yönetimine karşı yapılan hareketlere öncülük ettiği ve şah aleyhinde açıklamalar yaptığı gerekçesiyle Perviz Pürmehdi, 21 Haziran 1966 günü, sabah saat 06.00'da evinden alınır ve sınır dışı edilir.

SBF Talebe Cemiyeti Başkanı Şahin Alpay, SBF Fikir Kulübü Başkanı Mahir Çayan ve SBF Toplumcular Derneği Başkanı Tayfun Özsen, imzaladıkları, ortak bildiri ile tepkilerini şöyle dile getirirler:

"Türk kamuoyuna. Söz, yazı ve fikir özgürlüklerinin Anayasa tarafından güvence altına alındığı bir ülkede, Türkiye'de, düşüncelerini açıkca belirtmekte sakınca görmeyen iki İranlı öğrenci, sınır dışı edilmektedir. Bu karar, halkına karşı silahların gölgesinde ayakta duran bir iktidarın büyükelçisinin, İran Büyükelçisi'nin bir ricası ile, Bakanlar Kurulu tarafından alınmıştır. Eğer, birkaç ilerici yazar ve milletvekilinin gayretleri olmasa idi, bu öğrenciler, Türkiye'deki iktidarın kararı ile, İran hükümetine teslim edileceklerdi. Bu ise, Türkiye'deki özgürlüklerden yararlanarak, kendi halkını yiğitçe bir çabayla uyarmaya, sömürücülerin ağından kurtarmaya çalışan öğrencilerin sonu demek olacaktı.

Türk gençliği olarak, Türkiye'deki yasalara ve insan haklarına aykırı olan bu kararı, şiddetle protesto ederiz. Kendi ülkelerindeki sömürücü güçlere karşı yiğitçe savaşan İranlı gençlerin yanında olduğumuzu bildiririz. Türk kamuoyuna duyururuz ki, görevi, tarihi akışı hızlandırmak olan bizler, uzak olmayan zafere değin, ilerici güçlerle omuz omuza iç ve dış sömürücülere karşı savaşacağız."

10 Kasım Haykırışı

SBF Fikir Kulübü, 10 Kasım 1966 Perşembe günü, Atatürk'ün ölüm yıldönümü dolayısıyla okulda bir toplantı düzenler.

TİP İstanbul Milletvekili Çetin Altan'ın konuşması sırasında, alınan sıkı güvenlik önlemlerine rağmen sağcı bir grup öğrenci, konferans salonuna girmek isteyince, SBF Dekanı Prof. Aziz Köklü, Emniyet'ten yardım istemek zorunda kalır. Gelen polisler kalabalığı dağıtır.

Türkiye-İş Sendikası'nın öncülük ettiği ve FKF ile ODTÜ Öğrenci Birliği'ne bağlı öğrencilerin katıldığı, "Amerika'ya karşı Türk halkının başkaldırması" mitingi 12 Kasım 1966 Cumartesi günü yapılır.

Yaklaşık 10 bin öğrenci ve işçinin katıldığı miting, 12.30'da başlar. Türkiye-İş Sendikası Genel Başkanı Cemal Akın'ın, "Amerikalıların emperyalist hareketlerine karşı ikinci Milli Kurtuluş Savaşı'nı başlatıyoruz. Uğurlu olsun" sözlerinin ardından, Gazi Osman Paşa Marşı değiştirilmiş şekliyle hep bir ağızdan söylenir:

"Tuna Nehri akmam diyor,

Amerika Türkiye'den çıkmam diyor."

"Go Home", "Satılmışlar Defolsun", "Üslerimizden Çekilin", "Sosyalist Türkiye", "Bağımsız Türkiye", "Defol Git, Amerika", "AP ile ABD Sevişir Arada Türkler Ezilir", " Teksas'ın Ayısı, Demirel'in Dayısı", "Milli Petrol", "İşçi, Köylü Çok Yaşa" sloganlarıyla yürüyüş, İstasyon önünden Talat Paşa Bulvarı'nı izleyerek Hamamönü, Dikimevi güzergâhında devam eder.

Yürüyüş yapanlar, SBF'nin tam karşısında bulunan Milliyetçi Türk Gençlik Teşkilatı'nın önüne geldiği zaman, yürüyüşçülerden bazıları, "Satılmışlar Kahrolun" diye MTGT binasının balkonunda oturanlara bağırır. MTGT yöneticilerinden Hüseyin Akyol buna, "Bize kimse satılmış diyemez. Biz milliyetçiyiz. Rusya da kahrolsun, komünizm de kahrolsun" diye cevap verir. Bunun üzerine bazı gençler, binaya girmek ister, ancak polis kendilerine engel olur.

Kurtuluş Meydanı'nda sırasıyla Türkiye-İş Sendikası Genel Sekreteri Şükrü Ünal, ODTÜ Öğrenci Birliği'nden Ural Ateşer, Türkiye-İş Sendikası Genel Başkanı Cemal Akın, Gazi Eğitim Enstitüsü öğrencisi Yaşar Aziz konuşma yapar. Son olarak, "Emekçi" başlıklı bir şiir okunur. Mikrofona gelen bir genç, "Arkadaşlar, mitingimiz bitmiştir. Pankartları ve dövizleri bırakıp dağılmanızı rica ederiz" anonsunu bir kaç defa tekrarlar.

Fakat bu uyarılara rağmen, mitingten sonra Kurtuluş Meydanı'nı dolduran kalabalık Cebeci'ye, Sıhhıye'ye, Topraklık'a ve Kızılay'a doğru, kollar halinde akmaya başlar. Çoğunluğu Kızılay yönüne doğru ilerleyerek Ziya Gökalp Caddesi'nin Ankara Koleji ile Kurtuluş Meydanı arasındaki kısmının tam ortasına geldiklerinde, yolun iki tarafına park edilmiş Ulusoy otobüslerinin kapıları açılır ve beyaz miğferli polis kıtaları, ikiye bölünerek, yolun ortasında ellişer kişilik iki barikat kurup, sırt sırta vererek Kızılay'a doğru gidenleri engellemek isterler, ama mitinge katılan gençler, polis barikatına rağmen ara sokaklardan ve polis barikatını aşarak Kızılay'a gitmek ister. Bunun üzerine polislerle çatışma çıkar. "Yuh" çeken bazı öğrenciler gözaltına alınır.

SBF Hür Düşünce Kulübü Başkanı Hasan Celal Güzel, mitingle ilgili olarak, bir otelde yaptığı basın toplantısında şunları söyler:

"Miting, fiyasko verdi. Bunun üzerine kaba kuvvet gösterisi yapıldı. Doğmatik fikirli birtakım kişiler, işçileri istismara kalkıştı. Biz, ne Amerika, ne de Rusya emperyalizmini görmek istiyoruz. Atatürkçü Türk gençliği, Marksistlerin oyununa kanmayarak, yenilmez şuurunu ispat etmiştir."

Düzenlenen bu miting, FKF üyeleri arasında var olan ayrılıkları su yüzüne çıkartır ve birbirine muhalif gruplar belirginleşmeye başlar.

Mitinge katılanlardan Murat Cahit Koğacıoğlu, bu konuda şunları söylemiştir, "Bizler, 'Sosyalist Türkiye' sloganı attığımızda o zaman Geniş Cepheciler olarak adlandırılan MDD'ciler, 'Bağımsız Türkiye' sloganı atarak bizim sesimizi bastırmaya çalışırlardı. Bizler hem 'Sosyalist Türkiye' hem de 'Bağımsız Türkiye' sloganı atardık, ama MDD'ciler 'Sosyalist Türkiye' sloganı atmazlardı, atılmasına da karşıydılar. Bu slogan ayrımı baştan beri bizim aramızda vardı."

"İkinci Bir Morrison"

CHP Genel Sekreteri Bülent Ecevit, SBF Sosyal Demokrasi Derneği'nin çağrılısı olarak 23 Ocak 1967 günü, SBF'ye gelerek bir konferans verir.

Yusuf Küpeli, bu konferans ve Bülent Ecevit hakkında bir bülten hazırlar. Hayri Muşlu, bültenin hazırlanmasında Küpeli'ye yardımcı olur.

Yön dergisi, bu bültenle ilgili olarak yayınladığı haberde şunları yazmıştır:

"Gençler coplanıp kelepçelenirken, SBF Fikir Kulübü enerjisini fakültede konferans veren Bülent Ecevit'in ikinci bir 'Morrison' olduğunu ispata harcıyordu! Fikir Kulübü gençleri, Ecevit'i Morrison ilan etmek için 300 lira harcayarak bin adet bülten bastırmışlardır!"[25]

Bülent Ecevit'e yönelik tepki, daha sonra, fiili saldırıya dönüşür.

SBF'de, 9 Temmuz 1969 Çarşamba günü, yapılan TÖS Kongresi'ne katılan Bülent Ecevit'e aralarında Mehmet Beşli, Ali Yılmaz, Kemal Çınar, Muharrem Kılıç, Mustafa Kemal Çamkıran'ın da olduğu gençler tarafından küfürlü ve yumruklu saldırı yapılır. Ecevit, kendine saldıranlara, "Aydın yobazı" der.

FKF Merkez Yönetim Kurulu üyesi Ahmet Bozkurt ile Mustafa Çulhan, bu konuda, düzenledikleri basın toplantısında şu açıklamayı yapar:

"Bizler, Amerikan elçisini sokmadığımız, duvarlarına Bağımsız Türkiye, Kahrolsun Amerika yazdığımız ve bunun için işgal ettiğimiz üniversiteye, fakültelerimize, bize halk düşmanı ve kızıl yobaz diyenleri sokmaz, konuşturmayız. Ecevit, Amerikalılarla anlaşmış bir parti yöneticisi olduğu için SBF'de konuşturulmamış ve kovulmuştur."

Yeni Sınav Yönetmeliğini Protesto

Mahir'i, SBF Fikir Kulübü başkanlığından düşürülmeden önce bu dönem öğrenci hareketi içerisinde son kez 27 Ocak 1967 Cuma günü, iki, üç ve dördüncü sınıf öğrencilerinin başlattıkları, "Yeni Sınav Yönetmeliğini" protesto etmek amacıyla yapılan boykot hareketi içerisinde görürüz.

27 Ocak günü başlayan boykotun amacı, yeni fakülte yönetmeliğinin getirdiği, "Not, sınav ve devam" hükümlerine bazı itirazlarda bulunmak, bunların düzeltilmesini sağlamaktır.

Fakültenin ikinci, üçüncü ve dördüncü sınıflarında okuyan öğrenciler, "Kazanılmış hak" iddiasıyla kendilerine eski yönetmeliğin uygulanmasını ister.

Öğrenciler, bu durum düzeltilmediği takdirde iki günlük ders boykotu yapacaklarını, ayrıca Şubat dönemi sınavlarına girmeyeceklerini açıklarlar.

Öğrencilerin yeni yönetmelikte itiraz ettikleri konular şunlardır:

1- Eski yönetmelikte, 5 olan yabancı dil sınıf geçme ortalamasının 7'ye çıkarılması,

2- Eskiden Mart başında kur'a usulü ile yapılan sınavların Şubat başında dil hariç bütün derslerden iki gün içinde yapılması,

3- Daha önce 65 saat olarak sınırlanmış devamsızlığın 30 saate indirilmesi.

Fakülte Dekanı Prof. Aziz Köklü, öğrencilerin davranışını katı bir tutumla karşılamadıklarını, yeni yönetmeliğin bazı ayrıntılarında hatalar olabileceğini ve Profesörler Genel Kurulu'nun, bunları düzeltmek için Yönetim Kurulu'na görev ve Nisan ayına kadar zaman verdiğini belirtir.

SBF'nin derslere girmeyen öğrencileri adına basın toplantısı yapan Fakülte Öğrenci Temsilcileri Rüstem Sungur, Kutlay Ebiri, SBF Fikir Kulübü'nden Mahir Çayan, Suat Asutay, SBF Talebe Cemiyeti'nden Erçin Odman ve İlker Ağca, yeni yönetmeliğin uygulanmasıyla halk çocuklarının SBF'de okumasının olanaklı olamayacağını belirterek, dersleri boykot etmelerinin nedenlerini şöyle açıklamıştır:

"Öğrenim sırasında aynı zamanda çalışmak zorunda olan, hatta ailesini geçindirmek durumunda bulunan arkadaşlarımızın bu şartlar altında öğrenimlerini sürdürmeleri imkansızlaşmıştır.

Sınavlar dolayısıyla çalışmalarını yoğunlaştıran arkadaşlarımız günde altı, yedi tane sınava girmenin olanaksızlığını farketmişlerdir. Ayrıca, yabancı dil öğretmenlerinin yetkisiz ve kabaca davranışları da boykotun başlıca nedenlerindendir. Davamızda haklı olduğumuzu bir çok profesörümüz de kabul etmektedir. Hareketimiz, öğretim üyelerine karşı yapılmış değildir. Bütün sorun, hiç kimsenin onaylamadığı böyle bir yönetmeliğin bir yıllık deneme tahtası ve kurbanı olmamaktır. Bu yüzden 1966-1967 döneminden önce fakülteye girmiş öğrencilerin kendi zamanlarındaki 1955 tarihli yönetmelik gereğince sınavlara girip, öğrenim görmelerini istiyoruz. Bu isteğimiz gerçekleşinceye kadar derslere ve sınavlara girmeyeceğiz."

SBF'de öğrenim gören 1400 öğrenciden 800'ü derslere girmez. Ancak, boykot uzun sürmez. Sınavların ertelenmesi üzerine, boykot 2 Şubat tarihinde sona erer.

SBF Fikir Kulübü'nün Kapatılması

Aralarında SBF Fikir Kulübü'nün de bulunduğu 13 derneğin feshedilmesi ve yöneticilerinin de Türk Ceza Kanunu'nun 526. maddesine göre 1 ay hapis, 150 lira para cezası istemiyle cezalandırılması için Ankara Basın Savcılığı'nca, 6 Nisan 1966 Çarşamba günü soruşturma açılır.

Ankara Basın Savcısı Nazım Torunbalcı'nın açıklamasına göre, ayrıca, SBF Fikir Kulübü'nün 21 Nisan 1966 Perşembe günü, yayınladığı bildiriyle ilgili olarak siyasetle uğraştığı gerekçesiyle ikinci bir dava açılır.

Mahir, açılan bu davalara ya katılmaz ya da bürokratik işlemleriyle uğraşmaz. Ayrıca, Mahir'in başkan olduğu dönem SBF Fikir Kulübü içerisinde, yönetime karşı "iş yapılmıyor" şeklinde yöneltilen eleştiriler nedeniyle bir yıl içinde yönetim kurulu üyeleri dört kez değiştirilmiştir.

SBF Fikir Kulübü'nün Olağanüstü Kongresi, 10 Nisan 1967 Pazar günü, yapılır. Kongre çok sert tartışmalara sahne olur. Yönetim kıyasıya eleştirilir. Kulübün hiçbir şey yapmadığı ileri sürülür. O sırada FKF'nin yönetiminde yer alan ve Kulübün asıl gücünü oluşturan eski ya da kıdemli üyeler olaya el koyar. "FKF Kliği" diye adlandırılan bu grup, yönetime Kaya Ersoy'u getirir.

FKF ile SBF-FK arasındaki çelişki o dönem için aşılmıştır, ama kapatılma sorunu gündemdedir. SBF Fikir Kulübü, Mahir döneminde gerekli yasal başvurular yapılmadığı ya da takip edilmediği için, Ankara 10. Asliye Hukuk Mahkemesi'nin verdiği fesih kararı ile kapatılır. Kaya Ersoy, arkadaşlarıyla beraber, kulüp kapanmadan önce yeni bir kulüp kurma çalışmalarına başlamıştır.

SBF Fikir Kulübü Ankara 10. Asliye Hukuk Mahkemesi'nce verilen bir kararla 29 Haziran 1967 Perşembe günü feshedilir. Yeni kurulacak kulübün bütün evrakları tamamlandığından hemen başvurulur ve SBF Sosyalist Fikir Kulübü, 1967 Temmuz ayının ilk haftasında kurulur.

FKF İkinci Dönem Çalışma Raporu'nda bu konu ile ilgili olarak, şu bilgi verilmiştir: "Örgütümüz kurucu kulüplerinden SBF Fikir Kulübü'nün mahkeme kararıyla kapatılması sonucu kurulan SBF Sosyalist Fikir Kulübü 7.7.1967'de örgütümüze katıldı."

SBF Sosyalist Fikir Kulübü'nün kurulmasıyla ilgili başkan Kaya Ersoy ise, şu açıklamayı yapmıştır: "SBF Fikir Kulübü kapatılmıştır. Ancak her türlü baskı karşısında toplumcu gençlik, yurt sorunlarıyla ilgilenecek, bu yolda sesini daha güçlü duyurmak için örgütlenmesini daha hızlı olarak sürdürecektir. SBF Fikir Kulübü'nün kapatılmasına yanıtımız, SBF Sosyalist Fikir Kulübü'nü kurmak olmuştur."

Mahir, kulüp başkanlığını kaybettikten sonra bir bakıma o çevreden de kopar. Kulüp çalışmalarına, Parti faaliyetlerine alabildiğine uzak kalır. Zamanını daha çok okuluna, kendine ve yakın çevresine ayırır.

"İdeolojik Ayrılıkları Doğal Olarak İzledim"

Ev kadını bir anne ile Milli Savunma Bakanlığı'nda Eski Türkçe çeviriler yapan Mehmet Savaşçı'nın kızı olan Gülten Savaşçı, Ankara Kız Lisesi'ni 1961-62 döneminde bitirmiştir.

Lise dönemindeyken Gülten'in arkadaşı olan Osman Saffet Arolat, şunları anlatmıştır: "Gülten, Ankara Kız Lisesi, ben, Ankara Gazi Lisesi'nde okurken, ikimiz de atletizm yapardık. Ben, 400 metre koşardım. O, uzun süre tek adım atlardı. Daha sonra, 400 metre koşması gerektiğini söyledik. Ve 400 metre koşmaya başladı. Milli takım seviyesinde iyi bir dörtyüzcü oldu."

FKF kurucusu ve Fen Fakültesi öğrencisi Asaf Köksal'ın aracılığı ile Fikir Kulübü üyesi olan Gülten Savaşçı, kendisi hakkında şu bilgileri vermiştir: "Ankara Üniversitesi Fen Fakültesi, Fizik Bölümü öğrencisi olduğum 1962-1966 döneminde Fizik Bölümü Derneği'nde çalıştım. Fen

Fakültesi Fikir Kulübü'nün kuruluşuna katkıda bulundum. 1966'da Fizik Bölümü'nü bitirdikten sonra, hem yüksek mühendislik görevlisi, hem fakültede öğretim görevlisiydim. Bu arada bir devre Ankara Üniversitesi Fen Fakültesi Öğrenci Birliği Başkanlığı yaptım. Aynı zamanda, sol içindeki gelişmeleri ve ideolojik ayrılıkları doğal olarak izledim."[26]

TİP'de çalışan ve Fen Fakültesi Fizik Bölümü Doçenti olan Burhan Cahit Ünal'ın asistanlığını yapan Gülten Savaşçı'nın, Fen Fakültesi Öğrenci Birliği Başkanlığı'na seçilmesi konusunda, FKF 1. Dönem Çalışma Raporu'nda şu bilgiler vardır: "Fen Fakültesi'nde, Fen Birliği başkanlığına gene kulüp üyesi bir arkadaşımız seçildi."

Gülten Savaşçı'yı tanıyanlara göre, Gülten, öğrenci hareketleri içinde önde ve etkin olmayan ama cemiyet çalışmaları içinde olan birisidir. Cemiyet çalışmalarıyla, uğraşan kız öğrencilerin sayısı o dönem oldukça azdır.

Gülten Savaşçı'nın, Fen Fakültesi Öğrenci Birliği Başkanı olarak, haftalık bir derginin Kıbrıs konusunda yaptığı bir soruşturmaya verdiği yanıtlar, 1967 Aralık ayında yayınlanır.[27]

Yeni İlişkiler

Mahir ile Gülten Savaşçı'nın arkadaşlığı, Mahir'in SBF Fikir Kulübü Başkanı, Gülten Savaşçı'nın ise Fen Fakültesi Öğrenci Birliği Başkanı olduğu dönem içinde gelişir.

Aynı dönemde Mahir'in Üsküdar'da Sevgi Yener isimli bir kız arkadaşı daha vardır. Mahir'e büyük bir tutku ve kıskançlıkla bağlı olan Sevgi, sadece Mahir'le beraber olabilmek için Hacettepe Üniversitesi Hemşirelik Koleji sınavlarına girerek kazanır. Daha sonra da Ankara'ya giderek kaydını yaptırır.

Mahir, 2 Kasım 1966 Çarşamba günü başlayan yeni ders yılında üçüncü sınıf öğrencisi olarak, "İktisat ve Maliye" bölümünü tercih etmiş ve okulun yurdundan ayrılmıştır.

Bu dönem, Hacettepe Üniversitesi Hemşirelik Koleji'nde öğrenci olan Sevgi Yener ve Cumhuriyet Lisesi öğrencisi olan kardeşi Ergün Çayan ile Gülten Savaşçı'nın bulduğu Bahçelievler semtinde kiralık bir evin üçüncü katında yeni yaşamlarına başlamışlardır.

Gülten Savaşçı, Mahir'in eve yerleşip yerleşmediğini öğrenmek için bir gün, sabahın erken saatinde, Mahir'in kaldığı eve gider. Zili çaldığında, kapıyı, Sevgi Yener açar. Gülten, Sevgi'yi görünce bir an şaşırır. Kendisini toparlayarak,

"-Mahir Bey, burada mı acaba?"

"-Evet burada. İçeriye buyurun."

Gülten, kapıdan içeri girip, evin duvarlarında Sevgi ile Mahir'in dans ederken, sohbet ederken çekilmiş resimlerini görür. Mahir, Sevgi ile yalnız kaldıklarında, Gülten için, "teyzesinin kızı" olduğunu söyler.

Bu arada, bir süre kalmak için amcası Enver Bey, Ankara'ya gelir. Mahir, bu sırada, amcasına, şunları söyler:

"-Bir arkadaşım var. Fen Fakültesinde Öğrenci Birliği Başkanlığı yaptı. Birtakım hareketlere birlikte girdik. Çok tutarlı bir kız. Ben ona senden söz ettim. Seni tanımak istiyor. Sen de onu tanımak ister misin?"

"-Tanımak isterim."

Bir süre sonra, Mahir ile Enver Bey, buluşma yeri olan Kızılay'daki Set Kafeterya'ya gider. Biraz sonra Gülten gelir. Birer kahve içimi kadar birlikte olunur ve sohbet edilir.

Enver Bey, daha sonra, Mahir'e,

"-Olumlu ve zeki bir kız. Bu kızla ilişkini sürdür" der.

Bu sırada Sevgi Yener, Hacettepe Hemşirelik Koleji'nde öğretmeni olan ve Bingöl Erdumlu ile evli Tülay (Tat) Erdumlu ile arkadaşlık kurar. Tülay ve Bingöl Erdumlu, Sevgi ile aralarında kurulan bu ilişki nedeniyle zaman zaman Bahçelievler'de Mahir'in kaldığı eve gider.

Sevgi ile başlayan ilişki sonunda Bingöl Erdumlu ve Tülay Tat, Mahir'le de tanışır. Bu tanışıklık bir süre sonra gelişir ve arkadaşlığa dönüşür.

Bingöl Erdumlu, Ankara Koleji'nde okumuş, Mahir'le tanıştığı zaman ODTÜ Elektrik Mühendisliği bölümü mezunu ve o sıra yedek subaylık yapan birisidir.

Mahir'in aracılığıyla Bingöl Erdumlu ile tanışan Yusuf Küpeli, bu konuda şunları anlatmıştır: "Bingöl, yedek subaylığını Genel Kurmay'da yaptığı sırada, NATO'nun yayınlarını izleyerek Türkçe'ye çevirirdi. Bu çevirilerin bir kısmının kopyasını bize getirdi. Mahir, bunları yayınlaması için İlhan Selçuk'a götürdü, fakat İlhan Selçuk, yayınlamadı."

Bahçelievler'deki Mahir'in kaldığı ev daha çok bir yurt gibidir. Kimin ev sıkıntısı varsa gider kalır. Bu eve Bingöl Erdumlu, Arslan Sonat, Yusuf Küpeli de zaman zaman uğramışlardır.

Mahir, kendisine daha çok zaman ayırdığı bu dönemde, zaman zaman yeni ilişkilere de girer, onlarla bir araya gelerek sohbet eder.

Eski TKP'li Aclan Sayılgan'la Yapılan Görüşme

Mahir'in bu dönem ilişkide olduğu kişiler arasında Gülten Savaşçı'nın ağabeyi Orhan Savaşçı ile subay arkadaşları vardır. Bunlardan birisi Mustafa Şahin'dir.

Mahir'in 1968 yılında, Fransa'ya gitmeden önce tanıştığı bir başka kişi de Aclan Sayılgan'dır.

Aclan Sayılgan, 1946 yılında Ankara'da kurulan "Türkiye Gençler Derneği"nin Sanat Kolu Başkanı olarak çalışmış, TKP üyesi olmuş, 1951-1952 TKP tutuklanmasında yargılanmış, TKP ve sol tarih üzerine çeşitli kitaplar yazmış birisidir.

Aclan Sayılgan, Mahir Çayan ile nasıl tanıştığı konusunda şunları anlatmıştır:

"Yeri gelmişken burada Mahir Çayan ile ilgili bir anıma değinmek istiyorum. 1968 yazı idi. Siyasal Bilgiler Fakültesi Öğrenci Yurdu'nda kalan bir genç (Ahmet Yağcıoğlu), bana, FKF'nin ilk başkanlarından Mahir Çayan isimli birini tanıyıp tanımadığımı sordu. Tanımıyorum, dedim. Çayan, beni tanırmış ama, sakınılması gereken biri olarak görürmüş. Tanıdığım gence, Çayan'ın hakkımdaki düşünceleri yanlış veya doğru beni ilgilendirmez, ona söyle ben ne Rusum, ne Amerikalı, ne de İngiliz, Türküm, dedim. Bu genç Çayan'a söylediklerimi nakletmiş. Bir gün birlikte evime çıkageldiler. Mahir Çayan'la üç saat kadar konuştuk. Beni 1963'ten tanıdığını, Gazi Lisesi'ndeki bir konferansımı dinlediğini, o zamanlar Necdet Sancar'ın öğrencisi olduğu için Türkçü olduğunu, fakat geçen zamanla tatmin olmadığı için sosyalizme geçtiğini, Mehmet Ali Aybar'ın legalite taraftarı namuslu bir aydın olduğunu, Çankaya İlçe Kongresi'nde bir yığın fanatik huzurunda Sovyetleri takbih ettiğini söyledi. Mahir Çayan'ın bendeki o günkü tesiri, halim selim, ılımlı fikirleri olan, demokratik sosyalizmden yana bir sosyalist olduğu noktasında toplanmıştı. Dil öğrenmek için burs kazanmış, Fransa'ya gidecekmiş. Kendisine iyi yolculuklar diledim ve yaşımın verdiği hakla şu öğütte bulundum: 'Yurt dışında başarılı olunuz. Fransa'dır diye, Paris'te komünistçilik oynamayınız. Bin adam toplanır etrafınıza, Rus casusu mudur, CIA, Entelicans servis aparatı mıdır, yoksa Döziyem Büro'nun memuru mudur, bilemezsiniz. Farkında olmayarak onların kucağına düşersiniz. Sizden istirhamım, Fransa'da sadece Fransızca öğreniniz, Türkiye'ye döndüğünüzde kavgamızı Türk Türke yaparız. Devlet Anamızın ırzına geçirtmeyin küffarları.' Zannederim bu konuşmamızdan Çayan çok memnun kaldı, hararetle el sıkıştık."[28]

Ahmet Yağcıoğlu, bu konuda şunları anlatmıştır: "İTÜ Mimarlık Fakültesi dördüncü sınıfını bitirmiş ve diploma travayı olarak, Ankara Belediyesi İmar Müdürlüğü'nde mimar olarak çalışmaya başladım. Kalmak için SBF'ye başvurdum ve SBF yurduna misafir öğrenci olarak kabul edildim. 1968'in Temmuz sonundan Ekim ayı sonuna kadar kaldım.

Benim Erol Köseoğlu diye İzmir-Atatürk Lisesi'nden sınıf arkadaşım vardı. O da SBF'de okuyordu. Dolayısıyla Mahir'le tanışmamız böyle oldu.

O zamanlar, Adalet Partisi'nde daha sağ fraksiyonu temsil eden ve din motifi esas alan grubundandım. Necip Fazıl Kısakürek'e hayrandım. Mahir'le zıt fikirlerin adamıydık. Siyasi fikirden ziyade görüşlerini saklamadan açık ve net bir şekilde söyleyen iki kişinin birbirine sempatisi bizi yakınlaştıran sebep oldu. Zeki bir insandı. Fakat etrafında fikirlerini eleştirecek, tartışacak bir adama ihtiyacı vardı. Onu taklit eden insanlardan bıkmış bir durumu vardı. Ve o gün sola geçen insanlardan çok memnun değildi. Daha üst düzeyde bir fikir yakalama kavgası veriyordu.

Hiç unutmam bir gün, SBF yurdunda öğrencilerin oturduğu lobide yine sohbet ediyoruz. Bana, 'Ahmet din nedir, Nurculuk nedir?' gibi sualler sordu. Ben, o konuda uzman olmamama rağmen, o konuya yakın bir çevreden olduğum için kendi açımdan sosyolojik bazda bir konuşma yaptım. Bu konuşma yapılırken Mahir'in bazı arkadaşları geldi ve bana, çok sert, haşin ve rahatsız edici şekilde bakmaya başladılar. Bu bakışlardan ürktüm. Mahir de bunu farketti. Neymiş, 'efendim, SBF'nin o ortamında, o laflar edilmezmiş'. Mahir, 'Ahmet'i sakın MİT'in adamı gibi görmeyin. Söylediği lafları dinleyin. Uğrunda devrim yapacağınız halkın görüşünü anlatıyor. Siz, devrim yapacağınız halkın hangi halk olduğunu biliyor musunuz? O sizinle ilgili bir döküman getiriyor. Bunu öğrenin. Kalkıp da böyle bu gözlerle bakmayın' dedi. Mahir'in bu sözlerinden sonra hava değişti.

Sonradan öğrendim, o zamanlar, SBF'nin içinde kol gezermiş MİT ajanları. O atmosferin içinde ben, 'Siz yanılmışsınız. Dini motifte bu vardır' gibi şeyleri çok rahat bir şekilde söylüyorum.

Aclan Abi ile ben, Ege'li olduğumuz için çok temasım vardı. Ona

Mahir'den bahsettim. Aclan Abi, 'Mahir'le tanışmak isterim. Getir bir tanışayım' dedi. Mahir'e söylediğimde, 'Tabii tanışırız' dedi. Mahir'le Aclan Abi'nin evine gittik. Aclan Abi ile Mahir'in uzun bir sohbeti oldu. Sohbetten sonra Aclan Abi'nin Farabi Nergis Sokak'taki evinden çıktık. O evin alt tarafında Köşk Pastahanesi vardı. Orada Mahir'le baş başa oturduk. Mahir'le o gün çok tatlı özeleştirilerde bulunduk. Hatta onun bir şiiri vardı. O şiiri o gün bana Köşk Pastahanesi'nde yazdırdı. Çok ilginç şiirdir. Kişisel bir özeleştiri gibidir.

Sohbetlerimiz benim yurtta kaldığım süre içinde devam etti. O dönem, Sencer Divitçioğlu'nun 'Asya Tipi Üretim Tarzı' ile Kemal Tahir'in bazı kitaplarında öne sürdüğü 'Osmanlı Tipi Üretim Tarzı' tezleri aydınlar arasında çokça tartışılıyordu. O senenin atmosferinde Mahir, 'Asya Tipi Üretim Tarzı' konusunda bir okul tezi yazmıştı. Bu tezi okumam için bana vermişti. Mahir'in bu çalışması benim için ciddi bir hatıraydı fakat saklayamadım."

Ahmet Yağcıoğlu'nun söylediğine göre Mahir'in 1968 Eylül ayında kendisine yazdırdığı şiir şöyledir:

"Bulamayacaksın aradığını
Bulamayacaksın aradığını bulanı
Aradığını tanrı bile bulamadı
Bulamadı ki insanı yarattı."[29]

"Bir Gün Gazetelerden Benim Öldüğümü Okuyacaksın"

Bu sırada, Gülten Savaşçı, kazandığı bir devlet bursu ile Fransa'da doktora yapmaktadır. Gülten, 1968'in ilk günlerinde, yazdığı bir mektupta, "Sömestr tatilinde Fransa'ya gel, benim konuğum ol. Burada birlikte olur, gezeriz" diyerek Mahir'i Fransa'ya davet eder. Mahir, Gülten tarafından gönderilen bu daveti aldıktan sonra pasaportunu çıkartarak Sevgi'ye haber vermeden Fransa'ya gitmek için hazırlanır. Fakat bu sırada, Gülten'den, Mahir'e gönderilen, "Uçak biletin hazır. Amcana gönderiyorum. Havaalanında seni karşılayacağım" yazılı bir kart Mahir'den habersiz olarak Sevgi'nin eline geçer.

Mahir'in ailesinin evinde kalan Sevgi, bunun üzerine, hiçbir şeyden haberi yokmuş gibi kalkar İstanbul'dan Ankara'ya Mahir'in kaldığı Bahçelievler'deki eve gelir. Mahir, sınavlara girmiş ve Fransa'ya gitmek için bütün hazırlıklarını tamamlamış, ama Sevgi'ye bu konuda hiçbir şey söylememiştir.

Sevgi Yener ise, yurtdışına; Gülten Savaşçı'nın yanına gitmesini engellemek için Mahir'in okula vereceği tezi saklar. Ertesi gün Karadeniz Ereğlisi Demir Çelik Fabrikası'nda mühendis olarak çalışmaya başlamak için oraya gidecek olan Tülay ve Bingöl Erdumlu çifti, o gece Mahirlerdedir.

Mahir, okula vereceği tezi arar, fakat bulamaz. Evde olanlardan Sevgi dışında herkes tezi aramaya başlar. Tez bulunamaz. Sonunda Sevgi,

"-Eeee yeter artık. Ben yatıp uyuyacağım. İşte aradığınız tez burada" diyerek, apartmanın üçüncü katındaki balkondan aşağıya tezin yazılı olduğu kağıtları hırsla fırlatır.

Kağıtlar, dışardaki yağmur ve esen fırtınanın sürüklemesiyle dört bir yana dağılır. Mahir, Sevgi'nin elinde aylardan beri hazırladığı tezi görünce tutmak için fırlar, ama boşuna. Kızgınlık ve büyük bir öfkeyle Sevgi'yi yakaladığı gibi üçüncü katın balkonundan aşağı atmak ister. Bu sırada Bingöl Erdumlu yetişir, Mahir'i engeller.

Ertesi gün, Mahir ve Sevgi, Bingöl ve Tülay'la birlikte, Karadeniz Ereğlisi'ne gider. Sevgi, burada kaldığı bir gece, Gülten'in Mahir'e göndermiş olduğu uçak biletini bulur ve yırtarak tuvalete atar. Mahir, daha sonra bu bileti bularak, yapıştırır.

Tülay Tat-Erdumlu, hemşirelik yaptığı için evde bir yığın hap bulunmaktadır. Sevgi, daha sonra, evde bulduğu bütün hapları içer. Ayrıca bileklerini keser. Amacı ne olursa olsun, ölmektir.

Sevgi'nin intihar ettiğinin farkına varan Mahir, Bingöl ve Tülay, hemen hastahaneye kaldırırlar. Sevgi, bir süre hastahanede kalır. Bu arada, amcası Enver Bey'e telefon açan Mahir,

"-Sevgi, intihar etmek için hap içti ve bileklerini kesti. Ne yapayım?" diye sorduğunda, amcası alayla,

"-Hani siz Türkiye'yi kurtaracaktınız. Sabah, akşam bir arada toplanıp konuşuyordunuz. Biriniz mühendis, biriniz Siyasal öğrencisisiniz. Bir kızla başedip, bir sorunu çözemiyor, beni arıyorsunuz. Mayakovski'nin yarım kalmış bir şiiri var;

'Böyle saatlerde kalkarsa insan ancak
Çağlara, tarihe ve tüm yaratıklara
Seslenmek için kalkar.'

Siz beni arıyor, 'Sevgi şöyle yaptı, böyle yaptı' diyorsunuz. Buraya gelin!" diyerek, yanıt verir.

Mahir ile Sevgi, birkaç gün sonra İstanbul'a gelerek, Enver Çayan'ın, Harbiye'de oturduğu eve gider. Enver Beyin, ikisiyle yaptığı konuşmadan sonra Sevgi, annesinin yanına, Mahir de Fransa'ya gider.

Sevgi ile Mahir, bu ayrılıktan yaklaşık bir sene kadar sonra Kadıköy'de tesadüfen karşılaşır. Mahir'in üzerinde kahverengi, eski bir pardesü vardır. O civarda bulunan bir pastaneye giderler. Sevgi ile yaptığı sohbetin bir yerinde Mahir:

"Ben bu davaya kafamı koydum. Onun için seni yanımda sürüklemek istemedim. Bir gün gazetelerden benim öldüğümü okuyacaksın" diyerek, neden ayrıldığını açıklamaya çalışır.

Mahir Yurt Dışında

Bir dönem Fransa Türk Öğrenci Derneği Başkanlığı yapan Fikret Başkaya, Mahir Çayan'ın yurt dışı seyahati hakkında şunları anlatmıştır:

"Çok emin olmamakla birlikte Mahir'in 1968 Aralık veya 1969 Ocak aylarında Paris'e geldiğini hatırlıyorum.

Tek başına geldi. İngiltere'den geliyordu. Sanıyorum oraya İngilizce öğrenmeye gitmiş ama sonradan kararını değiştirmiş. Türkiye'ye dönerken Paris'e uğradı. Nişanlısı Gülten Savaşçı bizimle birlikte Paris'te Fizik doktorası için bulunuyordu.

Mahir ile benim kaldığım Decartes sokağının devamı olan Mouffetard sokağında bir akşam yemeği yedik.

O yemekteki konuşmalardan aklımda kalan şu: Bana, şu sıralar ne üzerinde çalıştığımı sordu. Ben de, Küba'daki planlama deneyimi üzerinde çalıştığımı söyledim. Mahir, "aslında sen teorik sorunlar üzerinde çalışsan daha iyi olur" dedi.

Paris'te bildiğime göre fazla kalmadı. Kimlerle temasta bulundu bilmiyorum. Ama çok az kaldığı için fazla teması olduğunu sanmıyorum.

Mahir'in ben de bıraktığı izlenim hayatını politika ve devrime adadığı şeklindeydi. Fakat geleceğe dönük uzun bir konuşmamız olmadı."

Mahir, 1968 sonbaharında veya kışında, Paris'e, Gülten'in yanına gider.

Cüneyt Akalın'ın söylediğine göre, "Mahir, Fransız Komünist Partisi ile görüşmeye gitti diye arkadaşları arasında söylenti çıkmıştır."

Kardeşi Ergün Çayan'ın söylediğine göre, bu arada Mahir, "yabancı dil olarak Fransızca değil İngilizce bildiği için Paris'te bu konuda zorluklarla karşılaşır. Bir gün, yediği bir yiyecek Mahir'e dokunur. Besin zehirlenmesine uğrar. Kaldığı yere yakın eczane arar, ama bulamaz. Bunun üzerine bir şarküteriye giderek, el-kol işaretleriyle derdini anlatmaya çalışır. Fakat şarküteri sahibi anlamaz. Mahir, yoğurt kaselerini göstererek, yoğurt ister. Ve kurtulur. Bir süre Paris'te kaldıktan sonra İngiltere'ye gider. İngiltere'de kaldığı sıra bir ara para kazanmak için çalışır. Zorunlu kaldığı ve ilk kez bir işte çalıştığı için yaptığı iş Mahir'e çok yorucu gelir. Gündüz çalışıyor akşam külçe gibi kaldığı yere gelip hiçbir şey yapamadan uyuyordu."

Yurt dışına bir davet üzerine yeni yerleri görmek, gezmek için gitmiş, ama gezisi pek istediği gibi geçmemiştir. Mahir, yurt dışına çıkışından en çok iki ay sonra uçağa binerek, 1968 yılı sonunda Türkiye'ye gelir.

II. BÖLÜM

"Sekiz On Tane MDD'cilik Ortaya Çıkmıştır"

1966 yılında, "Geniş Cepheci" olarak adlandırılan MDD'cilerin etkili olduğu öğrenci cemiyeti, ODTÜ Öğrenci Birliği ve ODTÜ Sosyalist Fikir Kulübü'dür. Öğrenci camiasında TİP ve FKF merkezlerine karşı gelişen muhalefet ilk önce buralarda şekillenir ve bu çevre etrafında toplanır.

ODTÜ Öğrenci Birliği Başkanı olan Muammer Soysal, Yönetim Kurulu üyelerinden Aydın Karagözoğlu, ODTÜ Sosyalist Fikir Kulübü'nün kurucularından Vahap Erdoğdu ile Seyhan Say, Rüçhan Bozer vd. bir yandan akrabalık bağları, bir yandan arkadaşlık ilişkileri dolayısıyla Mihri Belli, Şerif Tekben, Erdoğan Berktay ve Ahmet Say ile yakın ilişkiler içerisindedir.

Bu dönem, ODTÜ'de aralarında Ahmet Kardam, Ercan Enç, Münir Ramazan Aktolga, Seyhan Say gibi kişilerden oluşmuş bir grup Mao'nun İngilizce basılmış kitapları ile Pekin Rewiev dergisini okumakta, ve Mao'nun Milli Demokratik Devrim tezini çevresindekilere anlatmakla, onları ikna etmeye çalışmaktadır. Münir Ramazan Aktolga, bu nedenle, zaman zaman İstanbul'a gelir, hemşehrileri ve tanıdığı kişilerle görüşür.

Münir Ramazan Aktolga'nın ODTÜ Sosyalist Fikir Kulübü üyesi imzası ile yazıları, bu dönem, Türk Solu dergisinde yayınlanmaya başlar. Bu yazıların başlıkları şöyledir:

"Emperyalizme Karşı Güçbirliği"[30], "Milli Demokratik Devrim"[31], "Faşizm Kendi Mezarını Kazıyor."[32]

Münir Ramazan Aktolga, bu döneme kadar MDD'ci çevre içinde yaşanan gelişmeleri şöyle anlatmıştır: "1965 yılında liseyi bitirdim. ODTÜ

Fizik Bölümü'ne kaydoldum ve o yıl da hazırlık okuluna başladım. O sırada okuldaki Fikir Kulübü' nden haberim yoktu. Ertesi yıl bir arkadaş beni ODTÜ Sosyalist Fikir Kulübü'ne kaydettirdi. O sırada tesadüfen Fikir Kulübü'nün Genel Kurul toplantısı varmış. Beni de toplantıya aldılar. Biraz sonra konuşmalar başladı. Tartışmalardan bir şey anlamıyordum. O sırada birisi beni dışarıya çağırdı. Dışarıda Fikir Kulübü'nün yöneticileri vardı. Bana Yönetim Kurulu'na girer misin? dediler. Ben de çalışırım dedim. Böylece daha katılmadığım toplantıda bir tek kitap dahi okumadan Yönetim Kurulu'na girmiş oldum. O dönemde Fikir Kulübü'nde iki grup vardı. Birisi TİP'çiler, diğeri de 'Geniş Cepheciler'di. Bu tartışmalar sürüyordu. Elden ele anti-emperyalist cephe protokolü diye birşey dolaşıyordu. Fikir Kulübü'ndeki ikinci mesele de ütülü pantolonlular ve halk çocukları konusuydu. TİP'ciler, ütülü pantolonlular; Geniş Cepheciler de halk çocukları oluyordu. Ben gözümü Geniş Cepheciler arasında açtığımdan bir de halk çocukları sıfatına kendimi daha yakın hissettiğimden beriki tarafta kaldım. Daha ilk anda Geniş Cepheciler arasında yer aldığımdan artık ötekilerine hasım olmuştum. Hep öğrenmek bilmek istiyordum. İngilizceyi de biraz öğrendiğimden bir arkadaşda bulunan Mao'nun kitaplarını, Çin Devrimi ile ilgili bazı dergileri ve yayınları okudum. Benim o sırada Mihri Belli'den falan haberim yoktu. Çin ile ilgili yazılar okuyunca Milli Demokratik Devrim meselesine sahip çıkar olmuştum. Güvendiğim arkadaşlar da o tarafta yer aldığından ben de MDD'ciliğe yaklaşıyordum.

Ben bu arada Vahap Erdoğdu ile tanıştım. Vahap Erdoğdu, Türkiye-İş Sendikası'nın İkinci Başkanıydı. Gene bu ara ODTÜ'de Fikir Kulübü'nün 'Uyarı' isimli broşürünü çıkarıyor, MDD'yi anlatıyordum. Bir süre sonra Türk Solu dergisi çıkmaya başladı. Türk Solu'nun çıkışına yardım eden ve ODTÜ'de gençlik içinde Türk Solu taraftarlarından biri de bendim.

Türk Solu'nun çıkmaya başladığı sırada Mihri Belli'yi de tanıdım. Kendisini ilk önce ODTÜ'deki bir konferansa geldiğinde görmüştüm. Daha sonra Türk Solu bürosuna gelip gittiğinde gördüm, tanıdım. Türk Solu dergisi çıkmaya başladıktan bir süre sonra farklı görüşler ortaya çıkmaya başlamıştı. Ben, Mihri Belli'nin ve 'eskiler' çevresinin MDD'ci anlayış tarzına katılmıyordum. Ayrıca o ara bir de Demokratik Devrim Derneği meselesi ortaya çıkmıştı. Buna da karşıydık. Bunlara Dev-Güç konusundaki Mihri Belli'nin görüşleri de eklenince Türk Solu dergisi ile olan bağımı kesmiştim. Türk Solu'nda Dev-Güç'le ilgili yazılar çıkıyordu.

Bir tanesinde 'eğer 27 Mayıs'tan önce böyle bir birlik kurulabilseydi o zaman Amerika'yı şimdiye kadar kovmuş olurduk' deniliyordu. Ve gene, 'proletaryanın partisi demokratik devrimden sonra bir güneş gibi parlayacak' deniliyordu. Bunun yanında Kıbrıs'a çıkartma yapılması isteniyor, adeta savaşa gidilmediği için kızılıyordu. Ben, bir gün, Mihri Belli'nin evine gittim. Bunların ne olduğunu sordum. Dev-Güç'le ilgili yazılarına çok doğru dedi. Sen biraz daha oku. Meseleyi skolastik gör de dedi. Demokratik Devrim Derneği için de bu dernek ne iş yapacak, diye sordum. Kendisi, 'sırf eskiler artık örgüt kurabiliyor dedirtmek için dahi olsa bu dernek gereklidir' dedi. Ben, bütün bunlardan bir şey anlamıyordum. TİP'e karşı çıkmıştık, şimdi gene aynı mekanizma kuruluyordu. Bütün bunlar birikti ve biz, Türk Solu dergisinden ayrıldık. Vahap Erdoğdu ve Seyhan Erdoğdu da o sıralar Mihri Belli ve 'eskiler' çevresine karşıydılar. Bütün bunlar olup biterken gençlik içinde TİP'in itibarı da yavaş yavaş sarsılıyor, MDD'cilik yerleşmeye başlıyordu. Fikir Kulüplerinde MDD'ci görüşü savunanlar yönetime gelmeye başlamıştı. Ancak, o zamanlar, MDD'nin de herkesin kafasına göre bir yorumu vardı. Bu sonuna kadar hep böyle olagelmiştir. Sekiz on tane MDD'cilik ortaya çıkmıştır.

Türk Solu dergisinden ayrıldıktan sonra Vahap Erdoğdu, kendi görüşlerimizi yansıtmak için bir dergi çıkartmak lazım, dedi. Ben de buna katıldım. Ancak benim bildiğim kadarıyla yeni bir dergi çıkması meselesine o zaman Mihri Belli ekibi ve 'eskiler' karşıydılar. Ve zaten biz de onlarla anlaşamadığımız için Türk Solu'ndan ayrılmıştık.

Tam Türk Solu içindeki durum bu şekilde iken devreye Doğu Perinçek, Erdoğan Güçbilmez ikilisi girdiler. FKF kongresi de yaklaşmıştı. Bunlar da hemen MDD'ci oldular ki, o ana kadar MDD'ye güya bunlar en kesin şekilde karşı çıkıyorlardı. Birden bire durum değişti. Aydınlık dergisinin yazı kurulunda Ergun Göknel de vardı. Ergun Göknel ile Doğu Perinçek 1967 yılında Almanya'da tanışmışlar. Ve ne oldu, nasıl oldu, yeni çıkacak derginin yazı kurulu bunları da içine alacak şekilde dokuz kişi yapılıverdi. Aydınlık ismi de tespit edilmişti. Bir gün, bir konuşma sırasında, Şahin Alpay, 'Münir arkadaş derginin sahibi olsun' dedi. Kendilerinin asistan olduğu için olamayacaklarını söylediler, 'genç bir arkadaş iyi olur' dediler. Ben de böylece Aydınlık dergisinin sahibi oldum. Ancak Doğularla birlik olduğumuz andan itibaren işin özü de değişmişti. Bir süre sonra onlar, en keskin Mihri'ci MDD' ci oldular ve Aydınlık'ı da 'hareketin aylık yayın organı' olarak nitelendirdiler. Türk Solu da 'haftalık' oluyordu. Ve ayırım böylece sadece biri haftalık, diğeri de aylık olması şeklinde sokuluyordu. Aydınlık'ın yazı kurulunda daha ilk günden itibaren ayrılığın tohumları ekilmişti."[33]

İşgaller

Bu dönem sadece MDD içinde değil TİP içinde de ayrılıklar ortaya çıkmıştır.

FKF ve TİP içindeki tartışmaları açığa çıkartacak iki olay olur bu sırada: 1968 Haziran üniversite ve Temmuz 1968 Çekoslovakya işgali.

1968 Haziran'ında öğrenciler, fakülteleri işgal ettiği zaman, TİP yönetiminde, bu gelişmelerin denetim altına alınamayacağı, partinin kontrolünden çıkabileceği ve partiye zarar verebileceği endişesi hakim olur.

TİP, Siyasi Partiler Yasası'na göre kurulmuş, üzerinde sürekli olarak TCK'nun 141. ve 142. maddelerin baskısıyla birlikte, siyasi iktidarın yanısıra, anti-komünist güçlerin doğrudan ve dolaylı, açık ve gizli saldırılarına hedef olan Türkiye'nin tek yasal sosyalist partisidir.

Kendine özgü programı, tüzüğü bu çerçevede çalışan ve TBMM'de 15 tane temsilcisi olan TİP, ayrıca, toplumun her kesiminin bakışı üzerinde olduğu için bütün hareketleri gözaltında olan bir partidir de.

Sadun Aren, üniversite işgalleri sırasında, içlerinde Atıl Ant'ın da bulunduğu bir grup FKF'liyi TİP Çankaya örgütüne çağırır ve "eylemlerinin partiye zarar verebileceğini, taleplerini demokratik yol ve yöntemlerle dile getirmelerini, bu nedenle, işgallerden vazgeçmelerini" ister. Ama gençler bunu dinlemez.

Üniversite işgallerinin hemen ardından, Sovyetler Birliği'nin 21 Ağustos 1968 Çarşamba günü sabahı Çekoslovakya'yı işgal etmesiyle sadece TİP'de yer alanlar değil, tüm Türkiye solu en derin ideolojik-teorik bunalımlarından birini yaşar ve zaten Marksizmi yeni yeni keşfetmeye başlayan Türkiye solunun içinde bulunduğu ideolojik kargaşa daha da artar.

TİP Genel Başkanı Mehmet Ali Aybar, "Sovyet işgalini Amerika'nın Vietnam'a yaptığı işgale" benzeterek şiddetle suçlar ve "Türkiye'ye özgü sosyalizm", "güler yüzlü sosyalizm" gibi sosyalizme kendine özgü yeni yorumlar getirir.[34]

O dönem SBF-SFK Başkanı olan Muharrem Kılıç, kendisini de etkileyen bu gelişme konusunda şunları söylemiştir:

"Çekoslovakya'nın işgali üzerine TİP Genel Başkanı Aybar'ın demeçleri hepimizde bir şaşkınlık yarattı. Bu yaklaşımı benimsemeyenlerin bulunduğunu öğrenmek ise TİP'teki ayrılığı büsbütün su yüzüne çıkarttı. Biz önceleri ayrılığın sadece işgal karşısındaki tutum farkı olduğunu düşünüyorduk ve doğrusu daha önceki tartışmalardan haberimiz yoktu. Oysa işgalden de önce, sosyalizmin bilimselliği üzerinde, Sayın Aybar'ın daha sonra yazılı biçimde de ifade ettiği gibi, kuşkular varmış ve bunu TİP-MYK üyelerine de söylemiş. Asıl yol ayrımı burada olmuş. Çekoslovakya olayı ise var olan bu tartışmanın somut alanı idi. Nitekim Sayın Aybar, 29 Eylül 1968 Pazar günü Çankaya İlçe Kongresi'nde yaptığı konuşmada, Proudhon, Bernstein ve Kautsky konusunda daha dikkatli olunmasını öneriyor, 'Öncü parti', yasallık, sovyet iktidarı ve proletarya diktatörlüğü gibi konularda yepyeni (ya da bizim beklentilerimizden çok farklı) şeyler söylüyordu. Ceberrut devletten söz ediyor, 'güleryüzlü sosyalizm' sloganını işliyordu.

İki arkadaş, duyduklarımızdan emin olabilmek için, Aybar'ı dinlemek üzere 5-6 Ekim 1968 günleri yapılan İstanbul İl Kongresi'ne gittik. Bu kongrede de Genel Başkan aynı çizgisini sürdürdü. Bizim kafamızda canlandırdığımızdan bir hayli farklı parti, devlet ve sosyalizm fotoğrafı çiziyordu. Aybar, 13 Ekim 1968 günü Ankara İl Kongresi'nde düşüncelerini daha da belirgin biçimde anlattı. Biz bu kongreden sonra kesin yargıya ulaştık ve Aybar'ın dediklerine katılamayacağımız sonucuna vardık.

Aybar'ın Marksizmi sorgulayan sağa dönük tutumu tam bir şok yaratmıştı. O güne kadar TİP'i büyük bir içtenlik ve saygıyla benimseyen arkadaşlarımız bu noktadan itibaren TİP'ten soğumaya ve hızla MD saflarına katılmaya başlamışlardı. Aybar'daki bu değişikliğe, kendi aramızda 'Aybar cüst etti' diye bir deyim kullanırdık. Gerçekten Aybar'ın cüst etmesi (su koyvermesi) sosyalist gençleri hızla TİP dışına ve hatta genel olarak partisizliğe, anti-parti konumuna itti. Gençliğin otoriteye, disipline ve uzun dönemli sabırlı siyasal faaliyete zaten pek yatkın ve hazır olmadığını, üstelik adı 'komüniste' çıkmış bir somut örgütün (TİP'in) yükünü taşımaktansa, daha genel, lastikli bir 'devrimcilik' şemsiyesi altında toplanmanın rahatlatıcı ve de tatmin edici bir fırsat olduğunu düşünürsek, 1965'ten itibaren hızla gelişen sosyalist gençlik hareketinin neden birdenbire çizgi değiştirdiğini daha iyi kavrayabiliriz.

Biz bu yol ayrımında hem Aybar çizgisine, hem de MDD çizgisine karşı çıktık. Marksizmin temel ilke ve kavramlarını sorguladığı için Aybar'a; 'İşçi Sınıfı Öncülüğü'nü, 'Sosyalist Türkiye' sloganını reddettiği ve 'Sivil-Asker-Aydın Zümre', 'Milli Ordu', 'Ordu Gençlik El Ele, Milli Cephede' gibi sloganlara sarıldığı için de MDD hareketine karşıydık. Üstelik MDD çevreleri sadece TİP'in yönetim anlayışına değil, düpedüz TİP'in kendisine karşıydılar. MDD'cilere göre, partili olmak adeta günah gibiydi. 'Sosyalizm' sözcüğü, 'milli cepheyi bozacağı, müttefikleri ürküteceği' gerekçesiyle fiilen yasaklanmıştı.

Bizim 1968 sonundan itibaren tüm çabalarımız iki cephede oldu. Birincisi, üniversite gençliği içindeki konumumuzu korumak; ikincisi ise TİP'deki iktidar savaşımına etkin biçimde katılmak."

Bu sırada da, TİP Genel Başkanı Mehmet Ali Aybar'ın TİP içerisinde kişisel bir yönetim kurarak sosyalizmi, parti program ve kongre kararlarına aykırı yorumlama tavrı ile ideolojik ve teorik yaklaşımına karşı olan Behice Boran, Sadun Aren, Minnetullah Haydaroğlu, Şaban Erik, 16 Ekim 1968'de ortak bir önerge verir.[35]

9-12 Kasım 1968 günleri Ankara'da, TİP'in Olağan Üçüncü Büyük Kongresi'nde yoğun ideolojik tartışmalar yaşanır. Fakat partinin durumunda bir değişiklik olmaz ve partinin içindeki grupların daha da artmasının yanı sıra Mehmet Ali Aybar'ın yeniden TİP Genel Başkanı olmasının da yolu açılır.

Buna tepki duyan bir kısım TİP üyesi, 16 Kasım 1968 Cumartesi günü TİP Kartal ilçe binasını işgal eder, 20 Aralık 1968 Cuma günü de özellikle Bakırköy, Eminönü, Kartal, Zeytinburnu, Eyüp ve Gaziosmanpaşa ilçelerine mensup otuz kadar TİP üyesi TİP İstanbul il merkezini işgal eder. Merkez İşgal Komitesi adına konuşan işçi Metin Bilgen, "Hareket Aybar istifa edene kadar devam edecektir" der.

Partinin bu huzursuzluklar içerisinde varlığını sürdürmesinin olanaksız hale geldiğini düşünen ve Aybar'ın tek başına partiyi yönetmesine karşı çıkan muhalefet grubu, en kısa zamanda olağanüstü kongre toplanmasına karar verir.

Olağanüstü TİP Kongresi, 28-29 Aralık 1968 günleri Ankara'da yeniden toplanır.

Bu kongrede, seçimlere dört grup girer: Aybar grubu, Aren-Boran grubu, Üçüncü Yol grubu ve MDD grubu.

Muhalefet gruplarının beklentisi yine gerçekleşmez ve Mehmet Ali Aybar yeniden TİP Genel Başkanı olur.

Bu kutuplaşma TİP'i ve ona paralel olarak yürüyen FKF'yi de temelli olarak felce uğratmaya yeter. TİP Merkez Yönetimini oluşturanların başını çektikleri ideolojik-teorik tartışmalar, FKF içinde TİP'e paralel olarak politika yapan veya üreten gençlerin bir kısmını açmaza sürükler, bir kısmını yeni arayışlara, bir kısmını da kendi başının çaresine bakmaya yöneltir.

"TİP'te Artık Mitler Yıkılmıştır"

1966 Kasım'ında yapılan TİP İkinci Büyük Kongresi'nde, muhalefetin ortaya çıkmasından sonra TİP'in 29-30 Aralık 1968 günleri, Olağanüstü Kongresi'nde parti içerisindeki grupların yaptığı tartışmaların sonuçlarını Doğan Özgüden, "TİP'te Artık Mitler Yıkılmıştır"[36] diyerek, değerlendirir.

Aren-Boran ekibi içinde yer alan SBF SFK Başkanı Muharrem Kılıç, bu kongrede yaşananları şöyle değerlendirmiştir:

"Biz partiye, parti yanlış yapmaz diye çok güvenirdik. Parti il ve ilçe başkanları bizim için ilahlardı. Hele Mehmet Ali Aybar, müstesna bir insandı. Biz bu kadar çok bağlıydık partiye.

O kongre kıran kırana geçti. Çetin Altan, Mehmet Ali Aybar'ın sosyalizmi yanlış anladığını, teoriyi sulandırdığını söyledi. Sadun Aren'e 'Amerikan ajanı' dendi. Kötü şeyler oldu ve maalesef o kongrede bölünme meydana geldi.

Biz o dönem herhangi bir kimseyi değil TİP'in bütünlüğünü savunuyorduk, ama o kongrede Aren-Aybar ayrılığı çıkınca pek çok arkadaşımızda, özellikle gençlerde resmen psikolojik bir çöküntü oldu. Biz hiç beklemezdik. Partinin bölünmesi ne demek? Hayalimize, bilincimize getirmeyeceğimiz bir şey.

O bölünme genç arkadaşlardan çoğumuzu etkiledi. Psikolojik bir darbe etkisi yaptı arkadaşlarda. Bu durum parti içinde var olan MDD tartışmasını canlandırdı ve güçlendirdi.

Akşam konuşuyorsun gayet normal. Adam bizim gibi düşünüyor. Seninle birlikte. Sabahleyin bakıyorsun adam gitmiş MDD'ci olmuş. O dönem çok kullanılan , 'O da kaymış' deyimi vardı. 'Yahu nereye kaymış?' diye sorardık. 'MDD'ye kaymış' denilirdi. O kadar hızlı bir gidiş vardı. Öyle bir dönemdi.

1968 yılı sonunda yapılan Fikir Kulüpleri kongrelerinde Ankara'da sadece SBF-SFK bizlerin elinde ve istisnai bir durumdaydı. Diğer Fikir Kulüpleri MDD'cilerin elindeydi. Tabii biz de her eyleme gidiyoruz, eylemlere katılıyoruz ama onlardan başka bir şeyi savunuyorsun. SBF'de bizim grup hakimdi, ama diğer okullarda sayı olarak MDD'ciler hakimdiler. TİP'in egemenliği gitmiş, MDD'nin egemenliği başlamıştı. Zaten o dönemde MDD'ci olmamak, olamamak ve Sosyalist Devrimci olmak, orada kalmak başlı başına bir iştir."

Onlar Sosyalist Hareketten Kesinlikle Silinene Kadar Mücadele Edeceğiz

14 Aralık 1968 Cumartesi günü yapılan SBF Sosyalist Fikir Kulübü Genel Kurulu'nda yönetimi çoğunlukla TİP yanlısı gençlerin oluşturduğu liste kazanır ve SBF Sosyalist Fikir Kulübü Başkanı yine Muharrem Kılıç olur.

Genel Kurul'a katılıp fakat kazanamayan grup, buna tepki olarak, "SBF Sosyalist Fikir Üyelerine" başlıklı bir bildiri yayınlar.

Aralarında Yusuf Küpeli, Zafer Kutlu, Çelik Cesuroğlu, Merih Cessan, Mustafa Kemal Çamkıran, Oral Çalışlar'ın da bulunduğu 47 kişinin yayınladığı bildiri özetle şöyledir:

"Kulübümüzün genel kurulunda 'bilimsel sosyalizmin' temeli üzerinde birlik ve devrimci kardeşlik ve doğru stratejinin saptanması konusunda oportünizme karşı proleter devrimciliğinin gerektirdiği bir mücadele verdik... Hiçbir zaman devrimci eyleme katılmayan, katıldığında da arka plandaki lider pozu takınan ve oportünist bir yönetimi sürdürebilmek için genel kurullarda gerekli oy deposu görevi gören kişilerin desteğiyle iş başına gelen bir yönetim kurulu, burjuva hukuku kurallarına göre ne ölçüde meşru olursa olsun gerçek devrimcilerin gözünde kesinlikle meşru değildir. Biz proleter devrimciler olarak emperyalizmin sosyalist hareket içindeki beşinci kolu oportünizme ve onun SBF Sosyalist Fikir Kulübü içindeki temsilcileriyle, onlar sosyalist hareketten kesinlikle silinene kadar mücadele edeceğiz... Kahrolsun emperyalizm. Kahrolsun oportünizm. Kahrolsun işbirlikçiler ve toprak ağaları, yaşasın emperyalizme karşı savaşan dünya halkları, yaşasın bütün dünya işçileri, yaşasın proleter devrimciler."

FKF'nin Üçüncü Genel Kurul Toplantısı

FKF Olağan Kongresi öncesinde, ne Sosyalist Devrimci, ne de MDD'ci olarak adlandırılan ekiplerin ne yapacakları çok açık ve kesin olarak belli değildir.

FKF Kongresine katılmak üzere içlerinde Atıl Ant'ın da bulunduğu Ankaralı MDD'ci bir grup, bindikleri trende, Yugoslavya'yı revizyonist olarak gördükleri için, "Revizyonistler Belgrat'a" diye slogan atarak, İstanbul'a doğru yol alırken, aynı sırada aralarında Çağatay Anadol, Metin Çulhaoğlu, Mehmet Sait Kozacıoğlu, Münir Ramazan Aktolga'nın da bulunduğu ODTÜ'lüler de bir otobüsle, İstanbul'a gelmişlerdir.

Fen Fakültesi ve SBF'de komandolarla yapılan kavgaların en önünde yer alan Yusuf Küpeli de, Mustafa Kemal Çamkıran ile Gazanfer Bilge şirketine ait bir otobüsle İstanbul'a gelmektedir.

Gün Zileli, Yusuf Küpeli ile İstanbul'a birlikte gidenin kendisi ve Özkan Mert olduğunu, ayrıca FKF kurultayında tek başkan adayının kendisi olduğunu, söylemektedir.

Yusuf Küpeli, bu konuda şunları anlatmıştır:

"Suriye uyruklu bir öğrenci aracılığıyla El-Fetih örgütüne gitme işlerini yoluna koymuştum. O zaman Demokratik Cephe'den vb. hiçbir şeyden haberim yoktu. O Arap öğrenci, eğer beni işletmemişse, doğru konuşmuşsa çıkıp gidecektim. Vakit geçiriyordum.

Böyle bir günde, SBF'de komandolarla yaptığımız ve onları dövdüğümüz kavganın akşamı, Doğu Perinçek geldi ve bana, 'Sen boy hedefi haline geldin. Ankara'dan bir süre uzaklaş. İstanbul'a git. Hem İstanbul'da FKF'nin kongresi de olacak, katılırsın' dedi. Ve beni kendi listelerine almak istiyordu. Doğu'ya, listeye girmek, seçilmek istemediğimi söyledim. Filistin'e gideceğimi söylemedim. O iş gizli idi. Doğu, ısrar ediyor, sadece GYK'ya gireceğimi, söylüyordu. Beni, GYK' ya layık görmüşlerdi sadece. Daha önemli arkadaşları vardı. Benim gibi birisinin de adı olursa, oy getirir diye düşünüyorlardı herhalde. Sonunda, GYK'ya girmeyi kabul etmek zorunda kaldım. Nasıl olsa önemli değil, kimsenin dikkatini çekmez, tüyer giderim, diyordum.

Mihri Belli, Doğu Perinçek ve MDD grubunun başkan adayları Cengiz Çandar, Gün Zileli, Ömer Özerturgut idiler. Karşı tarafın başkan adayı da Hüseyin Ergün idi.

Doğu'nun başkan adayları, Cengiz Çandar, Gün Zileli, Ömer Özerturgut, GYK'ya girecek oyu alamamışlardı. Genel Yönetim Kurulu'na giremeyince başkan olmaları da olanaksız idi. Başkan GYK içinden seçiliyordu.

İstanbul'da yapılan FKF Kurultayı'nın galibi MDD çizgisi değildi. Halen TİP duruma hakimdi. Fakat, oy veren delegelerin çoğunun kafası karışıktı. Her iki taraftan da memnuniyetsizdiler. Görüşlere değil, asıl olarak kişilere oy verdiler. Ben de eskiden beri tanıdıkları biri idim. Daha 1965 'Dönüşüm' kavgalarında tanınmaya başlamıştım. TİP örgütü içinde de -yanılmıyorsam- sempatik bir kimlik sergiliyordum. Kongrede tek kelime konuşmamama karşın, en çok oyu alan iki-üç kişiden biri idim.

Doğu Perinçek, bu kez bana başkan adaylığı teklif etti. Israr etti. Ben kazanamazsam Hüseyin Ergün kesinlikle ikinci kez başkan olacaktı. Bu durumsa, Doğu Perinçek, Mihri Belli çevresinin, FKF içinde tamamen bitmesi demekti. Zaten, kısa bir süre önce, FKF'yi terk ederek DÖB'e geçmeyi düşünmüşlerdi. Ben de tesadüfen o toplantıda vardım ve gençlik örgütünün içinde bölünme olmaması için bu isteme karşı çıkmıştım. Sanıyorum daha sonra aramızdan kopacak olan Dursun Bila da orada idi ve o da bu işe karşı çıkmıştı. Kongreye kadar bekleyeceklerdi.

Doğu'nun teklifini düşündüm. Kazanamazsam çeker Filistin'e gider, kazanırsam gidişi bir süre ertelerdim. Kazanacağımı da pek sanmıyordum. Çünkü, TİP'in adayına karşı çıkacaktım ve GYK üyelerinin büyük çoğunluğu TİP'li idi. Ben de TİP üyesi idim, TİP içinde sevilen birisiydim ama, Hüseyin Ergün, resmen onların adayıydı. Kabul ettim. Bir hafta kadar sonra Ankara FKF merkezinde seçim yapıldı. Bu kez Ankara Hukuk Fakültesi öğrencisi ve daha sonra DDKO'nın kurucularından Mümtaz Kotan da aday olmuştu. Hüseyin Ergün, Mümtaz Kotan ve ben adaydık. Sanıyorum her ikisinin aldığı oyların toplamı kadar oy aldım. Ve FKF Başkanı seçildim."

Yusuf Küpeli, 12 Ocak 1969 tarihinde FKF-GYK toplantısında FKF Genel Başkanı seçilir. Sosyalist Devrimciler'den Çağatay Anadol ile Süleyman Coşkun, MDD'ci olarak da Münir Ramazan Aktolga, Ruhi Koç, Tuncer Eşsizhan, Mustafa Ulusoy, Mehmet Demir ve Tunç Çetin Özkarar Merkez Yürütme Kurulu'na seçilerek görev bölüşümü yapar.

"Gençlik Otoriteyi Kendi İçinde Arıyor"

Yusuf Küpeli'nin FKF Başkanı olduğu dönem FKF Merkez Yürütme Kurulu üyesi olan Çağatay Anadol, bu konuda şunları söylemiştir:

"Yusuf Küpeli, bir geçiş dönemi başkanıydı. Eski bir TİP üyesiydi, ama MDD stratejisine yakın olmakla birlikte, o stratejinin tam koç başlarından biri sayılmazdı. Yusuf, FKF başkanlığına geldiği zaman, biraz birleştirici bir misyon üstlenmeye çalıştı. Beni TİP'li olarak FKF Yönetim Kurulu'na öneren odur. Süleyman Coşkun da TİP'liydi. Yusuf'un amacı, çeşitli siyasi eğilimlerden insanların FKF yönetiminde bulunarak, FKF'nin kucaklayıcılığı ve birleştiriciliği konusunda bir şey yapmak istemesiydi.

Doğu Perinçek başkan olduğunda TİP'liler FKF'ye hakimdiler. Fakat Doğu Perinçek, kendisini TİP'li olarak gösterdi. Sadun Aren'le konuştu ve kendisini partinin desteklediği aday haline getirdi. Fakat seçildikten sonra rengini belli etti. TİP çizgisinde olmadığı ortaya çıktı. Bir süre sonra da FKF başkanlığından düşürüldü, başkanlığa Zülküf Şahin getirildi. Fakat, Zülküf Şahin, sosyalist öğrenci hareketini toparlayıcı ve geniş çevre tarafından tutulan bir isim değildi. Yusuf Küpeli, popüler ve birleştirici bir isimdi o sıra gençlik hareketi içerisinde. Seçilme koşulları içerisinde imajı öyleydi.

Ama o sıra Türkiye'deki gençlik hareketi çok hızlı değişiyordu. TİP'in gençlik üzerindeki otoritesi çok hızlı bir çökme süreci içerisindeydi. Artık her gün yeni bir dünya kuruluyordu. Kişiler her gün yerlerini yeniden alıyor, çok hızlı fikir ve strateji değiştiriyordu. Öyle bir dönemdi. Sorun, artık tek tek bireylerin önünde durabileceği bir hal değildi. Bir çözülme dönemiydi bana göre. Çözülen TİP'ti ama diyelim ki, devrimci gençliği toparlayacak bir faktör gibi olan Mihri Belli de o işi pek beceremedi. Mihri Belli ile TİP'in yönetiminin gençlik üzerindeki çöküşü hemen hemen paralel bir seyir izler. TİP otoritesinin gençlik üzerinde kaybolduğu sırada Mihri Belli'nin de otoritesi kayboldu.

Dolayısıyla, gençlik otoriteyi kendi içerisinden bulma durumundaydı artık. Kendi dışında bulma imkanı yoktu. Tabii kendi içerisinden bulmak çok zor bir şey. Çünkü gençliğin belli bir dinamizmi var, ama tek tek genç bireylerin birikimi böyle bir dünyada, topyekün süren bir anti-emperyalist mücadeleye teorik çözümler getirebilecek bir gençlik liderliği yoktu. Herkes, her şeyi yeniden öğreniyordu. TDGF adı altında, gençlik hareketinin istikrar kazanmış bir siyasi mihraka, merkeze bağlanması süreci tamamlanamadan kadrolar bölünmelere uğradı. TDGF, merkezi bir örgüt olarak kalamadı. Ortaya birçok otorite çıktı."

"Gayesi Küba'ya Geçmek, Teori ve Pratiği Öğrenmektir"

Gençlik, kendi dinamizminin ifadesini Yusuf Küpeli'nin FKF başkanlığı döneminde kendi otoritesini kendi içinde arayarak bulur.

27 Mayıs Harekâtı sırasında Kuleli Askeri Lisesi'nden mezun olan,

Harp Okulu'nda okurken Talat Aydemir'in 21 Mayıs 1963 tarihinde kalkıştığı ihtilal hareketine istemeden sürüklenmiş, bu nedenle Harp Okulu'ndan atılmış ve hapis yatmış Yusuf Küpeli'nin anlattıkları bunu yeterince doğrulamaktadır. Küpeli, özetle:

"Silahla kendilerini Ankara'nın içinde bulduklarını, baştakilerin kaçıp, kendilerini ortada bıraktıklarını, sonra da mahkemede beraat edip, okuldan çıkarıldıklarını, bu nedenle kinlendiğini, bu devlet nasıl yıkılır işini iyice öğrenmek istediğini ve Sovyetler Birliği'ne gitmek isteyip, Sovyet Elçiliği'nde Kültür Ataşesi'ni bularak sosyalist olduğunu, memleketine hizmet için Moskova Üniversitesi'nde okumak istediğini söylediğini, onun sözü üzerine, dilekçe yazıp sonunu beklediğini, fakat kendisinin oyalanmak istendiğini" söyler.

Her bireyin, muhatap olduğu sorunların yarattığı tepkiler, ilk elde bireyseldir. Örneğin Mahir de, Mustafa Şahin'in verdiği bilgiye göre, kin ve hırsının, başlangıç nedeni olarak 6-7 Eylül 1955 tarihlerinde meydana gelen olayları gösterirmiş.

Harp Okulu'ndan atılan Yusuf Küpeli de, içinde taşıdığını söylediği isyanla, dönemin siyasi iktidarına karşı yoğun öğrenci eylemlerinin olduğu ve muhalif olarak bilinen ODTÜ'ye 1963-64 öğretim döneminde kaydını yaptırır. Aynı dönem TİP Çankaya ilçesine üye olur. 1964-65 öğretim döneminde ODTÜ'den ayrılarak, politikayı öğrenmek amacıyla SBF'ye kaydını yaptırır. TİP'e girdikten bir yıl sonra 1965 Aralık ayında ise Marksizmi öğrenmek amacıyla SSCB'ne gitmek ister. O dönem için çok cüretkar sayılan bu istem o günkü koşullar içerisinde doğal olarak yerine gelmemiştir. SSCB konusunda düş kırıklığına uğrayınca, gerilla mücadelesininin teorisini ve pratiğini öğrenmek, daha sonra da Che Guevera ile birlikte savaşmak amacıyla Küba'ya gidebilmek için 1967 yazında Fransa'ya gider.

Yusuf Küpeli ile Mahir, bu dönem mektuplaşır.

Yusuf, Paris'ten Mahir'e yazdığı 8 Temmuz 1967 tarihli mektubunda, şunları söyler: "Biz vurduğumuz zaman, çatıyı bekçileri ile birlikte paramparça edeceğiz, teori ve kavganın tekniğini çok iyi öğrenmek gerekir. Açık çalışma içerisinde bilimsel çalışmalar yaparak ve kavganın tekniğini öğrenerek, gizlice ateşli kavgaya hazırlanmak zorunda olduğumuza inanıyorum."

16 Temmuz 1967 tarihli mektubunda ise şunları yazar: "İnsanların kurtuluşu, bizlerin emperyalizmin çemberini kırmasına bakıyor. Hem kendimizi, hem de insanlığı kurtaracağız."

24 Ağustos 1967 tarihli 32 sayfalık mektubunda da şunları yazmıştır: "Harbiye'den ayrıldığımda, ağa ve bey kesen bir eşkıya olmayı çok arzu ettim. Kavgayı Anadolu'da, Anadolu insanı ile birlikte vereceğiz. Marksizmle ilgili bir ton kitap okumakla bu işler yürümez. Anadolu insanından kendini tecrit ederek, bir şeyler yapılabileceğini ummak ukalalık etmektir."

Küpeli'nin SBCB'ye gitme girişimi gibi Küba'ya gitme girişimi de gerçekleşemediği için mecburen Fransa'dan Türkiye'ye döner.

Her Okul Kendi Düzeyinde Örgütlenme Çabası İçindeydi

TİP yöneticilerini koruma, güvenliğini sağlama, miting ve yürüyüşlerde sağcı saldırılara karşı alınacak önlemler ve saldırılar içerisinde kitlenin paniğe kapılmaması gibi konularda yeterli bilgiye ve donanıma sahip militanlar, bu dönem, ön plana çıkmıştır.

2 Haziran 1968 tarihinde yapılan kısmi senato, belediye, il genel meclisi, muhtar ve boş yerlerdeki milletvekili seçimleri nedeniyle TİP, seçimlerin olduğu bölgelerde çalışmalar yapmaktadır. TİP'in seçim çalışması yaptığı kapalı ve açık mekanların güvenliğinin sağlanması amacıyla TİP üyesi ve TİP'e sempati duyan gençler de görev almış, çalışmışlardır.

17 Mayıs 1968 Cuma günü, Ankara-Sincanköy'de bir kahvehanede yapılan TİP toplantısına sağcılar, saat 20.10'da taşlarla saldırır. Saldırı sonunda, aralarında SBF öğrencisi Ferruh Çelebi, Erçin Odman ve Osman Sakalsız yaralanır.

Sağcı militanların saldırısının olduğu günün gecesi, Mustafa Kaçaroğlu SBF'deki üç kişilik odasında oturmaktayken odaya başından yaralı, SBF'den sınıf arkadaşı ve FKF üyesi olan Ferruh Çelebi'yi getirirler. Sağcıların yaptığı saldırı sonunda arkadaşının yaralandığını öğrenen Kaçaroğlu, daha rahat etsin diye kendi yatağına yatırır ve yurdun 6 kişilik başka bir odasına geçer. Kaçaroğlu'nun gitiği yeni yurt odasında birisi, olayı anlatır. Kaçaroğlu, daha sonra Yusuf Küpeli olduğunu öğrendiği kişiye hitaben,

"-Mademki arkadaşlarımız dövülüyor. Biz de, bundan sonra daha örgütlü, daha hazırlıklı şekilde gidelim" der.

Mustafa Kaçaroğlu, ertesi gün yapılan bir başka salon toplantısına TİP içinde faaliyet gösteren diğer fakültelerdeki arkadaşlarıyla birlikte, belinde bir sopa ile ilk kez, TİP'in eylemine katılır.

Artık bundan sonra gelişecek saldırılara karşı bu tür eylem ve örgütlenme biçimleri ortaya çıkacaktır.

Üniversitelerde bu eylem ve örgütlenme biçimleri zaten kendiliğinden oluşmaya başlamıştır. Fakülteler işgal edilirken, "Fakülte İşgal Komitesi", "Fakülte Boykot Komitesi", "Fakülte Boykot Tertip Komitesi", "İşgal ve Boykot Komiteleri Merkez İcra Konseyi", "Devrimci Mücadele Komitesi", "Türk Gençliği Temsilciler Meclisi" adı altında yapılanmalar oluşturuyorlar, buralara birilerini seçiyorlar ve bu gençler, kendilerini yasal soruşturmalardan korumak ve okuldan atılmamak için isimlerini ve yaptıkları bazı şeyleri gizlemek veya yaptıkları işleri gizli yapmak zorunda kalıyorlar.[37]

Oluşturulan bu yapılanmalar, zaten işlevsiz duruma getirilmiş öğrenci birlik ve federasyonlarının saygınlığını iyice azaltarak, doğrudan doğruya öğrencilere hitap eden ve nüfuz kullanan bir duruma gelirler. Öğrenci örgütlenmeleri yerine, profesyonel gençlik liderleri ortaya çıkar.

"Bunlar Daha Önce Kendi Aralarında Aktif, Silahlı ve Gizli Bir Örgütlenme Yaratmışlar"

1968 işgallerinde aktif biçimde yer almış bir DTCF Tiyatro Bölümü öğrencisi olan ve daha sonra THKP-C hareketine katılan Selçuk Şahin Polat, bu konuda şunları anlatmıştır:

"Ben DTCF'ye gittiğimde, 1968 işgallerinde bir kısım kişilerle tanıştım. Bunlar daha önce kendi aralarında aktif, silahlı ve gizli bir örgütlenme yaratmışlar. Bu örgüt aslında bir nüve. Bu nüvenin başında da Sivaslı Sami Gürler ve Kahramanmaraşlı İhsan Karcı var. Bunlar, kişileri tek tek araştırıyorlar ve gizli örgütlenmelerine alıyorlar. Beni de araştırmışlar. Tiyatro Bölümü'nden bir arkadaşın aracılığıyla beni de örgüte aldılar.

Bu örgütün içinde DTCF'den Sivaslı Sami Gürler, Laz Tahsin Aşık, Vahdi Çağlayan, Fikret Babuş, ben ve bazı arkadaşlar vardı. Daha sonra DTCF'deki bu nüve, AİTİA'daki bir başka nüve ile birleşti. AİTİA'daki nüvede ise Şaban İba, Hüdai Arıkan, Hüseyin Işık gibi arkadaşlar vardı. 1968 işgallerinde, DTCF işgalini esas olarak yürüten bu örgüttü. Örgütün ismi de, 'Anadolu Şiddet Kumpanyası' (AŞK) idi. Örgüte girerken yemin ederdik. Ben, Sivaslı Sami'nin evinde yemin ettim. Masanın üzerinde bir tarafta silah, bir tarafta Troçki'nin kitabı olurdu. Silahın ve kitabın üzerine ellerimizi koyup Troçki'nin üzerine yemin ederdik. Bu hareketin amacı başlangıçta Amerikan işyerlerini bombalamaktı. İşleri de ben yapıyordum. Daha sonra da Şaban İba ile yapmaya başladık."

"Vur-Kaç"

O dönem SBF öğrencisi olan Osman Tokcan'ın söyledikleri ise Küpeli hakkında bazı konuların anlaşılmasında ipuçları vermektedir:

"1968 Temmuz'unda kantinde oturuyorduk. 'İTÜ basılmış. Vedat Demircioğlu polis tarafından öldürülmüş' diye bir haber geldi. Kantin boşaldı. Herkes anfide toplandı. Biz de kalktık gittik. Önlerden bir yere oturdum. Yusuf Küpeli, çıktı heyecanlı bir konuşma yaptı, olayı anlattı. Sonuçta, 'Biz de bir şeyler yapalım' dedi ve gruplar oluşturulmaya başlandı.

Yusuf, bana, döndü, 'Osman, sen de on kişilik bir grup kur' dedi. Tabii ben şaşırdım. O güne kadar böyle şeylerden haberim yok. Ne anlarım ben. Neyse ben, o Hippy denilen arkadaşlardan kurduğum bir grupla, SBF'de sabaha kadar nöbet tuttum. Böylece ön plana çıkarak hareketin içine fiilen girmiş bulundum. Bundan sonra Hüseyin Cevahir ve Yusuf Küpeli ile çok iyi arkadaş olduk."

İstanbul'da güvenlik güçleri ile üniversite öğrencileri arasında meydana gelen çatışma, başkentte öğrenciler arasında çok sert tepkiler yaratmıştır.

18 Temmuz 1968 Perşembe günü, gece saat 19.00-20.00 arasında önce Amerikan Sineması'nın önüne gelen ve kimlikleri saptanamayan bir grup, ellerindeki taşları sinemanın camlarına atarak kırmışlardır. Bundan sonra olay yerinde hiç durmayan grup, Tunus Caddesi'ne geçerek, buradaki bekar Amerikalılar'a ait yatakhanenin camlarını taşlarla kırmıştır. Bu konuda açıklama yapan bir polis yetkilisi, olayın polise geç intikal ettirildiğini, bu nedenle camların kimler tarafından kırıldığını öğrenemediklerini ancak bu grubun bir, "Vur, kaç" şeklinde hareket ettiğini söylemiştir.

"Ağır Bir Balyoz Gibi Köhnemiş Çatının Temellerine Güm Güm Vurmak İstiyorum"

Bu olayların yaşandığı dönem, Yusuf Küpeli, Fransa'da olan Mahir'e yazdığı bir mektubunda, neler yaptığı konusunda özetle şunları anlatmıştır:

"Üç aydır birçok kavgaya girdim. Fakat bunlar yetmiyor. Ağır bir balyoz gibi köhnemiş çatının temellerine güm güm vurmak istiyorum" diye yazdıktan sonra, iki aydır Maden-İş'te çalıştığını, Maden-İş'in DİSK'e bağlı bir sendika olduğunu, çivi fabrikasında hadise çıkartıp, patronu kovduğunu, aynı zamanda TİP'te çalıştığını, Fikir Kulüpleri'nde yıktıkları klikin bu sefer de partiye çöreklendiğini ve FKF'yi elinde tuttuğunu, tabandan gelen büyük bir baskı olduğunu, Doğu Perinçek ve arkadaşlarının bu tepkiyi kanalize ettiklerini, bu grubun TİP stratejisine karşı olduğunu, Amerikan emperyalizmine karşı geniş bir cephe kurulmasının gerektiğini ve önce milli demokratik devrim yapılabileceğini söyleyen parti dışı sosyalistlerle ortak hareket ettiklerini, ancak örgütü ele geçirebilmek için fikirlerini titizlikle gizlediklerini, Doğu'nun, FKF'nin yönetimini ele aldığını, önce milli demokratik devrim yapılması gerektiğini, sosyalizmin sonradan geleceğini, Amerikan emperyalizmi ile Türk toplumu arasındaki hakim çelişkiyi çözebilmek için aralarında çelişki olan bütün milliyetçi unsurların bir araya getirilmesinin gerektiğini, bunun için de Güç Birliği denen örgütün kurulduğunu, 1968 yazında 6. Filo'nun gelişi ile ilgili olarak Amerikalılara ait 30-35 binanın camlarını kırdıklarını, etkisi az olunca Kızılay'da başta Haberler Merkezi olmak üzere 7-8 yere içi siyah boya dolu şişe attıklarını, 1968 yazında Devlet Planlama Dairesi'nde çalıştığını, Amerikalılara ait yakılacak binaları tespit ettiğini" açıklar.[38]

"Türk Düşününün Batılılaşma Eylemleri İçerisinde Evrimi"

Bu sırada, Saffet Alp'in, "Türk Düşününün Batılılaşma Eylemleri İçerisinde Evrimi" başlıklı bir incelemesinin de yer aldığı, Hava Harp Okulu Kültür Yıllığı, "Göksenin" adlı bir kitap yayınlanır.[39]

Bunun ardından şeriatçıların günlük yayın organı Bugün adlı gazete, 29 Ekim 1968 tarihli nüshasında, "Bir Yüksek Askeri Okulunda Solculuk Propagandası Yapılıyor", 30 Ekim 1968 tarihinde ise, "Bir Yüksek Askeri Okulumuzda Komünist Faaliyetlerine Dair İfşaatımız Büyük Akis Uyandırdı" başlığını atar. Bu iddialar, ihbar kabul edilerek, 29 Ekim 1968 günü, Hava Harp Okulu Askeri Savcılığı tarafından kovuşturmaya başlanır. Yapılan kovuşturma neticesinde, 2. 12. 1968 gün ve 968/3723-370-152 sayı ile, olayda suç unsurlarının bulunmadığı belirtilerek, kovuşturmaya yer olmadığına karar verilir.

Sağcılar tarafından yapılan saldırılara, 250 denizci subay, 2 Kasım 1968 Cumartesi günü, yayınladıkları bildiriyle özetle şu karşılığı vermiştir:

"Büyük Türk Ulusu, Biz halk ordusuyuz. Hiçbir zaman, hiçbir zümrenin fikirlerine ve çıkarlarına alet olmadık, yalnız ve yalnız Atatürk'ün emrinde ve senin, yani büyük Türk milletinin hizmetinde olduk. Çünkü bu millet askerleri her şeyden çok sever. Çünkü bu millet asker millettir, çünkü bu millet ordu bir millettir.

Büyük Türk Ulusu, Şuna inanmanı ve bilmeni isteriz ki, Harp Okulları her türlü dış etkiden uzak, özgür, mutlu ve herkesin insanca yaşadığı bir Türkiye'nin bağımsızlığı için ölüme dek savaşmaya and içmiş genç subaylar yetiştirmektedir. Bize inan ve güven. Yalnız ve yalnız Atatürk'ün ve senin hizmetindeyiz."

SBF'de İşgal

1968 Kasım ayına gelindiğinde Türkiye'deki tüm üniversitelerde boykotlar ve işgaller sürmektedir. SBF-SFK Başkanı Muharrem Kılıç ve SBF Öğrenci Derneği Başkanı Murat Cahit Koğacıoğlu'nun yönetiminde, 3 Kasım 1968 Pazar akşamından itibaren SBF'de de boykot başlatılır.

Yusuf Küpeli, bu olay hakkında özetle şunları anlatmıştır: "SBF'nin işgalini Mahir'i devirenler istemişlerdi. Aslında ben işgalin yapılmasına karşıydım. İşgal başlamadan önce Fikir Kulübü yöneticileriyle altı saat tartıştığımı hatırlıyorum. Onlara bu işin toplumsal ortamının olmadığını anlatmaya çalıştım. Dinletemedim. Onlara göre, Fransa'da olaylar oluyordu, Türkiye'de de bir şeyler olmalı idi. Bir de, başlatılan Mustafa Kemal yürüyüşüne alternatif gibiydi galiba. Bu işi ancak sen yaparsın dediler. Ben de işin başına geçip işgali örgütledim. 'Sosyalist Türkiye' yerine, her yere yağlı boyalarla, 'Bağımsız Türkiye' yazdık. Hatta, beline ip bağlanarak, damdan sarkıtılan Mustafa Kemal Çamkıran, SBF'nin büyük yeni anfisinin yola bakan dış duvarına, insan boyunda harflerle, 'Bağımsız Türkiye' yazdı."

SBF'de yapılan bu boykot sırasında, propaganda, bildiri, aydınlatma, güvenlik ekipleri kurulur. Herhangi bir saldırı olabilir gerekçesiyle, gece ve gündüz yurtta ve okulda nöbetler tutulmaya başlanır. Bunun için mangalar oluşturulur. Kimisi komutan olur, kimisi er olur ve hiyerarşiye uygun şekilde davranılır. Okula, yurda hoparlörler yerleştirilerek, Cebeci semtine Ruhi Su dinletilir. Hoparlörlerden tebliğler yayınlanır. SBF-SFK Başkanı Muharrem Kılıç, türküler söyler. Okulun her tarafına aydınlatmak için ışıldaklar yerleştirilir.

SBF öğretim üyeleri ile öğrenciler arasındaki görüşmeler 8 Kasım günü başlar. Fakülte Yönetim Kurulu da öğrencilerle bir toplantı yapar. Boykotun başladığı günlerde Dev-Güç tarafından Samsun-Ankara arasında, "Siyasi İktidarı Ata'ya Şikayet" adıyla bir yürüyüş başlatılır.

Bu arada, "Okul sağcılar tarafından basılacak", "Ölümler, katliamlar olacak", "Bir cunta gelecek" diye, boykotu yürütenlere haberler gelir. Bu yönde söylentiler yayılır. Bunların sonucunda SBF'deki boykota son verilir.

Mülkiye'ye Saldırı

Boykotlar, işgaller, Amerikan işyerlerine karşı yapılan saldırılar, eylemler Ankara'daki devrimci gençlik hareketi içerisinde belli militan kadrolar ortaya çıkartır. Militan kadroların ortaya çıkmasına neden olan başka etmenler de vardır.

SBF öğrencisi Şadi Samer, bunu şöyle anlatmıştır: "Ankara'daki önemli olaylardan biri Fen Fakültesi'nde bizlerle çatışmalarıdır. O dönem komando olayı, komando kampları biliniyordu, ama hiç ortaya çıkmamışlardı. İlk defa örgütlü bir şekilde o kavganın içerisinde komando olayı ortaya çıktı. Ertesi gün SBF'yi bastılar. O sıra Ankara'daki bütün fakültelerin öğrenci derneği seçimlerini devrimciler kazanmaya başlamıştı. Ve ilk defa olarak CKMP'li komandolar bizlere silahla saldırmaya başlayınca, biz de silahlanmaya başladık. Ardından SBF' de 5-6 kişilik bir ekip kuruldu. Bu ekip her gün sabah saat 08.00'den itibaren çeşitli okullara gidip, o okulun güvenliğini sağlıyordu. Kimimiz Fen'e, kimimiz Ziraat'e, kimimiz Tıp'a giderdik. Çünkü oradaki insanların fazla pratiği yoktu. Ve bir de biz seyyar ekip gibi dolaştığımızdan herkes bizi çağırırdı."

CKMP'li komandolar, 28 Aralık 1968 Cumartesi günü, yeni seçilen AİTİA Öğrenci Derneği yöneticilerine saldırarak olay çıkartır. Fakat asıl büyük olaylar, 29 Aralık 1968 Pazar günü, Yüksek Öğretmen Okulu Öğrenci Derneği Kongresi'nde meydana gelir. Kongreyi kaybeden komandolar, seçimi kaybedince, öğrencilere saldırarak olay çıkartır ve yakaladıkları öğrencileri döver.

30 Aralık Pazartesi günü, okula gelen komandolar yine devrimci öğrencilere saldırır. Bunun üzerine okula sığınarak, kapıları kapatan gençler, kendilerini saldırılardan korumaya çalışır.

Okulu, "üç ay" şeklinde ablukaya alan komandolar, saat 17.30'da, kurt ulumaları, ezan sesleri, ilahilerle ellerindeki sopa, tornavida, bıçak, zincir, silah ve patlayıcı maddelerle yeniden saldırıya geçer.

Komandoların bu ilk saldırısı Yusuf Küpeli'nin kararlı tutumuyla engellenir. Komando saldırılarına iyi bir şekilde direnebilmek için aralarınında Yusuf Küpeli, Atilla Sarp, Mustafa Kuseyri gibi önde olan devrimci gençlerin de bulunduğu bir grup, bu kez, YÖO'nun yanındaki Fen Fakültesi'ne gider.

Kapıları kapatan devrimci gençlerle, okula saldıran komandolar arasındaki şiddetli çatışma saat 20.30'a kadar devam eder. Kapıları kapatan devrimci gençler okulun içerisinde sıkışıp kalan onbeş komandoya feci şekilde dayak atmış, dışarıdan kendilerine silah, bomba ve taşlarla yapılan saldırılara karşılık olarak kendilerini asitli maddeler ve benzeri yakıcı maddelerle korumaya çalışmıştır.

Bu arada komandoların lideri olduğunu söyleyen SBF birinci sınıf öğrencisi Yılmaz Yalçıner, okulun önüne gelir ve arkadaşlarının dövüldüğünü söyleyerek, "Arkadaşlar, bizim sizlerle bir sorunumuz yok. Bizim sorunumuz Yusuf Küpeli denen komünistledir. Onu bize teslim edin, çekip gidelim. Yoksa, sabaha kadar muhasarayı devam ettireceğiz" der. Bu arada meydana gelen olayların duyulması üzerine Ankara'da bulunan bütün fakültelere haber iletilir, bine yakın devrimci öğrenci, Fen Fakültesi'nin önünde birikmeye başlar. ODTÜ'den otobüslerle gelen öğrencilerin yolu Bahçelievler girişinde kesilir. Olaylar sırasında Kimya Anfisi'nin bulunduğu binada alıkonulan komandoları geri almak için, komandolar da orada bulunan FKF Genel Başkanı Zülküf Şahin, Orhan Kotan ve Koray Düzgören'i yakalayarak, içeride bulunan devrimcilere, arkadaşlarını serbest bırakırlarsa ellerindeki bu üç kişiyi serbest bırakacaklarını söylerler. Anlaşmaya varılır ve takas yapılır.

Hukuk Fakültesi Dekanı Uğur Alacakaptan, SBF Dekanı İlhan Unat ve Fen Fakültesi Dekanı Ali Rıza Çetik, saat 01.00'e kadar öğrenciler arasında arabuluculuk etmiş, ancak uzlaşmayı temin edememişlerdir. Bundan sonra iş, sağcılarla, öğretim üyelerinin ve emniyet mensuplarının arasında pazarlığa dökülür. Sağcı gençler, polis tarafından yakalanan arkadaşlarının da serbest bırakılmasını şart koşar. Emniyet ilgilileri bu şartı kabul eder. Anlaşma üzerine sağcı gençler, sıraya dizilerek okul bahçesini terk eder.

"Marifet Onlarla Yan Yana Yarışmak ve Üstünlüğü Ele Geçirmektir"

Olaylar 31 Aralık 1968 Salı günü de devam eder. Sabahleyin, Yusuf Küpeli, SBF'de, CKMP'ye ait afişlerin asıldığı panoyu indirerek, üzerine kırmızı boya ile, "Kahrolsun Faşizm" yazdıktan sonra, panoyu görebilecek bir yerde beklemeye başlar.

İki genç komando gelip, panoyu asıp, üzerindeki yazıyı silmeye çalışırken, Yusuf Küpeli, komandoların yanına gelir ve her birine birer tokat attıktan sonra, "Gidin şeflerinize söyleyin. Gelip onlar assınlar. Yalçın gelsin, Türkeş gelsin" der. Küpeli, bununla da yetinmez, yemekhaneye gider, bir komandoyu daha tokatlar. Ardından, okulun koridorunda bir komandoya daha saldırarak, dövdükten sonra hakaret eder. Küpeli'nin amacı, komandoları kışkırtıp, SBF'ye saldırtmaktır.

Küpeli'nin bu olaylarını duyan eli silahlı, sopalı, taşlı yüz kadar komando, başlarında Yılmaz Yalçıner olduğu halde, Hukuk Fakültesi tarafından gelerek, SBF'yi basmaya kalkar.

Fakat okulda, Yusuf Küpeli'nin başkanlığında hazırlıklı olan Murat Cahit Koğacıoğlu, Hüseyin Cevahir, Ali Yılmaz, Alaybey Atalay, Kamer Diribaş, Mehmet Beşlioğlu, Kamil Dede, Nasuh Mitap, Zeki Kılıç, Muharrem Kılıç, Nuri Yıldırım, Muharrem Ergin gibi otuz kadar genç, komandoları döverek okuldan atar. Küpeli, bu olayların ardından, SBF'deki komandoların panosunu bahçeye getirterek, herkesin gözü önünde benzin döktürterek yaktırır.

O dönem SBF Sosyalist Fikir Kulübü Başkanı olan Muharrem Kılıç, bu olay hakkında şunları anlatmıştır:

"O güne kadar gerek okul içinde, gerek dışarıda pek çok gerginlik yaşanmışsa da, kulüplerin duvar panolarına dokunulmamıştı. SBF Yönetimi, bu olay nedeniyle beni SFK Başkanı olduğum için sorguladı. Olayların okul içinde gerginleştirilmemesi gerektiğini hatırlattı. Ayrıca o zaman doçent olan Mümtaz Soysal, beni özel olarak odasına çağırıp uyardı. Hiç unutmuyorum, özetle şunları söyledi; 'Siz bu düzeni değiştirmek istediğinizi söylüyorsunuz. Bu düzenin temsilcileri ise panosunu kırdığınız kimseler. Sizin ilk göreviniz, bu düzeni değiştirmek üzere onun temsilcileri ile yan yana yarışabilmek olanağını kazanmanız ve hakkınızı koruyabilmenizdir. Henüz düzeni değiştirmenin çok uzağındayken ve gerçekte mücadele edebilme hakkını kazanmak için çabalarken, pano kırmakla ve düzen temsilcilerini bu yoldan yok etmekle, düzeni değiştiremezsiniz. Olsa olsa kendi yaşama hakkınızın elinizden alınmasına çanak tutmuş olursunuz. Marifet onlarla yan yana yarışmak ve üstünlüğü ele geçirmektir'."

"Komandoların Lideri Sınıfta Dövüldü"

31 Aralık günü SBF'yi ve yurt binasını arkadaşlarıyla birlikte kuşata-

rak, kendisine karşı olanlarla kavga edip camları kıran komandoların lideri SBF birinci sınıf öğrencisi Yılmaz Yalçıner, o günden sonra ilk defa 8 Ocak 1969 Çarşamba günü SBF'ye gider.

13 Ekim 1980 günü THY uçağını üç arkadaşıyla birlikte İran'a kaçırmak isteyen Yılmaz Yalçıner, derse girince ortalık karışır ve yüzden fazla öğrenci dövmek için üzerine yürür. Dersi veren Profesör Muammer Aksoy, Yalçıner'i kürsünün altına sokar ve öğrencilere engel olmaya çalışır. Aksoy, bir süre öğrencilere ricada bulunduktan sonra, Yalçıner'i koltuğu altına alarak sınıftan koridora çıkarır. Koridorda kalabalık daha da artar ve Yalçıner iyice hırpalanır. Yüzü ve gözü moraran komandoların lideri, önce dekanın odasına getirilir, daha sonra da hastahaneye gönderilir.

Dövülen Yılmaz Yalçıner, hastahanede şunları söylemiştir:

"Anayasa dersinde üzerime saldırdılar. 30-40 kişi vardı. Prof. Aksoy beni korudu. 'Ona vurmayın, bana vurun' dedi. Fiili harekete geçtiler. Sokağa çıktığım zaman, gerekli cevabı alacaklar. Bu iş Türkiye'nin kurtuluşuna kadar gidecektir."

SBF'de Seyyar Militan Kadro

Yusuf Küpeli, FKF Genel Başkanlığına seçildikten sonraki gelişmeleri şöyle anlatmıştır:

"FKF'nin ilk MYK toplantısı, başkan seçildiğim 12 Ocak 1969 günü akşamı yapıldı. Toplantı yapılırken, pat kapı. Doğu ile Erdoğan Güçbilmez içeriye girdi. Güçbilmez, 'FKF, Aydınlık dergisi ile aynı binaya taşınacak, Mihri Abi öyle istiyor' gibi şeyler söyledi. Hiç tartışmadım bile. Ayağa kalkarak, 'Çıkın, çıkın, şimdi toplantı var' dedim. Şaşırmışlardı. Ama mecburen gittiler. Beni seçtiren onlar değillerdi. Benim onlara da gereksinimim yoktu. Onların bana gereksinimleri vardı. Toplantıda bulunanlara döndüm, 'Böyle bir isteğin yönetim kurulunun tüm üyelerine hakaret olduğunu, hepsinin seçimle gelmiş kişiler ve gençlik lideri olduklarını' anlattım. 'Örgütün Aydınlık binasına taşınması, bağımsızlığını yitirmesi demek olur. Bağımsızlığını yitiren örgüt gelişemez' dedim. Konuşmamdan etkilenmişlerdi. Artık MYK tamamen benimle birlikte idi.

Tüzüğü okumamıştım. Böyle şeylerden sıkılıyordum. Hâlâ da FKF' nin tüzüğü nedir bilmem. Tüzüğe aykırı olarak GYK'yı hiç toplamamıştım. Kimse de itiraz etmemişti. Bu yaptığım demokrasi değildi ama işler çok iyi yürümüş, örgüt büyümüştü. Örgüt hiçbir zaman Aydınlık binasına taşınmayacak, bu adamlar da, ancak bir şeyleri rica ile isteme gibi bir-iki olayın dışında hiçbir şeye karışamayacaklardı. Onlara uymasam, 'Proletaryanın öncülüğü' desem de, sonuçta MDD görüşünde gözüktüğüm için, bu havadan yararlanmaya çalışacaklardı.

Benimki diktatörlük değil savaş arkadaşlığı gibi bir şeydi. Doğu'nun her zaman küçük bir kliği vardı. Ben öyle bir gruplaşmayı hiçbir zaman yapmadım. Gençlerle, o günün koşullarında girdiğimiz hiçbir kavgada yenilmediğimiz için kolayca büyüdük. Olaylarda onları asker gibi örgütlüyordum."

Bunun nasıl olduğunu İlhami Aras, şöyle anlatmıştır:

"Bu işleri yürütenlerin hepsi hareketin en önünde yer alan militanlardı. Bu militanlar, şu veya bu düzeyde Fikir Kulüpleri içerisinde de etkiliydiler. SBF bu konuda üs gibiydi. Fikir Kulübü yönetimi, 'SBF'de boykot' kararı alıyor. Biz, 'SBF'de boykot kararı olmaz. Biz, burada işgal yapmalıyız' diyorduk ve işgal yapıyorduk. Merkezin kararlarına uymama ve bu tür sorunlar, o günün koşullarında dostça, arkadaşça çözümleniyor, çok büyük sorunlara ulaşmıyordu. Bu işi yapanların hepsi gencecik insanlardı. Bir tane geçmişin deneyini taşıyan insan yoktu.

Biz, militan çekirdek bir gruptuk. Esasında en geniş anlamıyla teorik perspektifin ürünü olarak o çekirdek oluşmamıştı. Militan, gezici karakol gibi görev yaparken bir arada olduk, bir araya geldik. Yusuf Küpeli, gençlik hareketini militan bir yapıya, militan bir güce dönüştüren arkadaştır."

SBF'deki seyyar militan kadronun içerisinde olan ve çoğunlukla SBF Fikir Kulübü üyesi olan kişiler yazılanlardan daha çoktur. Ama ilk nüveyi oluşturan kişiler olarak Yusuf Küpeli, Hüseyin Cevahir, Mustafa Kaçaroğlu, İlhami Aras, Sabahattin Kurt, Zafer Kutlu, Oğuz Etçi, Mustafa Kemal Çamkıran, Oktay Etiman, Kamil Dede, Nasuh Mitap, Osman Tokcan, Şadi Samer, Saffet Rüştü Tekin, Cengiz Zapçı, Tuğrul Paşaoğlu, Ercan Erciyas, Çelik Cesur gibi isimler sayılabilir.

III. BÖLÜM

Çıkış

Bu sırada yurtdışından dönmüş olan Mahir Çayan'ın ilişkileri konusunda kardeşi Hüseyin Ergün Çayan, şunları anlatmıştır: "Abim, yurtdışından Türkiye'ye gelip SBF'ye gittiğinde, karşılaştığı durumu şöyle anlatmıştı, 'Bir sene okuldan uzaklaştığımdan, okula gittiğimde herkes bana yabancıydı. Oysa SBF Fikir Kulübü başkanlığı yaptım. Beni tanımıyorlar. Ben de buna aldırmıyorum' demişti."

Mahir, bu nedenle, eskiden tanıdığı ve halen devrimci mücadelenin içerisinde yer alan arkadaşlarını bulur. Onlarla ilişkilerini yeniden kurar. Bu arkadaşlarından birisi Karadeniz Ereğlisi Demir-Çelik Fabrikaları'nda mühendis olarak çalışan ve o dönem, çalıştığı fabrikadaki TİP'li işçilerle, işçi temsilcileriyle, bölgede bulunan aydınlarla ilişkileri olan Bingöl Erdumlu'dur. Bu sırada, TİP Karadeniz Ereğli ilçe yönetiminde başkan olarak Çetin Gözaçtı, sekreter olarak Mehmet Necmettin Giritlioğlu, üye olarak da Yalçın Gürbüz, Osman Aslanbay, S. Ahmet Gecenoğlu ve Kemal Dağcıoğlu bulunmaktadır.

Gazeteci-yazar Sina Çıladır ise, Karadeniz Ereğlisi'nde, "Demokrat" isimli gazeteyi yayınlamanın yanı sıra Türk Solu ile Aydınlık Sosyalist dergilerine yazılar da yazmaktadır.

TİP içerisinde ve dışında, TİP yönetimine karşı gelişen muhalefet hareketi içerisinde yer alan Bingöl Erdumlu, "Aren-Boran ekibinin Zonguldak'ta yarı resmi olarak çıkarttığı 'Sömürücüye Karşı Yumruk' adlı yayına karşı, çevrelerinde bulunan kişilere, Marksizmin ilkelerini, MDD tezini ve TİP'e karşı olan anlaşmazlıklarını anlatmak için bir dergi çıkartma" önerisinde bulunur.

1968 Aralık ayında yapılan TİP'in Üçüncü Kongresiyle birlikte yeni arayışlar içerisinde olan grup, Aren-Boran ekibinin çok güçlü olduğu ve kalabalık bir işçi kenti olan Zonguldak ile Karadeniz Ereğlisi'nde, kendi ideolojik-teorik yayın organını yayınlama önerisi ve gereği üzerinde ciddi olarak durur. Daha sonra bir kısmı THKP-C hareketi içerisinde yer alacak olan bu grup, Sina Çıladır'ın dergiyi basma, redakte etme, yazı yazma desteği vermesi sonucunda ilk sayısı 1969 Şubat ayında basılan "Çıkış" isimli dergiyi yayınlamaya başlar.

Dergiye Mahir Çayan, Sina Çıladır, Bingöl Erdumlu, Tülay Tat-Erdumlu, Çetin Gözaçtı ve Necmettin Giritlioğlu katkıda bulunmuşlardır.

Sina Çıladır'ın verdiği bilgiye göre, "Mahir'in 1969 yılında temel problemi TİP'e karşı, TİP'i temsil eden onun başındaki Aren'in, Boran'ın, Aybar'ın temsil ettiği, 'güler yüzlü sosyalizm'in oportünist tezlerine karşı, MDD tezini derinleştirerek, onu Marksizmle iyice bütünleştirmek, kaynaştırmak amacıydı. Onun için sürekli okuyor, çalışıyordu.

Aren-Boran ekibi, geliyor konferans veriyor. İşçilerle kahvede sohbet ediyor. Karşısında doğrudan bir kuvvet olmadığı için işçi içerisinde bizden çok daha iyi örgütlenebiliyorlar. Yani MDD hareketinden çok daha iyi büyüyorlar. Nerelerde önleyeceğiz? Ankara'da, İstanbul'da; büyük kentlerde var da, işçinin yoğun olduğu bölgelerde yok. Bingöl Erdumlu, burada çalışıyor. Ben buradayım. MDD hareketi içinde iyi kötü bir şeyler yapmaya çalışan, az-çok kafası çalışan arkadaşlar burada. Parti-Cephe yok daha. Aynı fikirde çalışan, MDD'yi savunan, MDD'den sosyalizmin ideolojisini-teorisini çıkarmaya çalışan bir arkadaş grubu o kadar. Mahir, bu nedenle bizimle dirsek teması kuruyor.

O zaman, Mahir, TİP çizgisinde. Hepimiz öyleyiz. Daha kopmamışız. Radikalizmin rafine dalları daha ortaya çıkmamıştı. Onun için Parti-Cephe konusu ortada yok. Tam tersi TİP'in başındaki klikle mücadele söz konusu. Mahir, onun için buraya geliyordu. Çünkü TİP, Ereğli'de, Zonguldak'ta sükse yapıyor. Zonguldak ve Karadeniz Ereğlisi'nde Aren-Boran ekibi çok güçlüydü o zaman. Biz de mücadeleyi oraya yönlendiriyorduk. İdeolojik-teorik mücadeleyi, derginin çıkması, Mahir'in Ereğli'ye gelmesi, Zonguldak'a gitmemiz, oradaki tartışmalar hepsi bunların üzerinde yoğunlaşıyordu. Zaten, o zaman, TİP içindeki MDD hareketinin amacı, TİP'in başında bulunan oportünizmi özellikle işçiler önünde geriletmek."

Dergi yayınlandıktan sonra TİP Zonguldak il örgütünden ve Türk Solu dergisinden tepkiler gelir. TİP Zonguldak il örgütü yöneticileri ile Çıkış dergisini yayınlayanlar bir araya gelerek görüşme yapar.

TİP Zonguldak il yöneticileri, "Ayrı gayrılığa gerek yok. Birbirimizin kavgasını dergiye yansıtacağımıza, hepimizin amacı Marksizmin ilkelerini işçilere, çevremize anlatmak değil mi? O zaman bunu beraber yapalım ve dergide Marksizmi anlatalım" önerisini getirir.

İdeolojik-teorik planda değil ama birlikte çalışma amacıyla varılan uzlaşma sonucu derginin ikinci sayısında yazı işleri müdürü TİP Karadeniz Ereğlisi İlçe Başkanı Çetin Gözaçtı olur.

Sina Çıladır, bir yazısında, Sadun Aren'in Çıkış dergisinin 1969 Mart ayında yayınlanan ikinci sayısından itibaren, derginin, yayınlanmamasını ve bu nedenle, TİP Karadeniz Ereğlisi İlçe Başkanı Çetin Gözaçtı'dan, yazı işleri müdürlüğünden istifa etmesini istediğini, Gözaçtı'nın da, 'Parti disiplinine uyarak' istifa ettiğini, yazmıştır.[40]

Türk Solu ve Aydınlık Sosyalist dergileri yöneticilerinden gelen tepki ise, "Bu kaynakları bölmeye ne gerek var. İşte çıkan iki tane dergi var. Aşağı-yukarı aynı şeyleri söylüyoruz. Sizlerin orada ayrıca bir dergi çıkartmanıza gerek yok. Mali kaynakları boşa harcamaya gerek yok" şeklinde olur.

Çıkış dergisinin üçüncü sayısında yazı işleri müdürlüğüne bu kez, Bingöl Erdumlu'nun hemşire olan hanımı Tülay Tat-Erdumlu getirilir.

Sina Çıladır'ın verdiği bilgiye göre, "Türk Solu ve Aydınlık Sosyalist Dergi çevrelerinden gelen bu öneriler üzerine ve işçi çevrelerinde pek fazla satmaması, bedava dağıtılması üzerine dergi 3 sayı çıkar ve kapatılır."

"Artık Türkiye'de Bir Şeyler Yapmak Lâzım"

1969 yılı Ocak ayında, soğuk bir kış günü, Alp Orçun, bir rastlantı sonucu Taksim'de Mahir Çayan'la karşılaşır.

Birbirlerine sarılıp, hal hatır sorduktan sonra Mahir, Alp'e,

"-Gel, bir yerde oturup, biraz konuşalım" der.

Mahir ile Alp Orçun, Taksim'de bulunan Saray Muhallebicisi'ne gidip, üst katında oturur.

Fransa'ya gidip bir süre kaldığı için arkadaşlarının büyük çoğunluğu okuldan mezun olmuş, Fikir Kulübü başkanlığından düşürüldüğü için SBF'deki ilişkileri yok denecek kadar az olan Mahir,

"-Okulda kimleri tanıyorsun? Onlarla beni tanıştırmanı ve görüştürmeni istiyorum. Artık Türkiye'de bir şeyler yapmak lâzım" der.

Bir süre konuştuktan sonra Mahir ile Alp, Tünel'de bulunan TMGT'a gider. Ankara ve İstanbul'dan öğrenci liderleri bir araya gelmiş, 6. Filo'ya karşı yapılacak eylemler hakkında toplantı yapmaktadır.

Mahir, toplantıda,

"-İleri eylem planları yapılması gerektiğine ilişkin Fransa'da çok farklı görüşler öğrendim, çok farklı insanlar tanıdım, çok farklı olaylar gördüm. Çok farklı eylem yolları var. Türkiye'de yapılanlar yeterli değil, çok pasif. Örneğin, motor kiralanarak gidip, 6. Filo gemilerine boya atılabilir. 6. Filo'dan adam kaçırılabilir. Türkiye'de bomba atılmıyor, bomba atılabilir" diyerek, fikirlerini açıklar.

Yapılan konuşmalardan sonra Mahir, Alp Orçun, Uluç Gürkan ve birkaç kişi, toplantıdan birlikte ayrılır.

Bu dönem, FKF, İTÜ-ÖB, ODTÜ-ÖB, DÖB, TMGT ve DİSK gibi örgütlerin desteklediği, 6 Şubat-16 Şubat 1969 günleri arasında 6. Filo'ya karşı gerçekleştirilen eylemlerin nasıl yapılacağı konusunda toplantılar yapılmaktadır.

Kararlaştırılan eylemlerin son günü, "Emperyalizme ve Sömürüye Karşı İşçi Yürüyüşü" düzenlemek için Ahmet Hamdi Dinler, Yavuz Ünal ve Vasıf Köksal, İstanbul Valiliği'nden izin alır.

16 Şubat 1969 Pazar günü, 28 devrimci örgütün desteklediği yürüyüşe katılan otuzbin kişi, Beyazıt Meydanı'ndan yürüyerek Taksim Meydanı'na geldiği sıra sağcı gruplar saldırır.

TİP Milletvekili Sadun Aren ile TİP Senatörü Fatma Hikmet İşmen'in de katıldığı yürüyüşte çıkan olayları Osman Saffet Arolat, şöyle anlatmıştır:

"Üçyüz kişi kadar bir toplulukla Taksim Meydanı'na girdiğimiz sıra, polis, Gümüşsuyu'nda arkadan gelen otuzbin kişinin önünü kapatmış. Biz bunun farkına varmadan Taksim Meydanı'nın ortasına doğru yürüdük. Meydanda daha önceden toplanmış olan gericiler, bize aniden saldırdı. Kendimizi korumaya çalıştık, ama sayıca çok kalabalık ve silahlı oldukları için Kazancı Yokuşu'ndan dolaşarak yeniden Gümüşsuyu'na çıkmak istedik. Ben, Park Oteli'nin hemen yanındaki küçük parkın oraya geldiğim sırada iki polis, Mahir'in iki kolundan tutmuş götürüyordu. Bunu görünce, yerden iki taş aldım. Birini bir polise, birini diğer polise attım. Polisler, Mahir'in kollarından çıkınca, Mahir, Aydın Engin ve ben, oradan kaçarak bir apartmanın giriş katına saklandık. Mahir, orada, 'Yahu! Bunlar TİP'li ve FKF'li olduğu için pasifisttirler diye o kadar çok anlattılar ki, ben seni de böyle zannediyordum. Demek ki sen bayağı kavgacıymışsın' dedi."

Gericilerin saldırıları sonunda, yüzlerce kişi yaralanır, Duran Erdoğan ve TİP üyesi Turgut Aytaç öldürülür.

Tülay Tat, bu olayla ilgili olarak şunları anlatmıştır:

"Biz, Ereğli'deydik. Bingöl ile Necmettin Giritlioğlu, mitinge katılmak için Ereğli'den İstanbul'a gittiler.

Amerikan emperyalizmini protesto etmek için mitinge katılmışlar, fakat camilerde toplanılarak, şartlandırılan büyük bir topluluk, yürüyüşçülere saldırmışlar.

Ben o gece, Bingöl'ün dönmesini bekliyorum. Çünkü, ertesi sabah işbaşı yapacaktı. İstanbul'a giderken, bana,

'-Eğer gecikirsem, Bingöl hastahaneye gitti, hasta kağıdı aldı, diyerek işyerini oyala. Ben mutlaka geleceğim' demişti.

Pazartesi sabahı gazeteleri alıp olayın haberlerini okuyunca, büyük bir paniğe kapıldım. Çünkü, Bingöl de dönmemişti. Sonra, Mahir, Bingöl, Necmettin ve Cemile Çerçel, birlikte Ereğli'ye geldi."

Kanlı Pazar olayı amatör bir kameraman tarafından baştan sona filme alınmıştır. Bu film ilerici öğrenci örgütleri tarafından değişik üniversite ve fakültelerde gösterilir. Kanlı Pazar olaylarını konu alan filmin gösterildiği bir diğer fakülte de SBF'dir.

Mehmet Beşlioğlu, bu konuda şunları anlatmıştır: "Kanlı Pazar olayını anlatan filmin gösterileceği makineyi Kel Ahmet dediğimiz SBF'de okuyan bir arkadaş kurdu. SBF'nin büyük anfisinde bu film gösterildi. Film sessiz olduğu için Mahir, başlangıcından itibaren olayların gelişimini izleyenlere kare kare anlattı."

"Biz Burada Komünist Olarak Varız"

MDD yanlısı olan örgütlerin bir araya gelerek yaptığı toplantılar sonunda, FKF'nin de kurucuları arasında olduğu Devrimci Güçbirliği yeniden oluşturulur.

Bu güçbirliğinde elliye yakın devrimci nitelikte öğrenci, işçi, öğretmen ve çeşitli halk kuruluşları üyedir.

Yusuf Küpeli, bu konuda şunları anlatmıştır:

"Kanlı Pazar olayının hemen arkasından ilk Dev-Güç toplantısı TMGT'da yapıldı. Kadri Kaplan, diğer gençlerin yanında İstanbul Valisi'ne telefon açtı ve adama bir ton hakaret etti. Vali, alttan alıyordu. Gençlerin yüzünde, bu olaya inanmış mutlu bir gülümseme vardı. Olayın gösteri olduğunu anlamıştım. Canım sıkılmıştı, ama hiç ses etmedim. İçerideki odada bir masanın etrafında toplandık. Kadri Kaplan, en başta oturuyordu ve toplantıyı idare ediyordu. Toplantıya başladıktan sonra ilk söyledikleri, "Arkadaşlar, 'Kahrolsun Amerika' diye bağırıyorsunuz. Böyle bağırmaya devam edeceksiniz, 'Kahrolsun Rusya' diye de bağırmanız gerekir. Bunun mantığı budur" demek olacaktı.

'Ne oluyoruz?' diye anında atlayıverdim ve sözünü kesip, söz istedim. Herkes sustu, merak ve hayretle bana baktılar. 'Bakın, biz burada komünist olarak varız. Bunu gizlemiyoruz ve bu nedenle 'Kahrolsun Rusya' diye bağırmayız. Ayrıca onun adı 'Rusya' değil, Sovyet Sosyalist Cumhuriyetler Birliği'dir' diye söze başladım. Garip bir sessizlik olmuştu. Kadri Kaplan öyle, şaşırmış dinliyordu. Ben, devam ettim, 'Bir kere ayrıca, mantıken de 'Kahrolsun Sovyetler' diyemeyiz; bu bize zararlıdır. Eğer gerçekten Amerikan emperyalizmine karşı savaşıyorsak, böyle diyemeyiz. Atatürk emperyalist güçlere karşı savaşırken ilk yardımı Sovyetler'den aldı. Onlar, bizim ulusal kurtuluş savaşımıza yardımcı oldular. İktisadi devlet teşekkülü olan ilk endüstri kuruluşlarını onlar verdiler. Bugün Vietnam halkı onlardan yardım alarak savaşıyor. Böyle bir şey diyemeyiz. Biz Amerikan halkının düşmanı değiliz ama, sadece 'Kahrolsun Amerikan Emperyalizmi' diye bağıracağız, hiçbir güç bizi 'Kahrolsun Sovyetler' diye bağırttıramaz' dedim. Garip bir sessizlik olmuştu. Aniden, benden çok yaşlı, kafası sargı bezleri ile beyaz bir sarık giymiş gibi sarılı bir başka adam fırladı, 'Ben Yusuf'un söylediklerine aynen katılıyorum' dedi ve benzer bir iki cümle daha ekledi. Çok sevinmiştim. Sonradan, tanımadığım bu adamın Rasih Nuri İleri olduğunu ve kafasının da Kanlı Pazar olaylarında yaralandığını öğrenecektim.

Kanlı Pazar yürüyüşünde Sadun Aren ve TİP'liler vardı ama Mihri Belli, yoktu. Dev-Güç toplantısına katılmak MDD'nin gereği idi. Güç birliği yapıyorduk güya. Halbuki basbayağı tezgâhtı. Tezgâh, gençliği eski cuntacıların ve Mihri'ye legalite sağlayacak yeni cuntanın kanalına sokmaktı. Başka bazıları bu işe bilinçli giriyorlardı ama, bizleri, güç birliği, Leninizmin gereği vb. diye kazıklıyorlardı. Ne kadar yaşam deneyimim de olsa 'politika'nın inceliklerini, dönen entrikaları, güçler dengesi vb. olaylarını anlayamıyordum henüz. Yine de ikircimli ve temkinli idim ama yine de katılmıştım. Tezgâhı bilmediğim için bu toplantılarda devamlı olay çıkartacaktım. Saf saf inandıklarımı söylüyordum.

Daha sonra, Doğu, çok yumuşak bir üslûpla, bana, böyle çıkışlar yapmamamı, askerlerin tahammülsüzlüklerini, kafa yapılarını, vb. anlatmaya çalışacaktı.

Yollarımızın ayrı olduğunu anladıkları için, konuşmuyorlar, iyilikle idare etmeye çalışıyorlardı.

Toplantıda, bu çıkışımdan ve Rasih Nuri İleri'nin destekleyip benzer şeyler söylemesinden sonra, Kadri Kaplan, tepki göstermeden başka bir konuya atladı. O iş öyle havada kaldı."

İstanbul'daki bu toplantıdan sonra, Ankara'da, Dev-Güç'ü oluşturan kuruluşlar, 16 Mart 1969 Pazar günü, 27 Mayıs Devrim Derneği'nde toplanarak yurt sorunlarını görüşür. Aralarında FKF'nin de bulunduğu elliye yakın ilerici örgütün katıldığı toplantıdan sonra alınan kararlar, devrimci kuruluşlar adına Dev-Güç başkanı, eski Milli Birlik Komitesi üyesi Tabii Senatör Kadri Kaplan tarafından kamuoyuna açıklanır.

"Sosyalistlere Çağrı"

MDD'ci gençlik, TİP dışında bir parti kurmanın düşüncesi içindedir. FKF Başkanı Yusuf Küpeli, yazmış olduğu bir yazıda bunu özetle şöyle dile getirmiştir:

"Doğru konuşalım! Son olaylar sosyalist cephenin içinde bulunduğu dağınıklığı bir kez daha gösterdi. Yayılmamıza paralel sağlam, derinliğine bir örgütlenmeye gidemediğimiz gün gibi açık.

Örgütlenme biçimi; hem sosyalist örgütlenme, hem de anti-emperyalist örgütlenme yanyana birbirlerini karşılıklı etkileyip geliştirerek yürütülecektir.

Benim ve çoğunluğumuzun üye olduğu Türkiye İşçi Partisi'nin bilimsel sosyalizm teorisinden sapan yöneticiliğine karşı ortak bir harekete geçerek, büyük çoğunluğuyla sağlam olan tabanı gerçekten temsil edebilecek, olayların gerisinde kalmayacak, parti içi eğitimi ve teşkilatlanmayı hızla ele alacak yeni bir yönetici kadroyu getirmek mi mümkündür, yoksa tüm temiz sosyalistleri bünyesine çekecek yeni bir teşkilatlanmaya mı gitmek daha yararlıdır?"[41]

SBF Sosyalist Fikir Kulübü Yönetiminde Bulunan Sosyalist Devrimciler Görevden Alınır

Mihri Belli, 20 Mart 1969 Perşembe günü, Hukuk Fakültesi Fikir

Kulübü Başkanı Atıl Ant'ın çağrılısı olarak Ankara Hukuk Fakültesi'nde, "Millet Gerçeği" konulu bir konferans verecektir. Fakat, sivil polisler 5 Aralık 1968 günü SBF'de verdiği bir konferans nedeniyle, 19 Mart Çarşamba günü, Belli'yi gözaltına alırlar. Bu arada, Hukuk Fakültesi Yönetim Kurulu, yaptığı bir toplantı sonunda, konferansı iptal ettiğini açıklar. Bunun üzerine bir kısım devrimci öğrenci, protesto gösteri yapar. Bunu tepkiyle karşılayan sağcı öğrenciler ile solcu öğrenciler arasında çatışma çıkar.

Bu olayların yaşandığı gün, SBF yurduna gelen FKF Başkanı Yusuf Küpeli, hışımla SBF-SFK Başkanı Muharrem Kılıç'ın yattığı odanın kapısını açar ve,

"-Neden toplantıya gelmediniz? Faşistler salonu bastı. Bunun hesabını vereceksiniz" gibi şeyler söyleyip, bir süre bağırdıktan sonra çıkar, gider.

Öğleden sonra, Muharrem Kılıç'a FKF Genel Merkezi'nden Yusuf Küpeli imzalı bir kağıt gelir. Kağıtta özetle, 'FKF-MYK, verilen görevi yapmadığından dolayı SBF-SFK Yönetim Kurulu'na görevden el çektirmiştir'.

Yusuf Küpeli, bu konuda şunları yazmıştır, "Sadece onları değil, hepsini görevden aldım. İki başlılık olmazdı. Tüzük bu hakkı veriyordu, ben de kullandım ve tüm ipleri ele geçirdim."

TİP'lilerin en etkin olduğu ve en fazla üyeye sahip oldukları Fikir Kulübü yönetiminden TİP'liler uzaklaştırılarak yerine Alp Orçun, Danyal Oral Çalışlar ve Hüseyin Cevahir gibi MDD'cilerden oluşan "girişimci kurul" atanır. Alp Orçun, "girişimci kurul"un geçici başkanı olur.

Mülkiye'ye Yapılan Baskılar

18 Mart 1969 Salı günü, SBF Öğrenci Derneği Başkanı Murat Koğacıoğlu, dernek lokalinde düzenlediği basın toplantısında özetle şu açıklamayı yapar:

"İktidar, devrimci öğrencilere baskı yapmaktadır. Fakültemizin avukatlık ve kaymakamlık haklarını köstekleyerek, yıldırma çabalarına girişmişlerdir. Bu seneye kadar sınavsız kaymakam olma hakkı varken, iktidar, İçişleri Bakanlığı'nın yapması öngörülen bir sınav şartı koymuştur.

Fakültemiz mezunları bugüne dek Hukuk Fakültesi ile farklı olan derslerin imtihanlarını verip, avukat olabiliyorlardı. Oysa, bugünlerde Senato'da görüşülmekte olan Avukatlık Kanunu'ndaki değişikliklerle bu hakkımızı da elimizden almak istiyorlar. Bu davranışları ile hiç de olumlu sonuçlara ulaşamayacaklar, devrimci gençlik hiçbir zaman yılmayacaktır."

20 Mart 1969 günü, SBF'de öğretim üyelerinin de katıldığı, "Mülkiye'ye Yapılan Baskılar" adlı bir forum düzenlenir.

Forumda, SBF Öğrenci Derneği Başkanı Murat Koğacıoğlu, SBF Dekanı Prof. İlhan Unat ve öğretim üyelerinden Prof. Muammer Aksoy, konuşma yapar.

Konuşmalarda, SBF'ye baskı yapıldığı iddia edilir, Avukatlık Kanun Tasarısı'nda, SBF mezunlarının, avukatlık yapma hakkının kaldırılması yerilir. Forumdan sonra, fakülteye yapılan oldu bitti tutumunu protesto etmek amacıyla boykota gidilip gidilmemesi hususu oya konulur ve süresiz boykot kararı alınarak öğrenciler dağılır.

SBF öğrencileri, 24 Mart 1969 Pazartesi günü bir forum düzenledikten sonra, İçişleri Bakanlığı'na kadar bir kınama yürüyüşü yapar. Yürüyüş, İçişleri Bakanlığı'nın önünde sona erdiğinde, SBF öğrencilerini temsilen bir grup öğrenci, İçişleri Bakanı ile görüşme talebinde bulunur.

İçişleri Bakanı Faruk Sükan, içlerinde SBF Öğrenci Derneği Başkanı Murat Koğacıoğlu ile birlikte Muharrem Kılıç, Danyal Oral Çalışlar, Mahir Çayan, Tuncay Artun ve yirmi kadar öğrenciyi makamında kabul eder.

Öğrenciler önce İçişleri Bakanı Müsteşarı ile görüşür. Daha sonra İçişleri Bakanı Faruk Sükan tarafından kabul edilirler. Bakanın makam odasında 1. Şube Müdürü de hazır olarak beklemektedir.

Öğrenciler, çıkartılmak istenilen yeni Avukatlık Kanunu'nun adaletsiz olduğunu, bunun değiştirilmesi gerektiğini ayrıca Anayasa Nizamını Koruma Kanun Tasarısı'nın baskıcı bir rejim yaratacağını, söylerler. Sükan ise, öğrencilerin söylediklerini dinledikten sonra gülerek, masanın üzerinde bulunan, Ant yayınları tarafından yayınlanmış Alberto Bayo'nun 'Gerilla Nedir' isimli kitabını eline alır ve,

"-Bakın Türkiye'de ne tür kitaplar yayınlanıyor? Oysa gençlik nelerle uğraşıyor" dedikten sonra, öğrencilere sevecen bir tavırla yaklaşarak,

"-Arkadaşları okullarına arabayla bırakın" diye emir verir. Öğrenciler, bu öneriye karşı çıkarak,

"-Hayır biz polis arabasına binip gitmeyiz. Kendimiz gideriz" derler. Ama öğrenciler, sonunda, 1. Şube'nin otolarına bindirilerek okula götürülür.

DTCF'de Meydana Gelen Olay

On günden beri boykotta olan DTCF'de, boykotu kırmak için 9 Nisan 1969 Çarşamba günü saat 09.30'da, fakülte öğrencilerinden ve AP Gençlik Kolları Genel Başkanı Ahmet Kalkanoğlu, Genel Başkan Yardımcısı Yılmaz Akçadağ, Hatay AP Senatörü Mustafa Deliveli'nin oğlu Fethi Deliveli, Antalya AP İl Başkanı'nın oğlu Ömer Kaptan'la beraber, yaklaşık 100 kişilik bir grup DTCF'ye gelir.

Boykota karşı olan grup, ilk önce, fakültenin giriş kapısı önüne boykotçular tarafından asılan bez üzerinde yazılı, Atatürk'ün, Bursa Nutku'nu ve bezin üzerinde bulunan Mustafa Kemal Atatürk'ün resmini bıçakla yırtar.

Boykotçu öğrenciler, kapıları kapatarak sağcıların fakülteye girmesini engeller. Bu arada, Sami Gürler, silahıyla havaya ateş ederek, saldırganları geçici olarak durdurur. Fakültede mahsur kalan öğrenciler, aynı zamanda, SBF'ye haber göndererek, "yardıma gelmelerini" ister.

Aralarında Yusuf Küpeli, Mahir Çayan, Oktay Etiman, Mustafa Kemal Çamkıran, Atıl Ant, Danyal Oral Çalışlar, İlhami Aras, Aydın Çubukçu'nun da bulunduğu onbeş kişilik bir grup, DTCF'ye gider.

DTCF'nin bahçesinde bulunan saldırgan grubun üzerine yürüyen Küpeli, içine kara barut koyduğu bir şampuan kutusunu ateşleyerek, grubun üzerine atar. Sağcılar, şaşkınlıkla, "Molotof, molotof" diye bağırarak, fakülte bahçesinin dışına kaçar. Küpeli, dışarıda bekleyen saldırganlara,

"-Beş dakika içerisinde dağılmalarını, yoksa hücum edeceklerini" söyler.

Dağılmadıklarını gören devrimci grup, dışarıda bekleyen sağcılara hücum eder. Çatışma sağcıların dağıtılmasıyla sona erer.

SBF ve ODTÜ'nün İşgali

DTCF'de meydana gelen bu olay gününün gece yarısı Yusuf Küpeli ve arkadaşları, SBF'yi işgal eder. Aynı saatlerde BYYO da işgal edilir. İşgalci öğrenciler, içeriye girdikten hemen sonra, dışarıdan gelecek saldırılara karşı önlemler alınır. Sabah okula gelen öğretim üyeleri de içeri alınmayarak geri çevrilir.

SBF İşgal Komitesi sözcüsü, düzenlediği basın toplantısında, özetle şunları söyler:

"Siyasal Bilgiler Fakültesi'ni kurtarılmış yurt toprağı olarak ilan ediyoruz. Biz işgallerle, Anayasa dışına düşmüş iktidarı Anayasa içine sokmaya çalışıyoruz. Adalet Partisi'ni yıpratacak tüm eylem biçimlerini deneyeceğiz. Başımızda bulunan gayri milli iktidar uzaklaştırılıp milli iktidar kuruluncaya kadar savaşımız devam edecektir. Türkiye'de bir ikinci milli kurtuluş savaşı verilmektedir.

Gayrı milli ve Anayasa dışı bir iktidara karşı direnme hakkımızı kullanıyoruz. Kanunların dışında kalmış bir iktidar bize kanunları uygulayarak işgallerin suç olduğunu söyleyemez. AP Genel Merkezi tarafından silahlandırılan bazı yaratıklar, DTCF'ye saldırarak, Ata'nın resmini çiğnediler. Kutsal Bursa Nutku'nu yırttılar. Bu gericiliğin yeniden hortlaması demektir. Bu işbirlikçi iktidarla sonuna kadar savaşacağız. Kavgamız zaferle noktalanacaktır."

Bu sıra tüm Türkiye üniversiteleri ve yüksek okullarında boykot ve işgal vardır.

9 Nisan 1969 Çarşamba günü de, aralarında FKF-MYK üyesi Münir Ramazan Aktolga, Rasih Ulaş Bardakçı, İrfan Uçar, Ahmet Sina, Hüseyin İnan, Sinan Cemgil, Sezgin Tüzün, Yusuf Arslan, Onur Başkan, Mehmet Caner, Mustafa Taylan Özgür, Metin Güçbilmez, Ali Onur gibi öğrencilerinin de bulunduğu grubun öncülüğünde, ODTÜ'deki boykot işgale dönüştürülür.

12 Nisan günü, Rektör Kemal Kurdaş'ın ODTÜ'yü, 1 Ekim'e kadar tatil etmesinden sonra, 13 Nisan 1969 Pazar günü sabahı saat 04.30'da, jandarma ve polis, ODTÜ'ye girerek, öğrencilerin işgalini sona erdirir. Çıkan olaylarda 114 öğrenci gözaltına alınır.

14 Nisan Pazartesi günü, bir basın toplantısı düzenleyen FKF Genel Başkanı Yusuf Küpeli, "Bütün devrimci güçleri, Türkiye'nin bağımsızlığı için savaşa" çağırır.

"Siyasi Polis İşgal Süresince SBF'nin Telefonlarını Dinledi"

17 Nisan 1969 Perşembe günü, SBF'li işgalciler, öğleden sonra işgalleri altında bulundurdukları yerleri temizleyerek eski duruma getirir.

Gece yarısı SBF'deki işgale son veren öğrenciler, sabaha kadar şarkı söylemiş, hora tepmiş ve herhangi bir saldırıya karşı hazırladıkları molotof kokteyllerini bir bir patlatmışlardır.

İşgal süresince SBF'nin telefonları, Ankara Nöbetçi Beşinci Asliye Ceza Mahkemesi'nce alınan kararla siyasi polis tarafından dinlenir. Ankara Basın Savcısı Zekai Turan, talebin Basın Savcılığı'nca yapıldığını söylemiş ve "Suçluların tespiti için SBF'nin telefonlarının dinlenmesini istedik ve mahkemeye başvurduk. Nöbetçi mahkeme de bu isteğimizi yerinde görüp dinleme kararını verdi" demiştir.

SBF öğrencilerinden Mustafa Kaçaroğlu, Kamil Dede, Sabahattin Kurt, Murteza Bor ile DTCF öğrencilerinden Ali Orhan Yücealp ve Mehmet Yüksel, 22 Nisan 1969 günü sabahı, saat 06.30 sıralarında Ankara'da Hükümet Meydanı'nda işçilere bildiri dağıtırken polis tarafından gözaltına alınır.

FKF İstanbul Sekreterliği İstifa Ediyor

22 Nisan 1969 Salı günü, Sıtkı Coşkun, Güray Tekinöz, Taner Kutlay, Savaşkan Oral, "Genel Merkez Dev-Güç'e girdi. Zaten Genel Merkez'le bizim aramızda stratejik planda uyuşmazlık vardı. Biz bu uyuşmazlığın eylemde ortaya çıkmayacağını umuyorduk. Umduğumuz gibi olmadı. DÖB'lüler, iç işlerine çok müdahale etmektedir" gerekçesini öne sürerek, FKF İstanbul Sekreterliği'nden istifa eder.

Aradaki uyuşmazlığın giderilmesi amacıyla, 2 Mayıs 1969 Cuma günü, FKF İstanbul Sekreterliği'nde yapılan toplantıda aralarında Yusuf Küpeli, Doğu Perinçek, Mahir Çayan, Veysi Kemal Sarısözen, Celal Doğan, Mehmet Arif Sarısözen, Şeref Yıldız, Atilla Coşkun, Namık Kemal Boya gibi kişilerin de olduğu grup bir araya gelir.

Fakat toplantı, kavgayla sonuçlanır. Bu arada, Atilla Coşkun'un kazara bir şişe mürekkebi Mahir Çayan'ın üzerine dökmesi, tartışmaları iyice kızıştırır. DÖB'lüler sopalarla gelmiştir. Güç dengesi sağlamak için FKF'liler de DDKO'luları çağırır.

Fikir Kulüpleri'nin yönetiminde bulunan TİP'li kadrolar ya istifa ya şiddet yolu ya da yönetimden el çektirilerek tasfiye edilir.

TİP'lilere karşı girişilen bu tasfiye hareketi, bir anlamda, daha önce Doğu Perinçek ve Mahir Çayan'ın başkanlıktan düşürülmesinin karşılığı gibidir.

29 Nisan Mitingi

FKF'nin Dev-Güç ile planlayarak ortaklaşa gerçekleştirdiği ve siyasi iktidar krizine yol açan birkaç eylemi vardır. Bu eylemler, siyasi güçlerin, güçlerini ortaya koydukları ve birbirlerini ne kadar etkilediklerinin de göstergeleridir.

Dev-Güç'ü oluşturan kuruluşlar, 29 Nisan 1969 Salı günü, Ankara'da bir miting düzenler. Miting, Dev-Güç'ün bir gövde gösterisi biçiminde geçer.

Mitingi 27 Mayıs Milli Devrim Derneği Genel Başkanı Mucip Ataklı, Tabii Senatör Suphi Karaman ve Ankara Üniversitesi Öğrenci Birliği Başkanı Özgün Nas'tan oluşan tertip komitesi hazırlar.

Miting alanında ilk konuşmayı yapan FKF Genel Başkanı Yusuf Küpeli, şunları söyler:

"Tekrar bağımsızlık savaşımız başlamıştır. Yılmadan, korkmadan içimizdeki bağımsızlık düşmanlarına karşı savaşacağız. Bugün büyük şehirlerde başlamış olan bu ikinci kurtuluş savaşı, çok kısa bir zaman sonra bütün ülkeyi kaplayacaktır."

Daha sonra sırasıyla, SDDF Genel Başkanı Nail Gürman, 27 Mayıs Derneği eski Genel Başkanı Dr. Çağlar Kırçak, Ankara Üniversitesi Öğrenci Birliği Başkanı Özgün Nas, Bağımsız Milletvekili Reşat Özarda, Tabii Senatör Mehmet Özgüneş, Milli Birlik Komitesi üyesi General Cemal Madanoğlu ve Devrimciler Güçbirliği adına Tabii Senatör Kadri Kaplan konuşma yapar. Konuşmaların ardından, mitinge katılan kalabalık, DTCF önüne kadar yürüyüş yaparak, dağılır.

"Son Gençlik Hareketleri Üzerine"

Karadeniz Ereğlisi'nde Sina Çıladır, Bingöl Erdumlu, Çetin Gözaçtı ve bir grup arkadaşıyla yayınladıkları Çıkış dergisinin birinci sayısının Şubat 1969'da, ikinci sayısının Mart 1969'da yayınlanmasının ardından, Sina Çıladır'ın verdiği bilgiye göre, Türk Solu dergisini yayınlayan MDD'ci arkadaşlarının, "Bu kaynakları bölmeye ne gerek var. İşte bu da dergi. Siz orada ayrıca bir dergi çıkartıyorsunuz. Aşağı-yukarı aynı şeyleri söylüyoruz. Mali kaynakları boşa harcamaya gerek yok" demeleri üzerine, Çıkış dergisinin yayınını durdurarak yazılarını Türk Solu ile Aydınlık dergilerinde yayınlamaya karar verirler.

Mahir'in Türk Solu dergisinde yazılarının nasıl yayınlandığı konusunda Mihri Belli, şunları anlatmıştır:

"Mahir, Türk Solu dergisinde yayınlanmak üzere, 'Oportünizmin Keskin Kokusu' yazısını vermişti. Ben bu yazıyı okudum. Çok güzel bir yazı. 'Tamam' dedim. Perinçek, 'Bu adam kimdir belli değil. Karışık. Yazısı basılmasın' gibi laflar söyledi. 'Yok, basılacak' dedim. Mahir'i de o sıra ayak üstü görmüştüm. Temiz yüzlü, bende güven uyandıran bir genç insan. Yazısı da fena değil. Yani, şunun bunun dedikodusu ile tavrımızı belirlemedik. İstanbul'daki Türk Solu bürosuna gelmişti. Orada görmüştüm ilk. Mahir ile Perinçek'i yan yana gördüğüm tek zaman odur. O ana gelene kadar, Mahir hakkında, gayet şüphe davet eden konuşmalar yapmıştı Perinçek."

Mahir'in, FKF üyesi ibaresini kullanarak imzaladığı "Son Gençlik Hareketleri Üzerine. İçinde Bulunduğumuz Evre ve Gençliğin Durumu" başlıklı yazısı, 6 Mayıs 1969 tarihli Türk Solu dergisinin 77. sayısında yayınlanır.

Mahir'in bu yazısı konusunda FKF Genel Başkanı Yusuf Küpeli, şunları anlatmıştır: "Mahir, Türk Solu'na bizi öven bu yazıyı yazmış ve bu yazı ile birlikte bizlerle birleşmeye çalışmış, 'gençlik hareketlerine katılmak istediğini' söylemiştir. Mahir, zaten, bu sıralar evde, bizden uzakta kalıyordu."

Mahir'in bu yazısı, bir anlamda, "son gençlik hareketi"nden kopuşu da ifade etmektedir. Mahir, yayınlanan bu yazısında, o dönem, bir taraftan Doğu Perinçek ile yaşanan çatışmaları, bir taraftan gençlik hareketinde yaşanan süreci ve daha sonra oluşturulan Parti-Cephe çizgisine giden yoldaki görüşlerini açıklamaktadır. Yazı özetle şöyledir:

"İçinde bulunduğumuz evre proletaryanın kendisi için sınıf durumunda olmadığı ve proleter sosyalist bir partinin bulunmadığı bir evredir. Bu aşamada, Amerikan emperyalizmine karşı mücadelede anti-emperyalist etkin azınlık ne denli önemli ise anti-emperyalist gençlik de o denli önemlidir.

İçinde bulunduğumuz dönemde proleter sosyalistlerin ikili bir mücadele biçimi içinde olmaları gerekmektedir. Bir yandan emperyalizme karşı mücadelede tüm millici sınıf ve tabakaların yanında yer almak, anti-emperyalist ve anti-feodal mücadeleye hız vermek, diğer yandan proletaryaya politik bilinç vererek örgütlenmesini sağlamak.

Bu ikili mücadele diyalektik bir bütündür ve birbirinden ayrı düşünülemez. Bu ikili mücadelenin herhangi bir yanını ihmal etmek sosyalistleri oportünizmin kucağına iter.

Gençlik bilindiği gibi bir sınıf değildir. Öğrenci gençlik genellikle küçük burjuva kökenlidir ve tüketici durumundadır. Tüketici durumunda olması yurt ve dünya sorunları ile yakından ilgilenmesini sağlamaktadır. Ayrıca gençlik doğası gereği atılgandır, coşkuludur, yüreklidir. Her türlü çıkar duygusundan ve ard niyetten uzaktır. Ve de toplumun en az bozulmuş tabakasını oluşturur. Doğaldır ki, bu nitelikleriyle gençlik emperyalizmin karşısında, bağımsızlıktan yanadır.

Gençlik devrimci yığınların politik bilince ulaşmadıkları yarı sömürge bir ülkede, bağımsızlık mücadelesinde toplumun devrimci sınıf ve tabakalarını harekete geçiren bir dinamit fitilidir.

Demokratik Öğrenci Hareketleri, CHP ve FKF:

Bilindiği gibi demokratik öğrenci hareketleri önce her fakültenin kendi fakülte içi mesleki hak istemlerinden başlamış ve bir süre sonra kendine özgü hak isteminin ötesine geçmiş ve Amerikancı iktidara hatta sisteme karşı siyasal birtakım belirtiler haline dönüşmüştür.

Başlangıçta öğrenci hareketlerini destekleyen CHP bir süre sonra bu hareketlerin karşısında yer almıştır. Bunun nedenlerini şöyle özetleyebiliriz :

I- CHP küçük burjuva kaypaklığı içinde bocalayan bir partidir. Ve CHP doğası gereği herhangi bir devrimci harekette sonuna dek yürüyemez. İçinde bulunduğumuz Milli Demokratik Devrim mücadelesinde atacağı doğru slogan ve yapacağı eylemlerle CHP'yi etkileyecek bir proleter sosyalist partinin hâlihazırda olmaması ve de içindeki anti-emperyalist güçlerin varlığına karşın işbirlikçilerin bugün için ağırlıklı olması da CHP'nin bu bocalamasında ve gerici tavrında çok etkilidir.

II- Emperyalizme karşı olan güçbirliğindeki tüm sınıflar, savaşın kendi yönetiminde yürütülmesi için mücadele ederler. Bu toplumsal mücadelenin her katı için geçerlidir. Bu nedenle ve eski paternalist alışkanlığının da etkisiyle CHP gençliği daima kendi denetimi altında tutmak ister.

Bu son gençlik hareketlerinde şu açık seçik ortaya çıkmıştır; bugün gençlik CHP'nin dilediği, kanalize ettiği 1960 öncesinin gençliği değildir. Köprünün altından çok sular aktı, artık gençlik gerçeğin temeline indi. Bugün Türkiye gençliği anti-emperyalist ve anti-feodal mücadelede doğru sloganlar atan öğrenci kesimindeki bilimsel sosyalistlerin peşinden gitmektedir. Öyle ki, son gençlik hareketlerinde Sosyal Demokrasi Dernekleri Federasyonu'nun bütün tabanı 'Tam Bağımsız ve Gerçekten Demokratik Türkiye' sloganlarının etrafında devrimci tavırlarını alarak hareketin baltalanması için CHP'den komut alan Sosyal Demokrasi Dernekleri Federasyonu yöneticilerini yalnız bıraktılar. Bu durumda gençlik kesiminde egemenliğini kaybetmek istemeyen CHP'nin, FKF'nin meslek istemlerinden hareketle anti-emperyalist bir hedefe yönelttiği demokratik öğrenci hareketlerinin karşısında yer aldığını gördük: Amacı hareket içinde FKF'yi yalnız bırakarak tecrit edip, güçsüz bir duruma düşürmekti.

CHP'nin bu gerici tavır alışı tam ters bir sonuç doğurdu. FKF bu demokratik öğrenci hareketlerinde, öğrenci yığınlarının büyük desteğini alarak daha çok güçlenmiştir. Böylece FKF demokratik köylü hareketlerinden sonra, demokratik öğrenci hareketlerinden de başarıyla, alnının akıyla çıkmıştır.

FKF'nin bugünkü yöneticileri gerek içte oportünizme karşı verdikleri amansız mücadeleyle, gerekse de dışta demokratik köylü hareketlerini kendine özgü hak istemlerinden hareket ederek politik bir amaca yöneltmeleriyle, proleter sosyalist olduklarını eylemde de kanıtlamış oldular. Proleter sosyalistler, toplumun çeşitli kesimlerinin kendi öznel koşullarını bilimsel sosyalist teorinin ışığı altında yorumlayarak yığınları kanalize ederler.

Yığınları kavganın hizmetine koymak bu kitlelerin hak istemleriyle ilgili çalışmalara kayıtsız kalmak değildir. Tersine kendi çıkarları için savaşacak olan yığınları bu hak istemi mücadelesinin çevresinde örgütleyebilir, harekete geçirebiliriz."

Son Gençlik Hareketlerinde Oportünizmin Tutumu:

"Son gençlik hareketlerinde oportünizmin gerçek yüzünü bir kere daha gördük. Anayasa dışına düşmüş olan Amerikancı iktidara karşı demokratik direnme hareketleri olan öğrenci protesto hareketlerini, öğrenci kesimindeki oportünistler akıl hocalarından aldıkları talimat ile baltalamak için her yolu denediler. Öyle ki, hareket içinde, 'Bu hareketler faşizmi getirir. Halk bu hareketlere karşıdır ve bu hareketler AP iktidarının işine yaramaktadır' diyerek aynı yorumları yapan, kendi tabanının bile karşı olduğu Sosyal Demokrasi Dernekleri Federasyonu yöneticileriyle sıkı bir işbirliği içine girdiler.

'Bu hareketler faşizmi getirir' sözü çok komik ve ciddi olmaktan uzak bir sözdür. Kapitalizmin diktasının hangi koşullar altında geleceğini bilmek için, değil bilimsel sosyalist teoriyi, birazcık sosyoloji bilmek bile yeterlidir.

'Halk demokratik öğrenci hareketlerine karşıdır ve bu hareketler AP iktidarının işine yarıyor' iddiası da soyut, açık olmayan ve de yanlış bir iddiadır. Halkın hangi kesimi, neye, niçin karşıdır?"

"FKF'nin yönettiği demokratik öğrenci hareketleri toplumsal dinamitin fitilini ateşlemiştir. Toplumun çeşitli kesimlerinde var olan toplumsal patlamalar hızlanmış, topraksız köylünün toprak işgal hareketleri, işçi grev ve fabrika işgalleri yer yer filizlenmeye başlamıştır.

Şimdi, 'Bu hareketler AP iktidarının işine yarıyor' diyenlere sormak gerekir; Amerikan emperyalizmine ve işbirlikçi burjuvazi ve feodalitenin iktidarına karşı, toplumun çeşitli kesimlerinde, anti-emperyalist ve anti-feodal kıpırdanmalar yaratan demokratik öğrenci hareketleri mi Amerikan emperyalizminin ve onun iktidarının işine yaramaktadır?

Son gençlik hareketlerinde şu gerçek artık iyice açığa çıktı; Türkiye'de oportünistler -teorik yetersizlikten dolayı yanlış yolda olan omuzdaşlarımız sözümüzün dışındadırlar- aktif bir biçimde ihanetin bataklığı içinde kulaç atmaktadırlar.

'Bize sorarsanız sizin asıl yeriniz bataklıktır. Ve oraya varmanız için size her türlü yardımı yapmaya hazırız.' (Lenin-Ne Yapmalı?)

Siz o bataklığa saplandıkça, siz Türkiye sosyalist hareketinden ve gençlik kesiminden, FKF'den temizlendikçe, Türkiye sosyalist hareketi güç kazanacaktır. Ve de FKF daha güçlü ve daha tutarlı bir sosyalist gençlik örgütü olacaktır."[42]

Doğu Perinçek de, Aydınlık dergisinde, "Anarşizme ve Terörizme Hayır!" alt başlığıyla, "Gençler, güçbirliği bozguncularına karşı olduğu gibi, gençliğin eylemine anarşizmi ve terörcülüğü sokmak isteyenlerle de mücadele ediyorlar. Gençlik eylemini, 27 Mayıs Anayasası'nın meşruiyet sınırları dışına taşırmak isteyen küçük burjuva anarşistleri karşısında, gençler, uyanık devrimciler olarak hareket ediyorlar. Polisten gelen bombalı tertiplere, suikast tekliflerine yüz vermiyorlar" diyerek, FKF yönetimini eleştirmeye devam ediyordu.[43]

"Bu Yol Başka Bir Yol, Sen Anlamazsın"

SBF'de her yıl Nisan ayında, geleneksel olarak düzenlenen "İnek Bayramı" şenlikleri vardır.

Bu şenliklerin başlamasından bir hafta kadar önce, Fikir Kulübü'nde düzenlenen söyleşi toplantısında, söz döner, dolaşır, "İnek Bayramı" için yapılması düşünülen hazırlıklara gelir. Mahir,

"-Bu sene, İnek Bayramı yaptırmayacağız."

"-Niye yaptırmayacaksınız?"

"-Burjuva eylemidir. Halkımız kan ağlarken biz eğlenemeyiz. O nedenle yaptırmayacağız."

Fikir Kulübü'nün Geçici Başkanı Alp Orçun, bunun üzerine,

"-Kişisel düşünceme göre ben de yapılmasını gerekli görmüyorum ama İnek Bayramı, Mülkiye'nin bir geleneğidir. Yapılması gerekli. Herkesi karşımıza almanın bir gereği yok."

Bunun üzerine Mahir, mütebessim,

"-Bu yol başka bir yol. Sen anlamazsın" diye yanıt verir.

Bu sert tartışmadan sonra, İnek Bayramı şenliği SBF'de sönük geçer.

Bombacı Mahir

Kendilerini İslamcı, şeriatçı olarak adlandıran kesimin, devrimci güçlere karşı yaptıkları saldırılardan bir tanesi de, 1 Mayıs 1969 Perşembe günü ölen Anayasa Mahkemesi Başkanı İmran Öktem'in cenaze töreninde meydana gelir.

3 Mayıs 1969 Cumartesi günü, Ankara'da, Maltepe Camisi'nde yapılan İmran Öktem'in cenaze törenine İlahiyat Fakültesi öğrencileri, Komünizmle Mücadele Derneği üyeleri ve bazı AP'lilerden oluşan dinci yobazlar, "Allahsızın namazı kılınmaz" diyerek saldırır.

Bu saldırıya karşı koyan devrimci gençlerle, şeriatçılar arasında çatışma çıkar. Daha sonra, İmran Öktem'in tabutu, devrimci gençlerin elleri üzerinde Orduevi'ne kadar taşınır.

4 Mayıs 1969 Pazar akşamı, Gazi Eğitim Enstitüsü kantininde Yargıtay Başkanı İmran Öktem'in cenaze töreninde çıkan olaylar hakkında öğrenciler arasında tartışma yapılırken olaylar çıkar.

30-35 kişinin katıldığı kavga etrafta bulunanların ve okul yöneticilerinin gayretiyle yatıştırılır. Fakat, saldırıya uğrayan gruptan birkaç genç, SBF öğrenci yurduna telefon ederek, baskı altında tutulduklarını, yardıma gelinmesini ister. Diğer fakültelerin Fikir Kulüpleri'ne üye devrimci gençlerin de üslendikleri SBF öğrenci yurdunda, bu haber, adeta bir bomba etkisi yapar.

O sıra SBF'de bulunan ve aralarında Mahir Çayan, Dayı Veysel adıyla anılan Veysel Akın ve Mehmet Beşlioğlu'nun da bulunduğu bir grup, Gazi Eğitim Enstitüsü'ne gitmeye karar verir.

Gençlerden bir kısmı, zulalarda olan silah ve patlayıcıları alıp giderken, bir kısmı da, sopa ve zincirlerle kuşandıktan sonra otomobillere binerek Gazi Eğitim Enstitüsü'ne gider.

Koltuk altlarına saklamış oldukları sopalarla, kantine giren SBF'li öğrenciler, GEE Spor Bölümü öğrencilerinin bulunduğu masalara yakın yerlerde oturur.

Saat 20.00 sıralarında, ilk önce, karşılıklı, "laf atma" şeklinde başlayan tartışma, saat 23.30'da sopaların meydana çıkması ile kanlı bir kavga halini alır. Yaklaşık elli kişi kantinde kıyasıya dövüşmeye başlar. Sayıca üstün durumda olan GEE öğrencileri karşısında, SBF'den gelenler, dövüşerek geri çekilmek durumunda kalır.

SBF'den gelenler, tam kapıdan çıkmak üzereyken, bu sırada arkadaşlarıyla gelen Mahir Çayan, kapıyı aralar ve arkadaşlarına,

"-Geriye çekilin" dedikten sonra elindeki balık fünyesini sigarasıyla ateşledikten sonra GEE'li öğrencilerin üzerine atar.

Büyük bir gürültü çıkararak patlayan ilkel el yapımı bombalar Ayhan Çelen, Sedat Özen ve Hasan Ağ adındaki öğrencilerin çeşitli yerlerinden yaralanmasına neden olur.

GEE Spor Bölümü öğrencilerinin sayısal üstünlüğü karşısında, aralarında Ahmet Bozkurt, Mehmet Beşlioğlu ve Mahir Çayan'ın da bulunduğu bir grup öğrenci, "geri çekilirken" Oğuz Etçi, Mehmet Latif Güvercin, Sabahattin Kurt, Mahmut Zeren, Mustafa Kaçaroğlu ve Hüseyin Onur, yakalanır.

Hüseyin Onur, Spor Bölümü öğrencileri tarafından ayağından başaşağı asılarak dövülür. Daha sonra polise teslim edilen altı SBF öğrencisi, ilk tedavileri yapıldıktan sonra, adliyeye verilir. Yapılan sorgularından sonra serbest bırakılır.

Dayı Veysel ile birlikte GEE'li öğrencilerin üzerine patlayıcı attığı için arkadaşları, Mahir'e, "Bombacı Mahir" diye ad takar.

Kurdaş'a Tepki

Yargıtay Başkanı İmran Öktem'in cenaze töreninde çıkan olayları kınamak ve protesto etmek amacıyla Yargıtay üyeleri tarafından düzenlenen ve Danıştay, Sayıştay üyeleri ile üniversite öğretim üyeleri, Ankara'daki hakim ve savcılar, bazı avukatlar ile gençliğin ve halkın katıldığı yürüyüş, 7 Mayıs 1969 Çarşamba günü yapılır.

Başbakanlık binasının hemen karşısındaki Yargıtay binası önünden başlayan yürüyüşe Yargıtay'ın 155 asil üyesi, 100 yardımcısı, Yüksek Hakimler Kurulu üyeleri, Ankara'daki bütün yargıçlar ve savcılar, bütün illerden ve ilçelerden gelen yargıç ve savcı temsilcileri, barolar temsilcileri, Ankara Barosu, Danıştay, Sayıştay üyeleri, Ankara Üniversitesi, Hacettepe Üniversitesi, ODTÜ, AİTİA rektör, dekan, profesör, öğretim üyesi ve yardımcıları ile bu üniversitelerin devrimci öğrenci kuruluşları ve öğrencileri, onbinleri aşan bir topluluk halinde katılmışlardır.

Yürüyerek Anıtkabir tören alanına gelen kortejin arka kısmında bulunan ODTÜ öğretim üyeleri, Anıtkabir'e geldikleri zaman, aralarında Şadi Samer, Saffet Rüştü Tekin, Mahir Çayan'ın da bulunduğu bazı gençler, Arslanlı yolda öğretim üyelerinin önlerini keserek, Rektör Kurdaş'a Ata'nın huzuruna çıkamayacağını söyler. Kurdaş'ın Ata'nın huzuruna çıkmakta direnmesi üzerine öğrenci ve öğretim üyeleri arasında çıkan tartışma daha sonra yumruklaşmalar şeklini alır.

Öğrenciler, "Amerikan Ajanının Ata'nın Huzurunda Yeri Yoktur", "Satılmış Kurdaş" şeklinde bağırarak kol kola girer ve öğretim üyelerinin arasında bulunan Kurdaş'ın önünde barikat kurar. Bu arada bazı öğrenciler, "Gençlik Ata'nın Huzurunda Kavga Etmez" diye bağırır ve bundan sonra da iki grup öğrenci arasında kavga çıkar.

"Amerikancı" olarak niteledikleri Rektör Kurdaş'a, "Senin burada işin yok" diyen öğrenciler, Kurdaş'ın bütün girme gayretlerine rağmen, Anıtkabir'e girmesine engel olur. Bunun üzerine öğretim üyeleri, Arslanlı yoldan geri dönerek Anıtkabir'i terk eder.

Olaydan sonra bir açıklamada bulunan Kurdaş, kendisine saldıranları, "Kızıl Yobaz" olarak nitelendirir.

"Bize Hangi Gücü Temsilen Burada Bulunduğunu Açıkça Söyle"

27 Mayıs İhtilali ile iktidardan alaşağı edilen Demokrat Parti'nin önde gelen yöneticileri için Anayasa ile siyasi haklarını kullanmalarını yasaklayan kanunlar, bir taraftan Demokrat Parti'nin devamı olan Adalet Partisi bir taraftan da 27 Mayıs'ı yapan güçler tarafından bir siyasi istismar malzemesi olarak yıllardan beri kullanılmış ve kullanılmaya devam ettiğinden ülke sürekli bir siyasi kriz içinde tutulur.

CHP Genel Başkanı İsmet İnönü, TBMM tatile girmeden ve '69 Ekim ayında yapılacak milletvekili genel seçimlerinde, AP'nin yeniden seçim yatırımı olarak bu konuyu kullanamaması için, olumlu bir tutum takınır. 8 Mayıs 1969 Perşembe günü bir basın toplantısı yapan İnönü, Anayasa'da yapılmak istenen bazı tadillerin, CHP'nin iştiraki olmadan yapılamayacağını belirttikten sonra, "Anayasa nizamına bağlı olmak kayıtları içinde geçmiş zamandan kalma siyasi hak mahrumiyetinin süratle elbirliğiyle iadesi taraftarıyım. Benim bu fikrim itibar görürse, onun neticesi olarak, Anayasa nizamı işlemekte olan Senato, eski Cumhurbaşkanı olarak Sayın Bayar'ın mevki alması, kendisine olduğu kadar memlekete de huzur veren bugünkü Anayasa'nın icabı olacaktır" diyerek, 229 milletvekilince imzalanıp TBMM'ne verilen, eski DP'lilere siyasi hakların iadesini isteyen yasa tasarısını desteklediğini açıklar.

İnönü'nün bu açıklaması, başta 27 Mayıs'i yapan güçler ve bu güçlerle ilişkisi olanlar ile çeşitli kesimlerde şiddetli tepkilere yol açar. CHP Parti Meclisi üyelerinden Mukbil Özyörük, Alp Kuran ve Orhan Erkanlı istifa eder.

TİP Genel Başkanı Mehmet Ali Aybar, bu durumu, 27 Mayıs öncesine dönmeyi istemek olarak tanımlar. 27 Mayıs'ı yapan Milli Birlik Komitesi grubu, İnönü'ye cephe alır.

12 Mayıs günü, Senatör Kadri Kaplan, güçbirliği yapan bütün devrimci kuruluşları toplantıya çağırır. Bu sıra FKF, yayınladığı bildiri ile siyasi affa karşı olduğunu açıklar.

Yusuf Küpeli, bundan sonrası hakkında şunları anlatmıştır:

"İpler asıl 7 Mayıs günü Yargıtay yürüyüşünden sonra Nail Gürman'ın yüzünden koptu. Nail Gürman'ın sosyalistlere, bizlere küfür ettiği bana güvenilir bir biçimde anlatıldı. O yürüyüşten sonra yapılan Dev-Güç toplantısında Nail Gürman'ın üzerine yürüdüm ve toplantıdan çıkınca onu yakalayacağımı vb. söyledim. O da Kadri Kaplan'a sığındı. Kadri Kaplan onu korudu. Bize küfrettiği söylenen birisini koruduğu için o zaman çok kızdım. Kadri Kaplan'a, 'Bak, biz burada gençlik örgütü olarak varız. Ne olduğumuz belli, açık. Bunlar Aşıklar Derneği, bunlar Öğretmenler Derneği vb. eylem diyorsan, onun belkemiği bizim gençlik örgütü. Hemen hemen tüm eylemleri biz yapıyoruz. Onbinlerce insanı toparlayabiliyoruz. Ve bu adam bize küfür ediyor. Sen onu koruyorsun. Biz olmasak Dev-Güç diye bir şey yok. Bu eylemler olmayacak. Peki sen kimsin? Kimi temsil ediyorsun? Bir de onu öğrensek! Bize hangi gücü temsilen burada bulunduğunu açıkça söyle!' dedim. Kadri kaplan, sinirlendi. Fakat bir şey söylemedi. Onun üzerine, bu iş bitti deyip kalktım, gittim. Arkamdan Ahmet Say ile AÜTB Başkanı Özgün Nas'ı yollayacaklardı ama, dönmeyecektim. Beni bahçede yakaladılar ama, ikna edemediler."

"Oportünizmin Kalesi"

1961-71 döneminde SBF, devrimci gençlerin bir çekim merkezi durumundadır. Özellikle Ankara'da devrimci hareketin yönetim merkezi bu dönem SBF'dir. Bu nedenle, SBF Fikir Kulübü, FKF'nin kurulması ve gelişmesi ile ideolojik-teorik tartışmaların, ayrılıkların bir ölçüde merkezi de olmuştur.

MDD'ci gençlik grubu içerisinde ayrılıklar, tartışmalar yaşanırken, Aren-Boran ekibi, "Memleketimizdeki sosyalist hareketin en muhtaç olduğu unsur, hiç kuşku yoktur ki, görüş ve eylem birliğidir. İşte bunu sağlamak üzere (...) Emek adı ile bir haftalık gazete çıkarmaya karar" verdik diyerek, ilk sayısı 1969 Mayıs ayında çıkartılan bir gazete yayınlamaya başlar.

Dergiye katkısı olanlar arasında hem FKF'de hem de TİP'de etkili olan Sadun Aren, Hüseyin Ergün, Cem Eroğul, Muharrem Kılıç, Mehmet Selik, Kurthan Fişek, Adil Özkol, Murat Cahit Koğacıoğlu gibi özellikle SBF ile doğrudan bağlantıları olan kişiler vardır.

Bu dönem, SBF Öğrenci Derneği Yönetim Kurulu olarak Murat Koğacıoğlu, Cüneyt Akalın, Oktay Etiman, Mustafa Güçlü, Ferruh Çelebi ve Kemal Mısırlıoğlu, TİP Milletvekili ve eski SBF öğretim üyelerinden Sadun Aren'i, SBF'de konferans vermeye çağırır. Fakat Aren, konferansa gelmez.

Yusuf Küpeli, Aren'in gelmeme nedeni konusunda; "1950'li yılların ikinci yarısında 'Mülkiye' dergisine bir Amerikalı ile yazdığı yazıdır. Bu yazı bulunduğu ve bununla ilgili sualler sorulacağı için kendisi gelmemiştir" diye yazmıştır.

Bu sırada, 8 Mayıs 1969 Perşembe günü, SBF Öğrenci Derneği Genel Kurulu yapılır. Küpeli ve Perinçek grubu, TİP'lilere karşı ortak hareket eder. Sonuçta, SBF Öğrenci Derneği seçimlerinde Perinçek grubundan Cengiz Çandar SBF Öğrenci Derneği Başkanı seçilir.

"Boynu Kravatlı, Eli Çantalı Mahir Gitti, Yerine Parkalı ve Botlu Mahir Geldi"

Muharrem Kılıç, Mahir'le ilgili bir olayı şöyle anlatmıştır:

"Yusuf Küpeli, FKF başkanı olduktan sonra Mahir, yeniden harekete geçer ve aktif hale gelir. Böyle bir imkan ortaya çıkmasaydı Mahir, belki de bilinen Mahir olamazdı. Mahir, Yusuf'un arkadaşıydı. Onu etkileyebileceğini, bir şeyler yapabileceğini düşündü. Bu nedenle Mahir, ilk önce, Yusuf'un yanında yer aldı.

Çünkü, Mahir, SBF Sosyalist Fikir Kulübü'nde 1967'de yönetimi kaybettikten sonra adeta her şeye küsmüş, yenik ve kırgın bir biçimde Fransa'ya gitti. Döndüğünde özellikle Türkiye'deki tartışmalar açısından net bir tavrı ve belirgin bir ilgisi yoktu. Hareket içinde bir yerden başlamak istiyordu ama, bu fırsatı görmedikçe de geri duruyordu. İşte Yusuf'un FKF genel başkanı oluşu Mahir için de yepyeni bir dönemin başlangıcı oldu. İlk iş olarak okuldaki Milliyetçi-Toplumculara ait duvar panosunun parçalanmasını gerçekleştirdi. Bu olaydan sonra, boynu kravatlı, eli çantalı Mahir gitti, yerine parkalı ve botlu Mahir geldi."

"Bir 'Mürşit' Gözüyle Bakılan Oportünizmin Lideri Sadun Aren, Oybirliğiyle Kulüpten İhraç Edildi"

SBF Sosyalist Fikir Kulübü'nün Genel Kurulu ise, 17 Mayıs 1969 Cumartesi günü yapılır. Bu genel kurulda Sosyalist Devrimciler seçimlere katılmaz. Bu kurulda, Küpeli ile Perinçek gruplarının çekişmelerini görürüz.

Güç dengeleri bir ölçüde eşit denilebilir. Bu nedenle ortak bir liste hazırlanır. Genel Kurul başlamadan önce MDD'nin önde gelenlerinden Yusuf Küpeli, Mahir Çayan, Uluç Gürkan, Hasan Cemal vd. bir ön toplantı yaparak, Fikir Kulübü için bazı isimler önerir. Önerilen isimler arasından beş kişi seçilir. Bunlar Danyal Oral Çalışlar, Hüseyin Cevahir, Oktay Etiman, İlker Ağca ve Murteza Bor'dur. Bu isimleri belirleyen kişiler, seçilenleri bir araya toplayarak,

"-Siz kendi aranızda başkanınızı da belirleyin. Bu iş seçime kalmasın" der.

Beş arkadaş dışarı çıkar. Başkanlık için Hüseyin Cevahir ve Danyal Oral Çalışlar aday olur. Oktay Etiman ve İlker Ağca, Oral Çalışlar lehine oy kullanır. Bunun üzerine, kendi aralarında yaptıkları seçimle üçte iki oy çoğunluğuna göre Oral Çalışlar, SBF Sosyalist Fikir Kulübü Başkanı olur.

Muhalefet grubu olarak sadece Muharrem Kılıç ile Kutlay Ebiri, son bir kez daha düşüncelerini söyleyip ayrılmak üzere kongreye katılır. TİP'lilerin ve Sadun Aren'in öğrenciler üzerinde halen en etkili olduğu okul olduğu için, genel kurulda alınan bir karar gereğince, Fikir Kulübü ile hiçbir ilişkisi kalmamış olan Sadun Aren ve "iflah olmaz TİP'lilerden" 20 kişinin, Fikir Kulübü'nden atıldığı bildiri ile açıklanır.

Oysa SBF-SFK'dan attıklarını söyledikleri kişiler kulüpten zaten ayrılmışlardır.

Danyal Oral Çalışlar, Fikir Kulübü içerisinde yaşanan bu gelişmeler konusunda ise şunları açıklamıştır:

"Oportünizmin kalesi Siyasal Bilgiler Fakültesi de son Sosyalist Fikir Kulübü genel kuruluyla yıkıldı ve bozguna uğratıldı. Siyasal Bilgiler Fakültesi'nde bir 'mürşit' gözüyle bakılan oportünizmin lideri Sadun Aren, oybirliğiyle kulüpten ihraç edildi ve onun arkasından 20 kişilik oportünist devrim çenebazı da atılarak, kulüp gerçek devrimcilerin var olduğu bir kale haline geldi."[44]

Anayasa ve Devrimlere Bağlılık Mitingi

Bazı gençler, 17 Mayıs 1969 Cumartesi günü, Harb-İş Sendikası'nın Amerikalılara ait işyerlerinde yürüttüğü eylem bölgelerinden biri olan Balgat'taki grev yerine giderek işçilere konuşma yapar, duvarlara yazı yazar ve bildiri dağıtır.

Grev yerine gelen emniyet güçleri, FKF Başkanı Yusuf Küpeli, Fikret Babuş, Timur Bilgiç, Cem Ulus, Ayhan Sağocak, Pamir Peker, Hüseyin Uğur, Cemal Baykal, Abdurrahman Taşçı, Koray Gürses yakalanarak gözaltına alınır. 1. Şube'de sorguları yapılan gençler, daha sonra serbest bırakılır.

FKF, TMGT, Ankara Üniversitesi Talebe Birliği, İTÜ-ÖB gibi örgütlerin içerisinde yer aldığı Dev-Güç, eski DP'lilere siyasi hakların verilmesi için Anayasa'da değişiklik yapılmasını öngören kanun önerisini ve çeşitli siyasi partilerin bu konudaki çabalarını gerekçe göstererek, 19 Mayıs 1969 günü, "Anayasa ve Devrimlerine Bağlılık" mitingi düzenler.

"Proleter sosyalist kadrolarla sol Kemalist devrimciler arasındaki bağlar sıkılaştırılmıştır" değerlendirilmesinin yapıldığı miting, gençlerin ellerinde taşıdığı, "Mustafa Kemalciler Birleşiniz", "Yaşasın Tam Bağımsız Türkiye", "Aydın, Bürokrat. Devrim Yobazı Kim?", "Senato! Hainlere Af Yok", "Ordu, Gençlik, Adalet Elele" gibi sloganlar yazılı çok sayıda dövizle Tandoğan Meydanı'nda başlar. Mitingde, sırasıyla, İTÜ-ÖB Başkanı Tarık Almaç, Avukat Alp Kuran, FKF Başkanı Yusuf Küpeli, Doç. Mukbil Özyörük, Türk Kadınlar Birliği Genel Başkanı Günseli Özkaya, TMGT İkinci Başkanı Taylan Benli ile Prof. Muammer Aksoy, birer konuşma yapar. Büyük bir beze yazılı olan Atatürk'ün Bursa Nutku'nun meydana asıldığı mitingi, 500 kadar genç ve bol miktarda polis ile bazı Milli Birlik Komitesi üyeleri, AP, CHP ve TİP'li milletvekilleri izler.

"O Benim Kafamda Tamamen Bitmişti"

Mitingi izleyen Mihri Belli, mitingin dağılmasından sonra gelişen olayları şöyle anlatmıştır:

"Vesile, 'Kuyudan adam çıkarma'ya karşı protesto mitingiydi. O sırada Denizler İstanbul'dan tam ekip gelmişlerdi. Deniz geldi, 'Buradan öte biz yürüyüşe geçelim' dedi. İllegal yürüyüş, legal söz konusu değil. Ben, 'Vesile yanlış. Bu bizim meselemiz değil. İsmet Paşa ile Celal Bayar ve eski DP'liler uzlaşmış. Buna karşı çıkan 27 Mayısçılar var. Birinci elden bizim sorunumuz değil. Bir olaya gerek yok' dedim. Denizler, 'Peki' dedi, çekildiler. Ben de miting alanının kenarında duruyorum bir iki arkadaşla. Yusuf Küpeli geldi, 'İllegal miting olmuyor değil mi?' diye sordu. 'Olmuyor' dedim. Biraz sonra Doğu Perinçek geldi, 'İllegal yürüyüş olmayacak mı?' diye sordu. 'Yok. Olmayacak' dedim. Doğu da, 'Biz emirlere canı gönülden uyarız' dedi, gitti. Sonra miting dağıldı. Maltepe Köprüsü'nden geçerken, Perinçek, meydanı boş buluyor. Bakıyor ki, en militan kesim miting yapmıyor. İllegal yürüyüşü bu başlatıyor ve 'çakaralmaz' bir gösteri oluyor bu."

Perinçek'in yürüyüş yaptırmak istediği grup ile buna engel olmak isteyen polis arasında çatışma çıkar. Çıkan olaylar sonrasında Doğu Perinçek ve bir grup kişi gözaltına alınır.

Görevli memura fiili mukavemet ve izinsiz yürüyüş yapmak suçları ile mahkemeye sevkedilen şahıslar, 20 Mayıs 1969 Salı gününü 21 Mayıs Çarşamba gününe bağlayan günün gece yarısı saat 02.30'a kadar süren duruşmaları sonunda tutuksuz yargılanmak üzere serbest bırakılırlar.

O akşam, Mihri Belli'nin annesinin Kızılay, Çelikkale Sokak'taki evinde MDD'nin önde gelen gençlik liderleri bir araya gelir. Bu toplantıda bulunanlar, toplantı konusunda değişik açıklamalar yapmıştır.

PDA grubu, toplantıyı şöyle anlatmıştır:

"21 Mayıs günü Ankara'da bir evde Mihri Belli, Yusuf Küpeli, Doğu Perinçek, Mahir Çayan, Deniz Gezmiş, Gün Zileli, Ömer Özerturgut, Gülten Çayan, Danyal Oral Çalışlar ve Cengiz Çandar'ın katıldıkları bir toplantı yapıldı. Toplantıda Doğu Perinçek, Yusuf Küpeli'yi şiddetle eleştirdi. FKF saflarında gelişen maceracılığa ve TİP'ten miras kalan ittifaksızlık siyasetine karşı uyardı. Proleter devrimcilerin vakit geçirmeksizin örgütlenmeleri gerektiğini savundu. Mihri Belli örgütlenme önerilerini her zamanki gibi geçiştirdi ve Yusuf Küpeli'yi korudu."[45]

Mihri Belli ise bu konuda şunları anlatmıştır:

"O akşam, Perinçek'in bu girişimini eleştirmek için bizim evde toplandık. Konu buydu. Aşağı-yukarı İstanbul ve Ankara'nın gençlik liderlerinin çoğunluğu vardı. Mahir de ilk defa bizim eve geliyordu o kalabalık içinde. Nişanlısı da yanındaydı.

Deniz'in, Perinçeklere karşı tavrını biliyorum. Diyalogları var ama onları, 'Dergici takımı' diye sayıyor. DÖB grubu, eylemci kesim. Ve gerçekten Perinçek grubunun, o sıra, Türk Solu'nun, Aydınlık dergilerinin çıkarılmasında emekleri geçiyordu. Matbaa işine koşuyorlardı, tashihleri yapıyorlardı vb. çalışılıyor, ediliyor. İlişkiler buydu. Dev-Genç'in militan kesimiyle, Perinçek grubunun arasındaki ilişkiler bu şekildeydi. Bıçak kesilmiş gibi değildi ilişkiler. Ama Deniz, Mahir, Perinçek'in birlikte, kalkıp da, 'Parti kuralım' diye bir şey önermeleri söz konusu değil. Parti deyince, örgüt deyince, ötekiler, 'Gerillayı' düşünüyor, Perinçek de 'Legal partiyi' düşünüyor. O konuda, aralarında bir görüş birliği yok ki, birlikte gelip de bana, bir teklifte bulunsunlar (...) Mahir ile Perinçek'i yan yana gördüğüm tek zaman odur. O ana gelene kadar, Mahir hakkında, gayet şüphe davet eden konuşmalar yapmıştı Perinçek."

FKF Başkanı Yusuf Küpeli, bu konuda şunları anlatmıştır:

"Beni, Mihri Belli ile ilk kez karşılaştıran Cengiz Çandar'dır. 19 Mayıs günü yapılan yürüyüşten sonra, Doğu Perinçek, söz verdiği halde, çok küçük bir grubu peşine takıp, 'Ordu-Genç Elele' diye bağırmaya başladı. Yapacak bir şey yoktu. Kimse onunla rekabet etmiyordu. Ama, o kendi kendine rekabet halindeydi. Sonunda, dayak yiyip dağıldılar. Mihri Belli, bu olayları konuşmak üzere bizleri annesinin evine davet ediyordu. Bu kesinlikle yepyeni bir olaydı, ilk kez oluyordu. Anlaşılan cuntacı dostlarından zılgıt yemişti.

Oraya gidecekken tesadüfen Mahir ve Gülten ile karşılaştım. Gelin sizi de götüreyim, dedim. Önce, tanımıyoruz, garip olur, diye gelmek istemediler. Bir şey olmaz, oturursunuz, dinlersiniz, dedim. Geldiler. Gerçekten de dinlediler, hiç bir şeye karışmadı, tek laf etmediler.

Mihri Belli, sandalyeye ata biner gibi ters bir biçimde oturdu. Kollarını sandalyenin sırt dayayacak yerine dayayıp, ses tonunu ayarlayarak konuşmasına başladı. Neymiş? Mitinge çok az insan katılmış, sorumlu imişiz. FKF Başkanı o kadar kısa konuşma yapmazmış, daha uzun konuşmalı imişim. Sonunda da dayak yenmiş. Kendinden geçmiş konuşuyordu. Bu olayı fırsat bilip aklı sıra bana, diş geçirecek. Doğu da, gözleri zevkten pırıl pırıl, 'Mihri Abi, Mihri Abi, bu zaten Aybar oportünizmini diriltiyor' diye yerinde söylenip, duruyor. Öyle sessiz tepkisiz dinledim. Mihri baktı, garip bir tepkisizlik var, sustu. 'Bitti mi?' dedim ciddi bir pozda. Şaşırmıştı. Benim yabancı ses tonum karşısında bir sarsıldı ve 'Evet bitti' dedi. 'Şimdi beni iyi dinle. Bak senin yaşına başına hürmet ediyorum ama, söyler misin bana seninle benim aramda ne ilişki var?' dedim. Sustu, anlamıştı. 'Seninle benim aramda örgütsel, hukuki hiçbir ilişki yok, seni dinlemem, sana cevap bile vermem, çıkar giderim ama, konuşacağım, sadece yaşına saygıdan konuşacağım' dedim. Yavaşça, farkettirmeden oturuşunu düzeltti, sandalyeye doğru oturdu ve dinlemeye başladı.

FKF'nin eylemlerinin hiçbirinden de sorumlu değildi. Faşistlerle dövüşürken ona mı soracaktık. Doğu Perinçek de işlere burnunu sokamadığı için bana düşmandı.

Konuşmamı sürdürdüm. Mitingin hazırlıksız ve toplumun bu yönde bir eğilimi olmadan yapıldığını, bize bir hafta kala haber verildiğini söyledim. İkincisi, dayağı yedirten de karşında oturuyor, dedim.

O sırada, Cengiz Çandar söze girdi. 'Küpeli, olmasa FKF örgütlerinin ele geçirilemeyeceğini, FKF'nin bu şekilde büyüyemeyeceğini' anlattı. Sonuçta, Mihri Belli, yüzseksen derece çark etti. Durumu anlamıştı. 'Gardaşının değerini zaten biliyordu, laf yoktu vb.' Fakat, o benim kafamda tamamen bitmişti. 1970 Ağustos ayında hapisten çıktıktan sonra mecburi konuşmalar hariç bu son konuşmamız olacaktı. Onlar da beni kazanmaya çalışacaktı ama, artık yok, hesabı tam kesmiştim. Anımsadığım kadarıyla toplantıda Deniz Gezmiş ve Mustafa Kemal Çamkıran yoktu."

"Aren Oportünizminin Kalesi Olan Zonguldak Teşkilatı"

Ereğli Metal-İş Sendikası ile Demir Çelik Fabrikaları yöneticileri arasında 12 Mayıs 1969 Pazartesi gününden itibaren toplu iş sözleşmesi görüşmeleri başlar. Görüşmelerde, işçi ve işveren arasında baş gösteren uyuşmazlıklar üzerine işçiler, 40 işçi önderinin aracılığı ile bir "Uyarı ve Dayanışma Komitesi" kurar. Bu komiteye üye olduğu için mühendis Bingöl Erdumlu, işinden atılır.[46]

MDD'cilerin en zayıf oldukları il ve ilçe örgütleri arasında, Mahir Çayan'ın yazdığı gibi, "Aren oportünizminin kalesi olan Zonguldak teşkilatı" da bulunmakta ve Sadun Aren'e, bir taraftan TİP'in Zonguldak il ve ilçe örgütlerinde, diğer taraftan da SBF Sosyalist Fikir Kulübü içerisinde, MDD'cilerin yazdığı gibi, "Mürşit" gözüyle bakılmaktadır.

Sadun Aren'e duyulan bu sempatiyi kırmak amacıyla, TİP Milletvekili Prof. Sadun Aren'in ve TİP Senatörü Fatma Hikmet İşmen'in, TİP Karadeniz Ereğlisi ilçe örgütü lokalinde bir toplantı yapacaklarını öğrenen Mahir Çayan'ın yanı sıra Mustafa Kemal Çamkıran, Oğuz Öder, Bingöl Erdumlu, Sina Çıladır, Necmettin Giritlioğlu ve Halis Özkan'ın da aralarında bulunduğu grup, 9 Haziran 1969 Pazartesi günü, düzenlenen bu toplantıya katılır.

Mahir, toplantıda geçen tartışmalar ve polemikleri, daha sonra, "Aren Oportünizminin Niteliği" başlıklı ve TİP Çankaya Üyesi imzası ile yayınlanan yazısında anlatır. TİP Çankaya ilçesi, Ankara ilinin en çok üyeye sahip örgütüdür. Sadun Aren de Çankaya ilçesi üyesidir. Mahir Çayan, SBF'de öğretim üyeliği yapan TİP Milletvekili Sadun Aren'e bu yazısında, "Bay Aren" diye hitap etmektedir. Bir önceki yazısında FKF üyesi imzasını kullanan Mahir Çayan bu yazısında belki de konunun da getirdiği bir çağrışım yaratmak amacıyla TİP Çankaya Üyesi imzasını kullanmıştır.

Ereğli'de yaşananlar hakkında Mahir, özetle şunları yazmıştır:

"Bay Aren, Fatma Hikmet İşmen ile ilçe teşkilatında; işçi omuzdaşlarımıza Türkiye sosyalizminin (siz oportünizmin anlayın) sorunlarını anlatıyor:

'Biz proletaryanın öncülüğünde sosyalist devrimi savunuyoruz. Onlar ise küçük burjuva reformistleri olan asker ve sivil bürokrasinin öncülüğünde demokratik devrimi savunuyorlar (...) Türkiye demokratik devrimi geniş ölçüde tamamlamıştır. (923) Bu nedenle önümüzdeki aşama sosyalist devrim aşamasıdır (...) Emperyalizm ülkemizde daha ziyade askeri niteliktedir. Ve bizim kavgamız sosyalist yani anti-emperyalist ve anti-feodal ve anti-kapitalist bir mücadeledir. Eğer söyledikleri gibi emperyalizme karşı olan küçük burjuvalar varsa, sosyalist mücadele anti-emperyalist ve anti-feodal mücadeleyi içerdiği için bizim yanımıza gelerek mücadeleye katılırlar (...) Demokratik Devrimi Lenin otokrasiye karşı Rusya'da savunmuştur. 8 saatlik iş saati, vs. için. Türkiye'de otokrasi mi var? Türkiye'de demokrasi vardır. 'Filipin tipi' diye bağıran bir arkadaşımıza, 'Olsun demokrasi değil mi?' demiştir...'

'Ayrıca sosyalist devrim ile demokratik devrim aşamalarının birbirine karıştığı tarihin birçok dönemlerinde görülmüştür, bunun böyle olması doğaldır...'

'6. Filo'ya karşı meşhur Kanlı Pazar'da anti-emperyalist sloganlar örneğin Kahrolsun Amerika, vs. gibi sloganlar, Toprak Köylünün Fabrika İşçinin gibi sosyalist (!) bir sloganın yanında sönük kalmıştır. Bu da pratikte, içinde bulunduğumuz devrimci aşamanın sosyalist aşama olduğunun kanıtıdır.'

İşte, TİP'in Anadolu teşkilatlarına Türkiye'deki devrim stratejisi böyle anlatılıyor, oportünizm tarafından... 'Türk Solu' parti teşkilatlarına oportünist parti yöneticileri tarafından sokulmadığından biz proleter sosyalistleri, partili kardeşlerimize küçük burjuva ajanları diye tanıtılıyoruz.

Tabii, hemen müdahale ettik. Ereğlili birkaç devrimci arkadaşla birlikte Sadun Aren'in konuşmasına, Milli Demokratik Devrimin, proletaryanın öncülüğünde, diğer devrimci sınıf ve tabakalarla birlikte başarıya ulaştırılabilecek bir devrim olduğunu, demokratik devrimin Marksizmin zorunlu bir aşaması olduğunu; milli demokratik devrimin yarı-sömürge, yarı-feodal ülkeler için geçilmesi gerekli aşamayı oluşturduğunu ve 3. Enternasyonal'in (Lenin ve Stalin'in katıldığı en devrimci Enternasyonel) kararı ve Mao Tse-Tung'un işlediği bir tez olduğunu ve Türkiye'de hiçbir proleter sosyalistinin küçük burjuva bürokrasisine öncülük tanımadığını, milli demokratik devrimin öncüsünün proletarya olduğunu, ancak bu öncülüğün a priori, durağan bir biçimde değil, hareket içinde elde edilebileceğini söyledik.

Sadun Aren'in gerçekleri tahrif edip, söylenmemiş sözleri söylenmiş gibi anlattığını, yalan söylediğini ve yarı-sömürge, yarı-feodal bir ülkede, bir ileri aşamanın devrimini, yani sosyalist devrimi savunmanın, sosyalizme ihanet ve milli cepheyi böldüğü için Amerikan emperyalizmine hizmetten başka bir şey olmadığını, nedenlerini açık bir biçimde ortaya koyarak, diğer ülkelerin devrimlerinden örnekler verip, kısaca izah ettik.

Odaya girdiğimizde hayretlerini gizlemeyerek ve burada ne aradığımızı sorarak bu karşılaşmadan müthiş sıkılmış görünen (emperyalizme hizmetten dolayı FKF'den atılmasını önerenlerden olduğumuz için) Aren'i, bu köşeye sıkışmış durumdan Senato'daki sosyalizmin (!) sesi olan Bayan Fatma Hikmet İşmen kurtardı. Teorik sorunlar üzerinde konuşmaktan hoşlanmadığı halinden açıkca belli olan, tartışmalara yalnız bir kere karışarak, prekapitalist dönem ilişkileri içindeki, 'Doğu Anadolu'da demokratik devrim şiarı tutmaz. Çünkü Amerika ile bir çelişkisi yoktur doğu halkının - bu nedenle anti-emperyalist sloganlar işe yaramaz' diyerek sosyalizmi ne kadar bildiğini (!) gösteren Senatör Fatma Hanım birdenbire rahatsızlandı -sağına soluna ağrılar girdi-, bir an önce Ankara'ya gidip istirahat etmesi gerektiğini, arabayı kendisinin kullandığı için çok yorgun düştüğünü, bu nedenle hemen kalkmalarının gerektiğini söyledi. İşçi omuzdaşlarımız Bay Aren'in renkten renge girmesi ve bizim söylediklerimize karşı sağlam bir şeyler söyleyememesi, kemkümleri karşısında sinirlenerek, 'Bize şimdiye kadar yanlış şeyler söylediler demokratik devrimi savunanlar hakkında, oysa gerçek öyle değilmiş, bu nedenle bu sorunun açıklığa kavuşması gerekir' diyerek, derhal itiraz ettiler bu kaçışa. Fakat Fatma Hanım tutturmuştu bir kere 'gideceğim ben' diye. Bay Aren de Fatma Hanıma tâbi olduğunu, bu nedenle kendisinin de Fatma Hanımla birlikte gitmesi gerektiğini söyledi. Partili arkadaşlar direndiler bu kaçışı önlemek için. Bizim ve diğer partili omuzdaşlarımızın direnmeleri karşısında ileri bir tarihte -5 Temmuz kararlaştırıldı- geleceğine dair söz verdi Sadun Aren. Ve neşesi tekrar yerine gelen Fatma Hanımla partiyi acele terk ettiler."[47]

"Ankaralı Devrimci Gençler, Öğretim Üyeleriyle Dayanışma Kurdular"

Yaklaşık bir yıldan beri, TBMM'nin gündeminde bulunan Üniversite Tazminat Tasarısı ve Üniversite Reform Tasarısı'nın görüşülmeden, Parlamento'nun, 29 Mayıs 1969 Perşembe günü tatile girmesi öğrenci ve öğretim üyeleri tarafından tepkiyle karşılanır. Başta İstanbul Üniversitesi ve Ankara Üniversitesi'ne bağlı bazı üniversitelerin rektör ve fakültelerin dekanları, idari görevlerinden istifa eder. İstanbul Üniversitesi, öğrenciler tarafından işgal edilir.

Bunun üzerine toplanan İstanbul Üniversitesi senatosu, İstanbul Üniversitesi'nin kapatılmasına, sınavların 9 Haziran günü polis denetiminde yapılmasına oybirliğiyle karar verir.

Bir bildiriyi yayınlayan öğrencilerse, "Polis nezaretinde sınavlara girmeyi haysiyetsiz bir durum olarak kabul ettiğimiz için sınavlara girmeyeceğiz" diyerek, sınavların yapılmasını engeller. Bunun üzerine, 9-10 Haziran 1969 günleri, Beyazıt Meydanı'nda, 1960 sonrasının en büyük öğrenci-polis çatışmaları meydana gelir.

İstanbul'da polis ile öğrenciler arasında meydana gelen çatışmalar üzerine, 10 Haziran günü saat 14.00'te SBF'de düzenlenen bir forumdan sonra boykot kararı alan öğrenciler, gece saat 22.00 sıralarında direnişlerini işgale dönüştürür. Mahir,

"-Öğretim üyelerinin odalarına bakalım."

"-Niye?"

"-Belki işimize yarar bilgi, belge gibi şeyler buluruz."

Mahir, Mustafa Kemal Çamkıran ve arkadaşları, öğretim üyelerinin odalarını aramaya gider. Bir öğretim üyesinin kapısı kilitlidir. Kilitli olduğu için odanın kapısı kırılmak istenir. Alp Orçun ve arkadaşları, buna karşı çıkar ama Mahir ve arkadaşları, kapıyı kırarak içeri girer.

Sabahleyin okula gelen öğretim üyeleri ve memurlar fakülteye sokulmaz ve fakültenin duvarlarına İstanbul'daki olayları kınayan çeşitli pankartlar asarak, duvarlara yağlı boya ile "Üniversiteye Polis Giremez" diye yazılır.

İşgal nedeniyle SBF'de devam eden sınavlar yapılamaz. İşgale karşı olanlar, yaz sınavlarının bir an önce yapılması için topladıkları imzalarla, dekan ve yönetim kurullarına başvurur. Bu nedenle SBF öğretim üyelerinden işgallere karşı olanlar ile işgalci öğrenciler arasında görüşmeler yapılır.

SBF'deki işgale karşı olanlardan SBF Sosyalist Fikir Kulübü Başkanı Oral Çalışlar, SBF Öğrenci Derneği Başkanı Cengiz Çandar ile SBF'de Doçent olan Gündüz Ökçün arasında SBF Kütüphanesinin zemin katında bir görüşme yapılır. Görüşmede Ökçün, Dekan İlhan Unat'ın Fikir Kulübü ve dernek yöneticileriyle evinde görüşme yapmak istediğini, söyler. O gece, Danyal Oral Çalışlar, Cengiz Çandar ve Mahir Çayan, Dekan İlhan Unat'ın Bahçelievler'deki evine giderek görüşür.[48]

FKF Genel Başkanı Yusuf Küpeli'nin bu görüşmeye karşı tepkisi şöyle olmuştur:

"Hareket Ankara'da başarıyla yürütülürken, Doğu Perinçek ve çevresi her zaman olduğu gibi yeni bir provokasyon daha yaptılar. SBF Dekanı ile özel bir görüşme yapan Cemiyet Başkanı, Fikir Kulübü Başkanını da yanına alarak SBF Fikir Kulübü'nü toplantıya çağırdı.

Toplantıda dekanla görüşüldüğünü, okul yönetim kurulunda üç ayrı görüşün olduğu, bir grubun hemen polis çağırılmasını, diğerinin sınavların 15 gün ertelenmesini istediğini, dekanın da dahil olduğu üçüncü grubun ise öğrencilerin isteklerinin kabul edilmesinden yana olduklarını anlattı.

Dekanın güç durumda olduğunu, polisin fakülteyi basmasının iyi olmayacağını, 'devrimci' dekana destek olmak gerektiğini anlattı. İşgalin hemen bitirilmesini istedi. Böylece dekan da saflarımıza kazanılacak ve anti emperyalist 'milli cephe' genişleyecekti.

Tartışmayı uzatmamak için Öğrenci Derneği başkanını ve Sosyalist Fikir Kulübü başkanını hiç hesaba katmadan, FKF merkez yürütme kurulunun işgali sürdürebileceğini söyledik, ama kulüp üyelerinin de fikrini alarak hareket etmek için her iki öneriyi de oylamaya koyduk. Kulüp üyelerinin büyük bir çoğunluğu küçük burjuva kuyrukçularına oylarıyla gereken dersi verdiler. Devam eden hareket karşısında SBF yönetim kurulu da sınavları erteleme yolunu seçti."[49]

SBF Öğrenci Derneği Başkanı Cengiz Çandar ise, bu konuda sert bir dille Küpeli ve çevresindeki grubu suçladığı "1969 Haziranı ve Devrimci Gençlik Hareketi" başlıklı yazısında şunları yazmıştır:

"İçinde bulundukları şartlar İstanbul'dakinden farklı olan Ankaralı devrimci gençler, başlangıçta işgale ya da boykota başvurmamakla sivil-asker-aydın zümrenin önemli bir kesimi olan öğretim üyeleriyle dayanışma kurdular. 9 Haziran'da sert bir biçimde girdikleri demokratik mücadelede böylesine önemli ve hesaba katılması gereken bir gücün pasif de olsa desteğini elde ettiler; hiç değilse bu gücün bazı unsurlarını tarafsızlaştırdılar."[50]

"İhtilale Yeşil Işık Yakılacak"

İstanbul'da meydana gelen olayları protesto etmek ve yaklaşık on günden beri Fikir Kulüpleri'nde ve Öğrenci Cemiyetleri'nde işgal yapılsın mı, yapılmasın mı, bazı okullarda devam eden boykotlar devam etsin mi, etmesin mi konusunda yapılan tartışmalara bir yön vermek amacıyla, 11 Haziran günü DTCF bahçesinde saat 13.00'te genel bir forum düzenlenir.

Forumda ilk konuşmayı AÜTB İkinci Başkanı Atilla Sarp yapar. İkinci konuşmacı FKF Genel Başkanı Yusuf Küpeli, forumda bulunanlara "Bağımsızlık Andı" içirir ve "Bu andı Zafer Meydanı'nda da içeceğiz. Yürüyün arkadaşlar" der.

Başta Küpeli olduğu halde, bazı öğrenci liderlerinin önderliğinde, DTCF bahçesinde toplanan 2000-2500 arasındaki öğrenci, Sıhhıye'ye doğru yürüyüşe geçer.

Yürüyüşçüler, Lozan Meydanı'na gelir, burada, Küpeli'nin önderliğinde tekrar, "Bağımsızlık Andı" içer.

Hiç bir engelle karşılaşmadan Kızılay Meydanı'na giren öğrenciler, burada, gerek Bakanlıklar'a çıkan yolun, gerekse Tandoğan Meydanı'na giden yolun toplum polisi tarafından tutulduğunu görür. Güven Parkı'nın önünde Atatürk Bulvarı'nı boydan boya tutmuş olan toplum polisine öğrenciler, yumruk yaptıkları ellerini sallayarak, hep bir ağızdan, "Katil Polis" diye bağırır. Toplum polislerinin hiç bir tepki göstermemesi üzerine öğrenciler, Ziya Gökalp Caddesi'ne geri döner.

Daha sonra, Mithat Paşa Caddesi'nde, ABD'nin Tuslog karargâhına saldırıp, binada ve arabalarda hasar yapan öğrencileri, Mithatpaşa Caddesi'nin iki tarafından gelen toplum polisi ortada sıkıştırır. Öğrenciler, bu kez, ellerinde bulunan taş ve sopalarla toplum polisine hücum eder. Toplum polisi, yakalamak için harekete geçtiğinde öğrenciler, Mithatpaşa Caddesi'ne açılan yan sokaklara girerek dağılır.

SBF öğretim üyesi Prof. Nermin Abadan Unat, işgallerle ilgili olarak şu değerlendirmeyi yapar: "Son işgal hareketi tamamen anti-demokratiktir ve bir ihtilale zemin hazırlamak maksadına yönelmiştir. Fakülteler işgal edilecek, polis gelecek, bir çatışma yaratılacak, kan dökülecek ve bir ihtilale yeşil ışık yakılacak, amaç budur."

Oral Çalışlar, bu konu hakkında, şunları yazmıştır:

"Gösterilerden sonra durumu değerlendirmek üzere Ankara'daki Fikir Kulüpleri'nin başkanları bir toplantı düzenledik. Toplantımız sürerken Doğan Avcıoğlu'nun yakınlarından birisinin bizlerle görüşmek istediğini söylediler. Kabul ettik. Gelen arkadaş, Avcıoğlu'ndan bir mesajı olduğunu belirtti, ona göre; gündüz yaptığımız gösteriler ordu içinde çok olumlu etkilere neden olmuş ve bu tür gösteriler gece şiddetlendirilerek sürdürülürse, ilerici darbe için çok elverişli bir durum ortaya çıkabilirmiş. Yorum birçok arkadaşın kafasına yattı. O yıllarda 27 Mayıs türü, hatta daha da ileri bir ordu müdahalesi beklentisi çok yaygındı."[51]

İşgalden Amacın Askeri İhtilale Davet Olmadığı Öne Sürülür

14 Haziran 1969 Cumartesi günü bir gazetede ise, "Bir FKF'linin İfşaatı" başlığı altında şu haber yayınlanır: "FKF asıl maksadına ulaşmak için orduyu bir basamak gibi kullanmak istemektedir. Aslında ordunun müdahalesini değil, memlekette huzursuzluğun artmasını istemektedir. Ordu müdahalesi FKF için bir aşama olacaktır. Böylece memlekette bir diktatorya kurdurabilirse, bu rejimin yaratacağı huzursuzluktan faydalanarak kendi arzu ettiği aşırı sol rejime biraz daha yaklaşacaktır."[52]

FKF'ye yönelik olan bu değerlendirmelere ilk yanıt SBF İşgal Komitesi sözcüsünün düzenlediği basın toplantısında gelir. Yapılan açıklamada, boykot ve işgalden amacın, "askeri ihtilali davet olmadığı" vurgulanır ve bu konularda verilen demeçlerin FKF'yi bağlamayacağı belirtilir. FKF Genel Başkanı Yusuf Küpeli ise, "yayınlanan haberin asılsız ve bir polis oyunu olduğunu" açıklar.

Biz Kimsenin Vesayeti Altında Değiliz

Devrimci gençliğin, 9-10 Haziran günü İstanbul ve Ankara'da polisle girdiği çatışmalar üzerine Mihri Belli, "Atatürk Gençliği Bir Çığ Gibi" başlıklı yazısını yazar.[53]

FKF Başkanı Yusuf Küpeli, bu konuda özetle şunları anlatmıştır:

"Benim hem Atatürk'e hem de İnönü'ye çok büyük bir saygım vardır ama kendim için konuşacak olursam, 'Atatürk Gençliği' falan değildik. 1963 senesinden beri kendime, 'Komünist' diyordum. Mihri Belli, bizleri hâlâ, 'Atatürk Gençliği' yapıyordu. Bu yazıda adı geçenlerin hepsi de, 'Atatürk Gençliği' değil, komünist olduklarına inanıyorlardı. Bizleri, düşüncelerimizi ciddiye almadığı, hepimizi cuntacılara beş paraya pazarladığı için Deniz ile birlikte Mihri Belli'nin evine kavga etmeye gittik. Kapısını çaldık. Yoktu, tatile gitmişti."

Bu sırada, gazeteci Altan Öymen ile yaptığı söyleşide, Yusuf Küpeli, özetle şu açıklamayı yapar:

"Mihri Belli de ana hatlarıyla bizim gibi düşünüyor. Aramızdaki ilişki, dostluk ve görüş birliği ilişkisidir. Biz kimsenin vesayeti altında değiliz. Kendi kararımızı kendimiz verir, kendi eylemimizi kendimiz yürütürüz. Mihricilik olarak adlandırılan Geniş Cephecilik'te yer almıyorum."[54]

Nurhak Kampı

10-11 Haziran 1969 günleri, İstanbul ile Ankara'da meydana gelen öğrenci-polis çatışmaları sonrasında aranır duruma düşen ve daha sonra THKP-C grubu içerisinde yer alacak olan bir kısım öğrenci lideri, 1969 yaz ayları döneminde gruplar halinde gerilla mücadelesine hazırlanmak amacıyla Filistin'e ve Türkiye'nin bazı bölgelerine gitmişlerdir.

Şaban İba, bu konuda neler yaptıklarını şöyle anlatmıştır:

"1969 Haziran işgallerinden sonra aranıyorduk. Selçuk Şahin Polat, Yılmaz Şekerbay ve birkaç arkadaşı, Elbistanlı İhsan Karcı'nın önerisiyle, Nurhak'a gittik ve onbeş gün kaldık. Tabanca ve tüfek vardı. Nehir kenarında ve Elbistanlı arkadaşın dağ evi vardı, daha çok orada yattık.

Biraz da kendimizi denemek için gitmiştik. Orada, kendi aramızda ciddi sorunlarımız oldu. Müthiş bir sivrisinek vardı. O koşullara, gece sivrisinek sokmalarına dayanamayıp sağa, sola küfredenler oldu. Bu nedenle Selçuk Şahin Polat, sivrisinek yüzünden 'devrime' küfretti diye az kalsın birisini vuracaktı. İnsanlar bazı şeyleri çok kolay sanıyorlardı.

Nehirde dinamit patlatıp balık avlıyoruz ama daha çok bir balık katliamı yapıyoruz. Dağlarda uzun yürüyüşler, tırmanmalar ve av yaptık. O yörede bulunan aşiretlerle bağ kurduk. Orada daha çok pratiğe yönelik çalışmalarımız oldu. Örneğin ben, iddia üzerine kurbağa ve yılan yemiştim. Diğer arkadaşlar yiyemiyor, iğreniyor. Kendimizi deneme amacıyla oraya gitmiştik.

Orada şunu farketmiştim; bu dağlar hiç tahmin ettiğim gibi tenha değil. Her köşeyi, her tepeyi dönüşte ya bir çobanla ya bir kara çadırla, ya bir orman köylüsüyle ya da köyden köye bir şeyler taşıyan birileriyle karşılaşıyorsun. Birkaç kez jandarmayla karşılaştık. Sonuçta, Selçuk'la ben, 'birincisi bu dağlarda, ikincisi bu adamlarla gerilla olmaz' diye karar vermiştik. Sonra döndük geldik oradan ve herkes kendi bölgesine gitti."

Filistin Kampı

1969 yaz aylarında başlayan bu dağ yaşamına, koşullarına uyum sağlama ya da Filistin kamplarına giderek gerilla eğitimi yapma istekleri, bazı sorunları ve tartışmaları gündeme getirir.

Daha sonra, THKP-C davasından yargılanan Oktay Etiman, Filistin'e gitmelerinden önce Deniz Gezmiş ve Cihan Alptekin'le konuştuğunda,

"Aynı şeylerin Türkiye koşullarında da olabileceğini, bunun için Filistin kamplarına gitmeye gerek olmadığını, bunu olumlu bulmadığını" söyler.

Bu konuda Yusuf Küpeli, özetle şunları anlatmıştır: "Tuslog baskını olduğu sıra Deniz, Ankara'daydı ve aranıyordu. Yurtta kalmadığı için işgal altındaki SBF'de bir odada kaldı. Ankara'da değişik evlerde bir ay süreyle beraber kaldık. Saklandığımız evlerden birine Mahir ve Gülten, birbirlerinden ayrı ayrı zamanlarda uğradılar. Gülten, bizleri ve olayları merak etmiş, dinlemek, görmek için gelmişti. Orada Deniz'le ilk kez karşılaştı ve tanıştı. Deniz, ona çok kibar davranmıştı. Gülten, bir saat kadar oturdu. Sualler sordu ve gitti. Ben, ona orada, arşivimi de bıraktım. Başka bir gün Mahir gelecek ve bizlerle Filistin'e gitmek istediğini söyleyecekti. Fakat onu daha sonra bulamayacaktık. Deniz ile üçüncü olarak Bahçelievler civarında kaldığımız bir evde Cihan Alptekin, Ömer Erim Süerkan ve Selahattin Okur gelip bizleri, Deniz'i ve beni bulacaklardı. Onlar geldikten sonra bu evden Suriye'ye doğru yola çıkacaktık."

THKP-C davasından yargılananlardan sadece Yusuf Küpeli ile Ömer Erim Süerkan Filistin kamplarına gitmişlerdir.

Mahir Çayan da bu grupla birlikte Filistin'e gitmeye karar verir ama, sonradan vazgeçer.

Bu sıralarda Mahir Çayan'la karşılaşan Fikret Başkaya, şunları anlatmıştır:

"Mahir'i 1969 yazında SBF'de gördüm. Gülten Savaşçı, ben ve Mahir, önce SBF kantininde buluştuk. Daha sonra SBF'nin karşısında Piknik denilen yere gittik. Yemekten sonra ben ve Gülten yanımızda başkaları da olmak üzere Yusuf Küpeli ve Deniz Gezmiş'in saklandıkları eve gittik. Mahir bizden ayrıldı. Önce bir eve gittik. Yiyecekler alındı. Sora daha az sayıda insan Emek'te Deniz ve Yusuf'un sakladıkları eve gittik. Sanıyorum 1 saat kadar orada kaldık. Mahir'le son görüşmemiz Piknik'te oldu."

1969 Temmuz ayının ilk haftasında, Yusuf Küpeli, Deniz Gezmiş, Cihan Alptekin, Ömer Erim Süerkan, Selahattin Okur, Filistinli Abu Süleyman, Eczacılık Fakültesi öğrencisi Kıbrıslı Fadıl Hasan ve "Monşer" takma isimli Kıbrıslı bir kişi daha Filistin kamplarına gider.

Toros Kampı

Bu arada bir grup devrimci genç de, Akdeniz bölgesinde, Toroslar'da kamp kurmaya gider. Toroslar'a giden grup daha çok ODTÜ'lülerden oluşuyordu.

ODTÜ'yü işgal ettikleri gerekçesiyle tutuklu bulunanlardan Ulaş Bardakçı, 23 Haziran 1969 Pazartesi günü, Münir Ramazan Aktolga 11 Temmuz 1969 Cuma günü, İrfan Uçar ise 6 Ağustos 1969 tarihinde tahliye edilir.

Ağustos ayı başında, aralarında Oktay Etiman, Mustafa Kemal Çamkıran, Hüseyin Onur, Ahmet Sina, İrfan Uçar, Rasih Ulaş Bardakçı, Münir Ramazan Aktolga'nın da bulunduğu yaklaşık on kişi, "Anamur" gazetesinin sahibi Güngör Türkeli'nin bilgisi dahilinde Abdullah Oğuzhan Müftüoğlu'nun memleketi olan Anamur yöresinde Toroslar'da dağa çıkar.

Güngör Türkeli, ordu içinde "Genç Kemalistler" adı altında gizli bir cemiyet kurduğu gerekçesiyle Genelkurmay Mahkemesi tarafından yargılanarak, 21 Ekim 1964 Çarşamba günü, hapis cezasına çarptırılmış ve Hava Personel Üsteğmeni iken ordudan ihraç edilmiş biridir.

Aynı günlerde, Mihri Belli, karısı Sevim Belli ve çocukları da Anamur'a 6 kilometre uzaklıktaki Anamur Karayolları Dinlenme Parkı'na yakın bir koyda çadır kurarak, tatil için konaklamıştır. Mihri Belli, dağda kalan öğrencilerin neler yaptıkları hakkında sürekli haberdar olmaktadır.

Doğu Perinçek'le birlikte hareket eden Erdoğan Güçbilmez de, bu sırada, ailesiyle birlikte Anamur'a gelerek Mihri Belli ve ailesinin çadır kurduğu yerin biraz uzağında bulunan bir otele yerleşir.

Dağda kalan grup, köylülerle ilişki kurmayı dener ve ava çıkar. Bazı anlatımlara göre tavşan, bazı anlatımlara göre bir geyik avlanır.

YSE'ne ait bir dozer, Kükür Köyü Bakara Mahallesi yollarının yapılması için çalıştırılmaktadır. Kamptakiler, YSE'nin bu dozeriyle köy yolu açmak için çalışma yapar.

Dağdaki koşullar nedeniyle rahatsızlanan Ulaş, Abdullah Oğuzhan Müftüoğlu'nun Anamur'daki evine götürülür. Mihri Belli'nin doktor olan hanımı Sevim Belli, Oğuzhan Müftüoğlu'nun evine giderek, Ulaş Bardakçı'nın iyileşmesi için yardımcı olur.

Yaklaşık on gün süren kamp hakkında Münir Ramazan Aktolga, şunları anlatmıştır:

"1969'daki Toroslar'a gitme meselesine gelince, o zaman, 'Faşizm geliyor, sağ cunta geliyor' diye herkesin dilindeydi. Ne yapacağız, ne edeceğiz diye düşünüyorduk. 'Hiç olmazsa böyle faşist bir darbe tarafından hazırlıksız yakalanmayalım' diye bir grup arkadaş, Toroslar'a gittik. Gittik ama orada karşılaştığımız tablo son derece farklıydı. Güya eski bir asker tarafından bize eğitim gösterilecekti. Toroslar'a gittik daha ertesi gün Mihri Belli'nin de oraya geleceğini duyduk. Biz o zaman, Mihri Belli ile görüş ayrılığı içindeydik. Tabii bunu kabul etmedik. Biz kabul etmeyince de; meğer iş bir yerde herhalde daha önceden konuşulmuş, planlıymış. Bizi orada, Toroslar'ın tepesinde bıraktı o asker arkadaş. Ve bir daha da aç mısınız, tok musunuz diye yanımıza gelmedi. Biz de, tuttuk kendi kendimize, 'Bari buraya kadar geldik, biraz kalalım' dedik. İki hafta kadar kaldık. Hüseyin Onur ve Ulaş Bardakçı, hasta oldu. Ateşleri çıktı. Baktık bu iş yürümeyecek, biz de döndük geldik. Ankara'ya geldiğimizde duyduk ki, işin suyu çıkmış. Toroslar'a gittiğimiz herkesin dilinde."

Ulus Orman Mitingi

Zonguldak'ın Ulus kasabasına bağlı orman köylülerinin sorunlarına sahip çıkan, TİP Zonguldak il örgütünün düzenlediği, "Orman Mitingi", 5 Temmuz 1969 Cumartesi günü, Ulus ilçesi, Cumhuriyet Alanı'nda yapılır.

Mitingde, TİP Zonguldak İl Başkanı Ahmet Hamdi Dinler, Aydın Toraman, Hüsamettin Güven ve öğrencilerden Erol Dolunay konuşma yapar.

Mitingi düzenleyenler, TİP Zonguldak il binasına geldiklerinde İstanbul'dan aralarında Gül Bıyıkoğlu adlı bir bayanın bulunduğu dört, Ereğli ilçesinden dört, Ankara'dan Mahir Çayan, Ahmet Kaçmaz ile bir grup kişiyi, parti binasında görünce,

"-Ne için geldiklerini" sorar.

"-Tartışmaya geldik" diye yanıt verir Mahir.

"-Ne tartışması?"diye sorulduğunda,

"-Milli Demokratik Devrim ile Sosyalist Devrim tartışması" der.

Bunun üzerine, TİP Zonguldak İl Başkanı Ahmet Hamdi Dinler,

"-Bir partide tartışma yapılacak zaman ve yer bellidir. Bunun parti tüzüğünde nasıl yapılacağı, hangi ortamda yapılacağı bellidir. Öyle dışardan gelen herhangi birisi istedi diye ve istediği zamanda tartışma yapılmaz. Ayrıca, miting için yayınladığımız gazetenin dağıtımı var. Onu dağıtacağız. Gelin bu gazeteyi birlikte dağıtalım" dediğinde, Mahir,

"-Yorgunuz. Bu nedenle sizinle gazeteyi dağıtamayız" diye yanıt verir.

Ahmet Hamdi Dinler, gazeteleri bölgelere dağıtmak üzere, mitinge katılanlar ve gazete dağıtımı yapan kişilerle beraber ertesi gün, yapılan işlerin değerlendirme toplantısını yapmak üzere herkesi binadan dışarı çıkartır ve partiyi kapatır.

6 Temmuz 1969 Pazar günü, TİP Zonguldak il binasında sadece eylemlere katılanların yaptığı toplantıya bu kez dışarıdan gelen kişilerin de katılmasına izin verilir. Toplantıda ilk önce Ulus ilçesinde düzenlenen mitingin değerlendirilmesi yapılır. İkinci olarak bölgelerde dağıtılan Sömürücüye Yumruk gazetesinin dağıtımının değerlendirilmesi yapılırken tartışma başlar. Mahir Çayan,

"-Sömürücüye Yumruk gazetesinin hiç Amerikan emperyalizminden bahsetmediğini, oysa Türkiye'nin yarı-feodal olduğunu, tüketimin üretim için yapıldığını, bu nedenle, ABD emperyalizminin ön plana alınması gerektiğini" söyler.

Ahmet Hamdi Dinler, buna karşı çıkarak,

"-Türkiye'nin kapitalist bir yapıda olduğunu ve sınıf mücadelesinin ön plana geçmesi gerektiğini, nitekim Ulus ilçesinde orman köylülerinin ücretli olarak çalıştıklarını ve bu açıdan onları sınıf mücadelesi için gerekli araçlarla donatabilmek için mücadeleyi ön plana aldıklarını, ayrıca Türkiye'deki işbirlikçi sermayenin emperyalizmle iç içe olduğunu ve mücadelenin sadece Bağımsız Türkiye olarak değil, kapitalizme karşı bir mücadele olduğunu, gazetenin yazılarını bu çerçevede ele aldıklarını, çünkü hitap ettikleri maden işçilerinin yarı köylü oldukları ve çoğunun okuma-yazmayı çok az bildiğini, sendikalarının işçilerini bilinçlendirmediği için bu işin TİP il örgütü olarak verildiğini, ama bu işin öyle hemencecik yazı yazmakla olmayacağını, onların da hemen okuyup da, öğrenebilecek bir düzeyde olmadıklarını" söyler.

Mahir, bunun üzerine,

"-Böyle yapmakla Amerikan emperyalizmine hizmet ediyorsunuz" der.

Konuşmalar bu çerçevede devam eder. Fakat, kimse kimseyi ikna edemediği için sonuçta tartışma yine aynı teorik noktada düğümlenir.

Mahir,

"-Biz kendi düşüncelerimiz çerçevesinde hareket edeceğiz. Göndereceğimiz Bağımsız Türkiye gazetesini burada dağıtmamızın olanağı var mı?" diye sorar.

Ahmet Hamdi Dinler de, gazetenin dağıtılmasına karşı çıkarak, "Yakında Zonguldak il kongresi olacak. O kongreye gelin size her türlü tartışma olanağı sağlayalım. Ayrıca böyle bir tartışma bütün partili üyeler ile delegelerin önünde olursa daha iyi ve yararlı olur" önerisinde bulunur.[55]

Mahir, geleceğini söyler ama kongreye gitmez veya bazı nedenlerle gidemez.

Vedat Demircioğlu İçin Anma Töreni

Vedat Demircioğlu'nun ölüm yıldönümü nedeniyle, 24 Temmuz 1969 Perşembe günü, üzerinde "Devrimciler ölür, devrimler yaşar" yazılı, Türk bayrağına sarılı bir çelenk, Antalya Devrimci Fikir Kulübü yöneticileri tarafından, Atatürk Anıtına konur. Fikir Kulübü yöneticileri, ayrıca, Mustafa Kemal Atatürk'ün Bursa Nutku diye adlandırılan konuşmasını teksir ederek Antalya'da dağıtır.

ADFK tarafından Atatürk Anıtına konulan çelenk, 25 Temmuz 1969 günü, Halk Eğitim Merkezi Müdürü, Milliyetçi Öğretmenler Derneği Başkanı ve bir öğretmen tarafından parçalanır.

29 Temmuz 1969 günü gecesi, ADFK Başkanı Mustafa Kaçaroğlu, Ankara Antalya Yüksek Tahsil Derneği Başkanı Cengiz Tunç, eli sopalı ve bıçakı otuz kişi tarafından saldırıya uğrar.

30 Temmuz 1969 günü, dağıtılan bildirilerde, fikir kulübü yöneticilerinin katli mubahtır" açıklaması yapılır.

ADFK Başkanı Mustafa Kaçaroğlu, yanında İstanbul Hukuk Fakültesi öğrencisi Durgazi Şimşek ile birlikte 31 Temmuz 1969 günü gecesi gözaltına alınır. Sorgularından sonra serbest bırakılır.

"Talat'ın Üç Buçuk Adamı"

Talat Aydemir'in iki kere giriştiği başarısız ihtilal hareketi, Türkiye siyasi tarihine, "Talat'ın üç buçuk adamı" diye bir deyim bırakmıştır.

Albay Talat Aydemir'i evinden jeeple alıp Harp Okulu'na götüren Zihni Çetiner, sonucunda başarısız bir girişim olan 21 Mayıs 1963 tarihindeki ihtilal hareketi nedeniyle zaman zaman devrimci hareket içerisinde tanıdığı arkadaşlarının, bir ölçüde alaycı ve küçümser "Talat'ın üç buçuk adamı" deyimiyle karşılaşır.

MDD'ci öğrencilerin bir taraftan meşru savunmaları, bir taraftan stratejik hedefleri nedeniyle artık tek tek değil, grup anlayışı olarak silah taşımaya başladıkları 1969 yılının sonbaharında bir gün, SBF öğrenci derneğinin odasında Mahir Çayan, Zihni Çetiner ve Mehmet Beşlioğlu, oturmuş sohbet etmektedirler. Söz döner dolaşır, devrimci gençlerin düşlerini süsleyen Küba ve Latin Amerika'da yaşanmış devrim deneyleri, gerilla mücadelesi ve ister istemez silah konusu üzerine gelir.

Mehmet Beşlioğlu, "Amme Hukuku" adlı kalın kitabını 7,65 bir tabancanın boyutunda oymuş, silahı orada taşımaktadır.

Mahir, silahın bulunduğu kitabı açar ve silahı eline alır. Zihni Çetiner, Mahir'in karşısında, yan tarafta ise Mehmet Beşlioğlu, üçgen bir konumda oturmaktadırlar. Mahir, kitabın içinden aldığı silaha şarjörü verir ve namluyu çeker. Zihni Çetiner'in daha Mahir'e, "Dur yapma, tetiği çekme" demesine kalmadan, silah, "dannn" diye patlar ve Mehmet Beşlioğlu ile Zihni Çetiner'in arasından sıyrılarak geçer. Tesadüfen kimseye bir şey olmaz.

Sohbet ve tartışmalar ertesi gün bu kez SBF kız yurdunun önündeki asansörün yanında devam eder. İçlerinde Saffet Rüştü Tekin, Mustafa Kemal Kaçaroğlu, Hüseyin Onur, Oktay Etiman'ın da bulunduğu bir grup arkadaşıyla birlikte Mahir, Zihni Çetiner'le sohbet etmektedir. Mahir, sohbetin bir yerinde,

"-Hadi lan! Karınca ezmez Talat'ın üç buçuk adamı. Sen ne yapabilirsin?" diyerek, Zihni Çetiner'e takılır.

"-Şimdi sen benim hiçbir şey yapabileceğime inanmıyorsun öyle mi?"

"-Evet! Sen hiçbir şey yapamazsın"

"-Bak Mahir! Sana onbeş dakika izin veriyorum. Çevrende bir yığın koruyucun var. Sana zarar vereceğim. Kendini koru" der ve hemen BYYO'na gider.

Orada bir tükenmez kalem bulur ve içini bir süpürge çöpüyle boşaltır. Bir tane mermi açar ve barutunu içine doldurur. Cebinde bulunan TNT fünyesini de tükenmez kalemin plastik borusuna sokar. Bir patlayıcı hazırladıktan sonra cebine koyarak onbeş dakika geçmeden yine aynı yere gelir.

Zihni Çetiner'in geldiğini gören Mahir, yurda çıkmak için tam asansöre bineceği sırada Zihni Çetiner, hazırladığı patlayıcının fünyesini elinde yanan sigara ile ateşleyerek Mahir'in ayaklarının dibine fırlatır ve üç adım geri çekilir.

TNT fünyesinin patlamasıyla oluşan parçacıklardan çevrede bulunanlardan kimileri yüzünden, kimileri ellerinden yaralanırken, ayaklarının dibinde patladığı için fırlayan binlerce parçayla Mahir iki ayağından kalçasına kadar delik deşik olur ve olduğu yere yığılır, kalır.

Olayın polis tarafından duyulmaması için hastaneye götürülmez. Mahir Çayan'ı, Ankara İşsizlik ve Pahalılıkla Mücadele Derneği Başkanı Erhan Erel'in Erzurum Atatürk Üniversitesi Tıp Fakültesi son sınıfında okuyan kardeşi Ercan Erel tedavi eder. Ayağının yere basması tehlikeli görüldüğünden Mahir bir ay SBF yurdunda yatarak tedavi görür. Ayağa kalkamadığı için bakımı ve tuvalete götürüp getirme ve ördeğini taşıma işi fünyeyi atan Zihni Çetiner tarafından yapılır.

"ODTÜ'de Devrimci Cephe Kuruldu"

Filistin'e gidenler ve dağa çıkanlar, 1969 Ağustos sonunda, rahat hareket edebildikleri üniversite kampüslerine gruplar halinde dönmeye başlar. Bu dönemde, bazı kişiler, politik olarak birbirine ya daha çok yakınlaşmakta veya birbirinden uzaklaşmaktadır. Filistin ve Toroslar'dan geri dönenlerden bir kısmı ODTÜ'ye yerleşir.

Bu sırada, ODTÜ Öğrenci Birliği Olağan Kongresi de 27 Ağustos 1969 Çarşamba günü başlar.

Kongre'de, Divan Başkanlığına Münir Ramazan Aktolga, Divan Başkanvekilliğine ise Çağatay Anadol ile Müfit Özdeş, getirilir.

1 Eylül 1969 Pazartesi günü, öğrenciler, gizli oyla 13 sandıkta oy kullanır. Açılan 11 sandıkta sosyalistler 1459, ortanın solu ise 1475 oy almışlardır. Bunun üzerine bütün dikkatler Hazırlık Okulu ve İnşaat Mühendisliği'nde sayımı bitmeyen iki sandıkta toplanır. İnşaat Fakültesi'nde oy kullanılan sandıkta ise ortanın solu grubu 72 oy farkıyla önde gitmektedir.

Öğrenci Birliği'nin, üniversite içindeki olanaklarını ele geçirebilmek amacıyla MDD'ciler, bu sırada sosyal demokratlara karşı "devrimci şiddet" kullanır.

Toplumcu grubun taraftarları bunun üzerine, oy sayımı süren Hazırlık Okulu ve İnşaat Fakültesi'ni silah, sopa ve bıçakla basıp, sandıkları kaçırdıktan sonra oyları ve tutulan zabıtları yırttıkları gibi, kendilerine karşı koymaya çalışan ODTÜ Öğrenci Birliği eski başkanı İskender Odabaşoğlu, Ergin Kısakürek, Haluk Sanver, Ali Hüryaşar ve Adnan Eroğlu'nu da döverler. Asistan Turgut Tokdemir ile İnşaat Fakültesi Öğrenci Birliği Başkanı Sedat İsmet ise tabanca kurşunları ile yaralanarak tedavi altına alınırlar.

Çıkartılan olaylar sonucu, hükümet komiserinin düzenlediği tutanak üzerine, Öğrenci Birliği yönetimi, yeniden kongre olana kadar mecburen Divan Başkanı Münir Ramazan Aktolga'ya verilir.

Aktolga, Divan Başkanı olarak, sosyalistler ile sosyal demokratlar arasında görüşmeleri yürüterek, iki grubun seçime girdikleri listelerini uzlaştırmaya çalışır. SDD bu uzlaşmaya yanaşmaz. Sonuçta, SDD içerisinden bir kesimi, "Ulusal Kurtuluşçu Sosyal Demokratlar" olarak kopartır ve kendi grubuyla işbirliğine girmeye ikna eder.

ODTÜ-ÖB Başkanı Erhan Erdoğmuş ile Münir Ramazan Aktolga,

yaptıkları uzlaşma sonunda, "Devrimci Güçbirliği" başlığı altında ortak imzalı bir bildiri yayınlar.

Bu olay, ODTÜ-TKP olarak adlandırılan grubun, ODTÜ devrimci öğrencileri arasındaki gücünü daha da artırır.

MDD'ci Cephe Bölündü

FKF'nin TDGF'ye dönüşeceği kongrenin günü yaklaşırken, MDD'ci gruplar arasında tartışmalar ve ayrışmalar yaşanır. Bu ayrılık, Münir Ramazan Aktolga'nın Aydınlık dergisi yazı kurulundan ihraç edilmesiyle ortaya çıkar. Aydınlık dergisinin Eylül 1969 sayısında, kurucular adına sahibi Münir Ramazan Aktolga yerine Gün Zileli, Cengiz Çandar, Atıl Ant ve Ömer Özerturgut görülür.

Aktolga'nın dediğine göre, "Doğular açıktan sol radikal bir cuntayı savunuyorlardı o zaman. Biz buna kesinlikle karşıydık." Bu nedenle ayrılık olur.

Doğu Perinçek de, bu konuda şunları açıklamıştır: "Asıl bölünmede etkin olan temel ayrılık noktamız kitle çizgisi sorunuydu. Bize göre, Türkiye'deki devrimci hareket önemli bir noktaya gelmiştir. Ya işçi, köylü ve diğer halk yığınları ile kaynaşarak devrimi başarıya ulaştıracak maddi bir kuvvet haline geleceğiz veya kitlelerden kopup bir aydınlar ve gençlik hareketi seviyesinde kalınacaktır. Bu halde ise mücadele bazen anarşizme, bazen de teslimiyetçiliğe başlar. Nitekim gençlik hareketi içinde bazı terörist ve anarşist küçük burjuva akımları doğuyor ve biz bunlara Aydınlık yayınlarında işaret ederek eleştiriyorduk. (1969, 8 ve 9 sayılı Aydınlık'lar) Bizim bu eleştirilerimiz İstanbul'da içlerinde Deniz Gezmiş'in de bulunduğu DÖB çevresindekilerin tepkisine yol açtı. Mihri Belli ise sol kanat gençliği içerisinde bu sürtüşmelerin olmamasını ve fikir ayrılıklarının çatışmalara yol açmamasını sağlamaya çalıştı. Tabiatıyla ayrılık meseleleri çözülmedikçe böyle bir birlik suni olacaktı ve nitekim böyle oldu. Çatışma giderek derinleşti.

Aydınlık 12. sayısında biz yazı kurulu üyeleri olarak, 'Proleter Devrimci Safları Çelikleştirelim' başlıklı bir bildiri yayınladık. Bu bildiride özetle; devrimci hareket içerisinden çıkan sol anarşizm eğilimlerin harekete olan zararından, bunları gidermek için gençliği işçi köylü kitleleri içinde mücadeleye sokmak gerektiğine, hatalı eğilimlerin ileride daha da büyüyerek ağır zararlara yol açacağına dikkat edilmesine işaret etmiştik. Bu bildiriyi yayınlamakla artık Mihri Belli ile aramızdaki bağları hemen

hemen tamamen koparmış olduk. Bunun sonucunda Mihri Belli, Vahap Erdoğdu, Seyhan Erdoğdu ayrı bir kanadı oluşturdular. Yazı kurulunun diğer üyeleri olan Erdoğan Güçbilmez, Şahin Alpay, Gün Zileli, Ömer Özerturgut, Cengiz Çandar, Atıl Ant ve ben diğer kanadı teşkil ettik. Son FKF kurultayı, Dev-Genç'in meydana gelişi (Ekim 1969): Yazı kurulunda ihtilaflar derinleşirken FKF içinde doğan ihtilaf da büyüyordu.

İstanbul'da DÖB grubu (Mustafa Gürkan, Mustafa Zülkadiroğlu, Cihan Alptekin) Ankara'dan Münir Aktolga, Mahir Çayan, İrfan Uçar, Hüseyin Cevahir, Atilla Sarp, Hüseyin Onur, Ruhi Koç, Mustafa Kemal Çamkıran, FKF içindeki bizim görüşlerimize karşı olan grubu oluşturdular.

Sonradan PDA hareketi içinde birleşecek olanların safında ise İTÜ'den Tarık Almaç, İstanbul Tıp'tan Ömer Güven, İstanbul Orman Fakültesi'nden Fahri Aral, Ankara'dan Hacettepe'den Nurettin Öztürk, SBF'den Oral Çalışlar, Ziraat Fakültesi'nden Tunç Çetin Özkarar, Hukuk'tan Tuncer Eşsizhan, Atıl Ant, Basın Yayın'dan Aktan İnce ve diğer Aydınlık kadrosu mensupları" vardı.[56]

"Gençliği Gençlik Liderleri Yönetmektedir"

Bu ayrılık veya bölünme, Taylan Özgür'ün öldürülmesinin ardından tamamen açığa çıkar.

Taylan Özgür'ün öldürülmesi üzerine, 26 Eylül 1969 Cuma günü, Ankara'da, 20 öğrenci kuruluşu lideriyle Taylan Özgür'ün annesi Necla Özgür ve babası emekli Binbaşı Hasan Özgür'ün hazır bulunduğu bir basın toplantısı yapılır.

Basın toplantısında sözcü olarak konuşan ODTÜ-ÖB Genel Kurul Başkanı Münir Aktolga, şu açıklamayı yapar:

"Bizim kanunlara ve tatbikçilerine karşı güvenimiz sarsılmıştır. Devrimciler olarak meşru müdafaa halinde kendi haklarımızı kendimiz koruyacağız. Bundan böyle dökülen her devrimcinin kanının hesabını biz soracağız."

FKF'nin Olağanüstü Genel Kurulu'nda başkan adayı olan Ziraat Fakültesi öğrencisi Atilla Sarp, bu dönem, gençlerin tavrının ne olduğunu şöyle açıklar "Partilerin gençlik olaylarında ipi ellerinden kaçırdığı doğrudur ve bugün gençliği gençlik liderleri yönetmektedir."

"Öğrenciler 'İntihar Ekibi' Kuruyor"

6 Ekim 1969 Pazartesi günü, ODTÜ'de bir basın toplantısı yapan

ODTÜ-ÖB Genel Kurul Başkanı Münir Aktolga, AÜTB 2. Başkanı Atilla Sarp ve FKF Genel Sekreteri Ruhi Koç, gelişen son olayları değerlendirerek, FKF Başkanı Yusuf Küpeli hakkında "vur" emri çıkartıldığını ileri sürer.

Atilla Sarp, bu konuda şunları söyler:

"İktidarın maşası polis şeflerine söylüyoruz. Devrimci öğrencileri yok etmek isteyenler, aramızda intihar gönüllüleri düzenleyerek kendilerini bize temizletmesinler. Bundan sonra bir öğrenci lideri daha vurulursa bütün polis şeflerini öldürürüz."

Bugün, Silahlı Kuvvetler dışında hiçbir güce ve hiçbir siyasi partiye güvenmediklerini söyleyen Münir Aktolga, özetle şu açıklamayı yapar:

"Türkiye'de devrimcilerin hayatlarının garantisi yoktur. Öldürülen devrimci öğrencilerin katilleri bulunmamıştır. Devrimci gençlik kendi varlığını kendisi koruyacak. Öğrenciler polis tarafından silahlanmaya itilmiştir."

Basın toplantısına katılan diğer bir başka öğrenci ise, "Polis, 25 kişilik bir liste ile liderlerimizi tek tek ortadan kaldırmak peşinde" der. Basın toplantısına katılanlar, ayrıca şu açıklamayı yapar:

"Yusuf Küpeli veya bir başka öğrenci lideri vurulduğu takdirde, 10 kişilik bir İntihar Gönüllüleri Grubu kurarak 30 polis şefini vuracağız. Bizi buna zorlamasınlar."

Hakkında 20 dava açılmış olan ve gıyabi tutuklama kararı bulunan FKF Genel Başkanı Yusuf Küpeli, bu konuda şunları anlatmıştır:

"Ürdün'ün İrbit kentinden Şam'a geçtim. Örgütten bir ay izin aldım. Kilis'de biraz para verip imam rolüne girdim. Antep'te bir kebapçıya oturdum. Yemek ısmarladım. Gazeteyi açtım baktım ki, Atilla Sarp, 'Yusuf Küpeli'ye bir şey olursa, karşılığında on kişiyi götürürüz vb.' diyor. 'Ne oluyoruz?' diye sağıma soluma baktım. Neyse, Ankara'ya dek olaysız geldim."

Bu sırada, yeni yöneticilerini seçmek üzere zorunlu olarak FKF'de olağanüstü kongreye gidilmektedir.

"Mahir'in Kitle Çizgisi SBF Yurduyla SBF Anfisi Arasındadır"

Gün Zileli'nin başkan adaylığından çekilmesi ile Atilla Sarp'ın başkan adayı gösterilmesi düşünülen olağanüstü kongrede önemli görevler üstlenen DÖB ekibinden Mustafa Lütfü Kıyıcı, MDD içerisindeki tartışmaların nasıl geliştiği konusunda şunları anlatmıştır:

"Ben, Doğu'larla kopuşmanın olduğu FKF'nin TDGF'na dönüştürüldüğü 1969 Kongresi'nde galiba hırçınlık yaptım. Bu şöyle olmuştu: İstanbul'daki öğrenci hareketinin Ankara'ya göre her bakımdan üstünlüğü vardı. Çünkü, MDD hareketi içerisinde eylem planında ağırlık bizdeydi. İstanbul'daki öğrenci hareketi baştan beri daha militan bir yapı olduğundan bir ölçüde Türkiye'deki öğrenci hareketine öncülük etmiştir diyebiliriz.

Kongreden önce Türk Solu dergisinde Şahin Alpay'ın, 'Proleter Devrimci Çizgi Kitle Çizgisidir' ve Aydınlık dergisinde, Aydınlık Yazı Kurulu'nun, 'Proleter Devrimci Safları Çelikleştirelim' yazıları yayınlandı. Ayrıca o sıra, Doğan Avcıoğlu'nun çıkarttığı Devrim gazetesi yayınlanıyordu ve Doğu'ların bu çevreyle araları pek fazla iyiydi.

Eylemleri biz yapıyoruz, kotarıyoruz. Gazete ve dergilerde ise eylemlere, kendileri yapmış gibi sahip çıktıkları gibi ondan sonra da bize bu yazılarda, 'anarşistler, maceracılar' diye eleştiri yöneltiyorlar. Ortada bir ikiyüzlülük var. 'Biz yapıyoruz, siz bu işlere sahip çıkıyorsunuz' da diyemiyoruz.

İTÜ-ÖB Başkanı Tarık Almaç diye bir arkadaşımız vardı. Kendi aramızda ayrılıklar başlamadan önce İTÜ'de bir odamız vardı. Silah vb. her şeyimiz orada olurdu. Bir de 'Hazır Kıta'mız orada olurdu. 'Köfte Komünü' diyorduk. Bu odada, rastlantı olarak, Doğu ile Tarık Almaç'ın bir konuşmasını işittim. Tarık, Doğu'ya,

'-Yahu bu DÖB'lüleri ne yapacağız?' diyordu. Doğu da,

'-Bir seçim daha idare edelim. Ondan sonra onların içindeki iyi unsurları yanımıza almaya çalışırız. Diğerlerini de kesinkes maceracıdır diye ilan ederiz' diyordu.

Ben, bunu duydum ve gittim bizim arkadaşlarla konuştum. Otobüste İTÜ'lülerle birlikte Ankara'ya gidiyoruz. DÖB kadrosu olduğu gibi var. Namık Kemal Boya, Necmi Demir, Pekin Platinel vb. de var. Otobüste tartışma açtım ve,

'-Kongrede ne yapacağımıza, burada ortak karar alalım' dedim.

İTÜ grubu olarak daha çok Doğu'nun etkisinde oldukları için tartışmaya yanaşmadılar.

Ankara'ya gittiğimizde Mihri Belli, Ahmet Say ile bana,

'-Aman DÖB'lüler olay çıkarmasın' diye haber gönderdi.

Mihri Abi, böyle söylemiş diye biz duracak mıyız? O zaman biz, otorite olarak kendimizden başka hiç kimseyi kabul etmiyoruz ki.

Kongreden önce Münir Ramazan Aktolga'nın kongrede konuşmak için hazırladığı metni okudum. Baktım bu yazılı metin son derece sert. Mahir'le bunu konuştum,

'-Mihri Abi'ye yönelik eleştirileri çıkartırsanız, biz sizinle beraber olur ve birlikte hareket ederiz' dedim.

Münir, yazdığı metinde, 'Bunlar eski tüfek. Bunlarla iş olmaz' gibi Mihri Abiyi, Doğu'ya itebilecek şeyler söylüyor. Mihri Abi, bunları bir geziye götürmüş ve orada aryalar söylemiş diye sert bir şekilde eleştiriyor. Ayrıca Mihri Belli'nin 'cuntayla ilişkileri var, bu nedenle radikal küçük burjuvaziye dostça yaklaşıyor' gibi şeylerle eleştiriyor. Sonuçta Münir, bu eleştirileri çıkartarak konuşmasını yaptı.

Kongrede; 'Türk Solu ve Aydınlık yayınları, MDD hareketinin mi siyasi yayın organları? Yoksa, kimin yayın organlarıydı?' diye bir önerge verdim.

Çünkü o yayınlarda grup olarak benimsemediğimiz yazılar çıkıyor. Ben bu önergeyi vermeseydim her şey güllük gülistanlıktı ve herkes seçimini yapacaktı. Böylece kongre kapanıp bitecekti. Ama bir de ayrılık hikayesi var. Bu küllenmiş olacaktı. Önergeden sonra tartışma ortamı açıldı. Orada asıl tartışma konusu şuydu: Kitle çizgisini tartışıyorduk. Kitle çizgisinden kopmak, kopmamak. Doğular bizi, kitle çizgisinden kopan anarşistler, maceraperestler olarak görüyorlardı. İşte, 'DÖB'lüler tartışma yapmaz; kavgayla, dövüşle ideolojik mücadele yaparlar' falan diyorlardı. İlk başta belki hoşumuza gidiyordu ama çizgi haline gelir diye de endişemiz vardı.

Kongrede şunu söylemiştik: İstanbul kendi listesini belirler. Ankara'nın Merkez Komitesi olarak emir verme ve yönlendirme gibi işlevi ve yetkisi olamaz bizim üzerimizde. Herkes kendi otonom yapılarını korur.

Mahir ve Münir'le birlikte hareket ederek ondan sonraki gelişmelerin hepsini düzenledik. Daha sonra, o önergeler ve tartışmalar oldu. Sonuçta biz, Doğuları iyice hırpaladık ve onları pasifize ettik. Mahir ve Münir biraz ayrı havalardaydılar. Mahir son derece güzel bir konuşma yaptı.

Cengiz Çandar kalktı, şunu söyledi:

'-Mahir'in kitle çizgisi, SBF yurduyla SBF anfisi arasındadır' diye sivri bir laf etti. Bu uzun süre bizim zihnimizde kalan bir laf olmuştu."

"FKF Marksist Bir Örgüt Değildir"

MDD'cilerin birbiriyle çatıştığı ve Divan Başkanlığını Selahattin Okur'un yaptığı FKF Kongresi'nde eleştiriler bölümüne geçildiğinde Mustafa L. Kıyıcı'nın önergesiyle Aydınlık, Türk Solu, İşçi ve Köylü'yü çıkaran grupların, FKF'de gördükleri sapmaları daha ayrıntılı olarak kongre önünde açıklamaları istenir.

Gruplardan biri ODTÜ delegeleriyle, İstanbul'dan eski DÖB üyelerinden oluşmuş, diğeri ise Aydınlık dergisi yöneticilerinden Şahin Alpay, Erdoğan Güçbilmez ve Doğu Perinçek'in çevresinde toplanan delegelerden meydana gelmiştir.

Bu iki gruptan ilki, sert ve keskin eylemlerle gençlik hareketlerini sürdürmeyi amaçladıklarını belirtmişlerdir. Diğerleri ise ilk grubun "harekette bereket" sloganını amaç edinmekten dolayı yanlış içerisinde olduklarını öne sürmüştür. Grupların görüşlerini açıklayan delegeler, kısaca şunları söylemişlerdir:

İrfan Uçar: "Ereğli grevinde Türk-İş, işçiyi satmıştır. Ereğli'deki işçiler satıldıklarını anladıkları an harekete geçeceklerdir."

Erdoğan Güçbilmez: "...Sandıktan gerici bir iktidar çıkacak ve devrimci kadrolara karşı harekete girişilecektir... Radikal küçük burjuva hareketinin olması beklenmelidir. Küçük burjuvazinin devrimci atılımı kabaracaktır... Oportünizm yenildikçe kendini başka kılıklarda gösterecektir. Ve bu bir sol sapma olarak belirmektedir. Mesela TÖS Kurultayı'nda Ecevit'in yuhalanması, ODTÜ'deki olaylar, milli cepheyi kurmayı engelleyen davranışlarımız olmuştur. Bazı kişilerin ihanet etmesi olabilir. Ama bunun kitlelere böylesi yanlış eylemlerle aksettirilmesi düşünülemez. Gerçek sosyal demokrat kitleler böyle eylemler yüzünden karşımıza geçerler."

Şahin Alpay: "...FKF Marksist bir örgüt değildir. Bu ancak parti olabilir. FKF asker-sivil, aydın zümrenin gençlik kesiminden gelen kişilerden oluşmaktadır.

Birden sayı olarak çoğalmamıza rağmen bilinç alanında yeterli olamamışızdır. Galebemizi sağlam temellere oturtalım; yanlışlara karşı mücadele açalım. Hem proleter hareketini örgütüne kavuşturmak, hem de milli cephe politikasını yürütmek gereklidir. Bunun için sol sapmalara karşı dikkatli olmalıyız."

Münir Aktolga: "MDD'ye evet, ama nasıl olacak? MDD gevezelikle olmayacaktır. Taktikler ve mücadele metodları nedir? Kitleler soyut olarak emperyalizmle dövüşmez. Onun yüzündeki maskeyi bizim indirmemiz gerekir. Türkiye'yi bekleyen iki kriz kitleleri hareketlendirmektedir. Çok yönlü mücadeleye hazırlanmalıyız. İşçi-köylü romantizminden çıkılmalıdır. TİP'i desteklemek yanlıştır. Gerici parlamentarizme 'hayır' diyoruz... Milli cephe, küçük burjuvazinin yanlış eylemlerini pohpohlamakla olmaz. Proletaryanın örgütü hareketin her anında ve her dönemde kurulabilir. Kimse kitleler adına milli cephe yetkisine sahip değildir. Sol Kemalistlerle proleter sosyalistler arasında güçbirliği yapılamaz. Yok böyle hikaye. MDD küçük burjuva politikacılarına alet olamaz."

Ömer Özerturgut: "Örgütlenmeyle milli cephenin ayrı yürütüleceğini kimse söylememektedir. İstanbul'da oportünizmle mücadele yanlış yürütülmüştür. Dağınıklıklara yol açmıştır. Mustafa Kıyıcı'nın kabul edilen önergesi bu sebepten yanlıştır. Sağ sapmaya uğrayanlar da dahil bütün gençlerle birlikte açık tartışma yapılmalıdır."

Mahir Çayan: "Kemalizmi sağ sol diye ayırmak yanlıştır. Kemalizm milli kurtuluşçuluktur. Sağ kanat küçük burjuva reformistleri ve emperyalizmin hükmü altındadır. Burada yapılan konuşmalarda devrimci terörle, anarşizm birbirine karıştırılmaktadır. Kişiliklerinde devrim yapamayanlar devrimci olamazlar."

Çayan'ın bu konuşması sırasında Doğu Perinçek'i hedef alması iki grup arasında çatışmalara sebep olmuş ve Perinçek, konuşmakta olan Mahir Çayan'a küfürle saldırmak istemiştir. Çayan, hareket karşısında konuşmasını aynı çizgide sürdürmüş ve yaptığı sataşmalara yenilerini de ekleyerek kürsüden inmiştir. Daha sonra Doğu Perinçek, bir konuşma yapmıştır.

Doğu Perinçek: "...Örgütler, kitleler içinde çalışmanın gereğini anlamamak biz gençler arasında yeni sapmalara sebep olmuştur. Demir Döküm'de 1500, Ereğli'de 4000 işçi grevde iken, toprak işgalleri fışkırırken ortada olmamak küllen oportünizmdir. İstanbul'da hareket bereket-tir, denerek yapılan bir boykot hareketi sol sapmanın aynı zamanda teori düşmanlığının örneğidir."

Konuşmasının bu noktasında Doğu Perinçek'e delegeler arasından laf atmalar olmuş ve Perinçek, "Bana sataşanlar, mütekait devrimcilerdir. İcazetli sosyalizm yapılmaktadır" demiştir.

Atilla Sarp: "...Eline kelepçe değmemiş biri icazetten bahsedemez. FKF proletaryanın politik örgütünün bazı görevlerini de yüklenmiştir. Birinci görevimiz gençliği örgütlemektir."

Sarp'ın bu konuşması ve bundan sonra yapılan eleştirilerde Aydınlık grubuna ODTÜ'den ve İstanbul'dan gelen bazı delegeler şiddetle çatmışlardır. Fakat buna rağmen yapılan seçimlerde gruplar ayrı listeler çıkarmayarak tek listede birleşir ve oybirliğiyle Atilla Sarp'ı FKF genel başkanlığına, İrfan Uçar'ı da sekreterliğe seçmişlerdir.

Kongreden sonra Mustafa Lütfü Kıyıcı ile Mahir, Mihri Belli'nin evine gider. On dakika kadar önce de Doğu Perinçek ve arkadaşları Belli'nin evinden ayrılmıştır.

Belli, Mustafa Lütfü Kıyıcı'yı görünce şaşırır. Kıyıcı, Mahir ve Belli, kongre üzerine konuşur. Bundan sonra ne yapılacak diye düşünceler dile getirilir. Kıyıcı, Belli'ye özetle şunları söyler:

"-Mahirler bizden ayrı değil. Hepimiz aynı siyaseti savunuyoruz. Fakat Doğular çok cuntacı. Böyle de olmaz."

"Ne Zaman El Kaldırırsa O Zaman El Kaldırmamız Gerektiğini Anlattı"

Ertuğrul Kürkçü, bu kongrede nasıl oy kullandığını şöyle anlatmıştır:

"Ekim 1969'daki Fikir Kulüpleri Federasyonu Kurultayı'na ODTÜ delegesi olarak kongreye giderken ne olacağı belli değildi. Ancak kongreye gitmezden önce delegeler toplandı. Şimdi kim olduğunu hatırlayamayacağım ama delegelerin başında bulunan arkadaş kendisi ne zaman el kaldırırsa o zaman el kaldırmamız gerektiğini anlattı. Ben de böylelikle FKF Kurultayı'nda oy kullandım."[57]

FKF Genel Başkanı Yusuf Küpeli'nin arandığı ve arkadaşlarının evlerinde gizlendiği bu dönemde, Doğu Perinçek grubuna karşı FKF kongresini ele geçirmek için uğraşanların başında Yusuf Küpeli ile ilişki içerisinde olan FKF-MYK üyesi Münir Ramazan Aktolga ile İrfan Uçar gelmektedir.[58]

FKF içerisinde iki grubun da güçleri birbirine üstün olmadığından uzlaşmaya gidilir.

PDA grubu, bu tartışmaları ve uzlaşmayı şöyle açıklar:

"Kurultay'da da tek liste olarak önerilen Genel Yönetim Kurulu yine kapalı kapılar ardında, gençlik kadrolarının dışında tayin edildi. İlkesiz Birlik Cephesi ve onun lideri Mihri Belli ile uzlaşmamız ve TDGF yöneticilerini gençlik kadrolarının dışında pazarlıkla tespit etmemiz, devrimci olmayan, son derece hatalı bir tutumdu... FKF'nin (Kurultay'da kabul edilen yeni ismiyle TDGF'nin) 4. Kurultayı'nın sonunda seçilen Atilla Sarp yönetimindeki Merkez Yürütme Kurulu iki çizgi arasındaki bir uzlaşma kurulu oldu."

Bunun nasıl olduğunu Atilla Sarp, şöyle anlatmıştır:

"Benim Dev-Genç başkanı olmam konusunda Mahir'in de desteği vardır.

FKF Başkanı Yusuf Küpeli de kalktı Filistin'e gitti. Böylece FKF dağıldı. FKF kongresinin de toplanması lazım. O sırada Federasyon nasıl derlenir toparlanır diye herkeste de bir arayış vardı.

Arkadaşlar, 'Bu hareket nasıl düzelecek, gençlik hareketinin bundan sonraki yönü, aşaması nasıl olacak; kongreyi nasıl toplayabiliriz, bu işi kim götürebilir?' diye çalışmalar içerisindeler. Başkan olarak Gün Zileli, İrfan Uçar, Mahir Çayan, Deniz Gezmiş, Mustafa Gürkan, Ruhi Koç ve benim ismim üzerinde duruluyor.

Ben de o sıra rahmetli eniştemin Kurtuluş'taki evinde kaçak olarak kalıyordum. Arkadaşlar, kaldığım yere gelerek, sık sık, 'Bu işi yapar mısın' diye ısrar etmeye başladılar. Ben de, 'yapamayacağımı' söylüyordum. Münir Ramazan Aktolga, Mustafa Kemal Çamkıran, Ersan Olgaç yoğun şekilde ısrar eden arkadaşlar oldular.

Bu arada Mahir'le bir konuşma yaptım. Mahir de son sınıfta öğrenci, ben de son sınıf öğrencisiyim. Mahir bana,

'-Bir dersi mahsus bırakacağım. Şimdi okulu bitirsem işe girmem lazım. Askerlik sorunu ortaya çıkacak. Bu nedenle bir ders bırakıp mezun olmayacağım. Atilla, muhakkak sen al bu işi. Genel başkan ol. Birlikte çalışırız. Sen kendin yorulmazsın. Bu işi hep beraber yürüteceğiz. Seni destekleyeceğiz' dedi.

Mahirler beni o kongre sürecinde destekledi, ama daha sonraki süreçte, ben genel başkan olduktan sonra, daha önceden bana, 'illa sen genel başkan ol. Birlikte çalışırız. Seni destekleyeceğiz' diyen arkadaşlar, birdenbire etrafımdan kayboldular."

"Tartışmalar Esas Olarak, Aydınlık Yazı Kurulu'nda ve Kapalı Kapılar Ardında Cereyan Etti"

MDD'ci gruplar arasında, ilk başta, dergi sayfalarında başlayan ayrışma, TDGF kongresinde fiilen ortaya çıkmıştır.

Mahir'in, Dev-Genç hareketi içerisinde, "yıldızının parladığı an", 1969 Ekim ayında yapılan FKF'nin TDGF'ye dönüştürüldüğü kongredir. Mahir, kongrede yaptığı uzun bir konuşma ile, kongreye katılan TDGF kitlesini, değişik düzeyde etkiler ve fikirleriyle herkesçe tanınır.

Perinçek ekibinin, "maceracı" olarak eleştirilerde bulunduğu DÖB grubu, Perinçek grubunun karşısında yer alarak, SBF ve ODTÜ grubunu destekler. Fakat, SBF ve ODTÜ grubu ile Doğu Perinçek grubunun birbirlerini alt edecek güçleri olmaması nedeniyle, 5 kişi Doğu grubundan, 4 kişi Aktolga grubundan olmak üzere ortak bir listede uzlaşılarak, yeni TDGF yönetimi paylaşılır.[59]

PDA'cıların yazdığına göre, iki grup arasındaki, "tartışmalar, esas olarak, Aydınlık Yazı Kurulu'nda ve kapılar ardında cereyan etti."[60] Fakat, TDGF kongresinde, açığa çıkartıldı.

"Proleter Devrimci Safları Çelikleştirelim" Yazısı Bir Dönüm Noktasıdır

MDD'ci güçler arasındaki esas kopuşmanın nedenini Yalçın Büyükdağlı şöyle açıklamıştır:

"Aydınlık içindeki kopuş hangi noktada gerçekleşti; Aydınlık'ta yayınlanan 'Proleter Devrimci Safları Çelikleştirelim' yazısı bir dönüm noktasıdır. Bu yazıyla bir süreç noktalandı. Kitle çizgisi konusunda bir ayrışma oldu. Aydınlıkçılar fiilen iki safa ayrıldılar. Bir yanda Aydınlık Yazı Kurulu'nun ezici bir çoğunluğu bulunuyordu. Diğer tarafta ise M. Çayan, M. Ramazan Aktolga, Y. Küpeli vardı. M. Çayan bu grubun lideriydi."[61]

Bu döneme kadar, iki grup arasındaki tartışmanın teorik çerçevesini, Mahir Çayan'ın, "Sağ Sapma, Devrimci Pratik ve Teori" başlıklı yazısı oluşturur.[62]

Doğu Perinçek grubununkini ise, "Gerici Parlamentarizme Karşı Gençlik ve Milli-Demokratik Güçbirliği"[63], "Gençlik Hareketi ve Bazı Eğilimler"[64], "1969 Haziranı ve Devrimci Gençlik Hareketi"[65], Yazı Kurulu üyelerinin yazdığı, "Proleter Devrimci Safları Çelikleştirelim" yazılarıdır.[66]

Yalçın Büyükdağlı'nın iddiasına göre, "M. Çayan ve arkadaşları, Aydınlık Yazı Kurulu üyelerinden Ş. Alpay'ın Aydınlık'ın Ekim 1969 tarihli 12. sayısında yazdığı yazıya dayanarak PDA'cıların MDD'de proletarya önderliğini reddettiğini iddia eder" ve "PDA saflarında yer almasını bir fırsat olarak değerlendirdiler. PDA'yı eleştiren yazılarında döne döne Ş. Alpay'ın bu yazısına göndermede bulundular."[67]

Şahin Alpay, bu yazısında özetle şunları öne sürmüştür:

"Kemalist devrimcilere karşı politika 'hem birlik, hem ayrılık' politikasıdır; 'hem dostluk, hem eleştiri' politikasıdır.

Küçük burjuvazinin en uyanık kesimini meydana getiren asker-sivil aydın zümrenin, Kemalist devrimci çizginin bugünkü ideologları, küçük burjuvazinin bocalayan niteliğini yansıtan bir şekilde; bir sol devrimci bir de sağ, gerici-parlamentarist iki kanada ayrılmıştır. Bugün bu ayrımı yapmadan, asker-sivil aydın zümrenin iki ayrı kanadın liderliğinde bölünmüş olduğunu görmeden, Kemalist devrimci çizginin bugün içinde bulunduğu meseleleri doğru tespit etmeye olanak yoktur.

Bugün proleter devrimcileriyle, sol Kemalist devrimciler (...) arasında bir ittifak, bir devrimci güçbirliği söz konusudur.

Tam bağımsız ve gerçekten demokratik Türkiye için mücadele, nüfusumuzun yüzde doksanını meydana getiren işçilerin, köylülerin, küçük burjuvazinin ve milli burjuvazinin siyasi temsilcileri olan proleter sosyalistleri ile Kemalistlerin aralarında devrimci güçbirliği kurarak, halkımızı emperyalizm ve işbirlikçilerine karşı bilinçlendirmeleri ve onları kitleler halinde mücadeleye sokmaları ile başarıya ulaşabilir. Bunun tam bilincinde olarak, Kemalistlerle aramızdaki ittifakı güçlendirelim.

Türkiye'de proletarya, bugün devrime öncülük edecek objektif ve subjektif şartlara tam olarak sahip değildir (...) bu şartlar altında, Avcıoğlu'nun 'ülkenin bugünkü gelişme aşamasında milliyetçi devrimciler bir kez daha ön planda rol oynamaya aday gözükmektedir' sözü hiç olmazsa bir süre için yanlış değildir."[68]

"Bugünün Devrimci Şiarı Nasıl 'Tam Bağımsız ve Gerçekten Demokratik Türkiye' Şiarı ise, Sekter ve Gerici Şiarı da 'SosyalistTürkiye' Şiarıdır"

Mihri Belli, "devrimci dayanışma üzerine" özetle, şu değerlendirmeyi yapar:

"Devrimci dayanışma hep birlikte 'Huu!' çeken dervişlerin tekke dayanışması değildir. Güçlenen hareketimiz içinde tekke bağlılıklarına, ahbap çevresi dayanışmalarına, geçinemediğimiz kimsenin ak dediğine kara, kara dediğine ak deme eğilimi biçiminde beliren kişiselliklere paydos diyecek devrimci bilinci gösterelim."[69]

Mahir'in bu tartışmalar sırasındaki görüşleri şöyledir:

"Türkiye proletaryasının pratikte öncülüğü (fiili öncülüğü) için proleteryanın subjektif şartlarının (bilinçlenme ve örgütlenme düzeyinin yüksek olması) olgunlaşmış olması gerekir; yani, bilimsel sosyalizm silahı ile teçhizatlanmış öncü bir proletarya müfrezesinin var olması, proleter yığınlarının oldukça büyük bir kısmının kendi partisinin komutlarına kulak vermesi ve işçi köylü ittifakının sağlanmış ve bu ittifak üzerinde bütün anti-emperyalist sınıf ve zümreleri kapsayan bir milli cephenin kurulmuş olması veyahut bu yolda epeyce mesafe katedilmiş olması gerekir. Elbette, bu şartlar yokken, hele de şehir ve köy proletaryasının ve emekçilerinin Türkiye'deki uzantısı AP iktidarının ya da statükocu muhalefetin peşinden gittiği, şehir ve köy proletaryasının geniş çevrelerinin öz devrimi sosyalist devrimden habersiz olması bir yana, ülkenin işgal altında olduğunun bile farkında olmadığı bir evrede, proletaryanın fiili öncülüğünden bahsetmek, oportünizmin daniskasıdır. Böyle bir tutum, proleter devrimci harekete ihanet ve emperyalizme hizmetten başka bir şey değildir."

"Sanayii belli bir seviyede olan Türkiye gibi yarı-sömürge ve yarı-feodal bir ülkede, bugünün devrimci şiarı nasıl 'Tam Bağımsız ve Gerçekten Demokratik Türkiye' şiarı ise, sekter ve gerici şiarı da, 'Sosyalist Türkiye' şiarıdır."

"Türkiye'deki temel çelişmenin proletarya-burjuvazi çelişmesi olduğunu varsayalım, bu koşullara rağmen, biz sosyalist devrim şiarını ortaya atamayız. Çünkü bugün için tayin edici çelişme, proletarya ile burjuvazi arasındaki çelişme değil, Yankee emperyalizmi ile bütün Türkiye halkı arasındadır. Bu durumda proletarya partisinin görevi, proleter devrimcilerinin görevi, "sosyalist devrim" çığlıkları atmak değil, bütün ulusun en bilinçli sözcüsü olarak milli cephenin başına geçip, Amerikan postalları altında ezilen milli bağımsızlık bayrağını yükselterek milli devrimi yapmaktır. Bu baş çelişme çözümlenmeden ülkede ne 'sosyalist devrim' yapılabilir ne de sosyalizm kurulabilir. İşgal altındaki bir ülkede Marksistlerin ilk görevi, 'sosyalist' değil 'milli devrim'i yapmaktır."

"Açıktır ki, II. Milli Kurtuluş Savaşımız düz bir hat izlemeyecektir. İçinde ayrıca evrelere ayrılmış çeşitli aşamalardan geçerek başarıya ulaşacaktır. Bu süre içinde, çeşitli ittifaklardan yararlanacağız, tabii düşman cephesi de. Bir yandan emperyalizme karşı mümkün olan en geniş milli cepheyi kurmaya, öte yandan da proletaryaya politik bilinci götürmeye çalışacağız. Bunun için millici sınıflara gideceğiz, görev alanımız bütün millici sınıfların alanıdır. Proleter devrimcisi olarak, Amerikan emperyalizmi+işbirlikçi burjuva+mütegallibe ittifakına karşı bütün alanlarda en etkin mücadeleyi vereceğiz. Proletaryanın kendiliğinden eylemleri içine girerek, bu ekonomik mücadeleleri örgütleyerek, siyasi mücadeleye dönüştürmeye çalışarak, geniş bir siyasi gerçekleri açıklama kampanyasına girişerek proletaryaya sosyalist bilinç vermeye çalışacağız. Proletaryaya oportünizmin bütün biçimlerini göstererek, gençlik hareketlerinin anlam ve niteliğini, Kemalizmin tarihi geçmişi ve milli kurtuluşçu geleneğini tekrar tekrar anlatarak, II. Milli Kurtuluş Savaşımızda işçi ve köylü kitlelerin en yakın dost ve müttefiki olduğunu belirterek politik bilinç götüreceğiz."

"Bir yandan geniş bir siyasi gerçekleri açıklama kampanyası yürüterek işçi sınıfına sosyalist bilinç vereceğiz, işçi köylü kitlelerini örgütleyeceğiz, öte yandan da diğer bütün milli sınıflara milli demokratik bilinç vermeye çalışarak, onların anti-emperyalist hareketlerine destek olarak, öz örgütlerine kavuşması için mücadele edeceğiz ve milli cephenin kurulmasına çalışacağız."

"Milli demokratik devrim mücadelemizin bu aşamasında proleter devrimcileri olarak bizlerin ana görevi işçi sınıfına sosyalist bilinç götürmek ve işçi kitlelerini öz örgütlerine kavuşturmaktır."

Kemalizmin 'Sağı-Solu' ve 'Asker-Sivil Aydın Zümre', hakkında ise Mahir'in görüşleri özetle şöyledir:

"Kemalizm, küçük burjuva devrimciliğinin, işgal altındaki bir ülkede -Türkiye'de- emperyalizme karşı bir isyan bayrağıdır."

"Ülkemizin bugünkü sürecinde baş çelişmenin, Amerikan emperyalizmi ile bir avuç hainin dışındaki bütün Türkiye halkı arasında olduğu açıktır."

"Küçük burjuvalar ülkesi olan Türkiye'de devrimci bir geleneğe sahip olan bu zümre, içinde bulunduğumuz evrede de çeşitli kurum ve örgütlerde yer alarak ülkenin politik hayatında aktif bir rol oynamaktadır."

"Niteliği gereği, anti-emperyalist saflarda er veya geç yerini alacak olan küçük burjuvazinin en bilinçli zümresinin II. Milli Kurtuluş Savaşı'ndaki yeri çok önemlidir."

"Her evrede, proleter devrimci şiarlar, bu mücadelenin bütün potansiyel müttefiklerini kazanmaya yönelik olmalıdır."

"Milli kurtuluş savaşımız ve milli cephenin kurulması açık ve gizli düşmanlara karşı sert bir mücadele olmadan başarıya ulaşamaz."[70]

"Mahir Çayan'ı Ben İlk Defa Aydınlık Dergisinin Onbeşinci Sayısında Çıkan Yazısıyla Tanıdım"

Mahir'in, "Sağ Sapma, Devrimci Pratik ve Teori" başlıklı yazısının, MDD'ci kesim üzerinde bir çok açıdan etkileri olmuştur.

Birinci olarak, ASD'ye el konulmasının hemen ardından çıkan sayısında, MDD'ci saflarda meydana gelen ayrılık, bu yazı ile açıklanarak, belirgin bir netliğe kavuşur. İkinci olarak, Mihri Belli'ye tamamen açıktan olmasa bile, Yusuf Küpeli'nin, "Mihri Belli, Aydınlık Sosyalist Dergi'nin 15. ve 20. sayılarında oportünizmi yerden yere vuran ve ucu kendisine de dokunan görüşlerimiz karşısında susmayı tercih etmiştir. Açık ideolojik bir mücadeleye girmekten kaçınıp, susarken de, sağda solda alttan alta 'aman, ılımlı Maocu bir fraksiyon daha doğuyor, dikkatli olalım!...' diyerek, küçük burjuva tavrına yakışır bir biçimde kazan kaynatmaktan da geri kalmamıştır. Geriden kazan kaynatan Mihri Belli, yüz yüze gelince de, devamlı, eleştirileri 'olumlu' karşılıyormuş, değişiyormuş havası takınmıştır" yazdığı gibi, içten içe başlatılan yeni bir yapılanmanın ipuçlarını ortaya koyar.[71]

Üçüncü olarak, yazıyı yazan Mahir Çayan, MDD'ci kamuoyunca tanınır ve bu ayrılığın bir tarafı ve teorisyeni olarak ön plana çıkar.

TİP Çarşamba İlçe Başkanı İsmet Öztürk, bu konuda şunları söylemiştir:

"Mahir Çayan'ı ben ilk defa Aydınlık dergisinin 15. sayısında çıkan yazısıyla tanıdım. Bu yazıdan bir süre sonra (yanılmıyorsam 1970 Mart'ı olabilir) Mahir, iki arkadaşıyla Samsun'a geldi. Mahir'in 15. sayıda çıkan yazısı ve diğer devrim sorunları ile Mahir'in 20. sayıda çıkacak yazısının hazırlığı üstüne tartıştık. Daha sonra, Mahir'in 20. sayıdaki yazısı da çıktı ve bu yazılar bizi adeta büyüledi.

68 kuşağının çoğu gibi bizim de anne kucağımız 'Türkiye İşçi Partisi' idi. Ancak, 'TİP' annenin bizi sıhhatli büyütüp halka yararlı birer insan yapabileceğinden umudu tamamen kesmiştik. Yaklaşık 2 yıla yakın zamandır biz, TİP içinde MDD'ci grup olarak mücadelemizi yürütüyorduk. Hepimiz, TİP üyesi ve bir çoğumuz da bölge yönetiminde olmamıza rağmen, hiçbir gizliliğe başvurmadan açık açık MDD tezleri doğrultusunda faaliyet yürütüyorduk. TİP, MDD'cileri tasfiye etmeye çalışmasına rağmen, bize hiçbir şey söyleyemiyordu. Zira bizi tasfiyeye kalkması, Karadeniz'de gücünün çok büyük kısmını kaybetmesi demekti. Biz MDD'ci olmuştuk ve mücadelemizi o doğrultuda sürdürüyorduk ama, onun da genel formülasyonları ne bize heyecan veriyor, ne bizi tatmin ediyor, ne de bir umut olabiliyordu. Özcesi, tam bir tıkanıklığın arayışı içindeydik. İşte Mahir Çayan, tam da bu tıkanıklığa çözüm ve arayışlara cevap verecek halkayı yakalamıştı."

Politik tıkanıklığı aşma için çıkış yolları arayan yerel düzeyde birçok inisiyatif grupları bulunmaktadır. Mahir'in yazısı, politik bir boşluğun yaşandığı ve arayış içinde olunan bu dönemde bazı kişilerin özlemlerine yanıt vermiştir.

İsmet Öztürk'e göre, "Mahir'i Karadeniz'e sokan, Mahir'in teorisi ve devrim stratejisidir."

Mahir'i, arayış içinde olan diğer politik grupların içine sokan da, Aydınlık dergisinde yayınlanan bu yazısıdır.

"Birlikte Çalışmanın Koşullarını Saptayan Bir Protokol Hazırlandı"

Sevim Belli, Aydınlık dergisinde yaşanan bu sürecin nasıl başladığını şöyle anlatmıştır: "Aydınlık çevresinde tartışmalar kıyasıya suçlamalara dönüşünce konuya bir çözüm getirmek gerekti. Bizim evde zamanın ileri gelen gençlerinin katıldıkları bir toplantı yapıldı... İstanbul ve Ankara'nın, yönetimi Doğu'ların elinde olmayan tüm Dev-Genç kadrosu bir yanda, Doğu'lar bir yanda oluyorlardı. Tartışmada sanki eylemcilerle dergiciler karşı karşıya geliyor gibi bir ayrımın doğması önlenemedi... Gene de sonuç olarak taraflar birlikte çalışma düzenini sürdürmekten yana istek belirttiler ve birlikte çalışmanın koşullarını saptayan bir protokol hazırlandı.

Doğu ve arkadaşları protokolü alıp gittiler. Kendi aralarında ve öteki arkadaşları ile tartışacaklardı. Akşam üzeri de imzaladıklarını söyledikleri protokolü geri getirdiler. Gün Zileli idi getiren. Ancak protokol değiştirilmiş ve bu konuda hiçbir açıklama yapılmamıştı."

"Doğu Perinçek ve arkadaşları Aydınlık dergisine el koydular. Anlaşmayı reddettiler. Dergiyi kendileri sürdürmek istiyorlardı.

Bir akşam her zaman evimizde görmeye alışık olduğumuz Dev-Genç'li gençlerden bir grup bize geldiler. Atilla Sarp'ı hatırlıyorum... Dev-Genç'ler fırtına gibi geldiler, 'Aydınlık' dergisine sahip çıkılması konusunda onay alıp gene geldikleri gibi gittiler... Sonra öğrendik ki, 'Aydınlık' dergisini ötekilerden, yani daha önce el koyanlardan geri almışlardı. Ve Münir Aktolga derginin sahibi olması dolayısıyla yasal yollara da başvurmuştu."[72]

Proleter Devrimci Aydınlık bürosunu basıp, malzeleri bir kamyonetle ASD bürosuna getirenler arasında Mahir Çayan, İlhami Aras, Mete Ertekin ve Mehmet Beşlioğlu da bulunmaktadır.

Aydınlık Sosyalist Dergi Yazı Kurulu Üyesi

Bu eylemlerin ve tartışmaların hemen ardından, Aydınlık dergisinin,

10 Ocak 1970 tarihli, 15. sayısının matbaada çıkış hazırlıkları sürdüğü sırada Münir R. Aktolga, sahiplik belgesine dayanarak, dergiye el koyar. Sonuçta, bir grup, Proleter Devrimci Aydınlık dergisini, diğer grup da, Aydınlık Sosyalist Dergi'yi yayınlamaya başlar. Böylece, yeni bir kadro ile, "Aydınlık Sosyalist Dergi Yazı Kurulu" oluşturulur. PDA çevresi, yeni oluşturulan Yazı Kurulu'nu, "İlkesiz Birlik Cephesi" olarak adlandırır.[73]

MDD saflaşması içinde Mihri Belli ve Hikmet Kıvılcımlı gibi eski komünistlerin arasında Mahir, o zaman, 24 yaşında bir genç olarak siyasi kimliğiyle böylece yer alır.

Mahir Çayan, bu sırada, üç ayrı sorumluluk üstlenmiştir. Birincisi SBF-TKP olarak adlandırılan çekirdek grubun sözcülüğü, ikincisi Devrimci TİP Komitesi'nin sözcülüğü, üçüncüsü ise ASD Yazı Kurulu üyeliğidir.

Mahir'le ASD Yazı Kurulu'nda birlikte olan Vahap Erdoğdu, bu konuda şunları anlatmıştır:

"Bu arada Münir Aktolga tarafından dergiye getirilen Mahir Çayan ile tanıştık. Doğu Perinçek grubunu eleştiriyordu. Kendi arzusu üzerine kendisine sorumlu yazı işleri müdürlüğünü verdik. Dergi işleri ile pek ilgilenmezdi. Daha ziyade Münir Aktolga ve bir grup arkadaşı ile sohbet ederlerdi."[74]

Mahir ve Mehmet Beşlioğlu, zaman zaman da Seyhan ve Vahap Erdoğdu'nun evine misafir olarak gider, sohbet eder.

"Sağ Oportünist Doğu Perinçek ve Şahin Alpay Fraksiyonunun Tasfiyesi"

Daha sonra, THKP-C adıyla, diğer bazı inisiyatif gruplarıyla birlikte ortaya çıkacak olan SBF'deki inisiyatif grubu, Mahir'in yazısıyla teorik olarak ilk adımını attıktan sonra, PDA taraftarlarını, TDGF-MYK'dan tasfiye ederek yeni bir yapılanmanın fiilen ikinci adımını atar.

Yusuf Küpeli, tasfiye olayını özetle şöyle açıklamıştır: "Aydınlık Sosyalist Dergi içindeki bütün uzlaştırma çabalarına rağmen sağ oportünist Doğu Perinçek ve Şahin Alpay fraksiyonunun tasfiyesi, TDGF Merkez Yürütme Kurulu'nu da etkilemiştir. Tabanın da baskısıyla Merkez Yürütme Kurulu'ndan bu fraksiyonun sözcüleri atılmışlardır."[75]

18 Ocak 1970 Pazar günü, SBF'de yapılan ve dinleyicilere açık olan TDGF-GYK toplantısında TDGF Başkanı Atilla Sarp, MYK'da çıkan ihtilafları açıkladıktan sonra Aydınlık dergisi sahipliği için gelinen olaylar konusunda, "Proleter Devrimci Aydınlık'ın küçük burjuvaziye

fazla prim veren bir sağ sapma olduğunu, küçük burjuva kuyrukçuluğu yaptığını, PDA ekibinin kendi aralarındaki masonik birlik sayesinde gençlik eylemlerini kendi emirlerine almaya çalıştıklarını ve pasifize etmeye kalkıştıklarını" söyler. Nahit Tören de, İstanbul'da İşçi-Köylü gazetesini sattırmayacaklarını, söyler. Atilla Sarp ise bu kararın TDGF-MYK'na ait olduğunu, şimdilik İşçi-Köylü için bir tavırlarının olmadığını, ancak, bazı şartları olduğunu söyler. Konuşmalardan sonra TDGF-MYK için yeniden seçim yapılır ve MYK'daki PDA'cı Gün Zileli, Oral Çalışlar, Aktan İnce ve Ömer Özerturgut görevlerinden alınarak, yerlerine Hüseyin Onur, Nurettin Öztürk, Oktay Etiman getirilir.[76]

Dar bir çevre içinde başlayan saflaşma, şimdi TDGF'ye bağlı örgüt ve üyeler arasına yayılır. İhraçlardan iki gün sonra, 20 Ocak 1970 Salı günü, PDA ve ASD arasında meydana gelen tartışma ve ayrılık üzerine SBF'de Ahmet Say'ın yönettiği açık oturum düzenlenir. PDA adına konuşan Doğu Perinçek ve Şahin Alpay, ASD çevresini, net bir görüşü olmadığı gerekçesiyle ilkesiz birlik cephesi olarak suçlar. ASD adına konuşan Vahap ve Seyhan Erdoğdu ise, PDA çevresini, küçük burjuva kuyrukçusu olmakla suçlar. TDGF Başkanı Atilla Sarp da, PDA'cıların militanları tasfiye emelinde olduklarını ileri sürer.[77]

Doğu Perinçek, bu konuda, şunları açıklamıştır: "Yapılan genel yönetim kurulu toplantısında ise, PDA safında yer alanlar tasfiye edildiler ve FKF, yeni adıyla Dev-Genç kesin olarak Aydınlık Sosyalist Dergi taraftarlarının eline geçti. Yani Mihri Belli'nin başında bulunduğu grubun hakimiyetine girdi."[78]

PDA taraftarları sadece TDGF Genel Yönetimi'nden tasfiye edilmezler. SBF Öğrenci Derneği ve SBF Sosyalist Fikir Kulübü yönetimden de tasfiye edilirler.

SBF Sosyalist Fikir Kulübü'nde ise, Yönetim Kurulu yaptığı toplantı sonunda Oral Çalışlar başkanlıktan düşürülür, yerine Murteza Bor seçilir. 1970 Mart ayında yapılan Genel Kurul seçimlerinde de Zafer Kutlu SBF Sosyalist Fikir Kulübü başkanlığına getirilir.

Ankara'da meydana gelen bir olay sonrasında SBF Sosyalist Fikir Kulübü Başkanı sağcılar tarafından kaçırılıp işkence edildikten sonra 12 Nisan 1970 Pazar günü, serbest bırakılır.

5 Mayıs 1970 Salı günü yapılan SBF Öğrenci Derneği seçimlerini SBF-TKP grubu taraftarları kazanır ve yönetime Hüseyin Cevahir, Kamil Dede, Saffet Rüştü Tekin, Nasuh Mitap, Haluk Menemencioğlu, Neptün Kolat getirilir.

PDA Dergisi Sattırılmıyor, SDDF Mitingine El Koyuluyor, Türk Solu Dergisinin Yayınına Son Veriliyor

PDA ile ASD grupları arasındaki çekişme giderek daha da sertleşir. 4 Mart 1970 Çarşamba günü, Oktay Etiman, SBF'de Proleter Devrimci Aydınlık dergisinin satılmasını engeller.[79]

Ertesi gün PDA'cılar, daha kalabalık bir grupla SBF'ye dergi satmaya gelir. Bu kez, TDGF Başkanı Atilla Sarp, Genel Sekreter Ruhi Koç ve MYK üyesi Ahmet Bozkurt, dergi satışına engel olur. Sarp, "TDGF-MYK'nun Proleter Devrimci Aydınlık'ı fakültelerde sattırmamak yolunda kararı olduğunu, bu kararın uygulanmasına SBF'den başlanacağını, sonra diğer fakültelerde de uygulanacağını", Koç da, "Siz isim sahtekarlığı yapıyorsunuz. Derginizi sattırmayacağız. Ne zaman derginizin ismini değiştirirseniz, o zaman satarsınız" der. 7 Mart Cumartesi günü ise, DTCF kantininde, ASD ile PDA taraftarı öğrenciler arasında, silahlı ve bıçaklı çatışma çıkar.[80]

ASD çevresinde yer alan gençler, sadece PDA grubu ile değil SGÖ ve SDDF ile de fakülte ve yüksek okullarda çatışmaya girer.

SDDF, 21 Mart 1970 Cumartesi günü, Ankara Tandoğan Meydanı'nda miting yapmaktadır. TDGF'ye bağlı öğrenciler, SDDF'nin düzenlediği mitinge gelerek, ODTÜ öğrencisi İrfan Uçar'a söz verilmesini ister. İrfan Uçar'ın konuşmasına izin verilmeyince, SDDF Genel Başkanı Nail Gürman ile diğer SDDF yöneticileri dövülerek, konuşmaların yapıldığı kamyonet ele geçirilir ve miting TDGF'liler tarafından devam ettirilir.

5 Haziran 1970 Cuma günü gecesi de, başını bir kısım İstanbul TDGF Bölge Yürütme Kurulu yöneticilerinin çektiği bir grup, Proleter Devrimci Aydınlık ve İşçi-Köylü bürolarına gelerek, büroda bulunanları silahla tehdit ettikten sonra, telefon cihazını, iki daktilo makinasını ve dergi abone adresleriyle birlikte, bir kısım evrakı alarak götürür. 6 Haziran günü yapılan TDGF İstanbul üyeleri genel toplantısında, bu olay, "Türk Solu hareketi" olarak nitelendirilir. 10 Haziran günü yapılan ODTÜ Sosyalist Fikir Kulübü'nün Genel Kurulu'nda da, bazı kulüp yöneticileri, Türk Solu dergisi İstanbul bürosunun basılma olayını, "devrimci bir eylem" olarak niteler.[81]

Aydınlık dergisi çevresinde yaşanan tartışma ve ayrılıklar Türk Solu dergisine de yansır. Şerif Tekben, Doğu Perinçek grubunun dergideki gücünü azaltmak için, Emniyet'ten aldığı sahiplik belgesine dayanarak, Türk Solu dergisini 1970 Nisan ayında kapatır.

Parlamento Dışı Muhalefet

FKF'nin, TDGF'ye dönüştürüldüğü kongrenin yapıldığı 9-10 Ekim 1969 tarihlerinden üç gün sonra, 12 Ekim 1969 tarihinde, Milletvekili Genel Seçimleri yapılır.

Bu seçim döneminde, "parlamento dışı muhalefet" tezi tartışılıyor ve bu tezi "proleter devrimci anlayışlarına" uygun bulan, MDD'ci kesim, TİP'e muhalefet olarak Malatya'da ilk önce Teslim Töre'yi, Aydın'da Hüseyin Kaya'yı, Kars'ta Adil Kurtel'i, "bağımsız proleter devrimci" adaylar olarak desteklemiş ve seçim çalışmalarına katılmışlardır. Bir dönem TİP milletvekilliği yapan Çetin Altan da, Akşam gazetesinde, "Bugün Türkiye'de gerçek muhalefet Parlamento dışı muhalefet 'P.D.M.' olarak şekillenmektedir" diye yazıyordu.[82]

Doğu Perinçek, bu konuda, "Mihri Belli ile aramızdaki ilk önemli fikir ayrılığı TİP'e karşı davranış noktasında başlar. Mihri Belli, yayın organlarından 1969 seçimlerinde hiçbir partiye oy verilmemesi çağrısında bulunmamız görüşündeydi" dedikten sonra, aralarında yapılan tartışmaların sonucunda, "Mihri Belli bizim görüşlerimizi kabul etti. Ve gerek Türk Solu'nda gerekse Sosyalist Aydınlık'ta TİP'i örgüt olarak desteklemeliyiz başlıklı yazıyı hazırlayarak imzasıyla yayınladı" demiştir.[83]

Seçimler sonunda, Adalet Partisi 256 milletvekili çıkartarak, yeniden iktidar olur. 1965 seçimlerinde 15 milletvekili çıkartan TİP ise bu seçimde de, aynı oyu almasına rağmen, yeni seçim yasası gereğince ancak iki tane milletvekili çıkartabilmiştir.

Devrimci TİP Komitesi

TDGF içerisinde ASD ve PDA grupları arasında yaşanan tartışma ve çatışmalar, TİP'in bazı örgütlerinde de aynen yaşanmaktadır. TİP içerisinde gelişen MDD muhalefeti ve parti üst yönetiminde var olan ayrılıklar, ilçe örgütlerine de yansımakta ve tavır almaya zorlamaktadır.

TİP yönetimine karşı yürüttükleri muhalefetin nedenini Ertuğrul Kürkçü, şöyle açıklamıştır:

"1969-70 kışında ilk kez gizli örgütlenme gerekliliği fikri insanların kafasında uyanmaya başlamıştı. Bu daha çok genel değerlendirmelerin ürünüydü. Birincisi, faşist hareketin yarattığı silahlı tedhiş ortamı, siyasi polisten başka MİT'in de devrimci hareketi izlemek ve ezmek üzere harekete geçtiğini gösteren kimi belirtiler ve o arada da devrimci hareketin giderek daha fazla şiddetle ilişkilenmesi dolayısıyla, şiddete muhatap olma ihtimalleri, hükümet kontrolü dışında bir merkeze, bir yapıya, bir yere ihtiyaç olduğu düşüncesini uyandırdı. O zaman, bu TİP yönetiminin değiştirilebileceği, bunun devrimci tarzda etkilenebileceği yönünde Mihri Belli çevresinin, Aydınlık grubunun bir girişimi vardı. Bu girişim içerisinde bizim arkadaşlardan Mahir, Küpeli, Aktolga, İlhami Aras, Mustafa Kaçaroğlu, Tangör Çakıroğlu gibi arkadaşlar burada faaliyet gösteriyorlardı. Dolayısıyla bu ikisi aslında birbirinden kısmen ayrı yürüyen süreçlerdi. Fakat yine de hiç kimse, TİP gibi bir partinin önemsiz olduğunu iddia etmiyordu."

TİP Genel Başkanı Mehmet Ali Aybar, seçim sonuçları üzerine yoğunlaşan parti içi muhalefetin baskısına dayanamayarak 15 Kasım 1969 günü yapılan TİP-GYK toplantısında, genel başkanlıktan istifa eder.[84]

Bu dönem, Aybarcılarla MDD'ciler arasındaki işbirliği, Aybar'ın istifasından sonra, Aren-Boran ekibine karşı sıklaşır ve artar. Bunun nedenini Ahmet Hamdi Dinler, şöyle açıklamıştır: "Bu arada başlayan kongreler çok zor şartlar içinde yapılıyor. Her kongre ideolojik mücadele alanı oluyor. Kongrelerde muhalefet olarak Aybarcılar hiç gözükmüyor. Aybarcıların güçlü olduğu illerde MDD'ciler başa güreşiyor. Birincisi, MDD'ciler de Aybarcılar gibi köylü ideolojisine inanıyorlar. İkincisi, bu nedenle Aybar prestijini kaybettikçe parti içinde, Aybarcılar kendilerine en yakın hissettikleri MDD'ci saflara kayıyorlar. Üçüncüsü ise ideolojik yapıları son derece zayıf olan Aybarcılar MDD'cilerin yoğun taarruzları karşısında kendilerini savunamayıp hemencecik teslim olma yolunu seçiyorlar."[85]

Bu dönemde, TDGF'den tasfiye ettikleri PDA'cıları, güçlü oldukları TİP kongrelerinde de tasfiye etmek, olmazsa kongreleri PDA'cılara kaptırmamak ayrıca TİP'e karşı var olan muhalefeti yönlendirmek için, "Devrimci TİP Komitesi" oluşturulur. Bu komitede Mahir Çayan, İlhami Aras, Seyhan Erdoğdu, Tangör Çakıroğlu ve Zakir Koçak yer alır.[86]

Komite ayrıca, sahibi ve sorumlu müdürlüğünü İlhami Aras'ın yaptığı, "Öncü Devrimci TİP Haberleri" adındaki dergiyi Mayıs 1970'te yayınlamaya başlar.

TİP Altındağ ve Çankaya İlçe Kongresi

Devrimci TİP Komitesi'nde İlhami Aras, Tangör Çakıroğlu ve Zakir Koçak militan, Seyhan Erdoğdu ile Mahir Çayan ise grubun sözcüsüdür.

Devrimci TİP Komitesi, gücünü ilk kez, Altındağ ilçesinde gösterir.

9 Kasım 1969 Pazartesi günü, Ankara'da Altındağ ilçesinin kongresi yapılır ve MDD'ciler kongreyi kazanır.

TİP Genel Merkezi, Şubat 1970'te tüzüğe aykırı hareket ettiği gerekçesiyle Altındağ İlçe Yönetimi'ni görevden alır ve 28 Mart 1970 günü, saat 17.00'de Çin Çin Bağlarında Emir Filiz'in kıraathanesinde yeni bir kongre yapılmasına karar verir.

Aralarında İlhan Kalaylıoğlu ile Mahir Çayan'ın da bulunduğu 30-40 kişilik grup, TİP Genel Merkezi'ne gider.

Partide bir iki görevli ve Nihat Sargın'dan başka kimse yoktur. Nihat Sargın, gelenleri kabul eder. Mahir, durumu anlatır ve "kongrenin neden feshedildiğini" sorar.

Sargın, "Tüzüğe uygun hareket edilmediği için" feshedildiğini söyler.

"-Biz, o tüzüğü zaten değiştireceğiz." diyen İlhan Kalaylıoğlu'na Sargın,

"Ama şimdi bu tüzük hakim. Bizi birbirimize bağlayan budur. Biz, buna uygun hareket ettik. Kongre yenilenecek. Kendinize güveniyorsanız yeniden kazanırsınız." diye yanıt verir.

Mahir, başını sallar ve,

"Evet. Şimdi bu tüzüğe bağlıyız" dedikten sonra, arkadaşlarıyla birlikte partiden ayrılır.

En çok delegeye sahip olan TİP Çankaya İlçe Kongresi, 23 Kasım 1969 Pazar günü, başlar.

Yapılan oylamada, Divan Başkanlığı'na MDD'cilerin adayı Gani Gürbüzer'in 76 oyuna karşılık 95 oy alan SD'ci gruptan Minnetullah Haydaroğlu seçilir.

Kongrede Atilla Sarp, Gani Gürbüzer, Erdoğan Güçbilmez, Ömer Özerturgut, İsmail Duygu, Ersoy Salman, Cem Eroğul, Yalçın Cerit ve Adil Özkol konuşma yapar.

Yapılan konuşmalar sırasında bazı delegeler, Gün Zileli'ye söz verilmesini ister. Gün Zileli, yaptığı konuşmada, Behice Boran'ın yazılarından pasajlar okuyarak, Boran ile Aren'e ağır şekilde hücum eder ve Amerikancılıkla suçlar. Bunun üzerine, iki taraf arasında kavga çıkar. Olayda, TİP üyesi olmayan DTCF öğrencisi Selçuk Şahin Polat yaralanır.

Gergin hava içinde devam eden kongrede, MDD'cilerin, parti üyesi olmayan Vahap Erdoğdu'nun da konuşmasını istemeleri ve bu önergenin kabul edilmesi üzerine, ortalık yine karışır. Hükümet komiserinin zabıt tutarak, "Kongreyi tatil" ettiğini açıklamasından sonra, SD'ciler, kongreden ayrılır. MDD'ciler, kendi aralarında kongreye devam eder. İlk önce en yaşlı üye İsmail Duygu divan başkanlığına getirilir. Ardından, "tek liste" halinde yapılan oylamada Zakir Koçak TİP Çankaya İlçe Başkanlığına, Taylan Erten sekreterliğe, İlhami Aras Yönetim Kurulu üyeliğine, Mahir Çayan da il delegeliğine seçilir. Yaptıkları bu seçimden sonra, MDD'ciler, marşlar söyleyerek gider, TİP Çankaya ilçe merkezini teslim alır.

Fakat, kongre iptal edildiği için TİP Çankaya İlçe Kongresi, 4 Ocak 1970 günü ikinci kez yeniden tekrarlanır. Yapılan seçimler sonucu sosyalistlerin 85 oyuna karşı, 98 oy alan MDD'ciler seçimleri tekrar kazanır.

TİP Fatsa İlçe Kongresi

TİP Orta Karadeniz bölgesi örgütleri de, 21 Aralık 1969 Pazar günü, 1- Türkiye'de devrimci strateji ne olmalıdır, 2- Proletarya örgütü sorunu, 3- Günümüz koşullarında sosyalist eylem nasıl olmalıdır, 4- TİP'in içinde bulunduğu dağınıklığın nedenleri, konulu gündem maddelerini görüşmek, tartışmak ve bir karara varmak üzere toplanır.

Yapılan tartışmalar sonunda, özetle, partimiz, Türkiye gibi emperyalizmin boyunduruğu altında bulunan ve feodal kalıntıların bulunduğu bir ülkede sosyalizmin evrensel stratejisi olan "Milli Demokratik Devrim Stratejisi'ni benimsemek zorundadır", kararı alınır.

Bu kararın altına imza koyanlar arasında Sulhi Kutucu (TİP Samsun İl Başkanı), Atila Özova (TİP Samsun İl Sekreteri), Yaşar Ürkmez (Samsun Merkez İlçe Sekreteri), İsmet Öztürk (Çarşamba İlçe Başkanı), Mustafa Eydi (Ordu-Kumru İlçe Başkanı), Fikri Sönmez (Fatsa İlçe Başkanı), Ahmet Atasoy (Fatsa üyesi), Şekip Kurt (Samsun il üyesi), Ahmet Kahya (Çarşamba İlçe Sekreteri), Mehmet Özkan (Çarşamba İlçe Yönetim Kurulu üyesi), Mevlüt Mısırlı (Çarşamba üyesi), Vahattin Dombalak (Çarşamba üyesi), Hasan Yalçın (Beyoğlu üyesi), Aydoğan Büyüközden (Fatih üyesi), Ferit İlsever (Üsküdar üyesi), Necati Keskinsoy (Çarşamba üyesi), Ziya Yılmaz (Fatsa üyesi), Ahmet Sezişen (Fatsa İlçe Yönetim Kurulu üyesi) vardır.

25 Ocak 1970 Pazar günü yapılan TİP Fatsa İlçe Kongresi, PDA ile ASD arasında yaşanan çatışmanın olduğu bir alana dönüşür.

Kongreye PDA'cılardan Doğu Perinçek ile Hasan Yalçın katılarak, özetle, "Bizim temel politikamız milli cephe politikasıdır. Milli cephenin bir fert dahi kaybetmesini istemeyiz. Onun için metodumuz ikna metodudur" der.

ASD'nin sözcülüğünü yapan Ankara Eğitim Fakültesi öğrencisi ve TDGF-GYK üyesi Mustafa Ulusoy da, oportünizmin can çekiştiğini belirten bir konuşma yapar.

"Oportünistler hiçbir eyleme katılmıyorlar, ama böyle gelip kongrelerde kafa karıştırıyorlar" diyen Ulusoy, "Artık bu oportünist görüşler mahkum edilmiştir. Bunlar partimizden tasfiye edilecektir" diye devam eder ve TDGF'nin devrimci eylemlerini ve oportünizme karşı verilen mücadeleyi anlatır. Kongrede ayrıca Fikri Sönmez, Ziya Yılmaz, İsmet Öztürk, Cem Eroğul da konuşma yapar.

"Meselenin Bir Fikir Tartışması Meselesi Olmadığı, Partinin Varlığının Söz Konusu Olduğu Bilinmelidir"

TİP Merkez Yürütme Kurulu, Şubat 1970'te, MDD'cilerin partiye karşı yöneltikleri tavır konusunda özetle şu değerlendirmeyi yapmıştır:

"MDD hizipleşmesiyle, partideki ihtilafın başgösterip geliştiği son bir buçuk yılda, özellikle 'üst yönetim kriz dönemi' dediğimiz şey son aylarda hızlı bir yayılma eğilimi göstermiştir. Bu hizibin üyeleri bugün de kesin olarak azınlıktadır, ama bunlar hareketli ve kendi dışındakilere karşı dayanışmalı bir gruptur. Bu grup her ne kadar mücadelesini bir strateji meselesi olarak göstermek istiyorsa da, aslında bu, eski hizipleşme hareketinin devamıdır. Parti stratejisi olmak üzere teklif edilen Milli Demokratik Devrim tezi, sosyalist çizgiden bir sağ sapmadır, tamamen küçük burjuva niteliktedir ve başarıya ulaşacak olsa, işçi ve emekçi sınıfların sosyalist hareketini küçük burjuvazinin, özellikle aydın kanadının kuyruğuna takma sonucunu doğurur. Doğru devrimci teori, bilimsel sosyalizmin temel çerçevesi içinde toplumun şartlarının somut tahlili ile elde edilir. Türkiye'nin yakın tarihsel gelişmesinin ve bugünkü şartlarının tahlili önümüzdeki aşamanın milli demokratik devrim değil, sosyalist devrim aşaması olduğunu göstermektedir. Bugün parti içinde Milli Demokratik Devrimci grup, bir fikir mücadelesi yürüten bir grup olarak herhangi bir ölçüde ve şekilde kabul edilemez. Zira, partinin kongrelerinde yaptıkları konuşmalarda dahi, bir fikri savunmadan çok daha fazla ağır hakaret ve suçlamalarla beyinleri yıkama propagandası yapmakta, sürekli tahriklerle tansiyonu yükseltme taktiği kullanmaktadırlar. Kavgayı çıkartıp kongreyi yarıda bıraktırma veya yaptırmama usulleri uygulamaktadırlar. Kaba kuvvet gösterilerine, açık tehditlere başvurmaktadırlar. Maksadın partiyi parçalama, dağıtma, tasfiye etme olduğu açıkça görülmektedir. Bu nedenle, partiye inanmış ve bağlı bütün üyelerin partiye sahip çıkarak kendi aralarında dayanışma göstermeleri, kendi mahallerindeki parti örgütlerini harekete geçirmeleri, kongrelerin düzenli şekilde yapılmasını sağlamaları gerekir. Meselenin bir fikir tartışması meselesi olmadığı, partinin varlığının söz konusu olduğu iyi bilinmelidir."[87]

"İstanbul İl Kongresi'ni Döverek, Zorbalıkla Aldık"

Devrimci TİP Komitesi'nin, TİP kongreleri içerisinde, bütün güçlerini kullanarak katıldıkları kongre, TİP İstanbul İl Kongresi'dir.

4 Nisan 1970 Cumartesi akşamı, Rasih Nuri İleri'nin evinde bir araya gelen İlhami Aras, Seyhan Erdoğdu, Münir Ramazan Aktolga, İhsan Memoğlu ve birkaç kişi daha ertesi gün kongrede ne yapacakları üzerinde konuşur.

Kongre 313 delegenin katılımıyla, Kağıthane Erkoç Sineması'nda 5 Nisan 1970 Pazar günü başlar. Divan başkanlığına MDD'ci gruptan Gani Gürbüzer, divan başkanlığı yardımcılıklarına ise İlhami Aras, Taner Kutlay, Tangör Çakıroğlu ve Necmi Demir seçilir.

Kongrede Zeytinburnu İlçe Üyesi Metin Bilgen, Beykoz İlçe Başkanı Kayhan Şahinbeyoğlu, Şişli İlçe Başkanı Sevinç Özgüner, Şişli İlçesi Üyesi ve Türk Solu dergisi Yazı İşleri Müdürü Bora Gözen, PDA Dergisi Yazı Kurulu Üyesi Doğu Perinçek, TİP Genel Başkanı Şaban Yıldız, TİP Genel Sekreteri Behice Boran ile TİP üyesi olmayıp, partiyi ele geçirme düşüncesinde olan MDD'ci gruptan Rasih Nuri İleri, Şevki Akşit, ASD dergisi sahibi Münir R. Aktolga, ASD Yazı Kurulu üyesi Seyhan Erdoğdu ve Mustafa İlker Gürkan konuşma yapmıştır.

Kongreye katılan TDGF İstanbul Bölge Yürütme Kurulu üyesi Nahit Tören, bu konuda şunları söylemiştir:

"O dönemde İstanbul TİP'in ele geçirilmesi istenmişti, MDD'nin o günkü önderleri tarafından... Bir kampanya başladı, bir kavga başladı. Hatta İstanbul İl Kongresi'ni döverek, zorbalıkla aldık."[88]

TİP Genel Sekreteri Behice Boran söz alıp konuşmak isterken, kongre divan üyelerinden İlhami Aras, Behice Boran'ın konuşmasını engellemek için mikrofonu elinden zorla alır.

Behice Boran, yaptığı konuşmada özetle şunları söylemiştir:

"Türkiye'de sağ bir askeri darbenin hazırlandığı yolunda belirtiler vardır."

TİP üyesi olmayan ve bu kongreye katılan Mustafa İlker Gürkan da, şunları söylemiştir:

"Gittik o kongrede yönetimi ele geçirmeye kalkıştık. Üstelik, 'Dev-Genç'in demir yumruğu pasifistlerin, revizyonistlerin tepesine inecektir' diye bir de konuşma yaptım. Bu da olacak şey değil elbette. Senin TİP'le ne ilgin var. Eğer öyle bir iddian varsa, 'Ben TİP'in gençlik koluyum' diyorsan (ki yok öyle bir şey) o zaman ne hakla demir yumruğunu bağlı olduğun partinin tepesine indiriyorsun?"[89]

Marmara - Trakya Komitesi

İstanbul İl Kongresi'nde, TİP İstanbul İl Yönetimi'ne Metin Bilgen, İsmail Hakkı Çelebi, Osman Yalım, Nazım Alınan, Kani Uğur, Süleyman Keser, Çetin Gürsoy, Mehmet İncili, Tayfur Güzelyazıcı, Avni Memedoğlu, Hidayet Kaya, Ömer Erim Süerkan ve Kadir Yılmaz seçilmiştir.[90]

TİP yönetimine seçilen MDD'ciler, yeni yönetim TİP Genel Merkezi tarafından herhangi bir nedenle feshedilse bile TİP İstanbul il binasından çıkmamak, kontrolü yitirmemek için bazı çözüm yolları bulurlar. TİP İstanbul ilinin bulunduğu binanın bir odası, Anadolu Yayınları'na kontratla kiralanır. Düzenlenen kontrata göre, ayrıca, partinin telefon parası Anadolu Yayınları ile Anadolu Yayınlarını Destekleme Derneği tarafından ödenecek ve telefon ortak kullanılacaktır.

TİP İstanbul il sekreteri olan ve daha sonra, THKP-C davasından yargılanan Mehmet İncili, bu konuda şunları anlatmıştır: "1970 Nisan'ında, İstanbul TİP İl Kongresi'ne delege olarak katıldım. Yapılan marşlı, kavgalı, gürültülü, daha çok bir Dev-Genç kongresi gibi geçen günün sonunda, MDD'ci görüşleri savunan bizler seçildik. O sıra TİP'i işçi sınıfının 'öz örgütü' haline getirmekti sloganımız. Bu amaçla çalışmaya başladık. Pek çok Dev-Genç'li, İstanbul'da Türkiye İşçi Partisi'ne kaydoldu. Yönetim kuruluna bağlı, Marmara Trakya Komitesi adlı bir kurul oluşturuldu. Bu kurul, Marmara-Trakya bölgesinde, Türkiye İşçi Partililer'e MDD görüşünü benimsetmeye çalışacaktı. Türkiye İşçi Partisi'ne üye olan Dev-Genç'li arkadaş, parti çalışmasını benimseyemediklerinden kısa sürede üniversite kantinlerine döndüler."[91]

Fakat, gençler artık, TİP'i ele geçirmekten vazgeçmiş, başka arayışlar içine girmişlerdir. TİP İstanbul İl Başkanı Metin Bilgen ile İl Sekreteri Mehmet İncili, seçildikten bir süre sonra partiden istifa eder. Mihri Belli, bu konuda şunları söylemiştir, "Marmara-Trakya Komitesi o kadar önemli bir şey değil. Lafta kalmış bir şey. 'İllegal örgütlenmeye gidecekşen, legal örgüt çatısı altında yapma bunu, provokasyondur' dedim. Benim görüşüm oydu. Legal örgüt çatısı altında illegal örgütlenme olmaz. Evvela partiyi ele geçirmişsin. Partiyi işlet. Bir defa partiyi işletmiyorsun. Partiyi almışsın, oturmuşsun, birşey yapmıyorsun. Ondan sonra, örgütlenme konusunda yeni yeni teoriler öne sürüyorsun. İşte önünde bir parti var. İşletin bakalım, görelim boyunu? Başaramadılar maalesef."

Marmara Trakya Komitesi Mehmet İncili, Ömer Erim Süerkan, Necmi Demir, Rasih Nuri İleri, Şevki Akşit, İhsan Memoğlu, Fahri Aral, Necati Sağır, Ömer Güven, Gökalp Eren'den oluşturulmuştur.

TİP İzmir ve Antalya İl Kongreleri

TİP İstanbul Kongresi'nde yapılan olaylar TİP İzmir İl Kongresi'nde de yapılmak istenir.

Seyhan Erdoğdu, İlhami Aras ve bir grup arkadaşı Ankara'dan İzmir'e giderek 26 Nisan 1970 Pazar günü Kemer'deki Tümtaş Düğün Salonu'nda yapılan kongreye girmek ister.

Kongreye sadece delege olanlar alındığından MDD'ciler, kongreye zorla girmek ister. Nihat Sargın, Turgut Kazan, Hüseyin Ergün, Savaş Al ve diğer TİP mensupları, engellemeye çalışır.

Bunun üzerine çıkan tartışma ve olaylar sonunda Baki Polat, Şemsi Sungur, Mutlu Aydın, Tevfik Erdal, Mehmet Çavuş, Ali Karşılayan, Ertuğrul Varga, Saim Çilingir, Dursun Doğanay, Abdullah Altıner, Erdal Talu, Tufan Bekin ve İlhami Aras gözaltına alınır.

Mustafa Kaçaroğlu, Şaban İba, İlhami Aras, Vahap Erdoğdu ve bir grup arkadaşı, 10 Mayıs 1970 Pazar günü yapılan TİP Antalya İl Kongresi'ne gider. Delege olmamalarına rağmen, kongreye girmek isteyen gruba, Nihat Sargın, Hüseyin Ergün engel olur. TİP Antalya İl Kongresine TİP Genel Sekreteri Behice Boran, Turgut Kazan, Yalçın Cerit de katılmıştır.

IV. BÖLÜM

Mahir Çayan, Yusuf Küpeli, Orhan Savaşçı, İbrahim Keskin ve Bazı Subaylar Görüşme Yapar

1969 Haziran ayında öğrencilerin gerçekleştirdikleri üniversite işgallerinden sonra Filistin'e gitmiş olan Yusuf Küpeli, 1969 Ekim ayının ilk haftasında, Filistin'de gerilla kampında kaldığı örgütten bir ay izin alarak Türkiye'ye gelir.

Hakkında gıyabi tutuklama kararı olan Yusuf Küpeli, yeniden Filistin'e geri dönme düşüncesinde olduğu için teslim olmaz ve polisin şüphesini çekmediğini sandığı arkadaşlarının evlerinde kaçak olarak yaşamını sürdürür.

Yusuf Küpeli, ilk olarak Ziya Öztan'ın daha sonra, FKF MYK üyesi olan Çağatay Anadol'un evine gider.

Küpeli, yeni evli Anadol çiftinin evinde kaldığı süre içinde zaman zaman dışarı çıkarak, yapması gereken işleri yapar, görüşmesi gereken kişilerle görüşür. Küpeli, bir süre sonra, Çağatay Anadol'un evinden ayrılarak Tülay Tat-Erdumlu'nun amcasının kızı ve ODTÜ asistanlarından Aydın Karagözoğlu'nun eşi olan Sema Karagözoğlu'nun evinde kalmaya başlar.

Münir Ramazan Aktolga, bunun nasıl olduğunu şöyle anlatmıştır:

"FKF kongresi oluyordu. O gün yanıma Mustafa Kemal Çamkıran geldi ve Yusuf'un Filistin'den döndüğünü, kalacak yer olup olmadığını sordu. O sırada daha önceden Ahmet Sina, bana, Aydın Karagözoğlu'nun evinde kendisinin kaçakken kaldığını, kalmaya müsait olduğunu söylemişti. Mustafa Kemal Çamkıran, bana, Yusuf'un geldiğini söylerken Aydın Karagözoğlu da tam oradaydı. Ben hemen Aydın'a Ahmet Sina'nın sözünü hatırlatarak durumu söyledim. Aydın da olur, dedi. Yusuf Küpeli'de bu şekilde Aydınların evine gitti."

Küpeli, Aydın ile Melahat Sema Karagözoğlu'nun Çankaya, Aşağı Ayrancı Meneviş Sokak 29/8 No.lu evinde bir süre kalır.

Küpeli, Karagözoğlu ailesinin evinde kaldığı süre içinde zaman zaman dışarı çıkarak, arkadaşlarıyla bir araya gelir, görüşür. Yapmak istediği işleri yapar, yine geri döner. Bazı arkadaşları onu ziyaret eder.

Melahat Sema ile Aydın Karagözoğlu'nun evinde iken ayrı ayrı zamanlarda Münir Ramazan Aktolga ve Mahir Çayan, Yusuf Küpeli'yi ziyarete gider.

Küpeli, Mahir'in ziyareti konusunda şunları söylemiştir:

"Filistin'den döndükten sonra ilk kez o evde karşılaştık. Bana Türk Solu dergisinde çıkan yazılarını gösterdi ve 'Doğu Perinçek'in yolunu kesmek istediğini, yazılarının yayınlamasını engellemeye çalıştığını' söyleyerek Perinçek'ten şikayet etti."

Yusuf Küpeli, bu görüşmeden kısa bir süre sonra Bahçelievler'de Orhan Savaşçı'nın babasının evinde Mahir Çayan ile birlikte Orhan Savaşçı, Mazhar Timuçin Ataç, Yılmaz Salih Veyisoğlu, Mustafa Şahin, İbrahim Keskin adlı subaylarla bir araya gelerek, bazı konular hakkında konuşur.[92]

Yusuf Küpeli, bu görüşme konusunda şunları anlatmıştır:

"Filistin'e giderken belge ve eşyalarımı Gülten Savaşçı'ya bırakmıştım. Filistin'den döndükten sonra bir gün, Gültenlerin Bahçelievler'deki evine uğradım. Giderken Aydın Karagözoğlu da benimle gelmek istedi. Israr etti. Peki, dedim ve birlikte Gülten'in evine gittik. Gülten Türkiye'de değildi. Kapıyı Orhan Savaşçı açtı. Onu ilk kez görüyordum. Kendimi tanıttım. Orhan, bana,

'-İyi oldu, karşılaştık. Seninle bazı şeyleri konuşmak ve bazı kişileri tanıştırmak istiyorum' dedi. Şaşırmıştım, öyle baktım. Şaşkınlığımı o da anlamıştı.'Mahir'i de al gel' dedi. O zaman içim rahatladı. Herhalde kız kardeşi ile ilgili bir şey dedim. Çünkü Mahir ile Orhan'ın kız kardeşi Gülten'in bir arkadaşlıkları olmuştu. Herhalde onu konuşmak istiyor, ağabeylik taslıyor diye düşündüm. Söylediğimde Mahir de öyle sandı, asabileşti. Biz, Gülten'le ilgili bir şey konuşacağız sandık ve Mahir ile eve gittik. Evde birisi resmi giyimli beş tane subayla karşılaştık. Bunlar, İbrahim Keskin, Orhan Savaşçı, Mazhar Timuçin Ataç, Mustafa Şahin, Yılmaz Salih Veyisoğlu'ydu. Daha çok İbrahim Keskin konuştu. Keskin, konuşmasında, 'Doğan Avcıoğlu'nun Türkiye'nin Düzeni' isimli kitabından bahsetti. 'ODTÜ'de ve SBF'de bazı ilişkilerimiz var. Bu ilişkilerimiz zayıf. Bu ilişkileri güçlendirelim' dedi. ODTÜ'den isim olarak doğrudan Tayfun Mater'in adını verdi. Ben, 'Doğan Avcıoğlu'nun görüşlerine saygımız var, ama ben bu görüşlere katılmıyorum. Sizi kimseye de açık etmem. Ben bu işte yokum' dedim. Bunu söyler söylemez, Mahir, atıldı,

'Yusuf istemiyor, ama ilerde isterseniz ben bu konuları sizinle tartışabilirim' dedi. İbrahim Keskin, 'Peki, olur' dedi.

Sinirlendim, evden ayrıldım. Mahir arkamdan geldi. Birlikte Bahçelievler'in sokaklarında yürüyoruz. Ben aslında Filistin'e geri döneceğim. Mahir'e,

'Niye öyle yaptın? Bu adamları tanımıyoruz. Bunlar MİT'çi de olabilir. Her şey olabilir. Senin bütün davranışların denetim altında olur. Hemen niye öyle atlıyorsun. Hadi ben Filistin'e gidiyorum. Bu nedenle korkmuyorum. Sen niye korkmuyorsun?' dedim. Önce cevap vermedi. Sonra baktı, güldü, 'Sen anlamazsın' dedi. Daha sonra yaptığı hatayı ve benim sinirlendiğimi fark etti. Benimle çok temkinli konuşurdu. Bana başkalarına davrandığı gibi davranamazdı. Davransa ilişkimiz hemen biter. O beni biliyor. 'Sen anlamazsın' demesine pişman oldu. Düzeltmek için döndü, 'Daha iyi ya denetim altında olursak, hiçbir şey olmaz' dedi. 'Nasıl yani bir şey olmaz' dedim. 'Bize dokunmazlar. Bir şey olmaz' dedi. O sıra zaten kaçak ve aranıyordum. Bir süre sonra da polis tarafından yakalandım."

Yüzbaşı Orhan Savaşçı, bu görüşme ve ilişki konusunda şunları anlatmıştır:

"Ordu içinde, başında Faruk Gürler ve Muhsin Batur'un bulunduğu bir cunta örgütlenmesinin biçimlendiğini, bunun ayrıntılarını ve ordu içindeki diğer örgütlenmeleri biz gerçek yönüyle İbrahim Keskin'den öğrendik. Binbaşı İbrahim Keskin, bizimle örgütsel bağı olan bir kimse değildi. Onunla ilişkimiz, kendisini kişisel olarak tanıyan bir teğmen arkadaşımız aracılığıyla olmuştu. Binbaşı İbrahim Keskin, bizlerle tanıştığında bizleri 'ilerici subaylar' olarak görüyor, ama bizim nasıl ideolojik bir seçim içinde olduğumuzu bilmiyordu. Görüşmelerimiz genel ülke sorunlarından başlayıp, bunların çözümlerinin nasıl olacağına kadar uzanıyordu. Doğal olarak bu noktadan itibaren İbrahim Keskin'le aramızda görüş ayrılıkları su yüzüne çıkıyordu. İbrahim Keskin, bizim için aydın, sıradan bir kıta subayından farklı, yurtsever, Kemalist bir subaydı. Daha sonra onunla aramızda geçen ve sertleşen bir tartışma sonucunda kendisiyle ilişkilerimiz tüm sıcaklığını yitirdi. Ama biz örgütsel yapımız içinde onunla ilişkilerimizi tümden koparmamayı düşündük ve bu ilişkiyi sadece onu tanımamıza aracı olan teğmen arkadaşımızın aracılığıyla yürütmeyi uygun bulduk."[93]

O dönem, ODTÜ ve Sakarya Mühendislik'te öğretim görevlisi olan Binbaşı İbrahim Keskin de bu toplantı hakkında şunları anlatmıştır:

"Bahçelievler'de Orhan Savaşçı'nın evinde Mahir Çayan'la tanıştım. Yanında, o dönemde THKP-C'nin üst düzey kadrosundan Yusuf Küpeli de vardı. Daha çok Mahir'le ben konuştum. Fakat pek anlaşamadık, biraz ters düştük birbirimize. Mahir'le anlaşamamamızın nedeni, sivillerin katılması meselesinden çıktı.

Mahir Çayan ve THKP-C, ordu içindeki örgütlenmeye sivillerin de katılmasını istiyordu. Ben buna karşı çıktım. Sivillerin katılmasını kesinlikle istemiyorduk. Zaten bütün cuntalarda bu duygu vardır. Bırakın sivili, emekli olan askeri bile merkezi örgütlenme içine, yönetici kademe içine katmak istemezler.

Mahirler askeri örgütlenmenin de içine katılmak istiyorlardı.

Anlaşamadık. Bundan sonra ben onlardan ayrıldım ve bu tarafa katıldım. Ondan sonra Orhanlar kendi varlıklarını ayrı sürdürdüler, biz ayrı; fakat birbirimizle ilişkimiz kopmadı, sevgimiz, saygımız da sürdü.

Orhan Merzifon'a tayin olunca, gidince, Üsteğmen Mustafa Şahin (o da THKP-C'liydi) ile ilişkiyi sürdürdüm."[94]

"Orhan Savaşçı, Kurdukları Gizli Örgütün Niteliği Hakkında Mahir Çayan'a Bilgi Vermektedir"

THKP-C iddianamesinde, Mahir Çayan ile Orhan Savaşçı arasındaki ilişkiler konusunda, şu bilgiler verilmiştir:

"Mahir Çayan, Gülten Çayan'la nişanlı olması ve aynı ideolojik görüşe sahip bulunmaları sebebiyle Orhan Savaşçı ile yakın bir ilişki içerisindedir. Mahir Çayan, Orhan Savaşçı'nın kaldığı babasına ait Ankara Bahçelievler 1. Cadde 9. Sokak 28/7'deki eve gelip gitmekte, kalmakta ve Orhan Savaşçı ile birlikte Marksist-Leninist teorinin Türkiye şartlarına uygun olarak tatbiki hazırlığı içerisinde bulunmaktadırlar. Orhan Savaşçı, kurdukları gizli örgütün niteliği ve alınan kararlar hakkında Mahir Çayan'a bilgi vermektedir. Mahir Çayan ise örgütün kuruluş ve faaliyetlerini eleştirmekte; örgüt başkanlığının seçimle olmayacağını, örgüt başkanının eylemler içerisinde kendisini belli etmesi gerektiğini, ayrıca örgütün sırf askerlerden teşekkül etmeyip sivillerin de girebilmesi imkanının tanınmasını teklif etmiştir."[95]

Yusuf Küpeli Hakkında Gizli Komünist Partisi Kurduğu Gerekçesiyle Dava Açılır

Melahat Sema ve Aydın Karagözoğlu çiftinin, Çankaya, Aşağı Ayrancı Meneviş Sokak 29/8 No.lu evi MİT'in eve yerleştirdiği ses kayıt cihazı ile dinlenerek, izlenir. Evde yapılan bütün konuşmalar, ses kayıt cihazına alınır.

Küpeli, bir şeyden şüphelendiği için bu evden ayrılır ve Bingöl Erdumlu'nun annesinin Ankara Bahçelievler'deki evine giderek, kendisine saklanabileceği bir ev bulmasını ister.

Bingöl Erdumlu, Yusuf Küpeli'yi Teoman Özbağ'ın Emek Mahallesi 4. Cadde 64. Sokak Ahenk Apartmanı 15/1-A No.lu evine götürür. Küpeli, bu eve gittikten bir saat sonra da yakalanır.

Yusuf Küpeli, bu konuda şunları anlatmıştır:

"Dinlendiğim eve beni Mustafa Kemal Çamkıran götürdü. Aydın-Sema Karagözoğlu'nun evinde daha önce Sinan Cemgil ile Ahmet Sina kalmışlar ve polis tarafından dinlenmişlerdi. Neden bunları açık ettiler bilemiyorum. Açık eden Başbakan Süleyman Demirel'e karşı olan Ankara Emniyet Müdürü İbrahim Ural ve onun 1. Şube Müdürü'ydü. Çamkıran ve Aydın Karagözoğlu, Ödemişliydi. Sema Hallı ise emekli kurmay Albay Reşat Hallı'nın kızıydı."

Yusuf Küpeli'nin gittiği Teoman Özbağ'ın evi 8 Kasım 1969 Cumartesi günü akşamı, Tülay Tat-Erdumlu ile Mahir Çayan, yiyecek, içecek, sigara vs. almak için evden ayrıldıktan kısa bir süre sonra basılır.

Polise, 4 sahte hüviyet göstermesine rağmen, Yusuf Küpeli, gözaltına alınır.

Polisin yaptığı açıklamaya göre, Küpeli'nin polis tarafından arandığı ve kaçak döneminde Suriye'ye gittiği, orada bir süre El-Fetih komando teşkilatında görev aldığı, bunu Mustafa Kemal Çamkıran'a Suriye'den gönderdiği mektuptan anlaşıldığı ve olaya Milli İstihbarat Teşkilatı'nın (MİT) el koyduğu belirtilir.

Küpeli'nin, kaçak olarak kaldığı bu evlerde yaşamını sürdürürken ses kayıt cihazı ile saptanan konuşmalar ve elde edilen belgeler sonucunda, savcılık, Yusuf Küpeli, Münir Ramazan Aktolga, Bingöl Erdumlu, Sinan Cemgil, Şirin Cemgil, Aydın Karagözoğlu, Sema Karagözoğlu, Mustafa Kemal Çamkıran ve Deniz Gezmiş hakkında, Ankara 2. Ağır Ceza Mahkemesi'nde, "Gizli Komünist Partisi" kurdukları gerekçesiyle dava açar.

Küpeli ve bir grup arkadaşının tutuklanması ve haklarında, "Gizli Komünist Partisi" kurdukları gerekçesiyle dava açılması üzerine, Küpeli'nin SBF'deki arkadaşları, savcılığın gerekçesini gerçekçi bulmadıkları için espriyle karışık bir şekilde kendilerini, Mustafa Kemal Kaçaroğlu'nun dediğine göre, "SBF-TKP (Türkiye Komünist Partisi)" diye adlandırmaya başlarlar.

SBF-TKP

SBF-SFK her hafta Cumartesi günleri, SBF anfisinde tartışmalı toplantılar düzenlemektedir. 8 Kasım günü Yusuf Küpeli ve Mustafa Kemal Çamkıran'ın tutuklanmasıyla Küpeli'nin FKF Genel Başkanlığı döneminde oluşan militan çekirdek kadronun sözcülüğünü Mahir yapmaya başlar.

Grupların artık ideolojik-politik olarak kendilerini ifade etmeye başladıkları bir dönemde, Küpeli-Çayan grubunda militan ekibin, Doğu Perinçek grubunun polemiklerine karşı koyamadıkları ve Mahir olmadığı zamanlar, tartışmalardan çoğunlukla kaçmanın yollarını aradıkları tartışmalı bir toplantıda, Doğular, Küpeli-Çayan grubunu SBF-SFK'de yine sıkıştırır. Gruptan eleştirilere doyurucu karşılıklar, yanıtlar verilemez. Bunun üzerine Oktay Etiman, Mehmet Beşlioğlu'na,

"-Yerini biliyorsan git Mahir'i bul. Ne olursa olsun al buraya getir, tartışmaya katılsın" der.

Mehmet Beşlioğlu, Mahir'i Gülten Savaşçı'nın evinde bulur ve durumu anlatır. Toplantıda bir şey olabilir düşüncesiyle Hüseyin Onur'dan silahını alarak Mahir'e verir. Mahir'in gelmesine kadar, İlhami Aras, yaptığı konuşmayı uzatmaya çalışır. Sonunda Mahir'in geldiğini gören gruba cesaret ve şevk gelir. İlhami Aras, konuşmasına heyecanlı bir şekilde devam eder. Konuşma bittiğinde Mahir'e,

"-Nasıl, güzel konuştum değil mi?" diye sorar. Mahir ise,

"-Güzel konuştun ama şimdi ben senin söylediklerinin tam tersini söyleyeceğim" diyerek, tartışmaya katılır.

Mahir'in, PDA grubuna karşı yaptığı bu konuşma, SBF-TKP grubu adına yaptığı ilk sözcülük olduğu gibi yeni bir hareketin başlangıç noktasıdır da.

"Herkes Onu Bir Teorisyen Olarak Görüyordu"

Sibel Erkan olayına kadar, tanıyan herkes, Mahir'i, okuyan, yazan, tartışan, bir kolunda Ercan Erciyas, bir kolunda bir başka arkadaşı sokakta yürürken bile kitap okuyacak kadar okumaya düşkün birisi olarak hatırlamaktadır. Hatta, firardan sonra kaçakken kaldığı evlerde bir eliyle yemek yaparken diğer eliyle kitap okuyacak denli okumaya düşkün olduğu anlatılmaktadır.

Ömer Erim Süerkan'ın söylediğine göre, bu konuda, "eşitleri arasında birinciydi."

TDGF'nin ilk Genel Başkanı Atilla Sarp'ın anlattığına göre:

"Mahir'in SBF yurdunun üst katında bir yeri vardı. Orada, kitap okurdu. Çalışma süreci içindeydi. Yürüyüşlere katılma itibarıyla pek görülmezdi. Toplantılarda, forumlarda çıkar konuşurdu. Forum derken, örneğin bir talebe hareketi olacak, bir nutuk atmak gerekiyor. Mahir, oralarda olmaz, daha çok, teorik tartışmalarda olurdu. Kırmızı-Beyaz Aydınlık'ın tartışmalarında olur, böyle toplantılarda çıkar konuşurdu. MDD hareketi içerisindeki ayrılıklar sırasında tartışmalı toplantılar olurdu. Mahir, bu toplantılarda düşüncelerini açıklardı. Teorik formasyonu olan insanlar çıkar konuşurdu. Bu tartışmalar, daha çok kuramsal boyutta tartışmalardı ve MDD'nin nasıl olacağına dair tartışmalardı. O toplantılarda Mahir, çok uzun ve güzel konuşmalar yapardı. Notlar alırdı. Elinde uzun notlarla çıkıp görüşlerini anlatırdı. Bu konuşmaları bitirdikten sonra birkaç kez bana,

'-Nasıl, iyi konuştum mu, dilim sürçtü mü, ses tonum iyi miydi?' diye sorar, ben de gerçeği söylerdim.

TDGF'nin gelişim süreci içinde, bizim eylemlerin içinde görünmüyordu. Daha doğrusu, eylemlerde pek kendini öne çıkarmıyordu. Eylemsiz bir arkadaş değildi. Herkes onu salt bir teorisyen olarak görüyordu. Teori yapan, eli kalem tutan biri gibi görünürdü. Bir de tipi öyleydi. Her şeyi bilir, efendi tipi vardı. Konuşmaları daha çok entelektüel ve oldukça seviyeliydi. Eylem yapmayan, sırf teori yapan biri olarak görülürdü. Örneğin Halil Berktay'la, Şahin Alpay'la aynı kategoride bir görüntü gösteriyordu. Bu görünüme karşı büyük bir tepkisi vardı."[96]

Mahir'in bu tepkisinin bir nedenini, Mihri Belli, şöyle açıklamıştır:

"Doğu Perinçek'in babası Sadık Perinçek, benim askerlik arkadaşım. Şahin Alpay, 'Zeytinyağı Kralı'nın oğlu. Erdoğan Güçbilmez başından beri biraz karışıkça bir herif. Doğu Perinçek, Şahin Alpay ve Erdoğan Güçbilmez, bunlar üç silahşörler gibi daimi olarak beraberler. Hiç ayrılmıyorlar. Ayrıca bu üçü asistan maaşı alıyorlar, yani düzenli bir gelirleri var. Üniversiteden hiç kovulmuyorlar. Ayrıca sinek kaydı tıraş ve güzel giyiniyorlar. Burjuva çalışmasının disiplini de var. Dosya tutuyorlar vb. Öte tarafta bir anlamda berduş takımı var. Eylemci tip. Düzenli bir gelirleri yok. Üç günlük sakal. Gömlek kirli, ayakkabıların topukları gitmiş. Ayrılık başladığı zaman ben bunlara, birkaç kez,

'-Sizin aranızdaki çelişki sınıf mücadelesi' demiştim.

Bir yanıyla, kesinlikle öyle. Halktan çocuklarla, burjuvazinin çocukları arasındaki mücadele."

"Esas Olarak Bu Mücadele Öğrenci Saflarında Gelişti"

Daha sonra THKP-C'yi biçimlendirecek olan ve o dönem SBF-TKP olarak adlandırılan çekirdek grubun, ilk toplantısı da, Mustafa Kaçaroğlu'nun söylediğine göre, 1969 yılı Aralık ayının ilk haftasında yapılır.

SBF-TKP grubunun, ilk toplantıları, SBF'nin Spor Salonu'nda yapılır. Bunun nedeni, İlhami Aras'ın SBF Spor Kolu Başkanı olmasıdır.

Arkadaşlarının, "Kaptan İlhami" dedikleri İlhami Aras, örgütlenme ile ilgili olarak şunları söylemiştir:

"Esas olarak bu mücadele, öğrenci saflarında geliştiği için bu mücadeleye en yakın olanlar, aynı sınıfta, aynı okulda, aynı şehirde olanlar bir araya geldiler ve bu türde bir gelişmenin ürünüyle bir örgütlenme oldu."

Mahir Çayan, Oktay Etiman, İlhami Aras, Mustafa Kemal Kaçaroğlu, Sabahattin Kurt, Hüseyin Cevahir, Zafer Kutlu, Oğuz Etçi, Şadi Samer ve Çelik Cesur'un katıldığı ilk toplantıda yapılan konuşmalarda, şu görüşler dile getirilir:

SBF-TKP olarak tek başına hareketin bütününün kucaklanamayacağı, fakat bunun için ciddi bir mücadeleye girişilebileceği, bunun için de profesyonel devrimcilik anlayışıyla bu mücadelenin yapılması gerektiği, bu mücadeleyi de çekirdek grubu olarak orada toplanan arkadaşların yürütmesi gerektiği, çekirdek grubun, TDGF içerisinde olan diğer fakültelerdeki militan ve mücadele anlayışını paylaşan kadrolarla ilişkiye geçerek onların SBF-TKP etrafına kazanılmasıyla olacağı görülmektedir.

Toplantıda, ayrıca, bu ilişkilerin yapılabilmesi için eylemlilik içerisinde kurulacak dış ilişkilerin ve SBF-TKP çekirdek grubunun iç ilişkilerinin nasıl düzenleneceği konuları da konuşulur.

Bu toplantı, TDGF yönetimi ve tabanının kitlesel olarak katılacağı eylemlerin öngününde yapılmıştır. SBF-TKP'nin TDGF içerisinde, diğer gruplardan daha çok ön plana çıkarak kendini gösterebilmesi ve kanıtlayabilmesinin fırsat ve koşulları ortaya çıkmıştır.

TDGF Genel Başkanı Atilla Sarp, kendi imzasıyla yayınlanan, 1 Aralık 1969 tarihli ve 21 sayılı genelgede, bütün örgüt birimlerini ve üyelerini, "Sizler de çevrenizdeki öğretmen kardeşlerimizle bu dört günlük boykot sırasında organik ilişkilerinizi pekiştiriniz. Sürekli temas kurunuz, tüm gücünüzle eylemin içine girerek başarılı bir şekilde uygulanmasını sağlayınız" diyerek açıkca bu boykotu desteklemeye çağırır.

ODTÜ-TKP'nin İlk Eylemi

Devrimci gençler, 15 Aralık 1969 Pazartesi günü, TÖS ve İLK-SEN'in başlattıkları, "Öğretmenler Boykotu"na TDGF olarak aktif şekilde katılır.

Ankara'da öğretmenlerin boykotunu destekleyen bildirileri dağıtan Sinan Kazım Özüdoğru, Kamil Dede, Haluk Menemencioğlu, Mustafa Yılmaz, Burhan Gürcan, Hüsnü Tözören, Ilgın Topbaş, Ersen Olgaç, Hakan Tekinalp, Ertuğrul Özbağ, Okay Gönensin, İbrahim Keleş, Ersen Alp, Turan Kaya, İbrahim Konuk, Mehmet Özer, Ömer Balköse, Fahri Doğu, Neşet Ünal, Cengiz Yegusey, Kemal Tan, İsmail Nezih Boyacıoğlu polisler tarafından gözaltına alınır.

MDD'ci gruplar, esas güçlerini, 20 Aralık 1969 Cumartesi günü, Ankara ve İzmir'de yapılacak, 6. Filo'yu Protesto Mitingi ile 28 Ocak 1970 Çarşamba günü yapılacak Tütün Mitingi için hazırlar.

ODTÜ-TKP grubu, ilk eylemini 17 Aralık 1969 Çarşamba günü sabah saat 05.00'de gerçekleştirmiştir.

Münir Ramazan Aktolga, bu olayı şöyle anlatmıştır:

"ODTÜ grubu, Toroslar'dan geldikten sonra kuruldu. İrfan Uçar, ben, Ulaş Bardakçı. Başka kimse bilmiyordu. İlk tuttuğumuz ev Dikmen'deydi. Bütün yapılan işler o evde planlanıyordu. İlk planladığımız eylemimiz, Çankaya'daki Tuslog Amerikan Kulübü'nü havaya uçurmaktı. Hazırladığımız dinamit lokumlarını, binanın muhtelif yerlerine İrfan Uçar ile sürünerek, yerleştirdik ve ayrıldık."

ODTÜ-TKP grubu tarafından yerleştirilen dinamitler, Amerikan Subay Kulübü'nde çalışan Yaşar Ferah adındaki garson ile Amerikalı yöneticiler tarafından farkedilir ve etkisiz duruma getirilir.

Çoğunluğu öğrenci olan binlerce yurtseverin, başta Ankara ve İstanbul'dan olmak üzere Türkiye'nin dört bir yanından otobüslerle ve trenle, İzmir'e, 6. Filo'yu protesto mitingine katılmak üzere yola koyulduğu 18 Aralık 1969 Cuma günü gecesi, SBF-TKP grubundan Mahir Çayan da, aralarında İlhami Aras, Kamil Dede, Oktay Etiman, Sabahattin Kurt gibi isimlerin bulunduğu özellikle SBF'li bir grup arkadaşıyla, mitinge katılmak için Ankara-İzmir treninin bir kompartımanında yolculuk etmektedir. Aynı trende İçişleri Bakanlığı'nın çıkabilecek olaylara karşı Ankara'dan İzmir'e gönderdiği bir vagon dolusu toplum polisi de vardır.

Polis, İzmir'e giden otobüs ve trenlerde arama yapar. Otobüste yaptığı aramada ODTÜ öğrencisi İrfan Uçar ile Veteriner Fakültesi öğrencisi İbrahim Yarman'ın üzerinde Amerikan emperyalizmini ve 6. Filo'yu yeren 13 bin adet bildiri ele geçirir. Trende yapılan arama sonunda ise Necmettin Giritlioğlu'nun üzerinde tabanca ile 1 sustalı, MTA Enstitüsü mühendislerinden Ekmen Sinanoğlu'nun üzerinde 1 sustalı yakalar. Polis, 4 kişiyi gözaltına alır.

Öğrenciler, bindikleri trenin camlarına, 6. Filo'nun aleyhine çeşitli pankartlar asmış ve yazılar yazmışlardır.

Kompartımanda bulunan gruptan Mahir'in dışındakiler, gırgır, şamata yaparak eğlenmekte, Mahir ise kompartımanın bir köşesine çekilmiş, yeni çıkan bir kitabı okumaktadır. Ortaya tuhaf bir durum çıktığını hisseden İlhami Aras, Mahir'e,

"-Ayıp yahu. Biz burada mavra yapıyoruz. Sen orada oturmuş kitap okuyorsun. Olur mu böyle numara?" diyerek, kendilerine katılmadığı için biraz sitem eder.

Diğer arkadaşları da İlhami Aras'a katılır ve Mahir'i okuduğu kitabı bırakıp, yaptıkları mavraya katılması için zorlar. Sonunda bunu başarır ve hep birlikte mavra yapılarak yolculuk sürdürülür. Ertesi gün hepsini İzmir'de yoğun olaylar beklemektedir.

19 Aralık 1969 Cumartesi günü sabahleyin otobüslerle ve trenle İzmir'e gelenler, Bornova'daki Ege Üniversitesi kampüsünde toplanırlar. Öğleden sonra üniversitenin otobüsleriyle şehire inen öğrenciler, ABD'li askerlerin şehire çıkmak için motorlarla yanaşacağı Gümrük önündeki eski feribot iskelesinin önünde, "6. Filo Defol" diye bağırır ve ABD'li askerleri karaya çıkarmamak için and içerler.

Saat 16.00 sıralarında Amerikan 6. Filo Kumandanı Downey'in Cumhuriyet Alanı'ndaki Atatürk Anıtı'na çelenk koyacağını haber alan gençler, Konak Alanı'nda toplanarak gösteri yapmaya başlar. Bu durum karşısında Amerikalılar, Cumhuriyet Alanı yerine Birinci Kordon'daki

NATO Karargâhı önünden karaya çıkmak ister. Fakat bin kadar genç, ellerinde taş ve sopa olduğu halde Kordon boyunda koşmaya ve "Hücum" diye bağırmaya başlar. Alsancak'ın ara sokaklarına dağılan gençler, Amerikalıların kaldığı apartmanlara hücum etmişlerse de, toplum polisleri tarafından peyderpey yakalanır. Çatışma sonunda bazı gençler ve polisler yaralanır. Gençler bu arada önlerine çıkan NATO'da görevli bir Amerikalı subayla iki eri tartaklar, yine NATO'ya ait bir vasıtanın camlarını kırarlar. Kavgayı denizde, motordayken gören Amerikalı kumandan ve yanındakiler, karaya çıkıp anıta çelenk koymaktan vazgeçer.

Bu arada polis, Alsancak bölgesinde dağılmamakta direnen, ihtarlara kulak asmayan aralarında Mahir Çayan ve Habip Çalışkan'ın da bulunduğu yüz kadar genci yakalar ve Darağacı Karakolu'na götürür. Gözaltına alınan yüz kadar öğrenci, kimlikleri tespit edildikten sonra serbest bırakılır.

Ankara ve İzmir'de 6. Filo'ya karşı şiddetli protesto gösterileri 20 Aralık 1969 Cumartesi günü de devam eder.

Yaklaşık ikibin kişinin yağmur altında katıldığı Ankara'daki yürüyüş, saat 11.45'te Tandoğan Meydanı'nda başlar. Yürüyüş sırasında olaylar çıkmış, Konservatuar yakınındaki Mobil benzin şirketinin bayrağı indirilip, yerlerde sürüklenmiş, sonra da yakılmıştır. Ayrıca Kurtuluş Lisesi önünde direklerde asılı olan Osmanlı Bankası'nın reklam tabelası taşlanır. Gece ise Kavaklıdere'de bulunan Amerikalılara ait "AID" binası önüne otomobille gelen bazı şahıslar, binaya dört adet molotof kokteyli attıktan sonra kaçar. Bu olayları düzenledikleri gerekçesiyle Selçuk Şahin Polat ve Hüseyin Dilbaz tutuklanır.

İzmir'de TDGF, ODTÜ-ÖB, EÜ-ÖB, AÜ-ÖB, HÜ-ÖB, SDDF, DİSK İzmir Bölge Temsilciliği, Maden-İş Bölge Temsilciliği, ÜNAS, TÖS, İlk-Sen ve Devrimci Avukatlar Derneği'nin desteklediği yürüyüş, Basmahane 9 Eylül Alanı'nda bulunan TMTF binası önünde yapılır.

Bu arada, Amerikalı erler, İzmir Limanı'nda demirli bulunan beş gemisinden, gece motorlarla karaya iner ve güvenlik güçlerinin koruması altında gece kulüplerini doldurarak, eğlenmeye çalışır.

"Hiç kimseyi karaya çıkartmamaya" and içen protestocu gençler de boş durmamış, Fuar'ın Montrö kapısı yakınındaki Tuslog binasına molotof kokteyli atmış, saat 22.30 sıralarında Gazi Bulvarı'nda dolaşan Amerikalı erleri sopa ile dövmüşlerdir.

Polis, bu olaylar üzerine şüpheli bulduğu Kamil Dede, Nail Karaçam,

Osman Uğur, Abdullah Ceylan, Nurettin Elmas, Hilmi Sezer, Nebil Turhan, Ali İhsan Harbi, Nevzat Ekincioğlu, Yalçın Ergündoğan, Fikri Hepsevinç, İsmail Bilginer, Ahmet Kutluk, Osman Engin, Saim Koç, Metin Eriç, Ahmet Atak, Okan Apa, İhsan Gürbulut, Nuri Türkeş, Metin Tapıcal, İsmet Tufan Yazıcı, Faruk Malhan, Sami İnan, Türkekul Sualp, Tezcan Tolga, Zeynel Çakmak, Kemal Beçene, Halim Bahadır, Gürcan Han, Haluk Yılmaz, Kemal Özdik, Sadık Arh, Ali Salar, İlhan Demirel, Eyüp Temeltaş, Kemal Zaferbostan, Kazım Tezel adlı şahısları gözaltına alır.

Arkadaşlarının polis tarafından gözaltına alınmasını protesto etmek amacıyla, 21 Aralık 1969 Pazar günü, sabahın erken saatlerinden itibaren aralarında Işık Alamur, Şule Albayraktaroğlu, Hale Gürpınar'ın da bulunduğu kırk kadar genç kız, Konak Meydanı'nda bulunan Şehit Hasan Tahsin Anıtı'nın önüne gelerek, "oturma protestosu"na başlar. Polis, oturma protestosu yapan kızların yanına giderek, dağılmalarını ister. Ancak kızlar, direnme haklarını kullandıklarını, yarım saat daha oturacaklarını söyleyerek, polislerin bu isteğini reddeder. Protestocu kızlara beş dakika izin veren polis, beş dakikanın bitiminde, kızları toplamaya başlar. Bir anda ana baba yerine dönen Konak Meydanı'nda toplum polisleri, yakaladığı 25 kızı gözaltına alır. Diğer kızlar kaçar.

Olayların böyle gelişmesi üzerine, erkek öğrenciler, polise, "Amerikan uşağı" diye bağırarak, aleyhte gösteri yapmaya başlar. Önce müdahale etmeyen polis, daha sonra aldıkları emir üzerine coplarla gençlerin üzerine yürüyerek dağıtır ve 20 öğrenciyi gözaltına alır. Gözaltına alınan 25 kız ifadesi alınarak serbest bırakılmış, olaylar sırasında yakalananlardan üç kişinin sivil giyinmiş subay olduğu anlaşılmıştır.

"Komutanın Odasında Ant ve Devrim Gazetesi Var"

1969 yılı sonuna gelindiğinde, toplumdaki siyasallaşma, bütün kurumları etkisine almıştır. 69 denizci subay, 16 Aralık 1969 günü bir bildiri yayınlayarak, devrimci gençlikle el ele olduklarını ve Mustafa Kemal'in devrimini devam ettirdiklerini açıklar.[97]

Başbakan Süleyman Demirel, o dönem, yaşadığı bir olayı şöyle anlatmıştır:

"Devrim gazetesi orduda çok okunuyordu. 1969'da Fethiye'den Bodrum'a gitmek üzere jandarma botuna bindim. Güvertede otururken deniz tuttu. Uzanayım diye komutanın odasına çıktım. Baktım, Ant ve

Devrim gazetesi var. Bunların fikri, halkla devrim olmaz, askeri etkilemek, onu kazanmak gerekir idi."[98]

"Partizanlar Gelmiş"

Ege bölgesi tütün piyasasının 26 Ocak 1970 Pazartesi günü açılması nedeni ile daha önceden Ankara, İzmir ve İstanbul'dan gelen üniversite öğrencileri, Ege bölgesinde tütün yetiştiren köy ve kasabalara dağılarak, üreticiler arasında propaganda yapar.

Üreticilerin yoğun olduğu bölgelere dağılan devrimci gençler, düzenleyecekleri Tütün Mitingi için bildiri dağıtarak, afiş yapıştırarak, kahvehanelerde konuşmalar yaparak, üreticilerin mitinge daha aktif olarak katılması için propaganda çalışması yapar. Köylerde bulunan Yugoslav göçmeni bazı TİP'li köylüler, gençleri, "Partizanlar gelmiş" diye karşılar, evlerinde misafir eder, çevre köy ve köylüleri tanımalarında yardımcı olur. Bölgelere gruplar halinde dağılan devrimci gençler, polisler tarafından zaman zaman gözaltına alınır.

Mustafa Kemal Kaçaroğlu, Sabahattin Kurt, İlhami Aras, Savaş Dizdar, Saffet Rüştü Tekin, Nasuh Mitap, Ali Alfatlı ve cezaevinden tanıdıkları, "Tavukçu" lakabıyla çağırdıkları Süleyman Ulutaş'ın da aralarında bulunduğu bir grup ise Mahir Çayan'ın başkanlığında Akhisar'ın bazı köylerinde propaganda çalışmaları yapmaktadır.

Gittikleri bir kahvehanede Mahir, köylülere hitaben bir konuşma yaparken köylülerden bir kısmı, kaş ve göz işaretleriyle konuşma yapmamasını ister. Sonradan anlaşılır ki, AP'lilerin sahip olduğu bir kahvehanede konuşma yapılmaktadır.

Bir başka köye gittiklerinde, köylülerin anlattıkları herkesi hayal kırıklığına uğratır. Çok ağır yaşam koşulları karşısında köylüler, yoksulluğu bir yaşam biçimi olarak kabul etmişlerdir. İçinde oldukları sefalet, karşı koyulması gereksiz alınyazısıdır. Köylülerin bu tepkisiz tutumu karşısında çalışma yapanlar tepki duyar. Mahir Çayan, bu tepkisini, birçok köy kahvesinde yapılan propaganda çalışmalarından sonra minibüsle Akhisar'a dönerken, hem yanında oturan Mustafa Kemal Kaçaroğlu'na, hem de minibüste olan diğer arkadaşlarına şöyle dile getirir:

"-Bizim böyle sabırlı bir politik çalışmayla herhalde bu insanları bilinçlendirmemiz ve devrim mücadelesine kısa sürede katabilmemiz pek olanaklı değil. Kitlelerin bilinçlenmeleri için silahlı mücadeleden başka bir yol görmüyorum."

28 Ocak 1970 Çarşamba günü, yine aynı grup, sabahın erken saatlerinde, Akhisar caddelerinde, öğleden sonra yapılacak mitingin propaganda afişlerini, duvarlara yapıştırmaktadır. Karakolun bekçisi, gelir ve:

"-Ne yapıyorsunuz burada? Haydin bakalım karakola" der.

Hava soğuk olduğu ve sabahın erken saati olduğu için, gırgır olsun diye bekçiye,

"-Karakol sıcak mı, çayınız var mı?" diye karşılık verilir. Bekçi de, belki de hayatında ilk kez böyle bir olayla karşılaştığından olacak,

"-Sıcak. Tabii çay da var" diyerek, yanıt verir. Bekçiyle birlikte karakola gidilir.

Sabahın erken saati olduğu için karakolda görevli bekçiden başka kimse yoktur. Mecburen karakol komiserinin gelmesi beklenir. Karakol komiseri geldiğinde, görür ki, bir tanesi hariç hepsi öğrencidir. Gözaltına alınanlar arasında Ahmet Bozkurt, Zekai Bakar, Tavukçu Süleyman Ulutaş, Saffet Rüştü Tekin, Sebahattin Kurt, İlhami Aras, Savaş Dizdar, Mustafa Kemal Kaçaroğlu ve Mahir Çayan bulunmaktadır. Yakasında SBF'nin rozeti olan Mahir'in yanına yaklaşan komiser,

"-Siz beni tanımıyorsunuz, ama ben sizi biliyorum. İlerde okulunuzu bitirecek ve hepiniz kaymakam olacaksınız. Belki benim amirim de olabilirsiniz. Ayrıca, fikirlerinizi de anlıyorum. Buraya gelmiş, tütün üreticisinin ürünü ucuza değil, pahalı satılsın diye eylem yapıyorsunuz. Hepsini anladım fakat anlamadığım bir şey var. Bu tavuk hırsızının sizin aranızda ne işi var. Bunu bana anlatır mısın?" der. Mahir, gülümseyerek karşılık verir. Daha sonra savcılığa gönderilen ekip, serbest bırakılır. Ardından, TÜTÜS ve TDGF'nin ortak düzenledikleri mitinge katılırlar.

ODTÜ'de Rektör Seçimi

ODTÜ Rektörü Kemal Kurdaş'ın rektörlükten istifa etmesinden sonra üç aydır boş kalan ODTÜ Rektörlüğüne 27 Ocak 1970 Salı günü, Mühendislik Fakültesi Dekanı Prof. Mustafa Parlar seçilir.

ODTÜ Rektör Vekili, Fen ve Edebiyat Fakültesi Dekanı Prof. Erdal İnönü, İdari İlimler Fakültesi Dekanı Prof. Yaşar Gürbüz veya İnşaat Fakültesi Profesörü İsmet Ördemir'in ODTÜ Rektörü olmasını isteyen ODTÜ'lü öğrenciler, Parlar'ın rektör seçilmesine şiddetli tepki gösterir ve Parlar'ın Dekanlık odasını basarak, tahrip eder.

28 Ocak Çarşamba günü ODTÜ'de öğrenciler, fakülte dekanları ve öğretim üyelerinin katıldığı bir forum yaparak süresiz boykot kararı alır.

ODTÜ-TKP'den İrfan Uçar, forumda bir konuşma yapar ve rektör seçilen Mustafa Parlar'ın eski Rektör Kemal Kurdaş'ın sağ kolu olduğunu, Parlar'ın devrimcilere karşı hareketleri görüldüğünü ve üniversitede bundan böyle karşı devrimcilerin sindirileceğini, söyler.

Yoğun tepkiler ve gösteriler sonunda Mustafa Parlar, 29 Ocak Perşembe günü, rektörlük görevinden istifa etmek zorunda kalır.

ODTÜ Mütevelli Heyeti, 4 Eylül 1970 Cuma günü, yaptığı toplantıda oybirliği ile aldığı karar sonucu Prof. Erdal İnönü'yü ODTÜ Rektörü seçer.

Enver Bey, Fransa'dan Mahir'e Che Guevera Kepi Getirir

Mahir'in babası Abdülaziz Çayan, bir hastalıktan dolayı 16 Ekim 1969 Perşembe günü ölür. Ailenin sorumluluğu Mahir'e kalır. Kardeşi Hüseyin Ergün Çayan, annesi ve Mahir, İstanbul'da olan evlerini Ankara Abidinpaşa, Bakkallar Durağı, Kısmet Apartmanı 4 No.lu daireye naklederler.

Bu dönem, Mahir'in, öğrenci olarak aldığı burs kesilmiştir, ama babasından kalan nakitlerle daha sonra da Gümüş'ten gelen miras parasıyla (arazi-tarla-bağ-bahçe-koru, ev vs.) aile yaşamını sürdürmeye çalışır. Gülten Savaşçı, Mahir'in bursunun kesildiğini bildiği için Mahir'in zorda kalmaması ve sevdiği birisiyle bir şeyleri paylaşmak için, Fransa'da doktora öğrencisi olarak aldığı burs parasının bir kısmını Mahir'e gönderir.

Bu sırada Mahir'in amcası Enver Çayan, uzun süredir gitmek için hazırlık yaptığı Fransa'ya '69 yılının son ayında gider. Paris'e gittikten bir hafta kadar sonra Gülten Savaşçı'ya da uğrar. Gülten'in kaldığı pansiyondaki odasına gittiğinde çalışma masasının üzerinde Mahir'in bir portresini görür. Enver Bey, Gülten'le daha çok Mahir, ileriye dönük siyasi amaçları, kendi geleceği üzerinde sohbet eder. Enver Bey, Mahir ile Gülten'in evlenmeleri konusunda ise,

"-Eğer evlenirseniz, Mahir burada olmalı. Olursa çok iyi olur" diyerek düşüncesini açıklar.

Gülten de, bunun iyi olacağını söyler. Çünkü, bir öğrencinin aldığı bir aylık burs parasıyla, iki kişi rahatça yaşamlarını sürdürebilmektedir. Paris'te bu şekilde yaşayan onlarca Türk ve yabancı öğrenci bulunmaktadır.

Enver Bey, 1970 yılının Şubat ayında Türkiye'ye geri döner. Türkiye'ye gelirken, Mahir ve Yusuf Küpeli'ye hediye olarak, birer tane Che Guevera'nın giydiği gerilla kepine benzer kep getirir. Arkadaşları, Mahir'in bu kepi bir süre giydiğini söylemiştir. Enver Bey, Kurban Bayramının olduğu, 19-20-21-22 Şubat 1970 günleri Ankara'da, Dedeman Oteli'nde kalmaktadır. Tanışmak için Gülten'in babası Mehmet Bey ile ev kadını olan annesi Saliha Hanımı Bahçelievler'deki evlerinde ziyaret eder.

Gülten, anne ve babasına rica ettiği için Mahir, zaman zaman, bu evin bir ferdi gibi evde kalır. Yazılarını, çalışmalarını burada yapar. Arkadaşlarıyla toplanarak sohbet eder. Gülten'in anne ve babası da, zaman zaman Mahir'in arkadaşlarıyla yaptığı konuşma ve tartışmalara tanık olurlar. Mehmet Bey, bu tartışmalara tanık olduğu bir gün, Mahir ve arkadaşlarına tabancasını verir, "Bu silahı söküp, yeniden takın" der. Mahir de dahil olmak üzere, orada bulunan hiçbirisi bunu beceremez. Mehmet Bey, Mahir ve arkadaşlarına, yaptıkları işin yanlış olduğunu söylemek ister ama Saliha Hanım, evlerinde konuk olarak bulunan ve çocuklarının arkadaşlarını kırmamak için böyle bir şeyi söylemesini engeller.

Enver Bey, Mehmet Bey ve Saliha Hanımı ziyaret ettikten sonra, Mahirlerin neler yaptıklarını, örgütlerinin gücünü, nasıl çalıştıklarını, birbirleriyle nasıl irtibat kurduklarını, nerelerde toplandıklarını, görüşlerini açıklamak için hangi yayın organlarında çalıştıklarını öğrenmek için Mahir'e sorular sorar ve ısrarla örgütlerindeki insan sayısını, bilinen evlerin dışında kaç tane ev tuttuklarını bilmek ve ilişkide olduğu subay kesimini tanımak ister.

Bunun üzerine, Mahir de amcasına, Bahçelievler'de bir kaç yüz metre aralıklarla kiralamış oldukları ve Amerikan bezinden uydurma perdeleri olan, döşemelerin altına saklanmış bir kaç tane tabanca bulunan, asker battaniyesi, asker karyolası ile döşenmiş bazı evler gösterir. Enver Bey, bunları gördükten sonra Mahir'e,

"-Orhan Savaşçı'yı tanıdım. Diğer subaylarla da tanışmak istiyorum. Bu arkadaşlarını çağır. Hem birlikte yemek yeriz, hem de konuşarak onları tanımış olurum" der.

Bir akşam, Mahir, amcası Enver Bey, Orhan Savaşçı, Mustafa Şahin ve bayram tatili olması nedeniyle o günlerde Ankara'da bulunan bir kaç subayla birlikte, Dedeman Oteli'nin lokantasında bir araya gelir.

Yemek yenip içki içilirken, bir taraftan da güncel sorunlar, yaptıkları işler, örgütlenmeleri, amaçları ve siyasi çizgileri üzerinde konuşulur.

Enver Bey, Mahirlerin var olan potansiyelini gördükten sonra, onların bu çalışmalarını yetersiz bulduğu için, çalışma yöntemlerinin ileriye dönük olması konusunda düşüncelerini açıklar, uyarılarda bulunur.

Amcasının kendisinden daha farklı yöntemler üzerinde görüş belirtmesi konusunda tedirginlik duyan Mahir, bu tür konuşmalar yapmasını önlemek amacıyla masanın altından amcasının ayağına sürekli olarak basar.

Mahir Sadece Sessizce Dinler

Enver Bey ile Mahir, ertesi gün, Mülkiyeliler Birliği lokalinde buluşur. Enver Bey, Mahir'e nasihat şeklinde süren konuşmasında özetle şunları söyler:

"Sizleri anlıyorum. Gençsiniz. İyi üniversitelerde okuyorsunuz. Kişisel çıkar hırsları içerisinde değil, topluma, insanlara güzel şeyler verme idealleriyle yetiştirilmişsiniz. Ailenizden, çevrenizden böyle bir eğitim almışsınız. İçinde yaşadığınız toplumun olumsuzluklarını, tutarsızlıklarını, gelir dağılımındaki adaletsizliği hem yaşıyor, hem görüyorsunuz. İnsanlara yararlı olmak, insanları sevmek, insanların ızdıraplarına çare bulmaya çalışmak, tarihe olumlu bir insan olarak, bir isim bırakarak bu dünyadan geçip gitmek gibi idealleriniz var.

Fakat, politik uğraş uzun bir soluğu, bilgi birikimi, ciddi çalışma, toplumunu anlama, yeni sentezler yapma ve sağlam verilere dayalı olmayı gerektirir. Yaşamın daha başındasınız. Elinizdeki bu güçle, büyük şeyler beklemeniz, yapmanız mümkün değil. Bir ülkenin siyasi iktidarı böyle ele geçirilir, bir siyasi yatırım böyle yapılır mı hiç?"

Enver Bey, Mahir'in kendisiyle hiç tartışmayıp, konuşmadığını sadece sessizce dinlediğini görünce, bu kez de, Mahir'i yurtdışına göndermek için ikna etmeye, yol göstermeye çalışır ve şunları söyler: "Fransa'ya git, eğitimini orada tamamla. Orada seni seven bir kız var. Gülten'in aldığı bursla bir süre idare edersin. Daha sonra ben sana her ay düzenli olarak katkıda bulunacağım. Sen hemen kendine pasaport çıkart."

Yurtdışına gitmek için pasaport çıkartma önerisine karşı Mahir, İzmir'de 6. Filo'ya karşı ve daha sonra Akhisar'da yapılan köy çalışmalarında kısa süreli gözaltına alınmasını bahane ederek,

"-İki tane eyleme katıldım ve polis tarafından gözaltına alındım. Artık bana pasaport vermezler."

"-Eğer Ankara'dan sana pasaport vermezlerse sen İstanbul'a gel, ben sana pasaport çıkartayım ve uçak biletini alayım. Ondan sonra atla git Fransa'ya" dediğinde, Mahir bu kez de,

"-Aydınlık Sosyalist Dergisi'nin yazı işleri kurulunda çalışıyorum ve ayrıca dergiye yazı yazıyorum. Arkadaşlar bırakmaz."

"-Yazılarını Fransa'dan yazar gönderirsin. Bu mesele değil. Şimdi sen Gülten'e olumlu bir cevap yaz. Sonra benim yanıma gel. Pasaportunu İstanbul'dan çıkartırız. Oradan gidersin."

"-Ben, Gülten'i bir arkadaş olarak, aynı düşünceleri paylaşan birisi olarak seviyorum, ama evlenmek gibi bir eğilimim yok. Gülten'e bu tür bir yakınlık duymuyorum. SBF birinci sınıfında okuyan bir kızla ilişkim var. Emekli bir subayın kızı. Adı da Ülker. Onu çok beğeniyorum. Bu işi yaparsam onunla yaparım. Sana onu tanıştırayım."

"-Yok, istemem."

"-Ama o seninle tanışmak istiyor. Onu çok beğeneceksin."

Enver Bey, Mahir'i içinde bulunduğu politik ortamdan uzaklaştırarak, yeğenini koruma, yaşamını güvenceye almak amacıyla yurtdışına gitmesi ve Gülten'le evlenmesini istediği için,

"-Hayır. Tanışmak istemiyorum. Ayrıca evlenirsen Katolik nikahı yapmış olmuyorsun. Bir süre evliliği yürütmeye çalışırsın. Olmuyorsa ayrılırsın" diyerek, Mahir'e baskısını ve ısrarını sürdürür. Sonuçta Mahir,

"-Peki olur. Ama bana bir miktar para gerekli. Bursum kesildi. Hiç param yok" der bu kez de. Amcası, yanında olan altıyüz liranın dörtyüz lirasını Mahir'e verir. İstanbul'a gider gitmez de Mahir'e hemen üçbin lira daha gönderir.

Buna göre Mahir, Ankara'da amcasıyla anlaştıkları gibi hemen pasaport çıkartacak ve İstanbul'a gelecek, buradan uçak bileti alınıp Paris'e gidecek. Pasaport alamasa da yine İstanbul'a gelecek. Bu kez amcası Enver Bey, pasaport çıkartacak ve yurtdışına gidecek. Oysa Mahir, bazı iddialarla ortaya çıkmış bir grubun lideri ve teorisyenidir. Amcasının söylediği gibi yurtdışına değil, amaçları doğrultusunda çalışmak için yola çıkmıştır.

"Devrimci Gençler Mustafa Kemal'in Meclisinde Toplantı Yaptı"

Bu dönemde, devrimci öğrenci hareketi, yoğun eylemlilik içindedir. TDGF Genel Başkanı Atilla Sarp, 8 Mart 1970 Pazar günü, bazı fakültelerin öğrenci birlikleri başkanlarının da katıldığı basın toplantısında, özetle şunları söyler:

"Türkiye'nin içinde bulunduğu durum 1919 yıllarındaki duruma benzemektedir. İçişleri Bakanı Haldun Menteşeoğlu, Amerikan Haberler Merkezi olaylarını yıldırım harekatı olarak nitelemiş. Bu doğru bir teşhistir. Bundan böyle her gün yıldırım harekatları olabilir. Hem de günde bir tane değil 20 tane. Bütün eylemlerimiz Amerika'nın Türkiye'deki yerleşme mahallerinde olacaktır."

Alınan karar gereğince, TDGF İstanbul Bölge Yürütme Kurulu, 16 Mart-21 Mart tarihlerinde, Ankara TDGF Merkezi ise, 14 Mart tarihinde başlatılmak üzere, "Bağımsızlık Haftası" düzenler.

14 Mart günü, saat 12.00'de DTCF bahçesinde genel forum ilan edilir. Binlerce öğrencinin katıldığı mitingde ilk konuşmayı AÜ-ÖB Başkanı Özgün Nas yapar. Daha sonra sırasıyla ÜNAS Genel Başkanı Ünal Yiğit, ETYÖO Öğrenci Derneği Başkanı Mehmet Ali Kabakoğlu, AİTİA Öğrenci Derneği Başkanı Mehmet Demir, Hukuk Fakültesi Öğrenci Derneği İkinci Başkanı İsmet Tufan Yazıcı, SBF Öğrenci Derneği Başkanı Cengiz Çandar, ODTÜ asistanlarından Seyhan Erdoğdu, Hukuk Fakültesi Fikir Kulübü Başkanı Atıl Ant ve son olarak TDGF Genel Başkanı Atilla Sarp konuşma yapar.

Atilla Sarp, yaptığı konuşmada, "Böylesine bir mücadele yürüten devrimci gençlik tarihe şerefle geçecektir, ama işbirlikçi iktidar hain olarak geçecektir, tıpkı Vahdettin gibi" demiştir.

Saat 13.30'da forumda bazı kararlar alınır. Alınan karar gençliğe bildirilir. Mustafa Kemal'in kurduğu Birinci Büyük Millet Meclisi'ne gidilecek ve orada da bir açık hava forumu düzenlenecektir.

Kurtuluş Savaşı Meclisi'ni, "milli" ilan eden binlerce genç, en önde taşınan bir Türk bayrağı ile DTCF bahçesinden, slogan atarak Ulus'a doğru yürümeye başlar.

Çok büyük bir hızla ve zaman zaman koşarak ilk TBMM önüne gelinir. İlk TBMM'de sanki bir parlamentoda milletvekillerinin yaptığı çalışma gibi bazı konular tartışılır, görüşülür ve sonunda karara bağlanır.

Hep bir ağızdan söylenen İstiklal Marşı'nın ardından parlamentoda yaptıkları toplantı sonunda, ilk TBMM balkonundan Ulus Meydanı'nda bulunan binlerce kişiye şu duyuru yapılır:

"Mustafa Kemal'in yürüttüğü Milli Kurtuluş Savaşımızın başarıya ulaşması için 23 Nisan 1920'de ilk toplantısını yapan Türkiye Büyük Millet Meclisi, onurlu bir ulusun parlamentosuydu.

Mustafa Kemal'in başkanlığında toplanan parlamento emperyalizmin kovulması halkımızın kurtulması için kararlar alıyor, işgal kuvvetlerini atmak için planlar yapıyordu.

Biz Türkiye'nin milli kurtuluşçu, devrimci gençliği olarak böylesine onurlu bir parlamentoyu özlüyoruz.

Biz Amerikan emperyalizminin ve işbirlikçilerinin egemenliğindeki bir gerici politik düzeni değil, işçi-köylü-asker ve gençliğiyle tüm ulusumuzu temsil eden devrimci ve demokratik bir politik düzeni özlüyoruz.

Biz, devrimci gençlik olarak, Amerikan uşaklarının, oy pazarında para ile satın alınan kişilerin, halkımızın sırtından milyonlar vuranların at oynattığı bir politik düzeni tanımıyoruz.

Yaşasın Mustafa Kemal'in milli, onurlu parlamentosu!

Yaşasın işçi-köylü-asker ve gençliğin devrimci dayanışması!

Türk halkına devrimci gençlerin bu duyurusundan sonra toplantıda aşağıda alınan kararlar açıklanmıştır:

1- Amerikan emperyalistleri, işbirlikçileri ve toprak ağaları halkımızın baş düşmanıdırlar.

2- Halkımızın ve gençliğin hiçbir siyasi partiye güveni yoktur.

3- Tam Bağımsız ve Gerçekten Demokratik Türkiye'yi kurmak için,

-Yurdumuz bütün Amerikan Askeri üslerinden ve tesislerinden, bütün Amerika askerlerinden, Barış Gönüllüleri'nden ve bütün Amerikan sivil uzmanlarından temizlenmelidir.

-Yer altı ve yer üstü servetlerimizi sömüren bütün yabancı şirketlere ve yabancılarla işbirliği yapan zenginlerin mallarına el konmalıdır.

-Milli çıkarlarımızı zedeleyen bütün ikili anlaşmalar feshedilmeli NATO ve CENTO'dan çıkılmalıdır.

-Toprak ağalığı ve tefecilik ortadan kaldırılmalı ve ağaların toprakları yoksul köylülere dağıtılmalıdır.

-Bütün milli sınıf ve tabakaların, işçilerin, köylülerin, memurların, öğretmenlerin teşkilatlanmalarını ve demokratik mücadelesini engelleyen bütün kısıtlamalar kaldırılmalıdır.

-Bütün ilkokullar, ortaokullar, liseler, yüksek okullar ve bütün eğitim ve öğretim sistemimiz yabancılara değil, Türkiye halkına hizmet eder duruma getirilmelidir.

-İstiklâli Tam Türkiye için mücadele, gerçek demokrasinin kurulması için mücadele devrimci görevimizdir.

Bu uğurda mücadeleye katılmak her yurtseverin hem hakkı, hem de görevidir.

Milli Kurtuluşçu İlk Büyük Millet Meclisi'nde Toplantı Yapan Devrimci Gençler."

Basın toplantısının ardından öğrenciler, saygı duruşu ve İstiklal Marşı'nı söyler. Hep birlikte, "Bağımsızlık andı", içtikten sonra öğrenciler, dağılır.

Bu arada bir grup öğrenci, CENTO binasına doğru yürür. Öğrencilerin içinde bulunan Haluk Menemencioğlu, direkte çekili bulunan CENTO'nun bayrağını indirmek ister. Ancak bina önünde bulunan güvenlik görevlileri, Menemencioğlu'nun bu hareketini engeller.

Haluk Menemencioğlu'nun amcası olan CENTO Genel Sekreteri Turgut Menemencioğlu da, olayları pencereden izlemektedir.

Ayrıca bazı gençler, Kızılay'da Amerikan Haberler Merkezi'nin önüne, "Amerika'nın işbirlikçilerine karşı birleşip, direnelim" yazılı bir afiş asar. Bu afişin Toplum Polisleri tarafından yırtılması üzerine çıkan çatışmada 5 polis yaralanır, Çelik Cesuroğlu, Merih Cessam, Serdar Mun, Lokman Şahin, Cüneyt Oğuztüzün, Sabahattin Kurt, Hikmet Yumalık, Behzat Usta, Ahmet Tekin Kılcı, Ferit Gülsoy, Timur Erkman, Ahmet Alper Akçam, Ali Kalan, Zekai Bostancı, Mahmut Güler, Sami Yıldırım, Kenan Güngör gözaltına alınır. Gençler, yapılan sorgularından sonra serbest bırakılır.

"Mahir'in Bizim Yazarımız Olmasını İstedik"

Bu sırada Mahir de, değişik yerlere giderek, grubunun görüşlerini açıklamaktadır. 1970 kışının soğuğunda boynuna doladığı uzun kaşkoluyla, Altındağ Halkevi yöneticilerinden Feyyaz Kurşuncu ve Sait Kozacıoğlu'nun çağrılısı olarak Altındağ Halkevi'ne giderek, bu konuda konferans verir.

Ankara'daki konferanslarının ardından bu kez, Mustafa Lütfü Kıyıcı tarafından, "Burada derdimizi anlatamıyoruz. Bunları gelip anlatman gerekli" diyerek, konferans vermesi için İstanbul'a götürülür.

Mustafa L. Kıyıcı, bu konferans konusunda şunları söylemiştir: "Ayrılıklardan sonra, İstanbul'a gelip konuşmalar yaptığı sıra, Mahir'den bizim yazarımız olmasını istedik. Şu anlamda bizim yazarımız, onu söylemekte yarar var: MDD siyasetinin önde gelen insanlarının hepsi yaşlı kuşaktan insanlar. Örneğin Mihri Belli, Şevki Akşit, Vecdi Özgüner, Hikmet Kıvılcımlı. Onların dili, bizim dilimiz değil. Onlar ne kadar bize yaklaşmak isteseler de dil bazında bile farklılıklarımız var. Onun için biz, Mahir'in neslimizin yazarı olması konusunda ve ön plana çıkmasında çok ısrarlı davrandık. Mahir, artık, bizim siyasi planda teorisyenimiz oldu. Bizim anladığımız dille yazı yazan birisiydi."

Bu konferans için İstanbul'a gelen Mahir, amcasına da uğrar ve birlikte Gümüşsuyu'nda bulunan İTÜ binasına giderler. Konferans salonunda aralarında Sabotay Varol, Nail Satlıgan, Ayşe Sarısözen-Zarakolu, Mehmet Arif Sarısözen gibi kişilerin de olduğu büyük bir öğrenci topluluğu bulunmaktadır. Mahir'in konuşma yapacağı salon, bir konferans havasından çok değişik siyasi grupların yarıştığı bir yere benzemektedir. Anfinin salonunda bulunan her grup, birbirlerine karşılıklı olarak laf ve slogan atmaktadır. Enver Bey, konferansın yarısında, yanında oturan Oğuz Öder'e,

"-Ben, binanın karşısındaki Park Otel'e gidiyorum. Konferanstan çıkınca Mahir'i al oraya gel" dedikten sonra, konferans salonundan ayrılarak, Park Otel'in kafeteryasına gider. Daha sonra gelen Mahir, amcasının kendisi hakkında neler hissettiğini, neler düşündüğünü bildiği için,

"-Eleştir" der.

"-Nesini eleştireyim. Ne konferansa, ne münazaraya benziyor. Siyasi fraksiyonların gövde gösterisi. Ben bundan bir şey anlamadım. Sen ise sadece daha önce yazdığın şeyi orada okudun. Böyle hareket ederek halktan destek görmeniz ve bu hareketlerinizden netice almanız mümkün değil. Hem sen niye bugüne kadar pasaport çıkartmadın?" diye sorduğunda, Mahir amcasını kırmamak için gerekçe olarak,

"-Annem yurtdışına gitmemi istemiyor. Ayrıca, Aydınlık Dergisi Sorumlu Müdürü olduğum için arkadaşlarım da bırakmıyor" der, ama Enver Bey,

"-Ne demek arkadaşlarım bırakmıyor. Bir açmazın içerisinde birbirinizin eteğine yapışarak, bir karanlık kuyuya birbirinizi çekmek zorunda mısınız?" dediğinde, Mahir,

"-Yahu amca sen de bizim için hiç olumlu düşünmüyorsun. Tamam, Ankara'ya gideyim, sonra oradan tekrar gelip Fransa'ya giderim" diyerek, amcasını ikna etmeye çalışır. Mahir, bu kez, İstanbul'da iki gün kalır. Mahir'e amcası zorla ve ısrarla, bir takım elbise giydirir ve daha önceki isteklerle Ankara'ya yolcu eder.

"Yazının Sahibi İle Bizzat Tanışmak İstiyoruz"

TDGF-GYK üyesi Mustafa Ulusoy ile ODTÜ öğrencisi İrfan Uçar, 25 Ocak 1970 Pazar günü yapılan TİP Fatsa İlçe Kongresi'ne katılır. Uçar ve Ulusoy, kongrede, ASD'nin görüşlerini anlattıktan sonra Karadeniz bölgesindeki TİP örgütleri içerisinde MDD eğilimli kadrolarla ve bu kadroların doğal önderi durumunda olan Yeşil Fatsa Matbaası sahibi ve TİP Fatsa İlçe Yönetim Kurulu üyesi Ziya Yılmaz ile de tanışır. Ziya Yılmaz, "ASD içerisindeki ayrılıkları, bölgede anlatmak için TDGF'den birkaç kişinin gönderilmesini, ayrıca Aydınlık dergisinin 15. sayısında okuyup, beğendikleri ve görüşlerine katıldıkları 'Devrimci Teori ve Pratik' başlıklı yazının yazarı olan Mahir Çayan'la bizzat tanışmak istediklerini" söyler.

Mustafa Ulusoy, bu isteği, Ankara'ya geldikten sonra Aydınlık dergisinde arkadaşlarına iletir. Çağrı daha çok Mahir Çayan'a yönelik olduğu için Mahir,

"-Kendisiyle birlikte gelebilecek bir arkadaşı ile oraya gidebileceğini" söyler.

Aydınlık dergisindeki Yazı Kurulu üyesi arkadaşları, Mahir'in bu isteğini olumlu bulur. Bunun üzerine Mahir de, Mustafa Kemal Kaçaroğlu'na, "Karadeniz bölgesine kendisiyle birlikte gelip gelemeyeceği"ni sorar. Kaçaroğlu, kabul eder.

1970 Mart ayı başlarında, otobüsle Karadeniz bölgesine doğru yola çıkan Mahir ile Mustafa Kemal Kaçaroğlu, Fatsa'ya ilk kez gittiklerinden o bölgeyi bilen arkadaşlarından Mehmet Beşlioğlu'nu kılavuz olarak almak için ilk önce Ünye Cevizdere Köyü'ne gider.

Mehmet Beşlioğlu, Mahir ve Mustafa Kaçaroğlu'nu Cevizdere Köyü'nde konuk ettikten sonra tanıştırmak için Ünye'de avukatlık yapan Ali Kaynar'ın yazıhanesine götürür. Fakat Ali Kaynar'ı yazıhanesinde bulamayan ekip, ardından Fatsa'ya geçer.

Mahir, Fatsa'da Ziya Yılmaz'ın Mağazalarbaşı Caddesi'nde bulunan Yeşil Fatsa Matbaası'nda, daha çok TİP'de faaliyet gösteren 25-30 kişinin bulunduğu bir gruba, "Sağ Sapma Devrimci Teori ve Pratik" yazısındaki görüşlerini anlatır. Uzunca süren konuşma ve tartışmalardan sonra, MDD yönünde eğilimleri olan kişiler, Mahir'e, "kendilerinin artık Aydınlık Sosyalist Dergisi'nin saflarında ve MDD stratejisi etrafında politika yapacakları yönünde ikna olduklarını, bu yönde oluşturulacak ilişki biçimine girmek istediklerini" söyler.

Fikri Sönmez, toplantıya katılanlar için "Asmalı Lokanta"da içkili-yemekli bir toplantı düzenler.

O günü Fatsa'da geçiren Mahir Çayan, Mustafa Kemal Kaçaroğlu ve Mehmet Beşlioğlu, ertesi gün, Alaçam'da düzenlenen Tütün Miting'ine katılmak için gidecek olan bir grupla birlikte Samsun'a gider.

17 Mart 1970 Salı akşamı, Samsun'da Ayla Oteli'nin bir odasında bir araya gelen TİP Çarşamba İlçe Başkanı İsmet Öztürk, Ertan Saruhan, Ziya Yılmaz, Mahir Çayan, Mustafa Kemal Kaçaroğlu ve Mehmet Beşlioğlu, daha sağlıklı bir örgütlenme yapmak için kimlerle ilişkiye geçilmesi ve bağlantı kurulması, devrimci mücadelenin hazırlığına girişebilmek için nelerin ve hangi hazırlıkların yapılması, bunlar için gerekli olabilecek ekonomik giderlerin çözüm yollarının bulunması, yapılması düşünülen eylemler, devrimin sorunları ve ertesi gün yapılacak olan Tütün Mitingi üzerinde sohbet eder.

18 Mart 1970 Çarşamba günü sabahleyin İsmet Öztürk ile Mustafa Kemal Kaçaroğlu, Tütün Mitingine katılmak için Alaçam'a gider. Bu sırada Mahir ile Mehmet Beşlioğlu, Dr. Sulhi Kutucu ve 1944 yılında İlerici Gençlik Birliği davasında yargılanan Tahsin Berkem'i ziyaret eder. Tahsin Berkem, 29 Ekim 1997 Çarşamba günü, İstanbul'da öldü.

Mahir, daha sonra, Merzifon'da annesinin babasından kendisine intikal eden miras işlerini halledeceğini söyleyerek arkadaşlarından ayrılır.

"Yanlış Anlaşılır"

18 Mart 1970 Çarşamba günü Ankara'da ise İktisadi Ticari İlimler Akademisi'nde saat 10.00'da bir forum yapılmaktadır.

Öğrenci lideri Mehmet Demir, forumda bir konuşma yaparak, okulda boykot ilan ettiklerini açıklar.

İTİA'da öğrenci olan komandolar, boykota karşı çıkar ve boykotu engellemek ister. Bunun üzerine Sabahattin Kurt, Haluk Memencioğlu ve bazı arkadaşları ile komandolar arasında çatışma çıkar. Çatışma sonunda Sabahattin Kurt, tabanca kurşunu ile ayağından yaralanır. SBF'ye "Ne yapalım?" diye haber gönderilir.

Tıp Fakültesi'nde öğrenci olan Ahmet Zafer Ergün ile bir arkadaşı gelerek, Sabahattin Kurt'u Ankara Tıp Fakültesi'ne götürür ve röntgen filmi çektirir.

Haluk Menemencioğlu, Sabahattin Kurt'u, daha sonra, SBF'de öğrenci olan Aydın Ketenci, karısı Lemis Ketenci ve aynı evde kalmakta olan Demir Şerbetçioğlu'nun evine götürür.

Eve sürekli olarak ellerinde yiyecek, içecek paketleriyle Hüseyin Cevahir, Mahir Çayan gelerek Sabahattin Kurt'u ziyaret eder.

Hüseyin Cevahir, ev sahipleriyle sıcak ilişkilere girer. Nazım Hikmet'in, "Paris Yanıp Yıkılmasın" şiirini okur. Cevahir, her ziyaretlerinde evde bütün işleri yaparak, ev sahiplerine iş yaptırmaz. Mutfakta iş yaparken, Lemis Ketenci her mutfağa girişinde, Hüseyin Cevahir mutfaktan dışarı çıkar. Bu, sürekli tekrarlanınca Lemis, sonunda dayanamaz,

"-Niye böyle yapıyorsun?" diye sorar. Cevahir,

"-Yanlış anlaşılır" diye yanıt verir.

Bir Öğrenci Askeri Mahkemece Tutuklanır, Altı Öğrenci Hakkında Tutuklama Kararı Verilir

Bu dönem en önemli gelişme, 27 Mayıs İhtilali'nden sonra ilk kez, bir öğrencinin Askeri Mahkemece tutuklanması, altı öğrenci hakkında da tutuklama kararı verilmesi olur.

TDGF tarafından bastırılan, üzerinde bir asker, bir öğrenci, bir işçi ve bir köylü resmi bulunan ve altında, "Soyguncu iktidara karşı mücadele - TDGF" ve "Soyguncu iktidara karşı omuz omuza - TDGF" sözleri yazılı iki ayrı afişten dolayı TDGF Genel Başkanı Atilla Sarp, hükümetin manevi şahsiyetine hakaret ve halkı suç işlemeye teşvik ettiği ileri sürülerek, Nöbetçi Sulh Ceza Mahkemesi'nce 28 Mart 1970 Cumartesi günü tutuklanır.

Atilla Sarp'ın avukatı tarafından, tutuklama kararına yapılan itiraz üzerine hakkında sivil mahkemelerce alınan tutuklama kararları kaldırılarak serbest bırakılan Atilla Sarp, aynı gün bu kez, Askeri Mahkemeye davet edilerek, askeri, kanunlara itaatsizliğe ve hükümete isyana teşvik ettiği iddiası ile ifadesi alındıktan sonra tutuklanarak, Mamak Askeri Cezaevi'ne gönderilir.

Kara Kuvvetleri Savcılığı, aynı suçlardan SBF öğrencilerinden Çelik Cesuroğlu, Lokman Şahin, Sabahattin Kurt, Cüneyt Oğuztüzün, Serdar Mun ve Merih Cessam hakkında ise gıyabi tutuklama kararı verir.

28 Mart 1970 Cumartesi günü, Cumhurbaşkanı Cevdet Sunay'ın başkanlığında, başta Genelkurmay Başkanı Orgeneral Memduh Tağmaç olmak üzere kuvvet komutanlarının ve bazı bakanların da katıldığı Milli Güvenlik Kurulu, üniversitelerde meydana gelen olayları görüşmek üzere altı saat süren toplantı yapar. Toplantı sonunda alınan MGK kararını Başbakan Süleyman Demirel basına açıklar.

MGK'nın yayınladığı bildiri özetle şöyledir: "Son günlerde üniversite şehirlerimizde meydana gelen üzücü olaylar üzerinde önemle durulmuştur. Üniversitelerimizin bulunduğu bazı şehirlerde meydana gelen hadiseler, üniversite özerkliği sınırlarını aşmış, öğretim hürriyetini zedeler, vatandaşı tedirgin eder mahiyette görülmüştür. Üniversiteler ilim ve irfan yuvalarıdır, öylece kalmalıdır. Silahlı kişilerin barınağı haline gelmesi, hiçbir şekilde terviç edilemez." "Milli Güvenlik Kurulu(...) kanunlara uygun masum gösteriler olmak mahiyetini kaybedip silahlı çatışmalar haline gelen, adına artık gençlik hareketi denilemeyecek davranışları hiçbir şekilde tasvip etmez."

Milli Birlik Komitesi Üyeleri, Devrim Gazetesi, Türk Solu ve Aydınlık Çevresi İlişkileri

27 Mayıs 1960 İhtilali'ni gerçekleştiren Milli Birlik Komitesi üyelerinden bir kısmı, zaman zaman, MDD'ci çevreyle bir araya gelir, görüşür. Bu ilişki Yön ile Türk Solu dergisinden itibaren sürmektedir. Türk Solu dergisi kapandıktan sonra da Aydınlık Sosyalist Dergi ve Kurtuluş gazetesi döneminde de bu ilişki sürer.

Mete Ertekin, bu ilişkiler konusunda şunları anlatmıştır:

"Aydınlık dergisinin Nisan 1970 tarihli sayısı için Lenin özel sayısı hazırlıyorduk. Bu nedenle Mihri Abinin evine gittim. Her zaman beni içeri buyur eden Sevim Abla, bu kez içeriye almadı. Kapının orada Mihri Abiyle görüşürken evde Cemal Madanoğlu ve eski MBK üyelerinden birkaç kişi daha vardı."[99]

Mahir Çayan İle Mustafa İlker Gürkan Görüşme Yapar

6 Nisan 1970 günü, İstanbul Üniversitesi'nde meydana gelen olaylar nedeniyle aranmakta olan Mustafa Gürkan, Ankara'ya gider. Mustafa Gürkan ile Mahir, bu dönem, bir görüşme yapar. Bu görüşmede Mahir, Mustafa Gürkan'a görüşlerini açıklayarak kendisine katılmasını ister. Mustafa Gürkan,

"-Sadece kendisinin bulunduğu ve kimsenin görmediği kapalı bir yerde, bir zarfın içine bir mühür basarak oy atacağı sandığın başına gelmeyen insan, silahlı mücadele için dağa hiç gelmez" diyerek, kendisine katılamayacağını söyler. Mahir, karşılık olarak,

"-Bize katılsaydın sevinirdim" diyerek yanıt verir.[100]

Çay Üreticileri Arasında

Karadeniz bölgesinde, bir taraftan SBF-TKP grubu çalışmalar yaparken, bir taraftan da ODTÜ-TKP grubu çalışmalar yapmaktadır. ODTÜ-TKP grubu, Karadeniz bölgesinde gelişmekte olan kitle hareketlerindeki potansiyeli değerlendirmek amacıyla bu dönemde çay üreticilerin sorunlarıyla ilgilenmek üzere, yanlarına aldıkları TİP Trabzon il örgütünden tanıdıkları bazı kişilerle Rize'ye gider.

Çay üreticilerini sendika kurup örgütlemek ve onları bilgilendirmek için Rize ve ilçelerinde çalışmalar yapan Mustafa Ulusoy, Nail Karaçam, Münir Ramazan Aktolga, Ömer Adıgüzel ve Öner Cıravoğlu, 20 Nisan 1970 Pazartesi günü, Rize il merkezinde, halka bildiri dağıtırlarken güvenlik güçleri tarafından Basın Kanununa aykırı hareket ettikleri gerekçesiyle gözaltına alınır.

Daha sonra, Münir Ramazan Aktolga, bu çalışmalar çerçevesinde Haluk Menemencioğlu ile Konya Ereğlisi ve köylerine miting yapmak amacıyla gitmişlerdir.

Hüseyin Cevahir ise, Silvan'da 8 Nisan 1970 günü , meydana gelen olayları yerinde tespit etmek amacıyla bu dönem Silvan ve Bismil'e giderek köylülerle görüşmeler yapar.

SBF-TKP'nin İlk Eylemi

Mustafa Kemal Kaçaroğlu'nun dediğine göre:

"AID'e karşı yapılan eylem, sorunun artık silahlı mücadele dışında çözülemeyeceği düşüncesinin devrimci saflarda egemen olduğu döneme rastlar. AID olayına Samsun'da iken karar verilmişti. SBF-TKP' nin, kendisini, TDGF içerisinde kabul ettirme, belirleyici olma ve örgütlü bir davranış gösterme planıdır."

Eylemin nasıl yapılacağı ve kimlerin katılabileceği, nerelerde saklanılacağı konusunda planlar ve hazırlıklar yapılır. AİTİA öğrencisi İhsan Karcı'nın otomobiliyle Ankara'nın çeşitli bölgelerinde, Amerikan işyerleri hakkında keşiflerde bulunulur. Eylemin tarihi olarak, 29 Nisan 1960 olaylarının onuncu yıldönümü törenlerinin yapıldığı gün uygun görülür.

Mustafa Kemal Kaçaroğlu, olaya katılanlar hakkında şunu anlatmıştır: "Mahir de bu eyleme katılacaktı. Fakat, 'Dövüşen, kavga eden ve bu işleri yapabilecek çok arkadaşımız var, ama teorik-ideolojik mücadeleyi üstlenecek, bu konuda sözcü olabilecek yetenekli arkadaşlarımızın sayısı çok az. Bu nedenle senin bu eyleme katılmanı istemiyoruz' diyerek, Mahir'in ısrarlarına rağmen, onu bu eyleme katmadık."

AID eylemine doğrudan katılması önlenen bir diğer kişi de Kamil Dede'dir. Kamil Dede, eşi o sıra hamile olduğu için kendisine sadece iki bidon benzin bulma görevi verilerek eyleme katılması önlenir. Eylemi yapacak kadro, bir gün önceden giderek ODTÜ yurtlarında kalmaya başlar.

SBF-TKP kadrosu, 28 Nisan günü gece yarısı saat 04.30 civarında, Gaziosmanpaşa semtinden düz kontak yaparak kaçırdıkları Anadol marka otomobille, Ankara-Konya asfaltı üzerinde, kentin 9 kilometre uzaklığında, Balgat civarında bulunan AID'in bulunduğu bölgeye hareket eder. Fakat, otomobilin benzini yarı yolda biter. Yürüyerek, Amerikan Yardım Deposu'nun bulunduğu bölgeye gelen ve üzerlerinde Amerikalılara ait gocuklar bulunan bir grup, çevreleyen tel örgüleri keserek içeri girdikten sonra bir kısmı, kendilerine engel olmak isteyen bekçiye ateş ederken, bir kısmı da, iki bidon benzini, binanın önünde bulunan iki vasıta ile jeneratörün üstüne dökerek ateşe verirler. İçinde giyim eşyası ile kırtasiye bulunan iki kamyon ile jeneratör yanmaya başladıktan sonra gençler, geldikleri yoldan depodan çıkar. Gece bekçisi, silahı olmadığı halde gençleri takip etmek ister, fakat tekrar ateş edilmesi üzerine vazgeçer.

AID deposunu yakan topluluk, hızla yürüyerek ODTÜ'ye gelir. ODTÜ'de kendilerini, eylemden haberleri olan İrfan Uçar ve Yusuf Arslan karşılayarak, yurtlara götürür. O geceyi güven içerisinde geçiren topluluk, ertesi sabah, 29 Nisan için TDGF tarafından düzenlenen mitinge katılır. Eylemi yapan topluluk, daha sonra SBF'ye gelerek, yaptıkları eylemi radyodan dinlerken, eylemlerinin istedikleri sansasyonu yarattığını görür.

Eylemde kullanılan otomobil, daha sonra, araştırma yapan emniyet mensupları tarafından, ODTÜ civarında, Karakusunlar Köyü hudutları içerisinde bulunur. Olay yerine gelen güvenlik kuvvetleri derhal soruşturmaya başlar. Olay yerine gelen MİT ve Siyasi Polis'e mensup ekipler de incelemelerde bulunurlar. Polis şefleri, terkedilen arabanın üzerinde bulunan parmak izlerini alırlar. Siyasi Polis, Amerikan Yardım Heyeti'ne ait depoya yapılan sabotaj hareketinin, Filistinli El-Fateh teşkilatına mensup kimseler tarafından gerçekleştirilebileceği üzerinde de durmaktadır. Bu olay üzerine, İçişleri Bakanı Menteşeoğlu'nun başkanlığında, güvenlik müdür ve şeflerinin katılımıyla yapılan toplantı aralıksız 6,5 saat sürer ve saat 20.30'da sona erer.

SBF-TKP olarak adlandırılan kadronun iradesiyle yapılan bu eylem,

1971 yılında, Mahir tarafından, "THKC'nin ilk eylemi olarak, THKC'nin 1 No.lu Bülteni'ne koyulmak" istenir, ama Oktay Etiman, o sıra, bir olay dolayısıyla tutuklu bulunan Mustafa Kaçaroğlu, Mahir Sayın ve İlhami Aras'ın güç durumda kalabileceğini, bültene yazılmasının doğru olmayacağını söyler. Mahir de bunu dikkate alarak, THKC'nin ilk eylemi diye düşündüğü bu olaya, hazırlanan bültende yer vermez.

Eylemi yapan kadroya, ODTÜ yurtlarında lojistik destek sağlayanlardan Yusuf Arslan, yapılan bir ihbar üzerine, emniyet güçleri tarafından 7 Mayıs 1970 Perşembe gecesi, ODTÜ'nün şehirden üniversiteye öğrenci taşıyan otobüslerinde yapılan aramada, Barabellum bir tabanca ve 9 mermi ile yakalanır.

SBF ve BYYO Yurtları Aranıyor

Emniyet güçleri, 29 Nisan günü, ODTÜ civarında terk edilen otomobilin üzerinde buldukları parmak izlerinden, AID olayını yapanlardan birinin Oktay Etiman olduğunu tespit eder. Ayrıca, olayın faillerinden birisi olan Yusuf Arslan da yakalanmıştır. Emniyet güçleri için şimdi iş, Oktay Etiman'ı yakalamaktır.

16 Mayıs gecesi, Oktay Etiman, İlhami Aras, Kamil Dede, Oğuz Etçi, Mehmet Beşlioğlu, Siverekli Mahmut ve birkaç kişi daha, SBF Öğrenci Derneği lokalinde oturmuş sohbet etmektedir. Bir ara telefon çalar. Siverekli Mahmut, telefonu alarak, konuşmaya başlar.

Telefonun polisten geldiğini anlayan Oktay Etiman, telefonu Siverekli Mahmut'un elinden alarak, konuşmaya başlar ve karşıdakine aklına gelen bütün küfürleri savurur. Polis tarafından arandığını bilmediği için, adını da söyler. Böylece, Oktay'ın SBF yurdunda olduğu kesinlik kazanır.

O sırada, diğer bir ilginç gelişme ise, siyasi iktidarın, öğrenci hareketleri üzerine polisi değil, daha çok askeri sevketmesidir. Çünkü, öğrenciler, polisle her karşılaştıklarında çatışma çıkmakta, herhangi bir olayda askerle karşı karşıya gelindiğinde ise askere saldırılmamakta, hatta sevgi gösterilerinde bulunulmaktadır.

Bunu fırsat bilen siyasi iktidar, kamuoyunda yoğun tepkilerle karşılaşmamak ve mutlaka çatışma çıkacağından emin olduğu için polisi sokmaya cesaret edemediği üniversitelere, Kara Kuvvetleri Komutanlığı'nın, "Askerleri Kanunsuzluğa Karşı İtaatsizliğe Teşvik" suçundan haklarında gıyabi tevkif kararı bulunanların yakalanması için çıkarttığı arama kararıyla, 17 Mayıs 1970 Pazar günü, sabaha karşı saat 03.35'te 1.500 kadar jandarma, toplum polisi ve sivil polis ile 100 sivil kadın polisi gönderir.

SBF yurdunun arandığı sırada, saat 05.30'da İçişleri Bakanı Haldun Menteşeoğlu, beraberinde Ankara Valisi Ömer Naci Bozkurt ve Ankara Emniyet Müdürü İbrahim Ural olduğu halde arama mahalline gelerek, toplum polisinin çekilmesini, sadece jandarmanın bir süre daha kalmasını söyler.

1 saat 20 dakika süren arama sırasında, öğrencilerle toplum polisi arasında şişe, taş, silah ve gözyaşartıcı bombaların kullanıldığı bir çatışma çıkar. Polislerle öğrenciler arasındaki çatışma, askeri birlikler tarafından önlenir. Bu sırada çıkan kargaşalığı fırsat bilen İlhami Aras, gözaltında bulunduğu polis arabasından atlayarak kaçar. Aramada 86 kişi gözaltına alınır. Gözaltına alınanlardan, hakkında askeri mahkemece gıyabi tutuklama kararı bulunan Sabahattin Kurt tutuklanarak Mamak Askeri Cezaevi'ne gönderilir. Ayrıca yapılan aramalar sonunda haklarında gıyabi tevkif kararı bulunan Mehmet Demir, Gani Altıntaş, Kamer Dünya, Mehmet Ali Kabakoğlu, Mehmet Özdemir, Oktay Etiman ve İçel Yurdunu bastığı, ayrıca Adalet Gazetesi muhabirini dövdüğü gerekçesiyle DTCF öğrencisi Selçuk Şahin Polat tutuklanır.

Olaylar yatıştıktan sonra SBF Dekanı Prof. İlhan Unat, yurda gelerek öğrencileri sakinleştirmiş ve öğrencilerin soruları üzerine, polisi çağırmadığını bildirerek, 'bir arama yapılacağından bilgim yoktu, haber vermediler' demiştir. SBF öğrencileri, aynı gün bir forum düzenleyerek, "Bağımsızlık Andı" içer.

20 Mayıs 1970 Çarşamba günü, bir basın toplantısı düzenleyen Ankara Emniyet Müdürü Ömer Naci Bozkurt, AID deposuna yapılan sabotaj hakkında özetle şu açıklamayı yapar:

"Balgat'taki Amerikan Yardım Teşkilatı deposuna yapılan sabotajdan sonra, olay yerine 500 metre mesafede 06 AT 006 plakalı Anadol marka bir otomobil terk edilmiş halde bulunmuştur. Yapılan incelemede otomobilin çalıntı olduğu anlaşılmıştır. Otomobil üzerinde yapılan teknik soruşturma sonunda bazı parmak izleri tespit edilmiştir.

SBF Öğrenci Yurdu'na geçen Pazar sabahı yapılan polis ve jandarma baskınında, başka bir suçtan sanık olarak aranılan SBF ikinci sınıf öğrencisi Oktay Etiman da yakalanmıştır. Oktay Etiman'ın alınan parmak izinin, AID deposu yakınında bulunan otomobildeki parmak izi ile aynı olduğu görülmüş ve Oktay Etiman bu yönden sorguya çekilmiştir.

Oktay Etiman'ın sorgusunda olayı bütün ayrıntıları ile anlattığı belirtilmiştir."

Ömer Naci Bozkurt, yaptığı açıklamada, bu sanıklardan Yusuf Aslan'ın da daha önce başka bir suçtan yakalanarak Yenimahalle Adliyesi'nce tutuklandığını, öteki sanıkların da yakalanmasına çalışıldığını bildirir.

"Bir Öğreniyoruz ki, Olayı Bizimkiler Yapmış"

SBF ve BYYO yurtlarının güvenlik güçlerince aranmasından dört gün sonra, BYYO yurdunda üzücü bir olay meydana gelir. Hukuk Fakültesi 3. sınıf öğrencisi Antakyalı Mustafa Şefik Kuseyrioğlu, arkadaşı Nejat Arun ile öğrenci temsilciliği odasında nöbet tuttuğu sırada silahla şakalaşırlarken 22 Mayıs 1970 Cuma günü gecesi, saat 21.15'te Nejat Arun'un silahından çıkan kaza kurşunu sonucunda ölür.

Mustafa Şefik Kuseyrioğlu'nun Nejat Arun'un silahından çıkan kaza kurşunu sonucu öldüğünü öğrenen, aralarında Mahir Çayan'ın da bulunduğu bir grup, olay yerine gelen polis ekiplerini okula sokmaz ve gelen ambulansı geri çevirerek cesedi vermezler. Saat 23.00'de SBF Öğrenci Derneği temsilcileri, megafonla, fakülte önünde toplanan öğrencilere şu yayını yapar: "Cinayeti faşistler tertiplemiştir (...) Bunlar Site Yurdu'nda barınmaktadırlar. Polis bunları bilmektedir, ama yakalayamayacaktır."

Bu sırada okula gelen Emniyet Birinci Şube Müdürü Altan Ünal'ı gören öğrenciler, "Katil Altan Defol, Altan'ı Bize Verin" şeklinde bağırarak, döver ve silahını alır. Altan Ünal'ı kurtarmaya çalışan BYYO Müdürü Prof. Muammer Aksoy'un da bu saldırılar sırasında burnu kırılır.

Birinci Şube Müdürü Altan Ünal, ertesi gün düzenlediği basın toplantısında, "Sayın Dekan görevim başında bana saldıran öğrencilerden tabancamı alıp iade ettirmelidir" diyerek, sözlerine şunları eklemiştir. "Ne yapalım. Kendi okulumuzda dövüldük. Kendi okulumda tecavüze uğrayacağımı düşünmedim. Bana ilk yumruğu Sosyal Hizmetler Akademisi'nde okuyan ve SBF yurdunda kalan Sinan Kazım Özüdoğru attı. Cinayetten sonra olay yerine İkinci Şube Müdürü, Toplum Zabıtası Müdürü ile birlikte gittik. İçerde savcı soruşturma yapıyordu. Ben, bu işte bir bit yeniği var. Bu iş öyle komando işi değil, dedim."

Mustafa Şefik Kuseyrioğlu'nun ölüm haberini alan ve arkadaşı Nejat Arun'un silahından çıkan kurşunla kaza sonucu öldüğünden haberdar olan az sayıdaki insan, olayın kaza olduğunu gizler ve en yakın çevreleri dahil olmak üzere herkese bu işi komandoların yaptığı bir saldırı sonucu olduğunu söylerler. Uzun bir zaman süresi içinde de buna inandırırlar.

Önlem olarak ilk önce, olayı bilen BYYO bekçisini köyüne gönderirler. Mustafa Kuseyrioğlu'nun cesedi, olaydan ortalama 12 saat sonra polise teslim edilir.

TDGF, AÜ-ÖB, ODTÜ-ÖB, HÜ-ÖB, SBF-ÖD, HFTC ile BYYO-ÖD'nin katıldığı basın toplantısında konuşan TDGF Başkanı Atilla Sarp, iktidara, polise ve Ankara Savcılığı'na güvenleri kalmadığını iddia ederek, katilleri bulmak için tahkikat komisyonu kurduklarını açıklar. BYYO-ÖD yöneticisi Aktan İnce de, "Katilleri yakaladıktan sonra cezalarını biz kendimiz vereceğiz" der.

TDGF, cinayetin failinin AİTİA-ÖD Başkanı Muhsin Akdeniz olduğunu söyler.

TDGF Genel Başkanı Atilla Sarp, bu olay hakkında şunları anlatmıştır: "Kuseyrioğlu, BYYO'ndan Nejat Arun diye bir arkadaşıyla tabancayla şakalaşırken vurulmuş ve anında ölmüş. Nejat, panik içinde kantine gelerek, 'Ben Kuseyrioğlu'nu vurdum' diyor. Bunu hemen orada sustuyorlar. BYYO'ndaki bu grubu daha çok Aktan İnce Grubu diye adlandırıyorduk. Kuseyri de, Nejat da o grubun içindeydi. Bunlar birbiriyle arkadaş. Doğu'ya daha çok yakındılar. Bunlar olayı kapatıyorlar. Bize de kapalısını anlattılar.

TDGF Ankara Bölge Yürütme Kurulu Başkanı da o zaman Hüseyin Onur'du. Hüseyin Onur'a olayı sordum. Hüseyin de olayın gerçek yönünü anlatmıyor. 'Biri geldi vurdu. Kimin vurduğunu bilmiyoruz. Kaçmış, gitmiş' diyor.

TDGF Genel Başkanı olarak, basına bir açıklama yaparak, olayı faşistlerin yaptığını söylüyoruz ve bir protesto yürüyüşü yapıyoruz. Bir öğreniyoruz ki, olayı bizimkiler yapmış. Bu durumda aşağı tükürsen sakal, yukarı tükürsen bıyık örneği kararsızlık içinde, olayın gerçek yüzünü gizlemek durumunda kaldık. Olayı anında öğrenseydim, doğrusunu anlatırdım. Çünkü, aynı böyle başka bir olay daha olmuştu daha önce. Yaşar Serpil olayı vardır. Bizim arkadaşımız. Bir içki masasında vuruldu. Yüksek Öğretmen Okulu Öğrenci Derneği başkanı olan arkadaşımız, basına hemen bir açıklama yaparak, 'Polis bir arkadaşımızı vurdu' diyor. Olayı duydum ve hemen olay yerine geldim. Bir soruşturma yaptım.

'Bu olay kazaen bir arkadaşımız tarafından olmuştur' diye açıklama yaptım.

Kuseyrioğlu olayında şöyle ilginç bir yan var. Bakanlar Kurulu'nun olaydan 1 saat içinde haberi oluyor. Ve görevlilere, 'Hiç ellemeyin, hiç uyandırmayın' diye Bakanlar Kurulu kararı çıkartıyor. Emniyet, olayın gerçeğini biliyor, fakat açıklama yapmıyor. Muammer Aksoy, BYYO dekanıydı. Onun da haberi yok. Onu da kandırmışlar. Bizim de hatamız var, ama kitle psikolojisi. Ben olayın gerçek yönünü öğrendiğimde, ok yaydan çıkmıştı."

"Cunta Söylentileri"

25 Mayıs 1970 Pazartesi günü, "Ankara'yı basma planı"nın ele geçirildiği söyleniyordu. Bu davranışa, "J" operasyonu adı takılmıştı, iki jandarma subayı da tutuklanmıştı. Plan, Ekrem Acuner'e aitti. "Öte yandan cuntasal devinimler, yüksek düzeydeki yöneticiler için söylenti olmaktan çıkmıştır."[101]

27 Mayıs Hürriyet ve Anayasa Bayramı'ndan iki gün önce böyle bir olayın olması anlamlıdır.

Gözaltına alınanlardan Emekli Albay Yaşar Başaran, 22 Şubat 1962 ve 21 Mayıs 1963'te Talat Aydemir ile birlikte ihtilale kalkışan birisidir. Diğeri ise Muvazzaf Jandarma Albay Memduh Çelen'dir. Subaylar 23 Mayıs Cumartesi günü, "subayları ihtilale teşvik" iddiasıyla gözaltına alınır. Bu olaydan hemen sonra, subayların başka birlikleri ziyaret etmesi yasaklanır.[102]

26 Mayıs'ı 27 Mayıs'a bağlayan gece yarısı, aralarında Mustafa İlker Gürkan, Atilla Sarp'ın da bulunduğu İstanbul ve Ankara'dan yüzlerce genç, 27 Mayıs'ın 10. yıldönümünde, ikinci bir 27 Mayıs isteğiyle, "hareket saatinde" SBF'den hareketle, ellerinde meşalelerle, marşlar söyleyerek yürüyüşe başlar ve Cemal Gürsel Meydanı'na gelir. Atatürk Anıtı'na çelenk koyduktan sonra devrim şehitleri için 2 dakikalık saygı duruşunda bulunan gençler, daha sonra, Orduevi önünde askerler lehinde tezahürat yapar.

28 Mayıs 1970 Perşembe günü, MGK, bir toplantı yapar. Toplantıdan hemen sonra bir açıklama yapan Başbakan Süleyman Demirel, "askeri müdahale fikrinin gülünç olduğunu" söyler.

31 Mayıs 1970 Pazar günü, TİP Genel Yönetim Kurulu, yaptığı toplantıda, iç ve dış politika üzerinde durur ve MYK'nın hazırladığı ra-

poru görüşür. Raporda, "İç politika" bölümünde özellikle, "Cunta" ihtimali üzerinde durulmakta, Yahya Han formülü ve Yunanistan örneğine değinilerek, "Egemen sınıflar, politik temsilcilerini harcayıp değiştirebildikleri gibi, yeni bir takım kombinezonlara da girebilirler. Hatta başları sıkışırsa (nizan ve asayiş) adına bir askeri cuntanın eline iktidarı açıkça verebilirler de" denilmektedir. Raporun, cunta söylentileriyle ilgili bölümünde şu hususlar yer almaktadır:

"Cunta söylentileri son günlerde günün konusu haline gelmiştir. Askeri şahıslar arasında yapılan 1-2 tutuklama ve Genelkurmay Başkanı'nın konuyla ilgili açıklaması bu söylentileri doğrular gibidir. Ama yapılan tutuklamalar ve açıklama diğer muhtemel teşebbüslere bir ihtar niteliği de taşıyabilir.

Orduda farklı politik eğilimle, çeşitli gruplaşmalar bulunması muhtemel ve olağandır. Temel meselelerini çözüm yoluna oturtamamış bir toplumda, durumun ordu içinde yansıması da normaldir. Açıktır ki, 27 Mayıs 1960'tan bu yana ordu politika ile ilgisini kesmemiştir. Milli güvenlik kurulu bu ilişkiye açıklık ve resmiyet vermiştir. Buna rağmen, bir askeri hareket, cunta söylentilerinin sürüp gitmesi, ordu içinde bu resmi ilişki ve etkileme kanalıyla yetinmeyen, memleket politikasını daha doğrudan ve daha zecri şekilde etkileme isteğinde olan eğilimlerin varlığının bir emaresi sayılabilir."

Bu etkilenmenin "Sağ" veya "Sol" hareket şeklinde olabileceği raporda izah edildikten sonra, "Sağ"ın daha muhtemel olduğu kanaatine varılmakta, "Bunun gerçekleşmesi için açık bir hükümet darbesine de lüzum yoktur" denilerek, "Yahya Han" formülü anlatılmakta MGK'nın tutumu üzerinde durularak, şöyle denilmektedir:

"Anayasaya göre hükümete milli güvenlikle ilgili konularda yardımcı nitelikte bir kurul olan Milli Güvenlik Kurulu'nun bu çizgiyi aşıp, ilk defa olarak gençlik hareketleri konusunda ve bu hareketlere karşı cephe alan bildiri yayınlaması bunun bir belirtisidir."

1 Haziran günü Cumhurbaşkanı Cevdet Sunay, sabahleyin saat 10.00'da CHP Genel Başkanı İsmet İnönü'yü Çankaya Köşküne davet ederek, son siyasi gelişmeler üzerinde iki saat süren bir görüşme yapar.

Anayasaya Saygı Yürüyüşü

Devrimci hareketlere, devrimci ve özerk kuruluşlara karşı saldırıları, Anayasayı tahribe yönelik hareketleri ve iktidarın tutumunu kınamak amacıyla 1 Haziran 1970 Pazartesi günü Ankara'da yapılan, "Anayasaya Saygı" yürüyüşüne onbinlerce kişi katılır.

Yürüyüşte Ankara Üniversitesi, İstanbul Üniversitesi, Hacettepe Üniversitesi, ODTÜ, Gazi Eğitim Enstitüsü ve Ege Üniversitesi'ne mensup öğretim üyeleri, Ankara Üniversitesi rektör vekili, dekanlar, TDGF, SDDF, SGÖ, öğretmen sendikaları, devrimci liseliler ile diğer kuruluş temsilci ve mensupları ile halk bulunur.

Ankara Üniversitesi Hukuk Fakültesi önünde toplananlar saat 14.30'da başta akademik kıyafetlerini giymiş olarak yer alan Ankara Hukuk Fakültesi Dekanı Prof. Dr. Uğur Alacakaptan, İstanbul Hukuk Fakültesi Dekanı Prof. Orhan Aldıkaçtı, Hacettepe Üniversitesi Rektör Vekili Prof. Nusret Fişek, ODTÜ Rektör Vekili Prof. Erdal İnönü ve SBF Dekanı Prof. İlhan Unat olmak üzere, İstanbul'dan gelen Prof. Tarık Zafer Tunaya, Aytekin Ataay, Ümit Doğanay, Murat Sarıca ve yüzlerce öğretim üyesi olduğu halde Kızılay istikametinde yürüyüşe geçer. Kurtuluş Alanı, Kızılay, Maltepe ve Tandoğan yolunu izleyerek Anıtkabir'e gelgelen yürüyüşçüler, Anıtkabir'de Ata'nın huzurunda saygı duruşunda bulunur ve bağımsızlık andı içtikten sonra dağılırlar.

İşkence İddiası

AID deposunu yakmakla suçlanan ve aranan SBF Öğrenci Derneği Başkanı Hüseyin Cevahir, SBF Genel Kurul Başkanı İlhami Aras, SBF Denetim Kurulu Başkanı Mustafa Kaçaroğlu, SBF Öğrenci Derneği Yazmanı Kamil Dede, ODTÜ Sosyalist Fikir Kulübü Başkanı ve Dev-Genç üyesi İrfan Uçar, Dev-Genç üyesi Nurettin Öztürk ve ODTÜ öğrencisi Yusuf Aslan, birlikte imzalayarak 9 Haziran 1970 Salı günü, Ankara Savcılığı'na gönderdikleri ortak bir yazıda, halen Türkiye'nin çeşitli yerlerinde halk için, "emperyalizme ve işbirlikçilerine karşı mücadele ettiklerini" ifade etmişler ve "polisin eline geçtikleri takdirde, faili meçhul birçok suçun kendi üzerlerine yıkılacağını, işkenceci polisin eline geçmek istemediklerini" belirterek şöyle demişlerdir: "Polis Oktay Etiman'ı çarmıha gererek elektrik cereyanı vermiş, falakaya yatırmış, akla gelmeyen bir sürü işkence yapmıştır. AID deposunu yakmakla suçlanan bizler, mahkeme günü bağımsızlığına yüzde yüz inandığımız şerefli Türk hakimine teslim olacağız."

"Hava Kuvvetleri Proleter Devrimci Örgütü"

Hava Yüzbaşı Orhan Savaşçı'nın, Ankara, İstanbul, İzmir ve Merzifon'da bulunan askeri birlikler içerisinde havacı subaylarla kurduğu ilişkiler çerçevesinde ortaya çıkan grupların, merkezi bir organizasyona dönüştürülmesi amacıyla, Ankara Küçükesat, Büklüm Sokak Çam Apartmanı'nda, "Haziran 1970 ayı içerisinde bir gün (...) toplanılmıştır. Bu toplantıya: Hv. Yzb. Orhan Savaşçı, Hv. Tğm. Mehmet Alkaya, Hv. Üstğ. Yılmaz Salih Veyisoğlu, Hv. Tğm. Nevzat Yücel, Hv. Üstğ. Uğur Taylan, Hv. Tğm. Mazhar Ataç, Hv. Tğm. Mustafa Şahin, Hv. Yzb. Güner Durlanık, Hv. Tğm. Cengiz Solak, Hv. Tğm. Saffet Alp, Hv. Yzb. Güven Aktan, Hv. Tğm. Kemal Berişler, Hv. Üstğ. Tayfun Orçun, Hv. Üstğ. Tevfik Işık Çeviker katılmışlar, yapılan müzakereler sonucunda Saffet Alp ve Nevzat Yücel tarafından hazırlanan örgüt tüzük tasarısı kabul edilmiştir.

İştirak eden bütün üyelerin kabulüyle örgüt adı, 'Hava Kuvvetleri Proleter Devrimci Örgüt' olarak kararlaştırılmıştır."

"Bu toplantıda yapılan seçim sonucu Hava Kuvvetleri Proleter Devrimci Örgütü Askeri Merkez Komitesi'ne Hv. Yzb. Orhan Savaşçı, Hv. Üstğ. Mustafa Şahin, Hv. Tğm. Nevzat Yücel seçilmiştir."[103]

"Yol Kavşağı"

SBF-TKP grubunun Karadeniz bölgesinde ve bazı askeri çevrelerle geliştirdikleri ilişkiler, kendilerini eski durumlarından çok daha iyi ve güçlü hissetmelerine neden olduğu gibi, kendi örgütlenmeleri konusunda da çok daha cesaretli adımlar atmalarına yol açar.

Mahir'in, sorumlu müdür olarak göründüğü ve Mete Ertekin'in söylediğine göre, Mahir'e ait olan "Yol Kavşağı" başlıklı yazıda, parti anlayışları ve partinin siyasi perspektifi özetle şöyle açıklanmıştır:

"Biz, emperyalizmin sömürü alanı olan Türkiye'de, siyasi düzeni Filipin demokrasiciliği olan Türkiye'de, proleter devrimci hareketin militanları olarak, proleter devrimci örgütü kurmakla ve mücadelemizi örgütlü olarak vermekle yükümlüyüz.

Bunu nasıl yapabiliriz? Proletaryadan vazgeçtik, toplumdaki (milli burjuvazi dahil) ulusal güçlerin hiçbirinin kendi öz partisinin bulunmadığı bir siyasi ortamda proletaryanın öz siyasi örgütünü nasıl kuracağız? Besbelli ki, Filipin demokrasiciliğinin sınırlarını gerilere iterek ve Türkiye'nin gerçekten demokratik bir düzen doğrultusunda yol almasını sağlayarak. Bu durumda, örgüt uğruna mücadelemiz, demokrasi uğruna mücadeledir de; demokrasi uğruna mücadelemiz, proleter devrimci örgüt uğruna mücadeledir de.

Proleter devrimci örgüt, ancak çetin, çok yönlü gerici güçleri karış karış gerilere iterek verilen bir mücadele ile gerçekleşebilir. Bu bakımdan 141., 142. maddeler gibi anti-demokratik kanunlar yürürlükte oldukça proleter devrimci örgütün kurulamayacağı, bu sebepten ötürü de böyle bir örgütü gerçekleştirme yolunda çabaların gereksiz olduğundaki görüş kesin olarak yanlıştır. Bu görüş, 141. ve 142. maddelerin kaldırılması uğruna mücadele (yani demokrasi uğruna mücadele) ile proleter devrimci örgütün gerçekleştirilmesi uğruna mücadele arasındaki diyalektik bağı hesaba katmamaktadır.

Proleter devrimci örgütün kurulması işini 141. ve 142. maddeler gibi anti-demokratik kanunların kaldırılacağı tarihe erteleyenler, üstü örtülü bir tarzda, demokrasinin proletaryanın örgütlü mücadelesiyle sağlanacak bir sonuç olmadığını ve Filipin demokrasiciliği sınırlarının aşılmasının proletaryanın sağındaki güçlerin örgütlü mücadelesiyle sağlanabileceğini söylemek istemektedirler. Böyle bir tutum, teslimiyetçi bir tutumdur. Türkiye'de kimse proleter devrimci hareketin önüne kırmızı halı serip, 'gel buyur, örgütünü kur' demeyecektir. Bu örgüt kurulacaksa, proleter devrimci hareketimizin verdiği başarılı demokrasi mücadelesi sonucu kurulacaktır."

"Evet, proleter devrimci örgüt kurulacaksa, bu, her şeyden önce, proleter devrimci hareketin verdiği demokrasi uğruna mücadele sonucu kurulacaktır. Biz, şu anda bu mücadeleyi Filipin demokrasiciliği şartlarında, saflarımızda devrimci dayanışma ve disiplin sağlayan bir örgütten yoksun olarak verme durumundayız. Oysa, besbelli ki, söz konusu dayanışma ve disiplin olmaksızın gerektiği gibi mücadele edilemez. Bu bakımdan, örgütsüzlük, hareketimizin mutlaka koparılması gereken ayak bağıdır. Örgüt meselesi, birinci meselemizdir.

Denebilir ki, Türkiye'de şu anda devrimci hareket, birbiriyle gevşek bağları bulunan küçük feodal beyliklere bölünmüş durumdadır. Devrimci arkadaşların yüksek devrimci bilinç ve yetenekleri ve genel olarak bütün proleter devrimcileri arasında esen dayanışma, kardeşlik ve karşılıklı güven havası, bu feodal bölünmenin üstesinden gelememektedir. Hiç şüphe yok ki, bu dağınıklık durumu hareketimizin en zayıf yanıdır" denilerek, bunun üstesinden nasıl gelineceği konusunda ise şu görüşlere yer verilmiştir: "Şu anda örgüt uğruna mücadelemizi, TİP'i gerçekten sosyalist bir yönetime kavuşturmak amacıyla, bu parti içindeki proleter devrimci grubu desteklemekle vermekteyiz."

Yazıda, Mihri Belli ve çevresi isim verilmeden, "Proleter devrimci hareketimizle oportünizmin çeşitleri arasındaki çatışmanın strateji ve taktikte ya da başka teorik konularda ufak tefek görüş ayrılıkları ya da kişisel nedenler yüzünden ortaya çıkan anlaşmazlıklar olarak yorumlayan ve kendilerine 'hizipler üstü ara bulucu' süsünü yakıştıran kimseler" olarak, değerlendirildikten sonra, "Biz, proleter devrimcileri örgüt meselesinin çözümünde tutum ve davranışımızı Türkiye'nin şu anda yol kavşağına varmış olduğunu gözönünde tutarak saptamaktayız. Ve her yurtsever, yurtseverlik sıfatına layık olmak için bu kavşakta yolunu doğru seçmekle yükümlüdür" denilerek, kendi içlerinde bir yol ayrımı olduğunu belirtmekte, taraflardan bunun netleştirmesi istenmektedir.[104]

"Milli Demokratik Devrim Özünde Bir Köylü Devrimidir"

"Yeni Oportünizmin Niteliği Üzerine" başlıklı yazısında Mahir, SBF-TKP grubunun bu dönem ideolojik temellerinin ne olduğunu özetle şöyle yansıtmıştır:

"Fidel-Guevera ve Küba Deneyi Karşısında Tavrımız" ve "Mao' nun Leninizm Hanesine Katkıları ve Yeni Oportünizm" alt başlığıyla, MDD teorisi dünya devrimci pratiği açısından özetle şöyle değerlendirilmiştir: "Biz Küba halkı bir halk savaşı vererek Milli Demokratik Devrimi yapıp sosyalizme geçmiştir diyoruz" denildikten sonra, "Mao Tse Tung'un Marksizm-Leninizm hazinesine katkıları sorunu bugün Marksist çevrelerde tartışılan son derece önemli bir sorundur. Mao Tse Tung'un Leninizm hazinesine kattıklarını ana hatları ile başlıca iki başlıkta toplayabiliriz.

1. Milli Demokratik Devrim Teorisi,

2. Proleter Kültür Devrimi.

Mao'nun bu iki katkısının özlerini ve temel unsurlarını Lenin'de de görmekteyiz. Fakat Marksizm-Leninizmin bu son derece önemli iki ilkesi, en mükemmel şekillerini Mao'nun siyasi pratiği içinde almışlardır."

"Mao Tse Tung'un yeni demokratik devrim teorisinin başlıca unsurları şunlardır:

1. Milli Demokratik Devrim özünde bir köylü devrimidir.

2. Milli Demokratik Devrimde halk savaşı zorunlu bir duraktır.

3. İdeolojik öncülük esastır.

4. Milli Demokratik Devrim teorisi proletaryanın hegemonyasını içinde taşır."

Mahir, dünya devrimci pratiğini bu şekilde ele aldıktan sonra SBF-TKP grubunun MDD anlayışını, "Milli Demokratik Devrim Özünde Bir Köylü Devrimidir" alt başlığı ile özetle şöyle koymuştur: "Demokratik devrim programı köylülerin objektif taleplerine cevap veren en radikal programdır. (...) Milli Demokratik Devrimin özünde köylü devrimi olmasının doğal sonucu, sınıf mevzilenmesinde köylüler, devrimin temel gücünü teşkil ederler." Mahir, bunun nedenini şöyle açıklar, "Yarı sömürge ve sömürge ülkelerde, 1) İşçi sınıfının nicelik ve nitelik olarak gelişmiş kapitalist ülkelere kıyasla zayıf olması, 2) Şehirlerde emperyalizmin denetiminin çok kuvvetli olması gibi, başlıca iki ana nedenden dolayı Milli Demokratik Devrimin izleyeceği rota, kırlardan şehirlerin fethedilmesi rotasıdır."

Bundan sonrasının ne olacağını, "Halk Savaşı Milli Demokratik Devrimin Zorunlu Bir Durağıdır" diyerek belirten Mahir, nasıl olacağı konusunu ise şöyle açıklar: "Halk savaşının bir köylü savaşı olması gerçeği kırlardaki mücadeleyi ön plana çıkartmaktadır. Yani Milli Demokratik Devrim mücadelesinin ağırlık noktası kırlardır. Ayrıca bu milli kurtuluş savaşının başarıya erişmesinde askeri bir zorunluluktur da."

Bu zorunluluğu, Lin Piao'nun, "Yaşasın Halk Savaşının Zaferi" isimli kitabına dayanarak, Mahir, özetle şöyle açıklar: "Devrimcilerin kesin zafere doğru ilerleyebilecekleri devrimci üsler, ancak ve ancak kırlık bölgelerde kurulur.

Emperyalizmin denetiminin son derece zayıf olduğu kırlarda halk savaşı başlıca dört aşamadan geçer:

a) Gerilla savaşı; elde olanı koruma aşaması,

b) Gerilla üsleri kurma; elde olanı koruma aşaması,

c) Düzenli orduya geçiş; denge aşaması,

d) Düzenli ordu savaşı; karşı saldırıya geçiş aşaması (sonuç alma).

Halk savaşı teorisi kısaca budur. Görüldüğü gibi halk savaşında şehirlerin rolü ikincildir."

Fakat, Mahir, "ancak" diyerek, yazısına şöyle devam etmiştir, "Milli Demokratik Devrim mücadelesinde şehirlerin ikincil bir öneme sahip olması dolayısıyla devrimin temel gücünün işçiler değil, köylüler olması gerçeğinin doğal sonucu Milli Demokratik Devrimde işçi sınıfının önderliğinin, bir ideolojik öncülük olmasıdır."

"İdeolojik öncülük şudur; işçi sınıfının çok zayıf olduğu yarı-sömürge ve yarı-feodal bir ülkede proletaryanın öz örgütünde yoksul köylülerin çoğunlukta olması ve bu örgütün işçi sınıfı adına Milli Demokratik Devrimde hegemonya kurmasıdır."

Mahir, "öz örgüt" dediği partiyi şöyle açıklamıştır: "Bizim partimiz ne milli cephe partisidir, ne de bizim partimizin komutanlığı küçük burjuva radikallerine aittir.

Biz, sosyalistlerin partisi, Marksist bir partiyiz ve partimizin de eylem kılavuzu Kemalizm değil, bilimsel sosyalizmdir. Ve bu parti, milli cephenin ve halk ordusunun komutanı olduğu an işçi sınıfının ideolojik-politik-örgütsel ve askeri hegemonyası işte budur!"

Mahir, bu polemiklerin yapılmasına neden olan PDA'cı grubun görüşlerini, "Yeni oportünizmin 'Milli Demokratik Devrim' Teorisine göre" diyerek, şöyle özetlemiştir:

"1- Milli Demokratik Devrim özünde köylü devrimi değildir.

2- Devrimin temel gücü köylüler değil işçilerdir.

3- Belirleyici alan kırlar değil şehirlerdir.

4- Halk savaşı ile cunta hareketleri aynı şeylerdir.

5- Hayır, işçi sınıfının önderliğini tayin eden üretici güçlerin gelişme seviyesidir.

6- Proletaryanın özörgütünde işçiler mutlak bir çoğunluğa sahip olmalıdır."

Mahir, o dönem, bu konudaki kendi anlayışlarını ise, "Mao'nun Yeni Demokratik Devrim Teorisine göre" diyerek, şöyle açıklamakta ve netleştirmektedir;

"1- Milli Demokratik Devrim özünde köylü bir devrimidir.

2- Devrim ordusunun temel gücü köylülerdir.

3- Belirleyici alan kırlardır.

4- Halk savaşı, köylü ordusunun kırlardan şehirleri fethetme savaşıdır.

5- İşçi sınıfının öncülüğünün objektif şartları Milli Demokratik Devrimde bölünmez bir bütün olarak mevcuttur.

6- Yarı-sömürge ve yarı-feodal ülkelerde, proletaryanın özörgütünde işçilerin çoğunlukta olması şart ve gerekli değildir. Hatta genellikle yoksul köylüler çoğunluktadır."[105]

"Karadeniz Bölgesi, Daha İleri Boyutta Bir Örgütlenmenin Olduğu Yerdi"

SBF-TKP grubu, sadece belli çalışmalar yapmak için değil, bazen herhangi bir olay nedeniyle arandıklarından dolayı saklanmak, çoğu zaman da ilerisi için bir zemin hazırlamak yönünde sürekli olarak Karadeniz bölgesindedir. SBF-TKP grubu için, Karadeniz bölgesinin, bu dönemde, birçok yönden ön plana çıkması ve önem kazanması konusunda İsmail Yeşilyurt şunları söylemiştir:

"Mahir'i Karadeniz bölgesine çeken birçok şey var. İlk başta Türkiye'nin hiçbir yerinde görülmeyen bir örgütlülük var. O zamana kadar üniversite çevresinde öğrencilerin, işçi çevresinde de DİSK'te sınıf örgütlenmesi var. Ama kırsal alanda köylülüğün önemli bir örgütlenmesi yoktu.

Karadeniz bölgesi, iç, orta ve doğu Anadolu bölgelerine göre kapitalize ilişkilerin daha egemen olduğu, daha üst düzeyde, daha ileri boyutta bir örgütlenmenin olduğu yerdi.

Karadeniz bölgesinde TİP'li abilerimizin öncülüğünde Trabzon'da 'Savaş' (Atilla Aşut), Ordu'da 'Uyanış' (Kemal Aksoy'un), Fatsa'da Ziya Yılmaz'ın öncülüğünde 'Yeşil Fatsa' ve Ertan Saruhan'ın öncülüğünde 'Köylü', Samsun'da 'Çaltı' (Mübeccel Koyutürk), Alaçam'da 'Alınteri' (Harun Saruhan, İsmail Yeşilyurt) adıyla basılan yayın organları var. Bunların herbiri TİP bünyesinde bulunan insanların yönetiminde. TİP'liydik ama TİP'in dışında işler yapıyorduk.

Ayrıca, Samsun Ondokuz Mayıs Fikir Kulübü, Alaçam Köycülük Derneği, Fatsa Köycülük Derneği, Sinop'ta Selahattin Gökdağ'ın başkanlık yaptığı Savaş-İş Sendikası TİP bünyesinde farklı bir rol oynamaya, etkin olmaya başladı.

Sinop, Samsun, Ordu, Giresun, Trabzon, Alaçam, Çarşamba TİP örgütleri birlikte hareket ediyordu. Birbirimizle fikir alışverişi yapıyor ve ortak hareket ediyorduk. Ama bu örgütlü bir hareket değildi. Kendiliğinden bir hareketti. Bunu Ertan Saruhan ve Ziya Yılmaz derleyip toparlayarak örgütlü bir konuma getirmeye çalıştılar. Aren-Boran, Aybar ayrılığında ise ilk önce Aren-Boran'ın yanında, daha sonra MDD saflarında yer alındı."

Belirleyici olmazsa bile, Karadeniz bölgesindeki var olan örgütlü yapı ile ilişkilerin kurulmasında bir diğer öğe de, bölgenin etnik yapısı nedeniyle gelenekçi kültürün halen etkin ve geçerli olmasıdır.

Özellikle, 1876-77 Osmanlı-Rus Savaşı'ndan sonra, Kafkaslar'dan ve Balkanlar'dan, Anadolu'ya çok büyük bir göç dalgası yaşanır.

Bu nedenle Karadeniz bölgesinin bazı yörelerinde Gürcüler, Lazlar,

Çerkesler, Türkmenler, Arnavutlar ve Rumeli mubadilleri vardır. Ziya Yılmaz, İsmet Öztürk Gürcü, Ertan Saruhan Türkmen, İsmail Yeşilyurt Yörüktür. Mahir Çayan ise anne tarafından Gürcüdür.

Bu bölgelerde politikayı belirleyen önemli etkenlerden birisi de ailesel güçlerdir. Ziya Yılmaz ve Ertan Saruhan, Fatsa'nın tanınmış ve çevresi çok geniş ailelerindendi. Bir dönem, lokantacılık, kahvehanecilik, kumarhanecilik yapan ilkokul mezunu İsmet Öztürk ise kabadayılığı, mertliği ile Çarşamba ve Samsun yöresinde tanınan, sevilen, sayılan birisi ve TİP'in Çarşamba ilçe örgütü başkanıdır. Bu nedenle Mahir'in ilgisini çeker ve önem verdiği bir kişi olur.

SBF-TKP grubu, bu tür etkenler dışında ayrıca ilişkide oldukları subay arkadaşlarının verdikleri askeri bilgiye dayanarak, yapılanmaya, saklanmaya, korunmaya, barınmaya elverişli bulunduğu için özellikle Karadeniz ve Akdeniz bölgesini hareket alanı olarak seçer.

Ziya Yılmaz'ın amcasının oğlu Abdullah Yılmaz, bunun nedenini şöyle açıklamıştır: "Bir eylem konulursa bizim bazı insanlarımız bu civarda kalacaktı. Çünkü eylemler, gerilla savaşı denilen şey daha çok Latin Amerika'da var olanların tersine, çok uzak yerlerde değil, yakın kentlerle yaylalar arasındaki yakın köylerde olmalıdır, eylemler orada konmalıdır. İnsanlar uzak yerlere kaçırılabilir, ama eylemler oralarda konulmalıdır. Yani eylem alanları olarak, şehirle köyler arasındaki yerler. Çünkü zaten Karadeniz seçilmiş. Karadeniz'in seçilmesinin nedeni İşçi Partisi'nin çok güçlü olduğu, yığın eylemlerinin en kuvvetli yapıldığı, yığın desteğinin bulunabileceği bir yer olmasıdır. Onun için seçiliyor zaten. Bunun için gerekli şeyler yapılmıştı zaten.

Kızıldere'den bir sene kadar önce Mahir, oraya gidiyor, Hüseyin Cevahir oraya gidiyor, insanlar gidiyor, uzun uzun orada kalıyorlar. Fatsa ve civarında bu araştırmalar o zaman değil daha önce yapılmış zaten."[106]

O dönem, TİP Çarşamba İlçe Başkanı olan İsmet Öztürk, bu ilişkiler konusunda şunları söylemiştir: "Benim Çarşamba ilçesinde kahvehanem vardı. Bu kahvehanenin arkasında 15 veya 20 metrekarelik bir odam vardı. O dönemin bütün devrimcileri kaçak olsun, olmasın Çarşamba'ya geldiler mi, orada kalırlardı. Biz, SBF ile iç içeydik. SBF'nin üçte biri sirkülasyon gibi bizim bölgedeydi. SBF bizim ikinci evimiz gibi.

Sabahattin Kurt sürekli gelirdi. Hüseyin Cevahir, Sinan Kazım Özüdoğru gelirdi. Sabahattin Kurt, Karadeniz'in sevgilisiydi. Altın gibi bir adamdı. Hüseyin Cevahir bir ara Fatsa'da kaldı. Hüdai Arıkan kaldı. Böyle 4-5 kişi sürekli gelip kalıyordu."

Bu konuda yapılan çalışmalar, bazen başarıyla, bazen de ilginç gelişmelerle sonuçlanır. Aynı ekipteki kişiler, bazen birlikte, bazen ayrı ayrı ekiplerle değişik bölgelerde çalışmalarda bulunurlar. Selçuk Şahin Polat ile Sabahattin Kurt, Çarşamba ilçesinde köy çalışmaları yapmak için İsmet Öztürk'ün yanına giderler. Orada bir ay kalarak, üreticiler arasında çalışmalarda bulunurlar. Selçuk Şahin Polat, hemen ardından Nail Karaçam ile birlikte Bafra ilçesine köy çalışmalarına gider. Kiraladıkları motosikletle köylerde propaganda çalışması yaparlar. Köylerde yaptıkları çalışmalar sonunda, Bafra'nın merkezinde, yaptıkları köy çalışmalarında tanıdıkları köylülerle, TÖS'te bir toplantı düzenlerler. Fakat gericiler, toplantı yapılan TÖS binasını sararak, "Komünistler Bafra'yı terkedin" diye bağırmaya başlar. Bu arada olayı duyan İsmail Yeşilyurt, Erdoğan İşçan, Gazibey muhtarı Ayıboğan Hüseyin olay yerine gelerek, kitleyi sakinleştirmeye ve arkadaşlarını bu durumdan kurtarmaya çalışırlar. Yaklaşık iki bin kişilik bir kalabalık toplandığı için bir şey yapamazlar. Saldırganların engellenmesi için savcılığa başvururlar. Fakat savcı, ilk önce ikisini karakola çağırtır, daha sonra da polis gözetiminde Bafra dışına çıkartır.

"Hangimiz Daha Önce Ölür Bilemem Ama Bir Daha Görüşemeyiz"

Karadeniz bölgesinde bu çalışmalar süresince devamlı bulunan Hüseyin Cevahir, Sinan Kazım Özüdoğru, Hüdai Arıkan ve Sabahattin Kurt'tur. Sabahattin Kurt ile Hüseyin Cevahir, AID olayından arandıklarında bir süre giderek Mehmet Beşli'nin yanında Ünye'nin Cevizdere köyünde saklanır.

Sinan Kazım Özüdoğru, İsmail Yeşilyurt ve İsmet Öztürk, Sinop-Gerze ilçesinde Ahmet Nergis'in yanına giderek, Tütün Üreticileri Sendikası'nın Gerze şubesini kurmak için çalışır.

Sabahattin Kurt, Karadeniz bölgesinde en çok kalan, kendisini en çok sevdiren insandır. Bölgede kaldığı zaman içinde en çok bulunduğu yerlerden birisi de, TİP Alaçam İlçe Sekreteri İsmail Yeşilyurt'un evidir. İsmail Yeşilyurt'un annesi Pembe Hanım, "Sabo oğlunu" çok sevmiş ve üzerine titremiştir.

Bir keresinde, Alaçam'da terzi İsmail Öz'ün dükkanında Sabo ile İsmail Yeşilyurt otururlarken, polis gelir ve,

"-Yahu, burada kaçak bir Dev-Genç'li varmış" diye sorar. İsmail Yeşilyurt,

"-Haa öyle mi?" diye karşılık verir. Fakat, polis, Sabo'ya göz ucuyla bakmaktadır. Bunu farkeden İsmail Yeşilyurt,

"-O bizim çobandır" der. Zaten Sabo da çalışmalarından, koşuşturmalarından fırsat bulamadığı için belki de üç-dört aydır yıkanamadığı için üstü-başı dökülmekte, bir çobana benzemektedir. Polis, herhangi bir şey söylemeden uzaklaşır.

Yine bir gün, TİP Samsun il binasında, Hüseyin Cevahir, İsmail Yeşilyurt, Ertan Saruhan, Ziya Yılmaz, İsmet Öztürk, Sabahattin Kurt, Necati Sağır, Akçaabat Hakimi Ali Faik Cihan, Avukat Mümin Doğru gibi bir çok insanın katıldığı, Orta Karadeniz Bölge Toplantısı yapılmaktadır.

Toplantıda, ülke çapında bir yayın organının çıkartılması, kurulması düşünülen yeni partinin oluşum çalışmaları ve partinin nasıl deklare edileceği konuları konuşulmaktadır.

Toplantının ilerlemiş bir saatinde, toplantıyı polis basar ve içerdekileri dışarıya çıkartır. Dışarıda ise bir polis, ekip arabasının içinden, toplantıya katılanların fotoğraflarını çekmektedir.

Bu toplantının ardından Sabahattin Kurt Fatsa'ya, İsmail Yeşilyurt ile Hüseyin Cevahir ise Alaçam'a gider. İki gün Alaçam'da kaldıktan sonra, Sinop, Gerze ve Bafra'ya giderek, ilişkide olduğu insanlarla görüşmeler yaparlar. Hüseyin Cevahir, bu gezide gözlemcidir. Parti-Cephe'yi kurma süreci içerisinde bölgeleri gezerek kimler parti üyesi olabilir, kimlerle çalışabiliriz diye yer ve kişileri belirlemektedir. Daha sonra Samsun'a gelirler. Hüseyin Cevahir, o sıra en büyük para olan beşyüz lirayı İsmail Yeşilyurt'a verir ve,

"-Bu parayı bozduralım. Yoksa dikkati çeker" der.

Parayı bir bankada bozdurduktan sonra Saathane Meydanı'nda bir hamama giderek yıkanırlar.

O dönem, bazı alışkanlıklar devrimci bir kısım genç arasında devrimciliğin ölçütü sayılmaktadır. Örneğin, bir gün Selçuk Şahin Polat SBF'ye gittiğinde, yarış yapıldığını görür ve ,

"-Ne yarışması yapıyorsunuz?" diye sorar.

"-Kirlilik yarışması yapıyoruz" diye yanıt verilir.

Zafer Kutlu, "Kirlilik Yarışı"nda birinci seçilmek üzeredir.

Selçuk Şahin Polat, altı aydan beri yıkanmadığı için ayağındaki postalını çıkartır çıkartmaz, orada bulunan herkes,

"-Tamam, tamam seni birinci seçtik" derler. Bugün için gülünç sayılabilecek bu olay, aslında o gün için, yaşayanların duygu dünyasını, olaya bakış açısını, giyim, kuşam ve yaşam tarzını küçük de olsa yansıtması bakımından ilginçtir. Zülfü Livaneli, o dönemi anlatırken şunları yazmıştır: "Herkes yıkanmaktan utanır olmuştu ve banyo yapmadan dolaşıyordu."[107]

Samsun'da bir süre kaldıktan sonra Çarşamba'ya İsmet Öztürk'ün yanına geçen Hüseyin Cevahir Fatsa'ya, İsmail Yeşilyurt ise Alaçam'a geçer. Hüseyin Cevahir, Fatsa'ya giderken, Alaçam'a geri geleceğini düşünerek, bir mayosunu ve Cengiz Zapçı'nın ona Fransa'dan gönderdiği çantasını ve gömleğini İsmail Yeşilyurt'un evinde bırakır. Ama bir daha geri dönemez.

Ayrılmadan önce, Tekel Kantarcısı Hasan Sıy'ın evinin başında, Sinan Kazım Özüdoğru, İsmail Yeşilyurt ve Alaçamlı devrimciler son kez bir araya geldiklerinde, S. K. Özüdoğru, bir çam ağacına sırtını dayayıp, marşlar söyledikten sonra, arkadaşlarına, "Türkiye büyük bir dönemecin içine girdi. Darbe söylentileri var. Geleceği sol görünüyor, ama belki de ilk önce bizi yok ederler. Hangimiz daha önce ölür bilemem, ama belki bir daha görüşemeyiz. Buna hazırlıklı olmak lazım" diyerek, duygularını dile getirir.

Sinan Kazım Özüdoğru'nun yansıttığı bu duygu gerçekte o dönem devrimcilerinin ortak duygusudur. Herkes, kendisini devrime göre hazırlamış, yaşamını bunun üzerine kurmuştur.

Karadeniz, Akdeniz ve Ege bölgelerinde yapılan çalışmaların esas amacı, siyasidir. Ziya Yılmaz, 1972'de yakalandığı zaman Askeri Savcılığa verdiği ifadesinde, bu konuda şunları anlatmıştır, "1970 yaz ayları içindeydi (...) Dev-Genç'li arkadaşlar Fatsa, Ordu, Ünye, Bulancak'ta yapılan fındık mitinglerine katılmışlardı. Bu mitinglerden sonra kırlarda kamp yapılması, eğitim yapılması isteğinde bulundular. Araziye ben, Sabahattin Kurt, Ercan Erciyas, Ertan Saruhan ve Ahmet Atasoy birlikte çıkmıştık. Ben bu arkadaşları Korgan'ın daha ilerisindeki ormanların başlarına bırakmıştım. Ancak döndükleri yer yüksekçe ve o aylarda kar yağışlı olduğu için daha fazla kırsal sahada dolaşamadıklarından jiple giderek bu arkadaşları bıraktığım Çayıralan mıntıkasından alarak geriye getirdim. Buraya gelişteki maksat, giden arkadaşların araziye tahammülleri ve kendi başlarına arazide kaldıklarında kendi inisiyatifleri ile hareket etme kabiliyetlerinin tespiti içindi (...) 3-5 gün kimseye görünmeksizin yatılabilecek ve saklanılabilecek imkanı sağlayacak eşyalar götürülmüştü."[108]

Bafa Gölü Kampı

AID eylemini yaptıkları gerekçesiyle, güvenlik güçleri tarafından gıyabi tutuklama kararıyla aranan eylem timinden Kamil Dede, Hüseyin Cevahir, Mustafa Kemal Kaçaroğlu, Sinan Kazım Özüdoğru ilk önce, Çankaya'da SSCB Konsolosluğu'nun karşısında, örgüt tarafından kiralanmış evde kalmaya başlar. Bu eve İsmet Öztürk zaman zaman gelir kalır.

SBF-TKP ekibi, o dönemin özelliği olarak, silahlı eğitim olayı çok güncel olduğu için Filistin'e gitmeyi düşünür ve bu konuyu birkaç kez Mahir'le konuşur.

Bir arkadaşlarının İsrail Evleri'nde bulunan bodrum katındaki evinde saklanan İlhami Aras ve Mustafa Kemal Kaçaroğlu, 22 Mayıs 1970 Cuma günü akşamı, Mahir Çayan ile buluşmaya karar verir. Fakat Mahir, Mustafa Kuseyrioğlu'nun arkadaşı Neja Arun tarafından BYYO'nda öldürülmesi nedeni ile eve çok geç gelir.

Mahir, arkadaşlarıyla yaptığı sohbette, Kuseyrioğlu'nun ölümünün duyulmasından hemen sonra, olayın olduğu odaya gidip inisiyatif koyduğunu anlatır. Daha sonra sohbet, İlhami Aras ile Mustafa Kaçaroğlu ve diğer gizlenen arkadaşlarının Filistin'e gidip gitmemesine gelir.

Mahir, özellikle,

"-Filistin'e gitmeden de burada eğitim yapılabilir. Burada da o eğitimin koşulları vardır" diyerek, Filistin'e gitmemeleri konusunda arkadaşlarını ikna eder.

Geceyi orada geçirdikten sonra Mahir, sabahleyin evden ayrılır. Birkaç gün sonra da İlhami Aras, Mustafa Kemal Kaçaroğlu, Kamil Dede, Sinan Kazım Özüdoğru, Oğuz Etçi İzmir'e hareket eder.

SBF-TKP ekibi, o sıra, güvenlik güçleri tarafından aranmakta olan "Dinamit Kenan" olarak adlandırılan Kenan Rıfkı Ertuğrul'u da İzmir'den alarak, kamp yapmak üzere 10 Haziran 1970 günü, Bafa Gölü kıyısındaki Beşparmak Dağları'na gider.

Haziran ayının başından sonuna kadar bir aylık süre içerisinde Bafa Gölü kıyısında ve Beşparmak Dağları'nda kamp kurarak, eğitim yapan ekibin yiyecek ve diğer gerekli olan gereksinimlerini, o yörenin köylü gençlerinden İlyas Çakır ile Mehmet Gök sağlar. Kamp yapanlar, zaman zaman, Serçin köyüne gider.

Ankara'dan zaman zaman Şadi Samer, haber getirir. Bir keresinde Mahir, İzmir'e gelir.

15-16 Haziran işçi olayları kampta iken radyodan öğrenilir. Bu arada, Karadeniz bölgesinden Hüseyin Cevahir gelir.

Haziran ayının sonunda İlhami Aras ile Hüseyin Cevahir, bir başka kamp yeri bulabilmek amacıyla yeni Foça'dan eski Foça'ya kadar dolaşır. Kamil Dede ve Mustafa Kemal Kaçaroğlu, İstanbul'a geçerek, bir süre kaldıktan sonra 1970 Temmuz ayı başında Ankara'ya gider.

"İki Gün Daha Sürseydi İktidarı Alırdık"

Bir seneden beri toplumun gündeminde olan Sendikalar Kanun Tasarısı, 13 Haziran günü, Meclis tarafından kabul edilir. Aynı gün DİSK Genel Başkanı Kemal Türkler ve iki arkadaşı, Cumhurbaşkanı Cevdet Sunay'la yaptığı görüşmede, "Sendikalar Kanun Tasarısı'nın hukuk kurallarına aykırı olduğunu" anlatır.

15 Haziran günü, "Türkiye'de Türk-İş'ten başka işçi konfederasyonu kalmaması ve DİSK'in dağılması" demek olan yeni Sendikalar Kanun Tasarısı'na karşı olan DİSK'e üye işçiler, sabah saat 9'dan itibaren İstanbul ve Gebze'deki bazı işyerlerinde direnişe başlar.

DİSK basın temsilcisi ilk günün sonucunu şöyle açıklamıştır, "115 işyerinde 75 bin işçi yürüyüş ve gösteriye katıldı. İşbaşı yapmadı."

16 Haziran 1970 günü, İstanbul ve Gebze'deki fabrikalarda işçiler sabah vardiyalarına yine girmez.

İki gün süren olaylar sonunda işçi Yaşar Yıldırım, Mehmet Gıdak ile polis Yusuf Kahraman ve işkembeci Abdurrahman Bozkurt kurşunla vurulup ölmüş, 87 kişi de yaralanmıştır.

16 Haziran günü akşamı saat 19.00'da ordu birlikleri duruma hakim olur. Dört ay sürdürülen ve sokağa çıkma yasağı dışında hiçbir baskı uygulamayan Sıkıyönetim, saat 21.00'de, İstanbul ve Gebze'de ilan edilir, Komutanlığına Orgeneral Kemal Atalay getirilir.

15-16 Haziran işçi hareketlerine öğrenci gençlik de gücü oranında katılmaya çalışmıştır. 16 Haziran günü meydana gelen olaylara katılan Dev-Genç İstanbul Bölge Yürütme Kurulu Saymanı Mustafa Zülkadiroğlu, bu konuda şunları anlatmıştır: "15-16 Haziran olaylarında, 15 Haziran günü, Dev-Genç, hareketin ivmesini yakalayamamıştı. Birinci günü, hiçbir şey yapmamıştık. Hatta Dev-Genç üyelerinin ağır eleştirileri oldu Bölge Yürütme Kuruluna. O akşam, Dev-Genç İstanbul Bölge Yürütme Kurulu olarak, İTÜ Taşkışla binasında genişletilmiş bir toplantı yaparak, eleştirileri daha sonraya bırakarak, bir gün sonra yapılacak işlerin görev bölüşümünü yaparak, işe giriştik. 16 Haziran günü, iki yüz Dev-Genç militanıyla, Kadıköy-Kurbağalıdere civarındaki olayların içindeydik. Sait Kozacıoğlu, orada bana, 'Akşama işçi sovyetlerini toplayalım' diye bağırıyordu. O günün akşamı İTÜ'deydik. Arkadaşlarla, 'İki gün daha sürseydi, iktidarı alırdık' diye dalga geçtik."

"İhtilal Oluyor Diye Koşarak Türkiye'ye Geldim"

Kadıköy-Kurbağalıdere civarındaki işçi hareketlerinin içinde, o sıra İstanbul'da olan ve bu olaylara katılan Ankara'dan bazı gençler de bulunmaktadır. Bunlar Bingöl Erdumlu, Mustafa Kemal Çamkıran, Sait Kozacıoğlu ve Cengiz Zapçı'dır. Olaylardan sonra, Bingöl Erdumlu, Cengiz Zapçı ve Tülay Tad buluşur ve birlikte Cengiz Zapçı'nın anne-babasının Ortaköy'deki evine gider, geceyi orada geçirir.

Ankara'da ise devrimci gençler, telefon ve radyo aracılığıyla edindikleri bilgiler üzerine ve birbirlerini haberdar ederek, her fakülteden ayrı ayrı gruplar halinde, çoğunluğu kamyon kasalarının üstünde sloganlar atarak, İstanbul yolu üzerinde bulunan Ata Sanayi Sitesi'ne giderler.

Fakat gençler, Ata Sanayi Sitesi'nde, atöelye sahiplerinin taşlı saldırılarına ve polisin ani baskınına uğrar. 19'u işçi, 51'i öğrenci toplam 70 kişi gözaltına alınır. Gözaltına alınan öğrencilerden bazıları şunlardır:

Münir Ramazan Aktolga, Turan Kaynar, Hüseyin Onur, Enis Rıza Sakızlı, Tuncay Çelen, Ahmet Kardam, Gün Zileli, Arif Şentek, Ercan Erciyas, Tevfik Özdemir, Türkan Sabuncu, Mehmet Eroğlu, Hülagü Bulguç, Aydınel Altıntaş, Gülay Özdeş.

ODTÜ'de 17 Haziran günü saat 10.45'te başlayan genel kurulda bir konuşma yapan ODTÜ Sosyalist Fikir Kulübü Başkanı Ertuğrul Kürkçü, İstanbul'da yapılan işçi hareketlerini desteklemek için ODTÜ'de iki günlük boykot kararı alındığını açıklar.

15-16 Haziran olayları üzerine, başta DİSK ve TİP yöneticileri olmak üzere yüzlerce işçi, öğrenci tutuklanır. Tutuklananlar, Sıkıyönetim Mahkemesi'nde yargılanır.

Bu olayların olduğu sıra, Suriye'de, "El Saika" örgütünde bulunan Zihni Çetiner, "1 Haziran'da profesörlerin yaptığı Anayasaya Saygı mitingi ile 15-16 Haziran'da işçilerin yaptığı hareketleri duyunca, ihtilal oluyor diye koşarak Türkiye'ye geldim" diyerek, bu olayların bazı devrimci kesimleri nasıl etkilediğini çarpıcı bir dille açıklamıştır.[109]

Kurtuluş Gazetesi Dağıtılmıyor

15-16 Haziran olaylarının, ASD içerisinde yer alan SBF-TKP grubu ile Mihri Belli çevresinde hangi durumları ortaya çıkarttığını ve hangi sonuçlara yol açtığını, buna tanık olan İTÜ Öğrenci Birliği Başkanı Gökalp Eren, şöyle anlatmıştır:

"15-16 Haziran olaylarının ertesinde, Sıkıyönetimin ilanıyla, İstanbul'dan arananların da içinde bulunduğu 35-40 kişilik bir grup Ankara'ya gittik.

Bu arada, Kurtuluş gazetesinin ve Aydınlık dergisinin, 'Aydınlıkta Türkiye ve Dünya' bölümünün hazırlanması çalışmaları vardı. Kurtuluş gazetesi ve Aydınlık dergisinin yazılarının hazırlanması, oluşturulması ve yayınlanması konusunda sorumlu olan ayrı birer yazı kurulları olmasına rağmen, bu yazı kurullarındaki insanlar bir eksik, bir fazla aynı insanlardı. Bu iki ayrı yayının yazı kurulunda örneğin Muzaffer Erdost, Seyhan ve Vahap Erdoğdu, Muammer Soysal, Mahir Çayan, Münir Ramazan Aktolga, Şevki Akşit, Mihri Belli gibi isimler yer alıyordu.

Kurtuluş gazetesi hazırlandıktan sonra, manşetler bölümünde iddiaya göre, Muzaffer Erdost'un, 'Sıkıyönetim Komutanı Tarafsız Kalmak Zorundadır' başlığını attığı söylenir.

Fakat o arada bu yazının yayınlanıp yayınlanmaması konusunda karşı itirazlar yazılı yapılmamış veya bir oylama olmamış. Buna rağmen yazıyı götürüp gazetede bastırmışlar. Bütün o süreçlerde herhangi bir müdahale yapılmamış. Gazetenin o başlıkta çıktığını dahi birçokları bilmiyor. Gazete, İstanbul'a gelince, İstanbul'daki arkadaşlar dağıtmama tavrı alıyorlar ve gerçekten dağıtmıyorlar. Tabii ardından da bu konudaki görüşlerini ve eleştirilerini iletiyorlar."

Kurtuluş gazetesinin bu başlıkta çıkması ile yapılan eleştiriler sonunda Mustafa Zülkadiroğlu, TDGF İstanbul Bölge Yürütme Kurulu'nun tavrını öğrenmek için Ankara'dan İstanbul'a gelir, aralarında Ömer Erim Süerkan, Necmi Demir'in de bulunduğu önde gelen bir grup gençlik lideriyle toplantı yapılır.

Bu toplantıda bulunan Esat Korkmaz, bundan sonrasını şöyle anlatmıştır: "Kurtuluş'un Temmuz sayısında Marksist devlet teorisiyle 'alay eder' biçimde, 'Sıkıyönetim Komutanı Tarafsız Kalmak Zorundadır' başlığı atılınca, 'Beyaz Aydınlık - Kırmızı Aydınlık' ayrılığından bu yana 'Kırmızı Aydınlık Kampı'nda için için sürmekte olan anlaşmazlıklar günyüzüne çıktı. Mahir Çayan ve Münir Ramazan Aktolga tarafından temsil edilen ve TDGF Merkez Yönetiminde de egemen olan Dev-Gençliler, Aydınlık sosyalist dergi çevresine bağlı yayınları dağıtmayı reddetti. Benzer gelişme İstanbul'da da gözlendi. Kurtuluş'un Temmuz sayısının dağıtımı durduruldu; Esat Korkmaz ve Mustafa Gürkan, Mihri Belli'yle konuşmak için Ankara'ya gitti; konuşmada Belli, 'Eliniz kalem tutuyorsa ek sayı çıkarın' dedi. Ancak yaşamın hızlı akışı içinde bir ek sayı çıkarma olanağı bulunamadı."[110]

Bu konuyu tartışmak için 11 Temmuz 1970 Cumartesi günü, SBF'de bir toplantı yapılır.

İTÜ-ÖB Başkanı Gökalp Eren, bu konuda şunları anlatmıştır: "Ankara'da genişletilmiş yazı kurulu toplantısı yapacaklarını söylediler. Beni de çağırdılar. SBF'den çıktık ve ara sokaklardan bir taksiye bindik. Takside benim dışımda Oğuz Etçi, İlhami Aras ve Hüseyin Cevahir vardı. Bu arkadaşlar, biraz esprili, biraz dalga geçerek,

'-Gazete bu manşette çıktı ve bir yanlış yaptılar. Şimdi, onlara haddini bildirmenin zamanı' gibi şeyler söylediler.

Birbirlerinin yanlışlarına bir anlamda yol vererek, o yanlışlar açığa çıksın diye bir tavır var. Bu nedenle aramızda bir tartışma oldu. Aydınlık dergisi bürosuna gittiğimizde orada oldukça ciddi tartışmaların olduğu bir toplantı yapıldı. Toplantıda Mihri Belli, Şevki Akşit, Vahap Erdoğdu, Mete Ertekin, Mahir Çayan ve Münir Ramazan Aktolga, Mustafa İlker Gürkan da vardı. O günkü tartışmada, görüş ayrılıklarının temel çizgileri ortaya çıkmıştı ve karşılıklı bir güvensizlik vardı."

Ayrılıklar belirginleşmiştir ama Mahir, bir süre daha birlikte olmanın gerekli olduğunu düşünür. Bu Dev-Genç kongresinin ertesine kadar sürer ve Aydınlık Sosyalist Dergi'ye Açık Mektup broşürüyle bu iş kapanır. Kurtuluş gazetesi de SBF ve ODTÜ-TKP gruplarında kalır.

V. BÖLÜM

"O Zamana Kadar ODTÜ İçinde Belli Bir Gruptuk"

SBF-TKP ile ODTÜ-TKP gruplarının birbirine yakınlaşması ve ortak hareket etmeye karar vermelerinin nasıl olduğu konusunda Münir Ramazan Aktolga şunları anlatmıştır:

"Mahir'le benim tanışmam aslında, eskiye dayanmaz. Mahir, Aydınlık'ta yazı yazıyordu. Birkaç sefer Aydınlık'ta karşılaşmıştık. Arada görüşür, konuşurduk, ama öyle yakın bir ilişkimiz yoktu. Mahir'le benim ilk yakın ilişkim, 1970 yazı sonunda SBF'nin ikinci katında bir toplantı yapıldı. Mustafa Gürkan, Hüseyin Onur, Sarp Kuray, Atilla Sarp'tan tutun İstanbul'dan ve Ankara'dan bütün öğrenci liderleri oradaydı.

O toplantıda açıkça cunta meselesi konuşuldu. Toplantının esas amacı şuydu: TDGF kongresi yaklaşıyor. Kim başkan olacak? TDGF yönetimine kimin geleceği o zaman çok önemliydi. Ve tartışma direkt cuntayla bağlantılı olarak ortaya kondu. İstanbul ve Ankara'dan katılan herkesin ortak savunduğu şey; bizim irademizin dışında bir sol cunta geliyor. Bunu engelleyemeyeceğimize göre bizim yapabileceğimiz tek şey, bunu desteklemek, içinde yer almak ve daha da sola çekmek. TDGF'yi de bu hareket içinde bir araç olarak kullanmak. Özellikle Atilla Sarp ile Sarp Kuray, o zaman beraberdiler. Mustafa Gürkanlar da İstanbul'dan gelmişlerdi. ODTÜ'den Hüseyin İnan grubu da ayrı bir gruptu. Biz ODTÜ grubu olarak yalnız kaldık. TDGF'yi almak bir güç meselesi.

O toplantıda, hiçbir şekilde bizim cuntaya alet olamayacağımızı çok açık bir dille söyleyerek buna karşı çıktım.

Toplantıda beni bir tek destekleyen Mahir oldu. Diğer katılanların hepsi aynı şeyleri savundular. Toplantı bittikten sonra ben, Mahir'e,

'-Görüşlerimiz arasında belli yakınlıklar var. Seninle biraz daha yakından konuşalım, görüşelim' dedim.

Gittik SBF'nin kantininde oturduk, konuştuk. Ben orada çok açık bir şekilde, 'Biz ODTÜ'de böyle bir grubuz. Beraber çalışalım, işbirliği yapalım' dedim. Mahir de, 'Biz de, SBF'de bir arkadaş grubuyuz' dedi. Havacı subayları, Orhan Savaşçı ve arkadaşlarını kastederek, 'Başka ilişkilerimiz de var' dedi. Düşüncelerimiz arasında belli bir yakınlaşma, paralellik olduğunu gördük. Bunun üzerine Mahir,

'-O zaman bundan sonra daha yakın ve beraber çalışalım' önerisinde bulundu.

Mahir ile oturup görüştüğümde yapımız şuydu: ODTÜ içinde ilk bir araya gelişimizde İrfan Uçar, Ulaş Bardakçı ve ben vardım. İrfan Uçar gençlik işleriyle, Ulaş Bardakçı finans işleriyle, ben, politik işlerden sorumlu olduk.

Bizim bu gruba daha sonra Necmettin Giritlioğlu'nu aldık. O da işçilerle, sendikalarla olan ilişkileri yürütüyordu. Daha sonra ise Ahmet Sina, Mustafa Ulusoy ve Ertuğrul Kürkçü ile ilişkili olduk. Yani grup, 5-6 kişilik bir kadro olarak büyüdü. Bizim, tuttuğumuz belli bir evimiz vardı. Orada buluşuyorduk, görüşüyorduk.

ODTÜ ve çevresinde böyle küçük bir gruptuk, ama birbirimize çok bağlı olduğumuz için oldukça etkili bir konumdaydık. Kesinlikle silahlı propaganda, gerilla gibi düşüncelerimiz yoktu. Düşündüğümüz şuydu; eli kulağında faşist bir darbe gelecek. Bu yüzden, illegal olarak da örgütlenmemiz lazım. Bu da tamamen işçiler, köylüler ve gençlik kesiminde etkili bir çalışmayla mümkündür. Bütün bu çalışmaların finansiyel olarak desteklenmesi ve kendi kendini üretir hale gelmesi lazım. Biz örgütten ne anlıyoruz, nasıl bir çalışma anlıyoruz? Bunları Mahir'le konuştum. Mahir de, benzer şeyleri düşündüğünü söyledi.

Mahir ile görüşmemi daha sonra ben, arkadaşlarıma anlattım. Başta Necmettin Giritlioğlu olmak üzere arkadaşlarım, kendilerine sormadan böyle bir şeye girmeme karşı çıktılar, eleştirdiler.

TDGF'yi ancak bu şekilde almak durumumuz vardı. Ya da TDGF cuntacıların eline geçecekti. Başka bir alternatif yoktu. Bütün getireceklerini, götüreceklerini hesaplayarak ve rizikoyu gözönüne alarak Mahir ve arkadaşlarıyla işbirliği yapmak gerektiğini arkadaşlara kabul ettirdim. Onlar da hak verdiler ama bu içimize sinen bir işbirliği değildi. Politik bir işbirliğiydi. TDGF'yi ele geçirmenin, cuntacılara kaptırmamanın tek yolu bu olduğu için alınan bir karardı bu.

Daha sonra, Mahir ile birkaç sefer bir araya geldik. Oturduk, konuştuk. Sonra beni Orhan Savaşçı ile tanıştırdı. Onların da bazı arkadaşlarının evleri vardı. Oralarda buluşuyorlardı. Mahir'le bizim ilişkimiz bu çapta ve bu şekilde başladı. Düşündüklerimizin ana teması: Türkiye bir darboğaza giriyor. Faşist bir darbe gündemde. Bizim mutlaka hem legal hem de illegal olarak işçiler, köylüler arasında örgütlenmemiz lazım. Bu örgütlenme daha sonra bir parti haline dönüşmeli ve kendi kendine finansiyel olarak da üretir hale gelmeli. Konsept bu. Kesinlikle bir darbe düşüncesi veya onun içinde yer almak gibi bir şey yoktu düşüncelerimizde. Zaten bizi diğer sol gruplardan ayırt eden de buydu o zaman. Mahir'le tanışmamızın ve işbirliğinin özü buydu."

"Gel Bize Katıl"

1970 yazında, TDGF'ye bağlı bütün ekipler köylerde, fabrikalarda, üretici mitinglerinde, dağlarda ve Filistin'dedir.

15-16 Haziran olaylarından bir süre sonra İstanbul'a gelen Mahir, amcası Enver Beyle de buluşur.

Amcası Enver Bey, yine yurt dışına gitme konusunda konuşup ikna etmek için, Mahir'i, Maçka'daki Taşlık Çay Bahçesi'ne götürür. Sohbet sırasında, amcası, Mahir'e,

"-Hazır İstanbul'a gelmişsin, sana buradan pasaport çıkartalım, Gülten'in yanına git. Fransa'da çok güzel günler geçirebilirsin. Her açıdan gelişmiş ve oturmuş bir toplum. Gelir dağılımı açısından Avrupa'da en dengeli toplumlardan birisidir. Orada yaşamanın sanat, eğitim, düşünsel açıdan kendini yenilemek, bilgini, kültürünü zenginleştirmek, görgünü artırmak açısından çok büyük katkıları olacaktır. Hem siyasi hareketinin yurt dışındaki kanadını geliştirmek için çalışırsın" diyerek, ikna etmeye çalışır, ama Mahir,

"-Gülten'e mektup yazdım ve evlenmek konusunda olumlu cevap verdim" diyerek, yanıt verdiğinde, amcası, kızgınlığını gizleyerek,

"-Ben senin Fransa'ya gitmeni istiyorum, sen bana ne söylüyorsun. Fransa'da seni seven ve evlenmek için bekleyen bir genç kız var. Doktora yapıyor. Burs alıyor. Beraber oturursunuz. Onun olanakları bir süre ikinize yeter. Ben de sana katkıda bulunurum. Ayrıca uluslararası bazı kuruluşlar da burslar veriyor. Bunlardan da yararlanabilirsin. Böylece gayet rahat bir öğrencilik ve doktora yapma olanağın olacaktır. Fransa'ya gidip, eğitimini üst düzeyde tamamlaman hem senin geleceğin, hem ideallerin, hem de memleketin için iyi değil mi?"

Amcasının bu konuşmalarına karşılık vermeyen ve daha çok dinleyerek sessiz kalan Mahir, amcasının konuşmasının bir yerinde,

"-Senin tanıdıkların vardır. İstediğin zaman tayinini yaptırırsın. Ankara'ya gel bize katıl" der.

Mahir'in düşünceleri, çok sevdiği amcasına bile oluşturduğu hareketin içerisine katılmayı önerecek kadar netleşmiştir.

Amcası Enver Bey, her şeye rağmen, Mahir'e yine, Fransa'ya gitmeyi ve Gülten'le birlikte olmayı ve eğitimini Fransa'da tamamlamayı, Aydınlık dergisine yazılarını yurt dışından yazarak göndermeyi, bu nedenle pasaport çıkartarak Fransa'ya gitmeyi önerir.

Mahir de bir kez daha, "olur" diyerek, Ankara'ya gider.

"Bu Direnişte Belki de Hepimiz Ölebiliriz Ama Gelecek Kuşaklara Bir Direniş Geleneği Bırakırız"

Çay, tütün, fındık üreticileri, yaz aylarında Karadeniz'de yoğun bir hareketlilik içindedir. Üreticiler, bütün bir sezon boyunca yetiştirdikleri ürünlerini gerçek değerinde satabilmek için uğraş verir. Üreticilerin haklı taleplerinin yanında yer almak, onların mücadelesine destek olabilmek amacıyla ürünlerin satılacakları dönemlerde devrimci gençler, görevlendirildikleri bölgelere gider.

Fındık üreticileri, haklarını alabilmek amacıyla:

1 Haziran 1970 Pazartesi günü Fatsa'da; 2 Haziran Salı günü Bulancak ve Görele'de; 3 Haziran Çarşamba günü Ünye'de; 4 Haziran Perşembe günü Perşembe'de; 5 Haziran Cuma günü Vakfıkebir'de miting düzenler.

Nasuh Mitap, bu çalışmalar içerisinde Cevizdere köyüne Mehmet Beşlioğlu'nun yanına uğrar. Köyde birkaç gün kalan Nasuh Mitap, Mehmet Beşlioğlu ile birlikte Ünye'ye giderek Nail Karaçam ile buluşur. Nail Karaçam, Nasuh Mitap ve Mehmet Beşlioğlu, Avukat Ali Kaynar'ın bürosuna uğrayarak sohbet eder.

1 Temmuz 1970 Çarşamba günü Çarşamba ilçesinde, 8 Temmuz 1970 Çarşamba günü Ordu'da, "Fındık Mitingi" yapılır.

8 Temmuz 1970 Çarşamba günü düzenlenen mitingde çıkan olaylar nedeniyle 101 kişi tutuklanır.

Olaylara elebaşılık ettikleri gerekçesiyle TİP İlçe Başkanı Ziya Yılmaz ile Yönetim Kurulu üyesi Fikri Sönmez aranmaya başlanır.

Mahir Çayan ile Sabahattin Kurt da, fındık mitinglerinden sonra TİP Çarşamba İlçe Başkanı İsmet Öztürk'ün işlettiği kahvehaneye gider.

Mahir, Sabahattin Kurt ve İsmet Öztürk, bir süre oturup sohbet eder. Bazı konuları görüşmek amacıyla Sabahattin Kurt'u kahvehanede bırakan Mahir ile İsmet Öztürk, arkadaşı Muzaffer Keleş'in çay bahçesine gider.

Muzaffer Keleş'in çay bahçesinde, Mahir ile İsmet Öztürk arasında şu konuşmalar geçer:

"-Yakında Kemalizm kisvesi altında bir cunta gelecek, ama bu Kemalist değil faşist cunta olacak. Esas hedefi de o dönemin devrimcilerini nötralize etmek olacak. Karşı devrimin saldırılarına Türkiye'de silahlı direniş hiç olmamıştır; bunu biz başlatmalı, bir direniş geleneği yaratmalıyız. Bu direnişte çoğumuz, belki de hepimiz ölebiliriz, ama gelecek kuşaklara bir direniş geleneği bırakırız. Buna var mısın?"

"-Tamam, kalk gidiyoruz."

"-Nereye?"

"-Fatsa'ya, Ertan Saruhan ve Ziya Yılmaz'la konuşmaya. Bu konuyu diğer arkadaşlarla birlikte görüşelim ve hep birlikte karar verelim."

"-Onlarla zaten görüşeceğiz, ama ya ikna olmazlarsa sen ne yaparsın?."

"-Ben varım."

Bu konuşmadan sonra Fatsa'ya giden Mahir, Sabahattin Kurt ve İsmet Öztürk, Ertan Saruhan, Şener Şadi, İsmet isimli bir arkadaş ve birkaç kişiyle sabaha kadar konuşur.

Ziya Yılmaz, Ordu Mitingi'nde çıkan olaylar nedeniyle arandığı için bir köyde saklanmaktadır.

İsmet Öztürk, Mahir'in anlattıklarını konuşmak amacıyla daha sonra, Hasan Pekbüyük ile görüşmek amacıyla Ziya Yılmaz'ın saklandığı köye giderek görüşür.

Mahir'in anlattığı tezleri, Karadeniz bölgesinde bulunan birçok kişi kabul eder.

Direniş hakkında konuşulanlardan birincisi, hazırlıkların yapılması için ilk anda bir kısım paranın nasıl temin edileceğidir.

Mahir'in bu konuda önerisi: Bir iki benzinci veya buna benzer yerlerin soyulmasıdır.

"Kırsal alanda böyle risklere girmeye değmez. Herhangi bir aksiliğin işleri sekteye uğratacağını" söyleyerek, karşı çıkılır.

İsmet Öztürk: "Üzerimde olan mülkü satarım. Ayrıca yurt dışında ve İstanbul'da tanıdıklarım var. Onlar bana para yardımında bulunur" der.

Konuşulan ikinci konu ise şudur: Askeri darbe yapıldığı gece ilişkide bulundukları subaylar, silah olarak ne bulabilirlerse alıp kaçacaklardır. Getirilecek silahların ilk anda saklanması için yer temini gereklidir.

SBF ve ODTÜ-TKP grubu, belli çevrelerle kurduğu ilişkiler sonucu artan gücü sayesinde, bazı hazırlıklara girişir.

Bu arada, üzerine tapulu olan mülkü satan ve tanıdığı bazı kişilerden belli miktarda para alan İsmet Öztürk, Çarşamba'dan tanıdığı Yılmaz isimli bir arkadaşının otomobiliyle, Nuri Aydın isimli bir kabadayıyla İstanbul'a gelir.

Eldeki ekonomik olanaklarla örgüt için İstanbul'da bazı evler kiralanır. Ziya Yılmaz ve Abdullah Çeçeloğlu'nun İstanbul'a gitmesi kararlaştırılır. Bu nedenle Eminönü'nde de bir dükkan açılarak, çalıştırılmaya başlanır.

"Devrimci Mücadele Yiğit Bir Evladını Kaybetti"

Aynı şekilde, SBF-TKP grubu ile ilişkisi olan ve SBF'den mezun olduktan sonra, doktora yapmak üzere 1970 Temmuz ayının ilk haftasında Fransa'ya giden Cengiz Zapçı'nın yapacağı bir diğer iş de bu grubun yurt dışı ilişkilerini geliştirmektir.

"Ancak kısa bir süre sonra Zapçı, Paris'te bir otel odasında ölü olarak bulundu. Fransız polisi, olayın havagazı zehirlenmesi olduğunu söylüyordu."[111]

Cengiz Zapçı'nın cenazesi Türkiye'ye getirildiğinde, Mahir ve arkadaşları, hemşire olan Tülay Tad ile Cengiz Zapçı'nın kızkardeşine,

"-İkiniz otopsiye girin ve cesette şüpheli bir darp izi var mı bakın" der.

Hemşire Tülay Hanım, Cengiz'in cesedinde şüpheli sayılabilecek herhangi bir şey bulamaz.

Cengiz Zapçı'nın ölümü hakkında yayınlanan yazı aynen şöyledir: "Cengiz Zapçı kardeşimiz 18 Temmuz 1970 günü, 10 gün önce doktora yapmak için gittiği Paris'te şüpheli bir şekilde ölmüştür. Fransız polisi tarafından iade edilerek, iki kere otopsi yapılmıştır. Fransız polisi tahkikatı bu yönde geliştirmektedir.

Cengiz Zapçı, 23 yaşında, atılgan, coşkulu, yürekli, içtenlikli bir devrimci arkadaşımızdı. Devrimci mücadelenin yiğit bir mücahidiydi. Antiemperyalist gençlik hareketlerinin, toprak işgallerinin, işçi grev, işgal ve mitinglerinin içinde 16 Şubat'tan (Kanlı Pazar'dan) 16 Haziran'a (Büyük işçi direnişi) kadar devrimci savaşımın bütün mevzilerinde savaşmış bir devrimci idi.

O, devrimci fedakarlığın, feragatin ve tevazuun canlı bir sembolü idi. Bu mücadelenin eyyamcılığı ile, tantanası ile uğraşmayan bir sıra neferiydi.

Ve o yiğit, o pırıl pırıl sıra neferi öldü. 'İnsanlar şu ya da bu şekilde öleceklerdir. En kötüsü düşmana arkası dönük utanç içinde ölmektir.'

Arkasını düşmana hiçbir zaman dönmemiş olan kardaşımızın anısını yaşatmak, emperyalizme karşı savaşı, daha örgütlü, daha bilinçli ve tutarlı sürdürmekle mümkündür."[112]

"Yahu Bir de Bana Sopa Vurun"

1961-71 döneminde, devrimci gençlik hareketi içerisinde yer alıp hem provokatif eylemlerde bulunan, hem de polise bilgi taşıdığı açığa çıkan ilk kişi Muzaffer Köklü olmuştur. Köklü, 1967 yılından 69 yılına kadar devrimci öğrenci hareketi içinde yaptığı provokatif eylemleri daha sonra bir gazetede, "Solcu Bir Lider ve Polis Ajanıydım" başlığıyla anlatmıştır.[113]

Araştırmacı-yazar Uğur Mumcu, 12 Mart dönemi sıkıyönetim askeri mahkemelerinde açığa çıkan ve 1967 yılından itibaren devrimci hareket içerisinde polisle işbirliği yapmış olan ajanların kimler olduğu konusunda şu isimleri açıklamıştır:

Ankara Hukuk Fakültesi öğrencisi Uğur Sani, Ankara Hukuk Fakültesi öğrencisi Erdal Gökyüzü, Ankara Hukuk Fakültesi öğrencisi Ahmet Yılmaz, Ankara Hukuk Fakültesi öğrencisi Can Özbay, ODTÜ öğrencisi Eyüp Temeltaş, ODTÜ öğrencisi Mahmut Erdoğan, Yapı-İş Sendikası Genel Sekreteri Mevlüt Bayraktar ve bunların en ünlüsü olarak İstanbul Üniversitesi İktisat Fakültesi Asistanı Mahir Kaynak.[114]

Uğur Mumcu, kitabında açıkladığı bu kişilerin isimlerini 12 Mart döneminde sıkıyönetim askeri mahkemelerinde kamuoyuna açıklanan devlet belgelerinden yararlanarak ortaya çıkartmıştır.

Bir de aynı politik hareketin içinde olan kişileri, çeşitli nedenlerle, "polis", "ajan", "işbirlikçi" gibi suçlamalar vardır. Bunlar doğrudan kanıtlanamayan, sadece kuşkuya ya da kişilere dayalı öznel yargılamalardır.

Ahmet Kınacılar, yaşadığı bir olayı şöyle anlatmıştır:

"O zaman, Günaydın gazetesinde çalışan Maide isimli Kıbrıslı bir kız vardı. Ben bu kızla ara sıra konuşuyordum. Yusuf Küpeli bir gün bana, 'Ahmet dikkat et Maide'ye. Polis olabilir' dedi. Öyle bir cümlenin o zaman kullanılması, iki kişiyi birden mahkum etmektir. Bir daha onunla konuşman polisle işbirliğine girmek demekti. İstersen o sözden sonra bir daha gez."

Başlangıçta ABD işyerlerini bombalamak amacı olan illegal bir grubun içerisinde yer alan DTCF Tiyatro Bölümü öğrencisi Selçuk Şahin Polat'ın, bu grubun gerçekleştirdiği eylemler konusunda verdiği bazı bilgiler, konunun anlaşılmasında yardımcı olacaktır:

"Birkaç nedenle aramızda tartışmalar oldu ve ayrıldık biz bu örgütten. Birincisi Sivaslı Sami (Gürler) ve Rizeli Tahsin (Aşık), bizden yaşça daha büyük olduğundan hiçbir iş yapmıyorlardı.

Toplantı yapıyor, 'Şu yer bombalanacak' diye karar alıyoruz. Sivaslı Sami'nin karısı Sema,

'-Bu eylemi ben yapacağım' diyor. Biz de hemen,

'-Olur mu bacım? Biz dururken sana yaptırmayız' diyor ve eylemi biz yapıyoruz.

Daha sonra, sola yönelik saldırılar örgütlenmeye çalışıldı. FKF Genel Sekreteri olan Ruhi Koç'u kaçırma planları yapıldı. Hatta bu nedenle SBF'yi bombaladık.

Ayrıca, bizden, bazı şeyler yapmamız istendi:

'-FKF'yi basın. Solcu birini kaçırın'

'-Niye?'

'-Sol sokağa dökülür; taraftarı artar.'

Bu sırada, bazı eylemler nedeniyle tutuklandım ve 2,5 ay cezaevinde kaldım. Cezaevinde Yusuf Küpeli ile birlikteydim. Onunla, örgütteki provokatif gelişmeler ve bundan nasıl kurtulabileceğimiz üzerine konuştuk.

Cezaevinden serbest bırakılınca, Sivaslı Sami'ye başkaldırdım. Silahını çekti, beni vurmaya kalkıştı. Sami'den herkes rahatsız ama hiç kimse karşı çıkamıyor. Ben karşı çıkınca silahını çekti. Şaban İba'nın evinde silah silaha geldik. Sorunu tam çözümleyemeden, İçel Yurdu'nu Hüdai Arıkan ve İsmail Keçeli ile bastığım için 16 Mayıs 1970 günü ikinci kez tutuklanarak cezaevine kondum.

15 Haziran 1970 Pazartesi günü cezaevinden serbest bırakıldıktan

sonra, 'Polis' diye şüplendiğimiz öğrencileri falakaya çektik. Böylece bu örgütlenme dağıldı."

Bundan sonra ne olduğunu ise TDGF Bölge Yürütme Kurulu üyesi olan Şaban İba şöyle anlatmıştır:

"SBF yurdunda kalan ve esrar içen bir grup vardı. İlk önce bunların üzerinde durduk ve Sivaslı Sami ile ilişkisi olan Mehmet Ali'yi sorguya çektik. Adam ilk önce reddetti, ama sonra esrar içtiğini kabul etti. Bunun üzerine,

'-Parayı nereden buldun?' diye sorguya çektik.

Çünkü, ailevi durumu ve ekonomik durumunu biliyoruz. Hem parayı hem esrarı o dönemde o çocuğun bulması çok zordu. Önce o herifi çektik sopaya. Adam,

'-Evet. Biz polise çalışıyoruz' diye başladı. Şu okuldan var, bu okuldan var diye birçok isim söyledi.

Bunun üzerine söylenen bu isimlerin kimisini yurtlardan, kimisini evlerden uyandırarak getirdik. Herkes hakkında, 'Şu polis olabilir, bu da polis olabilir. Polis bunu kullanıyor. Aramıza nifak sokuyor' gibi bir kuşku, kaygı belirdi. SBF yurdunun altında bunlara sopa attık. Sopayı yiyen hemen hemen herkes,

'-Polisim' diyor, ötüyor. Aralarında DTCF'den Ökkeş, Timur Bilgiç, Yener Acar, Özdemir Gül dahil olmak üzere çoğunluğu DTCF, SBF, Hukuk, Hacettepe'de okuyan ve çevresindekiler üzerinde kuşkulu davranışlar yaratan Dev-Genç sempatizanı olan 17 kişiyi sorguya çektik. Bu olayın geçtiği yerde o sırada Atilla Sarp, Ruhi Koç, Mahir Çayan, Oktay Etiman, Hüseyin Onur, İlhami Aras, Hüseyin Cevahir de vardı.

Mahir, vurmuyor, dokunmuyor hiç. Seyrediyor. Bir ara Mahir,

'Yani bu adamların hepsi mi polis? Bir de benim ayaklarıma birkaç sopa vurun' diyerek, ayakkabılarını çıkartmaya çalıştı.

Sivaslı Sami, işin beyni olabilir, önemli adamdır diye ODTÜ'ye götürdük. Fakat adam oradan bir fırsatını bularak kaçtı."

Fakat, bütün bu kuşkular kuruntudan ibaret kalır. Sonuçta, Selçuk Şahin Polat, Şaban İba ve Hüdai Arıkan'ın içinde bulunduğu bu örgütlenme dağılır ve bir kısmı THKP-C hareketine katılır.

Mahir İle Gülten Evleniyor

Mahir, bir süredir arkadaşlık yaptığı Gülten Savaşçı ile bu dönem evlenir. Mahir Çayan ile Gülten Savaşçı'nın evliliği, 12 Ağustos 1970 Çarşamba günü, saat 16.00'da, Ankara, Yenimahalle Evlendirme Memurluğu'nda gerçekleşir.

Gülten Savaşçı'nın nikah şahitliğini Havacı Üsteğmen Mustafa Şahin, Mahir Çayan'ın nikah şahitliğini ise Havacı Yüzbaşı ve Gülten Savaşçı'nın ağabeyi Orhan Savaşçı yapar. Fakat, Orhan Savaşçı, Ünsal Yönmezer ismini kullanır.

Yenimahalle Evlendirme Memurluğu nikah defterinin 155. Sayfa, 387 Sicil No.lu kaydına göre, Mahir Çayan ile Gülten Savaşçı, Gülten Savaşçı'nın babasının, Bahçelievler, 1. Cad. 9. Sokak, 28/7 No.da bulunan ev adresini kullanmıştır.

Nikahtan sonra, Mahir Çayan, Gülten Savaşçı (Çayan), Mustafa Şahin, Orhan Savaşçı, akşam bir restorana giderek, hem nikahı hem de bir arada olmayı kutlar. Mahir ile Gülten'in son beraberlikleridir. Gülten, nikahlandıktan birkaç gün sonra Fransa'ya gider.[115]

"Sinan'ın Evine Birlikte Örgütlenme Teklifi Yapmak İçin Gittik"

6 Ağustos 1970 Perşembe günü Ankara Cezaevi'nden serbest bırakılan Yusuf Küpeli, bu dönem ne yaptıklarını şöyle anlatmıştır:

"Serbest bırakıldığımda başka çare yok diye Filistin'e gitmeyi düşünüyordum. Fakat Mahir, kalmam için ikna etti. Garanti verdi. 'Subaylar bizlerle beraber, ama hiç cunta ilişkileri yok' dedi. Fakat bir yığın kişinin bu subaylardan haberi var tabii. İlişkiler aslında son derece laçka. Öyle gizlilik olayı falan yok.

Ben de ne yapayım diye düşündüm ve o zaman Filistin'e gidip savaşacağıma burada kalıp savaşayım, dedim. Bu kez, 'Mihri'den ayrılmayı' şart koştum. Mahir, 'Mihri'yi idare ediyoruz. Bir süre daha idare edeceğiz' dedi.

Cezaevinden çıktıktan sonra Mihri Belli gibi insanların evlerine bir tek kez olsun uğramadım. Mahir, 'Şimdilik idare edelim' diye zorladığı için, o çevrelerde gözüküyorduk.

Mihri, 'Bak gardaşım, kulağıma geldiğine göre sen bana kızıyormuşsun. Halbuki biz seni seviyoruz. Bak gardaşım benim asıl çizgim Pyongyang, Hanoi, Havana çizgisidir. Gürler (Faruk Gürler) deyip geçme haaa. O Gaddafi gibi adamdır, Gaddafiii. Gaddafi; zırhlı birlikleri ile gelecek, düğümü kesecek, işler tıkır tıkır yoluna girecek.'

Bu arada başka gruplar da oluşmuş zaten. İstanbul gruplaşmaya başlamış. Atilla Sarp başka bir grup. Mahir de mecburen onların arasında. Çevresinde üç-beş kişi var ama bir şeyi ele geçirecek bir güç değil. Ben olmazsam TDGF'yi ele geçiremezlerdi.

Bursa Cezaevi'nde Deniz Gezmiş'i Hüseyin Onur ile ziyaret ettik. Fakat bu dönem Mahir, Deniz ve arkadaşlarına, 'Sol Sapma', Mihri ve TİP'e de 'Sağ Sapma' diyordu. Benim Deniz ile görüşmemi açtığımda da birlikte olmaya kesinlikle karşı çıkmıştı.

Daha sonra, Mahir, ben ve Münir, Sinan Cemgil'i evinde ziyaret ettik. Sinan'ın evine, birlikte örgütlenme teklifi yapmak için gittik. O, kibarca bizi reddetti. Böyle bir serüvene girmek istemiyordu, düşünceleri farklıydı."

ODTÜ ile SBF-TKP gruplaşmalarının ortak hareket etmeleri kararından sonra Zihni Çetiner'in dediğine göre, "Mahir ağustos ayında ASD'nin yazı kurulundan istifa eder fakat sonradan istifasını geri alır."

Necmettin Giritlioğlu Öldürülüyor

Bu sırada ODTÜ-TKP ile ilişkileri olan Necmettin Giritlioğlu, 1970 Ağustos ayında YİS'in Genel Başkanlığına getirilir.

Giritlioğlu, YİS'e başkan olduktan sonra, İzmir-Aliağa Rafinerisi'nin inşaat işlerinden bir kısmını yürütmekte olan Kozanoğlu-Çavuşoğlu firmasında çalışan işçiler adına toplu sözleşme yetkisi alır. Fakat, işverenle yapılan toplu sözleşmede anlaşma sağlanamayınca greve gidilir.

22 Ağustos 1970 Cumartesi günü "sabahı bütün işçiler giriş kapısı önüne toplanmışlar. İşçilerden bir grup, içeriye çalışmak için girecek işçileri geri çevirmekle görevli. Necmettin bunların başında bulunuyor. İş saati geliyor. Sovyet teknisyenleri içeri girmek istiyorlar. İçeri giremeyecekleri anlatılıyor. Sovyet teknisyenlerini getiren birinci araba geri dönüp gidiyor. İkinci araba geliyor. Onlara da içeri giremeyecekleri anlatılıyor. Fakat Sovyet teknisyenlerini getiren şoför, küfürle karışık: 'Kimse beni yolumdan geri çeviremez, gireceğim' diyor ve gaza basıyor. İşçiler arabanın önüne geçiyorlar, arabayı durduruyorlar. Bu sırada Necmettin olayı duyuyor, koşarak geliyor. Şoföre geri dönmesini söylüyor. Şoför torpido gözünde beze sarılı tabancayı çıkarıyor. Bunu işçiler görüyorlar: 'Necmettin ağabey, geri çekil, tabanca var elinde' demelerine rağmen, Necmettin arabanın kapısını açmaya çalışıyor. Bu sırada, şoför tabancayı ateşliyor. Necmettin yere düşüyor. Şoför, işçilerin şaşkınlığı arasında arabayı gazlıyor ve şantiye önüne bırakarak kaçıyor."[116]

Olay yerinde bulunan Bingöl Erdumlu ile Haluk Menemencioğlu, hızla Necmettin Giritlioğlu'nun yanına koşar. Bingöl Erdumlu, yerde yatan Necmettin'in başını kucağına alır. Necmettin, elini çeketinin cebine uzatarak, Bingöl'e, "Tamam, bir şeyim yok. Ölmeyeceğim. Yaralandım. Çeketimin cebinde grev kağıtları var. Onları al kanlanmasın" der. Bu sözler, Necmettin'in son sözleridir.

İzmir Aliağa Petrol Rafineri inşaatında, AP militanlarından ve Menemen Minibüsçüler Derneği Başkanı olan şoför Kazım Soyuncu tarafından vurularak öldürülen YİS Genel Başkanı Necmettin Giritlioğlu'nun cenazesi 24 Ağustos 1970 Pazartesi günü, Ankara'da törenle kaldırılır.

Sabahleyin, Tıp Fakültesi'nden alınan Giritlioğlu'nun cenazesi daha sonra Hacı Bayram Camii'ne getirilir. Burada kılınan cenaze namazından sonra SBF önüne getirilir.

SBF önünde yapılan törende, aralarında TDGF Başkanı Atilla Sarp, Fahriye Muzaffer İlgen, Münir Ramazan Aktolga, Hasan Yusuf Küpeli, Mahir Çayan'ın da olduğu devrimci gençler, saygı duruşunda bulunarak "Bağımsızlık Andı" içer.

Giritlioğlu'nun cenaze töreninde bulunan Mahir, Tülay Tad'a,

"-Biz hep cenazelerde mi buluşacağız, bir araya geleceğiz. Bizim de bir iyi günümüz olmayacak mı?" diyerek, duygularını dile getirir.

Giritlioğlu'nun cenazesi daha sonra Asri Mezarlığa götürülür. Giritlioğlu'nun cenazesi toprağa verildikten sonra, mezarlıktan dönen otobüsler, Atatürk Site Öğrenci Yurdu'nun önünden geçerken komandoların saldırısına uğrar. Yoldan geçen otobüslere taşlarla ve sopalarla saldıran komandolar, otobüslerin camlarını kırar. Mihri Belli, bu konuda şunları anlatmıştır: "Necmettin Giritlioğlu'nun cenaze töreninden otobüslerle dönerken, faşistlerin elinde olan bir yurdun önünden geçerken, faşistler otobüse taş attılar. Orada Mahir, tek başına hücuma geçmek için fırladı ve yurda doğru yürüdü."

"Mahir, Geliştirmek İstediği Bir Hareketin Teorilerini Üretiyormuş"

O sırada, Filistin'de yaptığı gerilla eğitiminden yeni dönmüş olan TDGF Genel Sekreteri Ruhi Koç, SBF ile ODTÜ gruplarının, örgütlenme çalışmaları konusunda şunları anlatmıştır:

"7 Eylül 1970 Pazartesi günü, Malatya'da bir miting yapacağız, adam arıyorum. Okullar tatil olduğu için adam bulmak zor. Ben de

SBF'nin yurdunda kalıyorum. Mahir'in kaldığı odaya gittim. Baktım açmış kitapları okuyor. Mahir'e,

'-Buraya sen git. Yanına birkaç kişi daha verelim' dedim.

'-Ben gidemem' dedi. Ben de biraz sert ve kızgınlıkla,

'-Gideceksin. Oturup kitap okumayla devrim yapacağına inanıyorsan, yanılıyorsun' dedim.

Orada Mahir'le tartıştık.

Biz, Mahir'i 'pasifist' olarak gördüğümüz için, orada Mahir'i küçümser havalardaydım. Bilmiyorum, farkında değilim tabii. Meğerse onlar, bir örgütlenmeye hazırlanıyorlarmış ve Mahir, geliştirmek istediği bir hareketin teorilerini üretiyormuş."

Yapı-İş Sendikası

Bu dönem ODTÜ-TKP grubu, ODTÜ'de çalışan işçiler arasında örgütlü bulunan Yapı-İş Sendikası'nda etkin durumdadır.

İrfan Uçar, Yapı-İş Sendikası'nın Ankara Bölge Temsilcisi'dir. Süreyya Denizli'nin Başkan, Suat Şükrü Kundakçı'nın sekreter olduğu Yapı-İş Sendikası'nın tüm olanaklarını ele geçirmek amacıyla, aralarında Bingöl Erdumlu, Ahmet Nergis ve Bekir Belovacıklı'nın bulunduğu bir grup, 5 Ağustos 1970 Çarşamba günü Sinop-Gerze'de Olağanüstü Kongre yaparak, Suat Şükrü Kundakçı'yı başkan seçtirir. Ardından, Süreyya Denizli ve arkadaşları Yapı-İş'ten atılır. Bunun üzerine Suat Şükrü Kundakçı ile Süreyya Denizli arasında yetki anlaşmazlığı ortaya çıkar.

Suat Şükrü Kundakçı, Süreyya Denizli ve adamlarına karşı kendilerine destek olması amacıyla, Yapı-İş Sendikası'na ait beş adet arabanın kullanma ve kullandırma yetkisi ile beraber bir adet Volvo araba, Hatır Bonosu adı altında, Yusuf Küpeli'ye 20.9.1970 tarihli ve 165 bin liralık, Münir Ramazan Aktolga'ya da yine aynı tarihli, 170 bin liralık ve Ertuğrul Kürkçü'ye de, 20.9.1970 tarihli 168.000 liralık bono verir.

Yetki anlaşmazlığı nedeniyle, 21 Eylül 1970 Pazartesi günü, Yapı-İş Sendikası'nın "5. Genel Kurul Toplantısı", Ankara'da Türk-İş salonunda olaylı bir şekilde başlar ve Suat Şükrü Kundakçı'yı komandolar, genel kurul salonuna almaz. Kundakçı ise, Süreyya Denizli'nin kongreyi toplayamayacağını ileri sürer.

Sonuçta, Küpeli, Kürkçü ve Aktolga, Kundakçı'dan aldıkları bonoları kullanamazlar.

"Çifte Tabancalı Başkan"

İsmet Demir'in anlattığına göre, "Necmettin Giritlioğlu haince katledildikten sonra en yakın arkadaşları da grev üzerine eğilmişlerdi. Bu greve ilgi duyanlardan bir tanesi de Yusuf Küpeli idi. Hüseyin Cevahir, Münir Ramazan Aktolga, Atilla Sarp, Ahmet Sina, Sadık Gökçen, Ersin Dinmez gibi arkadaşları da saymak mümkün. Bir gün Yusuf Küpeli, Aliağa'ya geldi. O günlerde bir yardım edebilir miyim diye gelmişti. Biz, işçileri uyarmak amacıyla grev mahallinin uzağında ana şoseye yakın bir mahalde toplanmıştık. Toplantıda Yusuf Küpeli arkadaşı işçilere tanıştırmış, yardım için onların emrine geldiğini işçilere söylemiştik. Yusuf Küpeli arkadaş da işçilere bir konuşma yapmıştı. İşte bu konuşmalar sırasında aniden jandarma birliği yolu kesmiş, işçilerin etrafı abluka altına alınmıştı. Bunun üzerine konuşmayı kesmiş işçilere dağılmasını, evlerine gitmesini, ertesi günü grev mahallinde bulunmalarını söyleyerek toplantıya son vermiştik. Ben, Bingöl Erdumlu, Yusuf Küpeli beraberce Aliağa'ya gitmek üzere yola çıktık. İşçiler bizim arkamızdan geliyorlardı. Jandarma birliği komutanı arama yapacağını söylemişti. Böylece geçmek isteyenlerin üzerini aramaya başladı. İşçilerin etrafı jandarma tarafından çember içine alınmıştı. İşte o anda arkadaşların ikisinde tabanca varmış; bunlar tabancaları şosenin üstüne atıp ayakları ile tabancaların üstünü kumla örtmeye çalışırken jandarma bunu görmüş. O da ayakları ile tabancaların üstüne kum atarak kapanmasına yardım etmişti. Bunu işçiler bana sonradan anlattılar. Arama bitip jandarmalar gittikten sonra işçiler gidip tabancaları almışlardı. Bu olay halk içine çabuk yayılmış ve tabanca olayı Yusuf Küpeli'ye mal edilerek kendisine bir de isim takmışlardı: 'Çifte tabancalı başkan' gelmiş diye. Böylece Yusuf Küpeli halk için efsaneleşmişti. İsmi günlerce Aliağa ve yakın köylerde konuşulmuş, ölen arkadaşının intikamını alacaklar diye çevreye dedikodu yayılmıştı. Bu sözler polisin de kulağına gitmiş, günlerce emniyet tedbiri almışlardı."[117]

Aliağa Petrol Rafinerisi inşaatında çalışan işçiler içerisinde Tuncelili Alevi inşaat işçileri de vardır.

SBF-TKP ve ODTÜ-TKP grubu, Tuncelili bir Alevi dedesi olan Hüseyin Cevahir'i Aliağa Petrol Rafinerisi inşaatında çalışan Tuncelili Alevi işçileri örgütlesin diye Aliağa'ya gönderir. Cevahir, bir süre bu işçileri örgütlemek amacıyla Aliağa'da çalışır

Necmettin Giritlioğlu'nun ölümünden sonra Yapı İşçileri Sendikası Kongresi Menemen'de yapılır. Bingöl Erdumlu, sendikanın başkanı, Hüseyin Cevahir de sendikanın yönetim kurulu üyesi olur.

"Hareketimizin Ayrı Ayrı Kolları Arasında Bağlar Yeteri Kadar Kuvvetli Değildir"

1970 Ağustos ayında, Aydınlık dergisinde, 40 kişiden oluşan bir Danışma Kurulu toplantısı yapılır. Bu kurul, örgüt meselesini tartışır. Danışma Kurulu, yedi kişilik bir İrtibat Komitesi seçer. İrtibat Komitesi, hareket içinde irtibatı sağlamakla ve program tasarısını kaleme almakla görevlendirilir.

İrtibat Komitesi, Mahir Çayan, Ömer Erim Süerkan, Muzaffer Erdost, Mihri Belli, İhsan Memoğlu ve Atilla Sarp'tan oluşturulur.

Danışma Komitesi, MDD'ci kesimi merkezi bir örgütlenmeye kavuşturmak için bir toplantı düzenler ve çeşitli kesimleri toplantıya çağırmak amacıyla bir bildiri gönderir.

"Aydınlığın Bildirisi" özetle şöyledir:

"Proleter devrimci hareketimizin örgüte kavuşturulması yolunda, Aydınlık Yazı Kurulu uzun süreden beri çaba göstermektedir. Bir yandan TİP içindeki oportünizme karşı mücadele yürütülürken, bir yandan da örgütlenme çabası yoğunlaştırılmış ve 40 kişilik bir danışma toplantısı yapıldıktan sonra, Proleter Devrimci Kurultay düzenlenmiştir. Aydınlık bu çalışmalarla ilgili mektup ve kararları bir kez daha proleter devrimcilerine duyurmayı gerekli görmüştür."

"Bunun baş nedeni saflarımızda henüz tam bir birliği, disiplini ve dayanışmayı sağlayamamış olmamızdır. Hareketimizin ayrı ayrı kolları arasında bağlar, yeteri kadar kuvvetli değildir. Bu irtibat eksikliği birlik ve dayanışmamızı zedeleyen her kafadan bir ses çıkması durumunu yaratmaktadır."

"Bu şartlarda, proleter devrimci hareket saflarında birliği, disiplin ve dayanışmayı sağlayacak olan bir merkezi irtibat organının teşkili meselesi en acil meselemiz haline gelmiştir."

"Bir merkezi İrtibat Kurulu teşkili meselesi birinci meselemiz olmuştur. Bu meseleyi tartışmak üzere bir toplantı düzenledik. Bu toplantıya katıl.

Aydınlık Komitesi - Ağustos 1970."[118]

Kırk kişilik Danışma Komitesi'nin içinde Mihri Belli, Şevki Akşit, Mustafa İlker Gürkan, Mustafa Lütfü Kıyıcı, Ömer Erim Süerkan, Ruhi Koç, Yusuf Küpeli, Münir Ramazan Aktolga, Mahir Çayan, İhsan Memoğlu, Ziya Yılmaz, Halil Oyman, Muzaffer Erdost, Vahap Erdoğdu, Seyhan Erdoğdu, Atilla Sarp gibi isimler yer almaktadır.

"Revizyonizm"

İdeolojik ayrışmalar ve tartışmalar olunca, gruplar, gizli veya açık birçok tartışma ve toplantı yapmıştır. Mehmet İncili, bu toplantılardan birinin nerede ve ne için yapıldığını şöyle açıklamıştır: "4 Eylül 1970' te Ankara'da, Aydınlık yazıhanesinde yapılan bir görüşmede, Türkiye İşçi Partisi içinde çoğunluğu sağlayamama halinde bir parti kurulması düşünüldü."

4 Eylül 1970 Cuma günü, ASD'nin bürosunda yapılan toplantı sonunda oluşturulan, Toplantı Düzenleme Komitesi, 9 Eylül 1970 Çarşamba günü, SBF salonunda MDD'nin bütün ileri gelenlerinin katıldığı bir konferans düzenler.

Konferansı veren Mihri Belli, bu konuda şunları anlatmıştır:

" 'Revizyonizm' konulu konferansı, TDGF Başkanı Atilla Sarp organize etmişti. Biz, PDA'cılara 'Yeni Oportünistler' diyorduk. Türkiye devriminin çıkarları için, Sovyetler'le iyi ilişkileri sürdürmek gerektiğini savunuyorduk. PDA'cılar ise, 'Baş düşman Sovyetler Birliği' diyorlardı. Dolayısıyla Amerika müttefik oluyordu. 'Baş düşmanımın düşmanı, dostumdu.' Oraya geliyordu iş. O bulanık havada, yatıştırıcı bir konuşma yaptım orada. Aslında, hücuma geçmek vardı. Belki de yatıştırıcı olmak hataydı. Olumlu bir sonuç vermedi. Yalnız PDA'cılara orada biraz boy göstermeleri fırsatı verdik. Buna lüzum yoktu. Konu, 'Sovyet Revizyonizmi' hikayesiydi. PDA'cılar, orada, anti-sovyetizmi savundu. Geçerli akçeydi."

Yusuf Küpeli, bu konuda, "Yapılan eleştirilere ve bütün engellemelere rağmen, SBF'de verdiği 'Revizyonizm' konulu konferansta, hiç eleştirilmediği, bu konuda kendisiyle tartışılmadan arkasından konuşulduğu yalanını uydurmuş" diyerek Mihri Belli'yi eleştirmiştir.[119]

PDA'cılar da, konuyla ilgili olarak şunları anlatmıştır:

"Bin kişilik bir kitlenin katıldığı SBF toplantısı işte bu şartlarda yapıldı. Çayan toplantıyı bir emrivaki olarak görüyor ve M. Belli'den erken bir kopuşa yol açacağını söyleyerek kitle önünde tartışmak istemiyordu. Bu nedenle toplantının başlaması bir saat gecikti.

Toplantıda önce M. Belli konuştu. Geçmişteki devrimci mücadelesine dayanarak kitleyi etkilemeye ve PDA'ya saldırarak hedefi saptırmaya çalıştı. Mahir Çayan, İrfan Uçar, Münir Aktolga ve Yusuf Küpeli söz aldılar. Çayan, Belli ile aralarındaki farkın 'nüans farkı' olduğunu söyledi. Konuşmasında, Belli'nin SSCB'den yardım alma görüşünü yumuşatarak savundu. Doğu Perinçek, bu görüşe yerinden itiraz edince zor durumdaki taraflar, Perinçek'e saldırarak kurtulmaya çalıştılar. Çamkıran söz aldı. 'Nüans ayrılığı' tespitine karşı çıkarak, devrimci bir özeleştiri yapmadığı takdirde Belli ile birliğin sürdürülmemesi gerektiğini savundu. Revizyonizme ve milliyetçiliğe çattı. Doğu Perinçek söz aldı ama iki taraf da Perinçek'e saldırıda birleşerek konuşturmadılar."[120]

SBF ve ODTÜ-TKP grubu da, toplantıda görüşlerini özetle şöyle açıklar:

"Mao Zedung düşüncesinin Sovyetler Birliği'nde kapitalizme dönüşle ilgili tahlilleri, 'ciddiye alınamaz', 'Rusya'da rekabetçi piyasa ekonomisi mi var ki, kapitalizmden bahsediliyor', denildikten sonra, 'Sovyetler Birliği Türkiye'nin yakın komşusudur; Çin ise uzaktır. Bu sebeple modern revizyonizme karşı çıkmak yanlış olur... Çaru Mazumdar'ın Mao Zedung Düşüncesini savunması doğrudur, çünkü Hindistan Çin'in komşusudur ve Hindistan köylüsüne Çin'in sağladığı radyo istasyonlarından hitap etme imkanı vardır. Türkiye'de ise durum farklıdır'; bu nedenle, PDA'cılar gibi Pekin ağzıyla konuşamayacağız."[121]

"Mihri Belli arkadaşın 'Devrimci Milliyetçilik ile Proleter Enternasyonalizmi Birbirini Tamamlar' başlıklı yazısının milliyetçilikle ilgili olan kısmına tamamen katılıyoruz. Revizyonizmle ilgili ikinci kısım konusunda aramızda nüans farkları (önemsiz, küçük görüş ayrılıkları) var."[122]

"Biz, Bunca Zamandır Bunu Bekliyorduk"

Bu sırada, Ankara Cumhuriyet Başsavcılığı, Siyasi Partiler Yasası'na dayanarak, TİP'i kapatmak amacıyla çeşitli gerekçelerden birisi olarak Mahir Çayan, İlhami Aras, Seyhan Erdoğdu, Tangör Çakıroğlu ve Zakir Koçak'ın kurduğu "Devrimci TİP Komitesi"ni görür. Bu nedenle, TİP Genel Merkezi'ne gönderdiği bir yazı ile, "TİP içinde, Devrimci TİP Komitesi gibi bir komitenin kurulup kurulmadığı konusunda bilgi vermesi"ni ister.

Bu yazı ile TİP yöneticileri, illegal bir örgütlenmeye gittiği yönünde suçlanmaktadır.[123]

Bunun üzerine, TİP Genel Merkezi, Mahir Çayan, İlhami Aras, Zakir Koçak, Tangör Çakıroğlu ve Ruhi Koç'u, "Devrimci TİP Komitesi adı altında parti tüzüğüne aykırı olarak komite kurulması, TİP'in tüzüğünü, programını benimsemeyen, onları yanlış bulan ve bunlardan dolayı partinin merkez yöneticilerine karşı olan, parti binalarını basan, parti mallarını alıp götüren (...) parti görüşlerine ve çizgisine karşı olan bu kişileri, bu faaliyetlerinden dolayı, parti tüzüğünün 43. maddesi gereğince, 12 Eylül 1970 Cumartesi günü partiden kesin olarak ihraç" eder.[124]

TİP'den ihraç edildiğini öğrenen Mahir, yanına aldığı Yusuf Küpeli, Sarp Kuray, Selçuk Şahin Polat, Hüseyin Onur, Ertuğrul Kürkçü, Şaban İba, Zihni Çetiner, Alaattin Orhan, Mehmet Demir, Nurettin Öztürk, Zakir Koçak, Tangör Çakıroğlu, Kamil Dede, Oktay Etiman, Habip Çalışkan, Ahmet Fazıl Boyacı, Cemal Selman Pakoğlu, İlhan Kalaylıoğlu, Tarhan Özgür, Ahmet Cem Yücesoy, Nasuh Mitap, Zafer Kutlu, Hüseyin Cevahir, Saffet Rüştü Tekin gibi bir kısım arkadaşıyla, 13 Eylül 1970 Pazar günü, TİP Ankara İl Kongresi'nin yapılmakta olduğu Ulus, Konak Düğün Salonu'nun kapısına gelir.

"MDD'ciler, kapının önüne yığılmışlar, bağrış çağrış, salona girmeye uğraşıyorlardı. Gördükleri direniş karşısında bunu beceremeyip, geri tosladıkça da parti görevlilerine ağır hakaretler yağdırıyorlardı. Punduna getirdikçe de saldırıya dönük zorlamalara girişiyorlardı. Aralarından cüsseli olanlarını koçbaşı yapıyorlardı onlar da.

İçerdekiler durumu endişeyle izliyorlardı. Bir patırdı kopmasından korkuyorlardı. Gerçi partililere sabırlı olmaları tembihlenmişti ama, ötekilerin ölçüsüzlükleri yüzünden neler olacağı belli olmazdı. Şimdiye kadarki tutumlarına bakılacak olursa, galiba oraya ille de çıngar çıkarmak için gelmişlerdi. Eski Genel Sekreter Dr. Nihat Sargın, Minnetullah Haydaroğlu'na: 'Çıkıp şu insanlara, yapmayın etmeyin, hareketleriniz güzel değil, partiye karşı biraz saygılı olun gibilerinden bir çift söz etseniz, herhalde sizi kırmazlar' dedi. Haydaroğlu hayıflanır şekilde güldü: 'Onların böyle bir anlayış göstereceklerini zannetmiyorum...'

O sırada kürsüde bulunan Doğu Perinçek, onu çekiştiriyordu: 'İl Başkanı Haydaroğlu, bir burjuvadan daha burjuvadır. Buna da şaşmamak icap eder. Zira kendisi Kafkasya'dan gelen bir beyzadedir...'

Sargın, bir yanında yılların militanı, Çankaya İlçe Başkanı Yalçın Cerit, bir yanında Gaziantep örgütünün saygın insanı yaşlı başlı Baki Çelikel, dışarı çıktı, MDD'cilerin karşısına dikildi; 'Arkadaşlar!' diye seslendi onlara. Düşmanca bakışların üstüne öfke dalgaları kabardı öteden: 'Biz senin arkadaşların değiliz, bizim oportünistlerle arkadaşlığımız yok!'"

Nihat Sargın, "Arkadaşlar, yanlış yapıyorsunuz" diyerek, ikna çabasını sürdürür. Ne ki, lafın arkasını getiremeden,

"Biz, bunca zamandır bugünü bekliyorduk" diyerek, Sargın'ın üstüne çullanan saldırganlar, yumruk ve tekmelerle, rastgele vurmaya başlar.

"Bıçak kemiğe dayanmış, iş çığırından çıkmıştı artık; parti görevlileri de daha fazla dayanamayıp onlara mukabele ettiler. Bir karıştı orası, ana baba gününe döndü. Yumruk, tekme, taş, sopa, kayış, zincir, küfür, kızılca kıyamet koptu. Kapının camları şangur şungur kırıldı. Baktı olacak gibi değil, Haydaroğlu, Zeki Kılıç'a işaret verdi. Kılıç, muhafız ekibini dışarı sürdü. Bunu gören MDD'ciler dağıldı.

Dağıldılar ama, Sıhhıye'de toplandılar. Oradan hiddetle Mithatpaşa Caddesi'ne yöneldiler. Geldiler geldiler, parti genel merkezine dayandılar; çatkapı içeri doluştular, aniden ortalığı velveleye boğdular. Birisi salondaki büyük masanın üstüne fırlayarak kollarını havariler gibi yukarı kaldırdı: 'Madem öyle' dedi, 'biz de burada toplantı düzenler, devrimci terörün kasırgasını oportünistlerin canevlerinde estirir, karargahlarını başlarına çökertiriz!'

Genel Başkan Şaban Yıldız, hışımla odasından fırladı, 'Bana bakın, nedir bu yaptığınız sizin?' diye bağırdı bunlara kısık sesiyle. 'Kendinizden utanın, eşkıya alayı mı kesildiniz başımıza? Hepinizin canı cehenneme! Edebinizi takınıp hemen terk edin burayı! Haydi, hemen!"

MDD'cilerin buna tepkisini içlerinden birisi, Şaban Yıldız, gırtlak kanseri nedeniyle ameliyat olduğu için, gırtlağındaki hava aldığı ameliyat noktasına elini bastırarak gösterir. "O sırada orada bulunan ve adamakıllı afallayan kimi Genel Yönetim Kurulu üyeleri de çıkıştılar onlara: 'Kendinize gelin, aklınızı mı şaşırdınız siz, burası dingonun ahırı değil.' Bunlar, Atilla Aşut, Savaş Al, Cemal Kral ve Recep (Şaban Erik)'tiler. Ancak söz kâr etmiyordu.

Partide çalışan bayanlar da saldırıya uğrayanlar arasındaydı. Bunlardan birisi Şükran Deriş'ti.

"Kalkıp kopuyordu ortalık. Yıldız, nihayet burnundan patladı: 'Defolun buradan çabuk!' Bakışlarıyla öfke saçarak elini arka cebine attı: 'Kafam kızarsa partim için yapamayacağım şey yoktur, beni deli etmeyin!' MDD'ciler pabucun pahalı olduğunu anladılar, seslerini soluklarını keserek geri çekildiler, binayı boşalttılar.

Tam merdivenlerden inerlerken karşılarında biten Mahir Çayan önlerini kesti onların. Partiye bayrak açanların arasında sivrilen, kabına sığmayan, sert mücadelelere özenen, liderlik havalarına giren, burnunun doğrultusunda giden, dik başlı bir gençti bu. Yırtıcı hareketlerle hepsini geri çevirdi. Kalabalık, uğultuyla kapıya yöneldi tekrar. Partililer birbirlerine kenetlenerek saldırıyı göğüslediler. Yıldız, sırtını duvara dayamış, iri gövdesiyle en zayıf yeri tutuyordu.

Çayan dayattıkça dayatıyor: 'Buraya gireceğiz!' diye paralanıyordu. İçinde saldırganlık hisleri kaynıyordu sanki. Dişleri pırıl pırıl parlıyordu ağzında, çenesi işledikçe. Çok pervasız davranıyordu. Canavar kesilmişti adeta. Heyecanlı ve ataktı. Bir ara iki eliyle göğsünü açıp kükredi: 'İsterseniz vurun beni!' Recep (Şaban Erik) zorlukla nefes alıyordu. Sol yanı asansör kafesliğinde eriyordu. 'Bu yaptığınız ayıptır, ayıp!' dedi, boğuk bir şekilde. 'Partiye karşı böylesine çirkin bir harekete girişmekten utanmıyor musunuz?' Cırtlak bir ses ilişti kulağına: 'Sen git de Ulus'ta köpeklerinizin yoldaşlarımıza yaptıklarını gör, sendika ağası!' Ve küt diye bir sopa indi kafasına. Gözlerinde yıldızlar uçuştu. İnce bir kan şeridi süzüldü alnından aşağı. Yediği darbenin acısını kafasından çok yüreğinde duydu. 'Sendika ağası' lafı da okka kayası gibi içine oturdu. İkinci darbeden sakınmak isterken bu sefer sağ koluna indi sopa. Savaş Al, kendini tutamayarak çılgınca üzerlerine atıldı onların. Atılmasıyla birlikte aralarında kaynayıp gitti. Artık dayanmak imkansızdı. Adamlar ipten kazıktan boşanmışçasına paldır küldür içeri çöktüler yine. Vahşi çığlıklarla etrafı kırıp dökmeye, evrakları yerlere saçmaya başladılar. Tangör Çakıroğlu da aralarındaydı. Elebaşı rolleri oynuyordu. Havayı durmadan körüklüyor, ortalığa fit veriyordu. Arada bir de kalın bir sopayla duvarları döverek yırtınıyordu: 'Gaz döküp yakalım burasını! Gaz döküp yakalım burasını!'"

TİP Genel Merkezi Baskını

Bu arada Sadun Aren, Mithatpaşa Caddesi'nden aşağıya doğru yürüyerek, parti genel merkezine doğru gelmektedir. Parti genel merkez binasının dışında olan MDD'ci gruptan ayağı sakat olan Kurtuluş Yayınevi sahibi İlhan Kalaylıoğlu, Sadun Aren'i görür ve bastonuyla Aren'i göstererek,

"-Kaçıyor, oportünist kaçıyor" diye bağırmaya başlar. Bunun üzerine, Ahmet Cem Yücesoy ve Tarhan Özgür, Sadun Hocanın kafasına sert bir cisim atarak, başını yararlar. Bu arada bir kısmı da milletvekili olduğu için Sadun Hocanın kendisini korumak amacıyla üzerinde taşıdığı Walter marka tabancasını alır ve Sadun Hocayı kendilerine siper ederek genel merkeze girerler.

"Derken bir şeyden haberi olmayan Prof. Aren çıkageldi. Ne oluyor demeye kalmadan, neye uğradığını anlamadan, yaka paça arka odada buldu kendini. Yıldız da oraya sürüklenmişti. Çayan onlarla göz göze gelince yaptıklarından utanır gibi oldu; 'Endişelenmeyin' diye güvence verdi kendilerine, 'Size bir zararımız dokunmayacak...' Hiçbir şey ifade etmedi bu söz onlara. Aren donup kalmıştı. Yüzü kedere bürünmüştü. Yıldız öfkeden boğuluyordu. İkisi de acı bir sessizliğe gömülmüşlerdi. Dünya başlarına yıkılmıştı."

Sadun Aren, bundan sonrasını şöyle anlatmıştır:

"Şaban Yıldız'la beni koydukları odaya başka birçok kişi de doluşmuştu. Bunların bazıları kalabalığın bizim üzerimize saldırmasını istiyor gibi bir tavır içindeydiler. Grubun lideri durumunda olan Mahir Çayan, sanıyorum böyle bir olasılığı önlemek için arkadaşlarına odayı boşaltmalarını söyledi. Bunu birkaç kez söylediği halde oda hâlâ boşalmamıştı. Bunun üzerine 'çıkmayan polistir' diye bağırdı. Oda ancak bundan sonra boşaldı."[125]

"Bazıları dışarıda Aşut'u ortalarına almışlar, fena şekilde hırpalıyorlardı. Ağzı burnu kan içindeydi Aşut'un. Saldırganlarla pençe pençeye didişiyordu ama, onca kişiye gücü yetmiyordu. Zaten zayıf nahif biriydi. Üstelik bir ayağı da sakattı.

Bazıları da Al'ı içerde kıstırmışlar, küfür yağmuruna tutuyorlardı. 'Küfürü bırakın' diye feveran etti. Al, en sonunda, dövüşken pozlar takınarak. 'İğrenç bir utanmazlık örneği bu sizin yaptığınız. Bunun ne insanlığa, ne de devrimciliğe sığar tarafı var.' Biraz ufak tefekti. Ama çok sağlam bir yapıya sahipti. Karşısındakilerden biri elindeki sopayı onun ağzına uzattı. Al, yüzünü yana çevirerek başını salladı: 'Ah oğlum, ah, bir vakitler polis de aynı şeyi yaptı bana. Bir farkla, o sopanın ucunu boka batırmıştı.'"

Hüseyin Onur'un, Savaş Al'a yaptığı bu davranışı gören Zihni Çetiner,

"-Ömrünü devrimci harekete savaşa vermiş bir insana bu yapılmaz" diyerek, karşı çıkar.

"Ötekiler, nihayet, yapacaklarını yaptıktan, içerisini adamakıllı alt-üst ettikten sonra, telefon, teksir, hesap ve daktilo makinelerini alıp, muzaffer bir eda ile çekip gittiler. Bir de marş tutturdular yolda:

'Amerikan uşakları
Morrison köpekleri'."[126]

TİP genel merkezinden çıkan MDD'ci bir grup, Yusuf Küpeli önderliğinde bu kez, "Emek ile Sosyalist Gençlik Örgütü'nün bulunduğu binaya gelmişlerdir. Burada da kapıyı zorlayarak açan saldırgan burjuva veletleri içeride kimseyi bulamamışlar ve tahribata girişmişlerdir. Kapıları, camları, masaları, daktiloları, sandalyeleri kırmışlar, hızlarını alamayıp kül tablalarını yerlere serpmişler ve dergileri, Lenin resimlerini parçalamışlar, bütün evrak ve dergi koleksiyonlarını alt-üst etmişler, muslukları açarak binayı terk etmişlerdir."

"Bu MDD'ci ihanet şebekesinin beyinsizler ve ajan provokatörlerden kurulu, işkence masası memurları güruhu, 'devrimcilik' adına başka marifetler de gösterdiler. Tahrip ve işkence dışında hırsızlık, daha doğrusu gasp eyleminde de bulundular. Genel merkezden çalınan eşyanın bir kısmı şunlardır:

5 daktilo

1 teksir makinesi

1 telefon ve birçok evrak.

Kıymetli eşyadan başka şeylere iltifat edilmemesi olayın tam bir gasp olduğunu göstermektedir. Buna bir diğer kanıt da genel merkezde, orada çalışanların bile, sadece 3 daktilonun varlığından haberdar olmaları, diğer iki daktilonun saklı bulundukları yerlerden çıkarılarak götürülmesidir. Bunu ise, ancak, profesyonel hırsızlıktan haberi olanlar başarabilir."[127]

"TİP İçindeki Mücadelede Nereye Geldik?"

Şaban İba, bu olaylar konusunda şunları anlatmıştır:

"TİP muhalefeti kongreleri takip ediyordu. Bu kongrelere TDGF'liler olarak yerel muhalefetleri desteklemek için gidiyorduk. Çünkü, TİP'liler bizi kongrelere almıyorlardı. Biz de ya zorla girmeye çalışıyor ya da kapı önünde bir tür sokak muhalefeti yapıyorduk. Bunun için, Ankara'da bir grup vardı. Bunlar, kendilerine esprili bir şekilde, 'Devrimci Ayılar Birliği' (DAB) diyorlardı. DAB esas olarak, öğrenci hareketi içerisinde faşistlere karşı oluşturduğumuz bir gruptu. Zaman zaman, TİP kongrelerinin öncesinde, herhangi bir kavga gürültüde iri yarı, güçlü adamlar olan DAB grubunu biz biraz öne itiyorduk ister istemez. Ama daha sonra iş böyle planlı iş yapmaya dönünce, bu iri yarı adamları götürüyorduk. Örneğin TİP Antalya İl Kongresi'ne, o takımla gittik. Karate, tekvando biliyorlardı. O kavgalardan kalan bir espriydi bu."

TİP Genel Yönetim Kurulu, saldırı olayıyla ilgili olarak şu açıklamayı yapar:

"Bu saldırı ve gasp olayı karşısında devrimci kamuoyuna duyururuz ki, Türkiye İşçi Partisi kurulduğu günden bu yana egemen sınıfların sayısız tertip ve saldırılarını göğüslemiş ve devrimci mücadelesini yiğitçe sürdürmesini bilmiştir. Ancak, bu saldırının en ibret verici yanı, bunun, kendilerine devrimci yaftası takan kişiler tarafından yapılmış olmasıdır. Bu anarşist ve terörist küçük burjuva hareketi, başlangıcından bugüne dek partiyi yıkma, devrimci safları bölme görevini yüklenmiş ve yürütmüştür. Başlangıçta sinsice ve teorik kılıflar altında yürütülen bu bozguncu çaba, artık bir süreden beri açık saldırı ve çapulculuk olaylarına dönüşmüştür. Bu son olay, Türkiye'de, 9 yıldan beri emekçi sınıfların biricik umudu ve mücadele örgütü olan partimizin kişiliğine, varlığına karşı girişilmiş daha anlamlı bir harekettir. Böylece devrimci yafta takınan 'milli burjuvazi' dostlarının gerçek yüzleri ortaya çıkmış, Türkiye'nin nasyonal sosyalistleri yerlerini almışlardır.

Bundan böyle, sosyalist devrimci safları, kendilerine musallat olmuş bu bozguncülardan, faşistlerden kurtarmak için daha açık ve kesin mücadele verilecektir. Ve sosyalist hareketimiz, küçük burjuva anarşizminin nasyonal sosyalizm yamaklarının tasallutundan mutlaka kurtarılacaktır."[128]

Mahir Çayan gibi partiden kesin ihraç edilen TDGF Genel Sekreteri Ruhi Koç, bu olaylara katılmamak için, TİP Genel Merkezi'nin basıldığı gün, bir otobüse atlayarak Adana'ya gider. Ertesi gün yine bir otobüse atlayarak geri döner. TİP Genel Merkezi'ne yapılan baskında, saldırıya uğrayanlardan Savaş Al, SGÖ Genel Başkanı Muharrem Kılıç'ın evinde bir ay tedavi görür. Cengiz Gürsel, Savaş Al'ın iyileştiği güne kadar başından ayrılmaz. Savaş Al, iyileştikten sonra, olayın bir Dev-Genç olayı olduğunu sanır ve:

"-Gidip bunların başları kimse ondan hesap soralım. Ben Atilla Sarp'ın evini biliyorum. Bu herifi bir yıkalım da aklı başına gelsin" der.

Olayın içinde olmayan Atilla Sarp'ın evinin bulunduğu yere bir grup arkadaşıyla giden Savaş Al, Atilla Sarp'ın evden çıkışını izlemeye başlar. Bir süre sonra Atilla Sarp, evden çıkarak, bineceği dolmuşların yanına gider. Tam dolmuşa binerken Savaş Al'ı görür ve,

"-Merhaba" diyerek dolmuşa biner. Dolmuş hareket eder. Dolmuş, Kızılay'a geldiğinde Atilla Sarp iner. Bu sırada dolmuşu bir taksiyle izleyen TİP'li militanlar, Sarp'ı, Kızılay'da dolmuştan iner inmez, yere yıkar. Sarp'ın başı dolmuşun tekerinin altına gelir. Dolmuş o an hareket etmediği için ezilmekten kıl payı kurtulan Sarp, ayağa kalkarak, TİP'li militanlarla kavga etmeye başlar, ama tek kişi olduğu için bayağı hırpalanır. Pantalonu baştan aşağı yırtılır. O sıra SBF'den Sarı Hikmet dedikleri arkadaşını gören Sarp, en az beş-altı tane Dev-Genç'li çıkar umuduyla,

"-Dev-Genç'li yok mu?" diye bağırmaya başlar.

Zaten Atilla Sarp'ı iyice hırpalayan TİP'li militanlar, Sarp'ı bırakarak, olay yerinden uzaklaşır.

TİP'li militanlar, aynı gün öğleden sonra ise TİP merkezini basan ekibin içinde bulunanlardan Alaattin Orhan'ı Kızılay'da yakalayarak döver.

O günlerde, yine TİP merkezini basan ekibin başında yer alan Mahir Çayan ise Kızılay'da TİP Ankara İl Yönetim Kurulu üyesi Umur Coşkun ile karşılaşır. Mahir, Umur'un kendisine saldıracağını düşünerek, cebinde bulunan makasla aniden Umur'a saldırır. Fakat Mahir, kendisinden daha güçlü kuvvetli ve iri yarı olan Umur Coşkun'a bir şey yapamaz.

Mahir, TİP Genel Merkezi baskını ile ilgili Aydınlık dergisinde, "TİP İçindeki Mücadelede Nereye Geldik?" başlıklı bir yazı yazarak, yaptıkları baskını savunur.[129]

"Kararlar Bütün Proleter Devrimcileri Bağlar"

Bu olaydan dört gün sonra, 17 Eylül 1970 Perşembe günü Aydınlık Danışma Komitesi toplanır.

Toplantıdan sonra oybirliği ile alınan karar şöyledir:

"1- Danışma Komitesi, proleter devrimci militanların teorik eğitimini sağlamak ve proleter devrimci saflardaki ilke birliğini güçlendirmek amacıyla, konferanslar, açık oturumlar, seminerler, söyleşiler düzenlenmesini sağlıyacaktır. Bütün proleter devrimcileri, bu görevlerin yerine getirilmesinde ellerindeki bütün olanakları kullanarak Danışma Komitesi'ne yardımcı olacaklardır.

2- Danışma Komitesi, proleter devrimci hareketin siyasi program tasarısını hazırlayacaktır. Komite siyasi program tasarısının en geniş proleter devrimci çevrelere iletilerek okunup açıklanmasını ve bu çevrelerin tasarı hakkındaki görüşlerinin saptanmasını sağlayacaktır. Bütün proleter devrimcileri, bu görevin yerine getirilmesinde ellerindeki bütün olanakları kullanarak Danışma Komitesi'ne yardımcı olacaklardır.

3- Danışma Komitesi, proleter devrimci tabandan gelen görüş ve teklifleri gözönünde tutarak Siyasi Program Tasarısı'na nihai şeklini verecektir. Bu şekilde hazırlanan program tasarısının uygun bir zamanda ve yerde toplanacak olan bir Proleter Devrimci Kurultay'ın onayına sunulması ve böylelikle proleter devrimci hareketin kendi siyasi programına kavuşturulması düşünülmektedir.

4- Danışma Komitesi, uygun görülecek zaman aralarıyla toplantılarını yapacaktır. Bu toplantılar arası zaman süresi içinde, Danışma Komitesi üyelerinden seçilecek yedi kişilik bir İrtibat Komitesi, Danışma Komitesi'nin görevlerini yerine getirecektir.

İrtibat Komitesi üyeliğine Mihri Belli, Atilla Sarp, Vahap Erdoğdu, Mahir Çayan, Muzaffer Erdost, Erim Süerkan, İhsan Memoğlu seçilmişlerdir.

5- İrtibat Komitesi, proleter devrimci hareketin ideolojik organı olan Aydınlık dergisinin Yazı Kurulu görevini yerine getirecek ve bu sıfatıyla Aydınlık'ı bağlayan yazılardan sorumlu olacaktır.

6- Danışma Komitesi ve İrtibat Komitesi'nin, kendi yetkileri dahilinde verecekleri kararlar bütün proleter devrimcileri bağlar."

"Mahir Çayan İle Mihri Belli Arasındaki Tartışmalar da Dev-Genç Üyeleri Arasında Henüz Bilinmemekteydi"

Bu dönem, MDD'ci grupların bütün hazırlığı yaklaşan TDGF ve TİP kongrelerine yöneliktir.

Oğuzhan Müftüoğlu ile birlikte 12 Eylül 1970 günü, Anamur'da düzenlenen üretici mitingine katılan Ertuğrul Kürkçü, konuyla ilgili olarak şunları anlatmıştır:

"70 yazında İrfan Uçar ve Mustafa Ulusoy ile birlikte Güney Anadolu köylerinde ve kasabalarında yapılan üretici mitinglerine katılmak üzere gittik. Dev-Genç kongresinden 20 gün önce de Ankara'ya döndük. O sıralar kimin Dev-Genç genel başkanı olacağı konusunda bir açıklık yoktu. Benim de aklımdan geçmiyordu."

İlhami Aras da şunları anlatmıştır:

"TDGF kongresi öncesi, Ankara'da aktör Halil İbrahim Ergün'ün evinde bir toplantı yaptık. 'TDGF'yi alalım mı, almayalım mı? Girelim mi, girmeyelim mi?' diye tartışmalar oldu. THKO'lular o sıra bu işle fazla ilgilenmiyor gözüküyorlardı. Bir de Atilla Sarp ve Sarp Kuray ekibi vardı. En örgütlü ise bizdik."

Kurtuluş grubunun, bu konuda düşündükleri isimler arasında İlhami Aras, Hüseyin Cevahir, İrfan Uçar, Yusuf Küpeli vardır.

Fakat, Hüseyin Cevahir ile İlhami Aras, AID olayı nedeniyle gıyabi tevkif kararıyla aranmaktadır. Işık Alamur, tutuklanmamaları için Adliye'de yaptığı bütün girişimlere rağmen Hüseyin Cevahir ile İlhami Aras tutuklanır.

TDGF genel başkanlığı için diğer grupların adayları arasında ise Atilla Sarp, Sarp Kuray ve Mustafa İlker Gürkan'ın isimleri geçmektedir. PDA grubu da, TDGF kongresine hazırlananlar arasındadır.

TDGF tüzüğüne göre, genel kurula gidip oy kullanacak delegeler, kulüp üyeleri arasından seçilir. Daha önceden saptanarak seçilen bu delegeler de, TDGF yönetimini seçmek üzere, kurultayda oy kullanır. Bu sırada, en fazla üyeye sahip olan Fikir Kulüpleri arasında birincisi ODTÜ, ikincisi ise SBF Fikir Kulüpleri'dir. Dolayısıyla, ODTÜ-SFK'nın genel kurulunda göstereceği adayın kazanma şansı diğer bütün adaylardan daha fazla olmaktadır.

ODTÜ Sosyalist Fikir Kulübü'nün Olağan Genel Kurulu, 13 Ekim 1970 Salı günü ODTÜ Mimarlık Fakültesi anfisinde, saat 15.30'da toplanır.

ODTÜ-SFK yönetiminin yetkisinde, aralarında Ertuğrul Kürkçü, Cemal Salman Pakoğlu, Ercan Enç, Nuran Ağırnaslı, Reşit Oğuz'un da bulunduğu delegeler tespit edilir. Seçilen delegeler,

"-Bu arkadaşlar, kurultayda oy kullanmak üzere delege olarak tespit edildi. Sizler ne diyorsunuz?" denilerek, kulüp üyelerinin genel oyuna sunulur.

Tartışmalı toplantıda Seyhan Erdoğdu ile Münir Ramazan Aktolga da konuşma yapar. Hüseyin İnan, Seyhan Erdoğdu konuşma yaparken, laf atar. Ercan Enç, Kürkçü'ye,

"-Uzun saçlı bir hippisin. Başkan olacak birisi değilsin" diyerek, karşı çıkar.

Mimarlık Fakültesi öğrencisi Ali Artun, kongrede, ODTÜ-SFK Başkanı seçilir.

Ertuğrul Kürkçü, başkan adaylığı hakkında şunları anlatmıştır:

"Kongre öncesinde, başka herhangi bir kişi ya da grubun Dev-Genç yönetimini ele geçirmek gibi bir eğilimi yoktu. Kaldı ki Mahir Çayan ile Mihri Belli arasındaki tartışmalar da Dev-Genç üyeleri arasında henüz bilinmemekteydi. Kısacası Kırmızı Aydınlığın adayı olarak Dev-Genç başkanı seçildim. Buna muhalefet eden ya da karşı çıkan hiç kimse yoktu o sıralar."

Bu konuda Yusuf Küpeli, şunları söylemiştir:

"Halil Ergün'ün evinde toplandık. TDGF başkanlığı için düşünülenler arasında İrfan Uçar, Oktay Etiman, Hüseyin Cevahir ve ben vardım. Arkadaşlar, benim olmamı istiyordu. Fakat ben istemiyordum. Öğrencilikle ilişkim kalmamıştı. TDGF gerçekten öğrenci örgütü değildi, ama yine de çoğunluğu öğrenciydi. Bu nedenle olmak istemiyordum. 8-10 kişiydik orada. Bana, 'Yeniden sen başkan ol' dediler. 'Olmak istemiyorum' dedim. 'Kimi yapacağız o zaman. Arkadaşların kimi hapiste, kimisi kaçak' dediler. Ben de, bu işten kurtulmak için, orada bulunan Ertuğrul Kürkçü'yü göstererek, 'Mesela niye bu olmuyor ki?' dedim. Arkadaşlar, sustular, bir şey demediler. Ertuğrul, 'Eğer isterseniz ben olurum' dedi. Ben de, 'Tamam, olsun. Nasıl olsa biz idare edeceğiz' dedim. O zaman hayır diyemediler."

Proleter Devrimcilik Cesaret İsteyen Bir Meslek Haline Geldi

TDGF kurultayına katılacak grupların hazırlıkları sürerken, kurultaydan bir gün önce, 16 Ekim 1970 Cuma günü, güvenlik güçleri, Hacettepe Üniversitesi ve SBF Öğrenci Dernekleri'ni basarak arama yapar. Aynı saatlerde, isimleri ve adresleri bilinen diğer kişilerin evlerinde arama yapılır. Yapılan aramalar sonunda TDGF Genel Başkanı Atilla Sarp, Yürütme Kurulu üyelerinden Ahmet Bozkurt, Tuncay Çelen, Nurettin Öztürk ve Sinan Yücel yakalanarak, cezaevine gönderilir. TDGF Genel Sekreteri evinde bulunamaz. Çünkü Ruhi Koç, tuvaletin penceresinden atlayarak kaçmıştır. Ev aramaları sırasında, güvenlik güçleri tarafından el koyulan evrakların arasında, TDGF kurultayı için hazırlanan çalışma raporu da bulunmaktadır.

Gıyabi tevkif kararı ile aranan TDGF başkan adaylarından Mustafa İlker Gürkan da, sol hareket içinde yaşanan bölünmelerden çok etkilendiği için gider kendisi teslim olur.

17 Ekim 1970 Cumartesi günü, TDGF Kurultayı başladığı zaman ismi başkan adayı olarak geçenlerin hepsi cezaevinde tutukludur. Daha sonra TDGF genel başkanı olacak olan Ertuğrul Kürkçü, kurultay için tek adaydır. Kurultay büyük tartışmalara sahne olur.

TDGF Kongresi, SBF büyük anfisini dolduran iki bini aşkın gencin İstiklal Marşı söylemesiyle başlar. Daha sonra, devrim şehitleri için iki dakikalık saygı duruşu yapılır. Kurultayda kurultay birinci başkanlığına Hasan Yusuf Küpeli, ikinci başkanlığına Mustafa Lütfü Kıyıcı seçilir.

Birinci gün, Yusuf Küpeli, tutuklama haberinin kurultaya gelmesi üzerine, "Bu çabaların kendilerini korkutmadığını bildirmiş, girişilen hareketin, düşmek üzere olan Demirel iktidarının dikkatleri başka yönlere kaydırmak arzusunun sonucu olduğunu ifade etmiştir. Küpeli, Dev-Genç ve DDKO'ya bağlı olanların tutuklama gerekçelerindeki ayrıcalığa dikkat çekerek, Türk milliyetçiliği karşısında bir Kürt milliyetçiliği varmış ve bunun propogandası yapılıyormuş gibi bir hava yaratılmak istendiğini, proleter devrimciler için emperyalizm ve feodal işbirlikçiye karşı verilen savaşta böyle bir ayrıcalığın söz konusu olmadığını belirtmiştir.

Kurultayda, çalışma raporunun okunmasından sonra eleştirilere geçilmiş ve proleter devrimciler karşısında, 'Behice Boran'ın icazetli sosyalizmi' ve ondan esinlenen yeni oportünizm ve revizyonist akımlar eleştirilmiştir. Yapılan konuşmalarda, 65'ten sonra TİP yöneticilerinin devrimci kavgada geri kaldıkları, 'Proleter devrimciliğin, cesaret isteyen, başlıbaşına bir meslek haline geldiği' belirtilmiştir."

TDGF Kurultayı'nın yapıldığı ikinci gün, Necmi ve İlkay Demir'in, "İstanbul delegesinin hepsi bizim peşimizde" gibi şeyler söylediğini duyan bir kısım TDGF İstanbul delegasyonu, buna büyük tepki gösterir.

TDGF İstanbul delegasyonu, İTÜ'de yaptıkları toplantıda İstanbul Bölge Yürütme Kurulu'nu belirlemiş, kesinleştirmiştir. Belirlenenlerin dışında kimseyi kabul etmedikleri için, Zihni Çetiner, Kurultay İkinci Başkanı Mustafa Lütfü Kıyıcı'ya gider ve:

"-Açma kongreyi olay çıkar" der.

Bu nedenle kongreye ara verilir. İstanbul delegeleri ayrı bir anfide toplanır. İlkay Demir söz alır,

"-Bazı arkadaşlarımız arkamızdan iftira ediyorlar. Mahir arkadaşın Aydınlık Sosyalist Dergi'den ayrıldığını söylüyorlar. Oysa arkadaşlarımız ASD'deki görevlerine devam ediyorlar" dediğinde, Zihni Çetiner, elini söz almak için kaldırır. Mustafa Lütfü Kıyıcı,

"-Sana söz vermiyorum," diyene kadar, Zihni Çetiner,

"-Sen istersen söz ver. İstersen verme" diyerek anfinin bir ucundan gelerek, kürsüye çıkar.

Mahir Çayan da önde oturmuş, tartışmaları izlemektedir. Zihni Çetiner, Mahir'e dönerek,

"-Mahir, söyle bakalım, siz, Aydınlık Sosyalist Dergi Yazı Kurulu'ndan istifa ettiniz mi, etmediniz mi? İstifanızı geri alma gerekçeniz TDGF kurultayını ele geçirmek değil mi?" diye sorar.

Mahir, oturduğu yerden, söylenenleri aynen doğrulayarak,

"-Evet. Biz Aydınlık Sosyalist Dergi Yazı Kurulu'ndan istifa ettik. Sonra istifamızı geri aldık. Bu doğrudur" karşılığını verir.

"Politik Mücadelenin Olduğu Yerde, Dostluk, Ahbaplık İlişkilerine Yer Yoktur"

Tartışmalar nedeniyle, TDGF İstanbul Bölge Yürütme Kurulu listesini yeniden tespit etmeye çalışan Mustafa Lütfü Kıyıcı, Deniz ile konuştuğu gibi Mahir ile de konuşmuştur.

Mahir ile Kıyıcı, kurultayın yapıldığı salonun kapısında, bu konu üzerinde konuşur. Kıyıcı, Mahir'e,

"-Biz baştan beri seni destekledik ve birlikte olduk. Şimdi ise tamamen kendi kadronu kurmak istiyorsun. Bunun nedeni nedir?" diye sorduğunda, Mahir,

"-Politik mücadelenin olduğu yerde, dostluk, ahbaplık ilişkilerine yer yoktur" diye yanıt verir.

Kurultayda yapılan konuşmalarda, "Yeni oportünist" oldukları öne sürülen Doğu Perinçek grubunun bu kongrede mutlaka tasfiye edileceği öne sürülür.

Konuşmacılar, özellikle Kızıl Çin ile Sovyet Rusya liderlerini eleştirir, emperyalizmi şiddetle yerer. Konuşmacılar ayrıca, Mao ile Moskova'nın "teori" ve "uygulama" yönünden anlaşamadıklarını, Mao' nun bazı konularda Leninist prensiplerinden saptığını belirtir.

PDA grubu, bu kurultayda kendilerine yönelik saldırıları şöyle anlatmıştır:

"Kurultay'da proleter devrimcilere karşı bir küçük burjuva terörü havası estirilerek tartışma önlendi. Kürsüde konuşan devrimcilere arkadan tekmeler atıldı. En edepsizce burjuva hareketlerine tükürük püskürtmek vb. paçavra usullerine başvuranlar oldu. Başkanlık Divanı'nı ele geçiren İlkesiz Birlik Cephesi'nin oportünist kişiliği için önemli olan seçimlerdi. İlk gün devrimci arkadaşımız Oral Çalışlar'ın konuşması yarıda kesildi. Erdoğan Güçbilmez ancak bir cümle söyledi ve konuşması engellendi. Kurultay'ın ikinci günü arka arkaya söz alan altı arkadaşımızın ilki, Doğu Perinçek arkadaşın konuşması yarıda kesildi ve Divan Başkanı 'seçimlere geçildiğini' ilan etti."[130]

"Dev-Genç'in Üstünde Yeni Bir Örgüt Kurulması Zamanı Geldi"

Mahir Çayan, kimisine göre dört, kimisine göre beş, kimisine göre altı saat süren, 17 Ekim 1970 günü Kurultay'da yaptığı uzun konuşmada, özetle şu görüşlere yer verir:

"Devrimi gerçekleştirecek iki unsurun profesyonel devrimciler ve geniş işçi ve köylü kitlesi olduğunu, kitlelerle bağ kuruldukça örgütün sınıfsal önem kazanacağını, kurulacak örgütün düzen örgütü olmayıp bir savaş örgütü olacağını, Dev-Genç'ten üstün Marksist-Leninist bir savaş partisi kurulması gerektiğini, bu örgütlenmenin başta parti adını almayabileceğini, fakat aslında bir parti olduğunu, Milli Demokratik Devrim Stratejisi'nin nasıl kavranması gerektiğini, Milli Demokratik Devrim Stratejisi'nin bir savaş stratejisi olduğunu, bu devrimci savaşın görevlerinin bir gençlik örgütü (Dev-Genç) tarafından asla yerine getirilemeyeceğini; bunun bir parti örgütlenmesi içerisinde çözümlenmesi gerekir."[131]

"Devrimci propaganda gereklidir. Kitleleri MDD saflarına kazanmak için Kurtuluş gazetesi bu yolda önemli bir yer teşkil etmektedir.

Kurultay sırasında sık sık M-L bir siyasi örgütün, savaş partisinin gerçekleştirilmesi konusu tartışıldı. Mahir Çayan devrimin işçi-köylü ittifakı temelinde emperyalizmin etkisinin en zayıf olduğu kırlardan kentlere yöneleceğini belirten konuşmasını yaptı. Halk savaşıyla devrimin gerçekleştirileceğini söylerken temel gücün köylülük, önder gücün proletarya olduğu üzerinde durdu."[132]

Mahir'in konuşması sırasında, bir üyenin,

"-Sovyetler Birliği'nde faşizm yok mu?" şeklinde bağırması, salonu bir anda karıştırır.

Kongre Başkanı Yusuf Küpeli mikrofona gelir ve,

"-Sovyetler Birliği'nde faşizm vardır diyen kaz kafalı arkadaş iyi dinle" şeklinde konuşmaya başlayarak, üyelerin herhangi bir taşkın hareket yapmamalarını ister.

Daha sonra, kurultayın kapanış konuşmasını yapan Yusuf Küpeli, Dev-Genç'in üstünde yeni bir örgüt kurulması zamanının geldiğini söyler ve kısa zamanda bu örgütün kurulmasını ister.

Mahir Çayan'ın ifadesine göre, "...bir grup halinde seçime girilmeyerek tek tek adaylık konulmak suretiyle" yapılan seçimlerde, TDGF başkanlığa Ertuğrul Kürkçü, sekreterliğe Sinan Kazım Özüdoğru getirilir. Diğer MYK üyelerine ise Zafer Kutlu, Hüseyin Yavuz, Levent Eren, Fevzi Bal, Şaban İba, Cemal Salman Pakoğlu seçilir.

TDGF Kongresi'nin bittiğinin ertesi günü, 19 Ekim 1970 günü tutuklanan İrfan Uçar, 28 Ekim 1970 günü serbest bırakılır.

"Her Bir Örgüt, Bağımsız Birer Siyasi Yapı Özelliğini Korumaktaydı"

TDGF Genel Başkanlığı'na seçilen Ertuğrul Kürkçü'nün dedesi Ahmet Kadri Kürkçü TBMM'nin kurucuları olan ilk milletvekillerindendir. Ahmet Kadri Kürkçü, 1923'te yapılan seçimlerde Diyarbakır milletvekili olur. Kürkçü'nün babası Enver Bey de Bayındırlık Bakanlığı'nda çalışan bir memurdur.

Ertuğrul Kürkçü'nün başkan olması, TDGF'nin içerisinde var olan bazı ayrılıkları kopmaya dönüştürür.

Son TDGF Genel Başkanı Ertuğrul Kürkçü, bu konuda şunları anlatmıştır:

"Bilindiği gibi TDGF'nin İzmir, İstanbul ve Erzurum'da Bölge Yürütme Kurulları vardı. Bir de Trabzon'da iki kişilik bir temsilci grup vardı. Trabzon ve Erzurum Bölge Yürütme Kurulları istenildiği şekilde çalışmadı. Trabzon'daki zaten kifayetsizdi. Erzurum Bölge Yürütme Kurulu Başkanı Cengiz Baltacı ise THKO mensubu olduğu için bütün çalışmaları bıraktı. Benim zamanımda İzmir Bölge Yürütme Mehmet Çavuş başkanlığında kuruldu. Bu kurulun eylemleri hakkında herhangi bir direktif verme durumumuz olmadı.

TDGF içinde birçok fraksiyonları ve fikir ayrılıklarını ihtiva eden gruplaşmalar bulunuyordu.

Burada şunu belirtmek isterim ki biz TDGF Merkez Yürütme Kurulu olarak Ankara bölgesindeki icraattan sorumluyuz. İstanbul, İzmir Bölge Yürütme Kurulları üzerinde Cemiyetler Kanunu'na uygun şekilde bir üst kuruluş sıfatı ile amirlik durumumuz hukuken mevcut ise de hiçbir zaman fiilen bu durum gerçekleşmemiştir. Bölge Yürütme Kurulları kendi bölgelerindeki vuku bulan faaliyetlerinden sorumludur. Biz ise Ankara bölgesinde vuku bulan faaliyetlerden sorumlu tutulmak gerekmektedir."

TDGF MYK üyesi ve SBF SFK Başkanı Zafer Kutlu, 29 Kasım 1970 günü, SBF'de yaptıkları bır toplantıda, özetle şu konuşmayı yapar: "Bugüne kadar dinlenme ve durgunluk dönemi geçirmekteydik. Bugünden itibaren bu döneme nihayet verilmiştir. Bundan sonra faal bir duruma, karşı saldırıya dönmüş bulunuyoruz. Bütün arkadaşlardan bu yeni dönem için hazır olmalarını istiyoruz."

"Arkadaşlar Hacettepe Üniversitesine Gittiklerinde Kavga Vuku Buluyordu"

17-18 Ekim 1970 günleri yapılan son TDGF Kongresi'nde oluşturulan MYK'ya ilk tepki, Hacettepe Üniversitesi Sosyalist Fikir Kulübü'nden gelir ve, "TDGF-MYK'yı toptan istifaya" çağırır.

TDGF-MYK üyelerinden Levent Eren ile Fevzi Bal, "ideolojik görüş ayrılıkları" olduğunu öne sürerek TDGF-MYK'dan istifa eder.

Ertuğrul Kürkçü'nün TDGF Genel Başkanı seçilmesinden sonra MDD'ci gruplar arasında ilk etapta yaşanan ideolojik görüş ayrılıkları, bazen kişiler arasındaki tartışmalardan sıyrılarak gruplar arasındaki çatışmalara dönüşür.

Ertuğrul Kürkçü, bu konuda, şunları anlatmıştır:

"Hacettepe Devrimci Gençlik Derneği'ni oluşturan arkadaşlar ile bizim aramızda fikir ayrılığı vardır. Bu fikir ayrılığı o dereceydi ki, Merkez Yürütme Kurulu'ndan benim dışımdaki arkadaşlar Hacettepe Üniversitesi'ne gidemiyorlardı, gittiklerinde kavga vuku buluyordu. Ben Genel Başkan olarak gidebiliyordum ve benimle bu şekilde bir sürtüşme söz konusu olmuyordu."

Hacettepe Üniversitesi öğrencisi Ersan Olgaç, bu olayların yaşandığı sırada TDGF'nin merkezi yayın organı İleri dergisinin Sorumlu Yazı İşleri Müdürlüğü'nden ayrılır, yerine ODTÜ Kimya bölümü öğrencisi ve Kurtuluş grubuna yakın olan Engin Erkiner getirilir.

TDGF-MYK ile tam çatışmalı olan diğer örgüt birimini Ertuğrul Kürkçü, şöyle açıklamıştır:

"İstanbul Bölge Yürütme Kurulu'nu oluşturan arkadaşlarımızla tam bir fikir ihtilafı bulunduğundan, onlara karşı denetleme veya haberleşme yollarına başvuramıyorduk. İstanbul Bölge Yürütme Kurulu tamamen kendi inisiyatifi içinde hareket ediyordu."

"Dağlara Döneceğiz. Zafer ya da Ölüm!"

Aydınlık Sosyalist Dergi'ye Açık Mektup broşüründe yazılı olan görüşlerini, TDGF İstanbul Bölge Yürütme Kurulu taraflarına da anlatmak için Mahir Çayan, Yusuf Küpeli ve Sinan Kazım Özüdoğru İstanbul'a gelir.

Mehmet Sait Kozacıoğlu, Cihan Alptekin, Osman Bahadır, Feyyaz Bilgen, Nahit Tören, Mustafa Lütfü Kıyıcı, Namık Kemal Boya, Hamza Özkan, İlkay Alptekin-Demir, Siper Güvenç, Esat Korkmaz, Garbis Altınoğlu, Mustafa Zülkadiroğlu, Metin Eşrefoğlu, Turhan Günay, Hüseyin Gürbüz, Mustafa Şahin, İmam Aygün ve Şahin Ateşoğlu'nun da aralarında olduğu kalabalık bir öğrenci kitlesinin bulunduğu toplantıyı TDGF İstanbul Bölge Yürütme Kurulu Başkanı Ömer Güven yönetmektedir.

3 Şubat 1971 Çarşamba günü yapılan bu toplantı hakkında Yusuf Küpeli şunları anlatmıştır:

"Toplantıya Mahir, ben ve Sinan Kazım Özüdoğru gittik. Ayrı ayrı yerlere oturduk. Ben de Mehmet ve Mete Sönmez'in kızkardeşlerinin yanına oturdum. Üzerimizde silah yoktu. Daha sonra Maocu olan birisi, 'Bu oportünistler böyle böyledir. Bunlar konuşturulmamalıdır' diye önerge verdi. Amaçları karar çıkartıp, bizi orada konuşturtmamak. O öneriyi verdiği an, 'Hangi o...pu çocuğu beni konuşturtmayacaksa çıksın, gelsin, bakalım' dedim. Bunu gayri ihtiyari yaptım. Çıktım kürsüde bir saat konuştum. Konuşmamın sonunda, 'Kusura bakmayın, sizin huzurunuzda kaba konuştum' dedim. Orada bulunanlar beni bunun üzerine alkışladı. Ben bu çıkışı yapmasaydım biz orada bitmiştik, ama tersi oldu, Mihri bitti. Ömer Güven, Mihrici idi; bu konuşmadan sonra bizim safımıza geçti. Benden sonra da Mahir konuştu."

Toplantıda, Mahir Çayan, bazı çevrelere çatan polemiklerle dolu bir konuşma yapar. Özellikle Mihri Belli'ye saldırı niteliği taşıyan polemikler yapar. Belli'yi "pasifist" olarak niteledikten sonra Jean Jaures'in, "Milliyetçilik-Enternasyonalizm" üzerine söylediği bir sözü, Belli'nin bilerek, kasıtlı, yanlış çevirerek, sahtekarlık yapıp, kitleleri aldattığını söyler. Bu nedenle ortalık biraz karışır. Mustafa Lütfü Kıyıcı, Mahirlerin yaptığı işi,

"-Bir genç kız edasıyla yapılan" işe benzetir.

Mahir, Hikmet Kıvılcımlı'ya bazı eleştiriler yönelterek, polemiklerini sürdürür. Kıvılcımlı'nın, milli sermaye, milli burjuva üzerine yazdıklarını eleştirince, İmam Aygün,

"-Saçmalıyorsun" diyerek, ayağa fırlar.

Selahattin Okur, Kıvılcımlı'yı savunan bir konuşma yapar. Mahir, "bunların düzmece teoriler olduğunu" söyleyerek, konuşmasına devam eder. Mihri Belli ve Hikmet Kıvılcımlı'ya karşı polemiklerini yönelttikten sonra, "parti önderliğinde bir cephe hareketine girişeceklerini, bu işlere eğilen militanların da bu cephede örgütlenmesi gerektiği"ni söyleyerek görüşlerini açıklar.

Mahirlerin konuşma yaptığı bu olaylı toplantıyı izleyen İTÜ Öğrenci Birliği Başkanı Gökalp Eren, olayın bir diğer yönünü şöyle açıklamıştır:

"Tartışma, İstanbul TDGF Bölge Yürütme Kurulu'nun genel üye toplantısının yapıldığı İTÜ Gümüşsuyu Saffet Müftüoğlu Anfisi'nde yaşandı. O toplantıda Osman Bahadır, Mahir'in konuşmasının bir yerinde itirazda bulunarak,

'-Ankara'da oturdunuz, tezgahladınız ve bu işi bitirdiniz. Hareketi parçaladınız. Şimdi gelip, bizi burada kazanmaya çalışıyorsunuz. Bu yönteme karşıyız. Bu ayrılıktan önce niye gelmediniz? Niye siyasi ayrılığa neden olan konuları tartışmadık?' gibi şeyler söyledi. Yusuf Küpeli, yerinden birden fırladı ve,

'-Kim bu adam? Provokatör bu. Atın bunu dışarı' dedi.

Osman Bahadır'ı İTÜ'de tanımayan yok. İTÜ Fikir Kulübü ve İTÜÖB İkinci Başkanı. Yusuf'un bu hareketine karşı, toplantıda bulunan arkadaşların Yusuf'a karşı saldırıları ve tepkileri oldu. Yusuf böyle bir tepkiyi beklemiyordu ve bir gerginlik oldu. Fakat o gün, biraz sürtüşmeden sonra görüşlerini söylediler."

Kurtuluş grubu, bu nedenle İstanbul'a birkaç kere gelerek toplantı yapar.

1971 Şubat ayında Sinan Kazım Özüdoğru ile birlikte İstanbul'a gelip, İTÜ'de, TDGF İstanbul Bölge Yürütme Kurulu toplantısına katılan Ertuğrul Kürkçü, tartışmalı bu toplantıyı şöyle anlatmıştır:

"İstanbul'a iki defa gittim. Şubat ayı başlarında gittiğimde Sinan Kazım Özüdoğru ile birlikteydim. İstanbul Teknik Üniversitesi Taşkışla binasında Dev-Genç Bölge Yürütme Kurulu'nun düzenlediği toplantıya katıldım. Dev-Genç İstanbul Bölge Yürütme Kurulu içinde Mihri Belli taraftarlarıyla bizim taraftarlarımız arasında doğan sürtüşmelerin halledilmesi doğrultusunda konuştum. İstanbul Dev-Genç üyeleri ile de ilk defa orada tanıştım."

"Bu toplantıdan sonra İstanbul Bölge Yürütme Kurulu'ndan üç dört arkadaş istifa ettiler."

TDGF İstanbul Bölge Yürütme Kurulu üyelerinden Cihan Alptekin, Gökalp Eren, İhsan Çaralan ve Münir Danışman istifa eder. İstifa deklarasyonu Cihan Alptekin tarafından yazılır, Gökalp Eren tarafından açıklanır. Deklarasyon, Bolivya Ulusal Kurtuluş Ordusu Komutanı Guido İnti Peredo Leigue ve kardeşlerinin kaleme aldığı bildiriden esinlenerek yazılmıştır. Deklarasyon özetle şöyledir, "Cuntaya karşı tavrımız Torres'e karşı tavrımızdır. Dağlara döneceğiz. Zafer veya ölüm."

27 Şubat 1971 Cumartesi günü de Hamza Özkan, Taner Kutlay,

Zeki Teke, Namık Kemal Boya, Kayhan Edip Sakarya, üyeler arasındaki ideolojik ayrılıkları "daha özgür bir düzeyde tartışmak ve dağınık devrimci hareketi yeniden toparlamak" gerekçesiyle istifa eder.

"Biz Defteri Parlak Bir Biçimde Kapatmış Olduk"

TDGF'de meydana gelen bu bölünme, istifa ve ayrılıklar sonunda, 6 Mart 1971 Cumartesi günü ODTÜ'de TDGF Olağan Genel Yönetim Kurulu toplantısı yapılmasına karar verilir. Fakat siyasi gelişme ve olaylar nedeniyle bu toplantı yapılmaz.

TDGF'nin son durumunu Ertuğrul Kürkçü, şöyle anlatmıştır:

"Bu kadar çok politikleşme öğrenci hareketinin ya da öğrencilerin kitlesinin nesnel, doğal hatta kimi zaman sıradan talepleri ile ilişkisi maksimum talepleri konuşmaya başladığı nisbette koptukça, öğrenci hareketi ile Dev-Genç arasındaki mesafe de açılmaya başlamıştı. Doğrusu ben çok iyi hatırlıyorum. 12 Mart Muhtırası verildikten ve sıkıyönetim ilan edilmeden bir hafta ya da on gün önce Ankara'da Dev-Genç önderliğinde 12 Mart'ı eleştiren ya da ona karşı çıkan bir miting vardı. O güne kadar Ankara Üniversitesi'nden binlerce insan katılmadan hiçbir toplantı yapılamazken o zaman Ankara Üniversitesi'nden sadece 100 öğrenci katılmıştı.

İyi bir şans eseri olarak bizim için o zaman Özel Yüksek Okulların devletleştirilme problemleri vardı. O Özel Yüksek Okulların devletleştirilmesi dolayısıyla (...) bin kişi toplanılmış oldu. Ama bu bizim için alarm çanıydı. Neyse 12 Mart bir iyilik yaptı, imdadımıza yetişti. Sıkıyönetimi ilan etti. Dev-Genç'i illegal ilan etti. Dolayısıyla biz de mazlum ve mağdur duruma düştüğümüzden niye onlardan bu kadar mesafemiz açılmış olduğunu çok fazla tartışmadık. Kimse de bunun üzerinde çok fazla konuşmadı ve biz defteri parlak bir biçimde kapatmış olduk."[133]

"Anarşi Yok - Büyük Derleniş"

TİP kongresi yaklaşırken, MDD'ci çevrede, başlıca üç grup vardır. Kurtuluş grubu, Mihri Belli çevresi, Kıvılcımlı çevresi. TDGF kongresini Kurtuluş grubunun kazanmasının ardından, kulisler yoğunlaşır.

Mihri Belli, PDK arefesinden önce bazı kimselerle görüşmeler yapar. Görüşme yaptığı kişiler hakkında Belli, şunları açıklamıştır:

"Kıvılcımlı ile son kez 1970'in 15 Ekim'inde görüştük. Proleter Devrimci Kurultay'a çağırdım kendisini."[134]

Belli, ayrıca, "TİP büyük kongresine birkaç gün kala doğu illerinden bazı delegelerle" ve "Kurultaya birkaç gün kala Mahir Çayan ile buluştuk" diye yazmıştır.[135]

Kıvılcımlı hareketi içerisinde yer alan Sosyalist gazetesi yazarı Selahattin Okur, bu konuda şunları söylemiştir:

"1970 yılı sonunda, Dr. Hikmet Kıvılcımlı bir atılım yaptı. Tarihsel Maddecilik Yayınları'ndan Bilimsel Sosyalizmin Doğuşu, Oportünizm Nedir?, Anarşi Yok! Büyük Derleniş!, Halk Savaşının Planları, Devrim Zortlaması Demokratik Zortlama kitaplarını çıkarttı, Sosyalist gazetesi yayın hayatına başladı. Bunlar, sosyalist çevrelerde büyük ilgi uyandırdı.

Bu kitaplar özellikle MDD hareketini ve Mihri Belli'yi çok sarstı. MDD çevresinde Mihri'yi bitirdi. O kitaplar, genç nesillere M. Belli'yi eleştirmek için birer teorik malzeme sundu. Bir ölçüde onlara silah verdi. M. Belli, senelerce, '141-142 oldukça proletarya partisi, işçi partisi kurulamaz' dedi ve yazdı. Sürekli, 'Parti kurulamıyor' diyen ve yazan bir adam, bir gün kalkıyor, 'biz proletarya partisi kuracağız' diyor. Kim inanır buna. Tabii bu tutarsızlıklar, ciddiyetsizlikler kişiye sürekli prestij kaybettiriyor. M. Belli'nin zaten parti kurma niyeti yoktu. M. Belli'nin kaygısı, korkusu mevkiini kaybetmekti. İşin temelinde bu yatıyordu. Bunun teorik kılıfı da, '141-142 olduğu sürece Türkiye'de proletarya partisi olmaz' idi. Hareket noktası bu olunca, bütün bunlar oyun oluyor.

Niyetin ciddi ise o sıra toplanan TİP kurultayında yap o işi. Eski TİP yönetimine karşı muhalefet eden delegeler var, doğu illerinden gelen delegeler de muhalefet cephesine geçtiği taktirde yapılacak bir uzlaşmayla TİP yönetimi ele geçirilebilecek ya da eski TİP yönetimi düşürülebilecekti. Buna olanak vardı. Ancak Mihri Belli, TİP kongresine katılan MDD'ci ve muhalif tüm delegeleri kongreyi terketmeye çağırdı. TİP kurultayını bırakıp gidiyorsun PDK topluyorsun. TİP kongresine katılacak delegeler, TİP genel kurulunu alabilecek delegelerdi. Oradan da parti çıkaramıyorsun. Çünkü senin parti çıkarmaya niyetin yok.

PDK'ya Dr. Kıvılcımlı çağrılmıştır, ama kanser olduğu ve kanamaları arttığı için kendisi gidememiş, 'benim önerilerim' diye, daha sonra 'Anarşi Yok, Büyük Derleniş' başlığı ile broşür olarak yayınlanan bir yazılı metin göndermiştir.[136]

Hareketin kabarması tabii bunları zorladı ve taşıyamaz hale geldi. Tabandaki kıpırdanma ve kayma, yukardaki grup şeflerini rahatsız etmeye başladı. Ayrıca toplanan potansiyel, kafakol ilişkileriyle, ense sıvazlamayla, 'aslanlarım, delikanlılarım' demekle gidecek şeyler değildi. Nitekim gitmedi."

Yusuf Küpeli, bu konuda, şunları yazmıştır:

"Örgüt meselesini devamlı yokuşa süren, 'Filipin tipi demokrasiciliğin şartlarında proletaryanın kendi öz örgütü ile politika sahnesine çıkması imkansızdır' diyen Mihri Belli, örgüt istekleri çoğalmaya başlayınca, aynı toplantıda, 'Selim Sırrı Tarcan'da binlerce işçinin katılacağı bir toplantı yapacağız ve aşağıdan yukarı en demokratik biçimde örgütü kuracağız' demiştir."[137]

İrtibat Komitesi üyelerinden Ömer Erim Süerkan'ın dediğine göre, "hiç kimse gelişmelerin dışında kalmak istemediğinden veya benim dışımda parti kurulur da ben dışında kalırım kaygısı ile" düzenlenen proleter devrimcilerin sohbet toplantısına katılmak zorunda kalır.

"Mahir Elbette ki, Ayrı Bir Örgütlenmeye Gitmeyi Bir Süredir Düşünüyordu"

Mihri Belli ile Mahir Çayan arasında da, bu dönem baş başa bir görüşme yapılmıştır. Bu görüşmeyi Sevim Belli şöyle anlatmıştır:

"Mihri ile Mahir, Kuğulu Park'ta buluştular. Mahir elbette ki, ayrı bir örgütlenmeye gitmeyi bir süredir (hiç değilse yazdan beri) düşünüyordu. Bir açıklama yapmak zorundaydı bana kalırsa. M. Belli her zaman en radikal görüşlerin savunucusu olmuştur, her türlü görüşü dinleyip tartışmaya açık olmuştur, yeter ki zamana, zemine ve sosyalizmin bilimine uygun olsun ve de iyi niyetle gelinsin. O gün sadece 'genel sorunlar' üzerinde konuştular. Ve, Mahir Çayan, Aclan Sayılgan ile görüştüğünü, kendisinden 'eskiler' hakkında bilgi aldığını söyledi, Belli'ye. Bunu söylemeyebilirdi. Ama söylemiş olması bu işin, en hafif deyimiyle, tuhaflığını ortadan kaldırmaz. M. Belli, 'peki neler öğrendin?' diye sormadı bile kendisine. Belki sorulsun istiyordu Mahir, anlatmak istiyordu. Ama M. Belli de, haklı olarak, durumu çok yadırgamıştı. 'Başka görüşecek adam bulamadın mı?' demekle yetinmişti."[138]

Sevim Belli'nin Mahir Çayan, Yusuf Küpeli ve Münir Ramazan Aktolga hakkındaki değerlendirmesi ise şöyledir:

"Baştan bir süre pek aktif görünmedi, Mahir. Yani onu akranı olan öteki gençlerden epey sonra tanıdık. Bir yıl kadar köşesine çekildiği ve okuyarak kendisini yetiştirdiği söylentileri dolaştı. Yeniden 'Aydınlık' çevresinde göründüğünde Giritlioğlu birkaç gün sonra İzmir'de Aliağa

Rafinerisi önünde polis tarafından öldürüldü. Ama Mahir ile, örneğin Vahap ile, bir yıl önce Doğu ile olduğu gibi bir yakınlığım olmadı.

Bir süre sonra Mahir sık sık Münir Aktolga ve Yusuf Küpeli ile görülmeye başladı. Ya da ben bunun farkına vardım. Münir'i '67 yılından beri bilirim. Seyhan Erdoğdu ile MDD çizgisinin savunucuları konumunda idiler ODTÜ'de. Vahap'ın yandaşları idiler. MDD'ci olmaları değişik biçimde ve derecelerde olmak üzere anti-M. Belli tavırlar göstermelerine engel olmadı. Münir Aktolga'nın kişisel gerekçesi de vardı belki. Bazı vesilelerle uzun süre birlikte olduğumuz dönemlerde M. Belli oldukça haşin davranmıştı kendisine. Benim de içimden 'Lahavle' çektiğim durumlar olmuştur. Ama nihayet genç bir çocuktu Münir. Mihri adam darıltmakta birebirdir."[139]

"Mahir'in O Gün Biraz Düşünceli Hali Vardı"

"Mahir'le son görüşmemiz Kuğulu Park'ta olmuştu."(...) "Mahir'in o gün biraz düşünceli, tutuk hali vardı. Ama samimi davrandığına inanıyorum" dediği, buluşma konusunda Mihri Belli, şunları anlatmıştır:

"Mahir Çayan ile buluştuk. Sabah erkenden bizim Bestekar Sokak'taki eve gelmişti. Hava güzeldi, çıkıp dolaşmamızı önerdim. Evdeki duvarların kulağı vardı, dışarıda daha rahat konuşurduk. Kuğulu Park'a doğru yürüdük. Park ıssızdı. Bir sıraya oturup konuştuk. Çeşitli konular üzerinde durduk. Mahir kurulması tasarlanan siyasi parti, bu yolda hazırlık çalışmaları konusunda anlattıklarımı onaylıyordu. Faşist cephenin inisiyatifi ele geçirdiği, bizi savunma durumuna ittiği, baskınını yapmak için fırsat kolladığı, solda ise disiplini sağlayacak bir merkezin olmadığı, hareketin koordine edilemediği, provokasyonlara açık olduğumuz açıktı. Baskına engel olmanın ya da olursa baskını yenilgiye uğratmanın hiç değilse demokratik direnişi örgütlemenin tek yolu vardı; bir öğrenci hareketi olmaktan çıkıp emekçi halk içinde erimek, güçlü halk desteğine dayanabilmek. Ancak böylelikle postumuzu pahalıya satabilirdik. Kurulacak olan parti bu hedefe yönelik olmalıydı. Partiyi bağımsızlık ve demokrasi mücadelesinde ele geçirilen bir ileri mevzi saymalıydık. Son zamanlarda Dev-Genç adına yayınlanan aşırı ölçüde sekter bildiriler keskin solcu geçinen bazı öğrencilerin hoşuna gidebilirdi ama sol lafazanlık bizi yığınlardan tecrit etmekteydi. Uyanık davranmak zorundaydık. MİT'i, CIA'sı bütün kapıları çalmaktaydı; çok kez sureti haktan geçinerek gerçek yüzüyle değil... Bunun örnekleri çoğaltılabilirdi."[140]

"Orada, gençlik üzerinde konuşmuştuk. Proleter Devrimci Kurultay'da tutumumuzu konuştuk, askerleri konuştuk.

'-Ordu içinde bir çatışma var', dedim. 'O çatışmayı hesaba katmayan değerlendirmeler yanlıştır' dedim. 12 Mart'ta, üç bin subayı tasfiye ettiler. O sıra, kim kime dum duma. Ne olacağı hiç belli olmazdı. İş çatışmaya binince artık orada ön plana kim geçer, kim geçmez, hiç belli olmazdı. Askerin içinde hepsi cuntacı değildi. Bize yakın insanlar da vardı. Yalnız, bunlar ateşin altındaydılar.

Sonra Mahirlerle ayrılık hikayesi oldu. O ayrılığın bir numaralı mimarı Münir Aktolga'dır. Kişisel tutum ve davranışıyla neden oldu. Ben, Münir'i birinci günden itibaren o kadar ciddiye almadım. Yanılmadım zannedersem. Sonraki gelişmeler onu gösterdi. Örneğin Mahir, Ünye'ye gitmeden önce Ertuğrul Kürkçü'ye, 'Biz en büyük hatayı, Mihri Belli'den ayrılmakla yaptık' demiştir. Ertuğrul, 'İçimizde Mihri Belli'den kopmaya en isteksiz Mahir, en istekli Münir'di' demektedir, bir dergiye verdiği demeçte."[141]

Münir Ramazan Aktolga, bu görüşme konusunda, özetle şunları söylemiştir:

"Bir gün Mihri Belli Mahir'i Kavaklıdere'deki Kuğulu Park'a çağırıyor ve konuşuyorlar. Mihri Belli, Mahir'e kendi görüşlerini anlatıyor. Bunların kesinlikle neler olduğunu bilmiyoruz. Ancak, Belli, Mahir'e 'CIA'dan birisi ile konuştuğunu, CIA'nın da parti kurmaya karşı olmadığını' anlatıyor. Mahir de bunu bize anlattı. Yusuf Küpeli ve diğer arkadaşların bir kısmı da bunları biliyor. Hepimizin tepesi attı. Hem CIA'ya karşı olacaktık, hem de onun izni ile parti kuracaktık."[142]

"Yusuf Küpeli, Ramazan Aktolga, Kazım Özüdoğru, Toplantıyı Dev-Genç'in Yönetmesi Gerektiğini Söylediler"

Mihri Belli çevresinin neye karşı çıktığını ise Vahap Erdoğdu, şöyle açıklamıştır:

"Dev-Genç kurultayı olmuş ve Ertuğrul Kürkçü Genel Başkan seçilmişti. Bundan sonra Mahir Çayan, Münir Ramazan Aktolga ve Yusuf Küpeli, Dev-Genç yönetimini tamamen ellerine almışlardı. Bir yazısı dolayısıyla Mihri Belli'ye karşı çıkan bu Dev-Genç yöneticileri böylece bilahare Hanif Sineması'nda yapılacak olan kongreye hakim olmak istiyorlardı. Bu arada o zamana kadar Aydınlık alıp satan fakülteler, Fikir Kulüpleri bundan vazgeçtiler. Hanif Sineması'ndaki toplantıdan birkaç gün önce Yusuf Küpeli, Münir Ramazan Aktolga, Sinan Kazım Özüdoğru, Aydınlık'a gelerek toplantıyı Dev-Genç'in yönetmesi gerektiğini açıkça söylediler. Ben de kendilerine Dev-Genç'lilerin de herkes gibi toplantıyı izleyebileceklerini söyledim. Fakat onlar isteklerinde ısrar edince ben de komite üyeliğinden istifa ettiğimi bildirdim ve toplantı açıldığında katılmadım. Sonraları iştirak ettim."[143]

Ertuğrul Kürkçü'nün söylediğine göre, ayrıca, "Toplantı öncesinde Mihri Belli'nin açış konuşması yapıp yapmaması üzerinde tartışmalar" çıkar.[144]

Yusuf Küpeli bu konuda şunları anlatmıştır:

"29-30 Ekim 1970 toplantısından yaklaşık bir hafta kadar önce Aydınlık dergisinin bürosunda Vahap Erdoğdu, 'Dr. Hikmet Kıvılcımlı'nın başkan yapılacağını' söyledi. Ben itiraz ettim. Vahap, 'Mihri istiyor' dedi. Ben de, 'Farketmez; kim istiyorsa istesin' dedim ve ipleri kopardım orada.

Sinan Kazım da, 'Bizim paralarımızla Aydınlık'ı çıkartıyorsunuz. Siz nasıl olur da bizi es geçersiniz?' diye bağırdı.

Gerçekten Aydınlık'a bizden, cemiyetlerden para gidiyordu. 'Toplantıda görüşeceğiz' dedik ve ayrıldık. Bu olayı Mahir duyunca toplantıya gelmedi."

"Herkes Kendi İşine Baksın"

Kurultaydan bir gün önce, 28 Ekim 1970 Perşembe günü, ASD'de yapılan toplantı konusunda Rasih Nuri İleri, şunları anlatmıştır:

"29-30 Ekim 1970 tarihlerinde yapılacak olan Proleter Devrimci Kurultay için İstanbul'dan Ankara'ya geldik. Otobüste Necmi Demir, İlkay Demir, Mehmet İncili vardı. Zaten, otobüste iken bunlarda bir acaiplik olduğunu farkettim. Grup olarak, bize karşı olduklarını havalarından sezdim. Bizlere karşı alaycı bir tavırları vardı.

Ankara'ya vardığımızda, Aydınlık dergisine gittik. PDK'dan bir gün önce ASD'nde bir toplantı yapıldı. Bu toplantıda Münir Ramazan Aktolga, Yusuf Küpeli, Şevki Akşit, Mihri Belli, Seyhan Erdoğdu vb. vardı. Aynı zamanda, TİP'li proleter devrimci delegeler de gelmeye başladı toplantıya. Bu toplantıda, 'TİP kongresine katılalım mı, katılmayalım mı?' tartışması yapıldı. Ben, Şevki ve Mihri, 'katılma tezini' savunduk. Yusuf Küpeli, sert bir şekilde,

'-TİP'in defteri dürülmüştür. O partiyi ele geçirmek ya da geçirmemek diye bir şey söz konusu değildir. Kendi işimize bakalım. O kongreye gitmeyeceğiz' diye dayattı.

Yusuf Küpeli, bunları söylerken, 70'e yakın TİP delegesi de o toplantıda vardı. Onların fikirleri sorulmadı. Konuşmadılar. O hava içinde Yusuf Küpeli, kendi tezini kabul ettirdi. TİP kongresine katılmama kararı alındı. O toplantıda ve İstanbul'dan gelen grup arasında Mahir yoktu. Mahir, İstanbul'da kalmıştı ve gelmemişti. Nitekim Hanif Tiyatro Salonu'nda da Mahir yoktur.[145]

Aydınlık dergisinde, 28 Ekim 1970 Perşembe günü toplanan MDD'ciler, aralarında tartışarak, Kurultay'a hiç katılınmaması yönünde görüş birliğine varır.

Aydın, Balıkesir, Bursa, Çanakkale, Çorum, Erzincan, İstanbul, İzmir, Kırklareli, Mersin, Samsun illeri ve Merkez Haysiyet Divanı proleter devrimci 72 delege adına İstanbul İl Başkanı Metin Bilgen, Aydın İl Başkanı Ali Karacan, Merkez Haysiyet Divanı üyesi Basri Dede, Trabzon İl Başkanı Erdoğan Gönüller, Ankara TİP Devrimci İlçeleri adına Yusuf Küpeli, Devrimci TİP Komitesi adına Tangör Çakıroğlu imzasıyla bir bildiri yayınlanır.[146]

Aynı gün, bir toplantı daha yapılır. Belki başka toplantılar da yapılmıştır. Onları şimdilik bilemiyoruz.

SBF öğrencisi Şadi Samer, kendisinin de bulunduğu bir toplantı hakkında şunları anlatmıştır:

"29-30 Ekim tarihlerinde, Ankara'da Hanif Tiyatro Salonu'nda toplanan PDK'ndan bir gece öncesi Seyhan Erdoğdu, Vahap Erdoğdu, Yusuf Küpeli, Mahir Çayan, Ertuğrul Kürkçü, ben ve bizden bazı arkadaşların katıldığı bir toplantı yapıldı. Toplantının yapılmasındaki amaç, ertesi günkü toplantıda alınacak tavır üzerineydi. O toplantıda şuna karar verilmişti; Mihri Belli'nin davranışlarının yanlış olduğu ve onun bu işin dışında tutulması gerektiğine dair tavsiyeler olmuştu. Fakat tam tavsiye denemez. Çünkü, o örgütün gelişmeleri içinde değilsin. Sadece bir toplantı yapıyorsun. Farklı gruplar bir araya gelmişti. Vahap ile Seyhan, Mihri Belli'yi temsil ediyordu. Ama o gece herkes, o toplantıda, Mihri Belli'nin bu işin dışında tutulmasını talep ediyordu. Bir de Mihri Belli, Hikmet Kıvılcımlı'nın, PDK'a Divan Başkanı olmasını istemiyordu. Ona muhalefet ediyordu. Bizler ise olmasını istiyorduk.

Fakat ertesi günü, öyle olmadı, kurultaya gittik, Mahir yoktu. Bazı insanlar, 'iyot gibi açıkta' kaldı. Neden gelmemişti? Hastalanmış diye duyduk. Sadece hasta olması, yeterli bir açıklama değil. Bana göre orada, bir siyasi oportünizm vardır.

Seyhan ile Vahap, hemen tavır değiştirdiler. Aslında, bizden sonra sanıyorum, onlar kendi aralarında tekrardan bir konuşma yapmış ve Mihri'ye karşı olmanın yanlış olacağını düşünerek, öyle bir tavır almışlar."

"Artık Legal Mücadele Dönemi Geçmiştir"

Danışma Komitesi, düzenledikleri Proleter Devrimcilerin Sohbet Toplantısı'nı, TİP'in 4. Olağan Büyük Kongresi'nin yapılacağı 29, 30, 31 Ekim 1970 Perşembe, Cuma, Cumartesi günlerine denk gelecek şekilde yapmayı kararlaştırmıştır.

Proleter Devrimcilerin Sohbet Toplantısı, TİP kongresinin başladığı gün, Vasıf Öngören, Halil Ergün, Erdoğan Akduman ve Mustafa Alabora'nın sahip olduğu Çankaya'daki Hanif Tiyatro Salonu'nda, başlar.

PDK'ya katılan Rasih Nuri İleri, Kurultay sırasında bu konu ile ilgili olarak edindiği izlenimleri şöyle anlatmıştır:

"Biz İstanbul'da görüştüğümüzde, Kurultayda, Divan Başkanlığı'nı Dr. Hikmet Kıvılcımlı, açılış konuşmasını da Mihri Belli yapacaktı. Fakat, Kurultaya geldiğimde Mihri Belli de, Hikmet Kıvılcımlı da yoktu.[147]

Dev-Genç'liler, Kurultaya, 'Artık legal mücadele dönemi geçmiştir' havasıyla başladılar. Kürsüde, 'Artık legalite devresinin bittiğini ilan' ettiler. Hatta, parti kurulunca, % kaç legal, % kaç illegal arasındaki ilişkileri, herkesin gelebildiği, girebildiği bir yerde ve polislerin, yabancıların huzurunda herkese açık bir salonda, kürsüde gayet açık bir şekilde söylendi."

PDK'da tutulan notlara göre, gündem maddeleri şöyledir:

1- TİP meselesi, 2- Hareketimizin kendi meseleleri, 3- Örgütlenme meselesi.

Başkan adayları: Sırrı Öztürk, Vahap Erdoğdu, Ali Karacan. Sırrı Öztürk seçilir. Divan üyeliklerine seçilenler: Metin Bilgen, Ruhi Göbüt, Basri Dede, Ali Karacan.

PDK'ya katılan ve konuşanlardan bir kısmı şunlardır: Mihri Belli, Şevki Akşit, Rasih Nuri İleri, Hasan Yusuf Küpeli, Münir Ramazan Aktolga, Sırrı Öztürk, Fahri Baki Korkmaz, Seyhan Erdoğdu, Vahap Erdoğdu, Ertuğrul Kürkçü, Atilla Sarp, Taner Kutlay, Münir Ramazan Aktolga, Ziya Yılmaz, Sinan Kazım Özüdoğru, Süleyman Ege, Vasfi Dede,

İbrahim Dikmenoğlu, Tangör Çakıroğlu, Mustafa Kemal Çamkıran, Halil İbrahim Ergün, Halil Oyman, Niyazi Ağırnaslı, Ali Yücealp, Cemile Çerçel, Ali Karacan, Avni Memedoğlu, İhsan Memoğlu, Esat Korkmaz, Yavuz Yıldırımtürk, Muzaffer Erdost, Abdullah Oğuzhan Müftüoğlu, Muttahar Bengi.[148]

"TİP'in Defterini Kapattık Diyoruz."

PDK'da tutulan notlarda yapılan konuşmalar özetle şöyledir.

Hasan Yusuf Küpeli: "TİP içinde başarı kazanılmış, artık kazanılacak bir şey kalmamıştır. TİP içindeki bütün proleter devrimciler MDD'yi benimsemiş, TİP'in hain yönetici kliğinin elinde sadece ölü bir örgüt kalmıştır. Ancak, kendi hareketimiz de bir dağınıklık içindedir. Sağlam bir ilke birliğine varmamız gerekir. Biz parlamentocu bir örgüt değil, bir savaş örgütü kuracağız. TİP'i mücadele alanı olarak seçmiyoruz. TİP elli yıllık bir sosyalist hareketin mirasına konmuş, bunun için de kolay gelişmiştir.

Sosyalist Devrimciler'e karşı ilk mücadeleyi Türk Solu açmıştır. Türk Solu'nun da hataları olmuştur; küçük burjuva radikalistlerine fazla prim vermiş, MDD'nin proletarya örgütü olmadan yapılabileceğini öne sürmüştür. Küçük burjuva radikallerine dergide söz hakkı tanınmıştır.

Aydınlık dergisi, Türk Solu'ndan daha doğru bir yol izleyebilmek için çıkmaya başlamıştır. Ama Aydınlık'ta da sağ eğilim uç göstermiştir. MDD'ci hareket, sosyal demokrat gençlik tabanını ele geçirmiştir. Aydınlık'taki sağ uç, kapitalist olmayan yolu savunmuştur. Foyası meydana çıkarılınca Maocu kesilmiş, 'Buzdolabı reklamı yapar gibi Mao reklamı yapmışlardır.' Bu adamlar çağımızın en büyük proleter devrimcisi olan Mao'nun düşüncesini de kavrayamamışlar, öteki amaçlarını modern revizyonizme çatmak olarak göstermişler, bir küçük burjuva görüşü olan Debray'ın fokocu görüşünü eleştirip bunu Che ve Castro düşüncesiyle bir tutmuşlardır.

Sosyalist Kurultay demagojik bir çıkıştır, biz bütün sosyalist geçinenlerin bir araya gelmesini değil, kendi hareketimizin ilkelerini saptamak istiyoruz.

Beyazcılar ayrıldıktan sonra da sağ eğilim içimizde sürmüş, 'şehirden köye hareket', 'sıkıyönetim tarafsız olmalıdır' gibi hatalı sloganlara yer verilmiştir. Bizim ilkelerimiz şunlar olmalıdır:

-Küçük burjuva-aydın-ordu konusunda iki hatalı görüş vardır.

Bu konuda bizim görüşümüz şu olmalıdır: Objektif olarak ordu hakim sınıfların bir baskı aracıdır. Ama özel bir durumu da vardır. Ordu içinde devrimciler vardır. Ordu içindeki saflar mücadele sırasında belli olacaktır. Bizim amacımız bu safları genişletmek olmalıdır.

-Revizyonizm konusunda: Çağımızda bir modern revizyonizm vardır. Sovyetler Birliği Komünist Partisi yönetici kliği bu modern revizyonizmi temsil etmektedir, bu klik, sınıf savaşı yerine sulh içinde sosyalizme geçilebileceğini savunmaktadır. SBKP'ye modern revizyonist kliğin hakim olmasının sebepleri: Sovyetler, devrimden sonra kapitalist ülkelerle çevrili olduğu için ekonomik savaşa ağırlık verilmiş (NEP ve sonrası), ideolojik alanda mücadele geliştirilip kültür devrimi yapılamamıştır, Sovyet yöneticilerinin eline bu fırsat geçmemiştir. Şimdiki Sovyet yöneticileri, aynı amaçla olmasa dahi, Rogers Planı'na evet demişlerdir, vb.

Ama bunlar, 'Kahrolsun Sovyet Sosyal Emperyalistleri' dememiz için bir sebep değildir. Hakim emperyalist ülke ABD'dir. Kahrolsun İtalyan yahut Alman emperyalizmi de dememekteyiz.

Saflarımızda Sovyet yöneticilerine revizyonist değil de gerici demek hatası yapılmıştır.

-Milli mesele konusunda: Kürt halkı etnik bir gruptur. İçindeki sınıf mücadelesi gelişmemiştir. Feodalizm hakim durumdadır. Emperyalizm Türk ve Kürt şovenizmini körükleyerek bundan yararlanmaktadır. Bu halkı kendi feodallerine karşı mücadeleye sokmak, dil ve kültür haklarını tanımak, emperyalizme karşı ortak mücadele vermek gerekmektedir.

-Örgüt konusunda: Günümüzdeki kadrolar yetersizdir. Bu durumda bir örgüt kuralım dersek hemen kurarız, ancak bu örgüt bütün hastalıklarını da içinde barındırır. Yapılması gereken bir savaş örgütünü oluşturmak için çalışmaktır. Bu örgüt genel Leninist ilkelere dayanmalıdır.

Emperyalizm 1923'te nasıl atılmışsa ona göre davranmak gerekir. Bunun için Aydınlık-Kurtuluş-Dev-Genç etrafında bir yazı kurulu oluşturmak gerekir.

Saflarımızdaki eksikler: Eleştiri ve tahammülsüzlük, sınıf zaafı, vb. ki, bunlar küçük burjuvalarının saflarımızdaki sayıca hakimiyetinden ileri gelmektedirler."

Ertuğrul Kürkçü: İhtiyar-genç ayrımı yapıyor, ihtiyarlara çatıyor. Gençliğin rolünü inkar etme eğilimi olduğunu söylüyor.

Dev-Genç halk hareketinin içerisinde nisbi olarak temsil olunacak, önemi giderek azalacaktır. Ama şu anda hareketin içerisinde önemli bir yer tutmaktadır. Sosyalist devrimden sonra da yeniden önem kazanacaktır. Mihri Belli, Dev-Genç'i küçük düşürücü bir şekilde konuşmuştur, bu bir sağ görüştür.

Münir Aktolga: Bilimsel sosyalizmi öğrenip bunu emekçi kitlelerine uygulayan yeni bir kadro doğmaktadır. Aydın gevezeliği sona ermektedir. Ahbaplık ilişkilerinin dışında devrimci birlik meydana gelmektedir.

Türk Solu konusunda: TİP içinde kadrolaşma imkanlarından başka bir imkan olmadığı dönemde Milli Cephe'den söz etmek bir hataydı. Yeni oportünizm bunun sonuçlarından birisidir. Biz her şeye sıfırdan başlıyoruz diyen düzmece devrimciler değiliz, ancak geçmişteki hataları artık reddedip düzeltmeliyiz.

Bu hatalar Aydınlık'ta da devam etti. Bizim alacağımız kararlar bütün Türkiye halkının geleceğini tayin edecektir. Biz bütün Türkiye halkının sorumluluğunu omuzlarımızda taşımaktayız.

Zaaflarımız... Revizyonizm baş meselemiz değildir. Tek tek milli kurtuluş imkansızdır. Emperyalizm bir bütün halinde çökecektir. Artık bölgesel savaşlar söz konusudur. Örnek: Hindiçini. Biz de Yunanistan-Türkiye-İran-Afganistan bölgesini kurtarmak için çalışmalıyız.

Şehirleri temel alan bir düzen örgütüne ihtiyacımız yok. Bir savaş örgütüne ihtiyacımız var. Artık deneme yanılma metoduyla kaybedecek vaktimiz yok, doğru çizgiyi tespit etmeliyiz. Parti seviyesinde bir örgütlenmeye geçinceye kadar Aydınlık-Kurtuluş-Dev-Genç'ten oluşan bir komitenin hareketi yazı kurulu olarak yönetmesi gerekmektedir. Leninist örgütlenme anlayışında, aşağıdan yukarıya örgütlenme diye bir şey yoktur. Hem aşağıdan yukarıya örgütlenip deyip hem de tepeden inme örgüt kurucuları empoze edilemez.

Ziya Yılmaz: Ordu'nun Fatsa kazasından. İşçi köylü örgütlensin deniyor, ama bunun nasıl yapılacağına dair somut öneri getirilmiyor. Belirli hatalarımızı tasfiye etmeden örgütlenemeyiz. Bu tasfiye teorik ve pratik çalışma içerisinde olacaktır.

Kurulan Köylü Birlikleri ölü olarak kalıyor. Çünkü, köyde onu yönetecek kadro kalmıyor. İşçi ve köylü içinde çalışabilmek için kadrolar ve merkezi bir örgütlenme gerekmektedir. Bu da Kurtuluş-Aydınlık mihrakında olmalıdır.

Kazım Özüdoğru: Yapılan hatalardan bahsediliyor ama kimse hatayı üzerine alıp öz eleştirisini yapmıyor. Böyle adamlarla yola çıkmak tereddüt vericidir. Demokrasi için mücadeleden, Filipin demokrasisine karşı mücadeleden söz ediliyor, yarın bu sınırlı demokrasi de ortadan kalkacaktır.

Dün burada devrimci gençliğin geçen seneki kadar ideolojik sorunlara eğilmediği söylendi. Eğer buna cevap verilmiyorsa bu devrimci gençliğin artık kendini hareketin üstünde tutanları geçen seneki kadar önemsememesindendir, ideolojik sorunlara eğilinmediğinden değil. Aydınlık'ta çıkan sağ görüş: Ordunun işçiye silah çekmediği görüşü. Bize ahbap çevrelerinin oluşturduğu bir düzen örgütü değil bir savaş örgütü gereklidir.

Saflarımızda örgüt konusunda, MDD konusunda yansıyan revizyonist görüşler vardır. Saflarımızda kapitalist olmayan yol önerilmiştir. Saflarımızda Filipin demokrasiciliğinin sınırları aşıldıktan sonra öz örgütün kurulabileceğini söyleyenler var. Bu da revizyonizmin bir yansımasıdır. 'MDD'de de, sosyalist devrimde de küçük burjuvazi öncülük yapabilir.'

Pratik önemi: Arkadaşların hatalarının özeleştirisinin yapılması, ilkelerde birlik, Aydınlık-Kurtuluş-TDGF'den oluşan geçici bir merkezileşme sağlama, kitlelerde sabırlı, uzun bir örgütlenme çalışmasını daha ciddiyetle yerine getirmek.

Küçük burjuvazi öncülük ederse bu ne sosyalist devrim olur, ne de MDD olur.

Özüdoğru, 'En eski oportünistler, eski oportünistler, yeni oportünistlerden sonra şimdi de içimizde oportünistler bulunmaktadır.' dediği zaman, Rasih Nuri İleri, Özüdoğru'ya, 'Kimmiş o içimizdeki oportünistler?' diye sorar. Özüdoğru, ayrıca, isim vermeden, masanın altından Mihri Belli'nin kitabını okumaktadır. Bunun üzerine, Muzaffer Erdost, gider kitabı getirir. Ve Özüdoğru'nun eleştirdiği bölümü yeniden okur.[149]

İhsan Memoğlu: TİP'in defterini kapattık diyoruz. Bakkal defteri mi bu? Böyle bir defteri kapattın mı yenisini açacaksın. Eskiden TİP'de buluşurduk, şimdi ne yapacağız?"[150]

"Seni İlgilendirmez"

Enver Çayan, 1970 yılı Ekim ayının son günlerinde, Harbiye Radyoevi'ndeki çalışma odasındadır. Bir ara telefon çalar. Telefonu açtığında, ahizenin öteki ucundaki ses,

"-Amca, ben Mahir. Kadıköy'deyim. Acaba görüşebilir miyiz?" diye sormaktadır.

Yaklaşık beş aydır Ankara'dan gelmesini beklediği yeğeninin İstanbul'da olduğunu öğrenince sevinen Enver Bey,

"- Tabii. Hemen atla gel" diyerek, karşılık verir. Mahir ise,

"- Hayır. Ben gelemiyorum. Sen buraya gelebilir misin? Kadıköy İskelesi'ndeyim" deyince, Enver Bey, önemli bir şeyler olduğunu sezerek, hemen Kadıköy İskelesi'ne gider. Mahir'i morali bozuk, fevkalade sinirli ve kötü bir pabuç, bol bir ceket, dökülen bir pantalonla, üstü başı perişan bir halde bulur.

Enver Bey, Mahir'i şimdiye kadar hiç böyle bir durumda görmemiştir.

Geleceği konusunda büyük umutlar beslediği, birlikte gerçekleştirecekleri hedefler için her türlü desteği verdiği yeğenini böyle bir durum içinde gören Enver Bey, herhangi bir kişinin, başkasını ne kadar etkilemiş olursa olsun yönetmesinin söz konusu olamayacağını ve Mahir'in artık kendi etkisinin dışına çıktığını ve birtakım kombinezonların, angajmanların içinde olduğu anlar. Enver Bey, bir şeylerin yitip gittiğini anlamanın verdiği tedirginlik ve iç burukluğuyla, Mahir'e,

"-Sen durgunsun. Rahatsız mısın?" diye sorduğunda,

"-Hayır bir şeyim yok. Yorgunluktan olabilir" diye yanıt verir Mahir.

Eski Kadıköy İskelesi'nin orada, denizin kenarında bulunan "Camlı Kahvehane"ye giden amca ile yeğen, bir taraftan sohbet eder, bir taraftan çay içer.

Enver Bey, daha önce Mahir'le yaptığı konuşmaları ve neler yapması gerektiğini, bu konuda neler istediğini belirtircesine,

"-Ne oldu, şimdiye kadar niye gelmedin?" diye sorduğunda, Mahir,

"-Gülten, yazın Ankara'ya geldi ve Gülten'le evlendik" diye karşılık verir.

"-Hayırlı olsun. Çok iyi yapmışsın. Gülten nerede?

"-Paris'e gitti."

"-Peki sen onunla niye gitmedin? Niçin buradasın?" diye sorduğunda, Mahir, hiç beklenilmeyen bir şekilde, birdenbire,

"-O seni ilgilendirmez" diyerek yanıt verince, amcası Enver Bey, içinden bir şeylerin koptuğunu hisseder. Böyle tavırlara alışık olmayan Enver Bey, soğukkanlıdır. Mahir'e,

"-O zaman beni ne diye aradın? İstediğin gibi hareket et" dedikten sonra, kahvehanenin garsonuna işaret ederek, yanına çağırır ve içtikleri çayın parasını ödeyerek, arkasına bakmadan yürür, Mahir'den ayrılır.

Mahir için artık, "Sınıflar mücadelesinde proletarya yoldaşlığının dışında feodal ve ataerkil ilişkilere yer yoktur."[151]

"Mahir'in Toplantıya Gelmemesi, Çok Büyük Bir Hayal Kırıklığıydı"

Mahir'in, Proleter Devrimcilerin Sohbet Toplantısı'na katılmaması konusunda Münir R. Aktolga, şunları söylemiştir:

"Mahir, 29-30 Ekim tarihlerinde yapılan Proleter Devrimci Kurultayı'na gelmedi. Ortak alınan bir karar yoktu. Tam tersine o toplantıya Mahir'in katılması çok önemliydi. Fakat Mahir, toplantıya gelmedi. Ve o ara burnundan ameliyat olması gerektiğini söyledi. Mahir'in toplantıya gelmemesi, bizim için o dönem çok büyük bir hayal kırıklığıydı. Ve birçok farklı yorumlara yol açtı. Biraz aramız da soğudu bu dönemde. Fakat daha sonra kendisi, bunun böyle olmadığını, bize izah etti. Ve olay, o şekilde kapandı ama aslında o zaman önceden haber vermeden o toplantıya gelmemesi bizi şok etmişti."

Mahir, PDK'ya katılmama nedeni olarak, daha sonra, arkadaşlarına yaptığı açıklamada, "ameliyat olduğunu" söyler.

Erhan Erel, bu konuda şunları söylemiştir:

"Mahir, gerilla yaparken problem olacak şeyleri şimdiden halledelim diyerek 1970 yılı sonlarına gelindiğinde apandisit ameliyatı oldu, dişlerini yaptırdı, burun ameliyatı oldu. Diyelim bir gece kaçaksın. Apandisitin patlasa ne yapacaksın? Diş ağrısı oldu mu perişan olursun diye ameliyat oldu. Bu kadar hazırlıklı ve bilinçliydi."

Ömer Zülfü Livaneli, bu konuyla ilgili olarak şunları yazmıştır:

"Mahir'le ilgili bir anıyı unutamıyorum: İnce yüzlü, yakışıklı bir gençti Mahir o zamanlar. Hep burnunu çeker, elinde bir mendille dolaşırdı. Bir gün niye böyle olduğunu sordum. Burnunda kemik eğilmesi olduğunu, ameliyat gerektiğini söyledi."[152]

Aydınlık Sosyalist Dergi'ye Açık Mektup

Mihri Belli ile ayrılık artık kesinleştiği için bunun teorik çerçevesinin netleştirilmesine çalışılır. Bu nedenle, "Aydınlık Sosyalist Dergi'den ayrılmamız üzerine söylentilerin ve spekülasyonların yoğunlaştığı şu günlerde bu yazılı açıklamayı zorunlu görmekteyiz" diyerek, Aydınlık Sosyalist Dergi'ye Açık Mektup başlıklı broşür hazırlanır.

Broşürü Mahir yazar. Yusuf Küpeli, Münir Ramazan Aktolga ve Ertuğrul Kürkçü de imzalar.

Kurtuluş grubu, yayınladıkları broşürde Mihri Belli ve çevresi ile yaşanan ayrılık konusunda şu değerlendirmeyi yapmıştır, "Türkiye Devrimci Hareketi'nin meselelerine (genel olarak devrimin yolu, Türkiye'nin sınıfsal ilişki ve çelişkilerini, solun tarihinin değerlendirilişi ve Türkiye'ye özgü yol) ilişkin görüşlerimizi etraflı bir şekilde ayrıca koyacağız" diyerek, özetle şu açıklamayı yapmıştır: "Hakim sınıfların sınırlı demokratik hakları rafa kaldırma hazırlıkları içinde oldukları, proleter devrimci hareketi ezmek için oyunların tezgahlandığı şu günlerde, ilk bakışta saflarımızdaki bu bölünme hoş bir şey değildir. Ve hareketimize sempati duyan, ama gerçek duruma yabancı olan pek çok arkadaşta bu ayrılmanın derin bir endişe ve üzüntü yaratacağı açıktır.

Gerçekten de ayrılmaların, bölünmelerin hoş olduğunu iddia edecek değiliz. Ne var ki, bütün gayretlerimize rağmen, birlik amacı ile birlik-eleştiri-birlik mekanizmasını kullanarak, Aydınlık Sosyalist Dergi'deki sağcı ideolojiyi bertaraf edemedik. Aydınlık Sosyalist Dergi'deki sağcı ideolojiyi tartışma ile bertaraf etmenin ortamı olmadığına ve de iki ideolojinin ortasının bulunmayacağına göre, ayrılık zorunlu olmuştur. Çünkü, gerçek anlamda birlik, bilimsel sosyalizmin temeli üzerinde kurulabilir. Birlik şu veya bu kişinin etrafında kümelenme değildir."

"Baştan beri bizim Mihri Belli arkadaşla görüş ayrılıklarımız vardı. Fakat biz M. Belli arkadaşın, geçmişini, tecrübesini dikkate alarak, onun bir proleter devrimciye yaraşmayacak tavır ve davranışlarına karşı geniş bir tolerans havası içinde, hareketin birliğini savunduk. Bunu yaparken hiçbir zaman idare-i maslahatçılık içine girmedik. Doğru bildiğimiz ilkeden hiçbir zaman taviz vermedik. Görüşlerimizi her zaman, her yerde açıkça ortaya koyduk; yazdık ve söyledik. Çünkü birlikçi tutum ilkelerde uzlaşmak demek değildir.

Bizim bu tutumumuz karşısında M. Belli ve etrafındaki arkadaşları ne yaptılar?

M. Belli arkadaş, kendi görüşleri ile bizimkiler arasında temelde önemli bir fark olmadığını söyleyerek, milliyetçilik, revizyonizm, örgüt meselesi vb. gibi konulardaki görüşlerini düzeltme yoluna gittiğini ima ediyordu. Böylece saflarımızdaki sağ görüşler arkadaşça yürütülen eleştiri mekanizması ile bertaraf ediliyordu. Ne var ki, olaylar umutlarımızı boşa çıkaran bir yönde gelişti. Ve 29-30 Ekim tarihindeki toplantı, M. Belli arkadaşın bu tutumda samimi olmadığını ortaya koydu. M. Belli arkadaş, bu toplantıda tam bir ayrılıkçı ve bölücü tutumla, terk ettiğini ima ettiği eski sağ görüşünü ileri sürerek; bu görüşlerle çelişki içinde olan görüşlerin tamamen yanlış görüşler olduğunu söyleyerek, 'İlkelerimiz demek, ben demektir; arkamdan gelen gelir, gelmeyen gelmez' diyerek birlik-eleştiri-birlik ilkesini çiğnedi."

"Bu durumda hareket bölünmesin diye, proletaryanın devrimci ilkelerinin çiğnenmesine, Leninizmin bayrağının oportünizm batağına sokulmasına göz yumacak mıydık?

Hayır, bin kere hayır!"

"Artık M. Belli'nin sağcı görüşlerinden dolayı harekete tam bir kargaşa hakim olmuştur. Bu kargaşa, hareketin hem teorik, hem de pratik ilerleyişine engel olmaya başlamıştı.

Artık, ayrılık parolamızdır.

Ve proletaryanın devrimci ilkelerini her şeyden üstün tutan, devrimci şerefi ve namusu olan her devrimcinin yapacağı gibi Mihri Belli ve onun temsil ettiği akımla bütün organik bağlarımızı kestik!

Bizimle düne kadar ilkelerde hemfikir olan bazı arkadaşlar bu sağcı görüşlerin yanında yer aldılar.

Devrim yolu engebelidir, dolambaçlıdır, sarptır. Bazıları düşerler, gerilerde kalırlar. Daha düne kadar beraber omuz omuza yürüdüğümüz arkadaşlarla artık beraber değiliz. Onlar için daha fazla duramayız. Çünkü onlar tercihlerini geriye doğru yaptılar. Onlar bataklığı tercih ettiler. Ve maalesef, namlularını bize çevirdiler. Bu mücadele sınıflar mücadelesidir. Burada el titremesine, tereddüde ve kararsızlığa yer yoktur. Sınıflar mücadelesinde proletarya yoldaşlığının dışında feodal ve ataerkil ilişkilere yer yoktur.

Ve işin acı tarafı bu arkadaşlar, daha düne kadar beraber oldukları arkadaşları olan bizlere atıp tutacaklar, kızacaklar veryansın edeceklerdir. Ve bunları yaparken içtenlikle hareket ettiklerini söyleyeceklerdir. Nitekim, bugün de bu arkadaşlar hareketin esenliğini düşündükleri için o saflarda yer aldıklarını, aslında görüş ayrılıklarının, ayrılmayı gerektirecek kadar önemli olmadığını, var olan farklılıkların 'küçük görüş ayrılıkları' olduğunu, bizlerin bir kaşık suda fırtına koparan sekterler olduğumuzu, içinde bulunduğumuz dönemde, MİT'in CIA'nın ve oportünizmin bütün fraksiyonlarının M. Belli'ye saldırdıkları bu dönemde, Mihri Belli'yi eleştirmenin yanlı olduğunu, bizim dün ayrı şeyler bugün ise ayrı şeyler söylediğimizi, bugün değiştiğimizi söyleyip bizi suçlamaktadırlar."[153]

Ömer Erim Süerkan'ın söylediğine göre, Mihri Belli'nin buna karşı tepkisi şöyle olmuştur: "Ordusuz generallere döndük."

"Jön Türkler"

ASDAM broşürünün yazıldığı dönem, Kurtuluş grubu, bazı kişilerle görüşme yapmıştır.

Mahir Çayan, ASDAM isimli broşürdeki görüşlerine katılması ve imza atma önerisini, Hikmet Kıvılcımlı ve Sarp Kuray'la ilişkisi olan Atilla Sarp'a da yapar.

Aydınlık Sosyalist Dergi'ye Açık Mektup isimli broşürü çıkartmak istediği bir sırada Mahir, bir gün Atilla Sarp'a gider:

"-Böyle bir teorik metin hazırlıyoruz. Şunu hep birlikte grup anlayışı haline getirelim" der ve bitmiş metni verir.

Atilla Sarp, metni okuduktan sonra,

"-Metindeki bazı saptamalara ve gerilla ile bu işlerin çözüleceğine katılmıyorum. Öyle bir tarzım yok."

Mahir, bunun üzerine,

"-Sen Marksist değilsin" diyerek Sarp'ı suçlar.

"-Marksizmde kişiler olaya böyle yaklaşmaz. Siz bir şeyi hazırlıyorsunuz, ondan sonra bir olup bittiye getirerek, gelin buna katılın diyorsunuz. Bu şekilde olmaz. Keşke hep beraber oturup hazırlasaydık bu metni. Böyle olmuyor. O zaman farklı olaylar ortaya çıkıyor" diyen Sarp, Mahir'e yönelik eleştirilerini açıklar.

Kurtuluş grubu ile Kıvılcımlı arasında görüşmeler olmuştur. Bu konuda Yusuf Küpeli, şunları anlatmıştır:

"Mahir'le ikimiz, Hikmet Kıvılcımlı'yı hastahanede ziyaret ettik. Prostat ameliyatı olmuştu. Bize ameliyatını anlattı o kadar. Kıvılcımlı'nın etkisinde kalan Münir ile ikimiziz. Ama bu etkiler ikimizin üzerinde de farklı fakat olumlu etkilerdi."

Münir Ramazan Aktolga da, bu konuda şunları anlatmıştır:

"Bu işler olup biterken aslında o zaman Mahir, bir yandan Kesintisiz-I'i yazarken, ben de, bu işte bir eksiklik, bir yanlışlık var ama nedir diye düşünüyorum. Kendimi de ideolojik anlamda yetersiz görüyorum ve korkunç bir okuma ve bir yazı hazırlama süreci içindeyim. Bu ara ben, Kıvılcımlı ile ilişkileri olan Orhan Aksungur ile tanışıyordum. Fakat onların Kıvılcımlı ile ilişkileri olduğunu bilmiyordum. Kıvılcımlı'nın yazdıkları ile temasım oldu. 'Tarih Tezi'ni bu ara okudum ve kendisiyle görüşmek istedim. Görüştük de. Kıvılcımlı ile görüşmeye Selahattin Okur ile gittik. O düşüncelerini anlattı. Daha sonra, 'istediğiniz zaman gelin görüşelim' dedi. O, bizi, 'Jön Türkler' olarak görüyor. Cunta üzerine falan konuşmadık. Tamamen, 'Tarih Tezi' ve onun teorik düşünceleri üzerineydi konuşma. Onun dışında Doktorla, herhangi bir politik ilişkimiz olmadı zaten. Bizim onlarla hiçbir ilişkimiz olmadığı gibi, farklı gruplaşmalar içindeydik."[154]

"Dedem Korkut, Ol Yiğide Aktolgar-Caygar Adını Bağışladı"

1971 yılı Ocak ayının ilk haftasında Mahir ve arkadaşları, Sosyalist gazetesinin Cağaloğlu, Çatalçeşme Sokak'ta bulunan bürosuna telefon ederek, "Doktor Hikmet Kıvılcımlı ile görüşmek istediklerini" bildirir.

Bu sırada Dr. Hikmet Kıvılcımlı, prostat kanseri olması nedeniyle Cerrahpaşa Tıp Fakültesi Hastahanesi'nde yatarak tedavi görmektedir.

Mahir ve arkadaşları, ocak ayının ortalarına doğru İstanbul'a gelir ve Sosyalist gazetesinin bürosuna giderek ilk önce Orhan Müstecaplı ile görüşür.

Orhan Müstecaplı, bu konuda şunları anlatmıştır:

"Mahirlerin geliş amacı bizim ortaya attığımız, 'Genel Direniş' stratejisini konuşmak, niteliğini öğrenmekti. Hikmet Kıvılcımlı o sırada hasta olduğu için öyle bir konuşma yapacak durumda değildi. İlk önce benimle konuştular. Görüşmeye geldiklerinde Orhan Aksungur da bizimle beraberdi. Mahir,

'-Abi, sen bunu dışarı çıkart öyle konuşalım' dedi. Ben de, Orhan Aksungur'u görüşme yaptığımız odanın dışına çıkarttım. Orhan Aksungur da Mahirleri sevmiyordu.

Mahirlere 'Genel Direniş' nedir, bunla neyi anlatmak istediğimizi anlattım.[155]

Daha çok Mahir'le konuştum. Konuşmanın ardından Mahir,

'-Orhan Abi, Ankara'da geniş çapta bir toplantı düzenleyelim. Sen de gel burada konuş' dedi. Mahir ayrıca,

'-Hasta bile olsa gelmişken Kıvılcımlı'yı görelim' dedi. Ben de bunların yanına Orhan Aksungur'u katarak hastahaneye gönderdim."

Kurtuluş grubu ile Kıvılcımlı'nın hastahanede görüştüğü ama bazı konularda anlaşamadıkları söylenir.

Bu konuda Sefer Güvenç şunları söylemiştir:

"Bu arkadaşlar, Dr. Kıvılcımlı ile yaptıkları konuşmadan sonra görüşleri netleşiyor."[156]

MDD hareketi içindeki bu ayrılıklara rağmen, Dr. Hikmet Kıvılcımlı, Mihri Belli ve Mahir Çayan'ın, 5 Mart 1971 Cuma günü saat 18'de, SBF Konferans salonunda, "Büyük Derleniş ve Proletarya Partisi" konulu bir açık oturum yapması konusunda anlaşılır. Bunun için her tarafa duyurular asılır. Gazetelere ilan verilir.[157]

Kıvılcımlı, Kurtuluş grubuyla yaptığı görüşme hakkında iki yazı yazar. İlki, "Yeter Be!" başlığıyla yayınlanır.

Yazıda özetle şu görüşlere yer verilir:

"Çoğu nereden çıktıkları bilinir veya bilinmez sürü sürü keskin 'lider' ve avantürye 'ideolojik' zibidileri ortalığı kavram mahşerine çeviriyorlar. Halkın da, gençliğin de bilinçsizliğini-bilgisizliğini-örgütsüzlüğünü-davranışsızlığını son kertesine dek sömürüyorlar... Ve hepsi birden, denizin dibine atılmak üzere çuvala doldurulmuş kedilerle köpekler gibi hâlâ birbirleriyle dalaşıyorlar. İçlerinde 'marifet' yapmadıklarına inanmayan da çıkmıyor."[158]

Kıvılcımlı, ikinci yazısında, Mahir ve Doğu'lara, " 'Cav-Cavların' ve 'Mav-Mavların' Kurbağalı Deresi Akıyordu" diyerek, şöyle sesleniyordu:

"İlk cenin ana tarafından Hacivatgilin, baba tarafından Karagözgilin yavrusu. Dişi çıktı. Adı: Akpembe. Mahalleli, 'Mav-Mav Gelinlik' diye çağırır. İkinci yavru Karagöz Hatun'dan doğmadır. Nerden peydahladığı bilinmez. Tıpkı destancıl Aykağan gibi, 'günlerden bir gün' Karagöz Hatun'un 'gözü yanıp parladı. Erkek-oğul doğurdu. Çocuk birinci gün yürüdü, üçüncü gün ata bindi, yedinci gün ok-yay kuşanıp avlanır oldu.' Dedem Korkut, ol yiğide 'Aktolgar-Caygar' adını bağışladı. Aktolgar-Caygar Efe ile Mav-Mav Gelinlik şu günlerde 'Yolcu' bekliyorlar.

Hâlâ kanayan kurşun yaralarının üstüne tulüat tuz-biber mi ekmek istedik? Kat'iyyen hayır! İlk ihtarımızı yapıyoruz; bitsin artık rezil tulüatçılıklar uğruna işçi sınıfının ve işçi sınıfı devrimci aydın militanların kırdırılması! Genç arkadaşlar, sizin yediğiniz kazıklardan, başınız üstüne çevrilen fırıldaklardan, çok çok bir kuşak daha eski olan bizler de aldık nasibimizi. Yüzlerce sayılıyorduk, geriye bir düzine ya kaldık, ya kalmadık. Çoğunluk, doğru dürüst bir savaşçık olsun veremeden rezil demogogların ve kalpazanların elinde çarçur olup gitti. Baktık ki, gençlik hızı ile davranıp bataklığın üstüne yürümek bir şeyi çözmüyor, tam tersine hep biz kaybediyor, biz telefat veriyoruz: İşçi sınıfının düşüncesi ile davranmaktan başka çıkar yol olmadığını kavradık. Kavradık ama, çok geç. Ve bu bize pahalıya oturdu.

Tarihe şöyle bir bakın: Tarikat-Yuvar şeyhlerinden, mollalarından ve efelerinden Türkiye burjuvazisi bile hayır görmemiş; biz mi göreceğiz? Küçükburjuva ikirciliğine yer yok. Elinizi kapan kalpazan ellerini koparıp atın. Yoksa; kolunuzu kökten verseniz gene kurtulamayabilirsiniz. Bu işte işçi sınıfı düşüncesi ile işlenmiş ham yiğitlik sökmez. Ya bir hain kurşunla pisi pisine götürürler insanı, ya tez zamanda paçavraya çevirirler."[159]

"Halk Savaşı Başlamıştır. Konferans Falan Olmaz"

Hikmet Kıvılcımlı, ağır hasta olmasına rağmen, 5 Mart 1971 Cuma günü Mihri ve Mahir ile yapacakları açık oturum nedeniyle İstanbul' dan Ankara'ya gelir.

Açık oturuma Mahir ve Mihri'nin katılmaması üzerine, Hikmet Kıvılcımlı, SBF'de konferans yapmak ister. Fakat Yusuf Küpeli ve arkadaşları, SBF'de düzenlenmek istenen konferansa, "Halk savaşı başlamıştır. Konferans falan olmaz" diyerek engel olur. Kıvılcımlı, bunun üzerine, ertesi gün SBF'nin yanında olan Hukuk Fakültesi'nde "Durum Yargılaması" konulu konferansını yapar.[160]

Kıvılcımlı, "Genç Türkler Olayı" olarak nitelendirdiği, Kurtuluş grubu hakkında, konuşmasına, Aydınlık Sosyalist Dergi'ye Açık Mektup broşüründen söz ederek başlar ve özetle şunları söyler: "Bir broşür yayınlandı... Broşür, dünyanın en güzel ve iyi dileğiyle kaleme alınmış. Ama biz tabii bu güzel ve iyi sözlerin hangi sonuca vardığını aramak gibi nankör bir alışkanlık içindeyiz. Ve orada, bir de bakıyoruz, asıl önemli dayanak olması gereken yığınlar problemi gölgede kalmış. Yığını kaybedince de, yapacak şey nedir? Al silahı, çete savaşı yap. Bu duruma geliyor adeta."

"Bu duruma en çok acımak, bu durumun üzerinde durmak hepimizin görevi olmalıdır kanısındayım. Bu durum ihmal edildiği içindir ki, Genç Türklerimiz; adeta Çete Yaratıcıları diyebileceğimiz, yani gerilla yaratıcılığı içinde, devrimcilik gerçekleştirmek ister duruma girdiler, giriyorlar. Onların o büyük, güzel, hatta kahramanca eylemlerini küçümsemek, hiçbirimizin elbette hatırından geçecek kadar saygısızlık göstermesine yer vermez. Elbet onları selamlarız, yürekten benimseriz. Ama bazı, acı da olsa, gerçekleri birbirimize hatırlatmazsak, bizim kardeşliğimiz, devrim arkadaşlığımız nerede kalır?

O açıdan, ben, bu Çete Yaratıcılığı diyebileceğimiz (Türkçesi çete, gerilla işte İspanyolcası) durumundan kurtulma yollarını elbirliğiyle aramanın zamanı geldiğini, hatta çoktan geçtiğini bir saniye bile unutmamak gerektiği kanısındayım."[161]

VI. BÖLÜM

Kurtuluş Gazetesi Grubu

★

"1969 yılı sonlarından itibaren ileride stratejisi izah edilecek olan Marksist-Leninist nitelikteki gizli örgütü oluşturmak konusunda anlaşan (...) Mahir Çayan, Yusuf Küpeli, Münir Ramazan Aktolga, Ertuğrul Kürkçü, Hv. Ulş. Yzb. Orhan Savaşçı, Ulaş Bardakçı, Bingöl Erdumlu ve Ziya Yılmaz örgütçe kiralanan evde Aralık 1970 ayı içerisinde toplanmışlar; daha sonraki zamanda ismi Türkiye Halk Kurtuluş Partisi olarak topluma duyurulan örgütü oluşturarak, organlarını ve burada görev alacak kişileri, verilecek görevleri tespit ve tayin etmişlerdir.

Bu toplantıda örgütün bir Genel Komite ve bir de Merkez Komitesi olması kararlaştırılmıştır.

Örgüt Genel Komitesine: (...) Mahir Çayan, Yusuf Küpeli, Münir Ramazan Aktolga, Ertuğrul Kürkçü, Hv. Yzb. Orhan Savaşçı, Bingöl Erdumlu, Ziya Yılmaz, Ulaş Bardakçı, Sina Çiladır ve İrfan Uçar seçilmiştir.

Ancak İrfan Uçar'ın o tarihlerde tutuklu bulunması, salıverilmesini müteakip de aranılan kişi durumda olması nedeniyle kendisine verilecek görevi ifa etmek olanağına sahip bulunmaması karşısında bu vazifeyi kabul etmesine rağmen yerine Hüseyin Cevahir'in getirilmesi uygun görülmüştür.

Örgüt Merkez Komitesine ise: Mahir Çayan, Yusuf Küpeli ve Münir Ramazan Aktolga seçilmişlerdir.

Bu görev bölüşümünden sonra Mahir Çayan, Münir Ramazan Aktolga ve Yusuf Küpeli, örgütün politik-ideolojik-örgütsel teorik temellerini atmak amacıyla çalışmaya başlamışlar; Mahir Çayan, "Kesintisiz Devrim-1", Yusuf Küpeli "1965-1971 Türkiye'de Devrimci Mücadele ve

Dev-Genç" adlı broşürleri kaleme almışlar, Münir Ramazan Aktolga ise Kurtuluş Gazetesi'nde örgütün ideolojik ve politik yönüne taalluk eden yazılar yazmış ve gazetenin dağıtılmasını sağlamıştır."[162]

Münir Ramazan Aktolga, bu konuda şunları anlatmıştır:

"İleri sürüldüğü gibi, organlarıyla bir bütün halinde çalışan örgüt kurmadık. Aramızda böyle bir bütünlük olmamıştır. Hatta Mihri Belli'den ayrıldıktan sonra bile bir fikir birliği içinde değildik.

Bizim konseptimiz şuydu; İşçiler arasında, sendikalarda örgütlenmek. Bunu yaparken de mali kaynakları genişletmek ve ilerde bir komünist partisi haline dönüşmek. Biz bunun mümkün olduğunu savunuyorduk. Fakat, Necmettin Giritlioğlu'nun öldürülmesi bizim için çok önemli bir olaydır. Çünkü, Necmettin Giritlioğlu öldürülünce bizim işçiler arasındaki çalışma anlayışımız büyük darbe yedi ve tereddütler uyandırdı o zaman. Zaten, Deniz ve Hüseyin İnan'ın, bize en çok eleştirileri, 'Artık Türkiye'de bu tür çalışmalar yapılamaz. Bunun legal olanakları yoktur. Yaparsan adamı öldürürler' şeklindeydi.

Türkiye'nin o zamanki koşullarını dikkate alınca, bu parti legal olabilse bile illegal olarak da örgütlenmelidir anlayışına gelindi. Parti-Cephe o zaman yok daha. Biz, THKP-C'nin Merkez Komitesi, Genel Komitesi olsun diye bir toplantı yapmadık. Yapma olanağımız olmadı. Aramızda görev bölüşümünden doğan bir örgütlülük vardı. ODTÜ ve SBF grupları bir araya gelince, kendi aramızda bir iş bölümü yapmıştık. Ama bu bir örgüt, bir parti olarak şekillenmesi ve bu şekil bir organ olarak karar vermesi gibi bir durum olmadı. İsmi konmuş bir örgütlenme yoktu. Görev bölüşümü vardı."

Yusuf Küpeli, bu konuda şunları anlatmıştır:

"29-30 Ekim toplantısından ve Mihri Belli'den koptuktan sonra örgüt kurmak için toplanıyorlar. Biz, silahlı propaganda diye başlamadık bu işe. Komünist partisi örgütleyeceğiz diye başladık. İlk toplantıda ben yokum. Katılmamamın özel bir nedeni yok. O gün işim çıktığı için katılamadım. Ertesi gün bana anlattılar. Anlatıldı ve itirazsız kabul ettim.

Bana anlattıkları şuydu: İdeolojik işlerden sorumlu Mahir oluyor. Münir de ona yardımcı olacak. Kitle bağı, düşüncelerin kitlelere ulaşması; askeri işler, soygun, para temini ve istihbarat işlerinden ben sorumlu oluyorum. İstihbarat örgütü kuracaktım ve gençlik işini de geriden kollayacaktım. Münir, bana yardımcı olacaktı. Münir, yayın işleri, Kurtuluş dergisi sorumlusu idi ve ben ona yardımcı olacağım. Üçümüz eşit güçte başkan oluyorduk. Öneri de Mahir'den geldi ve kabul edildi.

Genel Komite oluşmadı. Sadece, bazı isimler üzerinde duruldu. Genel Komite on kişi olmalı dendi ama on isim bulunamadı. Fakat iş oturmadan battı. Örneğin Hüseyin Cevahir, Doğu Anadolu'dan sorumlu olacak deniyor. Konu bir ara konuşulmuştur ama Mahir, emrivaki ile alıp İstanbul'a gitti. Böylece, tüm konuşulanlar hava oldu."

"Marighella'nın Kitabı Yeni Çıkmıştı"

Brezilya'da "şehir gerillası"nı başlatmış bulunan ve mücadelesinin kırsal bölgeler de dahil bütün ülkeyi kaplamaya başladığı sırada pusuya düşürülerek öldürülen Carlos Marighella'nın, "Şehir Gerillası" isimli kitabı, Türkiye'de, Ekim 1970'te yayınlanır.[163]

Kapağında üç kurşun deliğini andıran delikler olması nedeniyle devrimci gençler arasında "Üç Delikli" olarak da adlandırılan bu kitap, o dönem devrimci gençler arasında çok tutulan ve okunan bir kitap olduğu gibi bazı siyasi hareketlerin izlediği stratejiyi tam tersine çevirmede de etkili olmuştur. Bu siyasi hareketlerden birisi de THKP-C'dir.

İlk etapta nasıl etkilediğini Münir Ramazan Aktolga şöyle anlatmıştır:

"Başlangıçta daha Denizlerin banka soygunu olmadan önce Marighella'nın Şehir Gerillası kitabı yeni çıkmıştı. Hiç unutmuyorum. Kavaklıdere'de bir evimiz vardı. Bir gün ben kitabı götürdüm. O gün evde olan Mahir'e,

'-Bak böyle bir kitap çıkmış' diyerek verdim. Baktı, okudu.

'-Serseri' dedi, attı. Öyleydi yani. O zaman Mahir de karşıydı. Ama daha sonradan bütün her şey değişti."

Kurtuluş gazetesi grubu, Münir Ramazan Aktolga'nın dediği gibi, bu sırada, "daha sessiz ve derinden" gitmektedir.

Türkiye Halk Kurtuluş Cephesi Adında Yeni Kurulan Bir Örgüt

Ankara Kavaklıdere semtinde bulunan Fransız Büyükelçiliği'nin Yazanlar Sokağa bakan bahçesinde, 24 Aralık 1970 Perşembe günü, saat 21.20'de bir cisim patlar.

Fransız Büyükelçiliğinin büyük olan bahçesinde meydana gelen çok şiddetli patlama Ankara'nın bütün semtlerinde duyulmuştur. Patlama sırasında Yazanlar Sokağındaki 9 ve 11 nolu apartmanın camları tamamen kırılmış, ölen ya da yaralanan olmamıştır. Büyükelçilik binasıda herhangi bir hasar meydana gelmemiştir.

Patlamadan sonra, emniyet mensupları, Fransız Büyükelçiliği civarında geniş güvenlik önlemleri alır ve olayı araştırmaya başlar. Emniyet mensupları, patlayıcı maddenin bir otomobil içerisinden atıldığını sandıklarını söylemiştir.

İçişleri Bakanı Haldun Menteşeoğlu, patlamanın meydana gelmesi üzerine makamına gelmiş ve tahkikatı bizzat yürütmüştür.

Gazetelere telefon eden bazı şahıslar, bombayı "Türkiye Halk Kurtuluş Cephesi" adında yeni kurulan bir örgütün koyduğunu söyler.

"Devrimcilere Karşı Gizli ve Hain Tertipler mi Tezgahlanıyor?"

23 Aralık 1970 Çarşamba günü, Ankara Üniversitesi Fen Fakültesi önünde komandolar tarafından silahla vurulan Hukuk Fakültesi öğrencisi İlker Mansuroğlu'nun 28 Aralık 1970 Pazartesi günü akşamı tedavi edildiği hastahanede ölmesi kısa zamanda bütün üniversitelerde duyulur.

O gece Deniz Gezmiş, Sinan Cemgil, Hüseyin İnan ve Yusuf Arslan, Nail Karaçam ile İlker Mansuroğlu'nun öldürülmelerine tepki olarak, 29 Aralık 1970 Salı günü sabaha karşı saat 04.00 civarında ABD Sefareti önünde nöbet tutan polis memurları Nuri Selçuk ve Vahap Çınar'ı arabanın içinden otomatik silahlarla tararlar.

TDGF ve diğer demokratik kuruluşlar, bu olay üzerine yayınladıkları bildirilerle, "olayın bir tertip olduğunu" açıklar. Yeni Gün gazetesinin, "Meçhul eller nöbetteki polislere yaylım ateşi açtı. Devrimcilere karşı gizli ve hain tertipler mi? Neler tezgahlanıyor?" diye attığı başlığın haberi şöyle devam eder:

"Nöbetteki polislere meçhul eller tarafından yaylım ateşi açılması, son günlerde devrimci gençlik üzerine tezgahlandığı ifade edilen planların yeni bir bölümü olarak nitelenmektedir.

Devrimci çevrelerin kanısına göre, devrimciler aleyhine gizli birtakım planlar yapıldığını, durmadan gelişen olaylardan çıkarmak mümkündür. Hiçbir devrimcinin kendini koruma dışında polisle çatışmayacağını, polise ateş etmeyeceğini söyleyen bu çevreler, 'Devrimcinin hedefi ne polis öldürmek, ne de gizli veya açık cinayetler işlemektir' demekte ve olayları, kimlikleri bilinmeyen birtakım gizli ve hain planları uygulama için ortam yaratmaya çalıştıkları şeklinde yorumlanmaktadır. Gene devrimci çevrelere göre, bu planların ne olabileceği ise kısa zamanda görülecektir."[164]

29 Aralık 1970 Salı günü, İlker Mansuroğlu'nun cenaze törenine katılanlar, tören bittikten sonra protesto yürüyüşüne başlar. Cenaze korteji, Sıhhıye'ye gelip Kolej yönüne döneceği sırada, kortej içinde ve dışında bulunan Aktan İnce grubuna bağlı bazı Dev-Genç'liler silahlarını çıkartarak havaya ateş etmeye ve kortejin yönünü Kızılay yönüne çevirmeye çalışır.

Elinde mikrofon olan Mustafa Kemal Kaçaroğlu, göstericilere hitaben, "Provokasyona gelmeyin, provokasyona gelmeyin" diye uyarılarda bulunur.

"Zaman Gerçekten Çok Kısadır"

5 Ocak 1971 Salı günü, SBF'de bir toplantı yapılır.

Ertuğrul Kürkçü'nün dediği gibi, İlker Mansuroğlu ve Nail Karaçam'ın öldürülme, "olaylarına ve silahlı taarruzlara karşı nasıl savunulacağı konusunda üyelerle bir danışma toplantısı yapılmıştı (SBF'de). Bu sırada ben arzettiğim gibi hapiste idim. Bu toplantıda Mahir Çayan, vuku bulacak saldırılara karşı ani cevap verebilmeyi temin maksadıyla beşer kişilik timler hazırlamış, daha doğrusu böyle bir hazırlığı teklif etmiş."[165]

Mahir, bu konuda özetle şu görüşlere yer vermiştir:

"Zaman gerçekten çok kısadır. Toprak hepimizin hissettiği gibi hızla ayağımızın altından kaymaktadır..."

"Nail'in, sonradan da İlker'in cenazesinde, cenazeye katılanları dikkatle izleyen bir göz hemencecik şunları görmektedir: Herkeste bir sıkıntı, sinir bozukluğu ve ne yapacağını bilmemek vardı."

Çayan, bu gözlemlerden hareketle şöyle bir 'Askeri Taktik Değişikliği' öneriyordu:

"Bu alanda yapılagelen en büyük hata, gençlik hareketleri ve çatışmalarının yanlış değerlendirilmesidir."

"Dev-Genç güçlü bir işçi sınıfı partisinin yan örgütüymüş gibi ve sanki Türkiye emperyalizminin işgali altında bir ülke değil de devletin gerici otoritesinin kalkmış olduğu 1848 Fransası gibi bir ülkeymiş gibi, şehirlerde fakülteleri tutma görevini üstlenmiş bir örgüt gibi hareket etmiştir."

"Yani Dev-Genç'in bugüne kadarki tavrı düşman ülkesinde açık döğüşmek tavrıydı. Yani fakülteleri muhafaza etme durağan tavrıydı. Taktikler de buna göreydi. Artık bu taktikler eskimiştir."

"Karşı-devrim cephesinin ülkede bu kadar kuvvetli olduğu dönemde Dev-Genç'in savaş taktiği bu olamaz. Düşman güçlü olduğu zaman, gücünü yayarsın, seyyar küçük gruplara bölersin, bu bir savaş taktiğidir."

"Sağlam, iç dinamiği ile kısa vadede karşı-devrimci güçlerin palazlanmasına imkan olmayan iki veya üç fakülte temel üs alanı seçilmeli. Yığınak buraya yapılmalı. (Silah yığınağı değil.)"

"Diğer fakülteler ise kurulacak olan seyyar, gezginci küçük grupların kontrolü altına alınmalıdır. Sağ organize güçleri kendi taktikleri ile vurmak lazımdır. (Doğrusu da budur.)"

"Ayrıca Dev-Genç örgütlenmesi düzen örgütlenmesidir. Oysa yaptığı iş düzenle savaştır. Bu ikisi arasında bir çelişki vardır. Bu çelişki ortadan kaldırılmalıdır."[166]

"Kurtuluş'un Pasif Bir Çizgi İzlediğini Öne Sürmeye Başladılar"

Bu sırada, THKO grubundan Deniz Gezmiş, Yusuf Arslan, Sinan Cemgil, Hüseyin İnan ve Alpaslan Özdoğan, 11 Ocak 1971 Pazartesi günü açılmış olan Türkiye İş Bankası Emek Şubesi'ni, kimliklerini hiç gizlemeden soyar.

Amaçları bir taraftan örgütleri için gelir elde etmek, diğer taraftan ise örgütlerinin propagandasını yapmaktır.

THKO'luların banka soygunu eylemi, THKP-C'nin uzun vadeye yaydığı siyasal eylemliliğinin hızlanmasına neden olur.

Ertuğrul Kürkçü, bu banka soygunu için Kurtuluş grubunun tepkisini nasıl dile getirdiği konusunda şunları söylemiştir:

"O günlerde ben, Deniz Gezmiş ve arkadaşlarının giriştikleri eylemlerin Türkiye'deki kitlelerin gelişen hareketlerini ve geleceğini ağır bir tehlike içine sokabileceğini düşünüyordum. Dev-Genç genel başkanlığı sıfatımı kullanarak gazetelerde ve radyolarda bu olaylara karşı olduğumu belirttim.

Mihri Belli ile doğan ayrılıktan sonra Dev-Genç içinde Mihri Belli'yi destekleyen gruplar, yeni ortaya çıkan ve Deniz Gezmiş prestiji üzerine inşa edilen harekete sempati beslemeye, Dev-Genç ve onun fikirlerini benimsediğim Kurtuluş'un pasifist bir çizgi izlediğini ileri sürmeye başladılar. Daha önce bizim kullandığımız silah bu sefer bizim üzerimize çevrildi.

THKO hakkındaki düşüncemiz açıktı. Ona benzer olmak gibi bir endişemiz de yoktu o sıralar. Kaldı ki Mahir Çayan, 'benim Dev-Genç Genel Başkanlığı sıfatımı kullanarak THKO'nun eylemlerini eleştirmemi' de istiyordu."[167]

"Ama Hemen Burada Başlıyor Parti-Cephe Meseleleri"

Münir Ramazan Aktolga, Kurtuluş grubunun bu eylemlerden nasıl etkilendiği konusunda şunları söylemiştir:

"Ama hemen burada da başlıyor Parti-Cephe meseleleri. Bu bir araya gelme aslında uzun vadeli olmadı. Ve hiçbir zaman tam bir kaynaşma haline dönüşmedi, dönüşmeye fırsat da olmadı.

Zaten bir süre sonra Denizlerin, THKO olarak banka soygunu yaparak ortaya çıkışları oldu. Biz ilk önce buna, Mahir de ben de karşı çıktık. Bizim bütün arkadaşlar hem kendi aramızda hem de onlarla, 'Bu işin böyle olmayacağını' söylüyorduk ve tartışıyorduk. Fakat Dev-Genç tabanında ve bizim arkadaşlarda, Denizlerin çıkışından sonra, 'Helal olsun. Bunlar kıyak çocuklar. İşi yaptılar' şeklinde, onlara karşı bir sempati ortamı oluşmaya başladı. Ve bu giderek yaygınlaşmaya başladı. Biz daha sessiz ve derinden gittiğimiz için öyle gösterişli çıkışlarımız yoktu.

Denizlerin çıkışı, bizim taraftaki bütün düşüncelere, çalışmaların hepsine büyük bir etki oluşturdu. Giderek yavaş yavaş, 'biz de, bir şeyler yapabiliriz' gibi düşünceler oluşmaya başladı."

ODTÜ'de Yapılan Görüşme

Bu sırada, Mahir, Münir ve Yusuf, ODTÜ'ye giderek THKO grubuyla bir görüşme yapmıştır.

Yusuf Küpeli, bu görüşmeyi özetle şöyle anlatmıştır:

"Görüşmeyi Mahir istemişti. Odada Gülay Özdeş de vardı. O odadan ayrıldı. Deniz, Hüseyin İnan, Yusuf Arslan, ben, Münir Ramazan Aktolga ve Mahir kaldık. Birlik ve örgüt işi konuşulacaktı. Mahir, söze başladı. Deniz, kesti ve 'Sen oportünist, moralsiz bir adamsın. Seninle kesinlikle birlikte olmayız.' dedi. Mahir, cevap vermeye kalkınca da, dövmek için üzerine yürüdü. Araya girdik."

THKO grubu özetle, "Biz hazırlığımızı yaptık ve başladık. Bu aşamada artık duramayız. Çizdiğimiz yolda devam edeceğiz" der. Sonuçta, iki ayrı siyasi grubun liderleri yaptıkları görüşmenin ardından olumlu bir sonuca varamadan birbirlerinden ayrılır.

Dikmen'de Yapılan Toplantı

Deniz teğmeniyken arkadaşları ile beraber yayınladıkları bir bildiri gerekçe gösterilerek, subaylıktan atılan Sarp Kuray, 1971 Ocak ayının son günlerinde, Dikmen'de Harp Okulu yakınında, İrfan Solmazer'in evinde bir toplantı düzenler.

Toplantıda Türkiye'nin her tarafından gelen subaylar vardır. Toplantı başladığında, toplantıya katılan bütün subaylar kendilerinden emin olarak konuşmaya başladığında, "Benim adım şu, ben şu birliği ya da şu askeri okulu temsilen geldim" diyerek kendini takdim eder ve tartışmaya katılır.

Toplantıya katılanların hemen hemen hepsi pırıl pırıl 14'lü tabancalarıyla gelmişlerdir.

Toplantıya TDGF adına TDGF Genel Sekreteri Sinan Kazım Özüdoğru ile Merkez Yürütme Kurulu üyesi ve "askeri işler" sorumlusu Şaban İba katılır, fakat isimlerini söylemezler. Ve toplantıda ilişkide oldukları havacı subaylardan Mazhar Timuçin Amaç ve Yılmaz Salih Veyisoğlu ile daha önceden anlaştıkları gibi birbirleriyle aynı konularda paslaşarak ama aralarında ilişki yokmuş, birbirlerini tanımıyormuş gibi davranırlar.

Sarp Kuray, toplantıda bulunanlara,

"-Yakında bir harekat olacak. Biz bu işe kellemizi koyduk. Ben bu harekata resmi elbisemi giyerek sokağa çıkacağım." der ve orada bulunanlardan, "bu harekata katılarak destek vermesini" ister.

THKP-C grubu,

"-Böyle bir harekatın içinde kendilerine aktif görevler verilirse, devrimci mücadelenin genel çıkarları açısından önünü açabilecek bir kısım önlemler kabul edilirse ve bir kısım garantiler verirlerse ancak şartlı olarak kabul edebileceklerini" söylerler.

"-Şartlarının neler olduğu" sorulan THKP-C grubu, eğer iktidara gelinirse hem kendileri için birer garanti hem de birer koz olarak kullanabileceklerini düşünerek,

"-Ankara Emniyet Müdürlüğü'nün bulunduğu bölgenin o geceki denetiminin ve ayrıca MİT Merkezi'nin ele geçirilmesi işinin kendilerine verilmesi" olduğunu söylerler.

Toplantıda, "Biz yokuz" diyen havacı subaylara biraz yüklenilerek, "Ayrı bir harekete gitmenin iyi olmayacağını" ima ederler.

Kıvılcımlı grubundan Selahattin Okur'un da katıldığı bu toplantı konusunda İTÜ-ÖB Başkanı Gökalp Eren, şunları anlatmıştır:

"İlk toplantılarımız ordu içindeki sosyalizm taraftarlarıyla oldu. Şaban İba, Kazım Özüdoğru, askerlerden Mazhar vardı. Ankara eski Dev-Genç'ten birileri, Sarplar (Sarp Kuray), tanımadığım subaylar, askeri tıbbıyelilerden temsilciler vardı. Üç kişiydik biz. Ömer Güven, Namık Kemal Boya ve ben. Tam bir görüş birliğine varılamadı. THKP-C dışta kalmayı tercih etti. Çünkü o ordu içinde daha yükseklere kadar ulaşıyor. Bir hiyerarşileri var. Denizler, o toplantıda bulun ama bizi temsil etmiyorsun demişlerdi. Daha sonra yukarıdan subayların bulunduğu toplantıya katıldık. Numan Esin vardı. Sivil giyinmiş yaşlı subaylar vardı. Rütbeler genellikle binbaşı. Emekliler yüksek, eski ihtilalciler."[168]

"Yurtlar Savaşı"

Komandoların elinde bulunan Niğde Öğrenci Yurdu'nu, arkadaşları tarafından "Zapata" olarak adlandırılan Şaban İba liderliğindeki 3-4 kişinin silahlı olduğu 50 kadar kişi, 24 Ocak 1971 Pazar günü basmaya gider.

Niğde Öğrenci Yurdu'nu taşla, sopayla, silahla bastıktan sonra geri dönerlerken polisler olay yerine gelir. Baskın yapan grup, yavaş yavaş SBF yurduna doğru geri çekilmeye başlar. Öğrenciler, polislerle silahlı çatışma yaparak ara sokaklardan ilk önce Eğitim Fakültesi, sonra Hukuk Fakültesi civarına, oradan da SBF Öğrenci Yurdu'na gelir. Öğrencilerin, SBF Öğrenci Yurdu'na girmesinden sonra polis, İçişleri Bakanı'ndan aldığı emir üzerine yurdu kuşatır ve bütün giriş çıkışları kontrol altına alır.

Bu sırada, TDGF-MYK'den herkes öğrenci yurdundadır. Hemen biraraya gelinerek, "Ne yapalım?" diye konuşulur. "Direnelim" diye karar alınır. Bunun üzerine, yurdun ve okulun altında bulunan zulalardan ve deliklerden çatışmanın dışında kalması gerekenler ve silah vb. gibi şeyler dışarı çıkartılır.

Direnme kararı alınması üzerine öğrenciler ile güvenlik kuvvetleri arasında başlayan ve bütün şiddetiyle dört saat süren çatışma başlar. Polis ile öğrenci, birbirinin üzerine kurşun yağdırır, bu arada da sık sık dinamit lokumları, molotof kokteylleri atılır.

Bütün bunlar olup biterken olaydan haberdar edilen SBF Dekanı Prof. Cahit Talas fakülteye gelir. Yanında TDGF Genel Başkanı Ertuğrul Kürkçü, SBF Öğrenci Derneği Başkanı Hüseyin Cevahir, İlhami Aras, SBF Fikir Kulübü Başkanı Zafer Kutlu ve bir polis şefi olduğu halde yurt binasına girmek ister. Kurşun ve şişe yağmurunun devam ettiği sırada binaya doğru yürüyen Dekanın isteği üzerine TDGF Genel Başkanı, yurt binasında bulunan öğrencilerden, polise müdahale etmemelerini istemiş, fakat öğrenciler, Kürkçü'yü dinlememiş, molotof kokteyli, silah, dinamit ve şişe atmaya devam etmiştir.

Kürkçü'nün söylediğine göre: "Fakültenin önünde (...) Dekan Cahit Talas ile polis müdürleri ile konuşmaya başladık. Oradaki polis müdürü, polis vazife ve salahiyet kanunundan bahsederek, ben istediğim yere girerek arama yaparım, şeklinde iddialarda bulundu ve aniden Dekan Cahit Talas'ı dövmeye başladı. Bu sırada yurtlar bölgesinden cam kırılma sesleri gelmekte idi. Nitekim o bölgeye doğru gittiğimizde, polisin saldırısının başladığını müşahade eyledik."

Akşama kadar süren çatışmada, hava karardığında, onbir kişinin burdan başka gidebileceği, kaçabileceği yer olmadığından polisler tarafından enterne edilirler. Yurdun en son katından Cebeci'de bulunan polis arabalarına kadar kurulan polis koridorunun arasından şiddetli şekilde dayak yiyerek geçen bu onbir kişi ile beraber kız-erkek 307 öğrenci gözaltına alınır.

SBF Öğrenci Yurdu'na yapılan baskının intikamını almak için Ankara Emniyet Müdürlüğü eski İkinci Şube Müdürü Selahattin Kural'a ait Anadol marka arabayı çalan İlhami Aras, Mustafa Kemal Kaçaroğlu ve Mahir Sayın, 27 Ocak 1971 Çarşamba günü akşamı, tespit ettikleri bir yere karşı eylem yapmak isterler. Fakat, polisten kaçarken arabanın şarampole yuvarlanması sonucu yakalanırlar.

Arabada ve yakalanan şahıslar üzerinde yapılan arama sonunda bir el bombası, üç kilo ağırlığında dinamit çubuklarından yapılmış bir bomba, üç tabanca ve 74 adet mermi bulunur. Bulunan tabancalardan birinin, Mustafa Kuseyri'nin öldürülmesi olayı sonrasında SBF Öğrenci Yurdu'nda meydana gelen olayda Ankara Siyasi Şube eski Müdürü Altan Ünal'dan alınan tabanca olduğu belirtilir.

SBF Öğrenci Yurdu'nda Kurtuluş gazetesi grubunun ilk önce başlatarak polislerle beş saat sürdürdüğü çatışma, siyasi gruplar arasında, "kim daha fazla çatışacak" anlayışıyla bir rekabete dönüştürülür. Çünkü ardından ODTÜ, Hacettepe ve Dışkapı Yurtları'nda benzer çatışmalar yaşanır.

Hacettepe Üniversitesi'nin kapatılmasını gerekçe göstererek yurdu boşatmayan öğrenciler, 19 Şubat 1971 Cuma günü, yurdu boşaltmaya gelen polislerle silahların, dinamitlerin, molotof kokteyllerinin kullanıldığı ve yedi saat süren çatışma yapar.

Bu olayın hemen ardından, ODTÜ öğrencileri, 5 Mart 1971 Cuma günü, ODTÜ'de, askerle 9,5 saat süren çatışma yapar. Sonuçta Erdal Şener adlı öğrenci, Mevlüt Meriç adlı komando eri ve Aziz Yaltay adındaki aşçı çıkan çatışmalarda ölür.

Komando eri Mevlüt Meriç'in ölümü, Silahlı Kuvvetler'de büyük tepki yaratır. Öğrenci olayları artık "masumane" olarak değil "rejimi tehlikeye düşüren komünist bir tehdit" olarak değerlendirilir.

"Daha Üst Seviyede Bir Örgüt, Ancak Bu Mücadelenin İçinden Çıkabilir"

Öğrenci yurtlarında yaşanan savaşın arkasında yatan nedenlerin birincisinde siyasi gruplar arasındaki, "kim daha fazla direnecek" anlayışı gerçeği vardır.

Öyleki SBF Yurdu'nda yaşanan olaylar üzerine, Devrim gazetesi baş yazarı Doğan Avcıoğlu, "Artık Söylenecek Söz Yok" başlığıyla, yayınlanan yazısında, TDGF yönetimini kız öğrenciler kadar cesaretli bulmaz ve korkak olarak nitelendirir.

Avcıoğlu, bu konuda özetle şunları yazmıştır: "Bilir misiniz ki, Dev-Genç'in SBF'de üstünlük kuran seçimle iş başına gelmiş bugünkü yöneticileri, faşizme çanak tutmaktan kaçınma gerekçesiyle, gençliğin devrimci potansiyelini körletecek ölçüde pasif bir tutum izlemekte ve keskin devrimci edebiyatla yetinmekteydiler. Ama 29 Nisan 1960 olaylarını gölgede bırakan polis vahşeti, SBF Yurdu'nu hedef almıştır. Şartlandırılmış haydut sürüleri, SBF Kızlar Yurdu'nda hiçbir zaman unutmayacağımız bir 'Kanlı Pazar' yaratmıştır.

Bu koşullarda hâlâ, gerimizi iktidara açık bırakarak, başımızı deve kuşları gibi kuma gömmenin ve 'faşizm gelir' korkusuyla yaygara etmenin anlamı var mı? Faşizme teşne en gerici sınıf ve tabakalar, zaten iktidardadırlar ve bunlar, günden güne cüretlerini artırmaktadırlar. O halde, yapılacak iş, faşizme karşı korunmak değil, faşizmi yenmek, faşizmi tepetaklak etmek için safları sıklaştırmak ve ileriye dönük bir iktidarı en kısa sürede kurmak için mücadele vermektir."[169]

Münir Ramazan Aktolga, "Dev-Genç Neyin Kavgasını Veriyor?" diyerek Kurtuluş gazetesinde yayınlanan yazısında örgütlenme konusunda özetle şunu belirtmiştir:

"Devrim cephesinin en önemli eksikliği örgütlenme seviyesinin düşük olmasıdır. Bugün elimizdeki tek militan örgüt Dev-Genç'tir. Dev-Genç, devrimci gençliğin kitlevi teşkilatıdır. Ne var ki, bugün ülkemizde devrim cephesi içinde mücadeleyi yönlendirecek bir siyasi partinin olmaması Dev-Genç'in, bu görevi de üstlenmesi zorunluluğunu ortaya çıkarmıştır. Bu, çeşitli aksamalara sebep olsa da Türkiye'nin pratiğidir, objektif bir durumdur."

"Dev-Genç, bugünkü teşkilat yapısıyla bu mücadeleyi nereye kadar götürebilir? Unutmayalım ki, daha üst seviyede bir örgüt, ancak bu mücadelenin içinden çıkabilir."[170]

"Kelimenin Geniş Anlamı ile Proleter Devrimci Bir Örgüt Doğdu"

Mahir Çayan'ın Kurtuluş gazetesinin birinci sayısında yayınlanan, "Yayın Politikamız" başlıklı yazısı, nasıl bir örgütlenme içinde olunduğu ve örgütlenmenin bulunduğu aşamanın yanı sıra ayrıca bu örgütün ortaya çıkışını açıklayan bazı bilgiler verir. Yazı ayrıca, Kurtuluş gazetesi grubunu karakterize eden temel siyasi çizginin ve yapının ne olduğunu o zaman için çok açık bir dille anlatan ve dışardan hiçbir yoruma gerek kalmayan bir durum tespit yazısı özelliğini taşımaktadır. Yazıyı özetleyerek aktarıyorum:

"Sınıflar savaşının giderek keskinleşmesi, ülkemizdeki ekonomik, politik ve sosyal krizi iyice şiddetlendirdi. Öyle ki, bugün toplumun bütün kesimleri eskisi gibi yaşamamak istemeleri bir yana, patlamaya hazır volkan gibi, bir kıvılcım beklemektedirler.

Toplumun bütün kesimlerini sarsmaya başlayan bu devrimci kasırga, genç militanlara devrim arenasında sadece kendilerinin kaldığını gösterdi. Bu esen kasırga, devrimci kavganın çeşitli kesimlerinde fedakarca dövüşen genç militanların benliğinde, bilincinde ve kalbinde derin değişiklikler yaptı; her çeşit feodal ve ataerkil ilişkileri parçaladı. Hayat, devrimci pratiğin içindeki işçi, köylü, öğrenci militanları bir araya getirdi. Böylece, Leninizm temelleri üzerinde, devrimci yoldaşlığın oluşturduğu, kelimenin geniş anlamı ile proleter devrimci bir örgüt doğdu. Bu örgüt, Türkiye'deki karşı-devrim cephesinin bütün baskı, şiddet ve cebrini göğüsleyerek kırsal alanlardan fabrikalara, üniversitelere kadar, bütün kesimlerdeki devrimci mücadeleyi yönlendirme gayretleri içinde olanların örgütüdür.

İşte Kurtuluş gazetesi, bu örgütün, ideolojik ve politik yayın organıdır.

Bu hareket, revizyonizmin uzun yıllar etkin olduğu bir ortamda yeşermiş, gelişmiş ve güçlenmiştir. O yüzden işler ne kadar sıkı tutulursa tutulsun başlangıçta, şu veya bu ölçüde, bu ortamın izlerini içinde taşıyacaktır. Tersini düşünmek idealizmdir. Bu kalıntılar, savaş içinde, savaşıla savaşıla atılacaktır.

Bugün, ülkemizde, revizyonizmin etkinliğini çeşitli alanlarda görmek mümkündür. Mesela, sosyalist aydınlar için ayrı seksen sayfalık bir aylık dergi, "orta seviyede" olanlar için, haftalık onaltı sayfalık bir dergi, işçi ve köylü kitleleri için de bir kitle gazetesi çıkarma; revizyonist bir yayın politikasının ifadesinden başka bir şey değildir.

Emperyalizmin işgali altında olan, dolayısıyla halk savaşının zorunlu bir durak olduğu ülkelerde sosyalistlerin temel mücadele metodları, politikleşmiş askeri savaş metodudur. Bu metodu, temel metod olarak alanların devrimci yayın politikası bu olamaz.

Bu yayın politikası, halk savaşına yan çizen, dergicilik ve gazeteciliği temel alan revizyonistlerin politikasıdır. Bu yayın politikasının temeli, dergi etrafında örgütlenme düşüncesine dayanır. Büyük şehirlerde yayınlanan bir dergi etrafında örgütlenme ve bunun aracılığıyla parti örgütlenmesine geçme, revizyonist bir örgütlenme anlayışıdır. Kırlardan şehirlere doğru bir rota takip edecek olan halk savaşının zorunlu durak olduğu ülkelerde devrimcilerin örgütlenmesi bu şekilde olamaz!

Ayrıca bu yayın politikası, çeşitli bakımlardan yanlıştır.

Bir kere, kitleler, kitle organı vs. ile bilinçlenmezler. Kitleler, savaş içinde, pratik içinde öncünün yakacağı kıvılcımla bilinçlenirler, örgütlenirler. Devrimci yayın politikasında böyle uydurma bir kitle organı anlayışı yoktur.

İkinci olarak, entelektüele ayrı dergi, işçiye köylüye ayrı dergi, devrimci bir anlayışın ürünü değildir. Bu olsa olsa, emekçi kitlelerine yukardan bakan aydın düşüncesinin ürünü olabilir. Mesela, işçilere hitap eden Iskra'da sosyalizmin en karmaşık meseleleri rahatlıkla tartışma konusu yapılmıştır.

Geçmişte Kurtuluş olarak biz de aynı hatayı işledik. Bundan böyle, Kurtuluş gazetesi, bizim ideolojik ve politik görüşümüzü kitlelere iletecektir. Kurtuluş'un bu niteliğe kavuşmasıyla birlikte (yani bundan böyle Dev-Genç'in yayın organı İleri) ideolojik ve politik organ olarak ayrıca çıkmayacaktır. Çünkü Dev-Genç hareketimizden bağımsız ayrı bir örgüt değildir. Dev-Genç, hareketimizin kitlevi gençlik örgütüdür. Dolayısıyla, hareketimizin ideolojik ve politik organı Kurtuluş gazetesi, Dev-Genç'in de görüşlerini dile getirmektedir. Bir eylem örgütü olan Dev-Genç, bundan böyle tabanıyla organik bağlantısını (yazılı olarak) Merkez Yürütme Kurulu'nun çıkardığı İleri bültenleriyle yürütecektir. (Merkez Yürütme Kurulu bu kararı almıştır.)

Biz, emperyalizme karşı aktif mücadeleyi savunuyoruz. Politikleşmiş askeri savaş metodunu, temel mücadele biçimi olarak kabul eden bizler, bu savaşı asgari bürokrasi ile yürüteceğiz. Asla kırtasiyeciliğin bataklığına yuvarlanmayacağız. Tek bir ideolojik ve politik organla görüşlerimizi kitlelere ileteceğiz. Ayrıca kitlelerin ekonomik ve demokratik mücadelelerine, bölgesel meselelere ilişkin olarak, onlara bilgi götüren, somut meselelerine ışık tutan, uzun araştırmalar ve teorik ideolojik polemikler ve çeviriler Kurtuluş Yayınevi'nin çıkaracağı broşürlerle yürütülecektir."[171]

Sınıfların Mevzilenmesi"

Kurtuluş gazetesinin aynı sayısında, "Devrimde Sınıfların Mevzilenmesi" başlığıyla yayınlanan yazıda, Kurtuluş gazetesi grubunun, devrim anlayışı olarak nasıl ve nerelerde mevzilendiği şöyle açıklanmıştır:

"Bugün Türkiye gibi emperyalizmin işgali altındaki bütün yarı-sömürge ülkelerde emekçi halkın sefaleti hayat şartlarının zorluğu ve sömürülmesi korkunç bir seviyededir. Halkın hiçbir kesimi halinden memnun değildir ve her an patlamaya hazır bir volkan gibidir. Devrim için objektif şartlar hazırdır. Fakat ülke işgal altında olduğu için, devrim için emperyalizme karşı halk savaşı vermek zorunludur, bu zalim yönetimin yumuşak karnı kırlardır. Bu gerici hain yönetim zincirinin zayıf halkası kırlardır. Zafere temel ve yardımcı alanlarda, kırlarda ve şehirlerde de verilecek olan uzun ve çeşitli ara evrelerden geçen bir halk savaşı ile ulaşılabilir.

Halk savaşı bir avuç öncünün savaşı değil, emekçi halkın savaşıdır. Halk savaşının mücadele alanı kırlar olduğu gibi, köylüler de temel gücüdür. Ve proletaryanın önderliğinin niteliği ideolojiktir. Bu demokratik halk devriminde, sınıfların mevzilenmesini çok açık ortaya koyan, Marksist bir formülasyondur."

"Dünyadaki bütün kurtuluş savaşlarının (halk savaşlarının) pratiği, bize şunu söylemektedir; zafere, kırlardan şehirlere doğru bir rota izleyen, çeşitli aşamalardan geçen, halkın örgütlü savaşıyla varılabilir.

Temel alan olan kırlardaki halk kitlesi ise köylülerdir. Bu yüzden halk savaşının zorunlu bir durak olduğu demokratik halk devriminde sınıf katılması olarak temel rolü işçiler değil, köylüler oynayacaktır. Yani devrimin temel kitle gücü işçiler değil köylülerdir" denildikten sonra, Halk savaşı kavramı şöyle açıklanmaktadır, "Halk savaşı, politikleşmiş askeri bir savaştır, yani sosyalistlerin halk savaşlarındaki temel mücadele metodları askeri savaş metodlarıdır. Bu savaş, klasik savaş metoduyla değil, politikleşmiş askeri savaş metodu ile yürütülür. Bu savaşta, bütün demokratik ve ekonomik amaçlı hareketler, kitle gösterileri vb. bu politikleşmiş askeri mücadeleye tâbidir. Çalışma tarzında, devrimcileri revizyonist ve oportünistlerden ayıran temel kriter budur."

Sıra geliyor bu askeri ve siyasi metodu kendisinde toplamış kadronun niteliğine. Peki bu kadronun niteliği nasıl olmalıdır? Buna şu şekilde yanıt verilmektedir:

"Küçük burjuva kökenli olmak ayrıdır, küçük burjuva aydını olmak ayrıdır. Mesela Che Guevera, Fidel Kastro küçük burjuva kökenlidirler ama küçük burjuva aydını değildirler. Onlar sapına kadar proleter-devrimcisidirler, profesyonel devrimci. İster köy küçük burjuvazisinden gelsin, isterse şehir küçük burjuvazisinden; o, proletaryanın devrimcisidir. Eğer o gerçekten profesyonel devrimci olmuşsa, geldiği sınıfla bütün bağlarını koparmıştır. O, artık ne köylüdür; ne de aydındır; o bir proleter devrimcisidir. Görevi sadece bilinç götürmek değil, bizzat fiili olarak savaşmaktır. O, ölene dek savaşacaktır ve savaşa savaşa proletaryanın partisinde proleterleşecektir."[172]

"Eylem, Türkiye'de Gençlik Hareketi İçerisinde Bir Dönüm Noktası Oluşturdu"

Artık her siyasi toplumsal güç ve grup için siyasi iktidara talip olmak bir teori olmaktan çıkmış, fiiliyata dökülmüştür. Yani bütün hesaplar iktidar üzerine yapılmakta ve son kozlar oynanmaktadır.

Başkent Ankara'nın değişik yerlerinde hemen her gün bombalar patlamakta, yurdun her köşesinde olaylar olmaktadır.

TDGF Genel Başkanı Ertuğrul Kürkçü, 18 Şubat 1971 Perşembe günü, SBF'de düzenlediği basın toplantısında bu durumu şöyle değerlendirir:

"Son zamanlarda gittikçe artan dinamitleme, bombalama, adam kaçırma gibi şiddet hareketleri ile örgütün ilgisi yoktur. Eğer biz böyle şeyler yapmaya kalkarsak, bunu bizim yaptığımızdan kimsenin haberi olmaz. Olayların, MİT tarafından organize edildiğine kaniyim."

Bu açıklamanın yapıldığı sıralarda Mahir, bir banka soymaya karar verir. Soygunun nasıl yapıldığı konusunda bilgi sahibi olan Selçuk Şahin Polat, bu konuda şunları söylemiştir:

"Banka soygununda, THKO eylem yapıp, bir banka soyunca, kitle tabanımız bizi, 'Biz onlardan pasif miyiz?' diye zorlamaya başladı. Kitle tabanımızda moral bozukluğu vardı. O eylemi bunun için toparladık. Aslında biz, bu işlere tam karar vermemiştik."

Ziya Yılmaz, bu konuda şunları anlatmıştır:

"Türkiye Halk kurtuluş Ordusu (THKO) banka soygunu eylemini yaptı. Bu eylem, Türkiye'de gençlik hareketi içerisinde bir dönüm noktası oluşturdu. Olağanüstü bir şekilde beğeni kazandı. Artık demokratik mücadelenin netice almaya yetmediği, mevcut siyasi tıkanıklığın daha radikal bir yol izlenerek aşılabileceği görüşü, taraftar toplamaya başladı. Giderek bu tartışma önder kadroları da içine çekti. Denizlerin ilk banka soygununun ardından Fatsa'ya gitmiştim. Orada bile bütün arkadaşlar, 'İşte eylem budur, artık siyasi mücadelenin yolu budur, sağda solda vakit geçirmenin bir anlamı yok. Bu mesajı doğru algılamamız ve örgütlenmemizi böyle bir mücadeleye göre şekillendirmemiz lazım' şeklinde görüşler savunuyorlardı.

Bunun üzerine Karadeniz'de bütün bölgeyi dolaşmak ve arkadaşlara, böyle bir şeyi düşünmediğimizi, bu tür bir eylem çizgisi izlemeyeceğimizi anlatmak zorunda kaldım. Ankara'ya döndükten sonra yavaş yavaş biz de bu havaya girmeye başladık, ancak bir yandan da bunu birbirimize itiraf etmekten de çekiniyoruz. Bu arada, siyasi çalışmayı yürütebilmek için ekonomik kaynaklar yaratmakta zorlanıyoruz. Para yoksa hiçbir şey yapamayız, noktasında düğümlendik. İş bu noktaya gelince, ulusal kurtuluş mücadelemizden ve dünya pratiğinden örneklerle, parasal sorunu çözmek için kendimizi ikna etmeye başladık. Sonuçta Ankara'da bir banka soygunu yaptık. Hatta o zaman siyasi yaklaşımımızdaki farklılığı bildiği için Deniz, bize haber gönderdi, 'Siz bu eylemi üstlenmeyecekseniz biz üstlenelim' diye."[173]

"Hareketlerimiz Henüz Hazırlık Safhasında İdi"

Ankara Küçükesat Ziraat Bankası Şubesi'nin, 12 Şubat 1971 Cuma günü soyulması hakkında Ertuğrul Kürkçü şunları anlatmıştır:

"Bu soygun olmazdan bir gece önce Mahir Çayan'ı görmek ve konuşmak için Kavaklıdere'de kalmakta olduğu eve geldim. Orada kendisini bulamadım. Kayınbiraderi Orhan Savaşçı'nın kalmakta olduğu Mustafa Şahin'in yakın bir sokaktaki evine baktım. Mahir Çayan oradaydı. Onunla birlikte Kavaklıdere'deki eve gittik. Mahir Çayan, ertesi gün bir banka soygunu gerçekleştirileceğini söyledi. O günlerde yapılan bütün işler Deniz Gezmiş'in üzerine kaldığından Deniz Gezmiş'e benzediği için Hüdai Arıkan'ın da kendisi ile birlikte gideceğinden bahsetti. Benim de buna katılmamı isteyip istemediğini sordum. Benim katılmama gerek olmadığını, üstelik bunun benim durumumdan ötürü imkansız olduğunu, söyledi. Ben bu konuda oturup düşünerek, enine boyuna tartışılarak bir karar organınca karar alındığını bilmiyordum, olduğunu da zannetmiyorum ve üstelik olamaz da. Zira THK Partisi olarak nitelenen hareketin hiçbir zaman karar organı olmadı. Keza iddianamede belirtildiği gibi ve keza Mahir Çayan'ın ifadesinde belirtildiği gibi şehir gerillasına başlamak, bir politik mücadele metodu olarak şehir gerillasını sürdürmek yolunda bir karar da benim katıldığım herhangi bir toplantıda alınmadı. Ertesi gün soygun gerçekleştirilmiş, bunu Hüdai Arıkan'dan SBF Öğrenci Yurdu'nda öğrendim. Kendisine uzun boylu nasıl yaptıklarını sormadım. Kimlerin katıldığını bilmek için de bir çaba göstermedim. Ancak daha sonra Mahkemeniz önünde yapılan açıklamaları radyodan dinledim. Bu açıklamalar doğru değildir. Zira bu soygunda bulunduğu söylenen Oktay Etiman, o gün boyunca SBF Yurdu'nda idi ve kendisi de başka bir nedenle aranıyordu. Gene radyo ve gazetelerden öğrendiğim kadarıyla Sinan Kazım Özüdoğru'nun Mahir Çayan ile birlikte ve benim Mahir Çayan ile birlikte bu soyguna karar verdiğimiz, Sinan Kazım'ın Türkiye Halk Kurtuluş Partisi'nin kurucularından olduğu açıklandı. Bu da doğru değildir. Zira Sinan Kazım Özüdoğru'ya öldüğü güne kadar hiç kimse fikrini sormadı. Ben de bu soygunun yapılmasına karar vermedim. Bunu bugün böylece açıklarken sadece iddianamede yazılanın tersini söylemek için açıklamıyorum. THK Partisi olayının anlaşılabilmesi için açıklıyorum. Zira buna benzer olaylar daha sonraki birçok olayın olmasına yol açtı. Bunlar bilinmezse bu olaylar kavranılamaz."[174]

Mahir Çayan katıldığı bu soygun konusunda şunları söylemiştir, "Hareketlerimiz henüz hazırlık safhasında idi. Para temin etmek, örgütlenmek için eyleme geçmek keyfiyetini duyduk."[175]

Soygun yapılan bankadan 48.660 lira parayı alan eylemciler, Kızılay'da bir eve gider.

Gerçekleştirdikleri bu ilk soygunda deneyimsizlikten yapılan bazı hatalar nedeni ile soygun sonrasında, olayın değerlendirmesini yapmak için bir araya gelen ekip arasında sert tartışmalar olur. Daha önce yapılan plana göre Mahir Çayan, bir kısmı eksik yüz liralık bir banknotu değiştirmek için bankaya girecek, ardından diğer arkadaşları gelecektir. Fakat banka görevlileri, Mahir'e, parayı değiştirmek için Merkez Bankası'na götürmesi gerektiğini söylediklerinden, arkadaşları gelmeden bankadan ayrılmak zorunda kalır.

Soygunu yapmak üzere gelen Hüseyin Cevahir, Hüdai Arıkan, Feyyaz Erinç ve S. Şahin Polat, bankada Mahir'i bulamazlar ama yaptıkları plan gereği bankayı soyup, paraları aldıktan sonra kaçacakları arabaya bindikleri sırada Mahir de gelerek, arabaya biner. Soygunun değerlendirilmesi için yapılan toplantıda, Mahir, bankayı soyan arkadaşlarını geç geldikleri konusunda sert bir dille eleştirir.

Yusuf Küpeli, bu konuda özetle şunları yazmıştır:

"Deniz ve arkadaşları banka soygununu yapıp popülariteleri artınca Mahir, Münir ve beni soygun yapmaya zorladı. Münir, acele bir banka tespit etmek zorunda kaldı. Yine biz soyacaktık. Fakat Mahir, 'Siz tanınırsınız girmeyin, ben gireyim' dedi. Hüseyin Cevahir ve Ulaş Bardakçı da banka soygununa katılmamı tasvip etmediler. Ben, Mahir'e 14'lüyü verdim. Kullanılışını da gösterdim. Biz maske ve peruk kullanacaktık. Mahir, bunları da almadı. Öyle yapıldı bu banka soygunu."

Yapılamayan Banka Soygunu

12 Şubat 1971 Cuma günü yapılan banka soyguna katılamayan Mahir, yeni bir banka soyulması gerektiğini söyler. Bu nedenle, Bahçelievler Ziraat Bankası Şubesi'nin 17 Şubat 1971 Çarşamba günü soyulması kararlaştırılır.

Soygunda kullanacakları uygun bir taksiyi bulmak amacıyla, örgüt için kiraladıkları evin önünde bekleyen Ulaş Bardakçı ve Mehmet Alkaya, yoldan geçen Mesut Erdinç isimli şoförün kullandığı taksiyi durdurarak, evden ağırca bir bavulun taşınarak taksiye getirilmesini isterler.

Ulaş Bardakçı, kontakt anahtarı üzerinde bırakılan taksinin başında beklerken, Mehmet Alkaya, şoför Mesut Erdinç'i eve götürür. Eve giren Mesut Erdinç'i enterne ederek, ellerini arkadan iple bağlar, göz, burun ve ağzını ayrı ayrı mendillerle bağladıktan sonra burun ve ağız nahiyesine bağladığı mendillerin altına eterli pamuk koyar. Bu şekilde hareketsiz hale getirilen Mesut Erdinç, banyo küvetine yatırılır ve banka soygunundan sonra evde bekleyen şahısların ayrılarak şoförün bağlı bırakıldığı yer adresinin emniyet makamlarına bildirmesi amacıyla başına Oğuz Etçi, Hüseyin Yavuz ve Zafer Kutlu'yu bırakırlar.

Aynı gün, bir aralık şoför Mesut Erdinç'in durumu ile ilgilenen evdeki kişiler, havasızlık ve pamuğa dökülen eter nedeniyle öldüğünü anlayınca, SBF'ye giderek, durumu Ertuğrul Kürkçü ve Yusuf Küpeli'ye bildirirler.

Mahir, polise telefon ederek, şoför Mesut Erdinç'in bulunduğu evi ihbar eder. Fakat, polis, ihbarı değerlendirmez.

Daha sonra, örgütçe kiralanan eve kimsenin uğramaması dikkati çektiği ve şüpheli görüldüğünden, durumun güvenlik kuvvetlerine bildirilmesi üzerine, eve gelen güvenlik kuvvetleri, banyo küvetinin içinde Mesut Erdinç'in ölüsünü ve bazı belgeler bulur.[176]

Yusuf Küpeli, bu konuda özetle şunları yazmıştır: "Şoför Mesut Erdinç'i bağlayan ve benim el yazılarımı evde bırakan Mehmet Alkaya idi."

17 Şubat 1971 Çarşamba günü, yapılması düşünülen soygunda güvenlik kuvvetlerinin dikkatini başka yöne çekmek için soygunun yapılacağı banka şubesinin bulunduğu Bahçelievler semtindeki Cumhuriyet Ortaokulu bahçesine dinamit atılır. Patlayan dinamit sonunda bahçede oynamakta olan Adıgüzel Yenilmez adlı çocuğun kolu kopar, Güçler Özgenç adlı çocuk da çeşitli yerlerinden yaralanır.[177]

Yeni İstanbul gazetesi, bu çocukların tedavisinde kullanılmak amacıyla, "Adıgüzel İçin Yardım Kampanyası" açar .[178]

Soyguna katılacak olanlar, soyacakları bankanın önüne ikişer kişilik gruplar halinde gelirler. En önde Hüdai Arıkan ve Ziya Yılmaz, hemen arkalarında Mahir Çayan ile Selçuk Şahin Polat bulunmaktadır. Ulaş Bardakçı, bankanın yanındaki sokakta bir otomobilin içerisinde arkadaşlarını beklemektedir.

Fakat, bankanın önünde gördükleri bir askeri araçtan şüphelendikleri için soygundan vazgeçilir.

"Her Şeyi Biliyoruz, Hazırız ve Ne Yapılacaksa Biz Yapacağız"

Ve tarih 3 Mart 1971. Günlerden Çarşamba. Genelkurmay Başkanı Orgeneral Memduh Tağmaç, Hava ve Deniz Kuvvetleri Komutanlıklarının bulunduğu binanın sinema salonunda, bazı bilgilere göre 300, bazı bilgilere göre 2.000 yüksek rütbeli subaya, memleketin içinde bulunduğu durumu anlatır. Sorunlar buraya katılan subaylar arasında tartışılır.

Bu tartışmalı toplantıda Tağmaç, konuşmasına, "Sosyal uyanış, ekonomik gelişmenin önüne geçti. Türkiye hiçbir zaman sokağa bırakılamaz. Bugünlere nasıl geldik? Ve bu badireden nasıl çıkacağız" diyerek başlar ve özetle şunları söyler:

"Biz devleti, Cumhuriyeti korumakla mükellefiz. Gerisini meclis korur, kararını alır. Biz gidip onlara şunu yap, bunu yap dersek demokrasi kalmaz. Silahlı Kuvvetler'i sarsmadan bir ana fikre varmak zorundayız. O mertebeye geldik.

Bugün Türkiye'de ihtilal yapılmasını isteyen sağ ve soldur. Bunu orduya yaptırarak ya padişahlığı ya da komünistliği getirmek amacı güdülüyor. Ancak ihtilal lanse edenler bunun adına komünizm demiyorlar da sosyalistlik diyorlar.

Durum çok vahim değildir. Sorunun derinliklerini biliyoruz. Nerelere gidebilir, biliyoruz. Biz ayaktayız. Korkunuz olmasın.

Her şeyi biliyoruz, hazırız ve ne yapılacaksa biz yapacağız."[179]

Bu toplantıya katılan Emin Değer'in söylediğine göre: "özellikle Orhan Kabibay'ın sürekli ısrarları sonucu Korgeneral Atıf Erçıkan'ın hazır bulunduğu bir toplantı düzenledi. Bu toplantı, benim içinde bulunduğum çalışma ekibinden Sayın Fakih Özfakih'in evinde yapıldı. 3 Mart 1971 günü saat 20.30'da başlayan toplantı, 24.00'e kadar sürdü. O gün Genelkurmay Başkanı Sayın Tağmaç'ın Hava Kuvvetleri Komutanlığı sinema salonunda Ankara'daki üst rütbeli subaylara yaptığı konuşmadan tuttuğum notları özetledim. Daha sonra Kabibay, bir saat süren bir açıklama ile Türk ordusunda (Kara, Hava ve Deniz Kuvvetleri'ndeki) solcu subayların dökümünü yaptı. Bu subayların bulundukları birlikler hakkında bilgi verdi. Solcuların hangi kesimde yoğun olduğunu da açıkladı. Bu bilgi harekattan sonra hangi birliklerin bizimle çalışacaklarını saptama gerekçesine dayanılarak veriliyordu. Gerçek amaç ise tasfiye hazırlığı imiş. Bunu da sonradan öğrendik. Bu açıklamaların yapıldığı gün büyük bir tedirginlik duymuştum. Daha sonra (...) Sayın Gürler'in son anda tetiğe basmaması halinde ne yapılacağı tartışıldı."[180]

Talat Turhan ise bu konuda özetle şu bilgileri vermiştir: "3 Mart 1971 günü yapılan toplantıya bakmak lazım. Bir provokasyon toplantısı söz konusu. Ben de ordayım. Bir tarafta ordunun 5 generali (...) bir tarafta 5 tane eski ihtilalci sayılan kişi, ben de içindeyim."

"3 Mart 1971 toplantısı, 9 Mart'ta 50 subayla yapılan, bir ikinci toplantıya dönüştü."[181]

Asker, Sivil ve Aydınların Milli Cephesi

Bu arada eski ihtilalcilerle ilişkileri olan ve bu konudaki gelişmelere göre hareket eden bir kısım sivil çevreler de bulunmaktadır. Mihri Belli ve yandaşları da bu kesimlerden birisidir.

Mihri Belli ve yandaşları, bu dönemde, "Türkiye Solu" isimli bir dergi yayınlamaya başlar. Derginin ilk sayısının yayınlanış tarihi, 6 Mart 1971'dir. Dergi, ilk sayısında, broşür şeklinde ek olarak, "Program Taslağı" verir. Bu program taslağında, "asker, sivil ve aydınların" milli demokratik devrimden sonra neler yapması gerektiği konu edilmiştir.[182]

"Madanoğlu Davası'nda" yargılanan Devrim gazetesi başyazarı Doğan Avcıoğlu, Şubat 1971'de "Devrim Üzerine" adlı kitabını yayınlar.

Avcıoğlu, bu kitabında, yapılacak devrimde ne yapılması gerektiğine dair düşüncelerini bir program çerçevesinde açıklar.[183]

"Mahir Bizzat İstanbul'a Gitmek İstemişti Bu İş İçin"

Mesut Erdinç'in ölümü, bankanın soyulamaması gibi nedenlerle Kurtuluş grubu üyeleri arasında tedirginlik ve tartışmalar olur. Ayrıca başkent Ankara'da her gün yaşanan patlamalar ve eylemler sonucu güvenlik kuvvetlerinin sürekli teyakkuz içinde olması ve "Ankara'nın İstanbul'a nazaran daha küçük oluşu, saklanma ve üslenme imkanları açısından zorluklar doğurması, örgüt üyelerinden bazılarının daha önceki öğrenci olayları nedeniyle deşifre duruma gelmeleri gibi meseleler üzerinde değerlendirme yapan Türkiye Halk Kurtuluş Parti-Cephesi Merkez Yürülü Kurulu üyeleri (...) şehir gerilla eylemlerine İstanbul'da devam edilmesine (...) ve bu durum karşısında yeniden görev bölümü yapılmasına (...) karar vermişlerdir."[184]

Münir Ramazan Aktolga, İstanbul'a kimlerin gideceği konusunda şunları anlatmıştır:

"Daha sonra biz şunu düşünerek, 'Örgütlenme çalışmalarına hız vermemiz lazım' dedik. 'Bu nasıl olur?' Ankara'da hepimiz bilinen, deşifre kişilerdik. Bir grup arkadaş İstanbul'a gidip, orada mali sorunun, finans sorununun çözümünde birtakım şeyler yaparak, bu işi hızlandıralım, diye düşündük.

Kimler gidecek? Mahir, bizzat kendisi İstanbul'a gitmek istedi. Ve beraber Ulaş, Oktay, Cevahir gittiler. Ama onlar İstanbul'a giderken düşünce, 'birtakım ufak çaplı, tantana getirmeyecek, açıklanmayacak küçük soygunlar yapmak ve temin edilen para ile de örgütlenme çalışmasına hız vermekti.' Amaç; oturulup, konuşulan ve verilen karar buydu.

Mahir, İstanbul'da bir milyon lira kadar dövizi bulunan bir kaçakçı olduğunu, bunun üzerinde durduğunu ve bu kaçakçının soyulması işini yapmayı düşündüğü söyledi."

Mahir, İstanbul'a kendisiyle birlikte gelmesi için bazı arkadaşlarına öneriler götürür. İkili görüşmelerinde bu öneriyi Selçuk Şahin Polat'a birkaç kez söyler. Selçuk Şahin Polat, Mahir'in önerisini her defasında reddeder. Mahir'in İstanbul'a gitmeyi önerdiği ama gitmeyen kadrolardan bir diğeri de Hüdai Arıkan'dır.

Oktay Etiman'a gerilla eylemlerine katılmak için İstanbul'a gitmesi konusundaki öneriyi de Mahir Çayan yapar.

Bu konuda Oktay Etiman, şunları anlatmıştır:

"1971 senesi başlarında Siyasal Bilgiler Fakültesi'nde, daha önceden Dev-Genç ilişkileri içinde tanıdığım arkadaşlarla yine bir aradaydık. Bir gün Hüseyin Cevahir bana, benimle konuşmak için bir eve gideceğimizi söyledi. Ve Çankaya'da Nevzat Işık takma adıyla tutulan eve beraberce gittik. Daha sonra buraya Mahir Çayan geldi, kendisiyle konuştuk ve başka bir eve gideceğimizi söyledi. Bu ev Bahçelievler'de idi, oraya gittik. Burada Mahir bana, kendisinin bir grup arkadaşla İstanbul'a gideceğini, burada banka soygunu vs. cinsinden para temin edilecek birkaç eylem yapacağını söyledi ve bana gelip gelmeyeceğimi sordu. Ben kendisine geleceğimi söyledim ve böylece, bugün THKP-C diye tanınan olayın içine girmiş oldum. Bu ana kadarki ilişkilerim Dev-Genç ilişkileri çerçevesinde kalmıştı. İstanbul'a Mahir'le beraber bir otobüse atlayarak geldik. Yanımda bir şahıs vardı, ama onu tanımıyorum. Bana, Taksim'de indiğimiz zaman Mahir, İlbay Apartmanı'nın ismini vererek buraya gitmemi, burada Ankara'dan tanıdığım arkadaşların olacağını söyledi. İlbay Apartmanı'na gittiğimde Ankara'dan tanıdığım Rüçhan Manas evdeydi. Birkaç arkadaş daha vardı. Şimdi kimler olduğunu hatırlamıyorum. Bir müddet sonra Hüseyin Cevahir, Kamil Dede İstanbul'a geldiler. Artık bir araya gelmiştik. Şimdi mesele, soyulacak bankanın tespitine kalmıştı. Daha çok Hüseyin Cevahir, Mahir Çayan ve Ulaş Bardakçı bu banka tespiti işleriyle uğraşıyorlardı."

Oktay Etiman, öneriyi kabul ettikten sonra ilk önce gider SBF'deki öğrenci dosyasını alarak, bilgileri ve fotoğrafları yok eder. Daha sonra, Mahir Çayan ve Mazhar Timuçin Ataç ile birlikte otobüsle İstanbul'a hareket eder.

Kamil Dede'ye ise öneriyi Hüseyin Cevahir yapar. Fakat bu öneriyi yapmadan önce THKP-C Genel Komite üyeleri kendi aralarında, "Kamil Dede'yi gerilla kadrosuna alalım mı, almayalım mı?" diye bir görüşme yapar. Çünkü, Kamil Dede evli ve yeni doğmuş bir de çocuğu vardır. "Teklif edelim. Kabul ederse bizim için uygundur" diye karar verilir.

Hüseyin Cevahir, o sıra SBF kantinini işleten Kamil Dede'yi sakin bir yere çeker ve özetle şunları söyler:

"Biliyorsun. Biz ne zamandır Türkiye'de devrim yapılmalıdır diye yazıyoruz, söylüyoruz. Bu iş sadece konuşmakla, yazmakla olmaz. Bunu bir yerlerden başlatmak lazım. Şehir gerillası eylemine başlayacağız ve bunu İstanbul'da başlatıyoruz. Sen ne diyorsun?"

"-Doğru buluyorum. Yapılmalıdır."

"-Biz seni bu mücadeleyi yürütecek ekibin içinde düşündük. Ne diyorsun? Bu konuda düşüncen ne? İstersen hemen cevap ver, istersen düşün sonra cevap ver."

"-Eğer beni uygun görüyorsanız, sevinirim. Bu işi yaparım."

Hüseyin Cevahir, Kamil Dede'den olumlu yanıt alınca, İstanbul'da nerede, ne zaman buluşulacağı konusunda bilgiler verir.

Kamil Dede, ilk önce İzmit'e gider, ailesini görür. Hemen ardından, 8 Mart 1971 günü sabahı İstanbul'a gider ve örgüt için tuttukları Halaskargazi'deki evin yakınında Oktay Etiman'la buluşur. Etiman, Dede'yi, Halaskargazi Caddesi'nde Hüseyin Cevahir'le birlikte kaldıkları ev olan İlbay Apartmanı'na götürür.

Mehmet Alkaya, Mahir Çayan'ın İstanbul'a gidişi konusunda şunları anlatmıştır:

"Mart 1971 tarihinde izinli olarak Ankara'ya gelmiştim. Esin Apartmanı'na gittim. Mazhar Timuçin Ataç evdeydi. Orhan Savaşçı'yı sordum. Bilmediğini söyledi. Daha sonra Mahir Çayan, Esin Apartmanı'na geldi. Kardeşini tedavi ettirmek maksadıyla İstanbul'a gideceğini, bir müddet orada kalacağını söyledi. Savaşçı ile görüşmek istediğini belirtti. Ben de iznimin geri kalan kısmını İstanbul'da geçireceğimi söyledim. Çayan, vereceğim bir adrese kitaplarını götürüp götüremeyeceğimi sordu. Olur dedim. Savaşçı'yı bulmak için önce annesinin evine daha sonra Çam Apartmanı'na uğradım. Savaşçı, Çam Apartmanı'ndaydı. Kendisi ile Çayan'ın görüşmek istediğini söyledim. İşi olduğunu, gidemeyeceğini belirtti. Esin Apartmanı'na döndüm. Çayan, bir iki saate kadar İstanbul'a hareket edeceğini söyleyerek götürmemi istediği iki valiz kitabı verdi.

Mahir Çayan da bana valizi verdiği gün İstanbul'a gideceğini söylemişti. Ancak yanında çok eşya bulunduğundan bu iki valizi benim götürmemi istedi. Ben özel olarak bu iki valizi götürmek için İstanbul'a gitmedim. İznimin sonunda kardeşimin İstanbul'da olması nedeniyle İstanbul'a gitmek istiyordum. Çayan'ın valizlerini bu münasebetle götürdüm.

6 veya 7 Mart 1971 günü Orhan Savaşçı, Necatibey Caddesi'ndeki evinde bana içersinde sol kitaplar ve el yazmaları bulunan iki adet valiz vererek bunu İstanbul Halaskargazi Caddesi İlbay Apartmanı'nda bulunan Mahir Çayan'a götürmemi istedi.

Otobüsle iki adet valizi İstanbul'a götürdüm. İlbay Apartmanı'na gittiğimde kapıyı bana Hüseyin Cevahir açtı. Oktay Etiman ile Kamil Dede de evde bulunuyorlardı. Mahir Çayan evde yoktu."

Hava Kuvvetleri 9 Mart Günü Alarmdadır

Mart ayının bu ilk günlerinde birçok toplantı yapılıyor, kararlar alınıyor, bu arada da birileri orduyu teyakkuz durumuna sokuyordu.

"9 Mart sabahı (...) Batur, Havacı kanadın koordinatörlüğünü yürüten Hv. Tuğgeneral Ömer Çokgör'e, çalışma odasının eşiğinde, o sırada yanlarında Kurmay Başkanı Korgeneral Ahmet Vural olduğu halde şu talimatı veriyor:

-Ömer Paşa, Faruk Paşa ile görüştük ve mutabık kaldık. Bu akşam, mesai bittikten sonra benim odamda bir toplantı yapacağız. Bu toplantıya, Hava Kuvvetleri'nden ben, Ahmet Dural, Hulusi Kaymaklı (O tarihte Tümgeneral rütbesi ile Harekat Başkanlığı görevinde bulunan Em. Korgeneral Sayın Kaymaklı) Paşalar ve bir de siz; Kara Kuvvetleri'nden Faruk Paşa, Korgeneral Atıf Erçıkan, Tümgeneral Celil Gürkan, Tümgeneral Şükrü Köseoğlu ve Deniz Kuvvetleri'nden de Tuğamiral Vedii Bilget katılacaklar. Faruk Paşa'ya ben toplantı saatini bildiririm. Ötekilerine siz tebligat yapın!"[185]

"9 Mart günü Genelkurmay'da hızlı bir çalışma gözleniyordu. Gürler'in, General Mehmet Tuğcu ve Korgeneral Atıf Erçıkan ile görüşmelerinden sonra, Batur'la yarım saatlik bir konuşma yaptığı duyulmuştu. Bu konuşmadan sonra, 9 Mart günü saat 17.30'da Muhsin Batur'un komutanlık odasında bir toplantı yapılacağı öğrenilmişti. Bu toplantıya özellikle Faruk Gürler, Muhsin Batur, Ahmet Dural, Hulusi Kaymaklı, Atıf Erçıkan, İhsan Över, Şükrü Köseoğlu, Celil Gürkan katılacaklardı.

Hava Kuvvetleri'nde, belirlenen saatlerde olağanüstü bir hava esiyordu. Toplantıda Atıf Erçıkan, orduevinde rastladığı, Turgut Sunalp'ın 'Siz hazırsanız, biz de hazırız' dediğini aktardı."[186]

Turgut Sunalp, bu konuda şunları anlatmıştır:

"9 Mart toplantısının başlamasından birkaç saat önce Korgeneral Atıf Erçıkan bana geldi. Bana, bu akşam orduevine gitme, benim evimde kal, orduevine gidersen bu akşam hepinizi orada enterne edecekler, dedi. Ben kolordu komutanıydım. Ona şu cevabı verdim: Bu akşam senin evinde kalırsam, gece de bir hareket olmazsa, yarın gidip kolorduya komutanlık yapamam. Ben orduevine gideceğim, gelsin bir teğmen silahını şakağıma dayasın. Şu da bilinsin ki, ordu içinde bir hareket olursa, başında bulunduğum kolordunun da karşı bir harekete girişeceği ve Ankara'ya yürüyeceği bilinsin. Yanımda Faik Türün vardı. O da benimle birlikte hareket edeceğini bildirdi. Atıf Erçıkan benim yanımdan ayrıldıktan sonra Hava Kuvvetleri'ndeki toplantıya gitti. Orada aramızda geçen konuşmayı aktarmış, ordu içinde bir hareketin başlaması halinde, buna karşı bir hareketin de başlayacağını duyurmuş. O toplantıda en yetkili karar sahibi Kara Kuvvetleri Komutanı Orgeneral Faruk Gürler'di."[187]

"Subaylar Karar Çıkmadığını Öğrenince Hayli Öfkelendiler"

9 Mart 1971 akşamını Celil Gürkan özetle şöyle anlatmıştır:

"Saat 17.30... Çağrılı olanlar toplantıya teker teker gelmeye başladılar. ...Gürler (...) toplantıya, Batur'un, çağrılılar arasında adından sözetmediği Kara Kuvvetleri İstihbarat Başkanı Tümgeneral İhsan Över ile birlikte gelmişti. O gün sabahtan, Kuvvet Komutanı Orgeneral Batur'un talimatı ve Hareket Dairesi Başkanı Hv. Tuğgeneral Ömer Çokgör'ün ilgililere duyurması ile Hava Kuvvetlerinin belli birliklerine ve üslerine alarm verilmişti. Bu nedenle, toplantı saatine doğru Karargah koridorlarında çok sayıda havacı subay toplanmış bulunuyordu.

Batur'un görkemli çalışma odasında, çağrılı olanlar tümü ile toplanmıştı (...) Toplantıda, siyah smokin elbiseler giymiş Komutanlık garsonlarının çikolatalı kek ve çay ikramı yaptıkları ve servisin tamamlanmasından sonra kapıların kapatılarak görüşmelere geçildiğidir. Bugün belleğimin de doğruladığı notlarıma göre görüşmelerin akışı şöyle oldu. Önce Batur söz aldı ve:

'-Ev ve davet sahibi olarak, müsaadenizle ilk sözü alıp konuşayım!' diye söze başladı.

Batur, müdahaleden sonra, Gürler'in, Devlet Başkanlığına, kendisinin de Başbakanlığa getirileceğini vurguladıktan sonra, en kıdemli komutan olarak Gürler'in, nihai (en son) kararının beklendiğini söyledi.

Gürler son derece heyecanlı ve ürküntü içinde görünüyordu. Alnında biriken boncuk boncuk terleri sürekli biçimde mendili ile siliyor, daha çok konuşulanları, Batur'un talimatı ile Koordinatör General Çokgör'ün verdiği izahatı dinliyordu. Çeşitli görüşler ve öneriler ortaya atıldı. Bir ara Gürler, Batur'a dönerek,

'-Oramiral Celal Eyiceoğlu'nun haberi var mı Muhsin Paşa?' diye sordu.

Deniz Kuvvetleri Komutanı Eyiceoğlu'nun, bu toplantıdan haberi olmadığı ve de çağrılmadığı yanıtı üzerine, Batur'a,

'-Muhsin Paşa, onu ayrı tutmak olmaz! Celal Paşa'yı siz görüp kendisine durumu münasip şekilde anlatınız!' dedi.

Batur, Gürler'in bu konuşmasından ve kendine, Amiral Eyiceoğlu ile temasa gelip durumu anlatma görevi verilmesinden adeta tedirgin olmuştu.

Gürler'e şu yanıtı verdi:

'-Paşam, o zat daima alargada kalmayı seçen bir kişi... Ben onunla konuşmam!..'

Batur'un, fazla değil, üç gün sonra Muhtıra'ya birlikte imza atacağı meslektaşı Oramiral Celal Eyiceoğlu hakkında o gün dile getirdiği değer yargısı böyle idi.

Bir ara Gürler müdahaleden sonra, görev alacak sivillerin adlarının okunmasını istedi Batur'dan. Tuğgeneral Ömer Çokgör arkadaşımız, Batur'un talimatı üzerine, elindeki dosyadan, sivil kişilerin adlarını okumaya başladı. Gürler, okunan adlardan bazılarının üzerinde duruyor, kimileri hakkında olumlu, kimileri hakkında da olumsuz yorumlar yapıyordu.

Gürler, her hali ve ifadesi ile tam bir tereddüt içinde olduğunu, herhangi bir karar almadan toplantıyı sona erdirmeyi ister bir havada bulunduğunu belli ediyordu. Şu ya da bu doğrultuda bir görüş beyan etmek durumunda kaldığında, erteši sabah yapılacak Genişletilmiş Komuta Konseyi Toplantısı'nın sonuna kadar beklenmesi gerektiği görüşünü dile getiriyordu. Kısacası toplantı, bir karara varacak gibi görünmüyordu ve bunda da Gürler'in tereddütleri baş etken oluyordu. Bir ara Korgeneral Atıf Erçıkan, çoğu zaman yapmak adetinde ve alışkanlığında olduğu çarpıcı çıkışlarından birini de bu toplantıda yapmayı gerekli görmüş olacak ki, heyecanla şöyle konuştu:

'-Sayın Komutanlar, eğer münasip bir çıkış yolu bulunamıyor ise, müsaade edin, yarın sabah Genişletilmiş Komuta Konseyi mi ne ise, o toplantı başladıktan sonra birkaç arkadaşla silahlı olarak biz toplantı salonuna girelim ve: 'Faruk Paşa, Muhsin Paşa, filan Paşa hariç, geri kalanlar, şu anda gözaltına alınmış bulunuyorsunuz!' diyerek toparlayalım, olsun, bitsin!' şeklinde 'eksantrik' diye tanımlayabileceğim bir konuşma yapmış ve Gürler'i büsbütün şaşırtmıştı.

Toplantıda herhangi bir karar alınmadı. Gürler, birdenbire ayağa kalktı ve:

'-Hele bir yarın olsun, Genişletilmiş Komuta Konseyi'ndeki durum açıklığa kavuşsun. Ona göre durumu yeniden tezekkür ederiz (düşünürüz). Şimdi Memduh Paşa'nın yemeğine geç kalmayalım' diyerek toplantıyı bitirdi.

Gürler ne düşündü, Batur hâlâ ne düşünüyor bilmem ama onların dışında kalan bizler, toplantının bitişi ile artık bir yol ayrımına gelindiği, başımızdaki 'iki lider'den, şimdiye kadarki hazırlıklar doğrultusunda, içtenlikli memleketçi inançlarımıza yanıt verecek bir kararlı tutumun beklenemeyeceği kanısına varmıştık. Bir başka deyimle her şey oracıkta bitmişti. Üç gün sonra Muhtıra'nın verilişi ile bizler, Atatürkçü görüşün ve idealin savunucuları yenik düşmüş ve hukuken, fiilen sahneden çekilmiştik.

Şaşkınlık ve eziklik içinde koridora çıktığımızda, Batur'un çalışma odasının yakınındaki odaların ve koridorların, müdahale kararı alınmasını bekleyen subaylarla -tabii çoğu Havacı- dolu olduğunu gördük.

Bu subaylar toplantıdan şu ya da bu şekilde bir karar çıkmadığını öğrenince hayli öfkelendiler. Hatta orada, daha sonra da eve döndüğümde evime telefon ederek, tarafımdan bir şeyler yapılıp yapılamayacağını sorarak bir tür benden 'düğmeye basmamı' ister havasını veren beyanlarda bulunanlar oldu.

Kendilerine artık perdenin kapandığını, herşeyin bittiğini, evlerine çekilip ertesi gün normal görevlerine devam etmelerini salık vermekle yetindim."[188]

"Solcu Bir İhtilal Vardı. Bu İhtilali Önlemeyi Amaçladım"

Emin Değer, o gecenin devamını şöyle anlatmıştır:

"9 Mart akşamı saat 23.30'da 28. Tümen Karargâhı'ndan bir subay, bana telefon ederek, birliklere alarm verildiğini, bu alarmın, büyük bir olasılıkla Gürler'i tutuklamaya yönelik bir hareket için verildiğini söyledi.

Durumu, Gürler'in emir subayına ilettik. Yani 10 Mart günü saat 01.30'da Gürler'e telefon edildi, durum iletildi. Emir subayına şunları söylemiş:

'-Evet, birliklere alarm verildi. Bu alarmı ben verdim. Çünkü solcu bir ihtilal hazırlığı vardı. Bu ihtilali önlemeyi amaçladım'."[189]

"Bu arada ajans ve gazete bürolarına 'Devrimci Ordu' imzalı bildiriler gönderilmiştir. Üç sayfalık bildirinin iki sayfası: 'Türk halkına duyuru' başlığı altında bir çağrıyı üçüncü sayfası da '8 Mart ültümatomu' adı altında 12 maddelik istekleri kapsamaktadır."

"Radikallerin tasfiyesinde rol oynayan ve sonradan öğrenilen en önemli olay, 7-8-9 Mart günleri Amerikan ve İngiliz ateşelerinin iştirakiyle ABD Büyükelçiliği'nde yapıldığı söylenen gizli toplantılardır. Bu toplantılara Korgeneral Erçıkan'ın ve büyük bir ihtimalle Cumhurbaşkanı'nın oğlu Atilla Sunay'ın da katıldığı söylenmektedir. Ve yine söylentilere göre, Erçıkan bu toplantıları, 'dış ilişkileri görüşüyorum' şeklinde izah etmişse de, radikallerin tasfiyesinin ve 'partiler üstü hükümet' planının CIA'nın etkisi altında bu toplantılarda hazırlanmış olması ihtimali son derece kuvvetlidir. Ayrıca, Ankara'daki ABD Büyükelçiliği'nden bir görevlinin olaylardan önce İstanbul'a gelerek Milli Emniyet İstanbul sorumlularından bazıları ile Amerikan Konsolosu'nun Bebek'teki evinde görüşmelerde bulunması da dikkati çekmiştir."[190]

"9 Mart Günü Herkesin Bir Görevi Vardı"

9 Mart 1971 Salı günü gecesi, THKP-C'nin kadroları, gruplar halinde Ankara'nın değişik evlerine dağılmışlardır.

Bunun nedenini Yusuf Küpeli, şöyle açıklamıştır:

"Orhan Savaşçı bize geldi ve 'Zırhlı Birlikler, Ankara'ya girecek. Belki de çatışma olacak. Bize de bunları durdurmak görevi verildi. Ne yapacağız?' dedi. 'Yapacak bir şey yok. Subaysınız. Dışarda kalamazsınız' dedim. 'Hayır. Biz girmiyoruz' diyemez ki. O zaman biz de, zırhlı birliklerle dövüşmek için silahlandık ve sabaha kadar bekledik. Orhan Savaşçı'nın getirdiği istihbarat, 'Zırhlı Birlikler'in faşist olduğu ve muhtemelen Ankara'ya inecekleri'ydi. Biz, Ankara'da Genelkurmay'ı basmak istiyorduk."

Selçuk Şahin Polat, Ertuğrul Kürkçü, Mustafa Hüdai Arıkan, Sinan Kazım Özüdoğru ve Yusuf Küpeli, Ertuğrul Kürkçü'nün ODTÜ'den bir bayan arkadaşının Maltepe'deki evinde, silahlarıyla birlikte, "düğmenin basılmasını" radyodan verilecek mesaja göre ve kendileriyle irtibatlı olan Havacı subaylar aracılığıyla hazır bir şekilde bekler.

Fahri Doğu, Serap Pehlivan, Dilek Tözeren, Osman Tayfun Mater, Ömer Balköse, Salih Dikman ve Ali Derin ise o gece, Bahçelievler'de Ali Derin'in evinde beklemektedir.

Ankara Emniyet Müdürlüğü'ne el koyma görevi THKP-C ile irtibatlı olan subaylarla birlikte yapılacaktır. Böyle bir görev, "düğmeye basacak"lar tarafından bilinerek bu ekibe verilir.

80 kadar Havacı subay da, "teyakkuz" durumundadır.

Bu subaylardan birisi olan Hava Albay Mehmet Heperler, 9 Mart gecesi emrinde bulunan bir grup subayla, Başbakan Süleyman Demirel'i teslim almak amacıyla silahlı bir şekilde hazır bekler.

Binbaşı İbrahim Keskin, 9 Mart gecesi yapılacak işler hakkında özetle şunları anlatmıştır:

"9 Mart'a yaklaşırken THKP-C'liler bana Teğmen Mehmet Alkaya'yı gönderdiler. Alkaya, şöyle bir yaklaşımla geldi. Tabii bu kendisinin değil, örgütün görüşüydü. Çok iyi hatırlıyorum. Çayan grubunun önerisi olarak bana şunları söyledi: 'Binbaşım, sizinle güçbirliğine varız, işbirliğine yokuz.'

9 Mart günü, herkesin bir görevi vardı. Benim görevim Emniyet Genel Müdürlüğü'nü ele geçirmek olacaktı. O dönemde İçişleri Bakanı da burada yatıp kalkıyordu. Çok tehlikeli bir görevdi benim için. Hepsi silahlı bir birliğe karşı gidiyorduk.

Demirel'i ya da Sunay'ı almak bunun yanında çok kolaydı. Muhafız Alayı zaten bize bağlıydı. Alay Komutanı biz Köşk'e gelince askerleri geri çekecekti. Yani çatışma falan olmayacaktı.

Benim Emniyet Müdürlüğü'nü ele geçirmem için silahlı güce ihtiyacım vardı. Polislerin nasıl davranacağını bilmiyorduk. Polis şefleri, Adalet Partisi iktidarına yakın kişilerdi.

THKP-C'ye haber verdim. Çok iyi hatırlıyorum, yağmurlu bir gündü. Hava Kuvvetleri Karargahı'nın önüne gelerek beni beklediler. Gelenler arasında Orhan Savaşçı, Mustafa Şahin, Mazhar Ataç'ın adlarını hatırlıyorum. O ekip arasında sivil yoktu.

THKP-C üyesi Orhan Savaşçı ve diğer genç subaylar o gece bana yardımcı olacaklardı. Fakat bu askeri güç yeterli değildi. Başka kuvvete de ihtiyaç vardı. Bu kuvvetin yanı sıra, Urfa'dan askeri bir birlik gelecek ve benim emrime girecekti. Urfa'dan, Tank Binbaşı Yılmaz Akkılıç'ın komutasında 40 kişilik bir birlik gelecekti."[191]

Askeri Darbenin ABD İle Arasını Açma Görevi

Aynı saatlerde İstanbul'da ise Mahir Çayan, Ziya Yılmaz, Kamil Dede, Ulaş Bardakçı, Oktay Etiman, Oğuz Etçi, Hüseyin Cevahir ve bazı subay arkadaşları Topağacı'ndaki Sim Apartmanı'nda sabaha kadar telsiz ve radyo başında anonsları dinleyerek askeri darbenin yapılacağı saati beklerler.

THKP-C ile irtibatı olan Dev-Genç yöneticileri ise Şişli Öğrenci Yurdu'nda hazır bekliyordu. THKP-C kadrolarının amacı, darbe yapıldıktan sonra ABD Konsolosluğu'nu ve Emniyet Müdürlüğü'nü basmaktır.

Özellikle ABD Konsolosluğu'nu basmaktaki hedef, askeri darbe ile ABD'nin arasını açmak, yani askeri darbenin ABD'ye karşı yöneldiği izlenimi vermek, böylece 9 Mart'ı yapanların hedeflediği çerçevenin dışına taşırmaktır.

Ankara'da evden eve irtibatı ve istihbaratı ise Hava Yüzbaşı Orhan Savaşçı yaparak haber, bilgi getirip götürür. Sabaha karşı saat 03.00-03.30 civarında, "Bu iş olmuyor, yattı" diye haber getirir.

Münir Ramazan Aktolga, bu konuda şunları anlatmıştır: "8-9 Mart'ta, 12 Mart'ta kafamızda karmakarışık fikirler vardı. Herkes şaşkına dönüyordu. Geceleri yurtlarda bile yatmaya kimse güvenemiyordu. Biz karşı da olsak madem ki bu olay oluyor. O karambolde çıkarız, hiç olmazsa belli yerlerde silah depoları var. Silah vs. kaparız diye düşündük. Gelecek olan cuntanın niteliği belli olmaz diye ancak tanklara hazır olmak üzere molotof kokteylleri ve buna benzer şeylerin hazırlanması konusunu konuştuk. 8-9 Mart 1971 günü birçok kişi yurtlarda değil, 5'er kişilik gruplar halinde evlerde bekledik. Daha sonra öğrendik ki, o gün hareket ertelenmiş, olmuyormuş."[192]

Talat Turhan'ın yazdığı gibi, "9 Mart'a kadar, 9 Martçılar 12 Mart Muhtırası'nı verenlerle beraberdirler." Bu tarihten sonra 12 Martçılar, 9 Martçılardan ayrılır.[193]

"8 Mart harekatı ön hazırlıklarına katılan Korgeneral Erçıkan, 8-9'a bağlayan gece idareye el konulacağını Genel kurmay Başkanı ile Kuvvet Komutanları'na ve Cumhurbaşkanı'na bildirmiş ve böylece darbe teşebbüsünü önlemiştir."[194]

"9 Mart'ta son anda önlenebilen ilerici bir darbeyi planlamış olan Hava Kuvvetleri Komutanı Muhsin Batur, Kara Kuvvetleri Komutanı Faruk Gürler ve Deniz Kuvvetleri Komutanı Celal Eyicioğlu vardı. 'Solcu' birçok aydının arzuladığı Peru ya da Libya türü bir 'devrim' başarısızlığa uğrarken sosyalist ve milli demokratik devrim yanlısı gerilla hareketleri ile bağlantılı çok sayıda (özellikle Hava Kuvvetleri'nde) alt rütbeli subay da 1971-1973 yılları arasında ordudan ayıklanıyordu."[195]

"Desteklediği Söylenemez Ancak Doğrudan Bir Karşı Çıkışta Bulunduğu da Söylenemez"

10 Mart 1971 Çarşamba günü, Genişletilmiş Komuta Heyeti toplanır. Gürler, "Bir karar veremediğini ve bu kararı 24 saat ertelediğini" söyler.

11 Mart Perşembe günü gecesi, Ali Elverdi Paşa, Faruk Gürler'i 28. Tümen'e davet eder. Gürler, tümene gider ve orada toplanan birlik komutanlarına, hazırlanan planlar konusunda bilgi verir. 28. Tümen'deki komutanlar Gürler'e, "Hemen bu adamları emekli edin, yoksa biz toparlayalım" dediler. Gürler, 12 Mart öğleye kadar müsaade ister.[196]

"11 Mart 1971 gününü 12 Mart'a bağlayan gece, kimi yeni gelişmelerle 'müdahalenin biçiminde önemli bir değişim' olacaktı.

Bütün toplantılarda bulunan darbeden sonraki yeni düzenlemede Genelkurmay Başkanlığı'na getirileceğinden söz edilen Korgeneral Atıf Erçıkan, o gece, Genelkurmay Başkanı Memduh Tağmaç'a gitti.

Bir 'müdahale', ama nasıl bir müdahale? Tağmaç-Erçıkan arasında askerlerin deyimiyle 'ayrıntılarıyla birlikte bir durum muhakemesi' yapılmıştı. Tağmaç, Deniz Kuvvetleri Komutanı Eyicioğlu ile ilişki kurmuştu. Sonra (...) derhal Köşke çıkılmış, Cumhurbaşkanı Sunay'a durum iletilmiş, 'Ordunun radikal davranışını önlemek, öte yandan da içinde bulunulan çıkmaza bir çözüm yolu getirmek' sorunu tartışılmış, bir sonuç araştırılmıştı.

Ve sonra:

Hazırlanan 12 Mart Muhtırası metni ertesi günü radyoya, Cumhurbaşkanı'na, Başbakanlığa, TBMM Başkanları'na 'elden postalanmıştı'."[197]

Zihni Çetiner'in dediğine göre, "Türkiye'de 1960 ile 1980 arasında birtakım sağ ve sol siyasi güçler cuntaya oynamış, ama hep sağdakiler kazanmışlardır."

Muhtıra hakkında SBF'nde 15 Mart 1971 Pazartesi günü, bir forum düzenlenir. Forumda Ertuğrul Kürkçü, Sarp Kuray, Atilla Sarp ve Seyhan Erdoğdu, düşüncelerini açıklar. Foruma izleyici olarak katılanlar arasında Halil Berktay da vardır. MDD hareketinin gençlik içindeki temsilcilerinin bütün önderleri forumdadır.

Daha sonra Silahlı Kuvvetler içinde ve toplumun her kesiminde solun tasfiyesini yapacak güçlerin hazırladığı 12 Mart'ta verilen askeri muhtıraya karşı, TDGF'nin ilk tavrının ne olduğu konusunda TDGF Genel Başkanı Ertuğrul Kürkçü şunları söylemiştir:

"Desteklediği söylenemez. Ancak doğrudan ve açık bir karşı çıkışta bulunduğu da söylenemez. Bunun nedenlerinden birincisi, 12 Mart Muhtırası'na ilişkin bir siyasi değerlendirme yapmak için o güne kadar Dev-Genç'e teorik önderlik sağlayan arkadaşlarla toplu bir değerlendirme yapma olanağının bulunamayışıdır. Çünkü Mahir Çayan, Yusuf Küpeli gibi siyasi önderlerimizle bir araya gelemedik. Doğru bir değerlendirme yapmak için elverişli bir durumda değildik. Bu konuda karar vermek, çok sınırlı bir tecrübesi olan benim gibi insanlara kaldı."[198]

Amerikalı Çavuşa Ait Otomobil Yakılıyor

THKP-C'nin işçi ve öğrenci kitlesinin yoğun olduğu İstanbul'da örgütlenme faaliyetleri yürütmek için Mahir Çayan başkanlığında İstanbul'a gelen kadro, içinde oldukları mali krizi çözümleyebilmek amacıyla bir banka soymaya karar verir.

Soygunda kullanılmak üzere 13 Mart 1971 Cumartesi günü, 4. Levent'te Chevrolet marka bir otomobil çalınır. Çalınan otomobilin Türkiye'de görev yapan ABD'li bir çavuşa ait olduğunu öğrenince, banka soygunundan sonra kaçış yolu planında bir değişiklik yapılır.

15 Mart 1971 Pazartesi günü, Türk Ticaret Bankası Erenköy Şubesi çalışanlarını silahla tehdit ederek, banka şubesi veznesindeki paraları alan Mahir Çayan, Hüseyin Cevahir, Kamil Dede, Oktay Etiman, Ulaş Bardakçı ve Ziya Yılmaz olay yerinden otomobille hızla uzaklaşır.

Ulaş Bardakçı, Oktay Etiman, Kamil Dede kararlaştırdıkları yerde otomobili terk ederken Mahir Çayan ve Hüseyin Cevahir otomobille Hazırcevap Sokağı'na gelerek Celal Bayar'ın evinin önünde otomobilden iner. Daha önceden hazırladıkları bir bidon benzinle Amerikalı çavuşa ait otomobili yakıp uzaklaşacakları sırada, mahalle sakinlerinden yaşlı bir kadın, "Çocuklar, arabanız yanıyor" diye bağırır. Mahir ve Hüseyin, "Biliyoruz teyze... Biz de söndürmek için yardım alacağız" diye yanıt verir.

Yusuf Küpeli İstanbul'a Geliyor

"Erenköy Türk Ticaret Bankası soygunu olayından kısa bir süre sonra Yusuf Küpeli, şehir gerilla eylemleri ile örgütsel diğer faaliyetleri görüşmek amacıyla İstanbul'a gelerek İlbay Apartmanı'nda Mahir Çayan ve eylem timine dahil kişilerle görüşmüştür."[199]

Yusuf Küpeli, Mahir ile yaptığı görüşme konusunda özetle şunları yazmıştır:

"Mahir, İstanbul'daki bir görüşmemizde, birincisi, 'Hiçbir şey yapmayın. Size de sıra gelecek. Şimdilik bekleyin' dedi. İkincisi, 'kazara yakalanırsak, şoför Mesut Erdinç olayını hiçbir şekilde söylemememizi, sağlam, gizli bir kaynaktan bu işin kapatılacağını öğrendiğini' söylemişti. Ama bu kaynağın ne olduğunu söylemedi."

Mahir ile bu görüşmeden sonra, "Ankara'da konuştukları konudaki imkanları sağlamasını görüşmek üzere Yusuf Küpeli, yanına daha önce Ali diye bahsettiği Ulaş Bardakçı'yı da alarak Yılmaz Güney'in Levent'teki evine gitmişler; Yılmaz Güney'e Ulaş Bardakçı'yı tanıtan Yusuf Küpeli, ondan Ankara'da vaad ettiği yardımları sağlamasını talep etmiştir. Yılmaz Güney de örgüte silah ve para yardımında bulunabileceğini; ancak meşguliyeti sebebiyle haber toplama işini yapamayacağını belirtmiştir.

Yusuf Küpeli İstanbul'a gelişinden önce tanıdığı Sadık Karamustafa ile de Devlet Güzel Sanatlar Akademisi'nde buluşarak, Ankara'ya dönüşünde İstanbul'daki eylemlerde kullanılmak üzere dinamit göndereceğini, bunun Mahir Çayan tarafından gönderilecek şahsa teslim edilmesini ve bu sebeple de bir adres vermesini istemiştir."[200]

Bu arada İstanbul'a gelen bir başka kişi daha vardır.

Osman Tokcan, bir bavul dolusu giyim eşyasıyla Paris'ten İstanbul'a gelir. Osman Tokcan, bu giyim eşyalarını Kalamış'ta buluştuğu Hüseyin Cevahir'e verir ve bir süre sohbet ederler.

Hüseyin Cevahir, bu sohbette Osman Tokcan'a, "Şöyle 20-30 kişilik tam teçhizatlı bir gerilla grubu oluşturabilsek çok şeyler yapabilir, ses çıkartabiliriz. Bunun için para gerekli" der.

Robert Kolej, Eli Burla ve Ahmet Dallı'yı Soyma Girişimleri

Erenköy Türk Ticaret Bankası şubesi soygununda elde edilen 14.449 lira para örgütün ev kirası ve genel giderlerine yetmeyecek kadar azdır.

Örgütün içinde olduğu mali krizi aşabilmek için yeni arayışlara girilir. Bu nedenle, "Mart 1971 ayı içerisinde bir gün örgüt üyesi Zülfikar Dicleli ve Yavuz Çizmeci, İstanbul Devlet Güzel Sanatlar Akedemisi'ne giderek Necmi Demir ile buluşmuşlar; Demir, kendilerine Mahir Çayan ve arkadaşlarının bir örgüt kurduklarını belirttikten sonra, Türkiye Halk kurtuluş Ordusu örgüt anlayışının ve o güne kadar yaptığı eylemlerin yanlış olduğunu, Mahir Çayan ve arkadaşlarının yayınladıkları broşürdeki görüşlerin doğru bulunduğunu beyanı müteakip, Robert Kolej'e ay-başlarında fazla miktarda para geldiğini, silahlı bir soygun yapmak suretiyle bu parayı ele geçirmek istediklerini, bu maksadı tahakkuk ettirmek için Robert Kolej muhasebesinin planını vermelerini, muhasebeye paranın ne şekilde ve hangi tarihte geldiğinin öğrenilmesini talep etmiştir. Daha sonraki günlerde Necmi Demir, Zülfikar Dicleli'nin Bebek Cevdet Paşa Caddesi 121/4'teki evlerine geldiğinde, istenilen bilgi ve kroki Yavuz Çizmeci ve Zülfikar Dicleli tarafından kendisine verilmiştir. Bundan birkaç gün sonra, Necmi Demir ve Ulaş Bardakçı aynı eve gelerek Zülfikar Dicleli ile verilen bilgi ve kroki ışığı altında soygun konusunu konuşmuşlar ve diğer mütemmin bilgileri almışlardır."[201]

Fakat Oktay Etiman, çevre ve kaçış vs. açısından soygunu tehlikeli bulduğu için olaya itiraz eder ve ve soygun gerçekleşmez. Bunun yanısıra, "İstanbul'da şehir gerilla eylemlerini yürüten tim mensupları, banka soygunlarının çoğalması neticesi, bankaların veznelerinde tedbirler almaları ve fazla para bulundurmamaya başlamaları üzerine gerek örgütçe kiralanan ev kiralarının ödenmesi ve gerekse günlük ihtiyaçları ile silah ve mermi temini için fazlaca maddi imkanlara sahip olmaları gerektiğinden, bir yandan da sansasyon yaratarak Parti ve Cephe lehine ajitasyon ve propaganda yapabilmiş olmak için İstanbul'un tanınmış zenginlerini silah zoru ile kaçırarak karşılığında fidye almaya karar vermişlerdir."[202]

Kim kaçırılacak diye bazı isimler üzerinde araştırma yapılır. Araştırmaya Mahir Çayan ile Hüseyin Cevahir de katılır.

THKO grubundan Metin Eşrefoğlu ile Nahit Tören, bu sıralarda, Mahir ile Hüseyin Cevahir'i Osmanbey Site Sineması'nın önünde görür. İkisi de çok şık giyinmiştir. Birisinin elinde gazete vardır. Diğeri ise ayakkabılarını boyatmaktadır. Ayak üstü sohbet edip, birbirlerinden ayrılırlar.

Yapılan araştırmalar sonunda ilk önce o dönemin bilinen zenginlerinden Eli Burla'nın kaçırılması kararlaştırılır ve evi tespit edilir. Hüseyin Cevahir, Ulaş Bardakçı, Kamil Dede, Mahir Çayan ve Oktay Etiman, Eli Burla'nın kaldığı eve gider.

Polis elbisesi giymiş olan Hüseyin Cevahir ve Ulaş Bardakçı, evin kapısının zilini çalar. Arkada emniyet zinciri bulunan kapıyı hizmetçi kız aralayarak, gelenlere bakar ve,

"-Ne istiyorsunuz?" diye sorar.

"-Karakoldan geliyoruz. Beyefendiye söyleyin, Karaköy'deki mağazalarına bomba atılmış. Onu haber vermeye geldik" diye yanıt verilir. Hizmetçi kız kapıyı kapar ve bir daha da açmaz. Ekip oradan hemen ayrılır.

Yarım kalan bu kaçırma olayının hemen ardından Akbank Genel Müdürü ve bir ara Süleyman Demirel hükümetinde Ticaret Bakanı görevinde bulunmuş olan Ahmet Dallı'nın kaçırılması kararlaştırılır.

28 Mart 1971 Pazar günü Ulaş Bardakçı, evde olup olmadığını anlamak için Ahmet Dallı'ya telefon ederek,

"-Şişhane Akbank Şubesi'nde çalışan bir memur olduğunu, banka şubesinde bazı yolsuzluklar yapıldığını, bu yolsuzluklar konusunda kendisiyle görüşerek bilgi vermek istediğini" söyler.

Ahmet Dallı'nın Arnavutköy'de bulunan evine bu kez sivil elbiselerini giymiş olan ekipte yalnız Mahir Çayan ve Ulaş Bardakçı peruk takmıştır. Mahir Çayan, Ulaş Bardakçı, Kamil Dede, Hüseyin Cevahir ve Oktay Etiman, kapının zilini çaldıklarında kimse açmaz.

Ekip evden ayrılıp tam binadan çıkacakları sırada kapıcıyla karşılaşır. Kapıcı, bir şeyler olduğunu sezer ve durumlarından kuşkulandığı beş gence,

"-Yapmayın gençler. Bu yaptığınız şeyler yanlış" dediğinde,

"-Ne konuşuyorsun. Kes bakalım" diye kapıcıya sert bir şekilde çıkışan ekip, otomobille hızla uzaklaşır.

Mete Has ve Talip Aksoy'un Kaçırılmaları

Başarısız ve yarım kalan bu girişimlerden sonra ekip, yeni isimler araştırır.

"Bu maksatla Sosyete-13 dergisinde çıkan isimlerden Kadir Has'ın kaçırılması düşünülmüş, ancak bu şahsın yerini tespitte güçlük çekildiğinden, onun yerine yeğeni Mete Has'ın kaçırılması hususunda karara varılarak bu şahsın evi, geliş gidişleri, ailesinin durumu tespit edilmiştir."

Karar verilen eylemin icra edileceği 4 Nisan 1971 Pazar günü Ulaş Bardakçı'nın Ankara'dan çaldığı Anadol araba ile saat 15.00 sıralarında Mete Has'ın oturduğu Bağdat Caddesi Suadiye 406 numaralı apartmanın önüne gelinir.

Mete Has'ı evinde rehin alan Mahir Çayan ve arkadaşları, bir soru üzerine, olayı ne için yaptıkları konusunda, Mahir Çayan, alelade bir hırsız olmadıklarını, politik ve siyasi zaruretler sebebiyle orada bulunduklarını, heyecanlanmamalarını, kendilerini fena muameleye sevketmemelerini, aksi halde yanlarında ipleri ve bayıltıcı ilaçlarının bulunduğunu, söyler.

Mahir Çayan, arkadaşları silahları ile diğerlerinin başlarında beklerken Mete Has'ı odasına çağırarak,

'-Arabası olup olmadığını' sorduktan sonra, anahtarını ister ve alır. Mahir, burada Mete Has'a,

'-Kendilerinin banka soygunları ve diğer bazı eylemleri yapan gruptan olduklarını, kendisini götürüp karşılığında 400.000 lira fidye isteyeceklerini' ifade eder.

Bilahare Kadir Has ve Berna Has dışında, diğerleri oturma odasına alınır. Mahir Çayan, Fezal Has'ın salonda oturmasına müsaade eder ve aralarında geçen konuşmada, para ödenmezse kocasının mutlaka öldürüleceğini, dönüşün olmadığını, varlıklarını ispat etmek durumunda olup fiyaskoya tahammüllerinin bulunmadığını, ideolojilerinin tahakkuku için silah almakta paranın gerektiğini söyler.

5 Nisan 1971 Pazartesi günü saat 00.30-01.00 arasında Ulaş Bardakçı, Hüseyin Cevahir ve Oktay Etiman, Mete Has ve Talip Aksoy'u alarak dışarıya çıkar ve Mete Has'a ait otomobile koyarak gözlerini bantla kapattıktan sonra Ulaş Bardakçı'nın kullandığı araba ile iki şahsı Erenköy Taşmektep Sokak, Tenis Apartmanı'ndaki daireye götürürler. Evden ayrılırken Fezal Has, Hüseyin Cevahir'e,

"- Bir daha karşılaşmayacağız değil mi?" diye sorar. Cevahir,

"- Bir kere daha hepinizle birlikte topyekün karşılaşacağız" diyerek yanıt verir.

5 Nisan 1971 Pazartesi günü sabahı saat 07.30 sıralarında alışveriş bahanesi ile Çayan'ın isteği üzerine kapıcı, apartmandan uzaklaştırılmış ve apartmanın önünde bekleyen Cevahir ile Bardakçı'ya işaret verilmiştir. Hüseyin Cevahir, daireye çıktığı sırada Mahir Çayan, Kadir Has'ı alarak aşağıya indirir ve Ulaş Bardakçı'nın kullandığı Mete Has'a ait araba ile Üsküdar arabalı vapur iskelesine gelinir. Sırada bekleyen çok araba olduğundan Bardakçı'nın otomobili bilahare getirmesi kaydı ile arabalı vapurla Çayan ve Kadir Has, Kabataş'a geçerek buradan taksi ile Şişli Halaskargazi Caddesi'ndeki yazıhaneye vasıl olurlar.

Kadir Has, kendisini rehine alanlarla birlikte İstanbul'a geçişlerini şöyle anlatmıştır:

"Bana, havadan sudan konuşalım, dediler. Böylece dikkati çekmeyecektik. Dediklerini yaptım. Bir aralık yanımdakine, kulüpçülükle ilgilenir misiniz? diye sordum.

- Eh biraz Fenerbahçe'yi tutarım, cevabını verdi. Sonra aramızda şu konuşma geçti:

- Pek siz benim Fenerbahçeliliğimi biliyor musunuz?

- Gazetelerde okuyorum. Şimdi de ben size bir şey sorayım: Politikaya atılmaya niyetiniz var mı?

- Neden sordunuz?

- Fenerbahçe'ye başkan olanların hepsi sporu politikaya basamak yapıyorlar da ondan. Mesela Faruk Ilgaz milletvekilliği ve Belediye Başkanlığı için çalışıyor.

- Yok. Benim Fenerbahçe idareciliğimde politik bir gayem yok. Ben sadece Fenerbahçe'ye hizmeti düşünürüm.

- Kadir Bey, sizinle çok iyi anlaştık. Yalnız mesleklerimiz ayrı. Maalesef birleşmemize imkan yok."

Sabahleyin evden Fezal Has'ın telefon etmesi üzerine beklemekte olan şirket müdürü ve Kadir Has'ın kayınbiraderi Ali Germirli'ye Kadir Has tarafından durum anlatılır. Ali Germirli, muhasebeci Nihat Uysal'a, 400.000 lira lazım olduğunu ve bunun temin edilmesini ister. 200.000 lira bankadan çekilerek Mahir Çayan'a yazıhanede verilir, ikinci parti 200 bin liranın ne şekilde teslim edileceği hususunda bilahare talimat verileceği Mahir tarafından söylenir. Bu para temin edildikten sonra, muhasebeci Nihat Uysal, 200 bin lirayı Suadiye'deki daireye götürerek talimat bekler.

Saat 17.00'de talimat verilir. Ancak, evde beklenilen süre içerisinde ikinci parti teslim edilmesi gereken 500'lüklerden bir kısmının seri numaraları tespit edilir.

Mahir, ilk 200.000 lirayı aldıktan sonra diğer 200.000 lirayı almak için Kadir Has'ın bürosundan yürüyerek Topağacı'nda kaldıkları eve gitmek ister. Fakat şirketten ayrıldıktan sonra şirkette güvenlik görevlisi olarak çalışan emekli bir polis memurunu Mahir'in peşine takarlar. Mahir, bunu farkeder ve atlatarak Topağacı'ndaki eve gelir.

Kadir Has, bu arada arkadaşı Ahmet Dallı'ya telefon ederek durumu anlatır. Ahmet Dallı da bunun üzerine, yardımcı olacağı düşüncesiyle tanıdığı olan bir kurmay albayı Kadir Has'ın yanına gönderir. Emekli kurmay albay, durumu öğrendikten sonra Emniyet Müdürü'ne telefon açarak olayı anlatır.[203]

"Haberi Duyar Duymaz Kadir Has'a Gittim"

Ahmet Dallı'nın haber verdiğini söylediği kişi emekli Kurmay Albay, 27 Mayıs İhtilali'nden sonra İstanbul Radyosu'nda Müdürlük yapan ve Barış Manço'nun kayınpederi olan Turan Çağlar'dır.

Turan Çağlar, bu konuda özetle şunları söylemiştir:

"Haberi duyar duymaz Kadir Has'a gittim. Şok geçiriyordu. Olayı öğrendim. Ve hemen emniyete haber vermek istedim. Aile mani oldu. Bütün mesuliyeti üstüme alarak paranın Etiler çarşı durağında fidyecilere teslim edileceğini söyledim. Para fidyecilerin eline geçmeden 45 dakika önce emniyeti haberdar etmiş bulundum. Eğer tertibat alsalardı, mutlaka yakalarlardı."[204]

Erenköy'deki evde Mete Has ve Talip Aksoy'un başında gelişmeleri polis telsizini dinleyerek bekleyen Oktay Etiman ile Ulaş Bardakçı, polisin Mete Has ve Talip Aksoy'un kaçırılma olayından haberdar olduğunu öğrenir.

Oktay Etiman ile Ulaş Bardakçı, Mahir Çayan'a, polisin olayı öğrendiğini bildirir.

Mahir, bunun üzerine, kıyafetini değiştirir, saçlarını bir berbere kestirir ve başına bir kasket takar.

Fidyeyi almak için kararlaştırılan yere giden Mahir, durağın karşısındaki muhallebicinin önünde oturarak beklemeye başlar.

Bir süre sonra fidyeyi verecek olan Ahmet Nihat Uysal, bir taksiyle gelir. Ahmet Nihat Uysal'ın elinde bir çantayla inip, durağa yürüdüğünü gören Mahir, muhallebicinin önünden kasketini düzelterek kalkar ve buluşulacak durağın yanındaki büfeye gider.

Büfeden küçük bir alışveriş yapan Mahir, durağa doğru ilerlerken, büfeci arkasından bağırır. Mahir, paranın üstünü almayı unutmuştur.

Mahir, geri döner ve büfeden paranın üstünü alır ve buluşulacak durağa gider. Mahir, Ahmet Nihat Uysal'a,

"Merhaba" diyerek yanaşır. Uysal'da,

"Merhaba" diye karşılık verir.

"Elinizdeki çantada olan parayı bana vereceksin." diyen kılık değiştirmiş Mahir'i tanımayan Uysal,

"Sen kim oluyorsun, ben parayı yazıhanede gördüğüm şahsa vereceğim. O siz değilsiniz" der.

"Kıyafetimi değiştirdim. Ben, Osman Birim." diyen, Mahir'e Uysal, getirdiği paraları verir.

200 bin lira fidyeyi alan Çayan, Cevahir ve Dede, otomobile binerek oradan süratle uzaklaşır ve Topağacı'ndaki Sim Apartmanı'na gider.

Fidyenin alınmasından çok kısa bir süre sonra Emniyet güçleri, Etiler çarşı durağına baskın yapar ama kimseyi yakalayamaz.

Emniyet mensupları, gece saat 02.30 sıralarında İşçi-Köylü gazetesi mensuplarından Adil Ovalıoğlu'nu gözaltına alır ve Mete Has'ın evine teşhise götürür. Has ailesi, teşhis edemediği için Adil Ovalıoğlu serbest bırakılır.

Eve Polisler Geliyor

Bu olaydan bir süre sonra, bütün ekibin evde olduğu bir saatte, kapı "tak tak tak" diye çalınmaya başlar. Evdekilerin kimisi giyinik, kimisi dökünük oturmaktadır. Bir kısmı hemen ellerinde silahlarla odalardan birinde mevzilenerek hazır beklemeye başlar. Diğerleri salonda kalır. Mahir, soğukkanlı bir şekilde giderek kapıyı açar. Ekipler amirliğinden bir ekibin olduğunu gördüklerinde herkes şaşırır. Başlarındaki amir,

"- Merhaba. Kusura bakmayın rahatsız ettik" diyerek söze başlar.

"-Buyrun sorun nedir?" diye karşılık verirler. Bu arada polislerden birisi içeriye girerek etrafa bakmaya başlar. Koltuğun üzerinde bir şarjörün unutulduğunu fark eden Kamil Dede, hemen giderek koltuğa oturur ve şarjörü koltuğun eklem yerinden içeriye iterek görülmemesini sağlar. Ekipler amiri,

"-Sizin apartmanın kapıcısı, tartıştığı bir adamı bıçaklamış ve gelmiş aşağıda kalorifer dairesinde saklanmış. Fakat elinde silahı var. Karısıyla görüştük. Kocasının sizinle çok iyi ilişkileri olduğunu, sizleri sevdiğini, sizlerin gelip kocasıyla konuşursanız ikna olacağını ve teslim olabileceğini söyledi. Çevreyi tamamen sardık. Herhangi bir olaya meydan vermeden kapıcının teslim olması konusunda bize gelip yardımcı olabilir misiniz?" der. Bunun üzerine Ziya Yılmaz, kapıcıya gider ve,

"-Seni dövmeyecekler, ezmeyecekler. Polisler garanti veriyor. Teslim olmaktan başka yolun yok" diyerek adamı ikna eder ve herhangi bir olay çıkmadan kapıcının polislere teslim olmasını sağlar. Böylece büyük bir şans eseri her iki olaydan da sıyrılmayı o zaman başarırlar.

Fidye Paralarıyla Yeni Evler Kiralanıyor

Mete Has'tan, "Fidye olarak alınan 400.000 lira örgüt muhasebecisi Ziya Yılmaz'da toplanmıştır. Adı geçen sanıkta bulunan paranın örgüt mensuplarına lazım oldukça tevziinde miktar büyük olduğu takdirde Mahir Çayan'a danışılmıştır."[205]

"Mahir Çayan ve eylem timi mensubu arkadaşları, örgütün Mete Has ve Talip Aksoy'un kaçırılması ve fidye alınması sebebiyle maddi olanaklarının temin edilmesi neticesi eylemlerinde daha az şüpheyi çekmek, farklı muhitlerde gizlenmek maksadına matuf olarak İstanbul'da yeni evler bulmayı düşünmüşler; bu sebeple de örgütle devamlı ilişkileri bulunan Hv. Yzb. İlyas Aydın ve Hv. Tğm. Saffet Alp adına evler kiralama yoluna gitmişlerdir. Bu sebeple Nisan 1971 ayı ortalarında Tğm. Saffet Alp, Nişantaşı Baytar Ahmet Sokak Hamarat Apartmanı 8. dairesini kiralamak için ev sahibi ile temasa geçmiş, 1.500 lira aylık kira karşılığı olarak Hv. Tğm. Cengiz Aker adı ile kiralanma sağlanmıştır. Burayı döşemede gerekli somya, karyola ve diğer ev eşyaları Saffet Alp, Nazan Alp, Mehmet Balaban ve İlyas Aydın tarafından alınarak mezkur daireye götürülmüş ve yerleştirilmiştir."

"Aradan bir hafta kadar zaman geçtikten sonra Cengiz Aker takma adlı Hv. Tğm. Saffet Alp, ev sahibine müracaatla kursu çıktığından evden ayrılmak zorunda kaldığını beyan edip yakın arkadaşı olduğuna inandırdığı Nevzat Işık takma adı ile Hüseyin Cevahir'e İnşaat Mühendisi sıfatı ile bu dairenin devrini sağlamıştır.

Keza Hv. Tğm. Saffet Alp, her ne kadar hanımı ile birlikte oturmakta ise de yine aynı maksada bağlı olarak Fatih Molla Şerif Mahallesi Mollagürani Sokak Seyhan Apartmanı 3. dairesini de 1 Mayıs 1971 tarihinden geçerli olmak üzere aylığı 800 liradan Hv. Yzb. İlyas Aydın'ın kefaleti tahtında kiralamıştır."

"Örgüt için ev kiralamak burada sonuçlanmamış, bu sefer de müşterek karar verme neticesi Hv. Yzb. İlyas Aydın tarafından Hv. Üstğ. Mehmet Balaban kefaletiyle Şişli Duatepe Mahallesi Şehadet Sokağı Çamlıca Apartmanı 8. dairesi möbleli olarak Nisan 1971 ayı sonlarında tutulmuştur.

"Saffet Alp'lerin taşınmasından sonra bu eve Mahir Çayan, Ulaş Bardakçı, Hüseyin Cevahir gelip giderek, Saffet Alp ile örgütsel meseleler üzerine müzakerelerde bulunmuşlardır. Saffet Alp'in bu taşınmadan önce Çapa'da oturduğu eve örgüt üyesi P. Üstğ. Ömer Laçiner, P. Tğm. Olcaytu Özsever ve Mu. Üstğ. Yücel Top ile birlikte birkaç defa gelerek örgütün politik-ideolojik-örgütsel çizgisi üzerinde konuşmuşlardır."[206]

Örgüt mensupları, yeni evler kiralanana kadar değişik evlerde ve yerlerde kalmayı düşünür.

Mahir ile Hüseyin Cevahir Anadol otomobille Fenerbahçe'de oturan Ertunç Çetinbaş'ın evine gider. Babası Mahir'i tanıdığı için Ertunç'u çağırmaya Cevahir, gider. Ertunç, Mahir ve Cevahir, Fenerbahçe Dalyan'da bir süre sohbet eder, dolaşır. Mahir'in elinde pardösüya sarılmış bir silah vardır.

Hüseyin Cevahir, daha sonra, geçici bir süre kalmak amacıyla Fenerbahçe Kalamış'ta evi bulunan Osman Tokcan'ın babasının evine gider. Fakat Osman Tokcan, bu sırada Paris'te olduğu için Hüseyin Cevahir evde kalamaz ve ayrılır.

Kamil Dede ise, Gölcük'e giderek ailesinin evinde kalır.

"THKP-C Adını İlk Defa Mahir'in Ağzından Duydum"

Elrom olayına kadar, THKP-C adına yapılan eylemlerin hiçbirisi örgüt adına savunulmamıştır. O döneme kadar yapılan eylemlerin büyük çoğunluğu kamuoyu tarafından THKO ile Deniz Gezmiş ve ekibine maledilmiştir.[207]

İlk dönem, daha çok, eylem içinde ortak bir zeminde paylaşılan birliktelikle yola çıkan THKP-C kadroları, bazı eylemleriyle elde ettikleri başarılar ve edindikleri deneyimler sonunda, paylaştıkları birlikteliğin işleyiş ilkelerini netleştirmek gereksinimi duyar.

Bunun yanında, hareket giderek güç kazanıp yerleştikçe, eylemliliğin dışından bazı kişiler, inisiyatif grubunun çevresine gelmeye başlar. Bu nedenle bazı sınırlar ve kavramların netleşmesi ihtiyacı ortaya çıkar. Ayrıca, hareketin isminin artık sansasyonel bir eylemle, kamuoyuna duyurulması zamanı geldiği görüşü kadrolarda bir düşünce olarak olgunlaşmaya başlamıştır.

Sonuçta, Mahir bu konuları konuşmak, görüşmek için Merkez Komite'nin diğer üyeleri olan Münir Ramazan Aktolga ve Yusuf Küpeli'yi İstanbul'a çağırır. Yusuf Küpeli o sıra "sarılık" olduğu ve tedavi gördüğü için gidemez.

Bu sırada Zafer Kutlu ile İzmir'de olan Ertuğrul Kürkçü, "12 Mart sonrası nasıl bir tutum içinde olunacağı konusunda açık bir fikre ya da fikir birliğine ulaşmış olamadıkları için bu konularda Mahir Çayan ile görüşmek üzere" 14 Nisan 1971 Çarşamba günü İstanbul'a gider.[208]

Mahir Çayan'ın nerede kaldığını bilmediği için Devlet Güzel Sanatlar Akademisi'ne giderek Necmi Demir'i bulur ve,

"-Mahir Çayan ile görüşüp görüşmediğini" sorar.

Necmi Demir, Ertuğrul Kürkçü'yü Topağacı Sim Apartmanı'nda kalan Mahir Çayan'ın yanına götürür. Evde Hüseyin Cevahir, Ulaş Bardakçı ve Mahir Çayan vardır. Ertuğrul Kürkçü, bir haftadan beri İzmir'de değişik fakültelerde toplantılara, konferanslara katıldığı için yorgundur. Bu nedenle ilk gün pek fazla bir şey konuşamazlar.

Mahir Çayan, Kesintisiz Devrim II'nin yazılması ile uğraşıyordur o sıra. Yazdığı metinleri gözden geçirmesi için Ertuğrul Kürkçü'ye verir. Hüseyin Cevahir'le yaptığı sohbette Cevahir, Mete Has'ı nasıl kaçırdıklarını anlatır.

Münir Ramazan Aktolga, ertesi gün olan 15 Nisan 1971 Perşembe günü İstanbul'a gelir. Üçü birlikte oturur, konuşur.

Mahir, Ertuğrul ile Münir'e,

"-Artık bizim de bir çıkış yapmamız lazım. Tüzük, program hazırlayıp bunları daha sonra bizim gruptan arkadaş çevresiyle, Genel Komite olarak bir araya gelerek oturup, görüşüp Parti-Cephe haline gelme bakımından karar altına alalım. Ondan sonra da bir çıkışla bunu açıklayalım" şeklinde görüşlerini açıklar.

Bundan sonrasını Münir Ramazan Aktolga şöyle anlatmıştır:

"Elrom'un kaçırılması olayında birçok şey söylendi. İsrail Elçisi, CIA ajanı şudur budur vb. diye. Biz bunların hiçbirisini bilmiyorduk. O zaman konuşulan şuydu; onların kafasında Portekiz ya da İspanyol elçilerini kaçırma gibi olaylar vardı. Tabii o zaman tutup da bunların tartışılacağı bir ortam yoktu. İstanbul'a gittiğimde şunu gördüm ki, Mahir'in görüşlerinde büyük bir farklılaşma olmuştu. Yani Ankara'da iken bizim konuştuğumuz, düşündüğümüz şeyler gitmiş onun yerine artık Denizlerinki gibi şehir gerillası, işte büyük bir ismi kaçırma, silahlı propaganda gibi şeyler almıştı. Orada buna karşı çıkıp, tartışma olanağı ve ortamı da yoktu zaten. Ne Ertuğrul ne ben, hiçbir şeye karşıt görüş bildirmedik.

THKP-C adını ilk defa Mahir'in ağzından burada duydum. Bunlar, Mahir tarafından getirilen bir öneri durumundaydı. Fakat orada olan şuydu; beraber oturduk, tüzük taslaklarını hazırladık. Bizim ve Mahir'in hazırladığı bu taslaklar, Ankara'daki arkadaşlarla tartışılacaktı. Daha sonra ise Ankara ve İstanbul'daki arkadaşların bir araya geldiği bir toplantıda, bir Genel Komite toplantısında oturulup, görüşülecekti, kararlaştırılıp, şekillendirilecekti. En sonunda da bir çıkış yapılacaktı. Bu çıkış için de İspanyol ve Portekiz elçilerinin adı konuşuluyordu. Mahir'in kafasında bunlar vardı. Yani o zaman İsrail Elçisi Elrom'un adı bile yoktu.

Bir şeyin kurulmasına insanlar, genel kurul karar verir. Bu yapılamadan Elrom olayı girdi araya. Girdikten sonra bir daha hiç bir araya gelemedik. Öyle bitti."

"THKP'nin Hiç Bir Zaman Bir Tüzüğü Olmamıştır"

Bu görüşmeler sırasında neler konuşulduğunu Ertuğrul Kürkçü şöyle anlatmıştır:

"Görüşmemiz sırasında 12 Mart'tan sonra ne yapmamız gerektiğini konuştuk. Dev-Genç kapatılır mı kapatılmaz mı mevzuunu görüştük. THKO gibi bir örgüt olarak faaliyete devam edip edemiyeceğimizi tartıştık. Bu sırada da Küba devrimi ve Kesintisiz Devrim hakkındaki yazı ve çalışmalar gözden geçirildi. Bir tüzük çalışmasından bahsedildi."[209]

"O gün Mahir Çayan, ileride bizim THKO'ya benzer bir şekilde ortaya çıkabileceğimizi, bu konuda ne düşündüğümüzü, sordu.

THKO hakkındaki düşüncemiz açıktı. Ona benzer olmak gibi bir endişemiz de yoktu o sıralar. Kaldı ki Mahir Çayan,

-Benim Dev-Genç Genel Başkanlığı sıfatımı kullanarak THKO'nun eylemlerini eleştirmemi de, istiyordu. Mahir, o gün daha çok,

- Küba devrimi üzerinde, Duglos Brova ve Carlos Marigella hakkında daha iyi düşünmemiz gerektiği, Latin Amerika gerillacılarının çizgilerinin yeniden gözden geçirilmesi gerektiğini, anlatmaya çalıştı.

Cephe sözünden de ilk defa o gün söz edildi. Ancak Cephe'nin ne olduğu hakkında herhangi açık bir fikre sahip değildik. Bütün bunlara ne ben, ne de Münir Ramazan Aktolga karşı çıkmadı. Zira son derece genel sözlerdi.

Mahir Çayan, İleri dergisinin 1970 Haziran ayı 3. sayısında yayınlanan Honduras Devriminin Yolu adlı yazıdan esinlenerek bir yazı yazmaya başlamıştı. Bu daha sonra THKP bildirisi olarak yayınlandı. Münir Ramazan Aktolga ile,

-Ciddi bir teşkilatlanma haline gelindiğinde bir tüzük gerekeceği düşüncesiyle kendisinden birtakım taslaklar yapması, istendi. Bunlar ortaya çıktıktan sonra

-Tek başımıza hiçbir konuda karar veremeyeceğimizi, ilerde bir zaman Kurtuluş gazetesinin dağıtımında da gazetenin çeşitli yerlerde sözcülüğünü yapanlar arasında sorumlu arkadaşların onunun bir araya gelmesiyle bir karar verilebileceğini konuştuk.

Ancak açıkça söylemeliyim ki, burada herhangi bir konu karara bağlanmadığı gibi herhangi bir eylem planı da yapılmadı. Ben iddianamede adı geçen metindeki bildirilerin, tüzük olarak serdedilen metni ilk defa bana Savcılık'ta gösterilen deliller arasında gördüm ve okudum. Cephe bildirisi olarak yayınlanan metin ile benim orada yazıp bıraktığım metin arasında pek çok fark vardır. Ben orada sözü geçen devrimci terör harekatı denilen bir harekat da bilmiyorum. Amerikan botunun batırılması konusunda da herhangi bir fikrim yoktur. Ben bu metinleri yazmış olsam da olmasam da bu metinlerin sorumluluklarını kabul ederim. Ancak daha önceki gerekçelerle politik muhtevalarını savunmam.

Ben kendi yaşantımdan ve kendi davranışlarımdan da açıkça biliyorum ki THK Partisi'nin hiçbir zaman bir tüzüğü olmamıştır. Eğer gerçekten böyle bir tüzük ve tüzük hakimiyetine sahip bir parti teşkilatı olsaydı, buradaki sanıkların tümü Merkez Komitesi üyesi olarak kabul edilenler ve iddia edilenler dahil öncelikle bu tüzüğe uygun olarak THKP örgütünün üyesi olmamaları, eğer olmuşlarsa tümünün de bu tüzüğe göre THKP'den ihraç edilmiş olmaları gerekir. Kısacası THKP'nin bir tüzüğü yoktur. Onun tüzüğü tüzüksüzlükten başka bir şey değildir. Buradaki konuşmamız sırasında Mahir Çayan,

-Birtakım elçilikleri takip ettirdiğinden ve buna benzer şeylerden bahsetti. İleride bunlardan birini de kaçırarak propaganda yapılabileceğinden, söz etti.

Ancak müşahhas olarak Elrom üzerinde konuşmadık. Şunu ya da bunu kaçır diyerek yapılacak herhangi bir eylemde muvafakat etmedik. Bütün bunlar o zamanki konuşmamızdaki şimdi hatırlayamadığım daha pek çok konu, sözünü ettiğim gibi daha sonra yapılacak olan bir toplantıda karara bağlanacaktı. Herkes kendi sorumluluğunu bilerek yetkisinin ne olduğunu bilerek, ona göre davranacaktı."[210]

"Mekanizma İçerisinde Tartışabilmek Mümkün Olmadı"

Sim Apartmanı'nda o gün, "Mahir Çayan Münir'e,

-Oktay'ın bu işlere katılmakta gönülsüz olduğunu (...) adeta Oktay'ın korktu demesinler diye İstanbul'da kaldığı ve eylemlere katıldığı şeklinde bir intibaı olduğunu, Oktay'ın moralinin de bozuk olduğunu, zaman zaman İstanbul'dan ayrılmak, Ankara'ya dönmek için bahaneler bulduğunu (...) İstanbul'a kadar gelip de Oktay'ın yanına uğramadan dönerse iyi olmayacağını (...) Oktay'a bir nevi moral vermek için İlbay Apartmanı'na gidip kendisi ile konuşmasını söyler.

Münir Ramazan Aktolga, o akşam Hüseyin Cevahir ile birlikte İlbay Apartmanı'na gider. Burada bir gece kalır. Ancak Oktay'la İstanbul'daki hareketler ve diğer konularda doğru dürüst konuşamazlar.

Bunun nedenini Aktolga şöyle açıklamıştır: "O sıradaki hava içerisinde ve o mekanizma içersinde daha uzun boylu konuşmak, kafamızdan geçenleri açıkca söyleyerek tartışabilmek mümkün olmadı."[211]

Kürkçü bu konuda ayrıca şunu söylemiştir: "Mahir Çayan, THKP'nin gelişmesi süresince yavaş yavaş kitle hareketlerini küçümsemeye, hiçe saymaya başlamıştı. Hatta bana zaman zaman Dev-Genç'le ilişkisini kastedip,

'-Bırak artık Dev-Genç'i de İstanbul'a gel illegalitenin içine gir' diyor idi."[212]

Yapılan bu konuşmalardan sonra Münir Ramazan Aktolga ve Ertuğrul Kürkçü, İstanbul'dan Ankara'ya gider.

"Toplantıda, Politik Çizgimizin Yanlış Olduğunu Anlatmaya Çalıştık"

Kürkçü ile Aktolga, İstanbul'da Mahir ile yaptıkları görüşme ve konuşmayı Yusuf Küpeli'ye anlatır. Kurtuluş grubu içinde ilk çıkış noktasından ayrı yeni bir durumun olduğunu hisseden Küpeli ve Aktolga, Ankara'da olan kadrolarla bir toplantı yapmaya karar verir.

Yusuf Küpeli, bu toplantıyı şöyle anlatmıştır:

"Sıkıyönetimin ilan edildiği 26 Nisan 1971 Pazartesi günü akşamı, Ankara'da bir araya geldik. Devlet Tiyatroları'nda çalışan Sema isimli sarışın bir bayanın evinde toplanmıştık. Bu kadını ne ben ne de diğerleri tanıyorlardı. Bizi buraya Ertuğrul Kürkçü, 'sağlam bir yer' diye götürdü.

Toplantıyı ben ve Münir istemiştik. Münir ile birlikte, böyle bir toplantı yapılmasını ve en yakınımızdaki arkadaşlara, politik çizgi konusundaki görüşlerimizi anlatmayı kararlaştırmıştık.

Toplantıya katılanlar sırasıyla ben, Ertuğrul Kürkçü, Orhan Savaşçı,

İlyas Aydın, İrfan Uçar ve şu anda anımsıyamadığım bir iki kişi daha vardı.

İlyas Aydın, tesadüfen Ankara'da olduğu için toplantıya katılmıştı. Onu toplantıya Orhan Savaşçı getirmişti. Biz özel olarak çağırmamıştık, ama itiraz da etmemiştik. Bu onu, ilk ve son görüşüm oldu. Sevimli ve zekiydi. Öyle fanatik bir tip değil, yumuşak, rahatça toplumsal ilişkiler kurabilecek zeki bir adamdı. Bu işe gönüllü değil, arkadaşlık baskısıyla, Orhan Savaşçı'yı kıramadığı için bulaşmıştı anlaşılan.

Korkusu, dürüstçe konuşmalarımızdan anlaşılıyordu. Daha biz bir şey söylemeden, o, 'Aman çocuklar, dikkatli olun. Bildiğiniz gibi değil. Bunlar çok güçlüdürler. Bu iş kolay değil. Aşırılıklara gitmeyin' gibi sözler etmişti.

Bu toplantıda, politik çizgimizin yanlış olduğunu, işe bu hesapla başlamadığımızı ama, gelişenin yanlış olduğunu, Marks, Engels ve Lenin'in söylediklerine aykırı olduğunu, kitlelerden kopuk bireysel teröre sürüklendiğimizi, Lenin'in 'Ne Yapmalı'daki anlatımı ile 'Narodnik Anarşizmine' sürüklendiğimizi anlatmaya çalıştık. Silahlı eylemler hemen durdurulmalı, özellikle hiç kimse kaçırılmamalı, hızla işçiler arasında örgütlenmeye başlamalıydık. Para konusunda sıkışırsak yine banka soyabilirdik ama sadece örgütlenmeye, işçi sınıfı arasında örgütlenmeye hizmet amacıyla soyabilirdik. Çok gizli olmalıydı; böyle şeyleri propaganda amacıyla kullanmak çok yanlıştı. En başta da -soygun işleri konusunda- böyle düşünmüştük ama, iş çığırından çıkmış, Deniz Gezmiş ve arkadaşları ile yarışa, reklam amacına dönüşmüştü.

Bu, 'Politikleşmiş Askeri Savaş Stratejisi' de neyin nesiydi? Yanlış, saçma sapan, anlaşılmaz bir şeydi.

Burada konuştuklarımız, ileride 115 daktilo sayfası içinde formüle edeceğimiz görüşlerin, analizlerin ilk biçimlenmeleri idi. Bu konuşmayı yaparken, kendimizi Mahir ve diğerlerinden (diğerleri diye bir şey yok, sadece Mahir var) ayırmamaya çok büyük bir özen gösterdik. Özellikle de dikkat ettik. Bunu, bir bölünmeyi, yeni bir yarışı, felaketleri engellemek, herkesi toptan kurtarabilmek için büyük bir sorumlulukla yapıyorduk.

Her şeyi büyük bir dikkatle gözlüyor, işlerin ters gittiğini hissediyor, görüyordum. Daha, Elrom kaçırılmadan önce, arkadaşların önemli kısmı ile Ankara'da konuşmuş, bu işlerin yanlış olduğunu belirtmiş, İrfan Uçar'ı İstanbul'a haberci olarak yollamış, hiç kimsenin kaçırılmamasını istemiştik. Birisinin kaçırılacağını biliyorduk ama, kimin kaçırılacağını bilmiyorduk. Amerikan, İran veya İsrail konsoloslarından biri olabilirdi bu.

O gün, sıkıyönetimin ilan edileceğini bilmiyorduk. Toplanırken radyoda Sıkıyönetim anonsunu duyduk. Toplantıya katılanlar bizim görüşlerimizi kabul ettiler. Ya da kabul etmiş gözüktüler."[213]

"Endişemi Mahir'e ve Yusuf'a Belirtmedim"

Toplantıya katılan Ertuğrul Kürkçü, bu yapının nasıl biçimlendiğini özetle şöyle anlatmıştır:

"Esasen eylemler konusunda daha önceden bir karar alınmıyor, hadiselerin akışı içersinde hareket ediliyordu. Bu şekilde gerillacı olup çıktık."[214]

"Mahir'in yazdığı yazılar elbette Türkiye'de bütün sosyalistler üzerinde olduğu gibi Dev-Genç üyeleri üzerinde de etkili olmuştur. Benim şahsım üzerinde etkisine gelince dünyada en çok sevdiğim kişilerden birisi Çayan'dı ve Kızıldere olaylarına da ona olan sevgim sebebiyle giriştim. Şunu belirtmeyi uygun bulurum ki, benim ona karşı olan bu duygusal tarafım onun teorik olan birçok görüş ve düşüncelerini pratiğe, tatbikata geçmesine yardımcı olmuş ve birçok kimseyi de çeşitli problemlerin içersine iteklemiştir."

"Mahir'le birlikte bulunduğumuz zamanlar içinde ise o mutlak nüfuz sahibi idi ve her söylediği kanun hükmü mahiyetinde idi. O zaman da ben zaten hareketimizin sola doğru saptığı yolunda bir endişe içinde idim, ama bu endişemi ben Mahir'e ve Yusuf'a belirtmedim. Zira bir kere onlar İstanbul'da ben Ankara'da bulunuyordum. Diğer taraftan da bir de THKP'deki örgütsel disiplinin etkisi vardı."[215]

VII. BÖLÜM

1 Mayıs Harekâtı

Mahir, Genel Komite'de veya daha geniş bir toplantıda görüşülüp, tartışılıp karara bağlanması düşünülen THKP tüzüğünü, Münir ve Ertuğrul Ankara'ya gittikten sonra gözden geçirerek bazı yerlerini düzeltir. Hatta THKP ve THKC amblemi kazınmış iki tane mühür yaptırırlar.

Artık Türkiye'de hiç yapılmamış büyük bir siyasi eylemle örgütün ismini açıklayarak kamuoyu önüne bir an önce çıkmaya önem veren örgüt üyeleri, yapacakları eylem için ABD, İran ve İsrail Konsolosları üzerinde dururlar.

Bu sırada, THKO'lular, ortak bir eylem yapma kararı almıştır. Bu nedenle Alpaslan Özdoğan, Nurhak'tan İstanbul'a gelir, Cihan ve Ömer ile konuşur. Kendilerinin Nurhak'ta Radar Üssü'nü basacaklarını, İstanbul'daki grubun da aynı tarihte buna benzer eş bir eylem koymaları gerektiğini anlatır. Bu nedenle İstanbul'da bir elçiliğin basılması ya da kaçırılması uygun görülür.

Oktay Kaynak, bu konuda şunları söylemiştir:

"İsrail elçisinin kaçırılması konusunda bir çalışma vardı. Birileri yapınca o eylem bizim gündemimizden düştü. Elrom'un kaçırıldığı gün Cağaloğlu'na gitmiştim. Hasıraltı diye bir yer vardı. Orada Hüseyin isimli arkadaş beni yakaladı, 'Helal olsun işi götürdünüz' dedi. 'Neyi götürdük?' diye sordum. 'Elrom'u' dedi."

Münir Ramazan Aktolga da bu konuda şunları anlatmıştır:

"Ephraim Elrom'un kaçırılışını öğrendik. Fakat bize ne yapılacağına dair bir şey söylenmedi. Zaten o günlerde Elrom'un eceli gelmişti. Zira öğrendiğimize göre Cihan Alptekin de Elrom'un peşindeymiş. Fakat

Mahirler daha önce davranıp kaçırmışlar. Ayrıca Mahirlerden İran Başkonsolosunun da kaçırılacağını öğrenmiştik. Bu fikre hemen karşı çıktık. Fakat biz karşı çıktığımız için mi, başka nedenle mi kaçırma olayından vazgeçtiklerini bilmiyorum."

THKP-C tarafından araştırma yapılan konsoloslar arasında, ABD konsolosu, resmi dairesinde ikamet ettiği için kaçırmak imkansızdır. Bu nedenle İran konsolosu ile ilgili hazırlıklar yapılır. Fakat fazla siyasi bir kimliği bulunmadığı için ilk evrede İsrail Konsolosu'nun üzerinde durulur.

İsrail Başkonsolosu'nun seçilmesinin nedenleri arasında, o dönem Türkiye'deki devrimci hareketle Filistin Kurtuluş Hareketi arasında bir dayanışma, işbirliği ya da en azından bir sempati olması da vardır. Ayrıca, Orta Doğu Devrimci Çemberi anlayışıyla İsrail, Amerikan emperyalizminin Orta Doğu'daki temsilcisi olarak görülmektedir.

Fakat, THKP-C tarafından kaçırıldıktan sonra gazetelerde yayınlanan bilgilere göre İsrail Konsolosu Ephraim Elrom'un çok farklı bir kişiliği olduğu ortaya çıkar. Ephraim Elrom, İsrail Gizli Servisi'nin ikinci adamı olarak görev yaptığı sırada, Hitler zamanında "Yahudi Kasabı" olarak anılan ve 6 milyon Yahudiyi toptan imha etme suçundan aranan Nazi Gestapo Muhafız Birliği'nde görevli S.S. Yarbayı Adolf Eichman'ı Arjantin'de saklanırken yakalayıp İsrail'e getirip 1961 yılında mahkemede yargılatıp, yargılama sonunda suçunu kabul ettirip mahkum ettiren kişidir.

Kaçırıldıktan sonra Elrom'un başında sürekli bulunan Oktay Etiman, gazetelerde bu konu üzerinde haberler yayınlanmaya başladığında, bildiği ve anladığı kadar İngilizcesi ile Elrom'a bunu sorar. Elrom,

"- Hayır, kaçıran kişilerden biri ben değilim. Ancak, Eichman'ı sorgulayan mahkemede savcılık yaptım ve onu konuşmaya, açıklamada bulunmaya ikna ettim" diyerek karşılık verir. Etiman da, Elrom'a,

"-Bu çok güzel ve bizim destekleyebileceğimiz bir şey" dedikten sonra, bunu arkadaşlarına iletir. Fakat arkadaşlarının hiçbirisinden, 'Bu adam anti-faşisttir. Ona göre davranalım' gibi bir tepki çıkmaz. Oktay Etiman bu konuda, "Elrom, 'beni serbest bırakın, bunu niye yapıyorsunuz' gibi bir şey söylemediği, istemediği gibi öyle bir psikolojiye de girmedi. Çünkü biz ona çok normal davrandık. Yemeğini verdik. Özel bir isteği de olmadı. Ben, evden ayrılana kadar da öldürüleceği konusunda bir psikolojinin içine girmedi" demiştir.

İsrail Başkonsolosu'nun kaçırılmasında ev durumu ve konsolosun geliş gidişleri İlkay Alptekin-Demir, Seyhan Apartmanı'nda oturan şahısların kimler olduğu ise DGSA öğrencisi Kadriye Deniz Özen tarafından tespit edilir ve bilgiler Mahir Çayan'a ulaştırılır.

Her şey planlandıktan sonra Elrom'un nasıl ve ne zaman kaçırılacağı, eylemde bulunacak olan kişilere açıklanarak ne yapacakları konusunda bilgi verilir. Eylemin yapılacağı en uygun gün olarak işçi bayramı olarak kutlanan 1 Mayıs günü seçilir.

"Balyoz Gibi Kafalarına İneceğiz"

12 Mart günü 4 generalin verdiği Muhtıra nedeniyle Demirel hükümetinin istifası sonucu yeni bir siyasi dönemecin içerisine girilmiştir.

Bu sürecin ilk tepkisi olarak, 9 Martçılar olarak adlandırılan kesimden başta Tümgeneral Celil Gürkan olmak üzere 35 tane üst düzey subay 16 Mart 1971 tarihinde Silahlı Kuvvetler'den emekli edilir. Aynı gün Deniz Gezmiş ile Yusuf Arslan emniyet kuvvetleri tarafından yakalanır. CHP Genel Başkanı İsmet İnönü, bütün bu siyasi gelişmeler için, "çok önemli bir 24 saat geçirdik" diyerek, yaşanan siyasi krizin boyutunu ortaya koyar.

Askeri bir Muhtıra ile istifa eden Süleyman Demirel hükümetinin yerine yeni bir hükümet kurulur ve Nihat Erim Başbakan olur.

Başbakan Nihat Erim, 22 Nisan 1971 Perşembe günü, hükümeti daha geniş yetkilerle "güçlendirmek için" Anayasa değişikliği yapılacağını, hükümeti aciz göstermek isteyen tedhiş hareketleri karşısında tedbir tasarılarının hemen Meclislere sevkedileceklerini, Türkiye parçalansın diye gayret sarfedenlere karşı, "Alınacak tedbirler balyoz gibi kafalarına inecektir" diyerek açıklıyordu.

26 Nisan 1971 günü, MİT, Bakanlar Kurulu'na bir brifing vererek ülkenin durumunu ayrıntılarıyla 7 saat boyunca anlatır. Bakanlar Kurulu daha sonra Milli Güvenlik Kurulu'yla ortak bir toplantı yapar ve MGK'nin görüşünü alarak, 26 Nisan 1971 günü saat 24'den başlamak üzere 11 ilde Sıkıyönetim ilanına karar verir.

"Mahir'i Teğmen Elbisesiyle Gördüm"

İstanbul 1. Ordu ve Sıkıyönetim Komutanı Orgeneral Faik Türün, 1. Ordu Karargâhı'nda İstanbul'da yayınlanan gazetelerin sorumlu müdürleri ile yaptığı toplantıda, ideolojik ve bölücü akımların Türkiye'yi tehlikeli bir döneme getirdiğini ifade etmiş ve 'Biz bunlara karşı savaş açtık. Bu savaş kazanılacaktır' demiştir.

Sıkıyönetimin ilk uygulamaları sonunda, başta TDGF olmak üzere bütün ilerici gençlik ve öğrenci örgütleri süresiz, Cumhuriyet ve Akşam gazeteleri 10 gün, Ant dergisi süresiz olarak kapatılır.

İlerici-devrimci öğrenci liderleri Sıkıyönetim Komutanlıkları tarafından aranmaya başlanır ve ilerici-devrimci öğrenci liderlerinin kendilerini devlet güçlerinden en fazla korunduğuna inandıkları o dönem özerk bir yapıya sahip bulunan öğrenci yurtları kapatılır.

Sıkıyönetimin uyguladığı yasak ve baskılar, örgütlenmelerini tamamlayamayan daha oluşum içindeki yapılanmalar ile kadroları hiç beklemedikleri bir şekilde aniden yakalar ve günlük yaşamlarını değişik yönde etkiler.

Mahir, bazı zamanlar subay elbisesi giyerek dolaşır.

Merkez Bankası'nda çalışan Ertunç Çetinbaş, bu dönemde, bir gün öğle tatilinde Taksim İstiklal Caddesi'nde arkadaşlarıyla dolaşmaktadır.

Yürürken, bir ara omuzuna birisi vurur. Dönüp baktığında teğmen elbisesiyle Mahir'i görür. Ayak üstü biraz sohbet ettikten sonra iki gençlik arkadaşı birbirinden ayrılır.

Bu sırada Hüseyin Cevahir'in babası Düzgün Cevahir, Almanya'ya gitmek için Mazgirt'ten İstanbul'a gelmiştir. Uzun süredir görmediği oğlu ile buluşan Düzgün Cevahir, Hüseyin'e, "Aranıyor musun? Neden İstanbul'a geldin? Bir sorun varsa gel seni Almanya'ya götüreyim" der. Hüseyin, "Yok baba" der. Otelde, birkaç gün oğluyla sohbet eden Düzgün Cevahir, Hüseyin'den ayrılır ve Almanya'ya gider. Oğlunu bu son görüşüdür.

"Ve Ondan Sonra Ok Yaydan Çıktı"

O koşullarda kalacak yer bulamadığı için, ilk önce hemşehrilerinin ve akrabalarının yanında kalan Şaban İba, daha sonra, belinde iki silahla, iki gün parkta gecelemek zorunda kalır. Nasıl ve hangi yönde etkilendikleri konusunda Münir Ramazan Aktolga şunları anlatmıştır:

"Biz Ankara'ya diğer arkadaşlarla konuyu konuşmak, onların da görüşlerini almak için döndük. Fakat o arada Sıkıyönetim ilan edilince* o zaman biz Ankara'da büyük bir sıkıntıya düştük. Doğru dürüst saklanacak, kalacak ev yoktu. Bize sempati duyan, bizi evinde saklayan küçük burjuva kesim büyük bir yılgınlık içine, panik içine düştü. Ondan sonra kimsenin evinde kalamaz hale geldik. Bizim kendi tuttuğumuz ev sayısı da çok sınırlıydı. Arkadaşların büyük bir kısmı yakalanmaya başladı.

Ben, Bahçelievler'de Selahattin Güleç'in evinde kalıyordum. Bir gün Bingöl Erdumlu ile bu durumları konuşuyorduk. Bingöl, 'İstanbul'dakilerin ne yapacaklarının hiç garantisi yok. Hemen haber göndermek ve mutlaka bir araya gelinip ne olup bittiğinin konuşulması lazım' dedi. Ben de aynı görüşe katıldım. Akşam Yusuf'la Ertuğrul da geldiler. Hemen onlara da durumu açtık ve İstanbul'a haber gönderilmesi gerektiğini söyledik. O gün de Oğuz Öder Ankara'daydı.

O zaman tuttuk biz, Oğuz Öder'le Mahirlere; 'Bu toplantıyı ve çıkış meselesini erteleyelim. Biz, Ankara'da zor durumdayız. Birazcık durumu toparlayalım ondan sonra tekrar her şeyi yeniden konuşalım' şeklinde haber gönderdik. Fakat bizim bu gönderdiğimiz haber Mahirler tarafından hiç dikkate alınmadı. Belki de onlar açısından ok yaydan çıkmıştı. Ve ondan sonra biz, Elrom'un kaçırıldığını radyodan öğrendik. Yani daha önceden, Elrom'u kaçıralım falan diye ne bir konuşma oldu, ne bir danışma oldu. Biz, Ankara grubu olarak bilmiyorduk. Zaten Sıkıyönetimden sonra haberleşme açısından arada bir kopukluk vardı. Benim yaşadığım olayın özü budur. Bunu Yusuf da, Orhan da yaşadı. Ve ondan sonra ok yaydan çıktı zaten. Olay bu."

"Bütün Her Şeyin 12 Mart Öncesinde Olduğu Gibi Süreceğini Hayal Etmekteydik"

Ertuğrul Kürkçü de, yaşanan gelişmeler ve içerisinde bulunulan durum ile karşılaşılan güçlükler konusunda şunları söylemiştir:

"Buradaki konuşmamız sırasında Mahir Çayan birtakım elçilikleri takip ettirdiğinden ve buna benzer şeylerden söz etti. Ancak müşahhas olarak Elrom üzerinde konuşmadık. Şunu ya da bunu kaçır diyerek yapılacak herhangi bir eylemde muvafakat etmedik. Bütün bunlar o zamanki konuşmamızdaki şimdi hatırlayamadığım daha pek çok konu sözünü ettiğim gibi daha sonra yapılacak olan bir toplantıda karara bağlanacaktı. Herkes kendi sorumluluğunu bilerek yetkisinin ne olduğunu bilerek ona göre davranacaktı. Bu konuşmanın ertesinde daha sonra görüşmek üzere İstanbul'dan ayrıldık. Ankara'ya döndük. Ankara'ya gelişimizden kısa bir süre sonra 11 ilde Sıkıyönetim ilan edildi. Sıkıyönetimin ilan edileceğini sanmıyor ve tahmin etmiyorduk. Bütün her şeyin 12 Mart öncesinde olduğu gibi süreceğini hayal etmekteydik. Yanıldığımızı anlamakta gecikmedik. Zira SBF Yurdu dışında kalacak ev bulmak bile mümkün olmuyordu. Sıkıyönetim ilanı ile birlikte Ankara, İstanbul ve İzmir'de pek çok kişi tutuklanmaya ve aranmaya başlandı. Ben Mayıs sonuna kadar aranıyor değildim. Ancak önceden kaldığım SBF Öğrenci Yurdu'ndan Sıkıyönetim ertesinde Sinan Kazım Özüdoğru ile birlikte ayrıldık. Sıkıyönetim ilanından sonra Dev-Genç, Sıkıyönetim Komutanlığı tarafından faaliyetten men edildi. Buna karşı bir bildiri yayınladım."

"Bundan bir süre sonra da Ankara Mahkemesi, Dev-Genç'i siyasetle iştigal ettiği gerekçesiyle kapattı. Bundan sonra da Dev-Genç fiilen ve hukuken hareketten men edildi. Bu durumda nasıl hareket edileceğini, Dev-Genç Merkez Yürütme Kurulu üyeleri ile konuşmamız mümkün olmadı. Zira Sinan Kazım hariç hiçbirisini uzun zaman göremedim. Yusuf Küpeli ve Münir Ramazan Aktolga ile görüşmek üzere Bahçelievler'deki kalmakta oldukları eve gittim. Onlar bana,

-Dev-Genç adına artık yapılabilecek bir şey olmadığını, söylediler. Ve ne zaman yakalanacağımız da belli olmadığından bir süre için ortalıkta gözükmemeye karar verdik."[216]

"İstanbul'da Bulunan Ekibin Katılacağı Bir Toplantı Yapalım Dedim"

Bu arada Yzb. İlyas Aydın ve İrfan Uçar, İstanbul'a gelmiş, Ankara'daki gelişmeleri Mahir Çayan'a aktarmışlardır.

Oktay Etiman, Mete Has olayından sonra, Elrom olayından önce, Mahir'le yapmış oldukları bir konuşmayı şöyle anlatmıştır:

"Mahir'e İstanbul'da bulunan ekibin katılacağı bir toplantı yapalım. Bir konuşalım. Bugüne kadar neler yaptık, hangi noktada bulunuyoruz. Ne yapıyoruz, bundan sonra ne yapmamız gerekir? Durumumuzu gözden geçirelim, bir muhasebe, bir değerlendirme yapalım, diyerek düşüncelerimi aktardım. Ben, hep böyle düşünüyor ve o örgütlenme yapısıyla çok fazla dayanamayacağımızın farkındaydım. Mahir'in, 'Tamam, yaparız' gibi bir tepkisi oldu, ama böyle bir toplantı olmadı."

"Yine Elrom olayı olmadan önce, Halaskargazi Caddesi'ndeki evde Mahir, bana,

-İlyas Aydın'la MİT bağlantı kurmuş ve İlyas'a ajanlık önermişler, dedi. Tüylerim diken diken oldu. Mahir'e,

-İlyas ne demiş? dedim.

-Ne yapayım diye bana sordu.

-Sen ne dedin?

-Kabul et, fakat bize istihbarat getir, dedim. Bir kez daha gerginleştim. Mahir'e,

-Derhal İlyas Aydın'la olan tüm ilişkiler kırılmalıdır. Ve İlyas'ın bildiği hiçbir eve adım atılmamalıdır. Yapılması gereken budur, dedim.

MİT, bir Havacı Yüzbaşı ile bağlantı kuruyor. O yüzbaşı, MİT'i atlatıp, bize istihbarat getirebilir. İkili çalışacak fakat istihbarat bize gelecek.

Şimdi şöyle olmuş olabilir; Mahir'in kafasında belki örgüt ve örgütün insanları farklı algılandığı için örgütü ve örgütün insanlarını gözünde büyütmüş ve böyle düşünmüş olabilir. Bu çok önemli bir şey. 'MİT'le bağlantı kur, kabul et. Fakat istihbaratı bize getir.' Ne istihbaratı getireceksin? MİT başkanının adı şudur ya da merkezi şudur, diyecek. Dese ne olur?

Biz bunu ikimiz konuştuk. Diğer arkadaşlara söyledi mi bilmiyorum Mahir.

İlyas Aydın, Harp Okulu'nda istatistik öğretmeni. Olur ya, bir çok subaya teklif edilebilir. Bu arada İlyas Aydın'a da teklif edilmiş olabilir. Askerde de olur. Üç beş kişiyi ayırırlar. Her devrede olur böyle şeyler. Öyle bir şey de olabilir. Fakat, hadi diyelim o rastlantı. Bir havacı yüzbaşıya MİT geliyor,

-Bizim için çalışabilir misin? diyor. Hadi o rastlantı. Olabilir böyle bir şey. Fakat ben şahsen, böyle bir şeye cesaret edemem. 'Çalış istihbaratı bize getir. Ya da bizim hakkımızda yanlış bilgi ver.' Bu çok tehlikeli. Yani adam gevşedi. Sinir savaşıdır bu. Bir taraftan THKP-C'nin her şeyini bilen bir adam. Her yeri biliyor adam. Bir taraftan MİT'le irtibatlı.

Belki de Mahir öznelleşti. Ben kesinlikle böyle bir konuda karar verecek olsam, cesaret edemem. 'MİT'le ilişki kur' diyemem. Burada onu bilemiyorum, Mahir'in kafasında ne var. Ayrıca İlyas Aydın,

-Siz bu yöntemlerinizle bir yere varamazsınız, diyordu. İlyas Aydın, THKP-C'nin bizim gibi bir insanı değil. İlyas Aydın daha çok İttihatçı kafalı bir adam.

Elrom'un kaçırılıp saklandığı evi İlyas Aydın biliyordu. Kaçırılması konusunda bilgisi olup olmadığını bilmiyorum. Elrom'un kaçırılması sırasında da herhangi bir subay bize yardımcı olmadı. İlyas Aydın, sürekli içimizde durmazdı. Onun, Kurtuluş'taki evin bir Havacı subay kimliğiyle tutulmasına yardımcı olduğunu biliyorum. 1-2 kez benim bulunduğum eve gelip gitti. Bunun dışında birlikte olmadık.

Bizim 1971 yılında, eylemleri gerçekleştirirken sahip olduğumuz ya da içinde bulunduğumuz illegalite -ben halen daha bilmiyorum- profesyonel bir yeraltı çalışmasına dayanmıyordu. Bu anlamda illegal değildi. 5 evi vardı, 5 evi de herkes biliyordu. Bir hücre çalışması falan da yok. Sadece 5-6 kişilik ya da 8 kişilik bir grupsun. O sekiz kişinin 8'i de 5 evin 5'ini de biliyor. Aramızdan 1 kişi yakalandı, örgüt bitti. THKP-C bitti. Yok. Öyle oldu zaten."

"Apartmanı İyi Bellemek İçin Bakıyordum"

Belki başka birilerini veya bazı olayları gizlemek için hatta yalan söylemiş bile olsa, Elrom olayıyla ilgili olarak, Emniyet 1. Şube Müdürlüğü'nde görevli polis memuru Nihat Canan Yakıcı, mahkemede şunları anlatmıştır:

"14 Mayıs 1971 günü Tünel'den bindiğim vasıtada evvelden tanıdığım Suphi Kıroğlu'na rastladım. Anarşik olaylardan bahis açıldı. Bu meyanda Hamarat Apartmanı'nda oturan ablası Zahide Zaloğlu'nun apartmanlarına giren çıkan kişiler sebebiyle endişeye kapıldığını, orada bulunan bir dairenin evvelki kiracıları üzerine de konuştu. Ben ilgileneceğimi bildirdim. Ertesi gün, bahsedilen apartmana gittim. Suphi'nin ablasının zilini çaldım. Endişeli hali vardı, açmak istemedi. Hüviyetimi gösterince kapıyı açtı. Kendisine şüphe ve endişelerinin neler olduğunu sordum. Bahis konusu dairenin 8 ay kadar önce iki subaya kiraya verildiğini, orada evvelce kumar oynatıldığını, şimdi de iki bekar mühendis tarafından tutulmuş olduğunu, bunların sakin olarak girip çıktıklarını, söyledi. Ben, mühim ve endişeyi gerektiren bir durum varsa çekinmemesini, bana bildirmesini söyledim. Endişelerinin bunlardan ibaret olduğunu söyleyerek ayrıca yukarda oturan bir doktorun Selma Hanım ismindeki eşi ile de konuştuk. Resmi bir işlemi gerektiren bir bilgi vermediler. Dışarıya çıktık. Bu apartmanın karşısında bulunan konfeksiyoncunun önünde duruyordum. Apartmanı iyi bellemek için bakıyordum. O dairenin perdeleri kapanmış vaziyetteydi. Apartmandan bu sırada bir hanım çıktı. Önce gözlüksüzdü. Biraz gidince gözlük taktı. Biraz kendisini takip ettim. Apartman sakinlerinden birisi diyerek vazgeçtim. Fakat bilahare bu hanımın İlkay Demir olduğunu teşhis ettim."

Bunun üzerine, İlkay Demir, "Ben 15 Mayıs'ta Hamarat Apartmanı'na gitmiş değilim" karşılığını verir.[217]

"Mahir'e Bunu Gösterdim Ama Hiç Aldırmadı"

Bu anlatılanlara ek olarak, İsmet Öztürk'ün anlattıkları gerçeğin bir başka yönünü sergilemesi açısından önemlidir. Öztürk, özetle şunları anlatmıştır:

"Mahir'le bir gün İlbay Apartmanı'ndaki daireye giderken bir kişi adeta bizi gözler gibi bakıyordu. Mahir'e bunu gösterdim ama hiç aldırmadı.

Önemli bir başka olay; ben İstanbul'daki hemen hemen tüm evleri ve Ankara'dakilerin çoğunu bilmekle kalmıyor, tüm insanları da tanıyordum. Buna rağmen ben, Karadeniz, Ankara ve İstanbul arasında gidip geliyordum. Gidiş gelişlerimde üstümde belgeler de oluyordu. Örneğin, İsrail Konsolosu'nun kaçırılmasından sonra yayınlanan bildiriyi de Ankara ve Karadeniz'e ben götürmüştüm. Yollarda yakalansam her şey benim imanıma kalmıştı. Çünkü, benim ne Ankara'ya, ne de Karadeniz'e ne zaman gideceğim ne zaman İstanbul'a geri döneceğim belli değildi."

"İstanbul Emniyeti'ne Elrom'un Öldürüleceği Hakkında Ciddi İhbarlar Yapılmıştı"

12 Mart döneminde, Nihat Erim hükümetinde Başbakan Yardımcılığı görevinde bulunmuş olan Sadi Koçaş, Elrom'un kaçırılışı ile ilgili olarak İçişleri Bakanı Hamdi Ömeroğlu ile yaptığı konuşma hakkında şu bilgileri vermiştir:

"O sırada İçişleri Bakanı hiç bilmediğim bir başka konuyu açıkladı.

-Asıl suçlu İstanbul Emniyeti'dir. 10-15 gün evvel, Emniyet Genel Müdürlüğü, Konsolos'un kaçırılması ihtimalini tespit etti. Kendilerine emir de vermiş olmamıza rağmen nasıl önlenemez bu iş anlamıyorum, deyince,

-Ne diyorsun Ömeroğlu? Siz biliyor muydunuz bunu? diye şaşırıp kalmıştım...

-Maalesef evet, dedi. Buna rağmen nasıl oldu anlayamıyorum. Yarın öğreneceğiz. Nedenini sorduk İstanbul'dan..."[218]

Bomba Davası'ndan yargılanan emekli Kurmay Yarbay Talat Turhan, bu konu hakkında şu bilgileri vermiştir:

"İstanbul Emniyeti'ne Elrom'un öldürüleceği hakkında ciddi ihbarlar yapılmıştı. Bu ihbarlar üzerinde durulmamış ve olay gerçekleşmişti. Bu durumu incelemek için, o dönemde Emniyet Genel Müdürlüğü Teftiş Kurulu Başkanı olan Adnan Çakmak görevlendirilmiş ve verdiği rapor sonucu, Elrom'un öldürülmesinde İstanbul Emniyeti'nin ihmali görüldüğü için, Em. Md. Muzaffer Çağlar, Emniyet 1. Şube Müdürü Ilgız Aykutlu vb. görevden alınmışlardı."[219]

İçişleri Bakanı Hamdi Ömeroğlu'nun, bu konuda, 31 Mayıs 1971 Pazartesi günü yaptığı açıklamaya göre, "Vazifesinde ağır ihmal görüldüğü" gerekçesiyle İstanbul Emniyet Müdürü Muzaffer Çağlar, İstanbul Emniyet Şube Müdürlerinden Adnan Kınay, Şube Müdür Muavinlerinden Ali Kaymaz ile Behzat Toksöz görevlerinden alınmışlar, İbrahim Konuk adında bir polis memuru da aynı sebeple Emniyet Müdürlüğü'nün emri ile görevinden uzaklaştırılmıştır.

Fakat, daha sonra bu konuda şu açıklama yapılır: "İsrail'in İstanbul Başkonsolosu Elrom'un kaçırılıp öldürülmesinden sonra görevlerini ihmal ettikleri iddiasıyla bazı emniyet mensupları hakkında açılan soruşturma sonuçlanmıştır.

Sıkıyönetim Askeri Savcılığı, eski Emniyet Müdürü Muzaffer Çağlar, İstihbarat Müdürü Adnan Kınay, yardımcıları Behzat Toksöz ve Ali Kaymaz hakkında kovuşturmaya mahal olmadığına karar vermiştir. Olayda polis İbrahim Konuk sorumlu görülmüştür."

"Zaten Ne Olduysa Bu İki Pasifistin Yüzünden Oldu"

Sadece Ankara'da değil İstanbul'da da bazı aksilikler çıkar.

"Bir keresinde de konsolosun kaçırılması için harekete geçildi. 'Gerilla Timi'nden Mahir, Hüseyin, Kamil, Oktay ve Ulaş, Seyhan Apartmanı'na geldiler. Ziya, gözcülük yapmak için yerini aldı. Fakat apartmanın önünde, belinde silahı, bir deniz eri, Deniz Kuvvetleri'ne ait bir aracın yanında bekliyordu. Deniz eri yüzünden plan uygulanamadı ve gerilla timi geri döndü.

Bir başka gün eylemde kullanılmak üzere Şişli'den Citroen marka bir araba çalındı. Topağacı'ndaki evin önündeki park yerine bırakıldı. Eylem ertesi sabah gerçekleştirilecekti. Bu sefer de iki aksilik birden çıktı. Polis Citroen'i bulmuştu, Elrom da ortalarda yoktu. Sonradan konsolosun dini bir bayram nedeniyle o gün Ankara'ya gitmiş olduğunu öğrendiler."[220]

Ulaş Bardakçı, Rüçhan Manas ve Kamil Dede bir Pazar günü, Beykoz taraflarında ormanlık bir araziye silah atış talimi yapmaya gider. Silah atış talimi yapıldıktan sonra Ulaş Badakçı, Ruçhan Manas ve Kamil Dede, Levent'teki eve geri dönmek için Üsküdar'a gelir. O zaman Boğaz'ın her iki yakasına geçmek için arabalı vapura binmekten başka yol yoktur.

Karşıya geçmek için arabalı vapurun bulunduğu iskele bölgesine geldiklerinde, çok büyük bir kuyruğun olduğunu gören Ulaş Bardakçı, Rüçhan Manas ve Kamil Dede, orada boşuna vakit kaybetmemek için hem Boğaz yoluna çıkalım bir gezmiş oluruz hem de otomobil kullanmayı öğreniriz diye düşünür. Fakat Boğaz yolunda denetim yapmakta olan polisler otomobili durdurarak Bardakçı, Dede ve Manas'ı otomobilden aşağı indirir. Otomobilin içerisinde yaptıkları aramada silah bulan polisler,

"-Kimin bu silah?"

"-Aaaa silah mı var?" diyerek, polisler oyalanmaya çalışılır.

"-Otomobili kenara çekin ve stop edin"

Otomobili kenara çekme bahanesiyle üçü de otomobile binerek son hızla oradan uzaklaşır. Fakat otomobilin plakası alınmış olabileceği ve tanınabileceği düşünülerek, otomobil Boğaz civarında NATO İkmal Merkezi'ne yakın bir yerde terk edilir. [221]

"Ulaş Bardakçı'nın Ankara'dan çalarak İstanbul'a getirdiği, eylemlerde kullanılan Anadol arabanın Boğaz yolunda güvenlik kuvvetlerince ele geçirilmesi sebebiyle Başkonsolos'un kaçırılmasında yeni bir araba bulmak zorunluğu doğmuştur. Bu nedenle Ulaş Bardakçı tarafından 11 Mayıs 1971 günü gecesi Teşvikiye'den 34 LF 584 numaralı yine Anadol marka otomobil çalınmış, plakasındaki L harfi Abdullah Çeçeloğlu tarafından E şeklinde değiştirilmek suretiyle 34 EF 584 numaralı plaka aynı arabaya takılmıştır. Bu otomobil Başkonsolos'un kaçırılmasından önce Taksim Cumhuriyet Caddesi'ndeki Seyhan Apartmanı yakınına park edilmiştir."[222]

12 Mayıs 1971 Çarşamba günü, Burdur'da çok şiddetli bir deprem olur ve 48 kişi ölür. Mahir,

"-Millet deprem felaketi ile uğraşırken bizim bu eylemimiz gereken etkiyi yapmaz, iyi bir şekilde duyulmaz, bize yarar sağlamaz" diyerek o sıralarda yapılması düşünülen Elrom'un kaçırılması eylemini 18 Mayıs Salı gününe erteler.[223]

Fakat sonradan 19 Mayıs Gençlik ve Spor Bayramı nedeni ile 18 Mayıs günü öğleden sonra resmi tatil olacağından ve eylemleri daha çok öğle saatlerine doğru yaptıkları için 17 Mayıs 1971 Pazartesi gününe ertelemeyi uygun bulurlar.

Kaçırma olayının planlanan tarihten bir gün önceye alınması kararı, Erenköy'de olması nedeniyle Kamil Dede'ye bildirilemediği için Kamil Dede'nin yerine Necmi Demir, Elrom'un kaçırılacağı gün devreye sokulur.[224]

Mahir Çayan, daha sonra bu olay hakkında Ertuğrul Kürkçü'ye, "Kaçırmayı 1 Mayıs'ta yapmak üzere planladıklarını, Yusuf Küpeli ile Münir Ramazan Aktolga'ya bildirdiklerini, ancak, onların erteleyin, demesi üzerine, 17 Mayıs'a bıraktıklarını söylemiş, "zaten ne olduysa, bu iki pasifistin yüzünden oldu" demiştir.[225]

"İhtilalin Yolu"

Ve tarih 17 Mayıs 1971. Günlerden Pazartesi. Saat:09.00

Mahir Çayan, o günün sabahı Ankara'dan İstanbul'a kulağından rahatsız olduğu için tanıdık bir doktorda tedavi edilmesi için gelen ve Mahir'in öğleden sonra yapacağı eylem dahil hiçbir şeyden haberi ve bilgisi olmayan kardeşi Hüseyin Ergün Çayan'ı Taksim'de karşılar. Kardeşini tedavi göreceği süre içinde kalması amacıyla Fatih'te ikamet eden Tğm. Saffet Alp'in yanına götürür.

Saat: 11.00

Harbiye İş Hanı yanındaki çiçekçi Ömer Çetin'den dört adet kırmızı, dört adet beyaz karanfil alıp, bunları jelatin kağıda buket yaptıran Mahir, Taksim'de bir otobüs durağında bekleyen Ulaş Bardakçı ile buluşarak, beraber İsrail Konsolosu Ephraim Elrom'un kaldığı Seyhan Apartmanı'nın giriş kapısı önüne gelir.

Saat: 11.20

Daha önceden planlanan şekilde, apartmanın önünde bekleyen Hüseyin Cevahir'i yanına alan Mahir, elinde bir buket çiçek, Ulaş ise elinde siyah bir çanta ile giderek apartman kapıcısının zilini çalar.

Kapıcı Garip Işık, kapıyı açar:

"-Ne istiyorsunuz?"

"-Doktor Eskenazi'yi görmek istiyoruz."

"-Doktor Eskenazi burada yok. İsrail'e gitti."

"-Evinde başka kimse yok mu?"

"-Eşi burada."

"-O zaman eşiyle görüşmek istiyoruz" diyerek, Mahir ve arkadaşları, içeriye girer.

Kapıcı ile birlikte asansörün yanına doğru gittikleri sırada, koluna girerek, tabancasını kapıcının karın nahiyesine dayayan Hüseyin Cevahir,

"-Sakın bağırma ve sesini çıkarma" der.

Ulaş Bardakçı da merdiven başında bulunan kapıcı yardımcısı Halil Özcan'ı aynı şekilde silah tehdidi ile bunların yanına getirerek,

"-Bizi kaldığınız daireye götürün" der.

Kapıcı, ikamet ettiği daireye götürür ama Hüseyin Cevahir, şüphelenir:

"-Burası senin dairen değil."

"-Ben bekar kalıyorum."

Hüseyin Cevahir kapıcının gösterdiği dairenin hemen yanındaki daireyi göstererek;

"-Peki bu daire kimin?"

"-Rafet Bele Paşa'nın."

Hüseyin Cevahir, elinde bulunan tabancanın kabzasıyla kapıya bir kaç kere vurur. Kapıyı elli yaşlarında, orada ahçı olarak çalışan Fatma Atmaca açar. Cevahir ve Çayan, tabancalarını ahçı kadına yönelterek,

"-Sakın bağırma ve sesini çıkarma" derler.

Bu sırada tartışmaları duyan Perihan Bele kapıya gelir,

"-Ne var, ne istiyorsunuz?"

"-Bir şey istemiyoruz. Size bir fenalığımız dokunmayacak. Ne yaptığımızı yarın gazetelerde okursunuz."

Böylece eve giren Mahir ve arkadaşları, ardından hemen dışarıda bulunan diğer arkadaşlarından Necmi Demir ile Oktay Etiman'ı içeri alır.

Perihan Bele, Mahirlere,

"-5-10 dakika sonra lisede okuyan 18 yaşındaki kızım okuldan eve gelecek. Silahtan çok korkar. Bu nedenle kızımı silahla karşılamamanızı rica ediyorum" diye söylediğinde,

"-Tamam hanımefendi. Amacımız kimseye zarar vermek değil. Kızınızı da korkmaması için silahsız karşılarız" diye yanıt verilir.

Oktay Etiman ile Hüseyin Cevahir, apartmana girmek isteyecek kişileri, kapının otomatiğine basarak içeri almak için kapıcı bölmesine geçer.

Mahir ve Arkadaşları, Konsolos gelene kadar kuşkulandıkları 12 kişiyi, Perihan Bele'nin evinde gözaltına alır.

Gözaltına alınanların başında Ulaş Bardakçı beklemiş, kendisine yöneltilen,

"-Bizi niçin rehin tutuyorsunuz?" şeklindeki sorulara,

"-Bu apartmanın bir başka dairesinde oturan İsrail Başkonsolosu'nu kaçırmaya geldik. Susarsanız size dokunmayız" diyerek karşılık verir.

Bir müzeyi andıran evin duvarlarında, Kurtuluş Savaşında Komutanlık yapmış General Refet Bele'nin, Atatürk'le çekilmiş fotoğraflarını gören Mahir Çayan ise,

"-Refet Bele Paşa'yı tarihten biliyoruz. Bizim sizinle bir işimiz yok. Sizden özür dileriz. Bizim işimiz başka. Biz de kurtuluş savaşı yapıyoruz. Bizi anlayacağınızı tahmin ederiz. Eşinize ve Atatürk'e saygımız sonsuzdur. Biz Türkiye Halk Kurtuluş Cephesi'ndeniz. Vatanı kurtarmak için çalışıyoruz. Size sorarlarsa böyle söylersiniz. Bizden korkmayın" der.

Saat: 13.20

Mahir, Bele'nin evinin kapısında, Hüseyin Cevahir ve Oktay Etiman ise kapıcı bölmesinde Elrom'un gelmesini beklemektedir.

Elrom'un geldiğini ilk olarak Mahir farkeder ve hemen bulunduğu dairenin karşısındaki kapıcı bölmesine geçerek Etiman ile Cevahir'i uyarır. Kapı otomatiğine basılarak Elrom'un apartmana girmesi sağlanır.

Elrom, apartmana girip dairesine gitmek üzere merdivenlere yöneldiği sırada Hüseyin Cevahir, elinde silahı ile yanına yaklaşarak Perihan Bele'nin dairesine sokmak ister. Eskiden İsrail'de emniyet müdürlüğü görevi yapması ve güçlü bir yapısı olması nedeniyle Cevahir'e direnerek Bele'nin dairesine girmek istemez.

Mahir ve Etiman gelerek Bele'nin kapısı önünde olaya müdahale eder. Mahir, Elrom'a ingilizce olarak:

"Biz, THKP-C savaşçılarıyız. Daha fazla direnmeyin ve bizimle gelin."

Elrom direnmeye devam eder. Mahir, bunun üzerine, Elrom'un kafasına elindeki tabancanın kabzasıyla bir kaç kez vurur.

Kafası yaralandığı için bayılan Elrom, Bele'nin evine sokularak bir sandalyeye oturtulur. Bayılmış durumda olan Elrom'un el ve yüzü kolonya ile ovularak ayıltılmaya çalışılır. Elrom kendine gelince, Mahir, İngilizce olarak,

"-Amacımız seni rehin tutarak cezaevlerinde bulunan arkadaşlarımızın serbest kalmasını sağlamaktır. Bu nedenle sizi kaçırdık" diyerek, niyetlerini açıklar.

Perihan Bele'nin Notre Dame De Sion'da öğrenci olan kızı Begüm Bele de, başkonsolosa yine İngilizce olarak, korkmamasını söyleyerek onu teselli etmeye çalışır.

Akan kanlardan gömleği kirlendiğinden, Mahir, ev sahibi Perihan Bele'ye,

"-Gömlek ve kravat var mı?"

"-Erkeğimiz olmadığı için bulunmaz."

Fakat, Begüm Bele,

"-Anne dayımın gömleği var ya. Onu veriver" der.

Getirilen gömlekle, Elrom'un kanlanmış gömleği değiştirilir. Daha sonra, koridordan geçirilerek yemek odası olarak kullanılan yere getirilen Elrom'un el ve ayakları, naylon iple bağlanır.

Kapıcı Garip Işık, Elrom'un bulunduğu tarafa baktığı sıra, Mahir, kapıcıyı,

"-O tarafa bakma. Yoksa şimdi seni vururum" diyerek, sert bir şekilde uyardıktan sonra, Perihan Bele'ye,

"-Elrom'un şoförü hangi saatte apartmana gelmektedir?" diye sorar.

"-Saat 13.30'da gelmektedir" şeklinde karşılık alınca, Mahir, Hüseyin Cevahir'e,

"-Çantayı açın ve burada bulunan herkesin el ve ayaklarını bağladıktan sonra, ağızlarını da flasterle bantlayın" der.

Yanlarında getirdikleri çantayı açıp, ipleri çıkarttıklarında, iplerin düğüm haline geldiğini gören THKP-C'liler, iplerin düğümlerini Perihan ve Begüm Bele'ye çözdürttükten sonra, orada bulunan herkesin el ve ayaklarını bağlar, ağızlarını da flasterle bantlarlar.[226]

Elrom'u, "Perihan Bele'den isteyip aldıkları kürk manto ve battaniyelerle birlikte hurca sardılar. Nefes alabilmesi için yüzü açık bırakılmıştı."

"Yanlış daireye girilmesi, birçok kişinin rehin alınması, Elrom'un direnmesi epey zaman yitirilmesine yol açmıştı. 13.30'da Elrom'un şoförü kapıya gelecekti. Acele etmeleri gerekiyordu. Ulaş bir gece önce park ettikleri arabayı apartmanın tam önüne çekmek için dışarı çıktı. Oktay içerde rehinelerin başında kaldı. Mahir, Hüseyin ve Necmi, Elrom'u hurcun içinde dışarı çıkartmak için harekete geçtiler.

Apartmanın giriş holüne geldiklerinde kapının dışında birinin kendilerini gözlediğini gördüler. Bir adam durmuş dikkatle onlara bakıyordu. Endişeli birkaç saniyeden sonra, adamı eşya taşımada yardımcı olması için içeri çağırdılar. Adam hole girer girmez tabancalar burnuna dayandı. Birazdan o da kendini Perihan Bele'nin salonundaki rehinelerin arasında buldu. Adamın, Mete Has'ın Mercedes arabasının şoförü (Hıfzı Altınok) olduğu sonradan anlaşıldı. Bir süre önce kaçırdıkları Mete Has'ın. Bu da hayatın garip cilvelerinden biriydi.

Mahir ve Hüseyin, hurcu ve eşya taşıma görünümüne gerçeklik katmak için ellerine aldıkları seyyar satıcı bavulunu, Ulaş'ın kapının önüne getirdiği arabaya yüklediler. Hurç arka koltuğa, bavul ise bagaja yerleştirildi. Araba hızla uzaklaştı.

Perihan Bele'nin kürkü sonradan bir yolu bulunup kendisine iade edilmişti. Seyyar satıcının bavuluna ise aynı özen gösterilmedi."[227]

Arabanın hızla uzaklaşmasından sonra, "Necmi içeri döndü. Oktay'la son rehineleri de bağladılar. Artık, zil 3 kere çalınacak ve onlar da dışarı çıkacaklardı. Fakat zil çalmadı. Kız arkadaş gecikmişti. Saat tam 13.30 olmuştu. Necmi ile Oktay, daha fazla beklemeyeceklerdi. Dışarı çıktılar. Onlar çıkarken Elrom'un şoförü konsolosluk arabasının camlarını siliyordu. Şoförün yanından geçtiler, bir dolmuşa binerek Şişli'ye gittiler.

Karşı durakta bekleyen Ziya Yılmaz, onlar uzaklaştıktan sonra olanları daha sonra cezaevinde arkadaşlarına şöyle anlatmıştı:

"Konsolosun geciktiğini gören şoför aşağıdan zile basmış, yukardan endişeli bir kadın başı uzanmıştı. Konsolosun karısı kocasının eve gelmediğini, merak ettiğini aşağıdaki şoföre yarı işaret, yarı konuşma ile anlatmış, şoför de yine yarı işaret yarı konuşarak konsolosu öğleyin getirip içeri bıraktığını belirtmişti. İki taraf da birbirlerine inanamamış ve karşılıklı işaretleşmeler bir süre tekrarlanmış, sonunda konsolosun arabasından indikten, apartmana girdikten sonra başına bir iş geldiği anlaşılmıştı. Anlaşılır anlaşılmaz da kıyamet kopmuştu."[228]

Elrom'un kaçırılması duyulduktan sonra Seyhan Apartmanı çevresinde neler olup bittiğini ve halkın tepkisini gören Ziya Yılmaz, oradan ayrılarak İlbay Apartmanı'na gider.

Bardakçı, Çayan ve Cevahir, otomobille Hamarat Apartmanı'nın önüne geldiklerinde, İlkay Alptekin-Demir bu sırada dairenin penceresinden Elrom'u getiren arkadaşlarının takip edilip edilmediğini gözetlemektedir.

Bardakçı, Cevahir ve Çayan, hurca sarılı Elrom'u apartmanın 8 nolu dairesine taşıyarak, bu dairenin aydınlığa bakan odasına koyarlar. Daha sonra Oktay Etiman gelir ve genel aramanın yapılacağı 23 Mayıs gününe kadar devamlı olarak Elrom'un başında kalır. İlkay, yaralı olan Elrom için ilk yardım malzemesi ve yiyecek almak için dışarı çıkar, istenenleri alır, geri döner. İlkay, akşamüzeri Hamarat Apartmanı'ndan ayrılırken Mahir Çayan, Elrom tarafından eşi Elsa Elrom'a İngilizce bir mektubu postaya atmak üzere verir. Bu mektubu İlkay, postaya atarak istenilen yere gönderir.

Ulaş Bardakçı, çalarak eylemde kullandığı Anadol otomobilin plakalarını sökerek Beşiktaş bölgesinde bir yere götürüp terkeder. Kamil Dede, olaydan saatler sonra gidip, Ulaş'ın uzakta bıraktığı arabadan bavulu alır ve bavulun içinden çıkan giyecek eşyası daha sonra yıllarca cezaevlerinde bile kullanılacaktır.

Necmi Demir, Mahir'in verdiği, "İhtilalin Yolu" ve "İşçiler, köylüler, askerler, yurtseverler" şeklinde başlayan bildirileri Hamarat Apartmanı'ndan alıp, Şişli'den tekrar bir araba ile Mis Sokağı'ndaki evine gelir.[229]

Bunlardan birini Harbiye'deki radyo binasının önündeki çöp bidonuna, birini THA'nın önündeki kağıt rulolarının arasına, üçüncüsünü de Milliyet gazetesinin önüne park edilmiş bir arabanın altına bırakır. Sonra her üç yere telefon ederek, İsrail Başkonsolosu'nun THKP-C tarafından kaçırıldığını, kaçırılış amacının açıklandığı bir bildirinin tarif ettiği yere bırakıldığını bildirir.[230]

Necmi Demir, ertesi gün de, teksir makinesinde çoğalttığı THKP-C'nin devrim stratejisini ve eylemlerini açıklayan "1 No.lu Bülten"den 100 kadarını önemli şahsiyetlere posta ile gönderir. Bu işlerde kendisine eşi İlkay yardımcı olur.[231]

Bu bildirileri, Oğuz Öder de Ankara'ya götürür ve söylenilen kişilere verir. Münir Ramazan Aktolga, Yusuf Küpeli, Bingöl Erdumlu ve Ertuğrul Kürkçü, bildiriyi birlikte okur. Bildiriler Ankara'da dağıtılmaz ve yakarak yok edilir.

Sonunda, Mahir tarafından "1 Mayıs Harekatı" olarak adlandırılan ve örgütün isminin deklare edilmesi ile örgütün çıkışı için planlanan eylem böylece gerçekleştirilmiştir.

"Suçluların Tümü Asli Fail Olarak Yargılanacak"

Elrom'un kaçırılışından sonra, çeşitli yerlere ve kişilere, "Türkiye Halk Kurtuluş Cephesi Merkez Komitesi" imzasıyla, "Amerikancı Bakanlar Kurulu'na" başlıklı ve saat 17.00, 17. 5. 1971 tarihli bir bildiri gönderilir. Bildiride şu istekler yer alıyordu:

Ephraim Elrom'un hayatına karşılık, derhal şu şartların yerine getirilmesi gerekmektedir:

"1.Tutuklu bulunan bütün devrimcilerin derhal serbest bırakılması, (Yer sonra bildirilecektir.)

2-Türkiye Halk kurtuluş Cephesi'nin 1 No.lu bülteninin 7.30, 13.00, 19.00 ve 22.45 TRT haber bültenlerinde 3 gün devamlı ve eksiksiz anons edilmesi,

3- Mühlet doluncaya kadar polisin ve diğer zabıtanın hiçbir takibe girişmemesi ve aleyhte yayın yapılmaması.

Mühlet bu ültimatomun verildiği tarihten itibaren üç gündür. Şartlar yerine getirilmezse derhal Ephraim Elrom kurşuna dizilecektir.

(Mühlet: 20. 5. 1971 Saat 17.00'ye kadar.)"

İsrail'in İstanbul Başkonsolosu Ephraim Elrom'un kaçırılışına Nihat Erim Hükümeti'nin ve Sıkıyönetimin tepkisi çok sert olur.

İstanbul Sıkıyönetim Komutanı Orgeneral Faik Türün, aynı gün 15-16 ve 17 No.lu üç ayrı bildiri yayınlar. Bu bildirilerden birisinde, özetle şu çağrı yapılır:

"-Elinizde tutuklu bulunan İsrail Başkonsolosu'nu en kısa zamanda serbest bırakın, hiçbir veçhile sakın silaha davranmayın,

Aksi takdirde er-geç ele geçecek olan suçluların tümünün asli fail olarak yargılanacaklarını ihtar ederim."

TRT'nin 22.45 haberler bülteninde, Başbakan Yardımcısı Sadi Koçaş'ın kendi sesiyle okuduğu Hükümet bildirisi de Sıkıyönetim bildirisinde yapılan değerlendirmeyle aynı paralelde oluyor ve özetle Türkiye halkına şöyle sesleniliyordu:

"İsrail devletinin İstanbul Başkonsolosu Ephraim Elrom, İstanbul'daki evinden silahlı dört zorba tarafından kaçırılmıştır. Türkiye'de görev yapan, Türk kanunlarının ve geleneksel Türk konukseverliğinin himayesi altında bulunan bir kişiye karşı girişilen bu alçakça saldırının, bugüne kadar çeşitli kanunsuz hareketlerde bulunan ve amacı Türkiye Cumhuriyeti'ni yıkmak ve parçalamak olan gizli örgüt mensupları tarafından yapıldığı ve saldırganların kimlikleri tespit edilmiş bulunmaktadır. Kendilerini Türkiye Halk Kurtuluş Cephesi Merkez Komitesi diye tanıtan silahlı saldırganlar, küstahlıklarını daha da ileri götürerek, Türk devleti ve Hükümetiyle şartlar ileri sürerek pazarlığa girişmeye kalkışmak cüretini göstermişlerdir.

İstedikleri, 'Devrimci' adını verdikleri ele geçmiş bütün tedhişçilerin, 20 Mayıs saat 17.00'ye kadar serbest bırakılmalarıdır. Aksi halde kaçırdıkları yabancı başkonsolosu kurşuna dizeceklerini bildirmektedirler.

Şimdi kararımızı kendilerine tebliğ ediyor ve sayın kamuoyuna açıklıyoruz:

Kaçırılan Başkonsolos, bu bildirinin yayınlanmasını takip eden en kısa süre içinde derhal serbest bırakılmadığı takdirde, sözü geçen gizli örgütle uzak, yakın ilişkisi bulunanlar ve masum gençlerimizi kışkırtıcı yayın ve sözleriyle kanunsuz hareketlere teşvik eden ve kimlikleri güvenlik kuvvetlerince öteden beri bilinen kimseler, Sıkıyönetim bölgeleri dışında bulunsalar dahi, Sıkıyönetim Kanunu gereğince derhal gözaltına alınarak en yakın Sıkıyönetim Komutanlığı'na teslim edileceklerdir.

Ayrıca, her ne amaçla olursa olsun, adam kaçıranlar, bunlara yataklık edenler ve saklandıkları yeri bildikleri halde resmi makamlara bildirmeyenler için, idam cezası verilmesini öngören kanun tasarısı hemen Türkiye Büyük Millet Meclisi'ne sunulacaktır. Bu arada kaçırılan konsolosun hayatına kastedildiği takdirde, sevkedilecek kanun, makabline de teşmil edilerek, gerek bu kötü fiili işleyenler, gerekse aynı örgütün mensubu ve aynı suçtan sanık olarak tutuklu bulunanlar hakkında da aynı kanun uygulanacaktır.

Bu bildiri bütün Sıkıyönetim Komutanları'yla, Sıkıyönetim bölgesi dışındaki idare amirlerine ve emniyet makamlarına kesin emir niteliğindedir.

Sonuç Türk kamuoyuna ayrıca duyurulacaktır.

Bütün vatandaşlarımızın görev başındaki güvenlik kuvvetlerine yardımcı olmalarını dilerim."

Bu arada, Hukuk Fakültesi, Devlet Güzel Sanatlar Akademisi'nde ve Bakırköy'de yollara Türkiye Halk Kurtuluş Cephesi Merkez Komitesi imzalı bildiriler atılır.

Elrom'un kaçırıldığı günün akşamı, Saffet Alp, Nazan Alp, Yüzbaşı İlyas Aydın ile Necati Sağır, İrfan Uçar ve Mahir Çayan'ın kaldığı Çamlıca Apartmanı'na geldiklerinde, "Ephraim Elrom'un güçlü kuvvetli bir kişi bulunduğu, sıhhatinin yerinde olduğu hususunda" konuşma yapıldığını görürler.

"Hiçbir Tavize Yer Verilmeyecektir"

Bu bildirilerin yayınlandığı saatten itibaren, devlet tarafından fişlenmiş olan ne kadar ilerici-devrimci aydın varsa Türkiye'nin dört bir tarafında aranmaya, gözaltına alınmaya başlanır.

Bu nedenle radyoda bildiriler okunur, gazetelerde çarşaf çarşaf isim listeleri yayınlanır, duvarlara resimli afişler asılmaya başlanır.

17 Mayıs günü Kadriye Deniz Özen, 18 Mayıs gecesi Ömer Erim Süerkan polis tarafından gözaltına alınarak, Emniyet Müdürlüğü'nde, Elrom'un kaçırılması ve birçok konu ile ilgili olarak sorguya çekilir.

Ömer Erim Süerkan bu konuda şunları anlatmıştır:

"18 Mayıs gecesi beni Emniyet'e götürmüşlerdi. Bana ilk sordukları şey, Konsolos'un nerede olduğu idi. Ben, haberim olmadığını söyledim. Israrla bu konuyu soruyorlardı. Eğer Konsolos'un bulunduğu yeri söylersem, idam edilmekten kurtulacağım hususu telkin ediliyordu. Hatta bir ara Emniyet'e gelen Sıkıyönetim Komutanı Faik Türün de benimle bu konuda konuştu."

Elrom'un kaçırılmasıyla ilgisi olanlar gözaltına alındığı gibi hiç ilgisi olmadığı halde gözaltına alınanlar da vardır. Bunlar arasında Behice Boran, Mümtaz Soysal, Sadun Aren, Altan Öymen, Kemal Türkler, Muammer Aksoy, Bahri Savcı, Tarık Zafer Tunaya, Uğur Mumcu, Çetin Altan, İlhan Selçuk, Cahit Talas, Atilla Sarp, Nihat Sargın, Çetin Özek gibi bilim adamları, yazar, hukukçu, siyasi parti lideri, işçi ve gençlik önderleri de bulunmaktadır.

Yusuf Küpeli, Elrom olayı nedeni ile arandığını Avukat Halit Çelenk'in evinde misafirken radyoda dinlediği haberlerden öğrenir.

Başbakan Yardımcısı ve Siyasi İşler ile İdari İşlerden sorumlu Devlet Bakanlığı görevini yürüten Sadi Koçaş, 18 Mayıs 1971 Salı günü, Cumhuriyet Senatosu'nda Senato üyelerine, Elrom'la ilgili verdiği bilgiler sonunda, devletin bu konudaki kararlılığı konusunda özetle şunları söylemiştir:

"Bu konu üzerinde hükümetin görüşünü dün açıkca ortaya koyduk. Şu ana kadar bu hadiseye uzak yakın ilgisi olan pek çok kimse Sıkıyönetim Komutanlıkları, mahalli emniyet amirleri tarafından gözaltına alınmışlardır. Bu işle ilgileri derecesine göre işlem görecek, temenni edelim ki, büyük kısmı ilgileri olmadığı anlaşılarak serbest bırakılacak, ama ilgisi olanlar üzerinde Türkiye'de bir devletin mevcudiyeti mutlaka ispat edilecektir."

"Temennimiz, Türkiye'de devlet hukukunun kendi yasalarımızın, Türk konukseverliğinin ve tarih boyunca bütün dünyanın hayran kaldığı Türk yiğitliğinin himayesinde olan bir yabancı diplomata olan bu gerçekten akim olayın bu kadarla kalması ve bu işe cüret edenlerin Konsolos'u süratle serbest bırakmalarıdır. Ama bunu yapmayacak olurlarsa, hükümetin görüşünü yüce Senato'ya kesin olarak arzederim ki, hiçbir pazarlığa, hiçbir tavize yer verilmeyecektir."

"Dediğimizi Yapmalıyız ki Devlet Bizi Ciddiye Alsın"

18 Mayıs günü akşamı, Mahir Çayan, Ziya Yılmaz, Yüzbaşı İlyas Aydın, İlkay Demir, Hüseyin Cevahir, Ulaş Bardakçı ve Oktay Etiman, İlbay Apartmanı'nda bir araya gelerek, Hükümetin ve Sıkıyönetimin çok sert tutumu karşısında ne gibi bir tavır takınılacağı ve Elrom konusunda ne yapılması gerektiğini konuşur.

Mahir Çayan ve Ulaş Bardakçı,

"-Şartların değiştirilmesi doğru değildir, dediğimizi yapmalıyız ki devlet, oligarşi bizi ciddiye alsın. THKO'lular 4 Amerikalı eri öldürmemekle sonradan ne kadar kötü duruma düştüler görüyorsunuz. Bir eylemi yapacaksan ya sonuna kadar götüreceksin ve dediğini yapacaksın. Ya da hiç girmeyeceksin. Yoksa devlet seni ciddiye almaz" diyerek, yayınlanan ültimatom doğrultusunda davranmayı savunur.[232]

Yüzbaşı İlyas Aydın ile Hüseyin Cevahir,

"-Fidye alınarak konsolosun serbest bırakılması" yönünde görüş belirtir. Ziya Yılmaz, daha çok konuşulanları dinlemeyi, bu konuda bir fikir açıklamamayı tercih eder. Oktay Etiman,

"-Elrom'un öldürülmesi halinin iyi olmayacağını, fidye alınması görüşüne katıldığını" söyler.[233]

Mahir Çayan, Ankara'da İlgili Makamlara Teslim Olmuştur

Tarih: 20 Mayıs 1971 Perşembe.

İsrail Dışişleri Bakanlığı Genel sekreteri Moşe Sason, Elrom'un kaçırılması ile ilgili olarak Ankara'ya gelir ve öğle saatlerinde Dışişleri Bakanı Osman Olcay'la bu konuda bir görüşme yapar. Bu sırada, Elrom'un eşi Elsa Elrom, kocasını kaçıranlara, şöyle seslenir:

"Yegane oğlumu feci uçak kazasında kaybetmiş bağrı yanık bir anne olarak, siz gençlere hitap ediyorum. Hayatta tek varlığım kocamdır. Onsuz hayatımın hiçbir manası kalmayacaktır. Sizlerin de ebeveynleriniz ve belki de şu anda sizleri düşünen eşleriniz vardır. Ondan dolayı içinde bulunduğum ruh haletini ve kocamın akıbetini düşünerek anlayış göstereceğinizi ümit ediyorum. Sizlere yaptığım bu çağrıya lakayd kalmayacağınızı ve beşerin en yüksek kıymeti olan insanlık duygusunun galip geleceğini ve çektiğim ızdırabımı uzatmayacağınızı ümit etmekteyim. Lütfen kocamı serbest bırakınız."

Necati Sağır'ın babası Hakkı Sağır da, Elrom'u kaçıranlar arasında bulunduğu öne sürülen oğluna öğle saatlerinde radyodan seslenerek, "Memleketimizde misafir bulunan kaçırdığın İsrail Başkonsolosu'nu derhal serbest bırakın. Sen ve arkadaşların en yakın emniyet ve inzibat makamlarına teslim olun. Bunu senden bir baba olarak bekliyor ve istiyorum" diyordu.

Saatler 17.00'yi gösterdiğinde, Konsolos'u kaçıranların verdiği mühlet bitmiş, rehin alınan Elrom'un hayatı hakkında hiçbir haber olmadığı gibi örgütten de hiçbir ses çıkmamıştır. Herkes bir bekleyiş içerisindedir.

Örgüt içinde bir sıkışma ve ne yapılacağı konusunda bir belirsizlik durumu söz konusu olduğu gibi bir tereddüt de vardır. Çünkü bu konuda herkesin değişik fikirde olduğu ortaya çıkar.

Devletin baskıları sonucu gizlenme ve kendini koruma faktörü giderek kendi aralarında bile zorunlu olarak kopuşmayı, yani birbirleri ile daha az görüşmeyi gündeme getirir.

Tarihler 21 Mayıs 1971 Cuma gününü gösterdiğinde, gazetelerin verdiği bilgiye göre Türkiye genelinde 547 kişi gözaltındadır. Gözaltına alınanlar sanki Elrom'a karşı rehin alınmışlardı. Aynı gün yayınlanan haberlere göre Sıkıyönetim tarafından aranan Mahir Çayan Ankara'da ilgili makamlara teslim olmuştur.

"Ömer Ayna'nın THKP ve THKC ile İlgisi Yoktur"

Bu sırada, 3 Mayıs 1971 Pazartesi günü Unkapanı Ziraat Bankası Şubesi'ni soyan ve çıkan çatışma sırasında odacı Tahsin Yaman'ın öldürülmesi olayına karışan Ömer Ayna, İstanbul Sıkıyönetim 1 No.lu Askeri Mahkemesi'nde, "gizli iki örgüt mensubu" olarak yargılanmaya başlanır.[234]

"Türkiye Halk Kurtuluş Partisi" ve "Türkiye Halk Kurtuluş Cephesi" adı ile iki ayrı örgüt imzası kullanılarak, 21 Mayıs 1971 günü, "İstanbul Sıkıyönetim Komutanlığı 1 Numaralı Sıkıyönetim Mahkemesi Başkanlığına" bir bildiri gönderilir.

Gönderilen bildiri şöyledir:

"Ömer Ayna'nın örgütümüzle, yani THKP ve THKC ile hiçbir ilgisi yoktur. Ömer Ayna kendisinin de belirttiği gibi THKO'nun bir savaşçısıdır.

THKO ile Türkiye Halk Kurtuluş Partisi'nin (THKP) yönetimindeki Türkiye Halk Kurtuluş Cephesi (THKC) ayrı ayrı örgütlerdir.

Bu durum THKC'nin 1 numaralı bülteninde açıktır. THKC kendi eylemlerini açıkca ilan etmiştir."

Ulaş Bardakçı bu konuda şunları açıklamıştır: "Başkonsolos'un kaçırıldığı gün Ömer Ayna yargılanıyordu. Türkiye Halk Kurtuluş Partisi ve Cephesi'nin bildiri ve bültenleri bu mahkemede bahis konusu edilmişti. Biz de Ömer Ayna'nın Türkiye Halk Kurtuluş Partisi ve Cephesi'nin bir üyesi olmadığını bu bildirilerle ilan etmiş olduk."[235]

"Nişantaşı Zenginlerin Oturduğu Bir Semttir"

Radyonun 13.00 haberlerinde, İstanbul Sıkıyönetim Komutanı Orgeneral Faik Türün imzası ile Sıkıyönetim Komutanlığı'nın 21 No.lu bildirisi yayınlanır. Yayınlanan bildiri ile İstanbul halkına özetle şu çağrı yapılır:

"İstanbul il sınırları dahilindeki meskenlerde kimlerin ikamet etmekte olduklarının bilinmesi ve yer değişikliklerinin de takip edilmesi gerekli görülmüştür. Bu sebeple:

1- Apartman, pansiyon, yurt ve emsali yerlerinin yöneticileri veya müstakil meskenlerin aile reisleri bu yerlerde kimlerin ikamet ettiklerini isim, daire numarası, yaş ve mesleklerini bildirir iki nüsha çizelgeyi 22 Mayıs 1971 günü saat 19.00'a kadar köy ve mahalle muhtarlıklarına tevdi edeceklerdir.

2- Köy ve mahalle muhtarları, semt ve sokak sokak tahsis edecekleri çizelgelerin bir nüshasını en geç 22 Mayıs 1971 günü saat 23.00'e kadar bölgelerindeki emniyet amirliklerine veya jandarma komutanlıklarına teslim edeceklerdir."

Böyle bir bildirinin yayınlanması üzerine Mahir Çayan ile Hamarat Apartmanı'nda Elrom'un başında bekleyen Oktay Etiman, ne yapılacağı konusunda konuşurlar. Oktay, Mahir'e;

"- Uruguay'da Tupamarolar bir elçi kaçırdıktan sonra, askeri yönetim bir genel arama yaptı ve evleri teker teker aradı. Sıkıyönetim tarafından istenen bu belgeler sakın genel arama için bir hazırlık olmasın?" diyerek kuşkusunu belirttiğinde,

"-İstanbul çok büyük bir yer. Ellerinde bulunan asker sayısıyla İstanbul'un bütün evlerini tek tek aramalarına olanak yok. Yapamazlar. Ayrıca öyle şey olsa bile Nişantaşı zenginlerin oturduğu bir semttir. Burasını aramazlar" şeklinde yanıt verir.[236]

Mahir Çayan'ın kafasında ise verilen mühletin uzatılması ve bir başka konsolosun daha kaçırılarak, devletle yeniden pazarlığa girişilip içinde bulunulan o sıkışıklığı biraz olsun yarma, baskıyı biraz olsun hafifletme gibi düşünceler vardır.

Konuyu bazı arkadaşlarına söyleyip neler düşündüklerini öğrenmek ister. Yine aynı gün, Oktay Etiman ve Ulaş Bardakçı ile beraber oldukları bir sırada Mahir, Ulaş'a,

"-İran Elçisi'ni gözlemeye alın. Onu da kaçıracağız" şeklinde düşüncesini belirtmesi üzerine Oktay Etiman,

"-Bunun yanlış olacağı, 'zaten bir elçiyi kaçırmıştık, bundan sonra bir ikincisinin, üstelik bu kadar sert cevaptan sonra kaçırılmasının gereksiz olduğu'" yönünde tavır takınır.

"İstanbul'da Bütün Mekanlar Tek Tek Aranacak"

Ve tarih 22 Mayıs 1971 Cumartesi günü. Saat :13.00

Radyonun verdiği ilk haberde, Birinci Ordu ve İstanbul Sıkıyönetim Komutanı Orgeneral Faik Türün imzası ile İstanbul halkına yayınlanan 22 No.lu bildiri ile, "Cumartesi günü gece yarısı saat 24.00'ten başlamak ve 23 Mayıs 1971 Pazar günü saat 15.00'te bitmek üzere sokağa çıkma yasağı konularak, İstanbul'da bütün mekanların tek tek aranacağı" bildirilir.[237]

Genel aramanın olacağının öğrenilmesi, İstanbul'un bütün sokaklarında fotoğrafları afişlerde yer alan ayrıca Sıkıyönetim ve emniyet makamları tarafından her tarafta aranan örgüt elemanları üzerinde şok etkisi yaratır.

Çünkü genel arama Mahir Çayan dahil örgütün bütün elemanları tarafından beklenilmeyen bir olaydır. Genel arama ilan edilene kadar herşey normal seyrini izlemektedir. Hükümetin tavize yanaşacağı en azından genel arama yapabilecek gücünün olmadığı sanılmaktadır.

"Mahir Çayan, 22 Mayıs 1971 günü Hv. Tğm. Saffet Alp'in Fatih Mollagürani Sokak'taki evinde bulunduğu sırada radyodan o gece genel bir arama yapılacağını öğrenmiş, bu durum karşısında Başkonsolos'un nasıl ve nerede saklanması gerektiği mevzuunda Hv. Tğm. Saffet Alp ile hal tarzı aramaya başlamışlardır.

İki sanık temin edilecek bir askeri araçla Saffet Alp'in evindeki koltukların alınması, bunların aynı araçla Hamarat Apartmanı önüne getirilmesi ve Başkonsolos'u kaçırmada kullanılan hurca konulup normal bir ev taşıma havası verilerek Saffet Alp'in evine naklinin en iyi hal tarzı olduğunda karar kılmışlardır.

22 Mayıs 1971 tarihinin Cumartesine tesadüf edişi, bu itibarla araç temin etmenin zorluğu düşünülmüşse de Hv. Tğm. Saffet Alp ile aynı yerde görevli Ulş. Takım Komutanı Hv. Üstğ. Mehmet Balaban hatıra gelmiş; Nazan Alp vasıtanın temini için Mehmet Balaban'ın Küçükçekmece Cennet Mahallesi'ndeki evine gönderilmiştir."[238]

Mahir, Saffet Alp'in evinde kalmakta olan kardeşi Hüseyin Ergün Çayan'ı Nazan Alp'le birlikte Mehmet Balaban'ın evine kalması için gönderir. Kendisi de Hamarat Apartmanına gider.

Son Durum Nedir?

Genel aramanın yapılacağı gün ekibin hepsi bir araya gelemediği için evden eve irtibatı Mahir Çayan, Ulaş Bardakçı ve Hüseyin Cevahir yapar.

İlbay Apartmanı'nda ise Necmi Demir, Ziya Yılmaz, Abdullah Çeçeloğlu ve İlkay Alptekin-Demir bulunmaktadır. Bilahare Ulaş Bardakçı gelir. Ulaş Bardakçı'ya,

"-Konsolos hakkındaki son durum nedir?" diye sorduklarında,

"-Bazı arkadaşların fidye alınarak serbest bırakılması görüşlerine katılmıyorum. Eski kararda ısrar ediyorum. Peki siz ne düşünüyorsunuz?" diye söylediğinde, Necmi Demir,

"-Ben, bana verilecek görevi yaparım" şeklinde karşılık verir.

Bu konuşmalar yapılırken Hüseyin Cevahir gelir. Elrom'un "subay arkadaşlardan birinin evine nakledilmesi" fikri üzerinde durulur. Cevahir,

"-Ben fidye alınıp serbest bırakılması taraftarı değilim. Eskiden alınan karar ne ise ona uyulması taraftarıyım. Fidye alınmasına karar verilse dahi Konsolos'un bulunduğu evden çıkarılmaması gerekir" diyerek düşüncelerini açıklar. Görüş birliğine varılamaz.

Ulaş ve Hüseyin Cevahir,

"-Alınacak kararı size bildiririz" diyerek, İlbay Apartmanı'ndan ayrılır.

Bir süre sonra da Necmi ve İlkay Demir ayrılarak, geceyi geçirmek için başka bir yere gider.

Bu arada, Çamlıca Apartmanı'nda bulunan arkadaşlarına,

"-Ne yapayım?" diye telefon eden Kamil Dede'ye,

"-Erenköy Taş Mektep Sokak'taki eve bak bakalım ne durumda. Sonra bize bildir. Sen de kendine bir yer bul ve başının çaresine bak" diye yanıt verilir. Dede, kendisinin tanınabileceğini düşünerek ilk önce ağabeyi Ali Dede'yi evi kontrol için gönderir. Daha sonra kendisi giderek evin çevresinde 3-4 kere dolaşıp bir gariplik, kuşku çekecek bir durum var mı diye bakar. Daha sonra Çamlıca Apartmanı'nda bulunan arkadaşlarına telefon ederek,

"-Ben evin etrafında 3-4 kez gezindim. Bizim bıraktığımızdan farklı çok garip bir şey görmedim. Ama yüzde yüz sağlamdır diyemem" diyerek, haber verir.[239]

Ne Yapıyoruz, Ne Oluyor?

Bu sırada, Hamarat Apartmanı'nda bulunan Oktay Etiman ile Hüseyin Cevahir, saat 13'teki öğle haberlerini dinlerken genel arama yapılacağını öğrenir.

Daha sonra Mahir gelir. Bu sırada evde Oktay Etiman ve Cevahir vardır. Mahir Çayan son derece yorgundur.

Etiman, Mahir ve Cevahir,

"-Bundan sonra ne olacağını, ne yapabileceklerini" konuşur. Fakat ortaya kesin bir şey çıkmaz.

Bir süre sonra eve gelen Saffet Alp'le de, ne yapılabileceği konuşulur. Yapılan sohbette,

"-Elrom'un Saffet'in evine nakledilmesi" düşünülür.

Nakil meselesi konuşulduktan sonra Saffet, araba getirmek için evden ayrılır.

Mehmet Balaban, bir askeri Reo aracı alarak ilk önce Saffet Alp'in Fatih'teki evine gelerek, daha önce planlandığı gibi dört adet koltuk yükledikten sonra Nazan Alp ile Nişantaşı Rumeli Caddesi'nin Hamarat Apartmanı yakınına gelir ve aracı buraya park eder.

Mehmet Balaban, arabanın başında beklerken Nazan Alp de, Hamarat Apartmanı'na giderek aracın geldiğini Mahir Çayan'a haber verir.

Askeri aracın başında yaklaşık bir saat kadar bekleyen Üsteğmen Mehmet Balaban, Hamarat Apartmanı'nda bulunanlardan herhangi bir haber gelmediğinden askeri birliğine mecburen dönmek zorunda olduğundan, Reo'yu hareket ettirir ve yola çıkar. Harbiye semtinin bulunduğu yerden gidecekleri istikamete geri dönecekleri sırada askeri inzibat tarafından araç durdurulur ve Merkez Komutanlığı'na götürülür. Daha sonra da bırakılır.

Teğmen Saffet Alp ile eşi Nazan Alp, aracı bıraktıkları yere gelir. Fakat aracın gitmiş olduğunu gören Nazan ve Saffet Alp, geri dönerek Mahir'e durumu bildirir, ardından da Fatih'teki evlerine gider.[1]

Bütün bunlar olurken Oktay Etiman, devamlı olarak Elrom'un başında durmaktadır.

Birara odaya Hüseyin Cevahir gelir. Oktay Etiman, Cevahir'e,

"-Elrom'u Saffet Alp'in evine nakletmek yanlış olur. Aynı sorunla orada da karşılaşabiliriz. Burada kalalım. Elrom'u öldürmek değil de, pazarlık şansı olarak rehin tutalım. Durum eğer çatışmayı gerektirirse ve çaresiz kalırsak çatışırız" der.

Cevahir, o an için, Oktay Etiman'ın fikrine katıldığını söyler.

Cevahir odadan çıktıktan bir müddet sonra Elrom'un yanında olduğu bir sırada Oktay'ın yanına Mahir gelir ve,

"-Elrom'u bağla" der. Etiman,

"-Neden bağlıyoruz?" diye sorar. Mahir, tekrar,

"-Bağla" der ve odadan ayrılır.

Odada tek kalan Etiman, İngilizce olarak, Elrom'a,

"-Sizi başka bir eve nakledeceğiz" der.

Daha sonra Mahir, Elrom'un bulunduğu odaya gelir ve Elrom'un elleri ile ayaklarını bağlar.

Elrom, bağlanılmasından hoşlanmaz ve huzursuz olur.

Oktay Etiman, Mahir'e,

"-Neden bağladın?" diye sorar.

Mahir, herhangi bir şey söylemeden odadan çıkar. Bir iki dakika sonra da Oktay Etiman odadan çıkar.

Hemen yandaki odada eşyaları toplamakta olan Mahir ile Ulaş, aynı zamanda orada bulunan Kurtuluş dergisinin üzerindeki mühürleri, her sayının üzerinden teker teker sökmektedir.

"-Ne yapıyoruz, ne oluyor?" diye soran Oktay Etiman'a, diz çökmüş vaziyette eşya toplamakta olan Mahir, başını döndürerek,

"-Öldürülecek" der.

Mahir, ev terkedileceği için geride iz bırakmamak amacıyla dergi ve gazetelerin üzerinde, daha önce kendileri tarafından çıkartılan bir yayının mührünün damgası bulunan yerleri keserek yok etmektedir.

Oktay Etiman da, Hamarat Apartmanı'nda parmak izlerinin bulunabileceği yerleri siler. Bu arada evde bulunan ceketlerden birinin cebinde Mahir Çayan'ın nüfus cüzdanını bulur.

Oktay Etiman, nüfus cüzdanını Mahir'e gösterir.

Mahir, Oktay'a,

"-Nereden buldun?" diye sorar.

Orada, "bir uyumsuzluk" olur. Etiman, Mahir'e,

"-Evi terkedeceğim"der.

Mahir gibi düşünmediğini zannettiği için evden ayrılmadan önce Etiman, Cevahir'e de,

"-Biz çıkalım mı?" der. Cevahir de kabul eder.

Hamarat Apartmanı'ndan ayrılan Etiman ile Cevahir, Hamara Apartmanı'nın sahibinin Kabataş'taki evine gider. Maksat, evin kontratının alınmasıdır. Ev sahibini evde bulamayan Cevahir, aşağıya iner. Etiman ile Cevahir, buradan beraberce, Saffet Alp'in evine gider.[240]

"Bu Konuyu Daha Sonra Konuşacağız, Ben Öldürdüm"

Hamarat Apartmanı'nda en son Mahir Çayan, Ulaş Bardakçı ve rehin olan İsrail'in İstanbul Başkonsolosu Ephraim Elrom kalmıştır.

Genel aramada Elrom'u saklayabilecekleri başka bir eve taşıyamamış, ayrıca gerilla timi içerisinde çok değişik fikirler ortaya çıkmıştır. Örgütün lideri konumunda olan Mahir Çayan için bu konuda düşünecek çok fazla zaman kalmamıştır.

Elleri ve ayakları bağlı olan Elrom'un gözleri ve ağzı da bantlanır. Geriye sadece tabancanın tetiğini çekmek kalır.

"Saat 18.00 sıralarında radyoyu sonuna kadar açan Mahir Çayan, 6.35'lik tabancasını Ephraim Elrom'un sağ kulak sayvanı ön üst kısmı saçlı deri mıntıkasına yönelterek üç el ateş etmiştir. Mermi yaralarına bağlı geniş beyin harabiyeti ve kanaması, kafatası kırılması sonucu Başkonsolos anında ölmüştür. Mahir Çayan, Başkonsolos'u öldürdükten sonra el ve kollarını çözmüş, bantları çıkarmıştır."[241]

Mahir Çayan ve Ulaş Bardakçı, Elrom'u öldürdükten sonra evden ayrılarak Saffet Alp'in evine gider.

Geride sadece Elrom'un cesedini değil, belki de böyle bir olayın etkisinde kaldıkları, bir an önce evden ayrılmaktan başka bir şey düşünemedikleri için Elrom'u Seyhan Apartmanı'ndan Hamarat Apartmanı'na taşımak için kullandıkları İlkay Alptekin-Demir'in subay olan babası Süleyman Alptekin'e ait hurcu da bırakırlar.

Oktay Etiman ile Hüseyin Cevahir, Saffet Alp'in evine gittikten bir müddet sonra Mahir ve Ulaş da eve gelir.

"-Ne oldu?" diye soran Oktay Etiman'a Mahir, Saffet Alp'in yanında:

"-Bu konuyu daha sonra konuşacağız, ben öldürdüm" der.

Elrom'un öldürüldüğünü duyan Saffet Alp, kıpkırmızı olur.

Bu arada Mahir, Hüseyin Cevahir ile Oktay Etiman'a,

"-Elrom'u kimin öldürdüğü konusunun bu dört kişinin arasında kalması gerektiğini, başka bir yerde konuşulmaması gerektiğini" söyler.

Elrom'un Cesedi Bulunuyor

Saffet Alp'in evinde, daha önce telsiz frekansına ayarlanmış bulunan radyo ile emniyet telsizleri dinlenilerek güvenlik kuvvetlerince yapılan takipler bir deftere kaydedilir.

Saffetlerin evinde bir müddet kaldıktan sonra bu evin aranabileceğini düşünerek, evi gece terk etmeye karar verilir. Bu nedenle, Ulaş Bardakçı, gündüz evden çıkıp bazı kişilerle saklanmak için ev temini meselesi konusunda görüşme yapar.[242]

Ulaş Bardakçı, o akşam, Saffet Alplerin evine gelerek, Oktay Etiman, Mahir Çayan ve Hüseyin Cevahir'i alarak evin bir müddet uzağında bekleyen Yılmaz Güney'in kullandığı otomobile bindirir.

Yılmaz Güney, otomobiline binenleri, aramanın başlayacağı saatten önce Levent'teki evine götürür. Ulaş Bardakçı ise, Rüçhan Manas'ın kaldığı örgütçe kiralanan eve gider.

Oktay Etiman, Hüseyin Cevahir ve Mahir Çayan, evinde kalacakları Yılmaz Güney ile evin neresinde saklanacakları konusunda konuşur.

Çatıya açılan bir kapağın olduğunu öğrenen Mahir, Hüseyin ve Oktay, en emin yerin çatı arası olduğuna karar vererek aramanın biteceği vakte kadar orada saklanır.[243]

Üç asker, bir subay ve bir polis memurundan oluşturulan beş kişilik timler ile 22 Mayıs 1971 Cumartesi gününün 23 Mayıs Pazar gününe devrildiği gece yarısı saat 24.00'ten itibaren İstanbul'un bütün mekanları tek tek aranır.

Elrom'un cesedinin bulunduğu Hamarat Apartmanı'nı arayan timin başında bulunan Piyade Yüzbaşı Temel Ünsal, bu konuda şunları anlatmıştır:

"Sıkıyönetim tarafından yaptırılan büyük aramada Alay Komutanı tarafından görevlendirilmiştim. Mesudiye Mahallesi'nde bulunan evlerin tarafımızdan aranması gerekiyordu. Bu mahallenin muhtarına bir ihbar yazısı verilmişti. Bu ihbarın tarif ettiği ev Baytar Ahmet Sokak'ta 5/8 numaralı evdi, bu apartmanın Hamarat ismini taşıdığını sonradan öğrendim. İhbar olduğu için özellikle bu evi aramak üzere 04.15'de eve doğru gittik. 8 numaralı dairenin zilini 10 dakika kadar çaldım. Cevap veren olmadı. Yanda bulunan 7 numaralı daireden 8 numarada kimin oturduğunu sordum. Talebe veya mühendis şeklinde kesin olmayan malümat verildi. Apartmanın kapıcısını sordum. Özellikle bu binanın kapıcısının olmadığı, karşı apartmanda bulunan kapıcının aynı zamanda bu apartmana da baktığını söylediler. Keza o binanın yöneticisi seyahatte imiş. Bu malumatı müteakip 8 numaralı dairenin zilini 5 dakika kadar tekrar çaldım. Cevap verilmeyince aldığım talimat gereğince kapıyı kırdım, içeri girdim. Salon salomanje şeklinde bulunan kısmın kapısı açıktı. Orta yerde 4 koltuk duruyordu. Ayrıca dört köşe bir masa vardı. Masanın üzerinde pamuk vs. şeklinde pansuman malzemesi vardı. Sağlı sollu olan iki odada elektrik yanıyordu. Sağdaki odaya baktığımda üzerinde Alptekin yazılı olan bir hurç gördüm. İçersinde acele ile doldurulmuş intibaını veren eşyalar vardı. Sol odaya baktım bir ayak görünce ihtiyatla çömeldim. O şekilde bakınca yerde pıhtılaşmak üzere olan kanlar gördüm. Acaba yaralı mı diye yanına gidip, nabzını tuttum. Soğumuş olduğunu müşahade ettim. Bize gösterilen resimlere ve elimizdeki broşüre göre bu cesedin aranmakta olan Ephraim Elrom'a ait olduğunu tespit ettim. Bina etrafında gerekli tertibatı alarak komutanlarım vasıtası ile durumu savcılık ve Adli Tabibliğe bildirdim. Odaya girdiğimde ceset, bir ölünün uzatıldığı şekilde somya üzerine uzatılmış vaziyetteydi. Sol kulağının üzerinde üç tane kurşun izi gördüm. Cesedin yanında bir yorgan vardı. Yorganın üzerinde 7.65 çapında üç tane mermi kovanı duruyordu. Cesedin elleri dirseklerinden kıvrılmış vaziyette ve yumrukları göğsünün üzerinde duruyordu, bağlı değildi."

"Salonda bulunan koltuklar kırmızı renkli idi. Bir de sehpa vardı, dört köşeli. Ayrı bir masanın üzerinde, muşambadan mamül ilk yardım çantası, pamuk, alkol şeklinde pansuman malzemesi ve çok sayıda sigara izmariti vardı. Üç kül tablası hemen hemen sigara izmariti ile doluydu. Bu izmaritler değişik tip sigaralara aittir. Ekserisi Bafra ve Birinci'ydi. Piyano ise bu masanın karşı tarafında bulunuyordu, siyaha yakın bir renkte, tuşlar açıkta ve görünür vaziyetteydi. Evde radyo görmedim, yoktu. Piyanonun yakınında bir somya ve üzerine uzatılmış bir şilte vardı. Ev eşyaları ve hurcun içersinde neler olduğu emniyetçe tespit edilmiştir.

Bunlar daha ziyade kadın ve erkeğe ait giyecek eşyaları idi. Çok sayıda, takriben 15-20'ye yakın kullanılmış güderi eldiven gördüm. Evde iki odanın elektrikleri yanıyordu. Cesedin bulunduğu odada, bir masa lambası vardı. Hüzmeleri ceset üzerine gelecek şekilde ayarlanmıştı ve yanar vaziyette idi."

"Cesedin bulunduğu odada küçük bir şişe içerisinde eter bulunmuştu. Boğuşma emareleri yoktu. Kanaatimizce uyku halinde öldürülmüştü. Yerde birikmiş olan kan pıhtılaşmakla normal hali arasında, pıhtılaşmaya daha yakındı. Tuttuğumda, elini çekmek istediğimde, cesedin ölü katılığı halinde olduğunu gördüm. Cesetle karşılaştığımda saat beşe yirmi vardı."[244]

Hürriyet gazetesinin yazdığına göre, "Başkonsolos'un cesedi, telefonla yapılan bir ihbar üzerine sabahın erken saatlerinde, kaçırıldığı Cumhuriyet Caddesi'ndeki eviyle konsolosluk binasına çok yakın mesafedeki Nişantaşı, Baytar Ahmet Sokak'ta, köşebaşında 5 numaralı apartmanın 8. dairesinde bulunmuştur."[245]

"Bu İş Olup Bitmiştir ve Doğrudur; Artık Tartışılamaz"

23 Mayıs Pazar günü, bir güvenlik ekibi, sabaha karşı 04.00 civarında Yılmaz Güney'in evini aramaya geldiklerinde Ulaş Bardakçı, Oktay Etiman, Mahir Çayan ve Hüseyin Cevahir çatı arasındadır.

Güvenlik güçleri çatı arasını aramadıkları için aradıkları 4 kişiyi bulamazlar, ama Yılmaz Güney'in TDGF'ye para yardımı yaptığı için karşılığında aldığı makbuzu bulurlar. Yılmaz Güney bu nedenle iki gün sonra 26 Mayıs 1971 Çarşamba günü, Sıkıyönetim tarafından kısa bir süre gözaltına alınır, sorgulanır ve serbest bırakılır.[246]

Necmi Demir ile İlkay Alptekin-Demir ise kalacakları bir yer arar ama sokağa çıkma yasağına kadar bir ev bulamadıkları için, buldukları bir dükkanda kalır. Kamil Dede de o geceyi ağabeyi Edip Özkonuksever'in evinde geçirir.

23 Mayıs Pazar günü saat 15.00'te genel arama bittiği zaman arananlardan kimse ele geçirilememiştir.

Necmi ve İlkay, genel arama gecesi kaldıkları dükkandan arama bittikten sonra çıkarak, ilk önce İlbay Apartmanı'nın bulunduğu yere giderek pencerede şifreli işaretin olup olmadığına bakar. Ziya Yılmaz her nedense şifreyi koymamıştır. Daha sonra Kamil Dede, İlbay Apartmanı'na geldiğinde şifrenin konmuş olduğunu görür ve eve girer.

Necmi ve İlkay, bu kez, Necmi Demir'in hemşehrisi olan Çanakkaleli üniversite öğrencisi arkadaşlarının bulunduğu bir eve gider.

Necmi ile İlkay, hemşeriyle sohbet ederken, saat 19.00 haberlerinde, Hamarat Apartmanı'nda en son kalan Ulaş Bardakçı ve Mahir Çayan'ın arama sırasında çıkan çatışmada öldü haberlerini beklerken, Elrom'un öldürüldüğünü, öldürenlerin de kendileri olduğu haberini dinler. Herkes çok şaşırır. "Yahu bu neymiş?" falan diyerek apar-topar evden ayrılan Necmi ile İlkay, daha sonra, Çamlıca Apartmanı'na telefon eder. Telefona çıkan İlyas Aydın'a durumu anlatan Necmi ile İlkay, İlyas Aydın'la Pangaltı'da buluşur.

İlyas Aydın, Necmi ile İlkay'ı İrfan Uçar ve Necati Sağır'ın da kaldığı Feriköy'deki Çamlıca Apartmanı'ndaki eve götürür.

Yılmaz Güney'in evinin çatı arasında geceyi geçiren Çayan, Etiman ve Cevahir, ertesi gün Rüçhan Manas'ın kaldığı 4. Levent'teki eve gider. Evde bulunanlar, en kısa zamanda diğer arkadaşlarıyla bir araya gelerek, yeni duruma uygun bir çalışma yapmaya karar verir.

Mahir, daha sonra, 4. Levent'teki evden ayrılarak Feriköy'deki eve gelir. Yakalandıklarını sandığı Necmi ve İlkay'ı orada görünce şaşırır. Sohbet esnasında Mahir, Elrom için,

"-Çok cesur bir adamdı. Sonuna kadar direndi" dediğinde, İlyas Aydın,

"-Elrom'un öldürülmesi iyi olmadı. Böyle yaparak bir yere varamazsınız" der. Mahir, bunun üzerine,

"-Bu iş olup bitmiştir ve doğrudur. Artık tartışılamaz" diyerek, bu konuda yapılan tartışmayı keser.[247]

"Son Durumu Gözden Geçirmek, Durum Muhakemesi Yapmak İçin Bir Toplantı Yapacaktık"

Geceyi Levent Güvercin Sokak'taki evde geçiren, "Mahir Çayan, 24 Mayıs 1971 Pazartesi günü sabahı Rüçhan Manas'ı Fatih Mollagürani Sokak'taki Saffet Alp'in evine göndererek Nazan Alp ve Saffet Alp'i kaldıkları Levent Akçam Apartmanı'na çağırtmıştır.

Mahir Çayan, Ulaş Bardakçı, Hüseyin Cevahir, Oktay Etiman, Kamil Dede ve Rüçhan Manas'ın gizlendikleri eve bu haber üzerine Saffet Alp ve Nazan Alp gelmişler; Mahir Çayan, Saffet Alp ile evlerinin terk edilip edilmemesini konuşarak, şimdilik Mollagürani Sokak'taki evin terk edilmemesi gerektiğini söylemiştir. İlbay Apartmanı'nda kalan Ziya Yılmaz ve Abdullah Çeçeloğlu durumlarının dikkati çekeceği kuşkusu ile bu evde bulunan yasak kitap, Kurtuluş Yayınları, Dev-Genç bildirileri, Mahir Çayan'ın hazırladığı yazıları ve diğer bazı eşyaları Çamlıca Apartmanı'na getirmişler."[248]

Mahir Çayan, daha önceden tanıdığı Piyade Üsteğmen Ömer Laçiner ile görüşmek istediğini Saffet Alp'e söylemiş ve 25 Mayıs 1971 Salı günü, Saffet Alp'in evinde bir araya gelen Mahir Çayan, Ulaş Bardakçı, Hüseyin Cevahir, Saffet Alp, İlyas Aydın ve Ömer Laçiner, yeni ev bulunması, aranılan örgüt üyelerinin saklanması ve örgütün meseleleri üzerinde görüşürler.

Ömer Laçiner, müsait ev bulabilmek ve örgüt sorunları üzerinde bazı kararları gözden geçirebilmek için bir günlük zaman ister. Olumlu bulunur ve daha sonra buluşmak üzere ayrılırlar.[249]

Mahir, bu sırada, bir durum değerlendirmesi taslağı kaleme alır. Yazısında özetle, "içinde bulunduğumuz devre ricat devresidir. Öz gücümüzü ezdirmeme, güç toplama, savaşı gücüne göre sürdürme devresidir" saptamasını yapar.[250]

Teğmen Saffet Alp'in evinde 29 Mayıs 1971 Cumartesi günü yapılan aramada bulunan elyazısından ibaret olan bu, "1950 Türkiye'de karşı devrimdi" cümlesiyle başlayan yazı için Mahir Çayan şunları anlatmıştır:

"Bu yazı bana aittir. Yazılmasının sebebi şudur; Çamlıca Apartmanı'nda son durumu gözden geçirmek, durum muhakemesi yapmak için bir toplantı yapacaktık. Daha önce hazırlıklı gelmek hususunda anlaşmıştık. Sözlü veya yazılı şekilde konuyu kafamızda derleyip toparlayacaktık. Ben Saffet Alp'in evinde kalıyordum. Diğer arkadaşlarla devamlı konuşacak durumda değildim. Bu bakımdan aklımdan geçenleri yazılı hale getirdim.

Çamlıca Apartmanı'nda yapılan toplantıya gittim. Ziya Yılmaz, Ulaş Bardakçı, Hüseyin Cevahir, Oktay Etiman ve Saffet Alp orada olmadığından dolayı toplantı yapılamamıştır.

Toplantıyı yapmak için daha doğrusu toplantı tarihini tespit etmek için Levent'teki eve gittim (...) orada (...) Çamlıca Apartmanı'nın basıldığı söyledi. Ben bu yazıyı temize çekmiştim. Müsvettesi olan bu yazı Safet Alp'in evinde kalmıştı. Temize çektiğim kısmını ise yakmıştım."[251]

Saffet Alp'in evinde kalmakta olan Mahir, 27 Mayıs 1971 Perşembe günü sabahı, Ömer Laçiner ile buluşarak, var olan son durum ve ne yapılacağı hakkında konuşur.

Ömer Laçiner'e, "örgütün İstanbul'daki bütün yapısını üstlenme sorumluluğu görevi verilmesi" kararına varılır.

Diğer arkadaşlarıyla da bir araya gelip, bu durumu görüşmek ve konuşmak amacıyla Mahir, saat 16.00 sıralarında Feriköy'deki Çamlıca Apartmanı'na gider.

Necmi, İlkay, Necati Sağır, İrfan Uçar ve İlyas Aydın'la yaptıkları konuşmada Mahir, aynı görüşlerini burada da yineledikten sonra tekrar Saffet ve Nazan Alp'lerin kaldığı eve geri döner, fakat onları evde bulamaz. Bunun üzerine ikinci kez Çamlıca Apartmanı'na gelir.

Aradan bir süre geçtikten sonra İlyas Aydın, her zaman yaptığı gibi, ekmek, sigara gibi günlük ihtiyaçları almak için evden dışarı çıkmak istediğini söylediğinde, Mahir,

"-Ben de çıkacağım. Biraz bekle, beraber çıkalım" der.

İlyas ile evden ayrılan Mahir, Levent, Güvercin Sokak'ta bulunan Etiman, Bardakçı, Cevahir ve Manas'ın kaldığı eve gider.[252]

Evde Yapılan Aramada İlyas Aydın'a Ait Karneler Bulunur

İlyas ve Mahir'in evden ayrılmasından en çok on dakika sonra Feriköy'deki ev ilk önce asker, hemen peşinden polis tarafından basılır.

27 Mayıs 1971 Perşembe günü, saat 21.20'de Feriköy, Ergenekon Caddesi, Şahadet Sokağı'nda bulunan Çamlıca Apartmanı'nın 4. katındaki daireye gelen arama timlerinden İnzibat Subayı Asteğmen İhsan Çelik komutasındaki beş asker ile altı polis memuru, açık bulunan evin kapısını iterek içeri girer. Bu ani baskın sonucu İlkay Demir, Necmi Demir, İrfan Uçar ve Necati Sağır yakalanır.

Evde yapılan aramada, Hava Yüzbaşısı elbiselerinden birinin üzerinde İlyas Aydın adlı birine ait sağlık karnesi ile Ordu Pazarları'ndan alış veriş yapmak üzere alınmış üyelik karnesi bulunur.[253]

Feriköy'deki evin yapılan bir ihbar üzerine basıldığı devlet yetkilileri tarafından açıklanır. İhbar olayını, o dönem Beşiktaş İnzibat Bölge Komutan Yardımcısı olan Tankçı Albay Lütfü Akat, şöyle anlatmıştır:

"Hatırlamadığım bir tarihte İnzibat Bölge Komutanlığı'nda oturuyordum. Yaşlı bir zat yanıma geldi. Çamlıca Apartmanı'nda şüpheli iki yüzbaşının oturmakta olduğunu söyledi. Yaşlı olduğu için sözüne itimat edemedim. Bir telefon numarası verdi. Karşınıza Yüzbaşı İlyas diye birisi çıkacaktır, dedi. Verdiği numarayı çevirdim, ben Yüzbaşı İlyas diye cevap verildi. Telefonu hemen kapattım. Aradan iki dakika geçince tekrar telefonu çevirdim. Bu sefer Yüzbaşı İlyas'ı istiyorum dedim. Yüzbaşı İlyas dışarı çıktı, geldiğinde bildiririz, dedi, telefona çıkan şahıs. Bunun üzerine form doldurarak durumu Merkez Komutanlığı'na intikal ettirdim. Bu ihbarı kıymetlendirmek için ilimizde fazla ekip yoktu. Benim bu ihbarı Merkez Komutanlığı'na intikal ettirdiğim günün gecesi Sıkıyönetimce genel arama günü değildir. Merkez Komutanlığı benden (ekip) istedi. Ben kafi personelim olmadığını söyledim. Merkez Komutanlığı'ndan bir ekip temin edilerek mezkur eve gönderildi. Merkez Komutanlığı tarafından gönderilen ekip vasıtası ile arama yapıldı. Bu itibarla yapılan arama Sıkıyönetimce yapılan genel arama günü değildir."[254]

İhbarda bulunduğu ve eskiden Milli Emniyet'te çalıştığı söylenilen Levent-Nispetiye Mahallesi Muhtarı Selçuk Türkaydın ise şunları söylemiştir:

"Ben bir ihbarda bulunmuş değilim. Tesadüfen duyduğum bir konuşmayı naklettim. O da şöyle olmuştur. Zannederim 25 Mayıs günüydü. Levent'ten bir dolmuşa binmiştim. Yanımda bulunan tanımadığım iki hanım, Dürnev ismindeki şahsın evini yüksek bir fiatla, zannederim 1.500 liraya kiraya verdiğinden ve ayrıca ikibin lira telefon parası aldığından bahsediyorlardı.

Teşvikiye semtinde olması gereken ve konuşmalar sebebiyle bana anormal gelen bu durumu, o sıralarda bu kabil mevzularda vatandaşların uyanık olmaları hususundaki uyarılara uyarak bildirmek istedim. Aradan iki gün geçince Beşiktaş İnzibat Bölge Komutanlığı'na bildirdim. Çamlık mı yoksa Çamlıca mı şeklinde bir apartmanmış" dedikten sonra not defterine kaydettiği (485271 ve Yüzbaşı İlyas, 1.500 lira, Dürnev) bilgilerini gösterir.[255]

Ömer Laçiner'in anlattığına göre, İlyas Aydın, Lütfü Akat'ın kendisine telefon etmesinden şüphelenmiş ve evde kalan diğer arkadaşlarına, "Ben bundan şüphelendim. Bu evi terkedelim ya da siz bu evi terkedin" diyerek kuşkularını dile getirmiştir."[256]

"Bu Yeni Durumda Ne Yapacağımızı Kararlaştıralım"

Polis telsizini Levent'teki evde izleyen Oktay Etiman, Feriköy'deki evin basıldığını anlar. Etiman,

"-Kurtuluş'taki ev basıldı. Çok büyük bir ihtimalle orada operasyon yapıldı" diyerek, Ulaş, Cevahir ve Rüçhan'a haber verir.

Ulaş, Necmilerin bulunduğu eve telefon açarak İrfan Uçar'ı arar fakat telefona tanımadığı başka biri cevap verir. Evin güvenlik kuvvetleri tarafından basıldığı anlaşılır.

Etiman, Ulaş, Rüçhan ve Cevahir, evin basılarak bazı arkadaşlarının gözaltına alındığını, radyonun 23.00 haberlerinden öğrenir. Fakat haberlerde, aynı evde kalan İlyas Aydın'ın ismi geçmemektedir. Oktay Etiman, arkadaşlarına,

"-Bu evi hemen terkedelim. Ya Ziya Yılmaz'ın ya da Saffet Alp'in kaldığı eve gidelim. Diğer arkadaşlara bu yeni durumu bildirelim ve ne yapacağımızı kararlaştıralım" diyerek, düşüncelerini dile getirir. Arkadaşları, Etiman'ın bu fikrine katılmaz. Ulaş, Mahir ve Ziya Yılmaz'a haber vermek için evden ayrılır.

Etiman'ın ısrarları sonucu Hüseyin Cevahir, evden ayrılmayı kabul eder. Bunun üzerine Etiman:

"-Evden önce sen çık. Sonra da ben eşyaları toplar çıkarım" der. Cevahir,

"-Hayır! Önce sen çık. Arkadan ben ve Rüçhan evi terkederiz" diye cevap verir.

Bunun üzerine Etiman, evde bulunan bazı evrakları ve iki silahı yanına alarak evden ayrılır, İlbay Apartmanı'na gider. Ziya Yılmaz'ın kaldığı dairenin kapısının zilini çalar. Fakat kimse kapıyı açmaz. Evde kimsenin olmadığı zaman kapının anahtarının bırakıldığı asansörün yanına bakar, fakat anahtar da yoktur. Bunun üzerine eskiden tanıdığı Taksim'de oturan Adanalı bir arkadaşının evine gider ve geceyi orada geçirir.

Adanalı arkadaşının evinde geceyi geçiren Oktay Etiman, öğlene doğru Eminönü'nde Abdullah Ceceloğlu'nun işyerine gider.

Etiman, Ceceloğlu'na, "Arkadaşlarımla nasıl buluşabilirim. Onların nerede olduğunu biliyor musun?" diye sorar.

Ceceloğlu, "Nerelerde olduklarını bilmiyorum" diye cevap verir.

Etiman, evinde kaldığı Adanalı arkadaşının evini tarif ettikten sonra, "Arkadaşlarla irtibat kurduğun zaman, onlara mutlaka orada olduğumu bildir" der ve Ceceloğlu'ndan ayrılır.

Bu sırada, Hüseyin Onur, 1971 Temmuz ayında, yurtdışına çıkma önerisi getirir. Oktay Etiman bu öneriyi reddeder.

Arkadaşlarından uzunca bir süre haber alamayan ve bağlantı kuramayan Etiman, daha sonra Beşiktaş'ta bir arkadaşının evinde saklanmaya başlar.

Etiman'ın Beşiktaş'ta kaldığı eve, Adana'dan çocukluk arkadaşı olan bir pilot, "Eğer istersen uçağım ile seni istediğin yere götürüp bırakabileceğim gibi yurtdışına da çıkarabilirim" diye haber gönderir.

Fakat, Etiman, o günün koşullarında arkadaşları için bir şeyler yapabileceği düşüncesiyle bu öneriyi de reddeder ve ne olursa olsun yurt içinde kalmaya karar verir.

Etiman, Hv. Tğm. Tamer Hazer'in sağladığı bir tankerle, 7 Eylül 1971 günü, Selçuk Şahin Polat ile İstanbul'a gelmiş olan Yusuf Küpeli ve Münir Ramazan Aktolga ile bağlantı kurar. Etiman, arkadaşlarıyla birlikte siyasi çalışmalarına devam ederken, yakalanır.[257]

"Bize Bugün Kalabileceğimiz Bir Yer Lazım"

Evin basıldığı saatlerde Çamlıca Apartmanı önüne gelen Hv. Yzb. İlyas Aydın, evin basıldığını anlayınca vaziyeti haber vermek ve kalmak için Saffet Alplere gider. Orada Ulaş ile Mahir'i gören İlyas Aydın, "ekmek almaktan dönerken Çamlıca Apartmanı'nın güvenlik kuvvetleri tarafından sarıldığını gördüğünü ve oradan ayrıldığını" söyler.[258]

Mahir ve Ulaş, "Saffet Alp'in evine giderlerken, Mete Has ve Talip Aksoy'un fidyesi ikinci partiden olup da seri numaraları alınan 500 liralıklardan müteşekkil 140 bin lira civarındaki para ile 100 liralıklardan seri numaraları alınmamış 60 bin lirayı beraberlerinde götürmüşlerdir."

"Bu paraların Saffet Alp'in evine götürülmesinden maksat Nazan Alp'çe saklanmasını temin ise de bundan bilahare vazgeçilmiş, bu evde durumun tartışılması sonucu evlerin terk edilmesi ve dağılınması kararlaştırılmıştır."

Evi terk etmeden önce Mahir ve Ulaş, "100 liralıklardan müteşekkil 60 bin liranın 30 bin lirasını Yzb. İlyas Aydın ve Teğmen Saffet Alp'e" verdikten sonra Levent'teki eve geri döndüklerinde, Oktay Etiman'ın evden ayrıldığını öğrenir.

Saffet Alp, Nazan Alp ve İlyas Aydın da bu evi terk ederek Ömer Laçiner'in Kadıköy Söğütlüçeşme Caddesi 332/10'daki evine gider.

Bu arada yaşanan bir olayı, Üstğ. Mehmet Balaban ile aynı askeri birlikte görev yapan Kıdemli Binbaşı Tahsin Kunt şöyle anlatmıştır:

"Üstğ. Mehmet Balaban, İlyas Aydın ismindeki bir yüzbaşıya bir ev kontratı sebebiyle kefil olduğunu, bu olaylardan sonra bana anlatmıştı. Kontrata kefil olduğu evde bazı şahısların yakalandığını duyması üzerine endişeye kapılarak bana geldi ve bu evin tutulmasına kefil olduğunu söylemişti."

"Genel aramanın yapılmasından sonra pazartesi ve salı günlerinde Saffet Alp göreve devam etti. 27 Mayıs tatilinden sonra da göreve gelmedi. Saffet Alp'in göreve gelmemesi 28 Mayıs Cuma gününden başlar. Mehmet Balaban ise göreve gelerek Yüzbaşı İlyas tarafından tutulan evin kontratosuna kefil olarak iştirak ettiğini, Tğm. Saffet'in firarını takip eden pazartesi günü anlatmıştı."

"Mehmet Balaban bana geldiğinde adi bir kontrat olayı sebebi ile kefil durumundan başka herhangi bir davranışının olmadığını, Hava Harp Okulu misafirhanesinde tanıştığı Yzb. İlyas Aydın'a bir gün Taksim'de rastladığını, Yüzbaşı İlyas'ın tuttuğu bir ev için kendisine kefil olmasını teklif ettiğini, bu şekilde kefil olarak kontratı imzaladığını, evin 1.500 (binbeşyüz liraya) kiralandığını ve Yzb. İlyas'ın bir doktor veya mühendis olan akrabası ile bu evde kalacağını, bu itibarla bir yüzbaşı için fahiş kabul edilebilecek bu kiranın böylece kendisine izah edildiğini, orada ben de kalabilir miyim şeklinde konuşunca, Yüzbaşı İlyas'ın mütereddit davrandığını bize nakletti. Ben kendisini Grup Komutanımıza çıkardım. Beraberce dinledik. Eğer siyasi bir eylemin varsa bize yazılı olarak bildir, bu suretle cezan yarıya iner, hafifler şeklinde ikazda bulunduk. Herhangi bir eyleminin bulunmadığını söyledi. Vazifesine normal olarak devam etti. Hatta bu arada kendisini bir görevle Kayseri'ye kadar da gönderdim. Tutuklandığı tarihe kadar normal şekilde görevine devam etmiş."

"Mahir Çayan Camı Kırarak İçeriye Girmiştir"

28 Mayıs 1971 Cuma günü sabahı, Ziya Yılmaz, İlbay Apartmanı'nda yakalanır. Yine aynı gün, Erenköy Tenis Apartmanı'nda karakol kuran polisler, saat 14.00 sıralarında bu kez Ulaş Bardakçı ile Rüçhan Manas'ı yakalar. Hemen peşlerinden gelen Mahir Çayan ile Hüseyin Cevahir ise Ulaş ile Rüçhan'ın yakalandıklarını görünce hızla oradan ayrılır.

Bunun üzerine Mahir ve Rüçhan Manas, Tülay Tat-Erdumlu'nun annesiyle birlikte kaldığı Feneryolu'ndaki eve gider.

Tülay Tat kapıyı açtığında, Mahir,

"-Konuşmamız gerek" diyerek, Tülay'ı dışarı çağırır.

"-Tamam geliyorum" diyerek dışarı çıkan Tülay Tat, Hüseyin Cevahir ve Bingöl Erdumlu'nun da orada olduğunu görür.

Mahir,

"-Bize bugün kalacağımız bir yer lazım" dediğinde,

"-Bingöl'ün babasına ait Maltepe'deki yazlık ev var."der.

Birlikte, Maltepe Rıhtım Caddesi 34/3 No.daki yazlık olarak kullanılan eve gidilir. Bingöl Erdumlu'nun ağabeyi, evin kapısının kilidini değiştirmiş olduğu için Tülay Tat'ın getirdiği anahtarın kapıya uymaması üzerine daire kapısının karşısına düşen pencere camı kırılarak buradan Çayan, dairenin balkonuna girer ve içeriden kapıyı açar.

O gün Mahir, Tülay Tat'a, Elrom'u öldürdüğü 6.35 çapındaki tabancayı vererek,

"-Bunu bir yere atarak yok et" isteğinde bulunur. Tülay Tat da tabancayı götürerek denize atar.

Mahir, daha sonra, ellerinde olan paranın bir kısmını Tülay'a vererek,

"-Bu parayı Ankara'ya götür ve Necmettin Giritlioğlu'nun nişanlısı Muzaffer'i bul. O sana ne yapacağını söyler" der.

"Bu Çok Pahalı Meyveleri Niye Alıyorsun?"

Tülay Tat, dikkat çekmemek için Maltepe'den değil de oturduğu semtten alışveriş yaparak daha çok hazır yiyecekler ve sigara alarak, evden dışarı hiç çıkmayan Mahir ve Hüseyin'e götürür. Hüseyin de sigara içmektedir, ama sigara içen daha çok Mahir'dir. Tülay Tat biraz da meyve alır. Mevsimine göre biraz pahalı olan kiraz ve erik alarak eve gittiğinde, Mahir sert bir dille,

"-Ne yapıyorsun sen? Bu çok pahalı meyveleri niye alıyorsun?" diyerek çıkışır.

"-Kendi paramla aldım. Sizin verdiğiniz paraya dokunmadım bile. Verdiğiniz para olduğu gibi duruyor."

"-Canım olsun! Sen yine de fazla para harcama"

Tülay Tat, daha sonra Mahir'in isteği üzerine 29 Mayıs günü, öğleden sonra saat 15.30-16.00 sıralarında Ömer Laçiner'e telefon etmek için Rıhtım Caddesi 36/a'da gazinoculuk yapan Seydi Kaynaklar'a giderek,

"-Telefon var mı?" diye sorar.

"-Yok" diye yanıt verir kahveci.

Daha sonra bulduğu bir telefondan Ömer Laçiner'i görev yaptığı askeri birliğinden arayan Tülay Tat, kendisiyle görüşmek istediğini söyler, ama görüşme olanağı bulamaz.

Bingöl Erdumlu'nun babasına ait ve yazlık olarak kullanılan ev deniz gören, terası çok geniş ve çok güzel manzarası olan bir yerdir. Mahir ve Hüseyin, orada kaldıkları süre içinde rahat davranırlar. Tülay Tat, Mahir ve Hüseyin, birlikte çay demleyerek, terasta oturup çay içer, sohbet eder. Hüseyin, sohbetlere pek katılmaz. Sessiz ve sakindir. Daha çok Mahir ve Tülay Tat sohbet eder. Mahir, sohbetin bir yerinde Tülay'a,

"-Bu evde başka şekilde de oturabilirdik, başka şeyler de yapabilirdik. Oysa gördüğün gibi işte bugün böyleyiz" diyerek, duygularını dile getirir.

"Bu Evin Üst Katında Bir İki Günden Beri Şüpheli Üç Gencin Girip Çıkmakta Olduğu Bildirildi"

Mahir ve Hüseyin'in kaçak olarak kaldıkları bu apartmanın birinci katında Şermin Erbağ adında bir bayan oturmaktadır. Tülay'la birlikte eve gelen Mahir ve Hüseyin'i görür. Hatta bir ara çıkar Tülay'la da konuşur.

O zaman Küçükyalı Mahallesi Muhtarı olan Kamil Balıkçı, bundan sonrasını ve 30 Mayıs günü evin nasıl açığa çıktığını şöyle anlatmıştır:

"Bir gün Nazmi ismindeki hanım, mahalle muhtarı olmam sebebiyle bana gelerek, bu evin üst katında bir iki günden beri şüpheli üç gencin girip çıkmakta olduğunu bildirdi. Şermin Erbağ'la konuştum. Gece yarısı iki üç kişinin 3. kata çıktıklarını ve gündüz öğle saatlerinde evden ayrılmakta olduklarını bildirdi. Korku ve endişesini beyan etti. Ben karakola gittim, durumu bildirdim. Bir polis, bir astsubay, ben ve iki bekçi ve vasıtayı kullanan şoför olmak üzere bir vasıtayla mezkur eve gittik. Ben onbeş dakika kadar kapı zilini çaldım. Açan ve cevap veren olmadı. Kapıyı kırmak için omuzladım, fakat muvaffak olamadım. Yanımdaki anahtarla açmak istedim, mümkün olmadı. Kapıyı kırmaya uğraşırken anahtar deliğinin içerisinde sarı bir pime benziyen bir şey gördüm. İçerden anahtarlanmış olabileceği kanaatine kapıldım. Bu şüpheli durumda daha çok takviye kuvveti almak gerektiğinden aşağıya indik. Ben ve bekçi aşağıya indik. Diğerleri kuvvet getirmek üzere karakola gitmişlerdi. Bu sırada eskiden beri tanıdığım bir arkadaşımla konuştum. Çay içmek üzere biraz ilerdeki gazinoya doğru gidiyordum. Arkadan bir silah sesi duydum."

Bekçi İbrahim Keskin, bu konuda şunları söylemiştir: "Olay günü sabahleyin saat 7'de çalışmakta olduğum Maltepe Emniyet Karakolu'na gittim. Sonradan muhtar olduğunu öğrendiğim bir vatandaş, bir evde şüpheli iki kişi olduğunu ve bunların şüpheli olarak çarşıda da dolaştıklarını söyledi. Kendisini ilgililere götürdüm. Bir polis memuru, bir astsubay, ben ve bir başka bekçi ve muhtar olduğu halde eve gittik. Yukarı kata çıktık. Astsubayım uzun müddet kapıyı çaldı açan olmadı. Muhtar, anahtar deliğinden baktı herhalde içerde anahtar var dedi. Ben de baktım. Bu durum üzerine hepimiz aşağıya indik. Beni orada bıraktılar diğerleri kuvvet alıp gelmek üzere ayrıldılar."

"İki Eylemci Kartal Maltepe'de Bir Evde Kıstırıldılar"

Sabahın erken saatinde, üçüncü kattaki dairenin kapısının zili uzun uzun çalmaya başlayınca evde bulunanlar hemen yerlerinden fırlarlar. Dışardaki gürültülerden gelenlerin kalabalık olduğunu anlayan Mahir, Hüseyin, Bingöl ve Hüdai, kapıyı açmayıp elleri silahlarının tetiğinde beklemeye başlar.

Kapı zilinin çalınması ve gürültüler kesilince gidip gitmediklerini anlamak için Mahir, kapıyı açarak dışarıya baktığında bekçi İbrahim Keskin'i görür. Bekçi korkarak geri çekilir. Mahir,

"-Ne var, ne istiyorsun?"

"-Kapıyı neden açmadınız? Bir dakika karakola gelir misiniz?"

"-Karakola gidecek bir durum görmüyorum. Hangi gerekçeyle gideceğiz?"

"-Bana öyle söylediler. Karakola gelmeniz lazım."

"-Üstümü giyinip geleyim" diyerek, Mahir kapıyı kapatır. Mahir, Hüseyin, Bingöl ve Hüdai, ne yapmaları gerektiğini değerlendirirler. Sonunda, bekçiyi tehdit ederek bağlayıp kaçmayı kararlaştırırlar. Elinde Matomsonla arka tarafta Cevahir, elinde 14'lü tabancasıyla ön tarafta Mahir, merdivenlerden inerek, bekçinin yanına gelir. Bekçiye,

"- Kımıldama" dediğinde, bekçi, kendini korumak amacıyla elini tabancasına atar ve geri geri giderek kaçmaya çalışır. Bunun üzerine Mahir de ateş eder. Bekçi,

"-Ahhh yandım" diyerek kaldırıma yığılır.

Bingöl Erdumlu ile Hüdai Arıkan, evden kaçarak uzaklaşırken Mahir Çayan ile Hüseyin Cevahir de, silah, mermi ve para dolu valizle koşarak Rıhtım Caddesi'ne çıkarlar. Takiplerini önlemek için zaman zaman ellerindeki sten makinalı tabancalarla havaya tarama ateşleri yapmak suretiyle Kuyu Sokak, Küçükyalı Caddesi, Keresteciler Sokağı'nı takiben Beşçeşmeler mevkiindeki tren yolu alt geçidine gelirler. Burada kendilerini takip eden ve yakalamak isteyen şahısların kalabalıklaştığını gören Mahir ile Hüseyin, geçitten sıra ile geçmeyi kararlaştır. Mahir Çayan, alt geçitten karşıya geçtikten sonra Cevahir'e gelmesi için işaret eder.

Cevahir, burada havaya doğru bir defa daha tarama atışı yaparak, yere bıraktığı içinde sten makinalı tabanca, tabanca, mermiler, dolu şarjörler, bazı dergiler, 21 adet doğum kontrol hapı ve öldürdükten sonra Başkonsolos'tan aldıkları kimlik, evrak dolu saplı deri valizi alıp koşacağı sırada, valizin sapı kopar. Bunun üzerine Cevahir, valizi orada bırakarak geçitten geçer.

Çayan ve Cevahir, bundan sonra da yer yer durarak atışlar yapmak suretiyle Çiftlik Caddesi, Bostan Sokak, Kartallı Sokak, Tarla Sokağı'nı takiben Orhangazi Caddesi'ne çıkarlar. Bağdat Caddesine ulaşacakları sırada silah sesleri üzerine Orhangazi Caddesi ile Bağdat Caddesi'nin kesiştiği mahale sevkedilen inzibat astsubayı ve erleriyle karşılaşırlar. Güvenlik kuvvetlerinin çemberi karşısında daha fazla ilerleyemiyeceklerini anlayan Cevahir ile Çayan, Maltepe Orhangazi Caddesi Küçükbağ Sokak 8 Numaralı apartmanın bahçe duvarından atlayarak, birinci kat arka balkonundan kapıyı tekme ile açmak suretiyle Yazgül Uğraş'ın evine girer.

Yazgül Uğraş, iki kızını ve üç yaşındaki torununu korumak amacıyla yanına alarak ön balkona geçer. Çayan, ön balkonda bulunan ev sakinlerini silah tehdidi ile içeriye alır ve salonda bulunan divana oturtur. Kendisi de karşılarındaki divana oturarak silahını doldurur. Cevahir de yatak odaları antresinde elinde silah olduğu halde etrafı gözetler.

Yazgül Uğraş ve kızlarının yalvarmaları ve cevap beklemeden kalkarak arkalarına korka korka bakmak suretiyle kapıya yönelmeleri üzerine Çayan, eliyle gidin şeklinde işaret eder. Ev sakinleri çıktıktan sonra Çayan, ön balkon penceresine doğru, Cevahir de bulunduğu koridordan yatak odası penceresi istikametinde evi çeviren güvenlik kuvvetlerini durdurmak için uyarı ateşi açar.

"Halen Bulunduğunuz Ev Bir Binbaşının Evidir"

Saat 09.00 civarında, Çayan ve Cevahir, sığındıkları apartmanın birinci katını güvenli bulmadıklarından en üst kattaki Top. Kd. Binbaşı Dinçer Erkan'a ait dairenin kapısını kırarak içeri girer. Evde bulunan, binbaşının eşi ile oğlunun dışarıya çıkmasına müsaade ederek 14 yaşındaki kızı Sibel Erkan'ı evde alıkoyan Çayan ile Cevahir, hemen ardından, Sibel Erkan'ı evin arka salonuna götürdükten sonra kırılan kapının arkasına buzdolabı ve kömür sobasını koyarak takviye yapar.

Bu esnada binanın çevresine büyük bir halk kalabalığı toplanmış, güvenlik kuvvetleri tarafından abluka altına alınmıştır. Çayan ve Cevahir'in konuşmalarını dinleyebilmek için evin bacasından içeriye bir mikrofon uzatılır. Ayrıca helikopterlerle ev ve çevresi havadan da izlenmeye alınır.

"Binanın sarıldığını görünce Mahir Çayan mutfak penceresinden, Hüseyin Cevahir, banyo penceresinden, 'Yaşasın Türkiye Halk Kurtuluş Cephesi' diye bağırmışlar, halkın aleyhte tezahüratı karşısında bu pencerelerden hedef gözetmeksizin ateş açmışlardır. Bu atışlar sırasında, Çayan'ın ateş ettiği istikamette bulunan Gülsüm Bölme isimli bir kadın isabet eden kurşunla yaralanmıştır."[259]

Sıkıyönetim ve Birinci Ordu Komutanı Orgeneral Faik Türün, İstanbul Valisi Vefa Poyraz, Emniyet Müdürü Muzaffer Çağlar ile İkinci Zırhlı Tugay Komutanı Tuğgeneral Celal Bulutlar olay yerine gelir.

Tuğgeneral Bulutlar, Çayan ve Cevahir'e hitaben megafonla şu çağrıda bulunur:

"Sanıklara ihtar! Sanıklara ihtar! Ben İkinci Zırhlı Tugay Kumandanı Tuğgeneral Celal Bulutlar'ım. Size ihtar ediyorum. Halen bulunduğunuz ev bir binbaşının evidir. Rehine tuttuğunuz çocuk bir binbaşının kızıdır. Kendisini derhal serbest bırakın. Silahlarınızı pencereden dışarı atın, balkona çıkın. Sizi ben teslim alacağım. Etrafınız çevrilmiştir. Savunmasız ve masum bir Türk çocuğuna zalimce davranacağınıza ihtimal vermiyorum. Teslim olduğunuz takdirde size hiçbir fena muamele yapılmayacaktır. Aksi halde sizi halka teslim edeceğim."[260]

Çayan ve Cevahir, Bulutlar'ın bu sözlerine, "Asla teslim olmayacağız. Bizim buradan ölümüz çıkar. Çocuğa dokunmayacağız. Çocuk ancak sizin ateşinizle ölebilir. Silahımızı da asla teslim etmeyeceğiz. Erkek adam silahını atmaz. Bizi teslim almaya gelirseniz silahımız size dönecektir" karşılığını verir.

Sıkıyönetim Komutanı Orgeneral Faik Türün de, olay yerinde toplanmış kalabalığa kısa bir hitapta bulunarak, "İki cani bir kız çocuğunu rehine tutuyorlar. Zor kullanmayacağız. Sabırla bekleyeceğiz. Onları canlı veya cansız mutlaka ele geçireceğiz" der ve halktan silah menzilinin dışında durmalarını, güvenlik kuvvetlerinin görevlerini kolaylaştırmalarını ister.

Bu arada güvenlik kuvvetleri, evin 200 metre çevresini toplanan kalabalıktan temizler, çevre evlerden giriş çıkışı yasaklar.

Çevre evlerde oturanlar, yakınlardaki güvenlik kuvvetleri ilgililerine çay ikram eder. Evin çevresini boşaltan güvenlik kuvvetleri, evin iki katı ile çatısını kontrol altına alır. Çatıya çıkan görevliler, komandoların kullandığı düğümlü tırmanma halatlarını aşağıya sarkıtırlar. Bu sırada Çayan ve Cevahir, ipleri koparmak amacıyla içerden ateş eder.

Binanın ikinci katında karargah kuran güvenlik görevlileri megafonla, Çayan ve Cevahir'e sık sık, "Sibel'i bırakarak teslim olmaları" çağrı ve uyarısında bulunur. Aynı zamanda buradan Binbaşı Hayri Çakmakçı ile Çayan ve Cevahir'le yapılan ve teybe alınan konuşmalardaMahir, "Filistin ya da Kıbrıs'a iltica hakkı için pasaport temini, kendilerinin havaalanına bir ciple bırakılmalarını, özel bir uçak temin etmelerini, küçük kızı gittikleri ülkede serbest bırakacaklarını, herhangi bir teşebbüs karşısında önce kızı sonra da kendilerini vuracaklarını, içlerinden birine bir şey olursa diğerinin kızı vuracağını, şartlarının kabul edilmemesi halinde ise kızı yine öldüreceklerini" söyler.

Cevahir de, "kendisinin THKC'nin bir savaşçısı olduğunu, çocuğun kendileri ile kalacağını, birlikte ölecek veya kalacaklarını, canları istediği zaman üçünün birlikte evden çıkacaklarını, herhangi bir şey yapmaya kalktıkları takdirde üçünün de öleceğini, kendisinin Türk olmayıp, Kürt olduğunu" söyler.

Çayan ve Cevahir, zaman zaman Sibel Erkan'ın güvenlik kuvvetleri ilgilileri ile konuşmasına izin verir, zaman zaman da evin pencerelerinden görünmesini sağlar.

Saat 19.00'dan itibaren yağmur sağanak halinde yağmaya başlar. Güvenlik kuvvetleri getirdikleri projektörlerle evi tamamen aydınlatır. Saat 22.00'den sonra evi aydınlatan projektörler çoğaltılır. Çayan ve Cevahir, ışıkların bulundukları yönlere ateş açar.

"Kusura Bakmayın Zorunlu Olduğumuz İçin Evinize Girdik"

Olayı gazetelerden, radyodan öğrenen, duyan vatandaşlar, özellikle Marmara bölgesinin değişik yerleşim merkezlerinden 31 Mayıs 1971 Pazartesi günü, sabahın erken saatlerinden itibaren akın akın Sibel Erkan'ın rehin tutulduğu evin çevresine gelerek, gelişmeleri birer sinema seyircisi gibi izlemeye koyulur.

Çayan ve Cevahir, kırık pencerelerden birisine yaklaşarak, merakla bekleşen kalabalığa,

"-Size söyleyeceklerimiz var. Korkmayın bizden. Biz sizi kurtarmak için kendimizi bu yola attık" dediklerinde, kalabalıktan bu sesi duyanlardan bir kısmı,

"-Yuhhh" çeker. Bunun üzerine Mahir,

"-Eğer 10.30'a kadar dağılmazsanız evi yakarız. Çocuğu da öldürürüz" dedikten sonra, söylediklerine inandırmak için perdelerden bir iki tanesini ve sehpaların üzerindeki elişi örtüleri ve yanlarında bulunan paralardan bir kısmını ve evrakları toplayarak yakmaya başlar.

Mahir, ayrıca nüfus kağıdına, anneme, karıma, devrimci arkadaşlarıma ve Türkiye halkına diye başlayan bir hitap yazar. Yazının altına da "Yaşasın Türkiye Halk Kurtuluş Cephesi" ibarelerini ve "Tülay suçsuzdur. Tek kabahati bizi eve almasıdır" cümlesini ekler. Daha sonra, Sibel'in anne ve babasına, "kusura bakmayın, zorunlu olduğumuz için evinize girdik. Asıl gayemizi şimdi öğrenmiş oldunuz" diyerek, duygularını dile getirir. Fakat Hüseyin Cevahir, herhangi bir nedenle buna karşı çıktığı için bu yazıları yırtar.

Sinan Cemgil ve İki Arkadaşının Öldürüldüğünü Radyodan Duyunca Müthiş Sinirlenirler

Güvenlik kuvvetleri yöneticileri ile Çayan ve Cevahir arasında yapılan konuşmalar ikinci gün de sürdürülür.

Mahir, saat 12.00'ye doğru, "Hürriyet ve Milliyet gazetesi ile acıktıkları için yemek göndermelerini" ister. Fakat, sadece yiyecek gönderilir.

Bu arada, Mahir Çayan ve Hüseyin Cevahir, "Sinan Cemgil ve iki arkadaşının öldürüldüğünü radyodan duyunca müthiş sinirlenmiş ve küfür etmişler, paniğe kapılarak tedbiri bir tarafa bırakıp, evin içinde sinirli adımlarla dolaşmışlardır."

Güvenlik görevlileri, Çayan ve Cevahir'i ikna edebileceklerini düşünerek, bulundukları yerden çağırdıkları ailelerini beklemektedirler. Cevahir'in babası o sıra Almanya'da olduğu için Keban Barajı inşaatında çalışmakta olan amcası Ali Kamer Cevahir, Keban'dan, Mahir'in annesi Naciye Çayan ise Ankara'dan askeri bir uçakla İstanbul'a getirilerek, olayın geçtiği eve götürülür.

Bir binbaşı,

"-Anneniz ve amcanız bizim misafirimiz olarak buraya geldiler, sizinle konuşmak istiyorlar" dediğinde, Mahir,

"-Ne demek istiyorsunuz? Yani onları rehine mi aldınız?"

"-Artık nasıl anlarsanız anlayın. Ben emir kuluyum. Bunu büyüklerimiz bilir"

Mahir ile Hüseyin, "Gelen yakınlarımıza karşı sevgilerimizi belli etmeyelim. Yoksa onları siper alarak ite kaka içeri sokarlar. Zaafımızı belli etmeyelim." diye karar alır.

Mahir ve Hüseyin'in bulunduğu apartmanın ikinci kat sahanlığına gelen Ali Kamer Cevahir, yeğeni Hüseyin Cevahir'e,

"-Oğlum teslim ol. Sana eziyet etmeyecekler. Dişimizden tırnağımızdan artırdığımızı okuman için sana gönderdik. Sen böyle mi yapacaktın?"

"-Amca sen karışma."

"-Oğlum Hüseyin sen iyi çocuksun. Sen bu işlere karışmazsın. Kızı serbest bırakın. O senin kızkardeşin de olabilirdi. Senin de kızkardeşlerin var. Aynı şey onların başına gelse sen ne düşünürsün, ne yaparsın? Sen buna razı olur musun? O kızcağızı sen nasıl rehin alırsın?"

"- Amca seni kandırıyorlar bunlar. İnanma onlara."

"-Yahu bizim ailemizde birisi böyle şerefsizlik, namussuzluk yaptı mı? Ayıp değil mi yahu? Ceza da yeriz, hapis de oluruz. Ben seni mert oğlan bilirdim vallahi."

"-Ben mert adamım gene. Tamam artık konuşma! Teslim olmayacağım. Sana sevgim ve derin saygım var. Biliyorsun seni severim, sayarım. Fakat bu adamlara teslim olmayacağım."

"-Bak Hüseyin, sen gel teslim ol."

"-Tamam tamam. Ben gelmeyeceğim. Çocukların gözlerinden öperim. Selam söyle. Benim başka sözüm yok."

Daha sonra Naciye Çayan, yanında İnzibat Yarbayı İhsan Özkaya olduğu halde, ikinci katın sahanlığına getirilir.

Anne ile oğlu arasında şu konuşmalar geçer:

"-Mahir yavrucuğum teslim ol."

"-Hayır anne, sen karışma bu işe."

"-Teslim ol oğlum, başka çaren yok işte. Ne olur teslim ol."

"-Anne sen bu işe karışma hiç. Biz buradan çıkacağız."

"-Nasıl çıkarsın yavrum, her taraf çevrili."

"-Orasını biz biliyoruz."

"-Öldürürler seni."

"-Sen karışma anne."

"-Türk adliyesine güven. Hükümet kuvvetlerine teslim ol. Bir ana olarak masum bir kızı serbest bırakmanı istiyorum. Bırak içeri gireyim" dedikten sonra Mahir'in bulunduğu eve girmeye çalışması üzerine, Mahir sinirlenir ve,

"-Hayır, Defolun. Eğer beş dakika daha bunlar burada konuşsun, şerefsizim, dünyanın en adi insanıyım ki, bu kızı burada beş dakika sonra kurşun sesleri ile öldüreceğim. Göreceksiniz beş dakika içinde. Şimdi saat 12'ye 25 var. 12'ye 20 kala bu iş bitecektir. Biz de biteceğiz, bu iş de bitecektir. Artık kestirmeden gidiyoruz."

"-Benim hatırım için yavrum, benim hatırım için, ana sütümü daha sana helal etmem yavrum, sen böyle bir iş yaparsan ben ölürüm yavrum, ne olur yarabbim, yapma evladım. Bak ben seni bu kadar büyüttüm. Bunlar için mi yaptım. Sen çok güzel bir çocuktun, niye böyle oldun evladım."

"-Bak ben laf anlıyorum, göreceksiniz, devrimcilik nasılmış göreceksiniz. Kahrolsun faşist köpekler. Yaşasın Bağımsız Türkiye, yaşasın Türkiye Cumhuriyeti, yaşasın bu uğurda ölenler ve mücadele edenler, yaşasın Gazi Mustafa Kemal'in bağımsızlık ülküsünü yükseklerde tutanlar. Ölüm hoş geldin safa geldin (...) Bütün mazlum milletler zalimleri kahr ve perişan edecekler, feda olsun arkadaşlar, ya ölüm ya galibiyet" diye bağırdıktan sonra, Mülkiye Marşı'nı, Dev-Genç Marşı'nı, Dağbaşını Duman Almış Marşı'nı ve diğer marşları söylemeye başlar.

Anne ve amca, oradan götürüldükten sonra ikinci katta bulunan binbaşı, Sibel Erkan'ın sağ olup olmadığını anlamak için Sibel'i görüp, konuşmak ister. Bir süre tartışılıp, konuşulduktan sonra Sibel ile binbaşının konuşmasına olanak verilir.

Bu arada evi aydınlatan projektörlerin kendiliğinden sönmesi üzerine telaşa ve tedirginliğe kapılan Çayan ve Cevahir, bu noktalara yoğun silah atışı yapar. Güvenlik kuvvetleri tarafından ikinci kattan, yukarı kata sopa ucuna takılmış polis şapkası ve asker miğferi uzatılarak, silah atışları bu kez bunların üzerine yöneltilir.

Geceyi uykusuz geçiren Çayan ve Cevahir, sabahleyin nöbetleşe uyumaya çalışır.

Evden Cevahir Ölü, Mahir Yaralı Çıkartılır

Güvenlik kuvvetleri, 1 Haziran 1971 Salı günü sabahın erken saatlerinden itibaren daha yoğun bir hareketlilik içerisindedir. İkinci bir emre kadar çevre evlerin pencerelerinden Çayan ve Cevahir'in kaldığı eve bakılması kesinlikle yasaklanır. Gazeteciler ateş menzili dışına çıkartılır. Evin arka tarafındaki balkonun iki yanı ile yatak odasının penceresine, mutfak tarafına dayalı yangın merdivenlerine çelik yelekli ve miğferli polisler çıkar. Keskin nişancı Bnb. Necdet Asker ve Dz. Bnb. Cihangir Erdeniz, binaya bitişik evde, Çayan ve Cevahir'in bulunduğu evin salonunu görebilecekleri şekilde mevzilenir. Bazı güvenlik güçleri ise iki helikopter ve bir keşif uçağı ile havadan evi gözetlemekte, olay bölgesinde de bir ambülans hazır bekletilmektedir.

Saat 11.10'da, son bir anons daha yapılarak, Çayan ve Cevahir'den, "Sibel'i bırakıp teslim olmaları" istenir.

Mahir'in söylediğine göre, bu son anonstan sonra, Cevahir'le konuşup, "Sibel Erkan'ı bırakıp vuruşma kararı aldıklarını" açıklar.

Ve saat 11.20'de, bir el silah atılıp Hüseyin Cevahir'in çenesinin altından vurulmasıyla evin dört bir tarafından içeriye dalan polis ve askeri timler tarafından operasyon başlatılır.

Ani bir baskınla karşılaşan Çayan ve Cevahir kısa bir şaşkınlıktan sonra ellerinde bulunan silahlarla karşı durmaya çalışırlar.

Çevre il, ilçe ve köylerden gelen binlerce vatandaş heyecan, merak ve korku içerisinde sonucun ne olacağını beklemektedir. Operasyonun yapıldığı evin balkonunda ilk önce Sibel Erkan'ı kucağına alarak çıkan polis memuru görünür. Vatandaş, çılgınca alkışlarla tepkisini gösterir. Bu arada, bir kısım vatandaş, 25 mermi ile delik deşik olmuş Hüseyin Cevahir'in ölüsü ön balkona çıkartıldığında, "aşağıya atın, aşağıya atın" şeklinde bağırır.[261]

Mahir Çayan ise sağ ele geçmemek için tabancası ile göğüs bölgesine tek kurşunla ateş ederek intihar etmek ister, ama solak olduğu için başaramaz. Akciğerinden yaralandığı için ağzından köpükler gelerek ikinci kez denemek için yere düşen tabancasını ararken odaya polisler dolar.

Tek kurşunla göğüs bölgesinden yaralı olarak yakalanan Mahir Çayan'ı güvenlik kuvvetleri, ambülansa koyup Haydarpaşa Numune Hastahanesine götürürlerken, kendini balkondan aşağıya atarak öldürmek ister. Fakat polisler tarafından engellenir.

Mahir, bu olayı şöyle anlatmıştır, "Ben binadan götürülürken Yılmaz Ertunç kelepçeyi sürüklüyordu. Ben bu sırada kendimi aşağıya atmak istedim. Önce aramızda itişme kakışma oldu."[262]

Karşılıklı olarak 51 saat süren gergin bekleyiş bu şekilde sona erer.

"Bir Yaralanma Oldu mu, Sağ Kalan Yaralı Olanı Öldürecekti"

Mahir Çayan, intihar etme olayını şöyle anlatmıştır:

"Son anons 11'i 10 geçe yapılmıştır. Bundan 15 dakika sonra bir anons daha yapılmayıp hemen saldırılmıştır. Kesin sonuç bize verildiği vakit Sibel Erkan'ı bırakıp vuruşma kararı almıştık. Aramızdaki anlaşmaya göre Arslan şeklinde bir parola kararlaştırmıştık. Bir yaralanma oldu mu sağ kalan yaralı olanı öldürecekti, ele geçmesin. Ben bağırdığım zaman Hüseyin'den ses alamadım. Bir inilti duydum. Hüseyin tamamen müdafaasız bir vaziyette ve ben zannıyla öldürülmüştür. Bu bir cinayettir. Ben hiçbir zaman mutfak tarafında bulunmadım. Ben banyo tarafındaydım. Hüseyin mutfak tarafındaydı.

Yanımda 9 mm'lik tabanca vardı. Bu tabancayla sol elimle göğüs nahiyeme ateş ettim. Karnıma ateş etmiş değilim. Ağzımdan köpükler geliyordu. Bir ara odaya polisler geldi. Ben tabancamı ararken kafama dipçik yedim. Orada bunu hatırlıyorum. O anda bir tarama oldu. Ancak neyin tarandığını göremiyordum. Sen Kürtsün ha diye konuşularak bana dipçiklerle, tekmelerle vuruluyordu. Galiz küfürler ediliyordu. Odaya girildiğinde ben ve Hüseyin de yaralı idik. O tarama atışı ben zannıyla Hüseyin'e yapılmıştır. Biz evde içerdeyken İlkay Demir'den benim tipimi sormuşlar. O da, tam aksine olarak esmer, hafif saçları dökük tarzında kasten yanlış bilgiyi polislere vermiş. Bu tarifler maalesef Hüseyin'in tarifine uyuyor. Hüseyin ev içersinde benim her zaman nöbet tuttuğum yerde vurulmuştur. Hüseyin'den 25 tane kurşun çıkmış."[263]

**"Bir Savaşa Kalktık Fakat Yenildik.
Herhalde Başka Bir Dönemde Artık"**

Mahir Çayan, Maltepe'deki çatışmadan yaralı olarak kurtulmuş, yaralanmasına neden olan tek kurşun da kendi tabancasından çıkmıştı.

Maltepe'deki çatışmada yaralı olarak ele geçirilen Mahir, elleri kelepçeli olarak Haydarpaşa Numune Hastahanesi'ne götürülerek ameliyata alınır. Yapılan göğüs ameliyatından sonra karnındaki kurşun çıkarılır.

Haydarpaşa Numune Hastahanesi'nden verilen raporda yara şöyle açıklanıyordu:

"Kurşun sol arkus kostarumun kenarında bir defekt meydana getirerek buradan batına nüfuz ettiği ve karaciğerin sol lobunu ön ve alt yüzde parçaladığı ve devamla yine karaciğerin lobus kaudatusunu parçaladıktan sonra diafragmanın sağ kurusu hizasında peritonu deldiği tespit edilmiştir. Yaralının yapılan röntgen filmlerinde sağ hemitoraksda tam pnömotoraks teşekkül ettiği görülmüştür."

"Sol arkus kostarum üzerinde sol meme hattı iç tarafında etrafı ekimotik ve barut lekesi bulunan bir kurşun giriş deliği" olduğu ve "thoraxın sağ arka alt bölgesinde ekimoz ve cilt altında kurşun" hissedildiği belirtiliyordu."[264]

Mahir'i Haydarpaşa Numune Hastahanesi'nde tedavi eden Doktorlardan Oğuz Güzelçam, Mahir ile ameliyat olduktan sonra yaptıkları özel sohbette bir ara, Mahir'e

"-Amacınız neydi?" diye sorduğunda,

"-Biz bir savaşa kalktık fakat yenildik. Savaş yürümedi. Herhalde başka bir dönemde artık..." diyerek karşılık verir.

Mahir, 1 Haziran günü yaralı olarak getirildiği bu hastahaneden ameliyatı yapıldıktan sonra 3 Haziran 1971 Perşembe günü Haydarpaşa Askeri Hastahanesi'ne nakledilir.

Mahir, bu hastahanede kaldığı süre içerisinde çok sıkı güvenlik önlemleri altında tedavi edilir ve burada 50 gün kalır.

İlk kez ifade almak için Haydarpaşa Numune Hastahanesi'ne gelen askeri savcılara, başhekim ve dahiliye uzmanı, "tıbbi yönden sakıncalı" olacağını belirterek izin vermezler.

Daha sonra, polis tarafından ilk ifadesi, Askeri Hastahane'ye getirildiği, 3 Haziran 1971 günü alınır. Mahir'in, daha sonra sırasıyla, 30 Haziran 1971 tarihinde ve 25 Temmuz 1971 tarihinde olmak üzere toplam üç kez ifadesi alınır.[265]

İlk ifadesinde özetle, "Ben sadece yazarım. Eylemlerle hiçbir alakam yoktur" ifadeleri vardır. Birkaç sayfayı bulan bu ifadesinde, bazı eylemleri kabul eder. İfadede bazı olaylar anlatılırken Oktay Etiman'ın ismi yerine İlyas Aydın'ın ismini verir. İkinci ifadesi, yazdığı yazılar üzerinedir. Son olarak 30 sayfalık bir ifade verir ve burada hemen hemen bütün önemli bilgileri açıklar.

Mahir Çayan'ın ifadeleri alınırken, kaba kuvvet veya fiziki baskı kullanılmamış, fakat psikolojik yönden baskı uygulanmıştır.

Naci Gür, nereden öğrenmişse, Mahir'in ayaklarından ameliyat olduğu zaman evlerinin karşısında oturan Sevgi Yener adlı genç kızla arasında geçen ilişkiyi öğrenmiş, bunu sorgu sırasında psikolojik bir baskı olarak kullanmıştır.

Mahir, mahkemede nasıl ifade verdiği konusunda şunları söylemiştir:

"İfadem alınırken dışarıda bir komiser sinirli olarak dolaşıp küfrediyordu. Odada 7-8 tane polis vardı."[266]

Mahir'i sorguya çekenler, özellikle, yakalanan arkadaşlarının ifadelerini Mahir'e getirip okur, ardından Mahir'in verdiği ifadeler doğrultusunda zaman zaman bazı arkadaşları ile bir araya getirip yüzleştirir.

Yakalandıktan sonra bildiği birçok şeyi polise söylemeyen Tülay Tat'ı, "Mahir Çayan'ın yanına götürdüler. Kenan Koç, Mahir Çayan'a: 'Paraları Tülay'a verdiğini söyle' dedi. Mahir'in yüzü bembeyazdı. Yataktaydı. Müsbet cevap verdi. Ben, Mahir'e hayretimi beyan edince gözlerini kapadı. Beni dışarıya çıkardılar."[267]

"Uyku İlacı Gerekirse İntihar Etmek İçindir"

Mahir, bu psikolojik atmosfer içindeyken hastahanede, "Kolundaki serumu sürekli çıkarmış, kendine verilen hapları biriktirip toplu olarak almak istemiş, serum şişesini başına vurarak kendini yaralamıştı. Bu intihar teşebbüsleri başarısızlıkla sonuçlanmıştı."[268]

Hakim Kıdemli Binbaşı Sıkıyönetim Yardımcısı Askeri Savcı Naci Gür'ün hazırladığı iddianamede, Mahir'in intihar edişi şöyle açıklanır:

"Sanık Mahir Çayan eve sığınmalarını müteakip Sibel Erkan'ın babasına ait olup da evde bulunan Kırıkkale yapısı tabancayı ele geçirmiş, müsademenin aleyhlerine neticeleneceğini anladığı anda da günlerden beri savaşçı olduğunu söylemesine, ölüme hazır bulunduğunu yetkililere bildirmesine ve hiçbir şeyden korkmadığını belirtmesine rağmen sadece sağ kalabilmek ümidi ile baş nahiyesine değil, karın bölgesi dışına doğru bu silahla bir el ateş etmiş ve yaralanmıştır."

Mahkemenin ilk günü, gündeme gelen bu konu üzerine yapılan tartışmalar, mahkeme tutanaklarına özetle şöyle yansımıştır:

"Mektupta istediğim uyku ilacı muhafızları uyutmak için değil, gerekirse intihar etmek içindir."

Askeri Savcı Ülgen Sözer özetle, "Uyku ilacı istemini intihar maksadına bağlaması tevilden ibarettir. Sanık, imkanları mevcut iken bile intihar yoluna gitmemiştir" diyerek yanıt verir.[269]

"Bu Adam Kurşunların Değil, Kahredici Okların Hedefi"

Mahir Çayan, Selimiye Askeri Kışlası'nda hapsedildiği tek kişilik hücresinde yazdığı şiirlerinde duygularını dile getirir. Mahir'in o zamanki duygularını yansıtan şiirleri şunlardır:

"Vedat, Taylan, Mehmet, Necmi...
Devrim için öldüler..."
Yürüyoruz başkentin sokaklarında,
Önde gidiyor devrim şehidi.
Hep beraber söylüyoruz bu marşı, tek bir adam söylemiyor.
O marşta yaşıyor, marşı söyleyenlerden birisi,
Marştaki şehitler listesine, şeref listesine
Kendi adını sokuyor, sessiz ve mahçupça.
Ve sırası geldi, sırasını bekleyen o neferin.
Ama öyle mi gelecekti sırası?
Oysa neler kurmuştu neler...
Erkekçe vurulacaktı kalbinden
'Yaşasın THKC' olacaktı son sözü.
Bu fırsat geçti eline
Ama kahpe kader o kadarını bile çok gördü.
Olmadı olmadı...
O diye yoldaşını delik deşik ettiler.
Kahpenin kurşunu
Ceketini, pantalonunu delik deşik etti
Ama kalbini delemedi.
Ve o kendisini vurdu.
Talih ne gezer bu adamda,
Tetiğini kaldırmayı unuttu, unutmaz olasıca.
Tabancası saldırdı, kurşun hedefinin altına girdi.
O cezasını çekiyordu, ezeli derdi unutkanlığının ve
solaklığının.
Oligarşinin hastahanesi, mapushanesi...
Karanın siyahın her tonu...
Paspal kurbağa Gonzales
Ve ünlü kement atıcı şefkat Kakamço.
Oportünizm atmıştı oklarını yakalanmadan önce,

'Bölücü, kariyerist, pasifist' diye.
Oligarşinin gazeteleri atmıştı oklarını yakalanmadan önce.
'Teslim oldu' diye.
Vuruştu, yine teslim oldu denildi, konuşmadı.
İşkenceler altındaki arkadaşlarının bölük pörçük
ifadelerini topladılar, tek bir ifade yaptılar.
Ve konuştu diye ilan etti paspal kurbağa Gonzales.
Bu adamın kaderi bu.
Bu adam kurşunların değil kahredici okların hedefi.
Açık vermişti bir kere
Neden korktuğunu hissettirmişti düşmana,
Anlamıştı düşman, bu adam işkenceden, kurşundan değil,
Zehirli oktan korkar.
Üzülme aslanım, hatırla bak, ne diyor usta:
'Düşman bize ne kadar çok ok atarsa, biz o kadar doğru yoldayız.'
Varsın bütün oklar üstüne yağsın.
Devrimcilerin gözleri kör, kulağı sağır değil.
Biliyorum seni bu oklar yaralıyor.
Yaralamasın kardeşim, yaralamasın.
Bak ne diyor usta:
'Unutma ki devrim şehidi sadece kurşunla olmaz,
Şefkat Kakamço'nun kementleri de şehit eder adamı.'

-I-
Hindistan'ın Kalküta şehrinde
Benerci kendini vurdu.
Türkiye'nin İstanbul'unda,
Hüseyin'i vurdular.
Perde değişiyor.
İzmir Kordonboyu
Hasan Tahsin'i vurdular.
Bolivya'da Guevera kanlar içinde
Pera da paramparça
Çho to Vietnam'da kıvranıyor.
Of bacım off

Bitsin artık bu kıyım.
Orfe güneşi çağırıyor ve THKC
1971 ilkbaharında eyleme geçiyor
Burası SAU PAULO
Karanlığın, loşluğun, ezikliğin diyarı.
Orfe karanlıklar tepesine oturmuş,
Gitarı ile güneşi çağırıyor.
Yalnız Orfe, garip Orfe, yiğit Orfe.
SAU PAULO tepelerinde doğacak güneşi Orfe göremeyecek,
Biliyor bunu Orfe, yine de güneşi çağırıyor.
Karanlığın yedi başlı ejderi,
Orfeyi parçalıyor.
Orfe artık güneşte...
Güneş tutulması sona eriyor.
Sau Paulo halkı samba yapıyor güneşin altında.
Orfe rahat, mutlu ve kıvançlı güneşten gitarı ile tempo tutuyor
Aydınlığı kutlayan Sau Paulo halkının sambasında
ORFE DE NEGRO

Hücrem ve Sivrisinekler

Tarihi Selimiye Kışlası ve kışlanın bir odası,
Derin bir rutubet kokusu yayılıyor etrafa,
Oda ama ne oda: Hücre hücre...
Kapısına kilit vurmuşlar.
Burası Türkiye, Mozambik, Angola, Endonezya, Brezilya.
Güneşi görmiyenler diyarı,
Tutsaklığın kapısının demir parmaklıklarının önünde
Mehmed'i yükseltmişler bacım, Mehmed'i.
Nöbet değişiyor, şimdi kapının önünde bir siyahi var.
Mozambikli galiba.
Yanında iki nöbetçi daha var.
Endonezyalı bir emekçi oğlu emekçi biri,
Öteki de Mozambikli yedi göbek köle çocuğu...
İşte hayatın diyalektiği.
Saat 23.00 hücremde sivrisinekler,

Oligarşinin türküsünü söylüyorlar hep bir ağızdan,
Ve bir adam avazı çıktığı kadar başlıyor bağırmaya.
Sesler yükseliyor,
Ve bir koro, hep bir ağızdan özgürlüğün marşını söylüyor.
Sineklerin vızıltısı duyulmuyor artık.
Genç adam hayretle etrafına bakıyor.
Yanında Hasan Tahsin, Hüseyin, Sinan, Alp ve daha niceleri...
Bu hücre kalabalık bacım, kalabalık.
Asya'nın, Afrika'nın, Amerika'nın devrimcileri,
Ve bütün mazlum uluslar bu hücrede.
Marş bitiyor, hava yine ağırlaşıyor.
Sinirler bozuk, herkes sıkıntılı.
Sivrisinekler oligarşinin türkülerini çağırmağa tekrar başlıyorlar.
Hüseyin, Sinan, Alp, Che, Pera'da ve Benercinin dudaklarında
sıkıntılı ve acı bir tebessüm...
Emekçiler üzgün, kölelerin boynu bükük.
Sivrisinekler memnun ve neşeli...
Bekliyoruz, ne zaman kesilecek bu vızıltı?
Bekliyoruz, sıkıntılı, sinirli ve mutlu.
Bir bekleyiş bu...
Hepimiz biliyoruz ki repertuarı bitiyor sivrisineklerin.

"Hücredeki Adalının Dünyası"

-I-

Taş duvar, demir karyola ve yerde sayısız izmaritler.
Helanın pis kokusu, rutubetli, sıkıntılı, nikotinli,
İnsanı serseme çeviren kurşun gibi ağır bir hava,
Duvarlar sanki soğuk dalgaları imal ediyor.
İstediğiniz kadar üzerinize kalın şeyler giyinin,
Oligarşinin hücresinde soğuğu yenmek imkansız.
Ranzanın karşısında kafesli demir kapı, arkasında Mehmet.
Görevi dakikası dakikasına beni denetlemek
Mehmedim utanıyor, kahroluyor.
'Askerlik ağam n'aparsın' diyor.
Aslında o da tutsak.

Ben hücre içinde, o hücre önünde.
Günde beş kere büyük başlar bakar içeriye;
Yüzlerinde tecessüs.
'Çılgın adam, 3-5 kişi ile koskoca karanlıklar
imparatorluğuna kafa tutan adalılar.'
Ama yine de 'çılgın adamın' karşısında,
Bir eziklik, bir burukluk duyuyorlar o başka.
Gündüz gece diye bir ayırım yoktur hücrede,
Zaman ve mekan özümlenmiş artık.
Sadece koldaki saattir, geceyi gündüzü bildiren.
Işık yirmi dört saat yanar.
Bir nefes, bir dumandır yoldaşım,
Cıgaramı her çekişte duman olur,
Uçar giderim, ta uzaklara.
Çoğu kere Ada'ma giderim,
Cıgaramın dumanı, beni memleketime; Ada'ma götürür.
Kahpe İstanbul'un, kahpe bir bölgesinde,

Bir evdeyim, yoldaşlarımla beraber.
Bu ev, yoldaşlık-dostluk-kardaşlık-mertlik-kazanç ve sevgi evidir.
Bu evde, her şey o kadar güzel ve o kadar anlamlıdır ki...
Ev de değil, ada, ada!
Satılmışlığın, kahpeliğin, riyakarlığın, adiliğin ve her
çeşit aşağılık ve her çeşit yabancılaşmanın karışımı olan,
Karanlık Denizi'nin ortasında,
Güneşi batmayan bir ada.
Ben ne şuralıyım ne buralı,
Adalıyım adalı,
Adam ormanlıktır.
dostluk, yoldaşlık, mertlik ormanı,
bütün Ada'mı kaplar.
Erdemin güneşi yirmi dört saat aydınlatır Ada'mı,
biz ada sakinleri bilmeyiz karanlığı.
Ben Ada'lıyım ey kahpe hücre Ada'lı.
Doğru ya sen nereden bileceksin Ada'mı
asırlık, feodal-militarist hücre.

Ya, sen, öküze benzemek için kasılan, şişen haset
kurbağa,`hilkat garibesi bilir misin Ada'mı?
'Dünya karanlıktır. Güneşi batmayan böyle bir ada
yeryüzünde yoktur.'
Değil mi karanlıklar cücesi, zavallı acuze?
Ya sen yarasalar şairi, pişkin Cacomcho?
'Değil şiirlerde, masallarda bile böyle bir ada yoktur.
böyle bir ada eşyanın tabiatına aykırıdır.'
senin için değil mi karanlıkların kapkara şairi?
Senin dediğin eşyanın değil, karanlığın tabiatına aykırıdır.
Karanlık cüceleri, acuzeler, dürzüler...
Yarının Türkiye'sinin hayvanat bahçesinde teşhir edilecekler...
Adam kalabalıktır hain hücre:
Elde mitralyözüyle,
Sierra Maestro'da, Falcon'da, Vietnam'da
Mozambik'te, Angola'da, Sina çöllerinde...
Özgürlüğün türküsünü söyleyenler.
Zulme, kahpeliğe, sömürüye karşı...
Dişiyle, tırnağıyla üç kıtada karşı koyanlar benim
evlatlarımdır kahpe hücre.
Benim adamın ormanlığından aldıkları fideleri, birer
birer dikiyor, kahpeler koalisyonunun dünyasına.
Kel dünya, Ada'mın ağaçlarıyla ayıbını örtüyor,
güzelleşiyor artık.
İyi bak bana feodal duvar, iyi tanı beni.
Seni yerle bir edecek Ada'lıları iyi tanı.
Ada'm ve hemşerilerinin çoğu ne halde diye dudak
bükme, orospunun dölü utanç duvarı.
Evet Ada'mı karanlığın suları bastı.
Evet, benim gibi pek çok adalı bu çirkef suların
altında,
Ama boşuna sevinme, Ada'm batmaz, yok olmaz,
Ada'm, sadece karanlık denizinde yerini değiştirdi.
Hepsi o kadar.

-II-

Cigaram elimi yakıyor.
Maltepe'de etrafı karanlığın cüceleriyle çevrilmiş
marş söyleyen iki adalı.
İki adalının marş söyleyişinde silahlar susar.
Maltepe'nin göbeğini derin bir sessizlik kaplar.
Dalga dalga yayılır, adalıların erkek sesi, etrafa.
O anda iki adalının gözünde her şey silinir,
Karanlığın militanları küçülür, küçülür...
Sanki biraz önce atılanlar tomson kurşunları değil,
parmak cücelerin minicik okları.
O an ne binlerce güvenlik kuvveti, ne polis, ne zırhlı
tugay, ne tomson, ne mitralyöz.
Her şey önemsiz, küçük ve etkisizdir. İki adalı için.
Adalıların korosu karanlık cücelerinde bir panik
yaratır.
Yüzlerinde, ezikliğin, şaşkınlığın biraz da utancın
izleri okunur.
Sanki ilahi bir kuvvet onların ellerini, kollarını
bağlamıştır. Ta ki, iki adalının marşı bitene kadar.
Adalılar sol yumrukları havada, pencerenin önünde
boy hedefi oldukları halde ateş edemezler.
Garip bir andır bu an.
Bu an karanlık cücelerinin, insanlığa dönüş anıdır.
Cüceler konuşmazlar bile bu an.
Büyülenmişlerdir iki adalının havaya kalkmış sol
yumrukları ile.
Ve kaybolup gitmişlerdir ikili koronun nameleri arasında.
Koro susar, büyü bozulur, görevlerini hatırlar cüceler,
Eller tetikte tarrrr...
Ve Cevahirimi kalbime gömüp dönerim hain hücreme.[270]

VIII. BÖLÜM

"Bütün Her Şeyin Tepeden Tırnağa Gözden Geçirilmesinin Gerekli Olduğunu Konuştuk"

★

Örgütün Ankara'dan İstanbul'a gelen kadrosundan Hüseyin Cevahir'in öldürülmesi ve örgütün lideri durumundaki "Mahir Çayan ve arkadaşlarının yakalanması, şehir gerillası eylemleri nedeniyle Yusuf Küpeli, Ertuğrul Kürkçü, Münir Ramazan Aktolga, Bingöl Erdumlu, Hv. Yzb. İlyas Aydın, Hv.Tğm. Saffet Alp, Sinan Kazım Özüdoğru, Hüdai Arıkan'ın aranılan kişiler durumunda bulunması karşısında örgütsel faaliyetler duraklamış hariçle irtibatta zorluklar doğmuştur."[271]

Münir Ramazan Aktolga, bu sırada, zaman zaman Yuvam Emlak bürosunda, zaman zaman Bülbüldüresi'ndeki manav dükkanında kalmaktadır. İstanbul'dan gönderilen 150 bin lirayı Yuvam Emlak'ı çalıştıran Selahattin Güleç'ten alan Münir Ramazan Aktolga, Orhan Savaşçı'ya verir. Münir Ramazan Aktolga ve diğerleri, İstanbul'dan gelen Oğuz Öder'le de İstanbul'da meydana gelen olaylar ve durumun nasıl olduğu hakkında konuşur, bilgi alır.

Fakat Mahir'in yakalanmasından çok kısa bir zaman sonra da Münir Ramazan Aktolga, Şaban İba ve Ahmet Oflu, Seyranbağları, Ballıbaba Sokak 82/B, Bülbülderesi'ndeki manav dükkanında, 14 Haziran 1971 Pazartesi günü, 5 tabanca, 15 kutu mermi, 2 dinamit lokumu ve çeşitli patlayıcı maddeler, kitaplar ile TDGF üyeleri ve yapacakları işleri gösteren bir not defteriyle birlikte yakalanır.

Ertuğrul Kürkçü, örgütün Merkez Komitesi üyelerinden ikisinin yakalanması ve kendilerinin neler yaptıkları hakkında şunları anlatmıştır:

"Mahir Çayan ve Hüseyin Cevahir İstanbul'da Maltepe'de kuşatılıp yakalandıktan ve öldürüldükten sonra Yusuf Küpeli ve Münir Ramazan Aktolga ile olan irtibatım aşağı yukarı hiç kalmadı. Münir Ramazan Aktolga ile kendisi tutuklanmazdan çok kısa bir süre önce görüştüm. O bizim saklanmamız için ev vs. tutmaya uğraşıyordu. Ancak çok kısa bir süre sonra tutuklandı. Yusuf Küpeli ile de bu olaylardan sonra Ülkü Ahmet'in Emek Mahallesi'ndeki evinde konuşmak imkanını bulduk. Ülkü Ahmet'in Bingöl Erdumlu'nun yanında olduğunu, İzmir'de bulunduğunu Tuğrul Paşaoğlu'ndan duymuştum. Ankara'da kalacak yerimiz de olmadığı için Bingöl Erdumlu'dan Ankara'ya gönderilip gönderilemeyeceğini sordum. Ülkü Ahmet, Emek Mahallesi'nde bir ev kiralayarak burada kalmaya başlayınca Yusuf Küpeli, ben ve Hüseyin Yavuz'un bu eve gelirken nasıl buluştuklarını bilmiyorum. Hüseyin Yavuz daha sonra bu evden ayrıldı. Bir müddet sonra yakalandı. Bu evde saklandığımız süre içinde Mahir Çayan ve diğer arkadaşların mahkemeye çıkacakları günü bekledik.

Yusuf Küpeli ile o sıralarda Ephraim Elrom'un kaçırılıp öldürülmesini ve Sibel Erkan'ın alıkonulması olayının zararlı ve hatalı olduğunu, aslında bu hatanın bu olayla sınırlı hatalar olmadığını bütün her şeyin tepeden tırnağa gözden geçirilmesini ve bundan sonra ne yapacağımızın, nasıl davranacağımızın gözden geçirilmesini konuştuk."[272]

"Yıldırım Cezaevi'nden Kaçarken Dışarıdaki Provokasyonu Nasıl Durduracağımı Düşünüyordum"

Maltepe'de Sibel Erkan'ın rehin alınma olayı devam ettiği sırada Devlet Su İşleri'nin Diyarbakır bölgesinde görevli olan SBF mezunu Sacit Gökkaya, telefon ettiği bir arkadaşına, "Yahu bizim Mahir çatışmaya girdi" gibi laflar eder. Bunu ihbar alan emniyet güçleri, Sacit Gökkaya'yı 5 Haziran 1971 Cumartesi günü gözaltına alır, daha sonra, Ankara-Mamak'a gönderir. Bu sırada Mamak Askeri Cezaevinde tutuklu bulunan Deniz Gezmiş, "Sen hepimizin şefisin" diye Sacit Gökkaya ile dalga geçer.

14 Haziran 1971 Pazartesi günü yakalanan Münir Ramazan Aktolga ve arkadaşları, Mamak 1 No.lu Askeri Cezaevi'nden, Yarbay Veli Ercan'ın Hapishane Müdürü olduğu 3 No.lu Askeri Cezaevi'ne nakledilir.

Münir Ramazan Aktolga, cezaevinin bahçesinde bulunan eski bir hamamın penceresinden Şaban İba, İlhami Aras, Mahir Sayın ve Mustafa Kemal Kaçaroğlu'nun yardımlarıyla 10 Ağustos 1971 Salı günü atlayarak kaçar.

Şaban İba'nın verdiği bilgiye göre, THKP-C'liler, Mamak 1 No.lu Cezaevi'nden, Yıldırım Bölge Tutukevi'ne sevk edildikten sonra, kaçış olanaklarının çok uygun ve tutukevi koşullarının rahat olması nedeniyle esasında toplu firar planlıyor.

Fakat, örgütle ilişkiyi sürdüren Münir R. Aktolga'nın, "Sadece beni istiyorlar, diğerlerini istihdam edemeyiz" talimatının geldiğini söyler. Bu nedenle, sadece Aktolga'nın kaçışı sağlanır.

Aktolga, yeniden yakalanıp, yargılanmaya başladığı zaman, mahkeme heyetine, "Geçen yıl, Yıldırım Tutukevi'nden kaçarken dışarıdaki provokasyonu nasıl durduracağımı düşünüyordum" der. Şaban İba, bunun üzerine, "Yalan söylüyor. Kendisi kaçmadı. Biz kaçırdık" diyerek Aktolga'ya saldırır.

"Aramızda Kırgınlık Olduğu Kanısında Değilim"

Bu sırada, hücresinde tek başına kalmakta olan ve her hareketi sürekli gözetim altında bulunan Mahir amcası Enver Çayan'a mektup yazarak, bazı isteklerde bulunur.

12 Ağustos 1971 tarihli ve 6 sayfalık mektubunda şunları yazmıştır:

"Sevgili Amca, mahkemeye dört gün var. İddianameyi okudum. Rezalet. Hakkımızda (özellikle benim) istenilen 3-4 tane idam cezasından başka tamamen politik mülahazalarla (bana kara çalmak amacı ile) yalan ve dolanla dolu.

Savcı benim ifadelerimi değil de, polislerin ifadelerini geçirmiş. Mesela, benim 'kızı öldüreceksiniz' sözüm değiştirilmiş, 'beni öldürmeyin' şeklini almış. Bu köpeklere böyle bir şey ben demedim. Onu diyecek adam baştan silahını bırakıp her çeşit teminat verilmişken teslim olurdu.

Daha bunun gibi neler neler...

Mesela Konsolos'u ben öldürmediğim (gerçekten) halde 'Ben bilmiyorum öldüreni. Eğer ille bir isim söylememi istiyorsanız kendi ismimi söylüyorum' şeklindeki ifadem de iddianameye 'Ben öldürdüm' geçmiş.

Niyetleri açık. Kesin olarak bizleri asmak bu faşistlerin amaçları. Dışardakiler ne yapıyor? Arkadaşların durumu nasıl? Ben bu konuda ifade falan vermedim. Biliyorum sen onların ne yaptığını bilemezsin. Ancak belki annemi falan görmüş olabilirler.

Aklında olsun eğer bizi kurtarmak için birisini kaçırmaya teşebbüs ederlerse (tabi bunu yapabilecek durumda iseler) katiyen kamuoyuna duyurmasınlar ve gizli pazarlık etsinler, pazarlıkta da bizim bırakılmamızı değil de ölüm cezası verilmemesini istesinler.

Eğer bu işi yapabilecek güçte değillerse katiyen böyle bir teşebbüse girmesinler. Önemli olan şu veya bu kişinin değil THKP ve THKC'nin yaşamasıdır.

Ben kaçmak için fırsat kolluyorum. Durum (sağlık) kötü değil. Hastahaneye sevkimi istiyorum, çok sıkı tedbir alıyorlar. Ancak başka çare yok. Hastahanede nöbetçiler benimle aynı odada nöbet bekliyorlar. Bir ara çay içerken onları uyutabilirsem ne âlâ...

Bunun için uyku hapı veya tozuna ihtiyacım var. (Toz olursa daha iyi.)

Bunu hemen tedarik edip gelen arkadaşa (randevulaşır bir başka gün bulup verirseniz) verirseniz çok iyi olur. Tek ümidim budur. Götürecekleri hastahane Haydarpaşa Askeri Hastahanesi'dir.

Sen ne yapıyorsun? Önce Ergün gibi seni de tutukladılar zannettim. Benim yüzümden başın belaya girdiği için çok üzüldüm. Fakat şimdi böyle bir şey olmadığı için sevindim.

Yanıma para alışımın nedeni de kaçmak içindir. Eğer varsa gelen arkadaşa birkaç bin lira daha verin.

Ölmek önemli değil fakat bir devrimci sonuna kadar (her şart altında) mücadele etmelidir. Kaçmak ihtimalim yüzde bir. Her şeye rağmen bu yüzde biri kullanacağım.

Eğer arkadaşlarla görüşmek imkanın olursa bu söylediklerimi onlara ilet. Ayrıca bana dışardaki durumları etraflıca anlatan bir mektup yaz ve gelen arkadaşa ver. Gelen arkadaş çok yiğit ve dürüst bir çocuktur. Her konuda ona güvenebilirsiniz. Bu kadar sıkı tedbirlere rağmen yaptığı iş çok cesaret isteyen bir iştir.

Yakalananların çoğu bizden değil veya ikinci dereceden kimseler. Çoğunluğu dışarıda. Para da onların eline geçmiş (ben yakalanmadan bir gün önce gönderdim.)

Bana etraflı bilgi verin hareketlerinizi ona göre tayin edeceğim.

Mahir Çayan

Ben aramızda hiçbir kırgınlığın olduğu kanısında değilim daha doğrusu benim açımdan böyle bir şey yoktur.

Not: Ergün'e göz kulak olun. O çocuk aslında zeki ve dürüst bir çocuktur. Aile çalkantıları içinde gelişme imkanı bulamadığı için onun huzursuzlukları, onda birtakım ihtilatlar yaratmıştır. Aslında çok iyi bir raya girebilir. Ona çok çok selamlar. Tabii diğer kardeşlerime de.

Mehmet amcaya sor: Haydarpaşa Hastahanesi'nden Nedret adında bir hemşire hanımı bir ay önce ona haber getirmesi için gönderdiydim. Gelip gelmediğini bana bildirin, önemlidir.

Hürriyet gazetesi, sonra (müsait bir zamanda) yayınlanmak üzere benimle bir röportaj yapmak istiyor. Bunu gizlice burada parayı çok seven bir asteğmene bildirmişler. Bunun için 600 bin lira vereceklermiş. Yüzde yirmisi teğmenin, ancak teğmen korktuğu için bu işe yanaşmamakta.

Hücrede bir resim için 50 bin Türk lirası teklif etmişler. (Ben hücredeyim.) Elimi yatağa kelepçe ile bağlıyorlar, doktor filan gelince, (avukat ile bir kere görüştürüldüm) avukat gelince beni havadar açık bir odaya alıyorlar ve ellerimi çözüyorlar.

Bu paraları yakalanmadan önce verselerdi, hiç biz para sağlamak için eylemlere geçmezdik.

Gazetelerin her yazdığı yalan dolan.

Biraz önce doktor geldi beni hastahaneye yollamıyorlar. Ancak siz söylediklerimi yapın, çünkü çok yakında Kartal'a nakledecekler.

Orada da aynı şeyi yapmak kabildir... Ayrıca siz başka gerekli şeyler görüyorsanız onu da yollayın ve bildirin. Ancak acele halledin çünkü, çok mümkündür, benim pazartesinden sonra Kartal'a gitmem.

Anneme söyleyin ben asla ona 'defol git' demedim. Ben oradaki faşist köpeklere, defolun gidin dedim. Annemin sesini duyduğum zaman üzüntüden ben içeriden ağlıyordum. Mahkemede gerekirse bunu söylesin.

Annem ev tutacakmış, o evi gizli tutsun. Değişik bir adla tutsun ve kimseye de yerini söylemesin. Adresi de bana hemen bildirin. Ayrıca gizli ev adresleri de varsa bana yazın.

Gerekli ne görüyorsanız yazın."

13 Ağustos 1971 tarihli, iki sayfalık ikinci mektubunda ise şunları yazmaktadır:

"Enver amca, Bu arkadaş, çok dürüst, cesur ve yürekli bir arkadaştır. Ayrıca zekidir de.

Askerliğinin bitmesine az var, Malatya'da toprakları var. Ancak kendisi Malatya'da kalmayıp İstanbul'da iş çevirmek istiyor. Her konuda güvenilebilecek ve çok faydalı bir arkadaştır. (Bana karşı da bizim arkadaşlara karşı da anlamışsındır, derin bir sempatiye sahiptir).

Kendisi ile başka bir gün randevulaş ve uzun uzun konuş, sonucun olumlu olacağını zannederim.

Not: Yarın doğduğum günümdür. Normal zamanda yaptığınız bir şeyi 'doğum günümü kutlamayı' yapın. Bir de böyle olsun. Hiç olmazsa ortak anılarımız anılır."

Mahir Çayan kimseyle görüşemediği, haberleşemediği, sürekli gözetim ve kontrol altında tek başına tutulduğu Selimiye Askeri Kışlası'ndaki hücresinde mektup yazarak, Malatyalı olduğu söylenen bir askerle, amcasının çalıştığı Harbiye'deki Radyoevi'ne gönderir. Fakat Enver Çayan, o sıra İstanbul dışında olduğu için mektuplar amcasının değil Askeri Savcıların ve MİT'in eline geçer.

"Herhangi Bir Şekilde Bu Celsede Konuşmayacağım"

Mahir'in mektuplarının yazılmasından üç gün sonra 16 Ağustos 1971 Pazartesi günü, Mahir Çayan ve 25 arkadaşının yargılandığı, başladığından bitimine kadar mahkeme heyeti ve sanıklar arasında sürekli olarak sert tartışmalar yaşanan mahkeme, Üsküdar-Selimiye Askeri Kışlası'nda bulunan İstanbul Sıkıyönetim Komutanlığı'na bağlı 3 No.lu Askeri Mahkemesi'nde başlar.

Saat 09.02'de İrfan Uçar hariç erkek sanıklar, saat 09.25'te de altı kız sanık, mahkeme salonunda yerlerini alır.

Duruşmayı izleyenler arasında, yeni İsrail Başkonsolosu Baruh Vilad ve üç yardımcısı da bulunmaktadır.

Mahkeme Heyeti, sanıklara tanıtılarak sanıklara güvenleri sorulur. Mahir Çayan, özetle şunları söylemiştir:

"-Ben hastahaneden geldiğim günden beri ve iki saat öncesine kadar basit bir hücrede karyola üzerinde zincire vurulmuş olarak bulunuyordum. Eğer bu zincire vurulmam mahkeme kararı ise bu anayasaya aykırıdır. Benim zincire vurulmamım kimin tarafından istendiğini bilmiyorum. Avukatlardan öğrendiğime göre, en tabii hakları olan dosya incelemesini yapamamışlardır. Dosyayı inceleyene kadar mahkemeye güven konusu dahil, hiçbir sorunuzu yanıtlamayacağım."

Yargıç Akdemir Akmut, bu şekilde gittiği takdirde duruşmanın açılamayacağını ifade ettikten sonra,

"-Şu anda kimlik tespiti dahi yapılamadı. Hukuken sanıkların kim olduklarını dahi bilmiyoruz" diyerek, Mahir Çayan'a kimliğini sorar. Ancak Çayan'ın,

"-Herhangi bir şekilde bu celsede konuşmayacağım" cevabını vermesi üzerine Yargıç Akmut,

"-Güven konusunun Askeri Ceza Muhakeme Usul Kanunu ile ilgili bulunduğunu, sanıkların sadece mahkeme kurulundaki yargıçlara güvenleri olup olmadığını, aralarındaki husumet veya yakınlık bakımından belirtmeleri gerektiğini", söyler.

Mehmet Balaban hariç hepsi Mahir Çayan'ın gösterdiği gerekçeleri göstererek kimliklerini dahi mahkemeye bildirmezler. Yargıç, bunun üzerine, iddianameden okuyarak, sanıkların hüviyet tespitini yapar.[273]

"İleride Siyasal Bazı Gerçekleri Açıklamamam İçin, Vurulup İntihar Ettiğim Söylenebilir"

Daha sonra söz alan avukatlar, özellikle işkence üzerinde durarak, mahkemenin kuruluşu bakımından davaya bakmaya yetkili olmadığını söylerler. Bazı avukatlar,

"-Savcıların işkence yapıldığını bildiklerini ve polis yanında ifade aldıklarını belirterek bu savcıların mahkemeden çekilmelerini" ister.

Söz alan Askeri Savcı Naci Gür, avukat ve sanıkların suçlamalarını reddederek özetle şunları söyler:

"-Biz buraya bozulmak istenen bir sosyal düzeni tesis etmek için müdafiler olarak çıkıyoruz. Karşımızda bulunan şu eylemciler acaba başarılı olsalardı bu mahkemelere kimleri getireceklerdi ve ne şekilde hareket edeceklerdi? Asıl olan şey, hukuki olan bir düzen vardır ve inkar edilmek istenmektedir. Biz, bize verilen görevi yerine getirmek için çalışıyoruz. Sanık ve avukatları yapılan işkenceleri dahi savcılığın bir komplosu olarak göstermek istiyorlar. Devrimci geçinen şu gençler mert ve yiğit olarak doğruyu söylesinler." (Burada sanıklar gürültü eder.) Savcı sözüne şöyle devam eder,

"-Biz hepsine iyi davrandık. Kimseye işkence yapmadık. Mahkememizin yetkisizliği iddiasına gelince, bu da sık sık başvurulan geçersiz bir yoldur. Aslı yoktur. Anayasa gayet açıktır. Sıkıyönetim Mahkemeleri tabii mahkemelerdir." Mahir Çayan,

"-Açlık grevinde olduğunu bu nedenle fenalaştığı için dışarı çıkmak istediğini" söylemiş, bu sıra duruşmaya saat 12.10'dan 13.30'a kadar ara verilmiştir.

Öğleden sonra başlayan duruşmada mahkeme, ara kararını okur. Bu arada söz alan Mahir Çayan, özetle şunları söyler:

"-Yalnız beni, Selimiye Kışlası'nda bir hücrede tutmaktadırlar. Demir ve prangaya vurulmuş bir vaziyetteyim. Bu şahsıma yapılan özel muameledir. İlerde siyasal bazı gerçekleri açıklamamam için, vurulup intihar ettiğim söylenebilir. Bu nedenle şüphe duyuyor ve güvenliğimi tehlikede görüyorum. Ölümden falan korktuğum için değil ama beni 'özel misafirimizsin' diye diğer sanıklardan ayrı olarak bulundurmaktadırlar. Bu nedenle durumu kamuoyuna şimdiden açıklıyorum. Hayatımdan endişe ediyorum ve garanti altına alınmasını istiyorum."

Yargıç ise,

"-Güvenliğinin tam olarak sağlanmış bulunduğunu, korkacak bir şeyin olmadığını" söyler.

Daha sonra iddianamenin okunmasına geçilir. İddianame 3 saat 50 dakikada okunur. Duruşma saat 17.45'e kadar sürer. Mahkeme, bu arada bir önlem olarak, "Mahir Çayan ve arkadaşlarının bankalarda mevcut paralarına da el koyma kararı alır" ve duruşmayı bir başka güne erteler.[274]

"İsrail Başkonsolosu Tarafımdan Öldürülmedi"

23 Ağustos 1971 Pazartesi günü başlayan duruşmada, Mahir Çayan ilk önce, "herhangi bir şey söylemeyeceğim" der. Duruşmada verilen arada avukatlarıyla görüşen Mahir, tavrını değiştirerek konuşmaya karar verir. Fakat yaptığı konuşmalar, herkesi şaşırtır.

Duruşma başladığında, Savcı Yargıç Kıdemli Binbaşı Naci Gür, Mahir'in amcasına yazdığı mektupları okuduktan ve Mahir'e gösterip, kendisine ait olduğunu tasdik ettirdikten sonra,

"-Mahkemenin ve davanın gelişmesinin engellenmesi hususunda komünistlerin bir taktiğini açıklayacağım" dedikten sonra, sanıkların ve müdafilerin başlangıçtan beri duruşmayı ve yargılamayı engelleme yoluna saptıkları, Lenin'in 19 Ocak 1905 tarihli Sıtasolovada Hapishanesi'nde bulunan arkadaşlarına verdiği taktik ile bu engellemelerin benzerlik arzettiğini ifade ederek Lenin tarafından Yoldaşlara hitaben yazılan mektubunu okur.

Bu mektupta, Lenin'in hapishanede bulunan yoldaşlarına mahkemeyi tanımamak ve engellemek ve bir ajitasyon vasıtası olarak kullanmak için talimat verilmiş olduğu açıklanır. As. Savcı, Lenin'in aynı mektubunda, avukatlar hakkında da pasajlar bulunduğunu beyan ederek, "sayın müdafileri bundan tenzih ederim, ancak Lenin'in bu mektubunda bahis mevzuu edildiği için okumak zorundayım" dedi.

Söz alan Mahir Çayan,

"-Askeri Savcı, Lenin'in Komünist Yoldaşlarına duruşmaları ne şekilde sabote etmeleri gerektiğine dair bir mektubunu okuyarak bizim de hareketlerimizi aynı taktik içinde göstermek istedi. Haddi zatında biz, müdafaa imkanları tanınmadığı için, yani arkadaşlarıma poliste dayak atıldığı ve ben onlardan ayrı bir yere konduğum için bu davranış içinde bulunmaktayız. Biz Avrupa İnsan Hakları Beyannamesi'ne uygun şekilde yargılanmak istiyoruz. Bize yapılan davranış hukuka da, vatandaşlığa da, Anayasaya da aykırıdır. Yok böyle şey. Gerçekler bu şekilde bastırılamaz. Arkadaşlar yürüyecek durumda değildi. Savcı bu durumları örtbas etmek için böyle söylüyor" dedikten sonra, savcıyı göstererek, "Dipnotu versin. Bu hangi kitaptan alınmıştır. Lenin'in böyle bir mektubu yoktur" der.

Yargıç Naci Gür,

"-Yavrum. Lenin'in her şeyini bilemezsin."

"-Lenin'i biliyorum."

Yargıç Naci Gür, bütün sanıklara hitaben,

"-Lenin'i biliyor musunuz?" deyince, sanıklar ayağa kalkarak, hep bir ağızdan,

"-Biliriz, biliriz. Her şeyini okuduk" diye bağırır.

Bu arada, Mahir,

"-Mahkemede okunan mektup konusunda merak ettiğim bir husus üzerinde durmak istiyorum. Bana haber getiren arkadaşımın durumunu bilmek istiyorum. Tutuklandı mı? İşkenceye maruz kaldı mı? Bana savcının çok kısa bir açıklama yapmasını istiyorum" der.

Yargıç Akmut,

"-Burası diyalog yeri değildir. Herhangi bir kişinin sağlık durumunu sormak ve öğrenmek yeri değildir. Burası mahkemedir. Ajitasyona, propagandaya girmeyin" diyerek, karşılık verir.

Çayan cevaben,

"-Soyadı Ateş olan bu arkadaşım şu anda yaşamıyor, kalbine bir kurşun girerek ölmüştür" der.[275]

Bir süre ara verilip, öğleden sonra başlayan duruşmada Mahir, sözlerine şöyle başlar:

"Ben konuşmamak kararım gereği kimliğimi söylememiştim. Ancak şimdi konuşmam sebebiyle kimlik hususunda şunu söylüyorum. Ben

Türkiye Halk Kurtuluş Partisi'nin bir mensubuyum ve Türkiye Halk Kurtuluş Cephesi'nin bir savaşçısıyım."

Mahir, daha sonra, iddianamenin asılsız olduğunu belirterek, özetle şunları söyler:

"-Hastahaneden henüz iyileşmeden çıkarıldım. Hastahanede iken bir emniyet mensubu benim resmimi çekti. Bilahare bu resmin İsrail Başkonsolosu'nu ben öldürmüşüm şeklinde beyanat verdiğim iddiasıyla İsrail basınında yayınlandığını öğrendim. Bu hava iddia makamında hakim olacakken ifadem alınırken Elrom'u benim öldürdüğümü söyledim. Ben öldürmediğimi beyan edince Ulaş Bardakçı'nın ifadesi bana gösterildi. Hastahanede yattığım zaman Rüçhan Manas ve Jülide Zaim hastahaneye getirildiler. Benden ölünün faili olarak bir isim istendiği için ve ben arkadaşlarımın işkenceden kurtulmasını teminen o hava içinde ben öldürdüm diye söylemiştim. Ayrıca bu konudaki gerçek beyanımı bilahare tespit edeceklerini ve söyleyebileceğimi ifade ettikleri halde gerçek beyanı tespit edilmedi. Hattızatında Elrom'u ben öldürmüş değilim, kaçırılışının 2. günü biz İstanbul'da bulunan arkadaşlar Elrom'u fidye karşılığı serbest bırakmayı düşünmüştük. Fakat Ankara'dan gelen Hüdai Arıkan, Türkiye Halk Kurtuluş Partisi Genel Kurulu'na mensup arkadaşların öldürme kararında olduklarını bildirdi. Bu mevzuu aramızda da tartışıldı. Durum Oğuz Öder vasıtasıyla Ankara'ya bildirildi. Yazılı olarak bildirdiğimiz bu görüş, partinin genel merkezinde görüşülmüş ve ikiye karşı beş reyle öldürülmesi kararlaştırılmış, bu karar İstanbul'a intikal etti. Biz yine aramızda müterettiktik. Ben uykusuzdum, ben uyurken de görüşülmüş. Biz kaçırmadan fidye temini suretiyle istifadeyi düşünüyorduk. Fakat Yzb. İlyas Aydın ve Hüseyin Cevahir, bu konularda çekimserdiler. Netice itibarıyla İsrail Başkonsolosu tarafımdan öldürülmedi. Kimin öldürdüğünü de bilmiyorum. Ancak yukarıda da belirttiğim gibi demoralize olmuş bir vaziyette olduğum için ve arkadaşlarımın işkenceye maruz kalmamasını teminen savcılara evet demiştim."[276]

Duruşma devam ederken Mahir, yanında oturan Ulaş Bardakçı'ya, bir not verir fakat bu not emniyet asayiş bölük komutanı tarafından yakalanır.[277]

"Utanç Duyduğu İçindir ki Tevil Yoluna Sapmaktadır"

24 Ağustos 1971 Salı günkü duruşmada, Mahir'in ifadesini değiştirmesi üzerine, Askeri Savcı Naci Gür özetle şu açıklamayı yapar:

"-İddianamemiz maddi vakalara müstenittir. Ayrıca sanığın ve sanıkların ideolojik yapıları dosyada bulunan ve ileride tetkik edilecek olan kendi yazıları ve kitaplarına dayanmaktadır. Mahir Çayan yaralı olarak ele geçirildikten sonra İstanbul Numune Hastahanesi'nde ameliyata tâbi tutulmuş, bilahare kaldırıldığı Haydarpaşa Askeri Hastahanesi'nde özel ihtimam görmüştür. İyileştiği ve ifade verebilecek duruma geldiği konsültasyon neticesinde bir hekimler kurulu tarafından tespit edildikten sonra taburcu edilmiş ve kendisi Selimiye Kışlası'na getirilmiştir.

Ben ve diğer savcı arkadaşım kendisine en küçük maddi ve manevi cebirde bulunmaksızın ifadelerini olduğu gibi aldık. İfadelerini olduğu gibi tespit ettik. Hatta İsrail Başkonsolosu'nu kendisinin öldürdüğünü söylediği zaman bir başkasının öldürmüş olabileceği ihtimalini kendisine hatırlattığımız halde kendisinin öldürdüğünü beyan etti. Bütün eylemleri hakkında herhangi bir tesire maruz kalmaksızın ifade verdi. Bundan maksat güya bir dava adamı olarak eylemlerinin resmi zabıtlara geçmesini temin idi. Bilahare arkadaşları hakkında geniş açıklamalarda bulunması sebebiyle utanç duyduğu içindir ki tevil yoluna sapmaktadır."

Sanıklar, Gür'ün bu açıklaması üzerine:

"-Yalan, doğru değil" diye bağırarak gürültü yapar.

Savcı konuşmasına şöyle devam eder:

"Ulaş Bardakçı vasıtası ile bu konuda eylemlerin işleniş tarzını değiştirmek istemektedir. Nitekim mahkemeye getiriliş ve götürülüşlerde kendi el yazısı ile Ulaş Bardakçı'ya vermiş olduğu Elrom'un öldürülmesi ile ilgili talimat bunu ispat etmektedir. Sanık kendilerinin halk yararına hareket ettiği iddiasındadır. Fakir bir kadın olan Gülsüm'ün ve küçük burjuvazi olarak nitelendirdikleri bekçi Hüseyin'in sanık tarafından kurşunlanmasının bu iddiaları ile ne derece ters düştüğü açıktır. Ayrıca sanık İnsan Hakları Evrensel Beyannamesi'ne aykırı hareket edildiği iddiasındadır. Türk Milletinin tekeffüzünde bulunan müdafaasız bir yabancının hunharca öldürülmesi İnsan Hakları Beyannamesi'nin hangi maddesinde yazmaktadır. Ayrıca sanık Anayasayı uygulamayan AP iktidarını bertaraf etmek için eylemlere geçtiklerini savunmuştur. Halbuki eylemleri reformist ve tarafsız bir hükümetin işbaşına geldikten sonra da devam etmiştir. Yalan ise komünistin ağzında bir sakızdır çiğneyip durur."[278]

"Elrom'u Öldüren Yüzbaşı İlyas'tır"

Naci Gür daha sonra, "Mahir Çayan tarafından yazıldığı belirtilen birisi tükenmez kalemle diğerleri kurşun kalemle üç ayrı kağıda yazılan yazıları dosyasına konmak üzere mahkemeye tevdi eder. Savcı tarafından verilen yazılar sanık Mahir Çayan'a gösterilir.

Mahir Çayan, "Biz hükümetin şartlarımızı kabul etmeyen sert tutumu karşısında" diye başlayan tükenmez kalemle yazılmış yazının kendisine ait olduğunu, kurşun kalemle yazılan diğer yazıların kendisine ait olmadığını ifade eder.

Yazı sebebiyle, Elrom'u kimin öldürdüğü Mahir'e, sorulur. Mahir,

"-Elrom'u öldüren Hüseyin'den duyduğuma göre Yzb. İlyas'tır. Ancak bu gerçeği söylemek doğru olur mu olmaz mı diğer arkadaşlar arasında görüşülsün diye ben bu pusulayı yazıp Ulaş Bardakçı'ya verdim, mahkemenizde bu gerçeği ilk defa söylüyorum" diye karşılık verir.[279]

"Başkonsolos'un Şakağına Dayanan Tabancanın Tetiğini Mahir Çayan'ın Çektiği Bir Gerçektir"

Askeri Savcı Naci Gür, bu konuda yaptığı konuşmada özetle şu açıklamayı yapar:

"-Mahir Çayan hastahanede emniyetçe alınan ifadesinde Konsolos'u Hüseyin Cevahir'in öldürdüğünü, savcılığımızda alınan ifadesinde ise kendisinin öldürdüğünü, duruşma safhasında ise firari sanık Yüzbaşı İlyas Aydın tarafından bu fiilin işlendiğini ileri sürmüştür. Çayan'ın hiçbir maddi ve manevi baskıya maruz bırakılmaksızın, savcılığımızca yapılan sorgusu samimi ve açık bir ikrar mahiyetindedir. Ulaş Bardakçı'nın ve diğer sanıkların keza hazırlık sorguları ile teyit edilmektedir. Maltepe'deki evden kaçışlarında düşürdükleri çanta içerisinde, Konsolos'un şahsi eşyalarının bulunması, öldürdükten sonra bu eşyaların Mahir Çayan tarafından alındığını ve taşındığını göstermektedir. Fiilin işlendiği evden en son bu sanığın ayrıldığı anlaşılmaktadır. Başkonsolos'un şakağına dayanan tabancanın tetiğini Mahir Çayan'ın çektiği bir gerçektir."[280]

"Ephraim Elrom'u da İlyas Aydın'ın Öldürdüğünü Açıklayınca, Kaldığımız Evde Kıyamet Koptu"

Mahir Çayan'ın mahkemede yaptığı açıklamaların örgüt içerisinde nasıl bir etki yarattığını Ertuğrul Kürkçü, şöyle açıklamıştır:

"Ağustos ayı ortalarında Mahir Çayan ve diğer arkadaşlar mahkemeye çıkarak yargılanmaya başladılar. Mahir Çayan ifade vermeye başladıktan sonra da bugüne kadar gelen ve belki de yarın da devam ettirilecek olan pek çok şahsi ayrılıkların, kavgaların, çatışmaların temeli atılmış oldu. Hiç şüphesiz bunlar her şeyin kaynağı değildir. Meseleyi böylece ortaya koymak bütünün gözden kaybolmasına yol açacaktır. Her şeyin bir kimsenin iki dudağı arasındaki sözlere bağlı olduğunu iddia ettiğim kanaatini uyandırabilirim. Ancak bu benim bakımımdan bir yargıyla önem taşımaktadır. Ve bu ta en son güne kadar sürüp gidecek olan kararsızlığıma da sebep olmuştur. Zannetmiyorum ki bu kavga ve gürültüler Türkiye halkının davasını yakından ilgilendirmektedir. Ve Türkiye işçilerinin mücadelesini doğrudan etkilemektedir. Ama bu THKP olayı içinde önem taşımaktadır. Açıklanmaya muhtaçtır. Bunları açıklamaksızın THKP'nin ne olduğunu ne ben THKP'ciyim diyenler ne de onu yargılayanlar bilmezler. Mahir Çayan, Ephraim Elrom'un kaçırılmasına Genel Komite'nin karar verdiğini, öldürülmesine Ankara'daki beş kişinin karar verdiğini, bunlar arasında Hüseyin Yavuz, Hüdai Arıkan, Sinan Kazım Özüdoğru'nun da bulunduğunu, kendisinin bu işe karışmadığını, Ephraim Elrom'u da İlyas Aydın'ın öldürdüğünü açıklayınca, kaldığımız evde kıyamet koptu. Burada benim için önemli olan benim ismimim açıklanmış olması ya da olmaması değildi. Ancak hiçbir zaman fikrim sorulmadığı halde sorumluluğun gene hiçbir zaman fikirleri sorulmayan Hüseyin Yavuz, Hüdai Arıkan ve Sinan Kazım Özüdoğru ile arkadaşların üzerine bırakılmasına öfkelenmiştim. Önce Yusuf Küpeli ile birlikte, bu mahkemeye mektup yazarak Ephraim Elrom'un ölümünden bizim sorumlu olduğumuzu açıklamaya kalktık."[281]

"Bu olaydan sonra, eskiden aramızda olan pek çok şey artık kalmamıştı. Bizim birliğimiz karşılıklı güven, saygı ve kardeşlik üzerine kuruluyordu. Ya da öyle olduğunu kabul ediyorduk. Başkaca hiçbir dayanağı da yoktu. Bundan sonra artık her kafadan bir ses çıkmaya, herkes fikirlerini birbirinden gizlemeye, kendi düşündüklerini yapmaya başladı. Benim de açık söylemek gerekirse hiç kimseye güvenim kalmamıştı. Ancak bunu o sıralar kendime bile açıklamaktan çekiniyordum."[282]

"Ben doğrusu örgütün kendisini açığa çıkartmaya karar verdiği Ephraim Elrom'un kaçırılması olayına hangi tarihte ve nasıl karar verildiğini bugün dahi çok iyi bilmiyorum. Ardından gerçi Mahir'in mahkemedeki sorgularında Ephraim Elrom'un öldürülmesi kararını Genel Komite'nin verdiğine dair açıklamaları var ama bunların daha çok hukuki düzenleme gereği olduğunu düşünüyorum.

Bu konuda böyle bir karar alınmış olsaydı, örneğin ben, Genel Komite toplantısında olabilirdim. Başkaları olabilirdi. Dolayısıyla böyle bir Genel Komite toplantısında olmadığımı ve Merkez Komite üyelerinin bu işte daha faal olduklarını düşünüyorum.

İkincisi İstanbul'da bulunan öteki Genel Komite üyeleri olan Ulaş Bardakçı, Hüseyin Cevahir ve Ziya Yılmaz'ın bu eyleme geçme ve kendini açığa koyma sürecinde Genel Komite'nin bütününden daha etkili olduklarını zannediyorum.

Mahir Çayan, mahkemede ilk sorgusu sırasında Ephraim Elrom'u kendisinin öldürmediğini, Genel Komite'nin bu konuda karar aldığını ve Genel Komite kararınca da Ephraim Elrom'u İlyas Aydın'ın öldürdüğünü söyledi.

Bu açıklama hareketin saflarında iki nedenle oldukça derin tereddütler uyandırdı.

Birincisi kimi çevreler, bu arada Mahir Çayan'ın avukatları, Ephraim Elrom'u İlyas Aydın'ın öldürdüğünü ve İlyas Aydın'ın MİT ajanı olduğunu, dolayısıyla Ephraim Elrom'un kaçırılıp öldürülmesi işinden Mahir Çayan'ın sorumlu tutulamayacağını, söyledi. Bütün bunlar o zamanki basında yansıyınca, bu örgütün saflarında iki türlü karışıklık yarattı. Birincisi, bilenler biliyordu ki, Ephraim Elrom'u İlyas Aydın öldürmemişti. İkincisi, o zaman, İlyas Aydın'ın MİT ajanı olduğuna hiç kimse inanmıyordu. Mahir Çayan dahil olmak üzere. Üçüncüsü, şimdi ortada bir THKP-C adına girişilmiş bir iş vardı. Öldürülen bir insan vardı. Bunun siyasi sorumluluğu vardı. Bu siyasi sorumluluk sonuçta bir MİT ajanının üstüne kalmış gibi oldu görünüşte. Dolayısıyla bu kuşku, kargaşa dağınıklığa yol açınca, Yusuf Küpeli,

'Mahkemeye mektup yazıp, Ephraim Elrom'u öldürdüğümü ve kararını da benim verdiğimi söyleyeceğim' dedi. Hatta mektubu da yazdı. Fakat arkasından Orhan Savaşçı ile görüştük. Orhan,

'Bu doğru değil. Herkesi ve her şeyi çok daha güç durumda bırakır' dedi. Ondan sonra o mektubun gönderilmesinden, yazıldığından ve bahsedilmesinden vazgeçildi."[283]

Yusuf Küpeli, bu konuda şunları söylemiştir:

"Mahir ifade vermeye başlayınca, Ertuğrul Kürkçü, 'Bunu ihraç edelim' diye bağırmıştı. Durdurdum orda ve mektup yazmıştım. Mektubu Orhan Savaşçı, 'Ordudaki bütün subayları tasfiye edeceksin' diye yırttırdı."

Örgütün Asıl Yöneticisi Bu Adam

Enver Çayan, yeğeninin kendisine gönderdiği mektupları, Bodrum'da tatilde iken, 24 Ağustos 1971 tarihli gazetelerde yayınlandığı zaman okur.

İstanbul'a gelip, doğruca eve gittiğinde evinin arandığını ve birtakım dergilerin, yazıların, kitapların götürülmüş olduğunu görür. İşyerine giderek birikmiş olan maaşlarını alır. Tam vezneden çıkarken, sivil giyimli iki polis yanına yaklaşarak,

"-Bizle birlikte şubeye kadar geleceksiniz" der.

Polis arabasına binerek doğruca Sirkeci'deki Sansaryan Hanı'nda bulunan şubeye götürülen Enver Bey, Mahir'le ilgili olarak sorguya çekilir. Enver Çayan, kendisini sorgulayan polislere,

"-Benim Mahir'le 1970 Ekim'inden itibaren irtibatım koptu. Kendisiyle o tarihten bu yana ne konuştum, ne görüştüm. Ayrıca ne yaptığını da bilmiyorum. Mektup yazmış olabilir. Ben amcasıyım" der.

Fakat, sorgucuların elinde, önemli buldukları her satırının altı çizilmiş Mahir'in yazmış olduğu mektuplar bulunmaktadır. Bu mektuplarda ise, bir sürü istek olduğu gibi, ilk önce örgütü değil örgütle hiçbir alakası olmayan ve dargın olduğu amcası aranmaktadır. Mektupların yazılış havasından, örgütün asıl yöneticisi sanki Enver Çayan çıkmakta, Mahir de ona bağlı olarak çalışmaktadır.

6 gün süren ayrıntılı sorgudan sonra, Enver Çayan, Selimiye'de Mahir'in daha önceden kaldığı merdivenaltında bulunan hücreye koyulur. Enver Bey, toplam 38 gün gözaltında tutulduktan sonra, Sıkıyönetim Askeri Mahkemesi'nde yargılanır ve "kuvvetli suç emareleri görülmediğinden" serbest bırakılır.

Enver Çayan, serbest bırakıldıktan birkaç gün sonra, beş-altı tane kitap alarak, yeğeni Mahir'i, Selimiye Askeri Cezaevi'ne ziyarete gider. Kendisiyle ilgilenen Deniz subayına,

"-Mahir'le görüşmek" istediğini söyler.

"-Hani siz görüşmüyordunuz?"

"-Hapishaneye düşmüş biri için konuşmuyorum, dargınım demek doğru olmaz. Türk geleneğine aykırı."

Subay, bunun üzerine, kitaplara bir göz atar. "Kelebek" romanını eline alarak,

"-Sen bunu okudun mu?"

"-Hayır okumadım."

"-Bu kitap bir mahkumun kaçmasından söz eder" dedikten sonra, "Kelebek" isimli kitabı ayırarak Enver Çayan'a geri verir. Diğer dört kitapla, "Umutla gözlerinden öperim" yazılı kartı alarak Mahir'e gönderdikten sonra,

"-Buyrun. Siz burada bekleyin" der.

Bir süre sonra, Mahir'den, "Sevgili amcacığım, benim yüzümden, bir hiç yüzünden tutuklanman, buralarda kalman beni kahretti" yazılı bir kart gelir.[284]

"Tutukluları Kurtarmaya Hazırlanıyorlardı"

Bu arada, ortaya çıkmamış ve yakalanmamış olan THKP-C'nin İzmir grubundan Haluk Menemencioğlu'nun söylediğine göre, 17 Ekim 1971 Pazar günü, İzmir'e gelecek olan Prenses Anne ile Prens Philip'i veya 20 Ekim Çarşamba günü İzmir'e gelecek olan İngiltere Kraliçesi II. Elizabeth'i, "Ya Allah, Ya Settar" deyip rehin almayı, bunun dışında, NATO Güney Deniz Saha Komutanı'nı kaçırmayı düşünürler. Bunun için araştırma yapılır, gerekli istihbarat toplanır.

İstanbul'da bulunan Yusuf Küpeli'ye, "Ne yapalım?" diye Tuğrul Paşaoğlu ile haber gönderilir.

Yusuf Küpeli, "Bu koşullarda böyle eylem yapılmaz. Derhal orayı dağıtın. Bingöl Erdumlu da İstanbul'a gelsin" diye Tuğrul Paşaoğlu ve Mehmet İncili ile haber gönderir.

Bunun üzerine, THKP-C'nin İzmir örgütlenmesi dağıtılır. Bingöl Erdumlu da, Yusuf Küpeli ile buluşmak amacıyla, 15 Ekim 1971 Cuma günü, İzmir'den İstanbul'a giderken Tekirdağ'da yakalanır. (1)

İzmir Sıkıyönetim Komutanı Cemal Süer, 21 Ekim 1971 Perşembe günü düzenlediği basın toplantısında, bu konuda özetle şunları söyler:

"Bu örgüt yeniden organize olmuştur. Amaçları da tutukluları, kaçırdıkları ile mübadele etmektir."

İçişleri Bakanı Hamdi Ömeroğlu'nun açıklamasına göre, yakalanan on örgüt mensubu, Başbakan Yardımcılarından Sadi Koçaş, Atilla Karaosmanoğlu ya da İsmail Arar'dan birini kaçırmayı planlamışlardır.

Erdumlu ve arkadaşlarının, bu planları gerçekleştirdikten sonra hükümetle sadece Mahir Çayan ve arkadaşlarını değil, Deniz Gezmiş, Cihan Alptekin ve arkadaşlarının da serbest bırakılması, bütün örgüt mensuplarının sonradan tespit edilecek bir yabancı ülkeye gönderilmeleri üzerine ellerindeki rehineleri hükümete teslim etmeleri yolunda pazarlığa gitmeyi tasarladıkları anlaşılmıştır.

İstanbul'da yargılanan THKP-C tutukluları, Bingöl Erdumlu ve arkadaşlarının yakalanmasını duyduktan sonra Necmi Demir, 22 Ekim

1971 Cuma günkü duruşmada, Bingöl Erdumlu'nun polis müdürlüğünde işkence altında olduğunu ileri sürerek bunun önlenmesini ister. Yargıç, bu hususun mahkemeyi ilgilendirmediğini söyleyerek isteği reddeder.

"Tüneli Bilen Çoktu. Bilmeyen Kaç Kişi Vardı Ona Bakmak Gerekli"

On yıldır çeşitli cezaevlerinde cezaevi müdürü olarak görev yapan Hafit Kaya, "özellikle siyasi hükümlülerin bulunduğu cezaevlerinde görev yapmak çok güç. Hükümlülerin hepsi sadece firarı düşünüp planlıyor" demektedir.[285]

Mahir Çayan da, yakalanmamak ya da canlı ele geçmemek için ilk önce kendini öldürmek ister ama bu olmaz. Yaralı olarak yakalanır. Selimiye Askeri Kışlası'nda iken amcasına yazdığı mektupta, "kaçmak için fırsat kolladığını" yazar.

Mahir'in bu kaçış planlarını anlattığı mektuplar, Sıkıyönetim yetkililerinin eline geçince niyeti öğrenilir ve kaçmaması için sıkı önlemler alınır.[286]

Mahir, Selimiye Kışlası'ndaki hücresinde iken, Kartal-Maltepe Askeri Cezaevi'nde bazı tutuklular kaçmak için plan yapmaktadır.

Bu konuyu bilen İTÜ Öğrenci Birliği Başkanı Gökalp Eren, şunları anlatmıştır:

"Tünel kazma düşüncesi Cihan Alptekin'le birlikte bir motorsikletle kaçarken Tekirdağ'da yakalanan ODTÜ Mühendislik Bölümü öğrencisi olan Tayfur Cinemre'den çıkmıştır.

Tayfur Cinemre, Metin Eşrefoğlu, Cihan Alptekin, Oktay Kaynak, Ömer Ayna gibi arkadaşlar oturmuşlar, karar vermişler. O zamanki olanaklar içinde tuz ruhu getirtilmiş. Betonu, önce tuz ruhu ile yumuşatıyor, daha sonra da keski ve şiş ile toprağa ulaşana kadar deliyorlar. Betonu delerken gürültü oluyor. Gürültüyü bastırmak için ne yapalım diye oturduk, konuştuk. Gürültü-şamata organize ettik. Folklor grubu oluşturuldu. Bilen, bilmeyen herkes horon tepmeye başladı. Öbürleri şaşkınlıkla bakıyor ve,

'-Bunlar devrim için yola çıkmışlar. Saatlerce oyun oynuyor, dört saattir tepiniyorlar. Burası yaramadı heriflere' diye düşünüyorlar.

THKP-C taraftarları, tüneli ilk delme işlemini ve neden horon teptiğimizi bilmiyorlardı. O devrede biraz bizim davranışlarımızı kınıyorlardı. Sonradan öğrendiler de herkes rahatladı.

Giderek şöyle bir şey oldu: Çok fazla insan bilir hale geldi. Tüneli bilen çoktu. Bilmeyen kaç kişi vardı ona bakmak gerekli."

Arkadaşları, Mahir ve Arkadaşlarını Askeri Tutukevinden Kaçırmak İçin Yoğun Çaba İçerisindedir

Cihan Alptekin ve arkadaşları, tutukevinden tünel kazarak kaçmayı planladıkları sırada, dışarda bulunan THKP-C'liler de Mahir Çayan ve arkadaşlarının tutukevinden kaçabilmeleri için çalışmaktadır.

"Yusuf Küpeli, İstanbul'a gelişten itibaren Mahir Çayan ve arkadaşlarının tutuklu bulundukları Kartal-Maltepe Askeri Ceza ve Tutukevi ile ilişki kurmak yollarını aramış, aynı cezaevinde tutuklu bulunan babası Şevki Erencan'ı ziyarete giden Ayşe Baykara, Yusuf Küpeli ve Mustafa Baykara'nın talimatları üzerine, Mahir Çayan ve arkadaşları ile ilişki kurarak, onlarca yazılıp ilaç tüpü içerisine konulan mektupları kendilerine muhtelif zamanlarda getirip teslim etmiş, aynı usulü yürüten Küpeli ve Mustafa Baykara'ca gönderilen mektupları da Askeri Ceza ve Tutukevi'ne ulaştırmıştır."[287]

Mahir Çayan'ın, Selimiye Askeri Kışlası'nda tutuklu bulunması ve Sıkıyönetim Askeri Mahkemesi'nde yargılanması zorunlu olarak örgütün askeri kanadını ön plana çıkartır. Ayrıca sivil kadroların büyük çoğunluğu Sıkıyönetim Komutanlıkları tarafından arandığı için kaçak ya da tutuklanmış durumdadır.

Bu nedenle, Mahir'in kayınbiraderi, "Hv. Yzb. Orhan Savaşçı, 4 Ekim 1971 tarihinde İstanbul'daki kursa başlamasından sonra sadece Yusuf Küpeli, Ertuğrul Kürkçü ve örgüt askeri kesim bölge sorumluları ile ilişki kurmak ve yürütmekle kalmamış; Mahir Çayan ve arkadaşlarının Kartal-Maltepe Askeri Ceza ve Tutukevi'nden kaçmaları ve kaçırılmaları yönünden de İstanbul'daki bazı örgüt üyeleriyle birlikte yoğun bir çalışma göstermiştir."

"Fuzuli Yazıcı'nın tutuklu bulunan Rüçhan Manas ile hissi ilişki kurduğunu öğrenen Ulaş Bardakçı, Orhan Savaşçı'nın İstanbul'a gelmesi ve kendisiyle irtibat kurmasından sonra, Askeri Ceza ve Tutukevi'nden kaçmak istediklerini ve bu maksadı tahakkuk ettirmek için yollar aradıklarını Fuzuli Yazıcı'ya anlatarak kendilerine yardımcı olmasını istemiştir."[288]

Bu sırada, THKO ve THKP-C kadroları, Mahir'in Maltepe Askeri Cezaevi'ne gelmesinin yolunu araştırır. Çünkü, kazdıkları tünel neredeyse bitmek üzeredir. 1 Kasım 1971 Pazartesi günkü duruşmada THKP-

C davası tutukluları, Ulaş Bardakçı, Necmi Demir, Kamil Dede ve İlkay Demir imzasıyla mahkemeye bir dilekçe verilerek, "Mahir Çayan'ın Selimiye'den Maltepe'ye nakledilmesi ve savunmalarını yapabilmeleri için iki ay süre verilmesi" istenir.

Naci Gür sanıkların soruşturmanın genişletilmesi ve Mahir Çayan'ın kapatıldığı Selimiye Kışlası'ndaki hücreden çıkarılması isteklerinin maksatlı olduğunu ve mahkemenin uzamasına yol açacağını belirtir.

"Tünel açmadaki ilerleme şekli Ulaş Bardakçı ve Ziya Yılmaz'ca o tarihlerdeki Selimiye'de tutuklu bulunan Mahir Çayan'a duruşmalara gelişlerinde bildirilmesi üzerine, adı geçen sanık toplu savunma hazırlayacaklarını beyanla kendisinin de Kartal-Maltepe Askeri Ceza ve Tutukevi'ne naklini ısraren istemeye başlamış; 1 Kasım 1971 tarihinde de mezkur Ceza ve Tutukevine nakledilmiştir."[289]

Mahir Çayan'ın Selimiye'den Kartal-Maltepe Askeri Ceza ve Tutukevi'ne nakledildiği gün, arkadaşlarının değil, başka suçlardan yargılananların koğuşuna konulur. O gece Topçu Teğmen Mehmet Berker Barçak, nöbetçi subay olarak saat 02.00 sıralarında koğuşları gezerken Ulaş Bardakçı, Necmi Demir, Rasim Özkan, Mustafa Lütfü Kıyıcı, Sina Çıladır'ın birlikte oturduklarını görür.

Ulaş Bardakçı, Teğmen Barçak'a yanaşır ve yavaş bir sesle,

"-Mahir Çayan'la görüşmek istediğini" söyler.

"-Yasak" diye karşılık verir subay. Bu defa Ulaş,

"-Biz buradan kaçmayı düşünüyoruz. Bize yardım edebilir misiniz? Yardım etmezseniz dahi bu konudaki fikriniz ne olabilir?" diye sorar.

"-Ben bunu duymuş olmayayım. Bir daha böyle bir şey duymayayım. Böyle bir şey yapmanızı tavsiye etmem" diye karşılık verir ve oradan ayrılır.

Mahir ile arkadaşlarının görüşmelerinin zor olması üzerine, "aynı dava sanıklarının çoğunluğunun (D) koğuşunda bulunmaları ve müşterek savunmayı hazırlamak için hepsinin aynı yerde olmaları hususundaki talepleri üzerine Mahir Çayan, Ulaş Bardakçı, Ziya Yılmaz ve Necmi Demir de (D) koğuşuna nakledilmişler; bu koğuşa geçişle birlikte Ömer Ayna ve Cihan Alptekin'in kaldıkları ve tünel kazdıkları koğuşa gitmek ve aynı faaliyete iştirak mümkün hale gelmiş (...) Kartal-Maltepe Askeri Cezaevi'ndeki bazı sanıkların kaçırılması üzerinde önemle duran Hv. Yzb. Orhan Savaşçı ve Haldun Yeşil, Rüçhan Manas ile hissi ve Ulaş Bardakçı ile yakın ilişkisi bulunduğunu bildikleri Top. Tğm. Fuzuli Yazıcı ile kaçırmada yardımcı olmasını sağlamak yönünden temas kurma görevini P. Tğm. Olcaytu Özsever'e vermişlerdir.

P. Tğm. Olcaytu Özsever, Top. Tğm. Fuzuli Yazıcı ile Kartal-Maltepe, Moda ve Kadıköy'de buluşmalarında kendisinin Türkiye Halk Kurtuluş Cephesi üyesi olduğunu, bu itibarla da tutuklu bulunan Mahir Çayan ve bazı sanıkların kaçırılmasını düşündüklerini beyandan sonra Ceza ve Tutukevindeki subay, astsubay ve erlerin yemeklerine uyuşturucu nitelikte bir madde koyduktan sonra tutuklulara asker elbisesi giydirerek bir araçla dışarı çıkarmanın mümkün olup olmadığını sormuş; Tğm. Fuzuli Yazıcı ise kaçırma işine fiilen katılamayacağını, ancak yardımcı olabileceğini bildirmiş; Olcaytu Özsever'in bu kez de sana silah versek içeriye sokabilir misin diye sorması üzerine olumlu cevap vermiştir. Sanık Fuzuli Yazıcı'nın Ceza ve Tutukevi tutuklularından Rüçhan Manas ile hissi ilişkisinin, verilen emirlere ve Cezaevi Tüzüğü'ne aykırı olarak tutuklular ile temaslarının bağlı olduğu komutanlıkça duyulması üzerine, 4 Kasım 1971 günü Emniyet ve Muhafız Subaylığı görevine son verilmiştir.

Sanık Fuzuli Yazıcı, Ulaş Bardakçı ve Olcaytu Özsever ile ilişki kurduktan sonra dışarıdan cezaevine ve buradan dışarıya gönderilen haberlerin ulaştırılmasını da sağlamıştır.

Yusuf Küpeli ve Münir Ramazan Aktolga ile Ceza ve Tutukevindeki şahıslar arasındaki haberleşme Ayşe Baykara ve Zeki Öztürk vasıtasıyla sağlanmış, ağzı bantlı ilaç şişeleri içerisine yerleştirilen mektuplar dışardan cezaevindeki tutuklulara ve tutuklularca, Yusuf Küpeli ve arkadaşlarına ulaştırılmıştır."[290]

"Bu Gelenekler İçinde On Üç Senelik Arkadaşım Bulunan Bir Grubu İhbar Edemezdim"

Görevden alınan Top. Tğm. Fuzuli Yazıcı'nın yerine, 15 Kasım 1971 tarihinde Cezaevi Emniyet ve Muhafız Subaylığı görevine Olcaytu Özsever'in devre arkadaşı Topçu Tğm. Sabahattin Sakman atanır.

Sabahattin Sakman, bu konuda şunları anlatmıştır:

"13 Kasım 1971 tarihinde Alay Hareket subayı Yüzbaşı Bilgin Biber'den cezaevine Teğmen Fuzuli Yazıcı'nın yerine tayin edileceğimi gayri resmi olarak öğrendim. O gün, Tabur Komutanı Yarbay Ahmet Bulat'a çıkarak, Alay Komutanının bu niyetini yani beni hapishaneye tayin etmek istediğini, fakat ben orada görev yapmak istemediğimi, birliğimde kalıp çalışmak istediğimi, bu bakımdan bu tayini önlemesini istedim. Tabur Komutanının da bu durumdan haberi varmış. Bana, emrin artık çıktığını hatta bugün ben söylemeseymişim, bana zaten kendisinin bildireceğini söyledi ve emrin artık çıktığını Alay Komutanının emri geri alması gibi bir husus olamayacağını bildirdi. Bunun üzerine 16 Kasım 1971'de cezaevinde göreve başladım.

Bu olaydan bir ay kadar önceydi, on üç senedir sınıf arkadaşım olan ve ailece tanıdığım teğmen Olcay Özsever, beni telefonla evine çağırmıştı. Havadan sudan konuştuktan sonra bana Fuzuli Yazıcı ile arkadaşlık yapmak istediğini, kendisinin dürüst bir insan olup olmadığını, ben ve Fuzuli topçu olduğumuzdan ve aynı birlikte görev yaptığımızdan kendisini daha iyi tanıyacağımı söylemişti. Ben de kendisine, Fuzuli'nin dürüst bir arkadaş olduğunu, sağlam karakterli olduğunu, fakat cezaevinde tutuklu bir bayanla ilişkisi olduğuna dair cezaevindeki subayların bir şeyler bildiğini söylemiştim. O günden sonra Olcay'ı hapishaneye tayin olduktan üç dört gün sonraya kadar görmedim. Tayin olduktan üç dört gün sonra, telefonla beni evine çağırarak, konuşmak istediğini bildirdi. Evine gittiğimde o an ilk defa gördüğüm iki şahıs daha vardı. Bunların her ikisinin de yüzbaşı olduklarını söyledi. Tanıştık. Bunlar Yüzbaşı Orhan Savaşçı ve Haldun Yeşil'di. Günlük olaylardan konuştuktan sonra konu, son senelerde yapılan gençlik eylemlerine geldi. Orhan Savaşçı, o zaman bana birçok hareketler yapıldığını, bu gençlerin iddia edildiği gibi kötü maksatlı kişiler olmadığını, hepsinin vatansever ve gerçek milliyetçi kimseler olduğunu bildirdi.

Gene aynı konuşmanın devamında Orhan Savaşçı, bana, Mahir Çayan'ın kayınbiraderi olduğunu söyledi ve bilhassa Çayan hakkında yaratılan imajın çok yanlış olduğunu, kendisini hem akrabası hem de arkadaşı olduğundan yakından tanıdığını, aslında vatansever ve insancıl bir kimse olduğunu bildirdi. Daha sonra bana ortaya çıkmaması gereken bir sır söyleyeceğini, Mahir Çayan ve arkadaşlarının cezaevinde bir tünel açmış olduklarını, buradan çıkmalarının tahmin edildiğini fakat bugüne kadar çıkmadıklarını bildirdi. Bana kendisinin orada bir tünel kazılmasına ihtimal vermediğini belirterek, bunun mümkün olup olamayacağını sordu. Ben de kendisine cezaevini tanımadığımı fakat orada bir tünel kazılmasının zannımca imkan dahilinde olmadığını söyledim. Bunun üzerine bana bu konuyu Mahir'den öğrenebilir misin, dedi. Ben müsbet cevap verince, o halde sana bir mektup yazayım bunu Mahir'e verirsen senin de Mahir'e başka bir maksatla yaklaşmış olmadığını anlar dedi. Mektubu yazdı ve katlayıp verdi. Mektupta selam ve sevgi yazdığını, bu tünel işinin gerçek olup olmadığını sorduğunu, kamuoyunda idamlar aleyhinde bir akım var, bu bakımdan moralinizi bozmayın dediğini ve mektubu getiren bu teğmenin güvenilir bir kimse olduğunu yazdığını söyledi.

Bu arada ben cezaevinde daha önce bir nöbet tutmuştum. İkinci nöbetimde Mahir'e mektubu götürdüm verdim ve yanından ayrıldım. Bir müddet sonra ziyaretçi yerinin oralarda dolaşarak benimle konuşmak istediğini ihsas ettirdi. (Nöbetçi subayının kaldığı yerden ziyaretçi yeri gözükür ve tutukluların koğuşu oraya açılırdı.) Yanına gittim. Mahir bana, tünel işinin gerçekten doğru olduğunu, bir ay küsur zamandır bunun hazırlanmasıyla meşgul olduklarını, bir hafta önce de bitirildiğini söyledi. Fakat buradan çıkmanın yüzde bir ihtimal olduğunu, çıksalar dahi kule nöbetçilerinin kendilerini vuracaklarını belirti. Bu bakımdan şimdiye kadar bu tünel yoluna tevessül etmediklerini anlattı. Bana kendilerinin yaptıkları bazı eylemler yanlış olmasına rağmen genellikle halk ve ülke selameti için çalıştıklarını, buradan çıkmalarının gerektiğini, fakat tünel işini yukarıda belirttiğim riskinden dolayı denemediklerini, benim yanımda nöbet tutan astsubayı tutukluların arasına getirerek onlara enterne ettirmemi ve Mahir'e bu astsubayın elbisesi giydirilerek tek başına nöbetçilerin değişme saatinden istifade ile kaçırılmasını teklif etti. Bunun üzerine kendisine samimiyetlerinden şüphe etmediğimi, fakat yaptıkları banka soygunu, çocuk kaçırma gibi eylemlerin hiçbirini tasvip etmediğimi, kendileri için böyle bir şey yapamayacağımı, fakat tünelden çıkarlarsa da kimseye bir şey söylemeyeceğimi bildirdim. Bunun üzerine Mahir, Orhan Savaşçı'ya mektubunu aldığını ve benimle konuştuğunu bildirmek için bir mektup yazdı. Mektubu aldım ertesi günü Olcay Özsever'in evine gittim.

Olcay Özsever evde yalnızdı. Mektubu kendisine verdim. Ayrılırken Orhan Savaşçı'nın iki gün sonra kendilerine tekrar geleceğini o zaman benim de gelmemi istediğini söyledi. İki gün sora Olcay Özseverlere gittiğimde gene Olcay Özsever, Orhan Savaşçı ve Haldun Yeşil bulunuyorlardı. Orhan Savaşçı, mektubu okudu, bir yerinde güldü. Çıkmak için silah ve cephane istemişler. Nereden bulacağız bunu dedi. Ben de zaten cezaevindeki erlerle bir müsademe çıkmasını arzu etmeyeceğimi, bu bakımdan verseler de bunları götüremeyeceğimi belirttim. Ayrıldık. Üçüncü nöbetimde gene Mahir Çayan daha önceki anlatış biçiminde beni yanına çağırdı. Yanına gittim. Daha önce yapmış olduğu kapıdan astsubay elbisesi giydirerek kaçırma teklifini tekrarladı. Aynı sebepten reddettim. Bunun üzerine bana, kendilerinin mahkemede bazı olaylar çıkardıklarını, bu bakımdan hücreye alınma ihtimallerinin olduğunu, bunun için de bütün tehlikesine rağmen 27-28-29 Kasım gecelerinden birinde, tünelden kaçmayı deneyeceklerini bildirdi. Kendileri bu kaçmanın on sekizden önce olacağını, çünkü saat on sekizde büyük gürültülerle Reo ve Kayzer araçları hapishane çevresinde takviye yapıyorlar, başka nöbetçiler geliyor dedi. Gene kendilerinin yataklardan çıkan kıtık olarak doldurulmuş elbise ve parka parçalarından (bazan postal dahi çıktığını söyledi) İki üç tane şapka ve parka bulmamı istedi. Kendisine ben bunları hem bulamayacağımı, bulsam da içeri sokamayacağımı söyledim ve kendilerinin çıktıktan sonra bekleyecek bir taksiye ihtiyaçları olduğunu, bu taksiyi sağlayıp sağlayamayacağımı sordu. Kendilerine bu isteklerini Orhan Savaşçı'ya söyleyeceğimi, eğer taksi bulunursa nerede bekleyeceğini belirtmek bakımından bir nokta tarif ettim. Bu nokta tünelden çıktıktan sonra karşıya gelen ilk tepe istikametinde yüründüğünde öne çıkan büyük yol takip edilip bunun Yakacık Samandıra yol kavşağı ile kesiştiği noktaydı. Ertesi gün Olcay Özseverlere gittim. Daha önce nöbetten sonra Orhan Savaşçı ve Haldun Yeşil, tekrar Olcaylarda olacağını söylemişti. Araba isteğini ertesi gün halledebileceklerini, bu bakımdan ertesi gün saat on dört sularında Kadıköy'de kendileri ile buluşmamı istediler. Ben bu taksiyle Mahir Çayanlara tarif etmiş olduğum buluşma noktasının yerini gösterip ayrılacaktım"

"THKP-C veya Askeri Kesimi üyesi değilim. Orhan Savaşçı, Haldun Yeşil veya Olcay Özsever'in bu örgütlerin üyesi olduğuna dair ne bir şey biliyordum, ne de kendileri bir şey söylemiştir. Bu husus bütün hazırlık ifadelerimden anlaşılır. Türk Ordusunun iki yüzbaşısını hele bir tanesi Mahir Çayan'ın kayınbiraderi olursa, Çayan'ın başı olduğu iddia edilen bir örgütle ilişkisi olsa, şimdiye kadar çoktan tespit ve tevkif edilmiş olacağı akla gelirdi. Kaçma işine yaptığım müzahareti hiçbir ideolojik maksatla yapmadım. Benim durumumda ihbar etmekten başka yapacak hiçbir alternatif yoktu. Fakat etüdte gürültü yapan arkadaşlarını nöbetçi öğretmene söylememek için sınıf kıdemlilerinin dayak yediği Askeri Okullardan yetiştim. Bu gelenekler içinde on üç senelik arkadaşım bulunan bir grubu herhalde ihbar edemezdim."

"Kaçmaya yardımım sadece kendi isteğimle ve insancıl maksatlarla oldu. Bana hiçbir görev verilmedi. Kastım şiddetin şiddetle olacağını düşünerek bunlar asıldığında memleket içinde çok ters olaylar olabileceğini düşünerek ne yaptıklarına bakmaksızın muhafazasına görevli olduğum bu şahısların kaçmasına yardım ettim."[291]

"Özeleştiri Mekanizmasını İşletip Önce Arkadaşları Rahatlatmamız Lazım"

Ömer Erim Sürkan, Mahir, Selimiye'den Maltepe Askeri Cezaevi'ne geldikten sonra ilk havalandırmaya çıktığı ve karşılaştıkları zaman yaptıkları sohbeti şöyle anlatmıştır:

"Mahir, Maltepe Askeri Cezaevi'ne geldikten sonra havalandırma için bahçeye ilk çıkışımızda herkes etrafını aldı. Bir süre konuşuldu, sohbet edildi. Daha sonra futbol maçı için takım eşleşmesi oldu. Maç başladıktan sonra etrafındaki kalabalıktan ayrılıp bana doğru yöneldi ve birlikte duvarın dibinde gidip gelmeye başladık. Bana ilk söylediği söz şu oldu:

'-Erim, bu bir marangoz hatası değil mi?'

'-Hiç de öyle değil. Hiç hazır olmadığımız bir yola girdiğimizden dolayı duvara tosladık. Bunun marangoz hatasıyla hiçbir ilgisi yok. Yapılması gereken çok şey var ama derhal yapılması gereken bir şey var; bir eleştiri-özeleştiri mekanizmasını ciddi bir şekilde oluşturup arkadaşları rahatlatmalıyız.'

'-Niye böyle bir şey istiyorsun?'

'-Herkes poliste konuştu. Çok kötü bir polis deneyimi verdi. Olmaması gerekirdi ama tecrübesiz pat diye bu işlerin içine sokulmuş insanlar. Demek ki tecrübemiz, bilincimiz yetmemiş. Bunu doğal karşılamamız gerekiyor. Şu anda bu konuşulmuyor. Kimse, 'ben konuştum' demiyor. Tam tersine herkes, bunu gizlemek zorunda kalıyor ve bir de ortalıkta, 'alnımızın akıyla çıktık, çıkmayan bilmem kimler var' gibi konuşuluyor. Halbuki çoğunluk kötü deneyim sahibi. Usulü erkanınca eleştiri-özeleştiri mekanizmasını işletip, insanları önce rahatlatmamız lazım. 'Evet arkadaşlar deneyimsizdik, birçok hatalarımız oldu ama poliste de konuştuk' deyip, insanları sahtekar olma durumundan çıkarmamız gerekiyor.'

Özeleştiri çok önemlidir. İnsanları ayıplarını gizlemekten kurtarmak gerekir. Bunun da yolu Marksist yönden özeleştiridir. Siyasi hata, polis deneyimi gibi şeyler her yönden rahatça konuşulabilmeli ki kimse saklama-gizleme, kıvırtma gibi kötü davranıştan kurtulabilsin. Özeleştiri mekanizması doğru yapılabiliyorsa komünizmin en önemli şeyidir. İnsan bir hata yaptığı zaman bizde genellikle gizlenir. O hatadan bir kişinin haberi olur diyelim. Bu, eleştiri-özeleştiri mekanizması içinde çözülmezse ne olur? Bir örgütün içindeyiz. Senin yapmış olduğun hatayı sadece ben biliyorum. Ben, seni daima kullanırım. Sen hep yapmış olduğun hatayı açıklar diye bilen kişiden korkarsın. O kişiye mahkum olursun. Ayrıca o hatanı açıklayıp, hatanı düzeltme olanağı verilmediğinden dolayı o hatanı gizlemek için daha başka hataları da yaparsın. En başta yalan söylemek zorunda kalacaksın. Belki senin o hatan yüzünden bir insan öldü, belki birileri yakalandı, belki örgütün bir şeyleri ele geçti. Sen onu söylemedikçe hep bir bilinmezlik devam edecektir. Komünist hareket bunun için eleştiri-özeleştiri diye bir mekanizma oluşturmuş. Örgüt, mekanizmayı işleterek kişilere bu konuda rahatlatma olanağı vermeli, dedim ve savundum. Mahir, bu önerime karşı çıktı ve,

'- Bu aşamada bunu yaparsak örgüt dağılır' dedi.

'-Hayır Mahir, tam tersine örgüt toparlanır. Bazıları, yapmış olduğu yanlışlıkları gizleyerek kişisel yozlaşma içine giriyor. Şu an o durumdalar. Herkes birbirinin ne hata yaptığını biliyor ama iki yüzlü davranıp mecburen birbirini idare ediyor. Bu sürer gider. Bu işin sonu yok. Derhal eleştiri-özeleştiri mekanizması yapılıp polis deneyiminin açığa vurulması gereklidir' dedim.

Mahir, bu söylediklerimden hiç hoşlanmadı. Hâlâ bir umut içindeydi. O umutlar birazcık da, askeri kesimde ilişkide olduğu kişilerden kaynaklanıyordu. O dönem, henüz daha her şey yerli yerine oturmamıştı. Cunta denilen kesimle doğrudan organize olmasa bile Ankara grubunun fazla ilgisi vardı. Hâlâ bir şeyler olabilir düşüncesiyle oradan bayağı umutları vardı."[292]

"Savunma Milliyetçi Motiflerle Ele Alınmıştı"

Duruşmalar, artık sorgu aşamasından çıkmış, savunma aşamasına yaklaşmıştır. Bir taraftan, Kartal-Maltepe Askeri Cezaevi'nde olan Ulaş Bardakçı, Ziya Yılmaz, Necmi Demir, Kamil Dede ile bir başka davadan tutuklu bulunan Sina Çıladır, bir taraftan da Selimiye Kışlası'ndaki hücresinde Mahir Çayan, savunma hazırlıklarına başlar.

Sina Çıladır, bu konuda özetle şunları söylemiştir:

"Savunma hazırlıklarına başladık. Geniş bir savunma olacaktı. THKP-C'nin neden bu tür eylemlere kalkıştığı anlatılacaktı bir tarihsel perspektif içinde. Yani bir siyasi savunma yapılacaktı. Savunmada dağınık bir yöntem uyguladık. Osmanlı toplum yapısı bölümünü Ulaş üzerine almıştı. Ulaş, Doğan Avcıoğlu'nun Türkiye'nin Düzeni adlı kitabını aynen kopya etti. Ki biz o zamanlar bu fikirleri doğru kabul ediyorduk. Ulaş cümle kuruluşlarını değiştirerek söz konusu kitaba baka baka kopya etti. Savunmanın bir bölümünü İlkay'a verdik. Ömer Güven'in yardımını istedik. Tam o sıra mahkeme kanalıyla Mahir'in hazırladığı elli sayfalık bir savunma geldi. Savunmayı Necmi, Kamil ve bir kaç arkadaşın da bulunduğu bir toplantıda okuduk. Büyük bir suskunluk oldu. Savunma milliyetçi motiflerle ele alınmıştı. Kemalizm abartılıyordu. Anayasa savunuluyordu."[293]

Ortaya, bir taraftan Mahir'in, bir taraftan arkadaşlarının hazırladığı iki savunma metni çıkmıştır. Mahir, bu sırada daha Selimiye'dedir. Sina Çıladır şöyle devam etmiştir:

"Mahir, Selimiye'de küçük bir hücrede tutukluydu. Buna rağmen orada yaklaşık 50 sayfalık kendi el yazısından çıkmış bir savunma-metin hazırlamış. Taslak hazırlamış. O taslağı bize gönderdi. Daha kendisi gelmedi. Önce hazırlamış olduğu taslağı gönderdi. Taslağı ben ve diğer arkadaşlar okudu. Pek beğenmedik. Daha iyi olabilirdi. Daha radikal olabilirdi.

Peki ne yapalım? Mahir'le görüşme imkanımız da yok. Biz, 'bunu alalım biraz daha sınıfsallaştıralım, biraz daha Marksizme oturtalım, biraz daha adam edelim' dedik. O zaman Ziya,

'-Sen bu metni al, bir toparla' dedi.

Büyük bir metin oluşturdular. Nasıl yapacağız? Bu sefer bir görev bölüşümü yaptık. Sonra büyükçe bir metin oluşturduk. Daha sonra bunun hepsini redakte ettik. Bunu benim redakte ettiğim doğru. Fakat şunu söyleyebilirim: Savunma tam istediğimiz gibi olmadı. Hem zaman darlığı vardı, hem de kaçma hazırlığı vardı. Yani ne benim içime, ne Mahir'in, ne de öteki arkadaşların içine sindi."[294]

"Savunmayı Boşverip Kaçma Çalışmalarını Hızlandırdık"

Söz konusu Mahir olunca, eylemleri, intihar girişimi, hayatı ve pratiği üzerine çok şey söylenmiş, spekülasyonlar yapılmıştır. Mahir, özellikle intihar konusunda, "Ölmeye cesaret edemedi. Niye kafasına sıkmadı da, kalbine sıktı" gibi spekülasyonlar konusunda çok kırgındır.

Cezaevinde koğuşlar arasında gidiş gelişler rahat olduğu için Mahir, bu kırgınlığını, bir gün, Maltepe Askeri Cezaevi'nde karşılaştıklarında, Gökalp Eren'e şöyle yansıtır:

"-Orada Cevahir'le birlikte dövüşmeye ve ölmeye karar verdik. Ben ona yaşayarak ihanet etmedim. Bu konudaki spekülasyanların temizlenmesi bir süreç olayıdır. Silahı kalbime dayadım ve tetiğe asıldım. Ama silahın namlusu kaydı ve kalbimi tutturamadım. Tetiğe asılırken solak olmam nedeniyle silahın namlusunun kayması sonucu bir insan yaşıyorsa bu korku sonucu yaşama değildir. Ayrıca insan o çatışma anında kalbine sıkacağını hissettiyse ancak öyle yapar. Birden karar değiştirip beynime sıkayım diye insanın aklına gelmez. Yemek beğenmek gibi bir olay değil bu. Bu bir ispat gerektirir. Daha işin başlangıcındayız. Bundan sonraki hayatı yaşamak gerekli. Ama Deniz için böyle bir şey yok. Bugün Deniz, Türkiye devriminin simgesi haline gelmiştir. Bu düğüm çözülürse Türkiye devriminin önü açılacaktır. Onların hayatlarının kazanılması bugün temel sorunumuzdur."

Bir dönem TDGF Genel Başkanlığı yapan Atilla Sarp, "geçmiş olsun" ziyaretine gittiğinde, Mahir, göğsünü açarak, yarasını gösterir ve kendini vurma olayını anlattıktan sonra, savcıyı kastedip,

"-Namussuz herif. Sanki ben kendimi mahsus yaralamışım gibi bir açıklama yaptı" dedikten sonra, devrimci mücadeleyi kastederek, "Bizim kuşağın yüzde doksanı ölür. Çünkü bu çok zor bir şeydir" diyerek, ölüm ve devrimci mücadele üzerine düşüncelerini bir anlamda ortaya koyar.[295]

Mustafa Lütfü Kıyıcı ile yaptığı konuşmasında, Mihri Belli'nin Yunanistan İç Savaşı'nda yaptığı gerilla savaşı ile gerilla komutanlığını ve Belli'nin kendisi hakkında, "Mahir tavuk bile kesemez" dediğini bilen Mahir, bunu anımsatarak,

"-O gerilla savaşına başlayamadı, biz başladık" der.

"Cihan büyük bir sabırla Mahir'in Maltepe'ye getirilmesini beklemiştir. Deşifre olabilir, tünel ortaya çıkabilir gibi tüm rizikolara rağmen Cihan, Mahir'i beklemiştir" diyerek, cezaevinden kaçma olayının çok çeşitli etkenlerinden bir yönünü vurgulayan Mustafa Lütfü Kıyıcı'nın ardından Ziya Yılmaz, bu konuda şunları söylemiştir:

"İlk ben konuştum Mahir'le. Sonra oturup Ulaş, ben, Mahir kaçma fikrini değerlendirdik ve ancak eyleme devam için değil, örgütü yeniden toplamak, durum değerlendirmesi yapmak için kaçma fikrinin doğru olduğunda birleştik. Bunun için yurtdışına çıkmak gerekiyordu. Mahir'in, Ulaş'ın ve İlyas Aydın'ın yurtdışına çıkarılması fikrini benimsemiştik. Bu karardan sonra savunmayı falan boşverip kaçma çalışmalarını hızlandırdık."[296]

"İşi Zorlaştıracak Bir Şey Yapmayın"

Aynı dönem Maltepe Askeri Tutukevi'nde tutuklu bulunan İlhan Selçuk, Mahir Çayan, Cihan Alptekin ve arkadaşlarının kaçışı konusunda şunları anlatmıştır:

"Mahir...tutukevine getirildi. O günlerde Deniz Gezmiş ve arkadaşları idama mahkum olmuşlardı. Devrimci gençler yerlerinde duramıyorlar, bir şeyler yapmak için kaynaşıyorlardı. İsmet Paşa ile bazı demokratik çevreler de idamları engellemek için girişimlere geçmişlerdi. Mahir, işte bu sırada bir gün arkadaşlarıyla birlikte bana geldi, konuyu açtı. Söylediklerim bugünkü gibi aklımdadır:

-Bak, dedim, Deniz'i, Hüseyin'i, Yusuf'u kurtarmak isteyenler var. Başta İsmet Paşa olmak üzere bir şeyler yapmak isteyenlerin işini zorlaştıracak hiçbir şey yapmayın.

Ama, ok yaydan çıkmıştı. Maltepe Tutukevi'nde Mahir'i önce Cihan'ın bulunduğu koğuşa geçirdiler. Ünlü kaçış olayı gerçekleşti."

Ruhi Koç ve Sarp Kuraylara da, Cihan Alptekin tarafından kaçma önerisi iletilir ama onlar bazı gerekçelerle kabul etmezler. Fakat, bu grubun içerisinde yer alan subay arkadaşları aracılığıyla ellerinden gelen yardımı yaparlar. Atilla Sarp, Mahirlerle hapishaneden kaçmak istediğini İrfan Uçar'a söyler. Fakat kabul edilmez.

Fakat Mahir'in ifadesiyle, tünelden kaçma olayı artık, "Bir intihar olayıdır."[297]

Kazılan tünelden ilk çıkanın kim olacağı konusu gündeme geldiğinde, Ziya Yılmaz'ın dediğine göre, "Bu konuda en açık istek Mahir'den gelmiştir." Mahir, yaralı olmasına rağmen, neden talip olduğu konusunda ise, "Arkadaşlarının yanında göreve talip olmak, ilk tehlikeyi göğüslemek" demiştir.[298]

"Mahir, Uzun ve Hissi Bir Konuşma Yapmıştı"

Mahir'in, sadece ilk tehlikeyi göğüslemek için göreve talip olması değil, mahkemelerdeki tavrı ve arkadaşlarıyla vedalaşması da onun nasıl bir duygu içinde olduğunu yansıtmaktadır.

Tülay Tat, Mahir'le yaptığı bir görüşmeyi şöyle anlatmıştır:

"Kadınlar koğuşunda Mahirlerin kaçacağını herkes biliyordu. Tünel kazılırken askerlerin dikkatini, bizim koğuşa çekecek birtakım hareketler düzenliyorduk. Türküler söylüyorduk, oyunlar oynuyorduk. Askerlerin ilgisini çekiyorduk ki, onlar rahat çalışabilsinler. Tünel kazmanın sonuna gelindiğinde Kasım ayının bir gününde Mahir, benim savunmamı kontrol etmek bahanesiyle çağırdı ve tel örgüler arkasında değil, bir oturma salonunda, masanın başında, ikimiz oturarak konuştuk. Çok uzak bir yerde, bir er duruyordu. Rahat bir ortamda Mahir, uzun ve hissi bir konuşma yapmıştı. Vedaydı adeta. Çay içildi ve sohbet edildi. Mahir, orada şunu söyledi:

'-Senin bu duruma düşmenden ben sorumluyum. Çünkü, bu harekete benim yüzümden girdin. Şimdi ise sizi böyle bırakıp gitmek durumunda kalacağım. Bu nedenle üzgünüm.'

'-Yanlış ve hissi davranıyorsun. Herkesin kendi hareketini kendisinin planlayabileceği kadar aklı vardır.'

Mahir açısından iyi bir davranıştı. Unutamadım. Aynı görüşmeyi İlkay Demir'le de yaptı."

Mahir, İlkay Demir ile yaptığı görüşmede, nikah yüzüğünü vererek, "Gülten'e iletmesini" söyler.

"Deşarj Oluyorsunuz, Aynen Yazdırıyorum"

Kaçma olayının yaklaştığı günlerde, savunmayı uzatmak için oyalama taktiğine gidilir. Bu nedenle duruşmalar, önceki duruşmalardan çok daha fazla sert ve tartışmalı geçmeye başlar.

25 Kasım 1971 Perşembe günü, İstanbul Sıkıyönetim 3 No.lu Askeri Mahkemesi'nde yapılan duruşmada Mahir, savunmayı okurken, savcı Coşkun Dündar'a şiddetle çatarak,

"-1971 Türkiye'sinin faşist ve fesat yöneticilerinin elinde bulunduğunu ve savcının da bunların bir kuklası ve temsilcisi olduğunu" söyler. Yargıç Coşkun Dündar, Çayan'a özetle şu uyarıda bulunmuştur:

"-Hepiniz kültürlü kişilersiniz. Engin bir sabır içindeyiz. Savunmanızı dinliyoruz. Hakaret, savunmanıza bir şey kazandırmaz. Kimsenin yüzüne karşı hakaret edemezsiniz. Dilediğinizi söyleyin fakat hakaret etmeyin."[299]

Kaçma girişiminden bir gün önce, 26 Kasım 1971 Cuma günü de bu tür nitelemeler sürdürülür.

O gün yapılan duruşmada, ortak savunma Necmi Demir tarafından okunmaya devam edilir. Savunmanın 178. sayfasına geldiği zaman, bu celse duruşmaya çıkan Yargıç Akdemir Akmut'a şunları söyler,

"-Yoruldum. 10 dakika ara verilmesini istiyorum." Yargıç,

"-Mahkeme yönetiminin heyete ait olduğunu, ara verilip verilmeyeceği konusunun heyetçe düşünülebileceğini, Kamil Dede veya Ulaş Bardakçı tarafından savunmaya devam edilmesini" ister. Bunun üzerine söz alan sanıklar,

"-Savunmada bu bölümü Necmi Demir hazırlamıştır. Onun okuması doğal hakkıdır, biz okuyamayız" yanıtını verirler. Mahir Çayan ise, şunları söyler,

"-Bana niçin okuyup, okumayacağımı sormuyorsunuz? Mahkeme, üye hakim Dündar Coşkun tarafından idare edilirken, ara isteklerimize ve savunma hakkımıza saygı gösteriliyordu. Akdemir Akmut geldikten sonra atraksiyonlar tekrar başladı. Bu da gösteriyor ki, Akdemir Akmut en gerici, en faşist hakimdir."

Bu arada, Başkan Piyade Albayı Vecdi Müftüoğlu, söz alıp ayağa kalkan Çayan'ı oturtarak şunları söyler:

"-Duruşmanın bundan önceki safhasında sanık Mahir Çayan, asli hakimlerden Akdemir Akmut'a edep dışı bir dille hakaret ederek mahkemenin nezahatini ve inzibatını ihlal ettiğinden bugünkü oturum mahkemeden çıkarılmasına" demiş ve yüzbaşıya,

"-Atın dışarı" emrini vermiştir. Mahir Çayan,

"-Ne demek dışarı atmak?" demiş ve daha sonra görevli subaylara dışarı çıkarken,

"-Bu mahkemeden çıkmak bana kıvanç verir" demiştir. Bundan sonra söz alan Necmi Demir,

"-Akdemir Akmut'un duruşmaların başından beri taraflı davrandığını ve sorgularda yapılan konuşmaları keserek savunmada kendilerine geniş hak verileceğini söylediğini, halbuki savunmanın kısıtlandığını, Akdemir Akmut'un bulunmadığı, Yarbay Coşkun Dündar'ın idare ettiği üç celsede hiçbir olay çıkmadığını, savunmaya geniş yer verildiğini ve Akdemir Akmut'u reddettiğini" söylemiştir. Bundan sonra sıra ile Kamil Dede, İlkay Demir, Ziya Yılmaz, İrfan Uçar, Ulaş Bardakçı, Ömer Erim Süerkan, Oğuz Öder, Necati Sağır, Ömer Güven, Abdullah Çeceloğlu, Azmi Yalçın, Kadriye Deniz Özen, Rüçhan Manas, Jülide Zaim, Tülay Tat, Emel Mesçi hemen hemen aynı gerekçeye dayanarak Akdemir Akmut'u reddettiklerini bildirmişlerdir. Bir sanığın,

"-Mahir Çayan çıkmadan önce hakim reddi talebinde bulunacaktı, bana söylemişti" demesi üzerine, Duruşma Yargıcı Akdemir Akmut, başkandan sanığın salona alınmasını ister. İstek üzerine salona alınan Çayan da,

"-Hakaretini aynen tekrarladığını ve Akdemir Akmut'u reddettiğini" söyler. Yargıç Akmut,

"-Deşarj oluyorsunuz, aynen yazdırıyorum" deyince sanıklar,

"-Siz deşarj oluyorsunuz. Savunmalar okunurken gerekli ilgiyi göstermeyip orada roman okuyorsunuz. Yüz karası bu" diye bağırırlar. Bu olaylar üzerine Yargıç Akdemir Akmut,

"-Bütün tahriklerin mahkemeyi oyalamak için olduğu" yorumunda bulunur.[300]

"Öleceksem, O Tünelin Ucunda Öleyim"

Akdemir Akmut'un söylediği doğrudur. Mahkemede yaratılan olaylar daha çok mahkemeyi oyalayarak, tünel kazımını bir an önce bitirmektir. Uzun süren uğraşlardan sonra tüneli kazma işi bitirilir. Hatta tünelin dışarı çıkılacak yerinde 3-4 santim genişliğinde küçük bir delik açılır. Sıra kaçılacak güne gelir. Bunun için koşulların uygun olduğu zaman ayarlanır. Kaçmak ve tünel kazma fikrinde en çok istekli olanlardan birisi olan Oktay Kaynak, zaman zaman tünele girerek, açtıkları küçük deliğin altına gelir, oradan gökyüzüne bakar, özgürlüğüne kavuşacağı günü sabırsızlıkla bekler.

12 metre 40 santimlik tünel bittikten sonra kaçmak için ilk girişim, 27 Kasım 1971 Cumartesi akşamı yapılır. Tünele sırasıyla Cihan Alptekin, Mahir Çayan, Ömer Ayna, Ulaş Bardakçı, Oktay Kaynak ve Ziya Yılmaz girer. Herkes birbirinin ayağının bileklerinden tutmuştur. Bir şey olursa 2 kere vurulunca geriye dönülecektir. Cihan Alptekin ayağını iki kere birbirine vurur. Tünele giren 6 kişi, sürüne sürüne yeniden geriye döner.

Bundan sonrasını Gökalp Eren şöyle anlatmıştır:

"İlk çıkış gerçekleşemedi. Yukarı çıkış mesafesi tam olarak saptanamamış. Çıkışta toprak kalınlığı 30 cm. tahmin edilirken meğerse 70 cm. kadar varmış. O kadarlık yeri açmak mümkün olmadığından belirlenen çıkış hazırlıkları mecburen ertelendi. İlk denemede Cihan Alptekin vardı. Cihan, tünelden çıkışı başaramayıp geri döndüğünde hüngür hüngür ağlamıştı. Hem de parmaklarını, toprağa daldırınca tırnakları etlerine kadar soyulmuştu. Kanıyordu elleri. Çamurluydu. Cihan hırsından toprağa saldırmış ve parmak uçları yaralanmıştı."

Kazılan tünelden kaçacaklardan biri olan Oktay Kaynak, bu konuda şunları anlatmıştır:

"Tünel istenilen sürede kazılamayınca geri döndük. Bu olaydan sonra Mahir, ayrı ayrı olarak iki kere bana geldi ve 'Oktay, bunlar beni sağ bırakmazlar. Öleceksem o tünelin ucunda öleyim. Kimseye bir şey söyleme. Ne olursa olursa olsun ben gideceğim' dedi. 'Gitme' diyerek engellemeye çalıştım ama Mahir, beni ikna etti. Ayrı ayrı iki sefer tünele girdi fakat sonra geri geldi."

Bu sırada, Mahir'den Mustafa Baykara aracılığıyla Münir ve Yusuf Küpeli'ye bir not getirilir.

Aktolga, bu konuda şunları anlatmıştır:

"Baykara, içerden bir not getirdi. Bunda tünelin tamamlandığı ve dışarda bir yerde kendilerinin beklenmesi yazıyordu. Cihan Alptekin'in arkadaşlarının da bekleme işine katılacakları bildiriliyordu. Bir gün Baykara, Nahit Tören ile görüşüyor. Zaten Nahit Tören de içerdekiler için araba teminine çalışırken yakalanmıştı. Bu konuda onların imkanını soruyor. Bunun dışında bize Nahit Tören'in de gerillacılığa karşı olduğunu söyledi. Biz de hemen Nahit'le görüşelim dedik. Fakat daha sonra randevuda buluşamıyorlar ve Nahit'le bir araya gelemedik. Bu olaydan birkaç gün sonra da Nahit yakalandı."

29 Kasım günü Nahit Tören'in yakalandığı açıklanır. Bu özellikle THKO'lular arasında bir moral bozukluğu yaratır. Çünkü, İstanbul içinde kurabilecekleri bağlantıları, irtibatları böylece kopar. Bu durum, Mahir ve arkadaşlarının ilişkilerinden, olanaklarından yararlanmayı gündeme getirir. Bu yoldan giderek kendi çevrelerine ulaşmak zorundadırlar. THKP-C'liler açısından da tünelden kaçacaklar açısından bir değiştirme yapılır.

Tünelin kazılmasında baştan sona kadar çalışan ve tünelden ilk kaçma denemesinde yer alıp daha sonra başarılı olan kaçış denemesinde cezaevinde bırakılan Oktay Kaynak, bu konuda şunları anlatmıştır: "Nahit Tören yakalanınca Mahir, bize gelip, 'Biz, sizden 2 kişiden fazla adam saklayamayız' dedi. Ben, bunu beğenmedim. Cihan'a, 'Bu iş normal değil. Bu müthiş bir eylem olacak. Bu eyleme sahip çıkan ipi göğüsler. Bizi desteklemesi muhtemel olan kişileri onlar götürürler. Bu eylem Türkiye'de yeni bir nitel dönüşüm oluşturacak. Bu eylemin politik sonuçlarını elimizden almaya çalışıyorlar. Bunu vermeyelim. Ben de geleceğim. Eğer engellemeye çalışırsanız sizden ayrılırım. Otorite falan dinlemem' dedim. 'Suçun yok. Sana bir şey olmaz.' dediler ve kaçacakları gün beni bir odaya kapattılar. Mustafa Lütfü Kıyıcı, Salman Kaya ve Yavuz Yıldırımtürk'ü, 'Sakın bunu bırakmayın' diye kapatıldığım odanın kapısına diktiler."

Kaçacaklarını, Avukatlarına Kaçacakları Gün Söylerler

29 Kasım 1971 Pazartesi günü saat 14.30-15.00 raddelerinde, Avukat Sadık Akıncılar ve Yalçın Öztürk, cezaevine giderek, müvekkilleri ile görüşürler. "Görüşme odasına Necmi Demir, İlkay Demir bir masada Avukat Yalçın Öztürk ile Ulaş Bardakçı, İrfan Uçar önce uyuduğu söylenilen ve bilahare gelen Mahir Çayan ise ayrı bir masada Avukat Sadık Akıncılar ile konuşmaya başlamışlardır."

"Mahir Çayan ve arkadaşları Avukat Sadık Akıncılar'a bu akşam mutlaka kazdıkları tünelden istifade ile Ceza ve Tutukevi'nden kaçacaklarını bildirdikten sonra bir süre saklanabilmelerini temin için ev adresini ve evde kendilerini beklemesini" ister.[301]

Mahir ve arkadaşlarının kaçma olayını avukatlar ilk kez orada öğrenirler. Akıncılar, Bostancı'daki evinin adresini Mahir'e verir.

Görüşmeden yaklaşık iki saat sonra akşam üzeri, tünele ilk önce Cihan, arkasından Mahir, Ömer, Ulaş, Ziya ve en sonra da Necati Sağır girer. Cihan, Mahir, Ömer, Ulaş ve Ziya tünelden çıktıktan sonra Necati Sağır, tünelin ağzını toprakla sıvanmış bir bidon kapağı ile kapatarak geri döner.

Tünelden en son çıkan Ziya Yılmaz bundan sonrasını şöyle anlatmıştır: "Biraz ilerde baktım bizimkiler toplanmış duruyorlar. Şok geçirdim sanki. Çünkü hepsinin teker teker su kaynağına doğru ilerlemiş olması gerekiyordu. Oysa onlar orada topluca duruyorlardı. Meğer Mahir fenalaşmış, onlar da başına toplanmışlar. Mahir'in fenalaşma nedeni de şu: Sinirli olduğu zaman ne bulursa yerdi. Kaçmadan önce de o gerginlik içinde eline ne geçirdiyse atıştırdı. Defalarca uyarmıştım, 'bak sonra fena olursun' diye. Sonunda olan olmuş ve ve Mahir çıkarmaya başlamıştı. Çok sinirlendim. 'Benim burada kalmaya niyetim yok devam etmeliyiz' dedim. 'Arkadaş da kendini iyi hissettiği an gelir bize katılır' diyerek yürüdüm. Ardımdan Ömer Ayna geldi. Bizim kararlı tavrımız karşısında Mahir de doğruldu. Ulaş ve Cihan'ın yardımıyla yürümeye başladı. Mesafe uzadıkça da açıldı zaten."[302]

"Son Derece Rahat ve Soğukkanlıydılar"

Askeri araziden, nöbetçiler görmeden geçerek, bekleme yerine geldiklerinde kimseyi bulamazlar. Önce bir minibüs, daha sonra bir otobüse binerek Şenesenevler durağında inerler. Burada Mahir ve Ulaş, Sadık Akıncılar'ın evine giderler. Biraz sonra dönerek evde kimse olmadığını söylerler. Oradan ayrılıp giderlerken yolda Sadık Akıncılar'a rastlarlar.

Akıncılar, evin anahtarının Yalçın Öztürk'te kaldığını, biraz beklemeleri gerekeceğini söyler. Mahir, İstanbul yakasında iki ev adresinin daha bulunduğunu, karşıya geçeceklerini, Dolmabahçe Camii karşısındaki Sebil Çayevi'nde kendilerini bekleyeceklerini bildirir ve ayrılırlar. Buradan Kadıköy'e, oradan Üsküdar'a gelirler. Üsküdar'dan motorla Beşiktaş'a geçerler. Mahir ve Ulaş, Necmi Demir'in vermiş olduğu bir adresle Ortaköy'de bir eve giderler fakat bulamazlar.

Yalçın Öztürk, bundan sonrasını şöyle anlatmıştır: "Kalktık yolun kenarında bulunan Sebil Çaybahçesi'ne gittik. Ziya Yılmaz, Cihan Alptekin ve Ömer Ayna oturuyordu. Mahir ile Ulaş bir yere gitmişlerdi. Çay bahçesinde ortam çok garip bir şeydi. Gerçek değil de sanki bir oyunmuş gibi geliyor insana. Çok ciddi bir olay. Bir kere nasıl kaçtınız diye sorduk. 'Tünel kazarak kaçtık' dediler. İnanılmaz. Zırhlı Birliğin ortasında ufacık beton bir bina. Garnizonun tam göbeğinde. Şimdi oradan nasıl kaçmışlar? Son derece rahat ve soğukkanlıydılar. Caddenin kenarında bir çay bahçesine oturuyorlar. O anda farkedilseler, orada öldürülecekler; bizle birlikte. Öyle bir durumda son derece espritüel konuşmalar, şakalar yapılıyor. Birbirlerine takılıyorlar. Bize takılıyorlar. Biz bunlara takıldık. Bıyıklarını kesmişler. Tuhaf görünüyorlar. Güldük vb. Öyle bir hava. Derken biz ayrıldık oradan. Onlar Beyazıt'ta bir yere gittiler."

Gece saat 24.00'e yaklaşırken Necmi Demir'in hemşehrisi olan Çanakkaleli Avukat Alaattin Ulus ve Hilmi Baydar'ın kaldıkları Beyazıt'taki eve giderler.

Ancak bu ev, kalmak açısından güvenli bulunmadığı için Alaattin Ulus, 30 Kasım günü saat 06.00'da, daha güvenli olarak bulduğu Alaattin Elçi'nin Kumkapı'daki evine götürür. Fakat Mahirler, orada da kalmazlar akşam saat 20.00 civarında bir taksiyle gelen Mustafa Laçiner ve Mustafa Baykara'yla birlikte iki kardeş olan Avukat Bilge Saka ile Taner Saka'nın Florya'daki evine giderler. Mahirler, böylece cezaevinden kaçtıktan sonra aradan yaklaşık 26 saat sonra birkaç gün kalabilecekleri bir yer bulabilirler.[303]

"Bu Basit Bir Kaçırma Olayı Değil"

Güvenlik kuvvetlerinin, Mahirlerin Maltepe-Askeri Cezaevi'nde, tünel açmaları konusunda ne zamandan itibaren bilgi sahibi oldukları hakkında net bir şey söylenemez ama 30 Kasım günü, firarileri yakalamak için büyük aramalar yapılır, yollar tutulur, araçlar çevrilir, Ankara ve İzmir'de sokağa çıkma yasağı konur.

Üzerinde Mahir Çayan, Ulaş Bardakçı, Ziya Yılmaz, Cihan Alptekin ve Ömer Ayna'nın fotoğrafları basılı bulunan ve İstanbul Sıkıyönetim Komutanlığı'nca bastırılan afişler, şehrin duvarlarına asılır. Afişlerde, bu sanıkları görenlerin veya yerlerini bilenlerin ilgili makamlara haber vermeleri istenir.

30 Kasım günü, 3 Numaralı Mahkeme'de, THKO ve THKP-C'den beş kişinin kaçmasından sonra, THKP-C'nin bir numaralı sanığı durumuna gelen Kamil Dede, duruşmada ortak savunma sırasında, "Hiçbirimiz teslim olmadık. Kendisini THKC'ye adayan kimse, teslim olmaz" demiştir.

Başbakan Nihat Erim, TBMM'de yaptığı gündem dışı konuşmada, özetle şunları söylemiştir:

"Hükümet olarak olayı bütün ehemmiyetiyle ele aldık ve olayın basit bir kaçırma olayı olmadığı noktasından hareket ederek, tahkikatı buna göre yürütmek, buna göre devam etmek konusunda ilgililere emir verdik."

"En basit erinden, en yüksek komutanına kadar kimin ihmali, sorumluluğu varsa açılan tahkikat sonunda gereken işlemi görecektir. Ancak şimdi şöyle veya böyle tartışma yapmak mevsimsizdir. Tekrar ediyorum, sizlerin de hatırınıza gelen-gelmeyen her şey bizim de hatırımıza gelmektedir. Her türlü tahkikat devam etmektedir. Sabırla sonucunu beklememiz gerekiyor."

Mahir Çayan'ın Kaçışı Batur'u Nasıl Etkiler?

Mahir Çayan'ın 29 Kasım 1971 tarihinde hapishaneden kaçışında bazı subayların da devrede olduğunun hükümet tarafından açıklanması, ABD Büyükelçiliği'nin uzun bir değerlendirme yapmasına yol açıyor.

Büyükelçi Handley'in değerlendirmesinin önem taşıyan yönü, hükümetin, subayların aşırı eylemcilerle ilişkilerinin üstüne gidişinin Hava Kuvvetleri Komutanı Orgeneral Muhsin Batur'u güç duruma soktuğunu belirtmesi. Büyükelçi şöyle diyor: 'Bu açıklama, bugünkü şartlarda olağanüstünün de ötesinde bir durum yaratıyor. Çünkü, bu açıklama Hava Kuvvetleri Komutanı Muhsin Batur'a dönük bazı sonuçlar doğuruyor. Perde arkasında bir hayli faaliyet yürütüldüğü yolunda haberler alıyoruz'."

Genelkurmay Başkanı Tağmaç, bütün Sıkıyönetim komutanlarını Ankara'ya çağırarak, 2 Aralık 1971 günü toplantı yapar. Sıkıntı, 3 Aralık 1971 günü, Gürler-Batur ekibini temsil eden "Onbirler"in Erim hükümetinden tasfiye edilmesine ve yerlerine AP ile işbirliğine gidilerek, Sunay-Tağmaç ekibinin desteklediği ikinci Erim hükümetinin kurulmasına, böylece, Gürler-Batur ekibinin geriletilmesine yol açar. Firar olayının etkileri konusunda, emekli Orgeneral Necip Torumtay şu açıklamayı yapmıştır:

"Mahir Çayan'ın hapishaneden tünel kazarak kaçışı Zırhlı Tugayın moralini ve düzenini bir hayli sarsmıştı. Göreve başlamadan önce talimat almak üzere Genelkurmay Başkanı ve Kara Kuvvetleri Komutanı tarafından Ankara'ya çağrıldım. Her iki komutan da olaydan tedirgin durumdaydı. Çünkü kaçış olayında bazı subay ve astsubayların yardımcı olduklarına dair söylentiler vardı."[304]

Kaçış olayında bazı subayların yardımcı olduğu bir söylenti değildir. İstanbul Sıkıyönetim Komutanlığı, kaçma olayında gözetim kusuru bulunan bir yarbay, bir üsteğmen, iki astsubay ve yedi erin tutuklandığını açıklar. Daha sonra yargılanarak, gözetim kusuru nedeniyle mahkum edilen kişilerin isimleri şunlardır:

Kartal-Maltepe Askeri Ceza ve Tutukevi Müdürü Yarbay İrfan Çimentepe, Emniyet Subayları Rafet Güney, Ali Yücel, Cumhur Tanrısever, Ali Haydar Yedek, Ayhan Arat, İhsan Yavuz, Emniyet Astsubayları Nazım Güney, Abdurrahman Çarkçı, Ali Şimşek, Fikri Tufan, Cemal Özgül, Mehmet Ali Kaya ve Teğmen Mehmet Berker Barçak.

1. Ordu ve Sıkıyönetim Komutanı Orgeneral Faik Türün, 8 Aralık 1971 Çarşamba günü gazetecilerle yaptığı sohbet toplantısında, "Mahir Çayan ve arkadaşları er geç ölü veya diri ele geçecektir" der.

"Yeni Bir Çalışma Sisteminin Saptanması Gerektiği Üzerinde Durmuşlar"

"Ağustos 1971 ayı ortalarına doğru Ankara Askeri Cezaevi'nden firar eden, bir süre Mehmet Yüksel'in evinde kalmaya başlayan Münir Ramazan Aktolga, Küpeli'nin İstanbul'a hareketinden kısa süre önce aynı yerde buluştukları Hv. Yzb. Orhan Savaşçı, Yusuf Küpeli ve Ertuğrul Kürkçü ile Türkiye Halk Kurtuluş Parti-Cephesi'nin o zamana kadarki örgütsel-politik-ideolojik çizgisini ve eylemlerini birlikte eleştirmişler; Türkiye'de örgütçe daha önce yürütülen şehir gerilla eylemlerinin genç ve polisçe bilinen deşifre unsurlarla yürütülmesi nedeniyle neticeye ulaşılamadığında, mevzilenmenin yanlış olduğunda ittifak etmişlerdir. Bu sebeple Parti-Cephe çalışmalarında eski hata ve noksanların gözönünde bulundurularak yeni bir çalışma sisteminin saptanması gerektiği üzerinde durmuşlar; bundan böyle kitlelerle ilişkilerinde yeni bir yol bulmak, yeni kadrolar geliştirmek, şehirlerde işçi yığınları arasında mevzilenmek ve ilk etapta İstanbul'daki çalışma temelinin silahlı işçi timlerini teşkil etmek olacağı, bu esaslar gözönünde tutularak Yusuf Küpeli ve Münir Ramazan Aktolga tarafından Türkiye Halk Kurtuluş Parti-Cephesinin stratejisini belirleyen bir broşürün hazırlanarak örgüt genel komitesi tasvibine arzedilmesi hususunda karar birliğine varmışlardır.

Yukarıda belirtilen esaslara göre örgütün toparlanması ve yeni kadroların oluşturulması ve hassaten silahlı işçi timlerinin teşkili, Hv. Tğm. Mehmet Alkaya'nın istirahatinin sona ermek üzere olması gözönünde bulundurularak sanık Yusuf Küpeli ve bilahare de Münir Ramazan Aktolga'nın İstanbul'a gitmeleri uygun görülmüştür."[305]

7 Eylül 1971 günü İstanbul'a gelen Yusuf Küpeli ve Selçuk Şahin Polat, Anadolu Hisarı'nda örgüt tarafından tutulan evde "Yusuf Küpeli, Mehmet Alkaya, Mustafa Baykara, Mehmet Sönmez, Selçuk Şahin Polat bir araya geldiklerinde, Alkaya, Küpeli'ye izninin bittiğini, gideceğini, İstanbul'u örgütlenme yönünden üç bölgeye ayırdıklarını, bu sahalarda örgütün yeniden toparlanması ve gelişmesi için faaliyet gösterdiklerini, ayrıca işyerleri kurduklarını ve evler tuttuklarını, Karaköy Vergi Dairesi'nin soyulması için gerekli istihbaratı sağladıklarını bildirmiştir.

Sanık Yusuf Küpeli de, Ankara'da alınan son karar gereği olarak daha önce konulan şehir gerilla eylemleri ve örgütsel faaliyetlerdeki hata ve noksanları gözönünde bulundurarak, Türkiye Halk Kurtuluş Parti-Cephesi'ne yeni bir strateji tayin etmek ve bilahare İstanbul'a gelecek Münir Ramazan Aktolga ile birlikte bu konuda bir broşür hazırlamak, örgütün işçi kesiminde mevzilenmesini ve yeni kadroların oluşturulmasını ve silahlı işçi timlerinin teşkilini sağlamak amacıyla hareket edeceklerini belirtmiştir."[306]

Yusuf Küpeli, aynı zamanda, gerek kendi ve gerekse aynı soruşturmada sanık olup da firarda bulunan arkadaşlarının, fiili ve hukuki durumlarını Mahir Çayan ve arkadaşlarının yargılandıkları davanın dokümanlarını, Savcılık ve Mahkeme tutanaklarından öğrenmek, bunları okumak ve ilgili kişilere okutmak suretiyle, yakalanmaları halinde, haklarında açılacak kamu davasında sorgu ve savunmalarını bu belgelerdeki beyanlara göre hazırlamak, ayrıca durumlarını duruşmalarda müdafiilik yapan bir avukattan öğrenmek için Avukat Necdet Sağır ile Ekim 1971 ayının ilk haftası içerisinde Hisar'da kaldıkları evde görüşür.

Avukat Necdet Sağır, bu görüşmeden bir süre sonra, soruşturma ve duruşma ile ilgili bütün evrakların fotokopilerini Yusuf Küpeli'ye gönderir. Soruşturma ve duruşma tutanakları Yusuf Küpeli, Oktay Etiman, Münir Ramazan Aktolga ve Fahri Aral tarafından okunarak, incelenir.

Bu sırada, Hv. Yzb. Orhan Savaşçı, 4 Ekim 1971-4 Aralık 1971 tarihleri arasında devam eden İstanbul Hava Harp Akademisi karargah subayı kursuna katılmak üzere İstanbul'a gelirken, Münir Ramazan Aktolga da 1971'in Ekim ayı ortalarında İstanbul'a gelir.

Ekim 1971 ayı sonlarına doğru bir gün Hisar'daki evde Yusuf Küpeli, Münir Ramazan Aktolga, Mehmet Sönmez, Mustafa Laçiner, Mustafa Baykara ve Mehmet İncili bir araya gelir. Münir Aktolga, "Hazırladıkları teorik yazının tamamlanmak üzere olduğunu, bunun üzerinde konuşup tartışmak üzere yeniden kendilerini çağıracağını, o zamana kadar ilişkilerini düzenlemelerini ve kendilerine yardımcı olan arkadaşlarla birlikte bir örgütlenmeye gidebileceklerini" söyler.[307]

Bu sırada Yzb. Orhan Savaşçı, Yusuf Küpeli ve Münir Ramazan Aktolga'ya, Mahir'den bir mektup getirir. Mahir mektubunda, Küpeli ve Aktolga'ya, "Tünel kazdıklarını ve herhangi bir iş yapılmamasını" açıklar ve ister.[308]

"Mahir (...) Yayınlanmış Olan Tüzük ve Bildirideki Görüşlerde Bir Yanlış Olmadığını Söyledi"

27 Temmuz 1971 günü, İzmir'den Denizli'ye para taşıyan Ziraat Bankası aracı Selçuk'a bağlı Çamlık köyü yakınlarında, silahlı bir grup militan tarafından durdurulur ve dört milyon liraya el koyulur. Bu 1961-71 döneminde gerçekleştirilen en büyük banka soygunudur. Paralar Ankara'ya kaçırılmıştır. Ankara'da yapılan baskın ve aramalarda paranın iki milyon ikiyüz otuzikibin lirası ile soyguna katıldıkları öne sürülen Meltem Yoldaşcan, Osman Yoldaşçan, Fatih Öktülmüş, Erhan Erel, Ümit Erel, Ercan Erel, Arzu Öktülmüş, Semih Demirtepe, Kadir Kaymaz, Hikmet Çiçek, Ertan Günçiner, Gülfem Yoldaşçan ve Yaşar Ayaşlı yakalanır.[309]

Münir Ramazan Aktolga, bu sırada, Aktan İnce ve Muzaffer Doyum'la bir görüşme yaparak, ne kadar verebilirlerse para ister. Fakat, İnce ile Doyum, "Polise kaptırsalar bile veremeyeceklerini" söylerler. Buna rağmen, "Yusuf Küpeli ve Münir Ramazan Aktolga, Ankara'dan ayrılmadan önce Ertuğrul Kürkçü'ye 4 milyonluk banka soygununu yapanlardan Aydın Çubukçu ile temas kurmasını, örgüt için bir miktar para sağlanmasını" söyler.[310]

Kasım ayında, Aydın Çubukçu'dan yüzbin lira alınır ve İstanbul'a gönderilir.

Mustafa Baykara, Mustafa Laçiner ve Mehmet İncili, Avukat Taner Saka'nın evinde saklanmakta olan Mahir Çayan ve arkadaşlarının yanına 2 Aralık 1971 Perşembe günü gider. Mahir, Baykara ile İncili'ye,

-Yusuf'un ve Münir'in nelerle uğraştıklarını, kendilerinin neler yaptığını sorar. Onlar da,

-Daha önceki eylemleri ve görüşleri benimsemediklerini, bu yüzden Yusufların bir yazı hazırladıklarını, bu yazı tamamlandığında üzerinde konuşup, tartışıp bir örgütlenmeye gitmeyi düşündüklerini, onun dışında saklanmak için yer temininden başka bir iş yapmadıklarını söylerler. Mahir,

-Eski görüşleri eleştirmenin doğru olmadığını, daha önceki işler sırasında sadece teknik hata yapıldığını, bunun dışında yayınlanmış olan tüzük ve bildirideki görüşlerde bir yanlış olmadığını ve bu konuda kendileriyle ileride konuşacağını söyler. Mahir ayrıca,

-Ev sahibi Bilge Saka'nın orada kalmalarını istemediğinden kendilerini emin bir yere götürmelerini ister.

Mustafa Baykara ile Mahir, ayrı bir odada konuşur. Baykara, Çayan'a götürebileceği yerleri söyler. Fakat Mahir, Baykara'nın söylediği bu evleri, bu ilişkiler içinde güvenlikli bulmadığını, Küpeli ve Aktolga'nın ilişkilerinin olmadığı başka yerleri bulmalarını ister.

Bu arada Mustafa Baykara, Ankara'dan gönderilen paradan, 50.000 TL. ile Mehmet Sönmez'den aldığı silah, bomba, telsiz ve mermileri Mahir Çayan'a verir. Mahir Çayan da, bu paranın 20.000 lirasını ev tutma ve diğer örgüt hizmetlerinde kullanılmak üzere Mustafa Baykara'ya geri verir.

Mahir, Küpeli ve Aktolga'ya verilmek üzere, Baykara'ya ayrıca, "Eski Yoldaşlara" başlıklı, "Bizi arkadan hançerlediniz. Sizinle hemen konuşmak istiyoruz" ibarelerinin yer aldığı bir mektup verir.

Mahir, bazı konuların, ilk önce kendisiyle tartışılmadan cephe üyeleri ya da sempatizan düzeyindeki kişiler arasında tartışılması, görüşülmesi ve eleştirilmesine çok kızmıştır.

Ertesi gün Orhan Savaşçı, Haldun Yeşil, Mehmet İncili ve Mustafa

Baykara, Mahirlerin saklandığı Saka'ların evine tekrar giderek, Mahirlerin götürülebileceği yer konusunda konuşur. Zira ev sahibesi Bilge Saka, evden hemen ayrılınmasını istemektedir. Konuşmalar sırasında Mehmet İncili,

-Levent'te karı koca bir arkadaşı olduğunu, kendileri kabul ederse burada bir süre kalabileceklerini söyler. Mahir,

-Burasının uygun olduğunu, Baykara'nın o günlerde Levent'te tuttuğu eve taşınmak üzere olduğunu, birkaç gün burada kalıp Baykara'nın evine geçebileceklerini belirtir.[311]

"Yarın Ne Yapılacağı Konusunda Aynı Şeyleri Düşünmüyoruz Ama (...) Ne İstiyorsanız Yapacağız Dedim"

4 Aralık 1971 Cumartesi günü Mahir ve arkadaşları, ilk önce Levent, Menekşe Sokak'ta oturan Ahmet ile Hatice Alankuşların evine, yaklaşık bir hafta kadar sonra da, Mustafa Baykara'nın Levent, Güvercin Sokak'ta kiraladığı eve götürülür.

Mahir ve arkadaşları cezaevinden kaçtıktan sonra Yusuf Küpeli, Münir Ramazan Aktolga ve diğer arkadaşlarından önce ilk görüşenlerden biri olan Mustafa Baykara şunları anlatmıştır:

"Ben Mahir'i ilk gördüğümde ne düşündüğü beni ilgilendiriyordu ama acil sorunum değildi. Yaralanmıştı. Hemen gömleğini sıyırdım. Yaralarına baktım. Nasıl olmuş? İyileşmiş mi? Sağlığıyla, ilacı, yemesi, içmesi, saklanması, korunması ile ilgilendim. Yarası iyileşmişti ama üzerinde etkileri vardı. İlaç kullanıyordu. Fizik olarak da, psikolojik olarak da iyiydi. Mahir'le karşılaştığımızda ilk şunu söyledim:

-Yarın ne yapılacağı konusunda seninle aynı şeyleri düşünmüyoruz. Ama, bak karım burada, iki yaşında çocuğum var; o dahil buradan sağ çıkmamak koşulu içinde biz, sizi son dakikaya kadar nerede istiyorsanız orada koruyacağız ve saklayacağız. Sizi kendi başınıza hayır biz şöyle yapmak istiyoruz dediğiniz zaman dahil ne istiyorsanız yine yapacağız, dedim. Yaptık da.

Mahir'in kaçtıktan sonra bizden ne istediği olduysa yerine getirdik. Ve içtenlikle, üstelik yarın ne yapılacağına ilişkin ayrı görüşte olduğumuz biliniyor iken yaptık. Bu konuda birtakım spekülatif laflar edilmiş.

Bütün gizli örgütlenmeler, illegalite, yaşanan canlı hayattan saklanma çabaları somutta bakıldığında, büyük ölçüde öyle fitne yuvaları, kumkuma çemberleri oluşturuyorlar.

Gerçekte THKP-C hareketi, çok fazla gizli de değil. Yapılanması, oluşturulmuş kurallar manzumesinde değildi. Tüzüğü, programı iki eylem arasında kaleme alınmış. Kurullarda tartışılmamış, kişilerin görüşleri alınmamış. Demokratik bir içeriğe oturtulmamış, oturtulması hareketin karakteri açısından oldukça güç.

Toplumsal değişim, örgütlenmelerin önündeydi. Örgütlenmeleri silip, süpürüp yönlendiriyordu. Hareketin karakteri öyleydi. Binbir salkım saçak vardı. O yüzden diyorum ki; en genel çizgileriyle Türkiye'deki çok hızlı değişimi elinde tutan siyasal, askersel vd. organizasyonların denetimi, gölgesi altında var oldu.

Elrom olayından sonra hızla geri çekiniliyor. Hele Sibel Erkan olayından sonra iyice geri çekiniliyor. Çok kısa bir süre içindeki, beş ay içindeki gelişmeler bunlar.

O eğilimlerin başında duran kişilerin önemli bir kısmı da o zaman birlikte olduğumuz kişilerdi. Bir kısmı diğerinden çok farklı şeyler söylüyordu ama ben çok fazla önemsemedim onları. Kim ötekinden farklı olarak ne söylüyor ona fazlaca bakmadım ve Mahir kaçtıktan sonra elimizde 5-10 tane silah vardı o zaman. Bunların hepsini ben götürdüm kendim verdim Mahir'e.

İsyandı o çünkü. İsyan aklı arkasından getirir. Kendiliğindendir. Haklılıkları vardır. Tarihsel haklılıkları vardır. Güncel haklılıkları vardır. Bütün isyanlar adeta yerinden kopmuş barajın suları gibi akıp gideceği zorunlu yerlere gitmek zorunluluğundadır. Başka çaresi yoktur. Bütün gençlik başkaldırıları, sınıf hareketinin kendiliğinden bütün patlamaları, kendi doğal mecrasında, yolunda yürürler. Ve akıllarını belki giderken de devşirmeye uğraşırlar ama oturup, yerleştikten sonra anlarlar. Bu durumda, insanca ahlaki tutum takınmak lazım. Onu takınırdık. Biz takındık.

Bunlar kahraman insanların yaptıkları işler. Gözü kara, kahraman, sözünden dönmez insanlar bunlar. Böyle çıkıvermiş birden saldırmış, vurmuş, vurulmuş, düşmüş.

Onlar kendi başlarına hareket eğrisine girince, bizim yapabileceğimiz tek şey vardı; en küçük temasta onlara yardımcı olmak. Biz hapishaneye girinceye kadar onlara yardımcı olduk ve içtenlikle davrandık. Düşmanca tutum takınmadık."

"Her Şeyi Ben Yaptım THKP de Benim, Eylemler de. Yazılanlar da Bana Ait"

12 Aralık 1971 Pazar günü, Mustafa Baykara'nın kiraladığı Levent

Güvercin Sokak'taki evde Mahir Çayan, Yusuf Küpeli, Münir Ramazan Aktolga, Ulaş Bardakçı ve Ziya Yılmaz bir araya gelir.

Yusuf Küpeli, bu görüşme konusunda özetle şunları anlatmıştır: "Çıkış yerinde arkadaşları ben karşılayacaktım. Fakat Münir, 'Sen gitme' dedi. Bunun üzerine Ahmet Mete Sönmez ile Hasan Kalender, istenilen yerde beklediler. Fakat nedense buluşamamışlar. Mahir ve arkadaşlar, çıktıktan sonra kendi bildikleri yere gidiyorlar. Daha sonra buluşuldu ve bir eve yerleştirildi. Mahir'e Maltepe'de ve Alibeyköy'de bir ev ayarlamıştık. Fakat Mahir, ayarladığımız bu yere gitmedi. Levent'teki eve gitti. Bu evden bize, 'Bizi arkadan hançerlediniz. Bizim yoldaşımız değilsiniz' diye bir mektup yazdı. Buna rağmen, biz bu işi durdurmak için konuşmaya gittik. Biz sanıyoruz ki Ertuğrul Kürkçü, Orhan Savaşçı hepsi bizimle ortak davranacak. Çünkü, bu görüşün politik olarak yanlış olduğunu hepsi kabul etmiş, bu nedenle terörü durdurmuştuk.

Levent'teki eve gittik. Bir odaya geçtik. Mahir, odada yerde oturuyordu. Önünde de Star marka bir silah vardı. Diğerleri de odanın bir kenarında oturuyordu. Mahir, beni ve Münir'i soğuk bir tavırla karşıladı. Münir elini uzattığı halde tokalaşmadı. Münir, Ulaş'ı elinden tutup çekti ve ayağa kaldırarak öpüştü. Ziya ve Ulaş'la el sıkıştık, öpüştük. Görüşmeye diğerleri hiç karışmadı. Mahir'in böyle itici, soğuk tavrı nedeniyle ben biraz sinirlendim ve,

'-Ne bu havalar. Niye böyle yapıyorsun. Çok iyi bir şeyler mi yaptın? O zaman benim sorularıma cevap ver. Niye İlyas Aydın'ın ismini verdin? Ajan mı demek istedin?

'-Hayır. Ajan demek istemedim. Sadece yurtdışına çıkmış olacağını sanıyordum.'

'-Peki yakalansaydı ne yapacaktın?'

'-İfade değiştirecektik.'

'-İstanbul'a gelmediği ve hiçbir şeye karışmadığı halde neden hiç alakası olmayan ve oluşmamış Genel Yönetim Kurulu'nda Hüdai Arıkan, Hüseyin Yavuz ve Bingöl Erdumlu'nun ismini saydın.'

Mahir, bunun üzerine sinirlendi,

'-Fena mı yaptık? Örgüt varmış gibi gösterdik. Örgütümüzün reklamını yaptık' diyerek bağırmaya başladı. Bunun üzerine ben,

'-Hani çocuk kaçırmak adi, kriminal olaylardı' dedim. THKO'luları eleştirmek için Hakan Duman'ın kaçırılmasını adi, kriminal bir olay olarak ilan etmişti. Ayrıca Sibel Erkan'ı üç gün tuttu, üç gün anti-propaganda yaptırdı orada. Bunun üzerine bağırmağa başladı. Cebinden, Türk gazetelerinde iki ay önce yayınlanmış bir resim çıkarttı. Filipinler'de ufacık, on, onbir veya oniki yaşında bir kızın kafasına bir adam, kocaman bir tabanca dayamış, rehin almış götürüyor, kurtulmaya çalışıyor. Bu fotoğrafı göstererek,

'-Bak dünyanın her yerinde gerillalar böyle yapıyor. En doğrusunu yaptık' diye bağırmaya başladı.

'-Niye bizim aleyhimize ifadeler verdin. Elrom'un öldürülmesine biz mi emir verdik? Biz emir vermedik. Aksine biz durdurmaya kalkıştık' dedim.

'-Örgütü güçlü göstermek için öyle dedik. Sizlerin isimlerini kitlelere reklam etmekle hata etmişiz. Biz hapishanede iken dışarıda kalan sizler ortaya bir eylem koymadınız, hep birlikte bu işe başladık, biz vazifemizi yaptık, siz çizmiş olduğumuz yolu terkettiniz, şehir gerillasına devam etmeyip kendinizi sakladınız.'

'-Biz de boş durmadık, bir yığın iş yaptık, bunları teker teker konuşuruz' şeklinde karşılık vermem üzerine,

'-Bizim sizinle konuşacak bir şeyimiz yok' diyerek, kalktı öbür odaya gittiler. Bunun üzerine, Münir ile,

'-Madem ki Genel Yönetim Kurulu ilan ettin. Gelsin Genel Yönetim Kurulu toplansın. Bundan sonra ne yapacağımıza karar verilsin' diye haber yolladık. Bunun üzerine, Mahir'den,

'-Hayır. Genel Yönetim Kurulu da yoktur, Merkez Yürütme de yoktur. Hiçbir şey tanımıyoruz. Bugüne kadar yapılan her şeyi biz yaptık. Banka soymaksa biz soyduk. Adam kaçırmaksa biz kaçırdık. Teorik yazılarsa onları da ben yazdım. Bu işlerde sizin hiçbir katkınız ve alakanız yoktur. Siz ikiniz nesiniz? O bakımdan Parti de, Cephe de biziz. Sakın bu adları bir daha ağzınıza almayın. Bu iş burada biter.' diye haber geldi. Bunun üzerine, biz, '60 bin lira civarında para vermiştik. Mademki öyle. O zaman paranın bir kısmını bize geri ver', dedik. Herhalde 6-7 bin lira kadar alabildik."[312]

"Artık Sen de Kesin Bir Karar ver"

Yaşanan bu gerginlik üzerine Münir, Yusuf'a "Sen git. Arkadaşlarla ben konuşayım" der.

Yusuf Küpeli ve Mustafa Baykara evden ayrıldıktan sonra Münir ile evde bulunan Mahir Çayan, Ulaş Bardakçı, Ziya Yılmaz, Namık Aşçı ve Sina Çıladır yeniden bir araya gelir. Aktolga,

"Yusuf Küpeli ile birlikte Türkiye Halk Kurtuluş Parti-Cephesi'nin ideolojik-politik-örgütsel çizgisini yeniden tespit amacıyla bir yazı hazırladıklarını, öncelikle işçi sınıfının bilinçlenmesi ve örgütlenmesi gerektiğini, şimdiye kadar ortaya konulan silahlı şehir eylemlerinin bir eleştirisini yapmak icap ettiğini, eğer işçi sınıfının örgütlenmesi için bir eylem koymak gerekli ise, ona taraftar olacaklarını" söyler.

Mahir, Kesintisiz II-III'ün taslaklarını Münir'e, "Biz, bunları düşünüyoruz" diyerek, okuması için verir ve özetle,

"-Öncelikle şehir gerilla eylemlerinin yürütülmesini, daha sonra kır gerillasına devam edilmesini, daha önceki belirlenen stratejiden vazgeçmek ve sapmak için hiçbir sebebin bulunmadığını" söyler.[313]

Aktolga, Mahir'e, "Düşüncelerine kesinlikle katılmadığını" söyler. Mahir ile Aktolga arasında sert tartışmalar olur.

O geceyi Münir Ramazan Aktolga, Mahirlerle aynı evde geçirir. Gece, Mahir ve diğer arkadaşları bir odada, Münir ile Ulaş Bardakçı da ayrı bir odada kalır.

Münir, ODTÜ'den arkadaşı ve eskiden kendi grubundan olduğu için Ulaş'a ne düşündüklerini, ne yapmak istediklerini anlatmaya çalışır. Fakat Mahir, "Münir, Ulaş'ı etkileyebilir" düşüncesiyle Ulaş'ı kendi odalarına çağırır.

Bu görüşmeyi Sina Çıladır şöyle anlatmıştır:

"Benim bulunduğum Levent Güvercin Sokak'taki toplantıda ilk başlarda Yusuf yoktu. Sonradan geldi o akşam. Ulaş, Mahir, Ziya vardı. Şimdi orada teorik bir çekişme olmadı. Daha ziyade pratik işler üzerinde konuşuldu. 'İhanet ettiniz, bizi sattınız' gibi suçlamalar oldu. O zaman Mahir, pek makyaj yapmıyordu. Çünkü o toplantıyı çok iyi hatırlıyorum. Mahir, gözlük takıyordu. Soğuk bir havaydı. Mahirler geldi. İki cebinde iki tane el bombası vardı. Çıkardı, el bombalarını koydu. Silahını koydu. Gözlüğünü çıkardı. Ulaş'ın kafasında sadece peruk vardı galiba. Öyle hatırlıyorum. 'Örgütü toparlayalım, şurada hata yaptık' gibi bir tartışma olmadı. Daha ziyade düşmanca bir tavır, 'bizi sattınız' gibi suçlamalar oldu. Ve orada Mahir, ihraç mektubunu Münir Ramazan Aktolga'ya verdi. Hatta bana da, 'Bu böyle olmuyor. Abi artık sen de kesin bir karar ver' dedi."

Mehmet İncili, tanık olduğu bu olayları şöyle anlatmıştır:

"Mustafa Baykara'nın evine gittiğimde, orada Mahir Çayan ve Münir Aktolga'yı konuşur buldum. Ayrıca evde Namık Aşçı ve Orhan Savaşçı vardı. Mahir, elindeki kağıttan Münir'e görüşlerini belirten bir yazıyı okuyordu. Bunun muhtevası daha önceki görüşlerinden farklı değildi. Yazının sonunda Münir,

-Kendisinin bu görüşlere katılmadığını belirterek, bunların çağdaş Batı Avrupa ve Latin Amerika Troçkistlerinin görüşlerinden farklı olmadığını, bunların da anarşi yaratmaktan öteye gidemediklerini söyledi.

Burda bulunan arkadaşlardan hiç kimse Mahir'le Münir'in konuşmalarına katılmadılar."[314]

"İstersen Noterden Tasdikleyelim"

Mahir, bu tartışmadan sonra, ertesi sabah Münir'e; Ulaş Bardakçı, Ziya Yılmaz, Mahir Çayan, Orhan Savaşçı ve Ertuğrul Kürkçü'nün imzası bulunduğu söylenen Yusuf Küpeli ile Münir'in örgütten ihraç edildiğine dair yazılı metni verir. Bu metin şöyledir:

"Partimizin ideolojik-politik-örgütsel-stratejik ilkeleri Kurtuluş'un 1. sayısında, Parti ve Cephe bildirilerinde ve Parti Tüzüğü'nde net ve açıktır.

Partimizin çizgisi Marksizm-Leninizm'in dünyanın ve Türkiye'nin şartlarına uygulanması sonucunda ortaya çıkmış olan uluslararası devrimci hareketin çizgisidir.

Partimiz, yeni sömürgecilik çağında Dünya ve Türkiye halklarına karşı enternasyonal milli görevini yerine getirme savaşında gerilla savaşını temel almıştır.

Gerilla savaşını politik mücadelenin en üst ve etkili biçimi olarak ele alan partimizin stratejik çizgisi, politikleşmiş askeri savaş çizgisidir.

Bu çizgi gerilla savaşını birleşik devrimci savaş ilkesine uygun olarak ele alır.

Birleşik devrimci savaşın henüz kitlelerin aktif desteğini almadığı savaşın oligarşi ile halkın devrimci öncüleri arasında geliştiği bu ortamda, partimizin örgütsel ilkesi politik ve askeri liderliğin birliği ilkesidir. Örgüt şeması da yeni sömürgecilik döneminin bolşevik şemasıdır.

Partimizin ideolojik-politik-stratejik-örgütsel ilkelerini 'Narodnizm', 'Marksizm ile Narodnizmin eklektik birleştirilmesi, en tehlikeli sol sapma' diye niteleyerek, partimizin devrimci çizgisi yerine uluslararası sosyal pasifizmin çizgisini, partinin genel komitesinden habersiz tezgahlama gayretleri içinde olan sizlerin partimizde kalmasına artık fiilen imkan yoktur.

Bu parti, sizlerin bugün 'Narodnizm' diye reddettiğiniz ideolojik-teorik-stratejik ilkelerin üstüne kurulmuş ve bu ideolojik çizgiye uygun devrimci pratikle halkımıza mal olmuştur. Bu sağcı görüşü benimsemiş olan örgütün bu veya şu kademesinde görevli olanlar da aynı işleme muhataptırlar.

Bu nedenle, genel komite üyeleri olarak, bizler partideki bütün yetki ve görevlerinizin iptaline ve de partiden ayrılmanıza karar verdik."

Bu ihraç kararıyla birlikte, "Türkiye Halk Kurtuluş Parti ve Cephesi adını kullanmayacağına, karşılıklı ihbar yapılmamasına, yayın yoluyla provokasyona gidilmemesine mütedair bir yazı Mahir tarafından Münir Ramazan Aktolga'ya imzalatılmak istenir. Münir Ramazan Aktolga, bu yazılı metinleri kendi açısından bir anlam ifade etmediği ve ciddi bulmadığı için imzalamaz. Mahir, bunun üzerine Münir'e, "İstersen noterden tasdikleyelim" der.

Bilahare Münir, yazıyı imzalamadan evden ayrılır.[315]

Mektuplaşmalar Başlıyor

Bu görüşmede de bir anlaşma olmayınca, her iki grup kendi fikirlerini İstanbul, Ankara ve Karadeniz Ereğlisi'nde bulunan örgüt mensuplarına kabul ettirebilmek ve saflarına çekmek için yoğun bir çabaya girişir.

Mahir, ayrılıklar konusunda, ayrı birer mektup yazarak, 15-16 Aralık tarihlerinde, Orhan Savaşçı ve Ertuğrul Kürkçü'ye gönderir.

Ertuğrul Kürkçü, ayrılıklar konusunda Orhan Savaşçı ile yaptığı konuşmayı şöyle anlatmıştır:

"Orhan Savaşçı, burada, kaçıştan sonra Mahir Çayan'la görüştüğünü daha önce de Yusuf Küpeli ile görüşmüş olduğunu, aralarında uzlaşmazlık ve çatışmaların olduğunu, Mahir Çayan'ın kendisi hakkında ulu orta konuşulduğundan söz ederek, buna alındığını ve Yusuf, Münir ve Mahir arasında sürtüşmeler bulunduğunu ancak kendisinin daha fazla fikri olmadığını anlattı ve uzlaşabileceklerini tahmin ettiğini söyledi."

Kürkçü, Mahir'in gönderdiği mektupta nelerden bahsedildiği konusunda ise şunları anlatmıştır:

"Münir ve Yusuf'tan ayrı olduklarını, kendileriyle hiçbir şekilde bağdaşamayacaklarını, bunun da iki sebebi olduğunu: Birinci olarak kaçıştan sonra kendilerine çok kötü davranıldığını, Yusuf Küpeli'nin kendisi aleyhinde atıp tuttuğunu, her yerden kendileri aleyhine bir hava estirildiğini, bunun gibi şeyler anlatıyordu. Oysa biz Yusuf'la, Emek'teki evde bu konuları başka bir kimse ile konuşmayacağımıza söz vermiştik. Ben sözümde durdum. Ama Yusuf Küpeli'nin böyle davranmış olacağını düşünmüyor da değilim. Bu nedenle yazılarının doğru olabileceğini düşünerek Yusuf'a öfkelendim. İkinci bölüm: Yusuf ve Münir'le kendileri arasında ideolojik bir uçurum bulunduğunu, bu arkadaşların pasifist, revizyonist olduklarını, silahlı mücadeleye karşı çıktıklarını, yaptıkları tek işin İstanbul'da kendilerini saklatmak olduğunu anlatıyordu. Kendilerinin elbette özeleştiri yaptıklarını ama Yusuf ve Münir'in kendi arkalarından konuştuklarını, kendilerini eleştirmek için yakalanmalarını fırsat bildiklerini anlatıyordu."[316]

Yusuf Küpeli, bu konuda şunları anlatmıştır: "O günlerde Ankara'daki arkadaşlara ve Ertuğrul Kürkçü'ye birtakım haberler yollanıyor ve İstanbul'da bizim kulağımıza bir sürü dedikodular geliyordu. Güya biz, Mahirleri sokağa atıp, silah vermemiştik. Bizler onlar hapiste iken aynı çizgiyi izlememekle suç işlemiştik. Aslında bizler nasıl saklanıyorsak, Mahirleri de saklamak için o ölçüde yardımcı oluyorduk. Bizlerin elinde 13-14 tabanca vardı. Bunlar Dev-Genç'ten kalma silahlardı. Bir tanesini de Yılmaz Güney'den ben almıştım. Arkadaşlar, bu silahlardan 10 tanesini Mahirlere vermişlerdi. Yanımızdaki sis bombasını, el bombalarını iki tanesi hariç her şeyi onlara vermiştik. Paralar da zaten onlardaydı."[317]

"Hasan, Memduh, Cevdet Yoldaşlara"

Yapılan bu görüşmeden ve alınan mektuptan sonra Kürkçü, Hasan, Memduh, Cevdet yoldaşlara[318] başlığıyla gönderdiği yanıtta özetle,

"Örgütümüzün Şubat'tan bu yana yürüttüğü faaliyetleri ele alıp değerlendirdiğimizde bunu bir sol çizginin faaliyetleri olarak ortaya koyamayız.

Bizim için en önemli olan Elrom olayıdır. Bu bir sol hatadır. Çünkü oligarşinin bütün ağır topları ile taarruza geçtiği bir evrede taktiğimiz geri çekilme olmalı ve güçlerimizi yaymalı idik. Bunun tersini -taarruz- yaptık.

...Örgütümüzün içinde mevzilendiği, yeni destek görüp eleman topladığı sınıf küçük burjuva aydınlar zümresi, özellikle üniversite gençliğidir. Örgütümüzün sosyal zaafını oluşturmakta, örgütümüzü oluşturan unsurlar bütün polis teşkilatı tarafından tanındığından yeraltı eylemlerini geliştirmek ve silahlı faaliyeti sürdürmek için gerekli olan azami sürat, esneklik ve hareket kabiliyeti temin edilememekte ve faaliyet çok verimsiz olmaktadır.

...Bu bakımdan kitle ilişkilerimizde yeni bir rol bulmak, yeni kadrolar yetiştirmek ve şehirde işçi yığınları arasında mevzilenmek zorundayız.

Mahmut (Münir Ramazan Aktolga) ve İlhan (Yusuf Küpeli) arkadaşlarla buradaki tartışmalarım bu mihver altında gelişmişti. Ve İstanbul'daki çalışmanın temeli silahlı işçi timleri oluşturmuş olmaktı.

Eğer bunun tersine işler yapılıyor ve bu karar uygulanmıyorsa o zaman gerçekten bir sapma var demektir.

Gelecek hafta Oral (Orhan Savaşçı) arkadaşla da konuştuktan sonra bu konudaki kesin tavrımı size bildireceğim" demiştir.[319]

"Mahir Ne Yazıyorsa Bu Arkadaşlar Tersini Yazıyorlardı"

Mahir Çayan'ın mektubunun ardından, Kürkçü'ye Küpeli ve Aktolga'dan bir mektup gelir. Mektupta nelerden bahsedildiği konusunda Kürkçü şunları anlatmıştır:

"Mahir ne yazıyorsa, bu arkadaşlar da onun tersini yazıyorlardı. Mahir'i hapisten kaçırmak ve saklamak için çok uğraştıklarını, ama Mahir'in birtakım olayları vesile ederek, kendileri ile bozuştuğunu, özeleştiri yapacak yerde eskiden yaptığı her şeyin doğru olduğunu savunduğunu, özellikle Sibel olayını açıkça savunduğunu, ortada bir hareket varsa, bunun tek sahibinin kendileri olduğunu savunduğunu anlatıyordu. Mahir Çayan'ın terörizm ideolojisini savunduğunu söylüyordu" dedikten sonra, şöyle devam etmiştir: "Benim kafam iyice karıştı. Mahir Çayan, bana özeleştiri yaptığını söylüyor, bu arkadaşlar tersini söylüyor. Zaten ilk mahkeme sırasında olan bitenlerin de sonucu kime ne kadar güveneceğimi kestiremiyordum. Kişilerden hareketle meseleye çözüm bulmanın yolunu arıyordum. Elde sağlam bir pusula olmadığı için de doğrunun ve yanlışın ne olduğu kriteri de yok olmuştu. Benim yerimde sakin düşünebilen, aklı başında bir adam olsaydı en azından böylesine kişilik çatışmalarının olabildiği bir birliğin kendisinden kuşkulanıp bunlar üzerinde tartışma yapmak zahmetine katlanır, kişiler adı ve şöhreti ne olursa olsun bunlarla ilişkisini keser, başının çaresine bakardı. Oysa ben hiçbir zaman gerçekten bir araya gelmemiş olan kişilerin birliği bozulmasın diye arada denge sağlamaya, bunu yapmaya çalışırken de oradan oraya yalpalanmaya başladım. Bu meseleyi benimle irtibatta olan arkadaşları toplayıp onlara anlatmaya çalıştım. Daha doğrusu bu arkadaşların, daha bağımsız düşünebileceklerini umuyordum. Selahattin Güleç, Salih Veyisoğlu, Tayfun Orçun ve Oğuzhan Müftüoğlu'nu Mehmet Yüksel'in evinde topladım."

"Ben bu arkadaşları herhangi bir yetkiye sahip oldukları için çağırmadım. Bana yardımcı olan kişilerdi ve benim henüz fikirlerim açık değildi. Durumu onlara anlatıp, onların eğilimlerini de anlamak istedim. Bu arkadaşlara, yazılan mektupları okudum. Ne düşündüklerini sordum. Genellikle hepsi de, biz bilmeyiz kimin doğru söylediğini, kestiremeyiz şeklinde anlattılar. O sıralar Sebahattin Güleç, bu işlerin yanlış olduğunu söylüyordu. Diğerleri de açık bir şey anlatamadılar. Zaten Yusuf Küpeli, yazdığı mektupta sözünü ettikleri toplantıyı yakında toplayacaklarını söylediğinden, ben de, İstanbul'a gitmeye ve meseleyi orada herkesin ağzından dinlemeyi düşündüm. Yusuf ve Münir'e bu mealde bir mektup yazıp Mehmet Sönmez ile gönderdim."

"Orhan Savaşçı Aralık ayı sonunda Ankara'ya tekrar gelmiş, beni çağırtmış. Mektupları alıp onun yanına, Salih Veysioğlu'nun evine gittim. Mektupta yazılanları ona da gösterdim. Orhan Savaşçı, kendisinin İstanbul'a gideceğini, Mahir Çayan'ı göreceğini söyledi. Ben de ondan neler olduğunu anlayıp bana anlatmasını istedim. Kendisinin bu yazılanlar hakkındaki fikirlerini sordum. Fakat kesinlikle söyleyebilirim ki, bu mektupların ve yazılanların o zaman için tartışılan yanı kimin kişisel olarak haklı olduğu idi. Yoksa hiç kimse ideolojik bir görüş seyretmiyordu. Zaten herkes kendilerinin yerine başkalarının düşünmesini, formüller öğrenmesini ve kendilerine komprime devrim modelleri vermesini öylesine benimsemişti ki artık tartışılan mesele bu modelleri satan satıcıların hangisinin dürüst olduğunun tartışılmasına kalıyordu.

O sabah eve Seyfi Akman geldi. Gene Mahir Çayan ve Ulaş Bardakçı'nın yazdığı mektupları getirdi. Kısaca Mahir Çayan ve Ulaş Bardakçı, kimin tarafını tutacaksam tutmamı ve kendi yanlarında yer almamı istiyorlardı. Münir Aktolga ile konuşmuşlar, onun söylediklerini nakleden mektuplar yazmışlardır. Münir Aktolga'nın Doktorcu olduğunu yani Doktor Hikmet Kıvılcımlı'nın fikirlerini savunduğunu, Doktor Hikmet Kıvılcımlı'nın anti-Leninist olduğunu ve bu nedenle Doktorcularla bir arada bulunamayacaklarını söylüyordu."

"Çok kısaca söylemek gerekirse ben Doktor Hikmet Kıvılcımlı'nın askeri darbe ile devrim yapılacağı fikrini savunduğunu kabul ediyorum. Bu nedenle Yusuf Küpeli ve Münir Ramazan Aktolga'nın da genellikle bunu düşünerek kendi düşüncelerini bunun arkasına gizleyerek konuştukları sonucuna varmıştım. Ancak ben kısaca şunu belirteyim ki, ben bugüne kadar Doktor Hikmet Kıvılcımlı'nın bir iki broşürünün dışında herhangi bir kitabını dikkatle incelemiş değilim. Bu nedenle o gün Yusuf Küpeli ve Münir Ramazan Aktolga'nın gerçekten neyi savunmuş olduklarını tam olarak kavrayabilmem de bu nedenle mümkün olmadı. Ben de yalnızca bu arkadaşların silahlı mücadeleye inanmadıklarını kabul ederek Mahir Çayan'a kendilerini desteklediğimi bildiren bir yazı yazdım."[320]

"Bu Mektupların O Zaman İçin Tartışılan Yanı Kimin Kişisel Olarak Haklı Olduğu İdi"

Sonuçta, THKP-C olarak adlandırılan birliktelik, bir tarafta Mahir Çayan'ın başını çektiği oluşum diğer tarafta Yusuf Küpeli, Münir Ramazan Aktolga ve Sina Çıladır'ın triumvira bir yönetimle ideolojik ve fiilen ikiye ayrılmasıyla sonuçlanır.

Önder kadrolar arasında yaşanan kopuşlar, hareketin diğer kadrolarına da yansır.

Yusuf Küpeli ve Münir Ramazan Aktolga'nın ihraç kararının altında imzası olan genel komite üyelerinin bu tartışmaları nasıl değerlendirdikleri önemlidir.

Ziya Yılmaz, bu konuda şunları söylemiştir: "Eleştirilerde politik değerlendirmelerden daha çok kişiselliğe yönelik eleştiriler yani ithamlar birinci plana çıkartıldı. (...) Bunun nedenlerinden bir tanesi de kişiliklere yönelik eleştirilerin şüphesiz politik tartışmanın güncelliğini ortadan kaldırmasıydı. Belki kişiliğe yönelik eleştirilerden daha çok, kişilerin bu süreçte içine düştüğü koşullar belli bir politik ve teorik perspektif içinde ele alınabilmiş olsaydı, zannedersem daha sıhhatli bir ortam ortaya çıkacaktı. Ancak bu olmadı.

Öyle bir atmosfer içerisinde, öyle bir psikolojik ortam içerisinde tartışmalar oluyordu ki, bunları net, açık ve belirgin söyleyebilmek, tartışabilmek olanağına sahip değildik. Yani benim bütün istediğim gerçekten tartışabilecek bir ortama kavuşabilmekti. Bir elde tabanca, bir gözümüz pencerede, bir gözümüz konuştuğumuz kişinin üzerinde. Tartışmak mümkün değildi."[321]

"Olayın sonuna kadar sanmıyorum ki, bu neden böyle oluyor diye bir eleştiri yükselmiş olsun (...) Ya da bu noktada hiç kimsenin alternatif düşünce üretmemesinden dolayıdır."[322]

Ertuğrul Kürkçü'nün dediğine göre, "Kesinlikle söyleyebilirim ki bu mektupların ve yazılanların o zaman için tartışılan yanı kimin kişisel olarak haklı olduğu idi. Yoksa hiç kimse ideolojik bir görüş seyretmiyordu."[323]

IX. BÖLÜM

"12 Mart'tan Sonra Türkiye Solunda Birbirine Zıt İki Gelişim Olmuştur"

THKP-C'de yaşanan sorunlara yaklaşımlarını ortaya koyan Aktolga-Küpeli ve Çıladır'ın hazırladıkları 116 sayfalık broşürde, daha önce yapılan eylemler için çok sert ifadeler kullanılmış ve özetle şöyle denilmiştir:

"Evet, günümüzde artık oportünizmler eski saf kılıkları ile karşımıza çıkmıyorlar. Kendilerini Marksist-Leninist teori ile mümkün olduğu kadar kamufle etmeye çalıştıkları gibi bir de aralarında sağlam ittifaklar kurmuşlar. Özellikle 'sol' sapma, kuyruğu başka, gövdesi başka, kafası başka eski masal yaratıkları gibi çıkıyor perdeye. Her türlü lağımdan avuç avuç alarak kardığı çirkef salatasının üzerine renk ve tat versin diye Marksist-Leninist teoriden törpülenme kırıntılar ekmiş, önümüze sürüyor. Eski kuşak revizyonistlerinin ahırında Troçkizmle Narodnizm ayıp yerlerini Marksist-Leninist teori kırpıntıları ile örtmeye çalışarak çiftleşiyor. Ortaya çıka çıka eşekle attan olma katır örneği kısır bir ucube çıkıyor. Bekle artık bekleyebildiğin kadar ondan doğacak devrimi."[324]

Mahir Çayan ise şu yanıtı verir:

"Ne bekleniyordu yani? 5-6 askeri eylem sonucu, kitlelerin ayaklanıp, ülkede devrim yapması mı?"

"12 Mart öncesinde yedi-sekiz fraksiyon halinde olan sol, bugün başlıca iki kampa ayrılmıştır:

-Silahlı devrim cephesi

-Oligarşinin soldaki uzantısı pasif cephe."[325]

"Çayanizm"

Mahir, SBF'ye girdikten ve siyasi bir çabanın içerisine katıldıktan sonra, sürekli kopuşmalar yaşamıştır.

Bir dönem TDGF Başkanlığı yapan Atilla Sarp'ın dediğine göre, "Mahir, hırslı bir adamdı. Doğruyu yakalamış ve bu doğruyu kabul ettirme konusunda öyle hırslı bir davranışı vardı. Korkak bir yanını görmedim. Ağır bir arkadaştı."

1969 Ocak ayında FKF kurultayı ile TİP'ten kopuş,

1970 Ocak ayında, Aydınlık dergisinin ikiye bölünmesi ile Doğu Perinçek ve çevresi ile kopuş,

1971 Ocak ayında, Aydınlık Sosyalist Dergi'ye Açık Mektup broşürü ile Mihri Belli ve çevresi ile kopuş,

1972 Ocak ayında, Küpeli-Aktolga grubu ile kopuş ve Çayanizm.[326]

Aslında her kopuş, Mahir'in, esas kendi siyasi çizgisinin giderek biraz daha belirginleşmesi, netleşmesi anlamına gelir. Mahir'in esas siyasi çizgisinin, Küpeli-Aktolga grubuyla kopuştan sonra kaleme aldığı ve "Kesintisiz II-III" olarak adlandırılan broşürde ortaya koyduğu tezler olduğu söylenebilir. Bir anlamda Mahir, bu tezlerini zaman içinde örmüştür.

Bu konuda bir araştırmacı, "Soruna yaklaşım ve en isabetli açıklama bakımından" Mahir Çayan ile Türk-İslam Marksisti olarak nitelendirilen Sultan Galiyev'i aynı paralelde değerlendirmiştir.[327]

Hatta, bir İslamcı grup, yayınladıkları dergilerinde şu değerlendirmeyi yapmıştır: "Mahir bugün yaşasaydı ne olurdu? Pratiğinden çıkacak sonuç şudur ki; anti-emperyalist mücadelenin bayrağını, fikrinin ve bileğinin hakkı ile taşıyan İslamcı Anti Emperyalist Kurtuluş Mücadelemizin, direnişçi saflarında hiç çekinmeden yer alırdı."[328]

Hatta, bir dönem, "Küba'da Mahir'in kitapları ders kitapları olarak okunuyor" denmiştir.[329]

"Çayan Grubu"

"Yusuf Küpeli ve Münir Ramazan Aktolga, aynı görüşteki diğer örgüt üyelerinin partiden ihraçlarından sonra Türkiye Halk Kurtuluş Partisi adı altında ayrı bir grup halinde faaliyete devamları üzerine, Çayan grubunda örgüt çalışma tarzını yeni baştan tespit etmek gereğini duyduğundan, İstanbul Levent Menekşe Sokak No: 1'deki evde Mahir Çayan, Ulaş Bardakçı, Ziya Yılmaz, Hv. Yzb. Orhan Savaşçı ve Hv. Tğm. Mehmet Alkaya'nın iştirakiyle Ocak 1972 ayı ikinci haftası başlarında bir toplantı yapılır.

Mahir Çayan grubu, Türkiye Halk Kurtuluş Partisi'nin sevk ve idaresinde başlangıçtan beri takip edilen tüzük, bildiri ve broşürlerde belirtilen ideolojik-politik-örgütsel-stratejik çizginin ayrılıktan sonra da aynen izlenmesinde tam bir karar birliğine varmışlardır.

O gün yapılan müzakerelerde Genel Komite'nin örgütün en yüksek karar organı, Merkez Komitesi'nin buna bağlı olarak Cephe'nin (vurucu kadro) devamı; Cephe içerisinde silahlı eylemler koyacak sivil ve subay kadrolardan oluşacak timlerin teşkili, bu timler vasıtasıyla İstanbul ve Ankara gibi büyük şehirlerde öncelikle örgüte mali olanak sağlayacak eylemlerin konulması; İstanbul'da Ulaş Bardakçı ve Ziya Yılmaz, Ankara'da Mahir Çayan ve Ertuğrul Kürkçü tarafından yönetilecek mali imkan sağlama amacına matuf sivil ve asker timlerin de katılacağı silahlı eylemlerin yürütülmesi; bundan sonra Mahir Çayan ve Ziya Yılmaz'ın Karadeniz bölgesine geçerek kır gerilla eylemlerini başlatmaları; Merkez Komitesi'nce işçi-öğrenci kesimlerinde örgüt propagandasının yaptırılarak yeni üye ve sempatizanlarının kazanılması; örgüte saklanma ve kazanç sağlamada yardımcı olacak iş yerlerinin kurulması; örgüt için gerekli silah, cephane ve diğer malzemelerin depolanacağı yerlerin bulunması; örgütsel faaliyette gizliliği sağlamak amacıyla Türkiye'nin beş bölgeye ayrılarak: 1) İstanbul'a Yıldız, 2) Ankara'ya Meltem, 3) Afyon-Eskişehir-Kütahya'ya Bayrak, 4) Merzifon'a Kavşak, 5) Karadeniz Bölgesine Poyraz isimlerinin verilmesi; şehir-kır gerilla faaliyetlerini yürütmede gerekli silah, mermi, bomba vesair malzemenin asker kesimince sağlanması ve bunlardan kırsal faaliyette kullanılacak olanlarının şimdiden depolanması kararlaştırılmıştır."[330]

THKP-C ve THKO'nun Birleşme Konusu

Mahir Çayan'ın Ankara'ya gitmek istemesinin birçok nedeni vardır. Eylemlere devam kararı almıştır. Oysa İstanbul'da eylem yapma olanağı yok gibidir. Yapmak istediğini ancak Ankara'da yapabileceğini düşünür. Bir diğer neden ise Cihanlar, THKP-C'nin ilişkiler ağı içerisindedir ve yapmayı düşündükleri eylemi de bu ilişkiler ağı içerisinde yapacaklardır.

Ziya Yılmaz, Mahir'in Ankara'ya gitmekteki ısrarının nedenini "Ankara'da hareketi toparlamak" olarak, belirtmektedir.[331]

Ve Mahir'in eylemlerin devamı kararı almasında Cihan ve Ömer Ayna'nın etken olup olmadığını, Ziya Yılmaz şöyle açıklamıştır:

"Tabii tek etken bu olamaz. Ama böyle bir etkenin gözardı edilmesi de mümkün değil. Çünkü bu arkadaşların kaçmalarındaki temel amaç,

Denizleri kurtarmaktı. Cihan dışarı çıktıktan sonra da, bu düşüncelerinden zerre kadar ayrılmadılar. Bu düşüncesini, duygu yüklü ve insanları çok seven bir insan olarak özellikle de Deniz'e büyük bir bağlılık içinde olan Cihan, sürekli canlı tuttu."[332]

Hasan Atol'un dediğine göre, "İster istemez hepsi çok kararlıydılar. Hele Cihan. Artık Cihan'ın sağ kalabilmesi için Deniz sağ kalmalıydı. Cihan ölmeden Deniz ölemez gibi bakılıyordu Cihan'a. Cihan'ın Ankara'da iken şöyle bir düşüncesi vardı; Cihan, tek başına da kalsa, hiçbir şey yapamazsa bile en azından her tarafına bomba bağlayıp, Alman Büyükelçiliği'ne girip, Alman büyükelçisini rehin alıp, Deniz'i isteyecekti."

Gülay Özdeş ve arkadaşları ise Mamak Askeri Cezaevi'ni basarak Deniz Gezmiş ve arkadaşlarını kurtarmayı düşünmektedirler.

Mahir, o dönem Deniz Gezmiş ve arkadaşlarının idamlarıyla ilgili olarak kamuoyunun, Cihan Alptekin ve arkadaşlarının duyarlılığını bilmektedir.

Ziya Yılmaz, THKP-C ile THKO arasında, bu konuda yaşanan sorun ve gelişmeler konusunda şu açıklamayı yapmıştır: "Bizimle birlikte kaçan THKO'lu arkadaşlar vardı. Bu arkadaşların da bizimle beraber bulunması, bu tür eylemleri zorlayan bir faktör olarak önümüze geliyordu. Kendi aramızdaki tartışmalar artık Parti içi tartışmaların dışına çıkmaya başladı. Bu arkadaşlarla beraber bütün sorunları tartışmak durumunda kaldık. Eylemler konusunda tartışmalara katılmaya başladılar ve taraf olmaya başladılar. Ve sanki bizdenmiş gibi hareket etmeye başladılar. Bu da bizi rahatsız etti. Bu noktada açık açık söyledik. Ayrı gruptaysak ayrı grup tavrı içinde olmamız gerekli. Aynı gruptansak bunu ilan etmeliyiz dedik. Burada size bir şey düşüyor dedik. Zaten firar ederken bizim dışarıdaki imkanlarımızdan yararlanabileceğinizi düşünerek beraber kaçtık. Eğer gerçekten kendi arkadaşlarınızla görüşmek istiyorsanız, onların bu konudaki görüşlerini bilmek istiyorsanız, bu konuda gerçekten görüş birliğine varmak istiyorsanız, buyurun arkadaşlarınızla temas kurun. Bu teması siz kendiniz hazırlıyamıyorsanız biz bu konuda size yardım edelim. Sizi kendi arkadaşlarınızla temas ettirelim, dedik. Bu konuda girişimlerimiz oldu. Geldiler görüştüler ve bu arkadaşlar kendi arkadaşlarıyla beraber olmak için Ankara'ya gittiler."[333]

Ertuğrul Kürkçü, bu konuda şu açıklamayı yapmıştır:

"THKO'dan benim o dönemde temas ettiğim iki kişi, Ömer Ayna ve Cihan Alptekin için THKO ile THKP-C'yi birleştirmek değil, Deniz Gezmiş ve arkadaşlarının idam edilmesini engellemek için yapılan bir eylem birliği söz konusuydu. Hatta Kızıldere'den çok kısa bir süre önce Fatsa'da saklandığımız evde, 'Artık şu örgütleri birleştirelim' diye şaka yollu konuşuldu. Cihan'ın şu sözlerini hatırlıyorum: 'Bu örgütü biz kurmadık. Bunu birleştirmeye de biz karar veremeyiz.' Esas karar verecekler olarak hapisteki arkadaşlarını kastediyordu."[334]

THKO'nun kurucularından Ahmet Tuncer Sümer, bu konuda şunları anlatmıştır: "1971 Ağustos ayında, tamamen rastlantı olarak Şam'da Tahsin Akpek, Nurettin Öztürk ve Hüseyin Onur ile karşılaştım. Nurettin ile Hüseyin, 'THKP-C ile THKO'nun birleşmesi için çaba gösterilmesini istiyoruz' dediler. Ben de, 'İki gücün birleşmesi çok doğru olur ama bu koşullarda olmayabilir. Çünkü, arkadaşlarımız idamla yargılanıyor. Bizim için şimdilik iki gücün birleşmesinden daha çok arkadaşlarımızın kurtarılması önemlidir' gibi şeyler söyledim. Zaten, o sırada da Mahir Çayan da dahil olmak üzere bizim arkadaşların kurtarılması için bazı hazırlıklarımız vardı. Ben, bu nedenle Türkiye'ye geldim. Fakat, 17 Ekim 1971 günü, Pazarcık'ta yakalandım."

Şaban İba'ya göre, "Çayan ve Alptekin, söylemlerinde çok az fark olduğunu ve aynı siyasi çalışmayı yaptıklarını tespit ederek örgütlerini bir araya getirmeye karar veriyordu. Parti Cephe'nin adı değiştirilip Parti Ordu olacak, Deniz Gezmiş kurtarılacak ve 'birlik kararı' her iki örgütün elemanlarına duyurulacaktı."[335]

Mustafa Yalçıner ise, "Birleşme diye bir şey yok. Kararlaştırılmış, o doğrultuda atılmış adım yoktu. Düşünce de o yönde değildi. THKO ile THKP-C birleşti ya da birleşecekti değerlendirmeleri bence abartılı." demiştir.

"Öncü Savaşı Aşamasında Olan THKP-C'nin Küçük Burjuva Çevrelerdeki Müttefiki, Ancak Kemalistler Olabilir"

Bu konuda sadece anlatılanlar ve bazı konularda fiili işbirlikleri var. Buna rağmen, THKP-C ve THKO hareketinin tek bir harekete dönüşmesi yönünde ortak alınmış bir karar ve herhangi bir belge bulunmamaktadır. İki hareketin bazı kadroları arasında gündeme gelmiş, konuşulmuş olmasına rağmen, önder kadrolar tarafından yeterince açıklığa kavuşturulmuş bir konu değildir bu. Fakat bunun tam tersi olarak, bu yönde daha önce yaşanmış bazı girişimler olmuştur.

1971 Ocak ayında, Mahir Çayan, Deniz Gezmiş, Hüseyin İnan'ın, "birlikte hareket etmek için" bir araya gelerek konuştukları, fakat THKO grubunun, olumlu yanıt vermediği bilinmektedir. Bir diğer olay ise, Ömer Ayna'nın THKP-C'li değil THKO militanı olduğu konusunda, THKP-C tarafından, 1971 Mayıs ayında, İstanbul Sıkıyönetim Komutanlığı'na gönderilen dilekçe-bildiri vardır.

Mahir Çayan, kimlerle müttefik olunabilir konusunda yazdığı en son yazısında, "Öncü savaşı aşamasında olan THKP-C'nin küçük-burjuva aydın çevrelerdeki müttefiki, ancak Kemalistler olabilir." demiştir.[336]

"Kaçışımızın Nedeni Gördüğümüz Yanlışlıkların Düzeltilmesi İçin Gerekli Koşulları Yaratmaktı"

Ziya Yılmaz, cezaevinden kaçtıktan sonra ne yapacakları konusunda şu açıklamayı yapmıştır:

"Diğer arkadaşlar gibi ben de birçok defa ölümle yüz yüze geldim. Ölümün üzerine üzerine gitmek, o dönemin önderlerinde yaygın bir duyguydu. Fakat bunlara rağmen daha önce yaralanmasaydım, gene de Kızıldere'ye gideceğimden emin değilim. Çünkü; kaçışımızın nedeni bu tür eylemleri sürdürmek değil, yeniden toparlayabilmek, sezinlediğimiz ve açıktan söylememiş olsak da gördüğümüz yanlışlıkların düzeltilmesi için gerekli koşulları yaratmaktı. Hareket üzerine, bizim gibi eylemlere katılmayan ve o dönemlerde tutuklanmayan arkadaşların da eleştirilerinin, tespitlerin var olduğunu duymaya başlamıştık. Bu kadarı bile, aynı tür eylemleri koşulsuz sürdürme olanağını bırakmıyordu zaten. Aksine biz, firar başarılı olduğu takdirde, arkadaşlarımızın çoğunluğunu yurtdışına gönderme kararı almıştık kendi aramızda. Buna Mahir de dahildi."[337]

THKP-C içerisinde yaşanan fiili ayrılıktan sonraki gelişmeler konusunda ise, Ziya Yılmaz özetle şunları anlatmıştır:

"Mahir, bu süre içinde sürekli İstanbul'da kalınması tezini savunuyordu. Ben de şahsen İstanbul'da kalınmamasını, karar doğrultusunda yurtdışına çıkmamızın gerektiğini savunuyordum. Hatta imkanlar da vardı, kaçılabilirdi. Fakat firarımızın getirdiği o psikolojik hava yeniden bütün eylemlerin gündeme gelebileceği, yurtdışına gitmenin mücadeleden kaçmak şeklinde nitelendirilebileceği, Türkiye'de savaşılabilecek bir ortamın varolduğu ve bu savaşımı sonuna kadar yürütmenin gerekli olduğu düşüncesi de yavaş yavaş güç kazanmaya başladı."

"Biz yine de firarımızın henüz tamamlanmadığını, daha yarı yolda olduğumuzu, kendimizi henüz firarın takibinden kurtaramadığımızı ve yeni başka bir yere intikal etmekle ancak iz kaybedebileceğimizi söylüyorduk. Bu anlamda da İstanbul'da tamamen muhasara altında olduğumuzu, yeni bir yerleşme yerimiz olmadığını, bütün ilişkilerimizin karşı çıktığımız arkadaşların elinde olduğunu biliyorduk. Bu durumda hem onlara güvensizlik duyuyor, hem de bu koşullarda kalmaya çalışıyorduk. Bile bile takibi kapımıza kadar getirmenin koşullarını oluşturuyorduk. Onun için de, buradan çıkmak gerekli, diyorduk. Hatta yurtdışına çıkma hazırlığının bile buradan çıkmakla yapılabileceğini söylüyorduk. Ve bu anlamda da ilk planda saklanmak açısından Karadeniz'e geçebileceğimizi düşünüyorduk. Karadeniz'e geçelim, saklanalım ve ondan sonra da ne yapabileceğimizi çok daha serinkanlı düşünelim, diyorduk. O zaman bir problem ortaya çıkıyordu. İstanbul'u kimseye bırakamayız. İstanbul'da yapılacak daha çok iş var deniliyordu. Oysa kalmakla İstanbul'da yapılabilecek hiçbir şey yoktu. Çünkü imkanlar tamamen bizim ilişkilerimizin dışında kalmıştı ve bizim ilişkilerimiz de çok sınırlıydı. Tabii böyle imkanlar içinde eski tip eylemler tekrar gündeme geldi. Bu imkansızlıklar içerisinde yine askeri eylemlerin yapılması gündeme gelmeye başladı. Belli elçiliklerin ve konsoloslukların basılması ve bu aşamada Denizlerin kurtarılması için pazarlık eylemleri yapılması fikri geldi. Bunlara da karşı çıktık. Buna olanak yoktur, firarla hükümetin prestiji sarsılmıştır. Kaçılmaz denilen bir yerden kaçılmıştır. Gerçekten de bu, toplumda büyük bir destek sağlamıştır. O halde bunu bu noktada yeni bir senteze ulaştırılmasının dönemeci olarak değerlendirebiliriz. Onun için de bunu, bu eylemi, yeni bir eylemler silsilesinin ilk halkası olarak görmek yanlıştır. Zaten becermemiz de mümkün değildir. Böyle bir olanağımız yoktur. Bizim, firar eden kişilerin böyle bir eyleme kalkışması pazarlık olanakları yaratmaz. Yaratması mümkün değildir. Çünkü biz doğrudan doğruya pazarlığın içinde olacağız. Ancak kendimiz için pazarlık yapabiliriz. Firar eden bu kişiye, Denizlerin serbest bırakılması için, ya da idamdan alıkonulması noktasında bir pazarlık olanağı yaratmaz. Biz olmadığımız zaman belki böyle bir olanak yaratılabilir, şeklinde karşı itirazlarımız oldu. Tabii İstanbul'da böyle bir eylem o zaman da yapılmadı. Yapılma olanağı da olmadı."[338]

"Bu Arkadaşları Yurtdışına Çıkartmanın Bir Yolunu Arıyordum"

Bu sırada askeri cezaevinden kaçan Mahir hakkında bazı söylentiler yayılmıştır. Bu söylentilerden bir tanesini Mustafa Zülkadiroğlu şöyle anlatmıştır:

"Mahir, yakalanıp daha sonra cezaevinden kaçtığı zaman ben dışarıda ve kaçaktım. Mahir'in bu kaçışı için, 'Mahir, CIA ajanı' lafını çıkarttılar. Ve Mahir, onurunu kurtarmak için Kızıldere'de ölümü tercih etti. İstese yurtdışına çıkabilirdi.

Ajan suçlamasının altında bir ölçüde şu var: Ankara Dev-Genç'lilerin bir ajan suçlama hastalığı vardır. 'Şu ajandır, bu ajandır, öteki bilmem nedir' diye saplantı içindeydiler."[339]

Yurtdışına kaçma ya da çıkma istekleri üzerine Ertuğrul Kürkçü, özetle şunları anlatmıştır:

"Münir Ramazan Aktolga ile konuştuk. Ancak daha önce olan olaylardan sonra Münir Aktolga'nın da hapisten kaçtıktan sonra pasaport bulmaya uğraştığı şeklinde birtakım sözler kulağımıza gelmişti. Ya da bize özellikle böyle haberler ulaştırılmaya çalışılıyordu.

Ve o gün, Münir Aktolga'ya önce çıkıştık. Yurtdışına kaçmak yok dedik. Kendisi de öyle bir niyetinin olmadığını söyledi."

"Ankara'ya geldiği zaman Mahir Çayan'ı yurt dışına; Filistin'e gönderelim diye kendi aramızda konuştuk. Mahir'i ikna etmeye çalıştık. Fakat Mahir'i ikna etmek mümkün olmadı."

"Ankara'da bulunan arkadaşlarımdan Dev-Genç Merkez Yürütme Kurulu üyeleri Zafer Kutlu, Sinan Kazım Özüdoğru ve Hüdai Arıkan'dan herhangi bir şey yapmalarını talep etmedim. Ben bu arkadaşları yurtdışına çıkartmanın bir yolunu arıyordum. Kaçak oldukları için yapabilecekleri çok fazla bir şey yoktu. Ancak daha sonraki ayrılıkta ve bu arkadaşların ölümünden sonra bunların benimle her zaman aynı fikirde olduklarını ve benim ta başından beri Mahir Çayan'la aynı fikirde olduğumu, gerçeği gizlemek için keskin görünmek endişesiyle o zamanlarda soygunlar yapma kararında olduğumu ve bu arkadaşları bir vurucu kadro olarak tespit ettiğimi bildirdim. Bu arkadaşlar, ben, Mahir Çayan ile birlikte olmasaydım bizimle birlikte Kızıldere'ye kadar gidip yaşamaya herkesten çok hakları olduğu halde orada can vermezlerdi. Ancak ben bu arkadaşların ölümlerinden kendimi sorumlu hissettiğim ve o anda bunu böylece açıklamak istemediğim için bu açıklamayı yaptım. Bu açıklamanın benden sadece baskı, tehdit, işkence ve zor altında sadece bu yüzden alınabilmesi mümkün değildir. Zaten benim verdiğim ifadeleri Türkiye'deki bütün elektrik santrallarını bir araya getirip işkence yaparak almaya kalksalardı da alamazlardı. Ancak bu arkadaşların yok olmaları ve kendilerini kurtarmaya çalıştığımız Deniz Gezmiş, Yusuf Aslan ve Hüseyin İnan'ın aslında kendimizle birlikte ölüme doğru götüren Kızıldere eyleminden sonra bu eylemin yarattığı sonuçların vahimliğini kavradıktan sonra bu sefer de buralara kadar götüren intihar mantığını sürdürmeye aslında bizimle yakından ilişkili olmayan pek çok kimseyi kendimle birlikte sürüklemeye çalıştım. Ve bu nedenle sorgum sırasında ve Savcılıkta böylesine ferdi endişelerle gerçeği saptırmaya, ortada mevcut olmadığı halde mevcutmuş gibi görünen THKP olayını abartabildiğim kadar abartmaya ve yüceltmeye çalıştım."[340]

Ayrıca, o gruptan hiç kimse yurt dışına çıkma olanakları olmasına rağmen yurtdışına çıkmaz ve ülke içinde kalarak mücadeleye karar verir.[341]

"Mahir'in Ankara'ya Gitme İsteği Kişisel Nedenlere Dayanıyordu"

Cihan Alptekin ve Ömer Ayna, Mahirlerle saklandıkları, "Levent Menekşe Sokak No:1'deki evde gizlendikleri sırada İstanbul'da Türkiye Halk Kurtuluş Ordusu'ndan kişilerle temas imkanı bulamamaları, Ankara'da bu olanağa daha fazla sahip olup eylemler yürütebileceklerini düşünmeleri, kaldı ki, saklanma yönünden de imkansızlık içerisinde olmaları sebebiyle Ankara'ya intikalleri kararlaştırılmıştır."[342]

Cihan Alptekin ve Ömer Ayna, 14 Ocak 1972 Cuma günü, ağzı çakılı iki ayrı sandık içerisinde Ertan Saruhan'la birlikte Rıza Çolak yönetimindeki Skoda marka bir kamyonetle saat 20.00 sıralarında Ankara'ya hareket eder. Ertesi gün, Ankara'ya sağ, salim varan Ömer Ayna ile Cihan Alptekin, İsmet Hüsrevoğlu'nun evinde birkaç gün saklanmışlardır.

Ziya Yılmaz, Cihan Alptekin ile Ömer Ayna'nın Ankara'ya gidişleri hakkında şunları anlatmıştır:

"Çok zayıf olanaklar vardı bu arkadaşlar için. Ankara'daki arkadaşları bunları saklamak olanağına sahip değillerdi. Biz bunları Ankara'ya gönderirken Ankara'daki arkadaşlarımıza tembih ettik. Belli bir müddet bu arkadaşları barındırın, ondan sonra kendi arkadaşlarıyla ilişkileri sağlamlaştığı zaman, barınabilecek koşullar oluştuğu zaman da kendi bildikleri gibi hareket etmeleri doğaldır, dedik. Arkadaşların; Cihan'la Ömer Ayna'nın, Ankara'ya gitme kararı biraz çekişmeli bir karardır. O zamana kadar İstanbul'dan ayrılmayı istemeyen Mahir ve bizimle beraber Avrupa'ya gitmeyi kabul eden Ertuğrul Kürkçü, Ankara'da olmasına rağmen Cihanlarla beraber Ankara'ya gitmeyi birinci plana aldı. Biz buna da karşı çıktık. Dedik, sen gitmeyeceksin bunlar gidecek. Ben zaten Ankara'ya gitmek istemiyordum."

"Mahir'in Ankara'ya gitme isteği çok kişisel nedenlere dayanıyordu. Zorunlu olarak Mahir'i Ankara'ya göndermek gibi bir sorunla karşı karşıya kaldık. Daha önce Cihanları Ankara'ya götürmek için sağlanan koşulları yeniden sağlamak için arkadaşları harekete geçirdik. Bu arkadaşlar yanılmıyorsam, on beş-yirmi gün içinde Mahir'i İstanbul dışına çıkarmak için bir program yapacaklardı. Ancak onların gelişlerini beklemek mümkün olmadı. Biz bir organizasyonla, bir pikapla, Mahir'in Ankara'ya gitmesini sağladık."[343]

"Biz Doğrudan Karadeniz'e Geçecektik"

Ulaş Bardakçı ve Ziya Yılmaz, İstanbul'da kalır. Bunun nedenlerini Ziya Yılmaz özetle şöyle açıklamıştır:

"Bizim, firarımıza esas olan düşüncelerimizi yeniden gözden geçirmek ve değerlendirmek için sıhhatli bir yere ihtiyacımız vardı. Ve yurtdışına çıkma eğiliminin yavaş yavaş yok olmaya başladığı bu ortamda da benim düşüncelerime göre, en iyi imkanı Karadeniz bölgesinde sağlayabilirim ve saklanabilirim görüşündeydim. Oraya geçebiliriz ve orada ilişkilerimizi sürdürebiliriz düşüncesi hakimdi. Fakat Mahir, açık açık konuşmamıza rağmen rahatsız olmaya başladı ve ısrarla Ankara'ya gitmenin ve Ankara'da toparlanmanın gerekli olduğu isteğinde dayatmaya başladı.

Ben şahsen İstanbul dışına çıkabilecek bir organizasyonun yapılmasını bekliyordum. Bu arada Mahir'in gidişi ekstra bir gidiş oldu.

Bizim Ankara'ya gitme ihtimalimiz yoktu. Biz doğrudan Karadeniz'e geçecektik.

Diğer arkadaşları da Karadeniz'e çekebilme düşüncesi vardı. Çünkü biz İstanbul'da kaldığımız müddetçe sürekli bir yerden bir yere geçişle geride iz bırakıyorduk. O iz süreci içinde bir yere gidip saklanmak mümkün değildi."[344]

Bu sırada, İsmet Öztürk, "Şubat 1972 ayı ilk haftası sonlarında İstanbul'a gelerek Rıza Çolak'ın evine gitmiş; adı geçen 9-10 Şubat 1972 günü Hv. Üstğ. Yılmaz Salih Veyisoğlu tarafından Levent Menekşe Sokak'taki evde kalan Ziya Yılmaz'ın yanına götürülmüştür. Ziya Yılmaz, İsmet Öztürk'e, Yusuf Küpeli ve Münir Ramazan Aktolga'nın örgüt içinde yarattıkları fikri ayrılığı ve sebepleri anlatmış...saklanma için yer temin etmesini, silah ve mermi sağlamasını, kendileri ile ilişkiyi devam ettirmesini ister."[345]

İsmet Öztürk, birkaç kutu mermi ve Asmalımescit cıvarında bir ev bulur, ekonomik sorunları halledebilmek konusunda Kazım Taşkent'in rehin alınması amacıyla çalışma yapar. Aynı sıralarda Hv. Tğm. Tamer Hazer de, Sıtkı Koçman'ın rehin alınması konusunda araştırmalar yapar.

İsmet Öztürk, bu sırada yaşanan olaylar konusunda şunları söylemiştir:

"Hep anlık olaylarla uğraştık. Karmakarışık bir durum. Olayların akışı içinde anlaşmazlıklar var. Mahir, eylemlere devam etmek istiyor. Ziya ile Ulaş ise şimdilik eylemlere girilmemesi, sabırlı olunması, bu nedenle Karadeniz bölgesine gitme ısrarları var. Bu anlaşmazlıktan dolayı Mahir, Ankara'ya gidiyor."

Bu görüşmeden iki gün sonra, Ziya Yılmaz ve Ulaş Bardakçı'nın kaldığı Levent Menekşe Sokak'taki ev, aldıkları bir ihbar üzerine güvenlik kuvvetleri tarafından, 13 Şubat 1972 Pazar günü saat 18.00 civarında sarılır. Çıkan çatışma sonunda Ziya Yılmaz ve Ulaş Bardakçı, karanlıktan ve fırsatlardan yararlanarak kaçmayı başarır.

Ziya ile Ulaş, bir süre Rıza Çolak'ın evinde gizlendikten sonra Ziya, Fındıkzade'de Safiye ile Hüseyin Özkan'ın evine, Ulaş ise Lale Arıkdal'ın Arnavutköy'deki evine gider.

Ulaş Bardakçı'nın Arnavutköy'de saklandığı evin en üst katında ise İstanbul I. Şube Müdürü Mahmut Dikler oturmaktadır.

19 Şubat 1972 Cumartesi günü sabaha karşı saat 02.30 sıralarında Fındıkzade Kızılelma Caddesi'ndeki evde Ziya Yılmaz yaralı olarak, yine aynı gün saat 07.00 sıralarında ise Ulaş Bardakçı ölü olarak ele geçirilir.

"Kendisinin Ankara'ya Gelmesine Karşı Çıktım"

İstanbul'da bu olaylar yaşanırken Ankara'daki durumu Ertuğrul Kürkçü şöyle anlatmıştır:

"Cihan Alptekin, Ömer Ayna, kendilerinin Deniz Gezmiş'i idamdan kurtarmak için eylem yapacaklarını söylemişlerdi. O sıralar bizim böyle bir eylem niyetimiz yoktu. Mahir Çayan, bana gönderdiği yazıda bu arkadaşların kendilerinin eylem yapacaklarını, benim de imkan ve kalacak ev, silah sağlamamı istiyordu. Bu benim için yeni bir durumdu. Ankara'da böyle bir hazırlığım yoktu. Ancak bu arkadaşların saklanmalarını temin için Selahattin Güleç'le konuştum. O da kendilerini saklamayı kabul etti. Bu sıralarda Ömer Ayna ve Cihan Alptekin'in önerdikleri, herhangi bir elçiyi kaçırmak ve arkadaşlarının serbest bırakılmasını istemekti. Bana o sıra bu teklif ters geldi. Zira hiçbir imkan tükenmemiş ve bu arkadaşlar daha henüz idam edilme tehlikesiyle karşı karşıya değillerdi. Üstelik Parlamento içinde ve Parlamento dışında belirli bir muhalefet vardı.

Ben bu düşüncelerimi Mahir Çayan'a yazdım. O Ankara'ya gelmeyi kararlaştırmış ilkin. Kendisinin Ankara'ya gelmesine karşı çıktım. Zira bu kadar kaçak adamın Ankara'da nasıl saklanacağını ve eylem konulduktan sonra nasıl ayakta durulacağını kestiremiyordum. Kendisi acilen gelmeyi düşünerek Ankara'ya gelmeye karar vermiş. Ocak ayı içinde Ankara'ya geldi."[346]

"Cihan ve Ömer Ayna da Ankara'da Eylem Yaparken Onlara Nezaret Etmek İstediğini Söyledi"

Cihan Alptekin ve Ömer Ayna'nın Ankara'ya gidişinden onaltı gün sonra 31 Ocak 1972 Pazartesi günü sabahı, Mahir Çayan da, Rıza Çolak'ın kullandığı Skoda kamyonetin arkasında ağzı kapalı bir sandığın içerisinde Ankara'ya götürülür.

Ankara, Kızılcahamam Gazi Orman Çiftliği yakınında müsait bir yerde sandıktan çıkarılan Mahir Çayan, Hv. Üstğ. Mustafa Şahin, eşi Türkan Şahin, Hv. Yzb. Orhan Savaşçı, Seyfi Akman ile Muzaffer İlgen'in Anadol otomobiline binerek, Hv. Üstğ. Mustafa Şahin'in Ankara, Emek Mahallesi 77. Sokak 2/6'daki evine gider.[347]

Ertuğrul Kürkçü, bundan sonrasını şöyle anlatmıştır:

"Geldiğini Tayfun Orçun bana haber verdi. Daha sonra bu evden ayrıldım. Mahir Çayan ile bu evden ayrıldıktan sonra Mustafa Şahin'in evinde karşılaştık.

Bu evde Mahir Çayan ile konuştuk. Kendisi bir yazı hazırlıyordu. Bunun yazılması sırasında benimle ve Ankara'da bulunan Dev-Genç'li arkadaşlarla tartışmak istediğini... söyledi. Ben neye karar verilmişse ona uyacağımı, yazı ile birlikte inceleyeceğimizi söyledim.

Mahir Çayan, benden birbirimizle olan ilişkilerimizi düzenlememizi sağlayacak olan bir yazı yazmamı istedi. Ben de, Pomeroy isimli bir yazarın, Filipin gerillalarının hayatını anlatan bir kitabını okuduktan sonra oradan öğrendiklerimi talimname diye yazdım."[348]

Mahir'in, arandığı ve sürekli kaçak bir durumda iken hazırlayarak, arkadaşlarıyla tartışmak istediği yazı, daha sonra "Kesintisiz Devrim II-III" adıyla yayınlanan broşürdür.

"İş Başa Düşmüştü Artık"

5 Şubat 1972 Cumartesi günü, Cihan ve Ömer'e yardımcı olan THKO mensubu 14 kişinin yakalandığı açıklanır. Ortaya çıkan bu yeni durumun ardından neler yapıldığı konusunda, Ertuğrul Kürkçü şunları anlatmıştır:

"Cihan Alptekin'in arkadaşları Ankara'da yakalandılar. Bunun üzerine Mahir Çayan, bunların arkadaşlarının bilmedikleri bir eve götürülmesi için teşebbüse geçilmesini istedi. Sanıyorum Tayfun Orçun vasıtasıyla ya da Koray Doğan vasıtasıyla bu arkadaşlar, Mustafa Şahin'in evine götürüldüler. Mahir Çayan ile biz de Cihan Alptekin ile görüşmek üzere bu eve gittik. Mustafa Şahin evinden ayrıldığımız süre içinde yeni bir ev tutmuş. Biz bu eve gittik. Eve ilk gittiğimizde Ömer Ayna vardı. Mahir Çayan, esasen Cihan Alptekin ile görüşmek istediğini söyleyince Ömer Ayna gitti yerine Cihan Alptekin geldi. Cihan Alptekin ve Mahir Çayan'la birlikte ben bu evde, Deniz Gezmiş ve arkadaşları idam edilecek olursa neler yapılabileceğini konuştuk. Cihan yine bir elçi kaçırılmasını teklif etti. Mahir Çayan ise bu iş için idamların Meclis'ten Senato'ya geçtiği an uygun olduğunu, bu amaçla da Adalet Partisi Genel Başkanı Süleyman Demirel'in önemli olduğunu, onun kaçırılmasının pek çok şeyi halledebileceğini, AP Genel Merkezi ile pazarlığa oturularak, onların oylarını Deniz Gezmiş ve arkadaşlarının idam edilmemeleri için etkilenmesinin sağlanmasını söyledi. Bu genel olarak kabul gördü."[349]

Bunun yanında, Abdullah Oğuzhan Müftüoğlu, "Ertuğrul Kürkçü'nün direktifi gereğince Fransa, Batı Almanya ve Belçika Büyükelçiliklerinde gerekli istihbaratı yapmak üzere görevlendirilir."[350]

Eylem planları yapılırken, İstanbul ve Ankara'da sürekli olarak hemen her gün bir veya bir kaç kişi gözaltına alınmaktadır. Varolan ilişkiler birer, ikişer, üçer olarak devamlı çözülmekte olduğundan zaten çok kısıtlı olan eldeki olanaklar ve ilişkiler de buna bağlı olarak hızla azalmaktadır.

Mahir Çayan, kalabilecekleri yeni ev bulabilmek amacıyla SBF'den kız arkadaşı olan Ülker Akgöl'ü kaldığı eve çağırır. "Mahir Çayan, Ülker Akgöl ile konuşmasında saklanmaları için evler bulunmasını talep etmiş, bu istemi olumlu karşılayan Ülker Akgöl, beraberinde Kemal Kabaklı da olduğu halde bazı arkadaşlarına giderek, ev sağlama çabasını göstermiş ise de, Çayanların istediği nitelikte bir ev temin edilememiştir."[351]

Değil her gün ev değiştirmek, aynı gün içerisinde gizlenebilmek için bir kaç ev birden değiştirilmektedir. Mehmet Eymür'ün bu konuda verdiği bilgiye göre, "Çayanların izini sürüyorduk. Kaldıkları evleri bastığımızda onlar evi terketmiş oluyorlardı. Acele terkedilmiş ve çay bardakları dolu vaziyette yerler bulduk."[352]

Artık barınabilecek yer bulmakta büyük güçlük çekildiği gibi, ayrıca Ertuğrul Kürkçü'nün dediğine göre, "Dışarıyla irtibat kuran bütün arkadaşlarımızın da tutuklanmasından sonra iş başa düşmüştü artık. Hatta, Mahir'le ben keşfe de gitmiştim."[353]

Mihri, Mahir ile; Mahir, Doğu ile Görüşmek İstemiş

Bu dönemde Mahir'le görüşmek isteyen veya Mahir'in görüşmek istediği kişiler olduğu konusunda bazı bilgiler vardır. Bunlardan birisi Mihri Belli, diğeri Doğu Perinçek'tir.

Mihri Belli, bu konuda, şunları anlatmıştır: "Ankara'da bir kaç gün kalmam gerekti. Mahir, Cihan ve arkadaşları da oradaydı. Henüz Karadeniz bölgesine geçmemişlerdi. Onlarla bağlantı kurmaya çalıştım. Olmadı. Ben o sıra onlar için en anlamlı, en önemli eylemin ele geçmemek olduğu görüşündeydim. Buluşsaydık bunu konuşacaktık."[354]

Ayrıca, Mahir'in, o dönem Söke Beşparmak dağlarında saklanmakta olan Doğu Perinçek ile görüşmek istediği fakat görüşemediği konusunda bilgiler vardır.[355]

"İlyas Aydın'ın Ajan Olduğuna İnanmıyorum"

Mahir Çayan, Maltepe Askeri Cezaevi'nden kaçtıktan sonra İstanbul'dan Ankara'ya geldiğinde, Yzb. İlyas Aydın, Ankara'da saklanmaktadır.

Ertuğrul Kürkçü, bu konuda şunları anlatmıştır: "İlyas Aydın'ı Işıl Zeki ismindeki arkadaşımın evinde kaldığım sırada tanıdım. Orhan Savaşçı ile birlikte bu eve gelmişlerdi. Kendisini daha sonra Zeki Yada'nın evinde kaldığım sırada gördüm."[356]

Kürkçü ile İlyas Aydın'ın yaptığı görüşme, Mahir Çayan'ın Ankara'da bulunduğu Şubat 1972'de olmuştur.

İlyas Aydın'la İstanbul'da kaçak olduğu günlerde beraber olan Ömer Laçiner, "İlyas Aydın'ın ajan olduğuna inanmıyorum" dedikten sonra sözlerine şöyle devam etmiştir:

"İlyas Aydın, Hv.K.Komutanlığınca çok güvenilir addedilen subaylardan biriydi. NATO'nun nükleer başlık depolarıyla görevli, bu nedenle de istihbarat örgütlerinin sıkı süzgecinden geçmiş biriydi. Bunu hepimiz bilirdik. Örgüte böyle bir kişi olduğu bilinerek ve güvenilerek katılmıştı.

Örgüt ilişkileri konusunda son derece titizdi. Bu saydığım nedenler yüzünden THKP-C'nin en fazla aranan mensupları evinde saklanıyor, Mahir ve Hüseyin de bu eve sık sık uğruyorlardı.

İlyas Aydın, benim kanımca, THKP-C'nin yediği çok ağır darbenin sorumluluğunu bir 'ajan'a yükleyip sıyrılmak isteyenlerce kurban edildi. Ankara'da 1971 Temmuz'dan 1972 Mart'ına kadar ne yaptığını elbette bilmiyorum, görmedim. Temmuz 15'te tutuklanmıştım. Sonradan onu evlerinde saklayanların anlattıklarına göre son derece tedirgin olduğu, 'yakalanırsam beni hemen öldürürler' dediği biliniyor. İstanbul'da saklanırken de öyleydi. Ama Ankara'dayken Gn. Kurmay'a birkaç kez girip çıktığının görüldüğü söyleniyor. Buna asla ihtimal vermiyorum. Onu evinde saklayanlar, evden bir kez ayrıldığını ve dönmediğini söylüyorlar. Sanırım sinirleri bu aylar süren saklanmaya, gerilime dayanamadı. Ankara'da operasyonlar başlayınca -örgüt disiplinine filan aldırmayıp- 'beni mutlaka öldürürler' korkusuyla kendi başının çaresine bakmaya kalkıştı. Malatya'da subayken tanıdığı insanlara gitmiş, kendisini yurtdışına kaçırmalarını istemiş.

Örgütü terk etmesi hatası oldu. Ajan yaftası takıldı ve bu itham onu kaçırıldığı Suriye'de buldu. Suriye'de kendisini yurtdışına götüren 'devrimciler'e sığınmışken -sanırım Ankara'dan ayrıldıktan 3-5 ay sonra- ajan diye öldürüldü. Korkunç, trajik bir kader bu."

Mustafa Şahin ise, bu konuda şunları söylemiştir: "İlyas Aydın ile Orhan Savaşçı, çok yakın arkadaştılar. Benim de çok yakın arkadaşım. Askerde herkes birbirine kendisinden bir devre önce de olsa, ona saygısı vardır. Hürmetini gösterir. Kendisinden büyükse en azından 'abi' der. Bu işin içine Orhan Savaşçı vasıtasıyla gelmiştir.

Ama ben eskiden beri tanıyorum. Hiçbir ihtimal vermiyorum. Benim kişisel ihtimalim, İlyas Aydın için bilinçli olarak 'ajan' diyorlar. Bir insan için ajan demek, hırsız demek vb. dünyanın en zor ithamıdır. Bunu çok düşünmek gereklidir. İnsanın günlerce düşünmesi gereklidir. Somuta yakın bir bilgisi olmazsa, yoksa böyle bir tabir kullanmamak lazım.

Buna şiddetle karşıyım. Orhan Savaşçı'nın sınıf arkadaşı. Benden de kıdemli. Rütbesi yüzbaşıydı. İstatikçiydi. Hava Kuvvetleri'nde İstatistik Şubesi vardır. Aslında istihbaratçı ile istatikçinin hiçbir alakası yok. Hem var hem yok. Şöyle var; belli bilgileri eğer arşivliyorsa oradan var mı, yok mu bilmiyorum. Böyle bir görev de verilmiş mi bilmiyorum.

İstatikçinin görevi askeriyede ağır bir görev olmadığı için ona da böyle bir yan görev verebilirler. Ama kişisel kanım, böyle bir şeyi zannetmiyorum. İlyas Aydın, böyle bir adam değildi bana göre. Eğer böyle bile olsa,

-Yahu arkadaşlar, siz yanlış yoldasınız. Gelin bu işten vazgeçin. Şu işi şöyle yapın, böyle yapın, gibi ikaz edecek kadar dürüst bir insandı.

Bir insanın devrimci mi, vatansever mi, şu mu, bu mu olduğunu nasıl anlarız? Dürüst olmasından. Bir insan dürüstse her şey olur. Dürüst bir insandan iyi bir arkadaş olur, iyi bir asker olur, iyi bir bilim adamı olur. Dürüst değilse adam bilimden elde ettiği bilgiyi son derece iyi savunmuyorsa bana göre iyi bir bilim adamı değildir. Ben öyle değerlendiriyorum."

Yüzbaşı İlyas Aydın, İstanbul'dan Ankara'ya geldikten sonra, ilk önce Hv. Üstğ. Mustafa Şahin'in hemen ardından bir müddet Hv. Üstğ. Yılmaz Salih Veyisoğlu'nun evinde kalır.

Orhan Savaşçı, bu konuda şunları anlatmıştır:

"İlyas Aydın, Ankara'ya geldikten sonra bir müddet Esin Apartmanı'nda kaldı. Bilahare, Salih Veyisoğlu'nun evine gitti. Daha sonra da kendisini Salih Veyisoğlu'nun arkadaşı olan Zeki Yada'ya ait evde birkaç defa gördüm ve bir seferinde kendisine iki adet el bombası ben götürdüm."[357]

İlyas Aydın, bir müddet Müzeyyen ile Salih Zeki Yada'nın Ankara-Bahçelievler 7. Cadde 56/6 No.daki evinde, bir müddet de Dışkapı Sosyal Meskenler Çarşısı 12 No.daki elektrikçi dükkanında gizlenir.

Daha sonra Müzeyyen-Salih Zeki Yada'nın evinde gizlendiği sırada kazaen kendisini tabanca ile yaralar. Bunun üzerine Dr. Orhan Aydurmuş, Kayseri'den iki kez gelerek tedavi eder.[358]

İlyas Aydın, ayağının yaralı olduğu ve tedavisinin yapıldığı bir sırada, bugün bile yeterince açık olmayan bazı nedenlerle kaldığı evden ayrılır.

Emekli Hava Üsteğmeni Yılmaz Salih Veyisoğlu ise, bu konuda özetle şunları anlatmıştır: "Oğuzhan Müftüoğlu beni, Hüseyin Tanrıöver'in Konur Sokak'taki evine götürdü. Evde Mahir Çayan ve Ertuğrul Kürkçü vardı. Oğuzhan, on dakika kadar kalıp, saat 21.00'de evden ayrıldı. Oğuzhan gittikten sonra Mahir Çayan ve Ertuğrul Kürkçü bana, Yzb. İlyas Aydın'ı sordular. Yzb. İlyas Aydın, Ali Butto'nun (Ali Başpınar) Keçiören'de çalıştırdığı tamirhanenin bodrumunda kalırken, Mehmet Alkaya tamirhanede iken, bir arkadaşına gidip para temin etmek için çıkmış ve sonra gelmemişti. Alkaya ile ben, onun yakalandığını ya da arkadaşlarının evinde saklanmaya karar verdiğini tahmin ediyorduk. Bana onun Ankara'da olduğu süredeki bütün davranışlarını anlattırdılar. Çok şey öğrenip öğrenmeme arzusu içinde olup olmadığını sordular.

2 Mart 1972 Perşembe günü Mehmet Alkaya, Oğuzhan Müftüoğlu buluşup Mahir Çayan'a gidecek ve konuşacaktık. Perşembe akşamı Haşmet Karaçam, Ali Başpınar ile geldi. Ali, bize, Keçiören'deki tamirhanenin basıldığını söyledi. Bu bizi tedirgin etti. Sıkıyönetimin gecekondular, iş yerleri ve harabeler hakkında bildirisinden bu yana zaten gecekonduda tedirgin idik. Saat 19.00 sıralarında La Bohem'in önünde Oğuzhan Müftüoğlu ile buluştuk. Oğuzhan'ın yanında Koray Doğan vardı. Oğuzhan Alkaya'ya Mahir tarafından bir mektup verdi. İkişer ikişer Sıhhıye tarafında bir müddet dolaştık. Bu esnada Oğuzhan bize, Mehmet Yücel'in evine gitmemizi, kendisi de daha sonra gelip bizi oradan alabileceğini söyledi. Alkaya ile birlikte Mehmet Yücel'in evine geldik. Evde bulunan polisler tarafından tutuklandık."[359]

"Merdivenlerin Önündeki Kaldırımda Onu Gördüm"

Abdullah Oğuzhan Müftüoğlu bu konuda şunları anlatmıştır:

"İlyas Aydın olayıyla rabıtam 1972 Şubat aylarında, Ankara'daki THKP-C operasyonları sırasında oldu. Sıkıyönetimce aranıyordum ve Mahir Çayan'la diğer (Maltepe Cezaevi'nden kaçan) arkadaşların Ankara'da saklanmalarına Ankara'daki ilişkilerimiz içinde yardım etmeye çalışıyordum. Ordu içindeki THKP-C yandaşlarına karşı yoğun bir operasyon sürdürülmeye başlanınca, Mahirler İlyas'ın kaldığı evin de basılmış olabileceğinden endişe ettiler ve çatışma ihtimalini de göze alarak onun saklandığı eve gidip, hâlâ oradaysa onu oradan çıkarmamı ve emin bir yere gitmesini sağlamamızı istediler. Bir arkadaşla birlikte (birbirimizi koruyarak) İlyas'ın kaldığı evin kapısını çaldığımızda, evin basılmamış olduğunu ama İlyas'ın oradan çıktığını öğrendik. Daha sonra Koray'la birlikte, onu barındığı yerden alarak Keçiören'de bir kısım arkadaşın barındığı Butto'nun (A. Başpınar) dükkanının mahzenine aktardık. Ulaş'ın ölümünden sonraki günlerde tamirhaneye bir gidişimde sanırım M. Alkaya ve Z. Kutlu, İlyas'ın sabah evden çıkıp geri dönmediğini söylediler. Olayı aynı gün Mahir'e aktardığımda, küplere bindi. Salih'le Alkaya'ya 'Nasıl kaçırdılarsa öyle yakalayıp getirsinler' dedi. Onun ajan olduğundan kuşkulanıyordu. Benim ne düşündüğümü sordu. Ben, İlyas'ı hiç tanımıyordum ve hiçbir düşüncem yoktu. 'Ajan ise, neden bizi (kendi hayatımızı tehlikeye atarak) onu kurtarmaya gönderdiklerini' sordum.

Ziya Yılmaz'ın yakalandığı ve Ulaş'ın vurulup öldüğü gece Çankaya'da Mahir ve Ertuğrul'la beraberdik. Oradan çıkıp Keçiören'de Butto'nun tamirhanesine gittiğimde İlyas, 'bize ne oluyor, neden böyle oluyor?' diyerek ağlamaya başlamıştı. Bu olayı da Mahir'e aktararak, 'Ajan olsa ağlar mı?' diye sordum. Ertuğrul, 'asıl ajanlar ağlar' diye öfkeyle söylendi.

İlyas'ın kaçtıktan sonra Genel Kurmay binasının önünde görülmesi olayı da yanlış bilinen bir olay. Ben Koray'ın öldürüldüğü gün, bir taksiyle Genel Kurmay binasının önünden geçerken, merdivenlerin önündeki kaldırımda onu gördüm. Üzerinde bej bir trençkot ve gözlükleriyle, sanki caddenin karşısına geçmek veya bir taksi çevirmek için bekler gibi, orada, yolun kenarında duruyordu. Beni görmesinden korkarak arkaya yaslandım ve yanından geçip gittik."[360]

O dönem, İzmir Belediyesi otobüslerinde şoför olarak çalışmakta olan Saim Akbulut, "Malatya'ya gitmeden önce İlyas Aydın'ın, evine gelerek bir hafta kaldığını, bir gece saat 21.30-22.00 sıralarında Mahir Çayan'ın gelerek, İlyas Aydın'la konuştuğunu, Mahir'in, İlyas Aydın'a, 'Sen Malatya'ya gideceksin, ben de Karadeniz'e gideceğim' dediğini, o geceyi evinde geçirdikten sonra ertesi sabah erken saatte ikisinin de evden çıkıp gittiklerini" söylemiştir.

Eski MİT mensubu Mehmet Eymür ise şunları anlatmıştır: "Yüzbaşı İlyas Aydın'ın da Kızıldere'ye geldiğini ve baskından önce oradan ayrıldığını öğrenmiştik. Sonradan Ertuğrul Kürkçü ve İlyas Aydın'ın MİT ajanı olduğu iddiaları yayılmaya başladı. Her ikisinin de MİT'le bir alakası olmadığını biliyorum. Ancak İlyas Aydın, benim için de bir şüphedir. MİT değil ama herhangi başka bir örgütün THKP-C içindeki ajanı olabilirdi."[361]

"İlyas Aydın'ı Bulduk Sorguladık"

3 Mart 1972 Cuma günü, Feyyaz Kurşuncu, "Fatsa'ya giderek Avukat Ali Kaynar'ın tavassutu ile 'Taner' takma adlı Ertan Saruhan'ı görüp,

Koray Doğan'ın gönderdiği, 'Prenses orayı biliyor, ajandır, dikkatli olun' gibi talimatları muhtevi mektubu kendisine vererek Ertan Saruhan'ın cevabi mektubunu Koray Doğan'a" getirir. "Prenses" ismiyle adlandırılan kişi Yüzbaşı İlyas Aydın'dır.[362]

Mahirler Karadeniz bölgesinde iken, İlyas Aydın Malatya'ya gitmiş ve Hayrettin Abacı'yı bularak, "Mehmet Tekin ile Süleyman Kırteke'nin nerede olduğunu" sorarak öğrenmek istemiştir. Hayrettin Abacı, İlyas Aydın'ı dışlamış ve TÖS'e göndermiştir. İlyas Aydın, TÖS'e gitmiş ve tesadüfen Süleyman Kırteke ile karşılaşmıştır. Süleyman Kırteke, İlyas Aydın'ı bir süre saklanması için Hasan Nedim Şahhüseyinoğlu'nun evine götürür. İlyas Aydın, Hasan Nedim Şahhüseyinoğlu'nun evinde kaldığı sırada Süleyman Kırteke ile İbrahim Kanlıbaş, bilgi almak için Ankara'ya gider.

Bir hafta kadar Hasan Nedim Şahhüseyinoğlu'nun evinde saklanan İlyas Aydın'nın Kürecik'in bir köyünün dışında bulunan bir ağılda saklanması uygun bulunur. Bu nedenle, bir gece, dikkati çekmemek için Güllü Şahhüseyinoğlu ile iki kişinin de içinde bulunduğu Nevzat Kaleli'nin abisinin taksisine bindirilen İlyas Aydın, kısa bir yolculuktan sonra Kürecik'e götürecek kişilere teslim edilir.

Kürecik'in bir köyünün dışında bir ağılda silahlı iki kişinin sürekli denetiminde Filistin'den getirilen habere kadar kalan İlyas Aydın, Hüseyin Karakaş tarafından Gaziantep'e götürülür.

"Çeto" ismiyle anılan Mehmet Emin Ağdaş, Mahmut Karabağ adındaki şahıslar, bu dönem Suriye sınırından kaçakçılık yapmaktadır. Zaman zaman bazı kişileri de kaçak olarak Suriye sınırından geçirmektedirler.

Mustafa Karadağ ile Ergun Aydınoğlu da, bu dönem, Filistin'den Türkiye'ye Suriye sınırından kaçak olarak gelip geri dönenler arasındadır.

İlyas Aydın, Suriye sınırından gizlice geçirilerek Teslim Töre'nin yönlendirdiği topluluğa teslim edilir.

İlyas Aydın, burada bulunduğu sıra, "Paris grubu olarak Orta Doğu'ya gelin. Burada örgütlenelim. Ve daha sonra Türkiye'ye gidip eylem koyalım" gibi öneriler bulunan bir mektup yazarak, Fransa'da bulunan Gülten Çayan'a gönderir.

Mektup Gülten Çayan'a ulaşır. Fransa'da bulunan THKP-C'liler, İlyas Aydın'ın ilişkide olduğu Orta Doğu'daki Filistinli gruba, "İlyas Aydın ajandır" diye haber gönderir.

Bu sırada Orta Doğu'daki Filistin kamplarında Türkiye'den gelmiş olan Hasan Ataol, Hasan Kırteke, Teslim Töre, Mustafa Karadağ, Ergun Aydınoğlu, Nurettin Öztürk, Sevinç Aktaş ve Hamid Yakup vardır.

İlyas Aydın'ı Filistinliler gözaltına almıştır. İlyas Aydın'ın sorgusunu daha çok Hamid Yakup yapar.

Orta Doğu'daki THKO grubu tarafından Gülten Çayan'a, "İlyas Aydın'ı bulduk, sorguladık. Ajan olduğunu itiraf etti. Konuşmalarını banda aldık" şeklinde haber gönderilir.

Gönderilen ses bandı Gülten Savaşçı ve arkadaşları tarafından dinlenir. Ses bandını dinleyenler, "Biraz sille-tokattan sonra konuşturabildikleri için, banttaki sesi çok boğuktu. Ahlıyor pofluyordu. Eziyet çektiği sesinden belli oluyordu. Ağlayan bir ses tonu vardı" demektedir.

Banttaki sorgusunda, İlyas Aydın'ın kesik kesik olarak şunları söylediği iddia edilmektedir:

"-Ben o arkadaşları çok severim. Ankara'da son dakikada kaçtılar. Yoksa Ankara'da yakalanacaktılar. Ben, buraya Hasan Ataol'u kurtarmaya geldim.

Tamam, ben, Fuat Doğu zamanında ajanlık yaptım. Bir çok kişiyi ihbar ettim. Fakat, sonra nedendir bilmiyorum kartımı elimden aldılar. Fuat Doğu şimdi Portekiz Büyükelçisi. Fuat Doğu'ya kendimi kanıtlamak ve Portekiz'e gidip kartımı yeniden almak için geldim buraya. Yaptığımdan pişman değilim.

Çişim geldi. İzin verin, tuvaletimi yapayım. Kalbim durabilir."

Zaman zaman lastik hortumla da dövülerek sorgulanan İlyas Aydın, sonunda kalbi durarak, ölür.

Sorgulayanlar, İlyas Aydın'ın cesedini götürüp Beyrut'un tünellerinden birine atar.[363]

İlyas Aydın'la ilgili belge ve dökümanlar daha sonra Hasan Ataol tarafından Gülten Çayan'a verilimiştr.

Koray Doğan Öldürülüyor

Koray Doğan ile birlikte Mahir ve Cihan'a yardım eden Hasan Ataol, bu konuda şunları anlatmıştır:

"Mahir, Ankara'ya gelmişti. Ne yapılacak, ne olacak buna karar veren Mahir ile Cihan'dı. Sonuçta onlardan bize bazı işler verilmişti. Bazı yerlerin, kişilerin istihbaratı yapılsın, imkanlar sağlansın vb. gibi. Silahları var ama yeterli değil. Onların kendilerine ait olan ve bu silahları daha önceden çatısına gizledikleri bir tiyatro varmış.

Bize, 'O tiyatronun çatısında bulunan silahları alıp, getirin' dediler. Fakat biz silahları gidip olduğu yerden alamıyoruz. Çünkü tiyatronun sahipleri değişmiş. Mahir ve Cihan sıkıştırıyor, 'Bize acil silah lazım. Ne yaparsanız yapın o silahları alın gelin' diye. Yanımda Fatih Uludere ve Namık Çetin ile tiyatronun önüne gittik. Onlar kapıda beklediler. Ben doğrudan, bilet satan genç adama gittim, açıkça,

'-Arkadaş, ben devrimciyim. Tiyatronun çatısında bize ait olan iki tane bavul var. O bavulları almam gerekli' dedim.

Bilet satan çocuk da SBF öğrencisiymiş. Durumu anladı. Namık Çetin, çatıya çıktı ve aldı. O bavulları ben Koray'a teslim edeceğim. Koray da bavuldaki silahları Cihan ve Mahir'e götürecek.

Kavaklıdere Sineması önünde, bir sokak arasında Koray Doğan ile randevulaştık. O gece Koray, koşarak geldi, iki çantayı da kaptı, gitti. Koray giderken, '-Sen hemen yan sokağa dal, git. Peşimden gelme' dedi. Ben de hiçbir şey yokmuş gibi döndüm eve geldim. Gece Ömer Ayna ile beraberdim. Koray, silahları Cihan ve Mahir'e teslim etmiş. O gece demek ki bir şeyden kuşkulanmış. Koray'ın yakalandığını telsizden öğrendik. Sonra Koray öldü. Koray öldükten sonra Feyyaz Kurşuncu ile devam ettik ilişkilere."

Koray Doğan, öldürülmeden önce son olarak nişanlısı ODTÜ öğrencisi Nervin Tan ile Abdullah Oğuzhan Müftüoğlu'nun nişanlısı Kimya Yüksek Mühendisi Pervin Tan'ın kaldığı Aşağı Ayrancı, Meneviş Sokak 31/2 numaradaki eve gider.

Bundan sonrasını Feyyaz Kurşuncu şöyle anlatmıştır:

"Koray Doğan benimle randevuya gelirken öldürüldü. O, bana, 'Gel şu sinemaya gidelim' diyerek telefon ediyordu sonra gidip Ankara'nın bir yerinde buluşuyorduk. Ben gittim. Belimde silah Meclis'in orda, Aşağı Ayrancı'da bekliyorum. Vızır vızır polis arabaları ve siviller geçiyor. Bekledim, bekledim Koray gelmedi. Ve ben sinirlendim. Koray gelmeyince eve gelerek beklemeye başladım. Oğuzhan aradı. 'Çağırıyorsunuz, gelmiyorsunuz? Niye gelmedi?' diye sordum. Oğuzhan, 'Koray vuruldu' dedi. Randevuya gelirken, arkadaşının evine uğramış. Orada karakol varmış. Karakolu görünce dönmüş, kaçmaya başlamış. Hatta ceketinden tutmuşlar. Ceketini bırakmış, kaçmış. Ardından, 'Dur vuracağız' gibi bağırmışlar. Ama durmamış. Durmayıp kaçmasının nedeni de, Ankara'da bütün evleri biliyordu. Yakalanıp, konuşmamak içindi."

Abdullah Oğuzhan Müftüoğlu da bu konuda şunları anlatmıştır:

"Koray Doğan, Mahir Çayan ve beraberindeki arkadaşların yakalanması için Ankara'da yürütülen operasyonlar sırasında vuruldu. Ankara'daki çözülme askeri kesimdeki ilişkilerden başladı. Maltepe Askeri Cezaevi'nden kaçırılma olayında yakalanan izleri takip ederek Ankara'da THKP-C'nin ordu içindeki ilişkilerine karşı operasyonlar yapılıyordu ve Mahir Çayan'la arkadaşlarına bu suretle ulaşmaya çalışıyorlardı. Gözaltına alınan subaylardan birinin Mahir'le irtibatları benim kurduğumu, benimle de Koray'ın babasının ve nişanlısının evleri basılarak karakol kurulmuş. O gece Koray Doğan'la, Hoşdere Caddesi'ndeki bir evde kaldık. Sabah Koray, Feyyaz Kurşuncu ve başka bazı arkadaşlarla buluşmak üzere dışarı çıktı. Dönmesi gecikince bir şeyler olduğunu anladım. Kaldığım eve okuldan bir arkadaşı (Tosun) geldi. Telaşla Koray'ın üzerindeki giysileri sordu. Bindiği dolmuştaki bir kadın, Koray'ın nişanlısının evinin yakınında beyaz gömlekli, kravatlı bir çocuğu, polislerin vurduğunu söylemiş. Sonradan öğrendiğime göre Koray beklediği arkadaşla buluşamayınca nişanlısı Nervin Tan'ın evine uğramış. Evin kapısını polisler açınca silahını çekerek dışarı fırlamış ve kaçmış. Arkasından ateş açarak vurmuşlar. Yaralı olarak karşıdaki inşaata sığınmış, orada yakalanmış. Yaralı halde sorgulayarak Mahirlerin ve benim yerimi öğrenmeye çalışmışlar. Akşam, Mahirlerin kaldığı eve gittiğimde onlar üzüntü içinde radyodan Koray'ın ölüm haberini dinliyorlardı."[364]

Koray Doğan'ın öldürülmesi konusunda, Ankara Emniyet Müdürlüğü'nün yaptığı açıklama şöyledir:

"Ankara Sıkıyönetim Komutanlığı'nın yazılı arama emirlerine dayanarak, Merkez Komutanlığı'nın koordinatörlüğü altında 8/9 Mart 1972 gecesi, Aşağı Ayrancı, Meneviş Sokak 31/2 numarada bir operasyona girişilmiş ve bu operasyonda ele geçirilen Ahmet oğlu 1947 doğumlu Koray Doğan ile görevliler arasında çatışma başlamış ve Koray Doğan bir mermi isabetiyle yaralanarak hastahaneye kaldırılmış, yapılan tıbbi müdahaleye rağmen kurtarılamayarak öldüğü anlaşılmıştır."[365]

Koray Doğan'ın öldürülmesinden sonra Mahir ve arkadaşlarına yardımcı olan Abdullah Oğuzhan Müftüoğlu, 10 Mart 1972 Cuma günü, Keçiören'de Selçuk İnanç'a ait evde yakalanır.

Zafer Kutlu, Gülşen Atilla'nın İncirli, Yunusemre Caddesi 138/10 No.lu evinde Nazan Alp ile birlikte saklanmaktadır.

13 Mart 1972 Pazartesi günü saat 01.00 sıralarında ev emniyet güçleri tarafından sarılır ve Zafer Kutlu'ya teslim olması söylenir. Zafer

Kutlu, teslim olmayacağını söyledikten sonra güvenlik kuvvetlerine doğru 2 el bombası fırlatır ve iki tabanca ile atışa başlar.

Nazan Alp ve Gülsen Atilla'nın teslim olmasından sonra Zafer Kutlu da çatışma sonunda yakalanır.

"Her Gün Kaçıyorduk, Ancak Başkalarını da Kaçırmayı Tasarlıyorduk"

Bu sırada, Deniz Gezmiş, Yusuf Aslan ve Hüseyin İnan'ın idam kararları Meclis'te kabul edilerek Senatoya gönderilir.

Bundan sonra neler yaptıklarını Ertuğrul Kürkçü şöyle anlatmıştır:

"Mahir Çayan, o sıra Adalet Partisi'nin yönetiminde olup olmadığını bilmediğim Şinasi Osma ve Senato İdam Komisyonu Başkanı Turhan Kapanlı'nın kaçırılmaları için çalışmamızı, böylelikle bu arkadaşların idam edilmelerini engelleyebileceğimizi söyledi. Ancak Cihan Alptekin, kendilerinde birtakım adresler bulunduğunu yabancı diplomatların evleri ile ilişkili birtakım planlar bulunduğunu, söyledi. Biz, kalacak yerimiz olmadığı halde, adamlar kaçırmaya kalkıyor, planlar yapıyorduk. Her gün kaçıyorduk, ancak, başkalarını da kaçırmayı tasarlıyorduk."

"Mahir Çayan, bizi çıkartmak üzere eve gelen Feyyaz Kurşuncu'ya Ülker Akgöl'ün telefon numarasını verdi. Ülker Akgöl ikinci defa bu eve geldiğinde, Mahir Çayan, ondan Cihan Alptekin'in kendisine verdiği bir adresi tetkik etmesini, bu evde kimlerin kaldığını öğrenmesini istedi."

"Ankara'da yapmayı tasarladığımız işin Ankara'da yapılamayacağı ya da yapılsa bile bunun ardından Ankara'da kalınamayacağı diğer arkadaşlarca da kabul edilir olmuştu. Bunun üzerine Mahir Çayan, Ertan Saruhan'ın Ankara'ya çağırılmasını ve Ertan Saruhan'ın temin edeceği bir kamyonla kaçırılması düşünülen kişilerin Ankara'dan Fatsa'ya kaçırılmasının sağlanmasını teklif etti."

"Feyyaz Kurşuncu'yu Ünye'ye ya da Fatsa'ya gönderdik. Hangisine gönderdiğimizi hatırlıyamıyorum. Ertan Saruhan'dan bir kamyon bularak alıp getirmesini istemiştik. Ertan Saruhan, bir gün kadar sonra (...) geldi. Kendisi bize bu fikrimizi açıkladığımız zaman karşı çıktı ve bütün herkesin birlikte katılacağı böylesine bir eylemin hiçbir şeye yaramayacağını, riski olduğu, kaldı ki kendisi ile birlikte gelen şoförün bu işe yanaşmasının mümkün olmadığını ancak bizi Fatsa'ya kadar götürebileceğini söyledi. Ve kendisinin düşüncesi olarak Ünye'de bulunan İngiliz teknisyenlerinin kaçırılabileceğini ve Ankara'da en doğru kararın verilebileceğini sanmadığını, birlikte bu şartlar altında ancak kendimizin Fatsa'ya götürülebileceğini anlattı. Bunun üzerine Ankara'yı temelli terk etme kararı aldık."[366]

Mahir ve Arkadaşları Ankara'dan Ayrılıyor

Mahir Çayan, Ertuğrul Kürkçü, Cihan Alptekin ve Ömer Ayna, Hasan Ataol ile Ergun Adaklı tarafından, bir otomobille, Samsun yolu üzerinde Sosyal Meskenler yakınında, Ziya Yılmaz'ın yeğeni Hasan Pekbüyük'ün kullandığı, makarna yüklü kamyonun yanına götürülerek, makarna çuvalları arasına yerleştirilir.

Gece saat 21.00 civarlarında Ankara'dan, Karadeniz bölgesine hareket eden kamyonu herhangi bir şüpheli durumda uyarmak için görevlendirilen Feyyaz Kurşuncu, bu konuda şunları anlatmıştır:

"Mahir ve arkadaşları, Karadeniz'e giderken hava kararıyordu. Biz, 'Eğer polis tertibi görürsek, size ışıkla haber verir, durdururuz' dedik. Polis tertibini gördük, döndük. Tecrübesizlik. Gelen bütün arabaların iki tane ışığı var ve aynı. Kime işaret edeceksin? Düşünemedik. Karanlıkta gelen araba tanınmaz. Kamyon ama bir sürü kamyon geçiyor. Biz, her birine ışıkla işaret ettik. Sonra o kamyona işaret edip edemediğimizi de bilemedik. Hiçbir kamyon da durmadı orada. Geri döndük ve 'acaba çatışma var mı?' diye, oradan bir daha geçtik. Polisler de bize alıştılar herhalde! Gelip gelip geçiyorlar diye. Aramadılar bile bir daha geçtiğimizde. Tanıdılar, 'geç geç' yaptılar. Çatışma veya herhangi bir şey yoktu. Geçip gitmişlerdi. Ondan sonra biz döndük."

"15 veya 16 Mart gecesi Samsun yolu üzerinde bizi bekleyen kamyona bindik. Daha önce kamyonun içerisinde makarna çuvalları arasında yer açılmıştı" diyen Ertuğrul Kürkçü, sözlerine şöyle devam etmiştir: "Bizim Ünye'ye gideceğimiz daha önceden haber alınmıştı. Böyle olduğunu daha önce fark etmemiştik. Ancak bütün olanlardan sonra bunun bilindiğini anlıyorum. Zira biz, Ankara'dan çıkarken o sıralarda aranmakta olan Ertan Saruhan, hüviyetini gösterdiği halde kontrol noktasından çabuklukla geçti. Kontrol noktasında bütün kamyonların üzerleri açılıp arandığı halde bizim gittiğimiz kamyon üzeri açılıp aranmadı. Çorum'da ağırlık kontrolundan geçtik. 400 kilo fazlası olduğu halde kamyonu açtırıp fazlalar aranmadı."[367]

Ziya Yılmaz'ın kızkardeşinin oğlu, kamyon şoförü Hasan Pekbüyük de bu konuda özetle şunları anlatmıştır:

"Ankara'dan çıkışta, Samsun'a girişte 3 defa ağırlık kontrolünden geçtim. Arabamda 300-350 kilo fazla yük olduğunu söylediler. Fakat hiçbir ceza yemedim."

"-Ankara-Samsun arasında brandası kapatılmış, urganları sarılmış kamyonların brandaları açılarak aranmıyorlar mıydı?"

"-Ben bu şekilde bir kontrola rastlamadım. Bize yalnız hüviyet sordular."[368]

Mahir ve arkadaşları, 18 Mart 1972 günü saat 16.00 sıralarında Ünye'ye varır. Mahir ile arkadaşları, Fatsa Yapraklı köyüne gider ve Mehmet Atasoy'un evine yerleşir.

"Mahir, Cihan ve Ömer Malatya'ya Gelecekti"

Hasan Ataol, bu sırada yaptığı bazı işleri şöyle anlatmıştır:

"En son onlar, Ankara'dan ayrılmadan önce Mahir'den bana, bir kese kağıdının içinde bir pusula geldi. Bana pusulayı Feyyaz Kurşuncu getirdi. Pusulada, 'Bize bir araba bul. Sen Malatya'ya git bizi bekle. Biz, daha sonra Malatya'ya geleceğiz. Bu arada, birini de Ünye'ye gönder. Saati, yeri belli. Parola var. Parolayı söylesin' denmektedir.

Ben, özel bir otomobil buldum ve onlara teslim ettim.

Hemen o gece, Sefa Asım Yıldız'ı Ünye'ye gönderdim. Ben de Malatya'ya gittim. Sefa, ertesi gün Ünye'ye gidiyor. Orada Sefa'ya,

'-Bu parola eski. Sen polis misin?' diyerek, iyi karşılamıyorlar. O da ertesi gün direkt Malatya'ya geldi.

Malatya'da iken İlyas Aydın da Malatya'da imiş. Hatta Malatya'da benim bulunduğum köylerde,

'-Bizleri kurtarmak için oralara geldiğini ve kurtarmak istediğini' söylemiş. Fakat buna hiç yanaşmadık. Onun bağlantılı olabileceği çevrelerden tamamen uzak durduk. Çünkü, o insanı iyi ya da kötü tanımıyorsun.

Kızıldere olayına kadar Mahir, Cihan ve Ömer'in kırmızı bir Reno otomobil ile kaldığım Kilise köyüne gelmesini bekledim. Arkadaşların öldürüldüğünü, onları köyde beklerken radyo haberlerinden öğrendim."

"Hayatımda İlk Defa Korkaklıkla Suçlandım "

Ankara'da barınamaz duruma gelen Mahirlerin, Karadeniz bölgesine geçmeleri üzerine, kendilerine yardımcı olanlar da artık Ankara'da barınamaz ve aranır, kaçak duruma düşer.

Bunlardan biri olan Feyyaz Kurşuncu, ne düşündüğünü ve ne yaptığını şöyle anlatmıştır:

"Bütün ilişkilerimiz Ankara'da yakalanmaya başladı. Altındağ'ın dışında evler basılmaya başlandı. Ben de kaçak duruma düştüm. Bu nedenle Ankara'dan ayrılarak gittim Mahirleri Fatsa'da buldum. Benim amacım artık bundan sonra Fatsa'da kalmaktı. Benim için artık Ankara'da her şey bitmişti. Mahirlere, Ankara'da herkes yakalandı diye bütün olanları anlattım. O sırada, beni görmek için Ankara'ya, 'Eğer Denizler idam edilirse, Ankara'da bizim grubun bazı eylemler yapması, dürbün alınması ve para ihtiyaçları olduğundan' 2 kişinin gönderildiği haberi geldi. Bunun üzerine, beni hemen onları bulmam için Ankara'ya gönderdiler. Gittim Ankara'da bunları buldum. Bunlardan birisi Harun Saruhan'dı. İzmir Caddesi'nden iki adet dürbün alarak bunlara verdim. Para almam için bana bir telefon numarası vermişlerdi. İki gün aradım o adamı bulamadım. Sonra Fatsa'ya gitmeyi düşünüyordum ki, Altındağ'da bir arkadaşın evinde 25 Mart Cumartesi günü sabahı yakalandım."

Ertuğrul Kürkçü, Karadeniz bölgesine gittikten sonrasını özetle şöyle açıklamıştır:

"Ankara'dan çıkarken Ömer Ayna'nın getirdiği bir bavul içersindeki çeşitli çapta silahlar, el bombaları ve tabancalarımız vardı. Bu eve geldiğimizin ertesi günü CHP, Deniz Gezmiş, Yusuf Aslan ve Hüseyin İnan'ın idamlarına karşı Anayasa Mahkemesi'nde dava açtı. Bu bizim için son derece elverişli bir durum yaratıyordu. Şu anlamda elverişli, belki de böyle bir eylemi hiç yapmayacaktık. Biz bu evde kalırken Sinan Kazım, Hüdai, Saffet ve onlardan önce oraya giden Sabahattin Kurt başka bir evde kalıyorlardı. Ancak kimin evi olduğunu bilmiyorum. Bizimle onlar arasında Ahmet Atasoy vasıta oluyordu. Biz, bu evdeyken doğan yeni durumu arkadaşlarla uzun boylu tartıştık. Şimdi yapacağım açıklama kendimle yakından ilişkili olmayabilir. Sorumluluklarımı değiştirmeyebilir. Ancak ben, gerçek düşüncem ne ise ve neden bu eyleme katıldıysam bunu açıklamalıyım ve bilinmeyen ve bu nedenle de açıklanmayan bazı şeyler (...) herkes tarafından bilinmeli.

Bu eylem yapıldığı takdirde Ankara'da ve İstanbul'da olanların Fatsa'da ve Ünye'de de tekrarlanacağı kaçınılmaz bir biçimde bizim arkamızdan birçok insanın tutuklanacağını, bizimle ilişkili olsun olmasın pek çok kişinin bu olayın içine karışmış kabul edileceğini açıkladım. Ancak Fatsa'da kaldığımız evin dışında kalacak hiçbir ev yoktu. Bu işi, Fatsa'da yapıp bitirebilmek de mümkün değildi. Bu iş yapıldığı zaman Anayasa

Mahkemesi'nde dava açmış olan CHP'yi de kaçınılmaz bir biçimde bağlayacağımızı belirttim. Ancak o zaman, dün başka arkadaşlara çevirdiğimiz silah bu sefer bize döndürüldü ve hayatımda ilk defa korkaklıkla suçlandım. Bu bir.

İkincisi, bu eylemin ardından ben, öyle yorumluyorum ki, (...) üst üste gelen bütün bu eylemlerin ardından Deniz Gezmiş, Yusuf Aslan ve Hüseyin İnan'ın idam edilmesi için gereken her türlü subjektif şart hazırlanmıştır ve aslında kurtarılması düşünülen ve öyle olduğu kabul edilen bu arkadaşlar, bütün bu olayların da etkisiyle çabucak idam edilmişlerdir.

Ancak Deniz Gezmiş, Yusuf Aslan ve Hüseyin İnan'ın bu konudaki fikirlerinin de (...) bilinmesi gerek. Ben Hüseyin İnan'dan Mamak Askeri Cezaevi'nden hangi yolla çıkarıldığını bilmediğim iki not aldım. Bunlar İngilizce olarak yazıldığı için bana okumam için getirildi. Bir tanesini Mahir Çayan, Cihan Alptekin ve Ömer Ayna, Ankara'ya gelmezden önce aldım. Bir tanesini Cihan Alptekin Ankara'da iken birlikte okuduk.

Aralık ayında gelen ilk mektupta, Hüseyin İnan, yirmidört aralıkta yapılan Noel eğlencelerine müdahale edilerek, orada bulunan sayıca kabarık diplomatların rehin alınmasını ve kendilerinin de oraya çağırılmalarını, bundan sonrasını orada düşüneceklerini yazıyordu. Ve kendi arkadaşlarını siyasi bir güç haline gelemedikleri için eleştiriyordu. Ancak o sıralar daha henüz bu arkadaşların idamları Meclis'e gelmemiş, kaldı ki kendileri için idam edilme tehlikesi oldukça uzaktaydı.

İkinci defa, Cihan Alptekin Ankara'da iken Cihan Alptekin'e gönderilen notu birlikte okuduk. Hüseyin İnan, bunda, artık kendilerinin gitmiş olduklarını ve ölümle yüz yüze olduklarını, ne yapılacaksa bir an önce yapılmasını istiyordu."

"Bu durumda iki alternatif vardı. Ya bu arkadaşlarla birlikte gidecek ya da onlardan ayrılacaktık. Ancak ikincisini yapabilmek benim için mümkün değildi. Ve ben katılmadığım takdirde bu eylemin yapılabilmesi, İngilizlerin bir konuşma ile aldanabilmesi ve evlerine girilebilmesi, bu işin sessizce olabilmesi mümkün değildi.

Bütün bu üst üste gelen ve aslında tamamen subjektif olan bu yargılarla bu eyleme katıldım. Bu eylemin içindeki bütün sorumluluklarım açıktır. Tamamen kendi irademle davrandım. Ve ne yaptığımı bilerek yaptım."[369]

"O Sıralar Ne Yapacağını Sadece Mahir Biliyordu"

"O sıralar ne yapacağını sadece Mahir biliyor ve her şeyi o belirliyordu. Her olayda herkesin onayını alıyordu. Bu konularda çok yetkin ve kararlı bir insandı. Bu nedenle Mahir'i kimse ezip geçemiyordu" diyen İsmet Öztürk, sözlerine şöyle devam etmiştir: "Mahir, Karadeniz'e geçmek için Ankara'ya geçmedi. Mahir, İstanbul'da böyle bir eylem yapma baskısından kurtulmak için Ankara'ya geçti. Daha dikkatli davranılmasını istiyor. Rahat düşünelim meselesi vardı. Fakat Ankara, durulacak durumda değildi. Öyle bir hale gelindi ki, bir yerden çıkıyorsun hemen arkandan polis basıyor evi. Yani duracak, kalacak bir yer kalmadı. Karadeniz'e geçmek mecburiyeti doğdu. Mahir'le 'İkinci Yarma' denilen yerde, iki kere buluşarak görüştük. Biz yapılacak eyleme katılmak istiyoruz ama Mahir,

-Silahlandıramayacağımız insanları götürmek cinayettir. Ayrıca sengeride kalacaksın. İstanbul'la ilişkimizi sen sağlıyacaksın, diyerek, bir taraftan ikna etmeye çalışırken, diğer taraftan,

-Ziya'yı asacaklar. Onu önlememiz lazım, diyerek, eylemin yapılmasına karşı çıkmamamız için duygusal sözler söylüyordu."

"Bu Sadece Başlangıç ve İlk İhtardır"

Tarih: 25 Mart 1972, günlerden: Cumartesi, saat: 18.00.

· Avukat Şener Şadi, özel otomobiliyle yanında Avni Kayacı ile birlikte, İkinci Yarma denilen yere gider. Şener Şadi, burada bekleyen Mahir Çayan, Ertuğrul Kürkçü, ve Ertan Saruhan'ı otomobiline alarak Ünye'ye götürür.

Mahir, ikinci kez, İngilizler'in kaldığı apartman ve cıvarını gözden geçirdikten sonra Şener Şadi'nin otomobiliyle tekrar İkinci Yarma denilen yere gelir.

Mahir, Şener Şadi'den Ali Kaynar'ın yazıhane anahtarının alınarak, getirilmesini ister. Şener Şadi, Ali Kaynar'ı Fatsa'da bulup geri dönerken yolda, "Bu bir devrim prestijidir. Bu kaçırma işinin muhakkak olması lazımdır" der.

Ali Kaynar'ın yazıhanesine götürülen Mahir Çayan, Ertuğrul Kürkçü, Cihan Alptekin ve Hüdai Arıkan, o gece İngilizler'i enterne etmeye teşebbüs eder, fakat yoldan bazı kişilerin geçmeleri ve olayı görmeleri üzerine eylemin tehlikeye gireceğini düşünerek tekrar yazıhaneye girer, daha sonra da Ali Kaynar'ın evine gider.

Avni Kayacı, 25 Mart gecesi, Fikri Sönmez de 26 Mart gününün ilk saatlerinde gözaltına alınır.

Tarih: 26 Mart 1972, günlerden: Pazar, saat: 08.30.

Turan Külünk, Avukat Ali Kaynar'a, "Fatsa'da Fikri Sönmez ile Avni Kayacı'nın yakalandıklarını, diğer bazı şahısların evlerinde aramalar yapıldığını", söyler.

Ali Kaynar, bu bilgileri Mahir ve arkadaşlarına ilettikten sonra Şener Şadi'nin otomobilinin anahtarını istediğini söyler.

Mahir Çayan ile arkadaşları, daha önce hazırladıkları ve daktilo ettikleri, "Türkiye Cumhuriyeti Cumhurbaşkanlığı, Parlamentosu ve Hükümetine" başlığını taşıyan 25 Mart 1972 tarihli bildiriyi, İngilizler'in kaçırılmasından sonra Cumhurbaşkanı, Parlamento ve hükümete göndermesi için Ali Kaynar'a verir.

Bildiri özet olarak şöyledir:

"1972'nin Türkiye'sinde tek bir yurtseverin, öncü savaşçısının oligarşinin ipiyle hayatına son verilmek istenirse, bu İngiliz ajanları da halkın devrimci öncülerinin, yani bizlerin kurşunlarıyla yok olacaklardır.

Dünya halklarının baş düşmanı Anglo-Amerikan Emperyalizminin askeri örgütü olan NATO'da görevli bu İngiliz ajanlarının hayatlarına karşılık şartlarımız açıktır.

1. İnfazlar derhal duracak.

2. Hiçbir yurtsever ve devrimci asılmayacaktır.

3. En çok 48 (kırksekiz) saat içerisinde bu konuda Türkiye radyolarından infazların durdurulduğu hakkında yayın yapılması şarttır.

Bu şartlar yerine getirilmediği takdirde, kesin olarak bu İngiliz ajanları kurşuna dizilecektir.

Bu oligarşinin zulmüne, hainliğine, gaddarlığına, kan emiciliğine karşı bizlerin ilk ihtarıdır.

İnfazlar yerine getirilirse şu iyi bilinsin ki, ihtilalci misilleme sadece bu NATO ajanlarının yok edilmesiyle bitmeyecektir. Bu sadece başlangıç ve ilk ihtardır."[370]

O zamanın Ordu Valisi olan Musa Eran, 25 Mart Cumartesi günü, yaşadığı bazı gelişmeleri ve olayları şöyle anlatmıştır:

"O günlerde bana Çorum'dan telefon edildi. Günlerden Cumartesi idi. Telefon eden Ankara Merkez Komutanı Tevfik Türüng idi. Bana şunları söyledi: Fatsa'da hükümet konağı açık bulunsun, öncülerimiz bir saat kadar sonra orda olacaktır, biz de gece oraya varacağız. Lütfen Kaymakam'a söyleyin bizi beklesin. Sebebini sorduğumuz zaman, bunu telefonda söyleyemem, dedi. Tabii bu tutumu biraz yadırgadım. Gece emniyetten ve jandarmadan bazı arkadaşlaıı aldım, 24.00'e doğru Fatsa'ya gittim. Kaymakam zaten bekliyordu. Henüz kimse gelmemişti. Biraz sonra iki pikapla emniyet ve MİT mensupları olduğunu sandığım bir grup geldi. Yanlarında da Ankara'da yakalandığı söylenen bir üniversite öğrencisi (Feyyaz Kurşuncu) vardı. O, sorgusunda bazı ipuçları vermiş Fatsa ve çevresi ile ilgili olarak. Bu genç Fatsa'yı hiç görmemişti ama elinde bir kroki vardı. Yani yakalandığı zaman üzerinden bir kroki çıkmış. Kendisine krokiyi izlemesi söylenmiş. Aradığı bir kaportacı dükkanıydı. Ama kroki izlendiğinde kaportacı dükkanı değil bir terzi dükkanı çıkıyordu. Bunu, krokiye bakan bir mahalli komiser hemen anladı. Terzi Fikri daha önce Fatsa'ya gelen Mahir Çayan ve arkadaşlarının nerede olduğunu bu gence gösterecekmiş. Biz gerçi Mahir Çayan ve arkadaşlarının Ordu çevresinde olduğunu bilmiyorduk, ama General Türüng bize telefon ettiği zaman Çayan ve arkadaşlarının buralarda olduğu inancı kuvvetliydi. Mahir Çayan'ın bizim bölgede olduğunu ilk kez Fatsa'ya gelen öncü kuvvetlerden Kaymakam'ın odasında öğrendim. Sanırım onlar yakalayıp Fatsa'ya getirdikleri gençten öğrenmişlerdi. Onlar da 24 saat önce durumu öğrenebilmişler. Onu da çocuğun üzerinden çıkan kroki nedeniyle anlamışlar. General Tevfik Türüng, Fatsa'ya gelince biz kendisi ile biraz tartıştık, bize haber vermedikleri için. O da; 'sizin kuvvetleriniz teröristlerle uğraşmaya yetmez. Sizde bir tane bomba bile yok, ama bu kaçaklarda bomba var, bunların ellerindeki silah ve bombalar bir alay kuvvetindedir, ellerinde en az 20 bomba vardır' dedi. Ben de, bunlarla başa çıkamasak bile hiç olmazsa siz gelinceye kadar gözaltında bulundurabilirdik, Terzi Fikri'yi gözaltında tutabilirdik, gelip gidenleri tespit edebilirdik, şu anda Fatsa'da değillerse nereye gittiklerini araştırırdık. Ama, nedense bu olay bize bildirilmedi. Oysa şifreli de olsa bize bilgi verilebilirdi. Daha sonra başta Terzi Fikri'nin dükkanı ve evi olmak üzere bazı yerler arandı ve bazı kişiler gözaltına alındı. Terzi Fikri ve Avni Kayacı, Ankara'ya götürüldü."[371]

Mahir Çayan, Cihan Alptekin, Ertuğrul Kürkçü ve karacı subay elbisesi giymiş bulunan Hüdai Arıkan, Ünye Hükümet binası bitişiğindeki, Kılıç Apartmanı'nda Avukat Ali Kaynar'ın bürosunun üst katında kalmakta olan ve Ünye Radar Üssü'nde görevli bulunan üç İngiliz'i, 26 Mart 1972 Pazar günü, saat 19.00'da kaçırır.

Mahir, Cihan ve Ertuğrul Kürkçü, kaçırdıkları üç İngiliz'le birlikte, 28 Mart 1972 Salı günü gecesi, gidebilecek başka bir yerleri olmadığı için birkaç gün önce Saffet Alp, Sabahattin Kurt, Ömer Ayna ve Sinan Kazım Özüdoğru'nun gittikleri Kızıldere köyü muhtarı Emrullah Aslan'ın evine gider.

Muhtar Emrullah Aslan, evine gelenlerin kalabalıklığını görünce üç kişinin de rehine olduğunu öğrenince Mahir ve arkadaşlarına, "Başka bir yere gidin. Sizi burada bulurlar" diyerek, ikna etmeye çalışır.

Mahir, "Tamam gideriz" der, ama yeni bir yer bulmaya fırsatları kalmamıştır.

"Bütün Vatandaşlarca Önemli Bir Vazife Karşısındayız. Böyle Bir Cinayete Mutlaka Mani Olmalıyız"

Üç İngiliz teknisyeninin kaçırılma olayı hakkında, Ankara'da, Çankaya Köşkü'nde Cumhurbaşkanı Cevdet Sunay'ın başkanlığında toplantı halinde bulunan Milli Güvenlik Kurulu'na var olan bütün bilgiler derhal aktarılır.

CHP Genel Başkanı İsmet İnönü, olayı çok ağır bir dille kınayarak, İngilizlerin öldürülmelerinin, "adi bir cinayet" olacağını söyler ve sözlerine şöyle devam eder:

"Kaçıranların bıraktıkları mektuptan, mahkemelerde hüküm giyen ve kaderleri türlü yönden tahkikat içinde bulunan üç mahkumun kurtarılması için rehine alındığını ve eğer mahkeme hükümleri infaz olursa, onların canlarının tehlikeye düşeceğini bildirmiş olduklarını öğrendik.

Türkiye'de mahkemelerin tehdit altında hüküm vereceklerini veya tehdit altında mahkeme hükümlerinden kurtulmak mümkün olacağını zannetmek hiçbir sonucu olmayan meyüsane bir teşebbüstür. Aklı başında insanların bu kanunsuz kaçırmadan bir netice umması düşünülemez.

Bütün vatandaşlarca önemli bir vazife karşısındayız. Böyle bir cinayete mutlaka mani olmalıyız.

İlk önce şehirlisi, köylüsü bütün Ordu ili, yakın iller, bütün memleket bunların peşine düşmelidir. Mutlaka bilen vardır. Barındıkları ve gittikleri yer, şehirli ve köylü halkımızın çevresindedir. Resmi vazifelilerin yardımcısı olarak halkımızın her ferdinin bir vatan savunması yapar gibi, teması olanlar kaçıranları uyarmalı, temasları olmayanlar her yerde takip etmeli, mutlaka izlerini bulmalıdır.

Kaçırılanların canlarını kurtarmak çok değerli bir ödevdir. Ama kaçırılanların canları gibi önemli olan, milyonlarca Türk çocuklarının maruz kalacağı zararları ve tehlikeleri, celbedecekleri engin düşmanlıkları önlemektir."

İngiliz hükümeti, üç İngiliz teknisyeninin hayatını kurtarmak için Türk hükümetinin eylemcilere taviz vermemesini ister.

Ankara Sıkıyönetim ve İkinci Ordu Komutanı Orgeneral Semih Sancar tarafından yayınlanan bildiride, can ve mal güvenlikleri Türk milletine emanet edilmiş bulunan İngilizler'in yakalanmasına yardımcı olacak yurttaşlara yüz bin liraya kadar mükafat verileceği de kaydedilir.

Ankara, İstanbul, İzmir Sıkıyönetim Komutanlıkları ile diğer illerin Sıkıyönetim Komutanlıklarına ve bütün güvenlik teşkilatına durum bildirilerek, gereken bütün güvenlik önlemleri çok kısa süre içinde alınır.

Olay, Ankara'ya intikal eder etmez, Emniyet Genel Müdürlüğü'nde bütün polis şefleri toplanır ve var olan bilgilerin anında değerlendirilmesi yapılır. Emniyet Genel Müdürü Orhan Erbuğ'un başkanlığındaki toplantı geç vakitlere kadar devam eder.

Kaçırılan İngilizler'i bulmak ve yapanları yakalamak için bütün çalışmalar hızla tamamlanır ve Türkiye çapında bir operasyonun hazırlıklarına girişilir.

İçişleri Bakanı Ferit Kubat, Jandarma Genel Komutanlığı'nda görevli Tuğgeneral Vehbi Parlar ile Ankara Merkez Komutanı Tümgeneral Tevfik Türüng de Ünye'ye gider. Gece, Bölge Jandarma Komutanlarıyla ve MİT yetkilileriyle yaptıkları brifingden sonra, bölgede çok sıkı güvenlik önlemleri alınır ve yıldırım baskınlar yapılır.

Üç İngiliz'i kaçıranlar, bütün Karadeniz bölgesinde, havadan ve karadan, mağaralara varıncaya kadar her yerde Ankara, Tokat, Nevşehir, Amasya'dan gelen güvenlik kuvvetleri ile komandolar tarafından didik didik aranmaya başlanır.

Üç İngiliz'in kaçırılmasında kullanılan Landrover, Tokat'a dört kilometre mesafede Bağlar mevkiinde boş olarak bulunur.

Avukat Ali Kaynar, Avukat Şener Şadi, kuyumcu Turan Külünk, Terzi Fikri Sönmez, kalfası Avni Kayacı, Abdullah Yılmaz ve Hasan Yılmaz ilk gözaltına alınanlar arasındadır. Daha sonra gözaltına alınanlarla birlikte bu sayı 27 Mart 1972 Pazartesi günü 33'e yükselir.

Ünye karakolunda görevli bir polis ile bekçi, 28 Mart 1972 Salı günü, saat 16.00 civarında, Cumhuriyet Meydanı'nda, üzerinde, "Bulan vatandaş Emniyet Müdürlüğü'ne versin" yazılı ve kaçırma olayı ile ilgili bilgileri kapsıyan bir mektup bulur.

Ünye Kaymakamı Kemal Eren, olayı doğrular ve şu açıklamayı yapar:

"Mektupta halen gözaltında bulunan birisinin, bize kaçırılma olayı ile ilgili geniş bilgiler verebileceği yazılı."

Teslim Olmaları İhtar Edilir

Gözaltına alınanlardan Yüncü Hasan diye bilinen, "Hasan Yılmaz 29 Mart 1972 Çarşamba günü gecesi saat 23.00 sıralarında güvenlik kuvvetleriyle birlikte Kızıldere köyüne getirilmiş, adı geçenin oyalayıcı durumu karşısında Tokat İl Jandarma Alay Komutanı Kadri Dönmez, 30 Mart 1972 günü saat 05.00 sıralarında J. Tğm. Mustafa İlerisoy ile J. Astb. Bşçvş. İsmail Hakkı Topaloğlu'nu Kızıldere köyü muhtarı Emrullah Aslan'ı çağırmaya göndermiştir. Bu iki görevlinin eve doğru yaklaştığını gören nöbetçi eylemci, durumu arkadaşlarına ve muhtara bildirmiş; eylemcilerce Emrullah Aslan, görevlilerin gelişlerinin gerçek sebebini öğrenmek ve zaman kazanmak amacıyla onları dışarıda karşılaması için gönderilmiş, ancak durumun vehamet arzettiğini, köyün güvenlik kuvvetlerince sarıldığını öğrenen muhtar Emrullah Aslan, kendisini sorumluluktan beri kılmak için daha önce hazırladığı bir mektubu görevlilere vererek anarşistlerin ve kaçırılan üç İngiliz'in evinde bulunduğunu beyan etmiştir. Emrullah Aslan'ın güvenlik kuvvetlerince gözaltına alınmasını müteakip evdeki ailesi mensubu da dışarı çıkmıştır.

Durumun J. Tğm. Mustafa İlerisoy ve J. Astsb. Bşçvş. İsmail Hakkı Topaloğlu tarafından J. Alb. Kadri Dönmez'e bildirilmesi üzerine komando taburunca köy çevrilmiş, anarşistlerle üç İngiliz'in bulunduğu ev civarı da görevli kılınan timlerce abluka altına alınmıştır."[372]

30 Mart 1972 Perşembe günü sabahı, "Kızıldere köyüne gelen Harekat Komutanı J. Alb. Sezai Durukan, daha önce harekatı yürütmeye tevkil ettiği J. Alb. Kadri Dönmez'den komutayı almış, öncelikle ev yakınına kadar emniyet müfrezelerini ve dinleme postalarını görevlendirdikten sonra Mahir Çayan ve arkadaşlarına megafonla, teslim olmalarını, kendilerine hiçbir kötü muamelenin yapılmayacağını, adalete teslim edileceklerini, İngilizler'in Türkiye'de misafir bulunduklarını, onların öldürülmemesini, bu İngilizler'in öldürülmesinin Türk milletini güç durumda bırakacağını, İngilizler'i göstermelerini, bir çok kere ihtar ve ikaz ettirmiştir."[373]

Atatürk Çanakkale'de Yüzlerce İngiliz'i Öldürdü. Ülkemizin Bağımsızlığı İçin Bir Avuç İngiliz'i Öldürmekten Geri Durmayacağız

Ev sarıldıktan hemen sonra neler olduğunu Ertuğrul Kürkçü, şöyle anlatmıştır:

"30. 3. 1972 Perşembe günü sabahı tahminen saat 05.30 sıralarında iki jandarma erinin bizim barındığımız muhtarın evine doğru yaya olarak geldiklerini şimdi kim olduğunu hatırlamamakla beraber nöbette bulunan arkadaşlarımızdan birinin (Sabahattin Kurt) bildirmesi üzerine uyandım. Hazır yeri gelmişken söyleyeyim, biz muhtarın evinde kaldığımız süre içinde ikişer arkadaş hava karardıktan sonra ikişer saat süreyle nöbet beklemekte idik. Bu sese muhtar da uyandı. Muhtar, odasından çıkıp yanımıza geldi. Bütün arkadaşlar uyanmıştık. Muhtar bize kapıya çıkıp, gelen jandarmalarla konuşacağını ve ne için geldiklerini öğreneceğini söyledi. Yanımızdan ayrılıp, kapıyı açtı. Ve evden dışarı uzaklaşıp gitti. Bundan sonra da bir daha eve dönmedi. Pencereden dışarıya baktığımızda komando erleri olduğunu anladığımız askeri kuvvetlerin sürünerek, bizim eve doğru yaklaştıklarını ve bazı yerlerde mevzilenip köyü de sardıklarını gördük. Olayın heyecanı nedeniyle şimdi isimlerini hatırlayamadığım 4-5 arkadaşımızla beraber evin çatısına çıktık. Dam kiremitlerini çıkarmak suretiyle delik açtık. Muhtar Emrullah Aslan, evden uzaklaşırken karısını, gelinini ve kızını yanına alıp, gitmiş. Bu sırada dışarıdan, 'Alçaklar, çocukların arkasına saklanıyorlar' diye bir ses duyunca evde kimse olup olmadığını araştırmak aklımıza geldi. Mutfak kısmında ikisi torunu ve biri de erkek çocuğu olan üç küçük çocuğu gördük. Kapıyı açıp, üç çocuğu bıraktık.

Çatıdan dışarı baktığımızda tamamen sarıldığımızı gördük. Bir süre sonra da, bizden kayıtsız şartsız teslim olmamızı megafonla ihtar ettiler. Buna cevaben, 'İngilizler'in elimizde olduğunu, teslim olmayacağımızı, şartlarımız kabul edilmedikçe çarpışacağımızı ve İngilizler'in de bu arada öleceğini' bağırarak söyledik. Daha sonra çatıdaki kiremitleri açtık. Etrafı daha iyi görebilecek hale getirdik. O zamana kadar ellerini ve ayaklarını bağlamadığımız Direktör Charles Turner ve Gordon Bunner adlı İngilizle John Low adlı Kanadalı'yı kaçmalarını önlemek amacıyla bağladık ve üçünü kurşun isabeti almayacak emin bir yere götürdük. Dışarıdakiler, megafonla İngilizler'in evde olduğuna inanmadıklarını söylediler. Bunun üzerine biz de İngilizler'in üçünü birlikte ilk önce pencereden dışarıdakilere gösterdik ve bunlar İngilizce olarak, 'ateş etmeyin, ateş edilirse bizi öldürecekler, kurtarılmamız için şartlarını kabul edin' diye konuştular. Buna cevaben bizlere hakaretamiz laflar edildi. Biz de bunlara aynen cevap verdik. Bu sıralarda sabah saat yedi civarındaydı"[374]

Kızıldere operasyonuna katılanlardan Kemal Düşünceli, bu konuda şunları anlatmıştır: "Biz ellerindeki yabancıları öldürmeyip bize teslim etmelerini istiyorduk sürekli. Mahir Çayan içeriden bağırdı, 'Atatürk Çanakkale'de yüzlerce İngiliz'i öldürdü. Ülkemizin bağımsızlığı için bir avuç İngiliz'i öldürmekten geri durmayacağız. Bu arada marşlar söylüyorlar. Slogan atıyorlardı. Söyledikleri marşlardan biri Mülkiye Marşı'ydı."[375]

"Biz Buraya Dönmeye Değil Ölmeye Geldik"

MİT mensubu Mehmet Eymür, yaşadığı ve gördüğü olayları şöyle anlatmıştır:

"Mahir Çayan ve Ömer Ayna'nın pencereden dışarı baktıklarını gördük. Askerler megafonla teröristlere çağrıda bulunarak etraflarının sarıldığını ve teslim olmalarını söylediler. Mahir Çayan cevaben 'Bütün Dünyanın ve Türkiye'nin gözünün şu anda orada bulunduğunu, yaklaşıldığı veya ateş açıldığı takdirde ellerinde bulunan 3 İngiliz rehineyi derhal öldüreceklerini, ölmeye ve öldürmeye kararlı olduklarını, sonuna kadar çarpışacaklarını' bildirdi.

Teröristler İngiliz rehineleri tek tek pencereye getirmeye başlamışlardı. Rehineler, çaresiz bir şekilde isimlerini söyledikten sonra İngilizce olarak herhangi bir harekette bulunulmamasını, aksi takdirde öldürüleceklerini söylüyorlardı.

Çayan ve arkadaşları marşlar söylemeye ve zaman zaman askerlere laf atmaya başladılar. Bizi sivil pantolonlarımızdan tanımışlar, 'Sam Amcanın adamları', 'Faşist MİT'çiler' gibi sözlerle bizleri kızdırmaya çalışıyorlardı."

Mahir, karşılıklı laf atışmaları sırasında, attığı laflar arasında, "İlyas'ınızı getirin" diye bağırır.

Eymür, anlatımına şöyle devam etmektedir:

"Aramızda 150-200 metre kadar mesafe vardı. Biz de onlara cevap veriyorduk. Erlere ise dokunaklı laflarla tesir etmeye çalışıyor, faşist subayların emriyle hareket etmemelerini telkin ediyorlardı.

Bekleme devresi başlamıştı. Muhtarın evine yakın bir evdeydik. Bulunduğumuz evden onları görüyor ve zaman zaman camdan karşılıklı atışmaya devam ediyorduk. Bize MİT'çiler diye seslenip isimlerimizi ve benzeri şeyleri soruyorlardı. İçlerinde en çok konuşan ve en çok hakaretamiz laflar sarfeden Ertuğrul Kürkçü idi.

Bu arada çatıda yer yer kiremitleri kaldırarak kendilerine mazgal delikleri ve gözetleme yerleri açtılar. Bir çarpışma için gerekli hazırlıkları yapıyorlardı. Bir ara evden çıkan dumanlardan bazı şeyleri yaktıklarını anladık.

Bir süre sonra 'Faşist Yönetimin Temsilcisi muhtarı ve ailesini serbest bırakıyoruz' diyerek muhtarı ve ailesini serbest bıraktılar. Faşist muhtar ilk önce kendilerine yardımcı olmuş evinde barındırmış, sonra askeri görüp sıkışınca ihbarda bulunup kendini kurtarmak istemişti. Bundan Çayanların hiçbir zaman haberi olmadı.

Kendilerine tesir etmeye gayret ettik, teslim olmalarını iknaya çalıştık, ailelerini getireceğimizi ve kendileri ile konuşturacağımızı söyledik. Sibel Erkan olayını anımsatarak devletin gücünün her zaman daha fazla olduğunu, neticenin her ne olursa olsun aleyhlerinde olacağını belirttik.

Sonradan öğrendiğimize göre bu telkinlerimiz aralarında ihtilaf çıkmasına sebep olmuş. Bir kısmı teslim olmaya yanaşmışlar. Ancak Mahir Çayan duruma hakim olarak teslim olmayı düşüneni vuracağını söylemiş.

Çayan ve arkadaşları morallerini yüksek tutmak için marşlar söylemeye devam ettiler. Bir müddet sonra helikopterler gelmeye ve evin arka tarafındaki yamacın arkasına inmeye başladı. Biz de evden çıkıp tepeye gittik."[376]

Sataşmaların neler olduğunu ve bundan sonra neler yaptıklarını Ertuğrul Kürkçü şöyle açıklamıştır:

"'Görüşmek istiyoruz' dediler. Mahir, 'sen çık. Konuş onlarla' dedi. Ben de çıktım konuşmak için. Arkamda Mahir vardı. Cihan'la Saffet vardı. Herkes büzülmüş, kiremit deliklerinden bakıyor. Şimdi iyi hatırlamıyorum, böyle küçültücü bir laf geldi; 'Mahir, sen şehir gerillasını berbat ettin. Kır gerillasını da ediyorsun. Kır gerillası böyle mi yapılır? Şu hale bak. O kiremitlerin arasından öyle tavuklar gibi konuşmak sana yakışmıyor' filan gibi bir şey."

"Arkadaşlar bu arada toplandık ve şartlarımız kabul edilmediği takdirde ölmek var, dönmek yok diye karar verdik. Ayrıca ateş açıldığı takdirde İngilizler'in de vurulmasını da kararlaştırdık. Ancak, İngilizler'i kimin vuracağı hususunda bir mütabakata varmadık. Esasen, şartlarımızın da bir kısmının da olsa kabul edileceğine inanıyorduk ve ateş açıldığı ana kadar İngilizler'i vurma ihtimali bizce yüzde bir nisbetinde idi. Silahlarımızı elimize aldık ve bir yaylım ateşi açıldığı takdirde korunabilmek için de toprak zemini delerek ahıra inebilecek şekilde bir delik açtık. Pencereleri ve kapıları evde bulunan yatak, yorgan ve yastıklarla kurşun geçmeyecek şekilde takviye ettik. Evdeki yiyecek miktarını ve suyu kontrol ettik. Bize uzun süre yetebileceğini gördük. Ünye'de İngilizler'den aldığımız dolar ve sterlinlerle bizim yanımızda bulunan ve yaklaşık 25 bin lira civarında bulunan Türk parası ile birlikte getirdiğimiz İngilizler'in hüviyetlerini odanın ortasına getirip yaktık. Bu arada da parti ve cephe çalışmalarıyla ilgili birkaç teorik not da birlikte yakıldı (...) Saat 10.00 sıralarında marş söylemeye başladık. Bu marş şöyleydi:

Gün doğdu, hep uyandık
Siperlere dayandık
Bağımsızlık uğruna
Al kanlara boyandık
İşçi, köylü, gençlik, asker
Devrim için ölürüz
Sinan, Hüseyin, İbrahim
Devrim için öldüler

şeklinde idi. Ayrıca Karayılan türküsünü de hep birlikte söyledik. Yaşasın Türkiye Halk Kurtuluş Partisi, Yaşasın Türkiye Halk Kurtuluş Ordusu, Yaşasın Türkiye Halk Kurtuluş Cephesi diye de tezahüratta bulunduk. Bu şekilde karşılıklı laf atışmalarıyla saatler ilerledi."[377]

"Saat 12.00 sıralarında güvenlik kuvvetlerince megafonla eylemcilere hitaben: 'İçinizde hiçbir eyleme katılmamış şahıslar var, teslim olmak onların menfaatleri icabıdır. Adalete teslim olun ve İngilizler'i öldürmeyin' şeklinde ihtarda" bulunulur.[378]

Helikopterle Kızıldere köyüne giden ve olaylara tanık olan İçişleri Bakanı Ferit Kubat, Meclis'te bu konuda şu açıklamayı yapar:

"Devamlı ihtar ve tekliflerimiz küfür ve ateşle şöylece karşılanmıştır: 'Biz buraya dönmeye değil, ölmeye geldik.' Bu sözlerden ölmeye ve öldürmeye kararlı oldukları, çevreleri sarılı olduğundan ümitlerini kaybettikleri ve ecnebilere kıyma teşebbüsünde oldukları tarafımızdan anlaşılmıştır."[379]

"Teslim Olmak İsteyen Varsa Teslim Olsun"

Ertuğrul Kürkçü, bundan sonra gelişen olayları şöyle anlatmıştır:

"Öğlenleyin yeniden teslim olmamız çağrısı yapıldı. O sırada Mahir Çayan, arkadaşları bir araya toplayarak,

'-Bu olayın Sibel Erkan olayının üst seviyedeki bir tekrarı olduğunu, Hüseyin Cevahir'in Maltepe'deki çatışma sırasında teslim olmak gibi bir eğilimi olduğunu ancak bunun her türlü yiğitliğe rağmen bir zayıflık olarak kabul edilebileceğini, bu nedenle teslim olmamanın doğru olduğunu, buna karşılık yine de teslim olmak isteyen varsa teslim olmasını' bildirdi.

Şüphesiz bugün hayatta bulunmayan arkadaşlar da akıllarından teslim olmak düşüncesini geçirmişlerdir. Ancak bunu hiçbir zaman açıklamadılar. Bundan sonra da hiç kimse teslim olmak ve İngilizler'i sağ teslim etmek fikrini ileri sürmedi. Hakim olan düşünce, ateş açıldığı takdirde İngilizler'i vurmak ve sonra da çarpışmak. Saat 12.00 sıralarında İngilizler'in hayatından endişe edildiğini ve bunların, karşı tarafa gösterilmesini istediler. Daha sonra da bunu tartıştık. Biz kendimiz istediğimiz zaman gösteririz şeklinde konuşulduğundan o çağrıdan sonra göstermedik. Dışarıdan bize teslim olmamız halinde herhangi bir şey yapılmayacağı şeklinde çağrılar yapılıyordu. Ancak biz teslim olmayacağız diye bağırarak karşılık verdik. Verilen karşılık da o halde öleceksiniz oldu.

Saat 13.00 sıralarında radyodan kuşatıldığımız yerle ilgili haberler verildi. 13.00'ü biraz geçe zaman kazanıp anlaşma zemini yaratabileceğini düşünerek, İngilizler'i göstermeyi teklif ettik. İçlerinden yönetici olan, daha önce bağlanıp bırakılmış oldukları merdiven altından alarak yukarı çıkaracaktık. Ancak daha sonra, yalnız bir tanesinin gösterilmesi istendi. Ben de bunun üzerine Ünye'deki evde yönetici pozisyonunda olan Charles ismindeki kişiyi yukarı çıkarttım. Dışarıda kendileri ile bir tanesini görüştüreceğimizi söyledim. Karşılıklı olarak İngilizce konuştular. Ve İngiliz, ateş açmayın açıldığı takdirde bizi öldürecekler diye konuştu. Dışarıdan ise, onlarda insanlık kalmamış sizi her şart altında öldürecekler diye cevap verildi. Bundan sonra da Charles ismindeki İngiliz'i aşağıya indirdik. Ve karşı taraftan şimdi ne söylemek istediklerini sorduk. Onlar da söyleyecekleri bir şeyleri olmadıklarını ya teslim olmayı ya da kendi seçtiğimiz tercihi kabulleneceğimizi bildirdiler. Bir saat kadar bir bekleyiş oldu.

Saat 14.00 sıralarında ve ondan biraz önce sürekli olarak helikopterler köy civarını ve kaldığımız evin 150-200 metre kadar açığına inip kalkmaya başladılar. İnen helikopterlerde yüksek rütbeli şahıslar, muhtemelen İçişleri Bakanı olduğunu tahmin ettiğim fötr şapkalı bir şahıs, Fatsa'da iken gördüğüm Şener Şadi ismindeki avukatlar indiler. Tiplerinden yabancılar olduğunu tahmin ettiğim kameralı kişiler de vardı. Bu sırada çatıda açtığımız mazgalların deliklerinde ben, Mahir Çayan ve Saffet Alp bulunmakta idik. Diğer arkadaşlar alt kattaki çeşitli odalarda idiler. İngilizler'in bulunduğu merdiven altında Cihan Alptekin bulunuyordu. 14.00'ü 10 veya 20 geçe, içinizden biri çıksın, konuşmak istiyoruz şeklinde bir çağrı yapıldı. Bu çağrının cevaplanması için ben çıktım. Ancak çağrıyı yapan kişiler, bir süre beklememizi ve kendilerinin yapacakları çağrıyı dinlememizi söylediler. Bunun üzerine beklemeye başladık. Herkes son derece gergin ve sinirliydi.

Bir süre sonra dışarıdan bir veya iki el silah atışı geldi. Ve bunun ardından daha önce çevredeki evlere yerleşmiş bulunan makineli tüfekler atışa başladı. Neye uğradığımızı şaşırmıştık. Bir anda kendimizi çatıdaki merdivene açılan deliğin üzerine attık. Önden Saffet aşağıya düştü. Arkasından da ben yuvarlandım. Mahir de bu sırada, İngilizler diyerek bağırıyordu. Bir anda yere yuvarlandık. Kafamı doğrulttuğumda yukarıda ılık ılık bir şeylerin başıma doğru aktığını hissettim. Başımı kaldırdığımda Mahir Çayan'ın kolunun çatıdaki deliğin ağzından aşağıya sarktığını gördüm ve koşarak yukarıya tırmandım. Ancak atış devam ettiğinden Mahir Çayan'ı indiremedim. Vücudunu yoklayabildim. Sanıyorum başından vurulmuştu. Kendisinden Mahir diye bağırarak cevap istedim. Ancak cevap alamadım. Soluk da almıyordu. Aşağıya indim. Benim Mahir'le uğraştığım süre içersinde diğer arkadaşlardan biri veya birkaçı üç İngiliz'i vurarak öldürmüşlerdi."[380]

Feyyaz Kurşuncu'nun dediği gibi, "Anılar, bugün durduğumuz yerden hatırlanan şeylerdir ve doğrunun çeşitli yönleri vardır. Bu da doğrunun bugünden hatırlanan tarafıdır. Ne kadar gerçektir belli olmaz. Belgelere dayanmak gerekli. Bu çok önemli. Kişi, aynı olay hakkında 10 sene önce başka, 10 sene sonra başka şeyler söyleyebilir. Bu ahlaksızlıktan, unutkanlıktan değil. İnsan hali böyle."

Bu nedenle aynı olayı Ertuğrul Kürkçü, değişik zamanlarda çok küçük değişikliklerle farklı biçimlerde anlatmıştır. Bunları da olduğu gibi aktarıyorum:

"Saat tahminen 14.00-14.10 arasındaydı. Biz beklediğimiz sırada, dışarıdan ani bir ateş başladı. Neye uğradığımızı anlayamadık. Çatıda bulunan ben, Saffet Alp kendimizi çatıya açılan deliğin başına doğru yere yattık. Ateş devam ederken merdivenden başaşağı kaymaya çalışıyordum. Arkadaşların bulunduğu yere doğru kaymaya çalışıyordum. Bu sırada da Saffet Alp benden önce aşağıya ulaşmıştı. Merdivenden başaşağıya kaydığımda başıma ılık bir şeyler aktığını hissettim. Kafamı kaldırdığımda Mahir'in deliğin başında cansız halde yattığını gördüm. 'Mahir sen de mi gittin' diye bağırdım. Kendim merdivenden aşağıya düştüm. Daha sonra ise Mahir'i bulunduğu yerden indirmeye çalıştım. Fakat ateş devam ettiği için indiremedim."[381]

Bir diğer anlatımsa şöyledir: "Yeniden (içinizden biri çıksın görüşeceğiz) dediler. İlk ben çıktığım için, daha sonra da Mahir (sen çık şunlarla konuş) dedi, ben çıktım. Arkadan da, Mahir, Cihan, Saffet çıktılar yukarıya. Evin çatısı var, topraktan, kiremit çatı, oradan merdivenle çıkılıyor, tek katlı bir ev. İşte orada çatının kiremitlerini kırmıştık. Ordan baktık dışarıya, evin ikiyüz metre ilerisinde bir tepe var. Tepenin arkasında bir çit var üzerinde. Onun arkasından bizle konuşuyorlardı. Bizimle konuşma ihtiyacı hissetmelerine rağmen, çevredeki birliklerin de harekatını görebiliyorduk, ondan sonra birlikler mevzilerine girmeye başladılar, makineli tüfek yuvalarının arkasına girmeye başladılar. 'Ne oluyor' deyip, biz bir ölçüde geri çekildiğimiz zaman dört bir tarafımızdan makineli tüfeklerle eve ateş açıldı. Önden iki üç arkadaş kendini aşağıya attı. Ben onların arkasından, en arkada Mahir kalmıştı. Baş aşağı düştüm. Merdivenden yuvarlandım. Toparlanıp, doğrulmaya çalışırken yukardan kanlar boşalıyordu. Tam deliğin ağzına Mahir'in kolu sarkmış, kafası da kısmen sarkmış ve kanlar akıyordu, ben fırladım (...) Bir iki el bombası attım dışarıya. Makineli tüfek ateşi sürekli devam ediyordu. Fakat bir şey göremiyorsun zaten. Ayrıca tesir sahası dışına çıkmışlardı. Bir şey kesmek mümkün değil. Ve Mahir'i indiremedim. Yalnız yokladığım kadar, ensesinden vurulmuştu ki, daha sonra otopsi raporlarına baktığımda, işte, makineli tüfek mermisi vurdu diyordu."[382]

Çatışmalar sonunda Cihan Alptekin, Saffet Alp, Ömer Ayna, Sinan Kazım Özüdoğru, Hüdai Arıkan, Ahmet Atasoy, Ertan Saruhan, Sabahattin Kurt ve Nihat Yılmaz öldürülmüş, Ertuğrul Kürkçü, evin samanlık kısmında saklanmış, ertesi gün güvenlik kuvvetlerine teslim olmuştur.

Bu sırada, Gülten Savaşçı-Çayan, Mahirlerin İngilizler'i kaçırmalarını ve sonraki gelişmeleri, Berrin Ertürk, Osman Tokcan, Filiz Tokcan gibi arkadaşlarıyla, Fransa'da birlikte kaldıkları evde, radyodan dinleyerek takip etmektedirler.

Kızıldere köyünde Mahirlerin saklanmakta oldukları evin güvenlik kuvvetleri tarafından kuşatıldığı haberini alınca gelişmeleri daha dikkatli izlemeye koyulurlar.

Gülten, bir ara evden ayrılır. Ölenlerin kimler olduğunun açıklandığı haber radyodan verildiğinde Gülten evde yoktur. Gülten döndüğünde, arkadaşlarına,

"-Ne oldu? Bir haber var mı?" diye sorar. Evde bulunan herkes, olayın şoku nedeniyle donmuş kalmış bir vaziyettedir. Kimse konuşacak, bir şey söyleyecek durumda değildir. En sonunda Berrin Ertürk,

"-Hepsini vurmuş öldürmüşler. Aralarında Mahir de var" diyerek karşılık verir. Gülten, hiçbir şey söylemeden odadan çıkar. Berrin, arkasından gider. Gülten,

"-Lütfen gelme. Yalnız kalmak istiyorum" diyerek, odasına çekilir.

Bu sırada, Kızıldere köyünde samanlıkta ele geçirilen Ertuğrul Kürkçü, sarı, kapalı bir otomobille Niksar'a getirilir ve hastahaneye alınır. Daha sonra, aynı arabayla Niksar'ın dışındaki futbol sahasına getirilen Kürkçü, saat 17.15'te bir helikopterle Merzifon Havaalanı'na sevk edilir. Kürkçü, Merzifon'dan askeri bir uçakla Ankara'ya nakledilir.

Kürkçü, Niksar'daki ilk ifadesinde, üç İngiliz'i beyinlerine kurşun sıkarak öldürdüklerini itiraf etmiş, Mahir Çayan'ı, 'bütün işleri bozmak'la suçlamış, 'hepimiz onun kaprislerinin kurbanı olduk' demiştir. Kürkçü, kuşatma başlamadan önce, Çayan'a herkesin değişik istikametlere dağılmasını söylediğini, ancak Çayan'ın bu teklifi kabul etmeyerek, söz konusu faciaya sebep olduğunu bildirmiş, şöyle konuşmuştur:

'Hepimiz toplu halde bulundukça güvenlik kuvvetlerinin elinden kurtulmaya imkan yoktu. Bunu Mahir'e izah ettim, her birimizin bir tarafa dağılmamız teklifinde bulundum ama o bu teklifi kabul etmeyip 13 kişiyi ölümün kucağına itti. Ben ölmek istemiyordum, ancak arkadaşlarımı bırakıp kaçmadım, fakat daha sonra bir kolayını bulup samanlığa sığındım, başka çarem yoktu.'[383]

"Yol Arkadaşlarının Yanına Gömülsün"

30 Mart 1972 Perşembe günü tutulan, "ölü muayene ve otopsi keşif zabıt varakası" ile "tespit tutanağı"nda Mahir Çayan'la ilgili olarak şu bilgiler yer almıştır:

"Mahir Çayan'ın cesedinin çatıda olduğu görüldü. Merdivenle çatıya çıkıldığında Mahir Çayan'ın ceplerinde 3 adet patlamamış el bombası olduğu tespit edildi. Bombalar alındı. Üzeri arandığında, Ziya Yılmaz'a ait bir fotoğraf ve İngilizler'e ait kimlik kartları ve 10 lira Türk parası bulundu, emanete alındı. Aynı ceplerinde bir cüzdan içerisinde tomson makineleri mermileri bulundu. Mahir Çayan'ın fotoğraflardan teşhis edilen veya tahmin edilen cesedi görüldü. Cesedin kafatasında bir mermi yarası, tespit edildi."

Kızıldere'de meydana gelen olayları 31 Mart 1972 Cuma günü, SBF'de protesto etmek amacıyla boykot yapmak ve Doğu Perinçek ve arkadaşlarının illegal olarak yayınladığı, "Şafak" adlı dergiyi dağıtmak isteyen Doğan Fırtına, Ahmet Bahadır Bozo, Saffet Rüştü Tekin, Haluk Özyiğit, Ahmet Akyıldız, Tuğrul Paşaoğlu, Yaşar Gören, Menan Evren, Haluk Altay, Süleyman Ahmet Gürol, Faruk Güldü, Mustafa Şamlıoğlu, Hüseyin Özgül, Ramazan Özcan, İsmail Kaya, Sabri Balcıoğlu, Abdül Demir, Halil Ağacıkoğlu, Enver Çamlıdere, Mehmet Filiz, Yümnü Ağhan ve Nihat Gabelioğlu adlı öğrenciler hakkında güvenlik makamları ve fakülte idaresince soruşturma açılır.

4 Nisan 1972 Salı günü, Kızıldere olayları için Gazi Eğitim Enstitüsü bahçesinde gösteri yaparlarken kendilerini engellemek isteyen sağcı bilinen 7 öğrenciyi ağır şekilde dövdükleri ve ağır hakarette bulundukları gerekçesiyle Kurbani Yıldırım, İsmet Tuncer, Necati Şahin, Fehmi Yılmaz, Ertekin Kaya, Nevzat Coşkun, Nabi Yapıcı, İbrahim Aydın, Bedri Karayağmurlar, Hüseyin Mehmet, Hasan Demir, Hayrettin Aydemir, Vaner Alkaç, Gültekin Yıldız, Ali Zengin, Ramazan Deniz, Ahmet Voyvoda, Hatice Yaşar, Feridun Fikret Uğur, Necmettin Eren, Hasan Yiğit ve Seyyara Şar adlı öğrenciler gözaltına alınır.

Kızıldere köyünde muhtar Emrullah Aslan'ın evinde öldürülenlerin cesetleri Niksar Devlet Hastahanesi'ne götürülür.

Mahir Çayan'ın amcası Enver Çayan, ilk önce Tokat Valisine, Niksar Kaymakamına ve Niksar Savcısına, "Cenazeler veriliyor mu, verilmiyor mu? Veriliyorsa nereden ve ne şekilde verildiğinin bildirilmesini" isteyen telgraf çeker. Bir gün sonra gelen telgraflardan, "Cenaze veriliyor. Niksar Devlet Hastahanesi'ne başvurun" diye yanıt alır.

Daha sonra siyasal durumun provokasyona son derece elverişli bir ortam olduğunu düşünerek, yanına Avukat Yalçın Öztürk'ü de alarak uçakla, Mahir'in annesi Ankara'da bulunduğu için ilk önce Ankara'ya gider. Enver Çayan, Naciye Hanıma,

"-Mahir'i, Gümüş'te dedesinin yanına gömelim. Gerekirse daha sonra Ankara'ya getiririz" dediğinde, annesi,

"-Yol arkadaşlarının yanına gömülsün" diyerek, Ankara'da defnedilmesi konusunda ısrar eder.

Emek Garajı'nda bir steyşin otomobil tutularak, Mahir'in annesi Naciye Çayan, amcası Enver Çayan ve Avukat Yalçın Öztürk, Niksar'a doğru yola koyulur. Yolda yapılan sohbet sırasında şoför,

"-Öğretmen" olduğunu söyler. Enver Çayan da,

"-Mahir Çayan'ın cenazesini almaya gidiyoruz" dediğinde,

"-Bilseydim de gelirdim" diyerek yanıt verir.

Gece Niksar'a varılır. O gece bir otelde kalan Enver Çayan, Naciye Çayan ve Yalçın Öztürk, ertesi gün Niksar Devlet Hastahanesi'ne başvurur. Başhekim zaten hastahanededir.

Çağrılan Savcı, bir zabıt hazırlar. Tutulan zabıtın bir yerinde, "...cenazeyi gördük, tanıdık, aldık, tabuta koyduk" diye yazmaktadır. Bu bölüme gelince, savcı, cenazeyi almaya gelenleri hastahanenin morguna indirir. Orada birkaç cenaze daha vardır. Mahir'in cesedinin üzeri açılır. Annesi ve amcası, cesede baktıktan sonra,

"-Evet bu Mahir Çayan" diyerek, tanıdıklarını belirtir.

Tabuta koymadan önce incelenen cesetin sol kolunda 3-5 cm aralıklarıyla 3 tane mitralyöz yarasının bulunduğu ama asıl ölümün sağ şakağından giren, sol şakağından 5-6 cm. bir parça kopartarak çıkmış bir kurşunla olduğunu ve karın bölgesinde dikiş izi olduğunu görülür. Cesette yanma izi yoktur.

Yüz ifadesi, karşı tarafla konuşurken ya da onlarla herhangi bir diyalogda iken nasılsa öyle kalmıştır.

Cenazeyi aldıktan sonra Hükümet Konağı'na gidilir. Hükümet Konağı'nda iken, bir subay, Mahir'in elbiselerini verir fakat annesi almaz. Dışarı çıkarken, Hükümet Konağı önünde toplanmış 5-10 kişilik bir grup,

"-Kahrolsun komünistler" diye bağırır.

Herhangi bir olay olmaması için şehir dışına kadar gelen bir polis refakatiyle, Enver Çayan, Naciye Çayan ve Avukat Yalçın Öztürk geldikleri otomobille Niksar'dan ayrılır.

Yol boyunca, konakladıkları yerde, karşılaştıkları ve olayı öğrenen kişiler,

"-Geçmiş olsun" der. Birkaç defa otomobilin lastiğinin patlaması sonucu gece saat 21.00 civarında hava iyice karardığı ve yağmur yağdığı bir sırada, Ankara'ya giriş-çıkışların kontrol edildiği Kayaş yol ayrımına varılır. Arabayı bir kenara çekerek, giriş-çıkış kontrolü yapan güvenlik görevlilerine,

"-Taşıdığımız cenaze Mahir Çayan'a ait. Ben amcasıyım. Yanımdakilerde annesi ile avukatıdır. Cenazeyi Ankara'da defnedeceğiz. Fakat, gece defnedemiyeceğimiz için nerede bekletelim. İlgililerin bu konuda bir talimatları var mı yoksa biz, kendi bildiğimize göre mi hareket edelim?" diye sorulur.

Orada bulunan görevliler,

"-Efendim siz burada biraz bekleyin. Biz, üst makamlara bildirelim. Verilen emirlere göre hareket edersiniz" diyerek, yanıt verirler.

Bir saat kadar sonra, kısa boylu, sivil giyimli yetkili birisi gelir. Yolun iki tarafında da kontrol kulübeleri bulunmaktadır. Gelen yetkili kişi, Ankara'dan çıkış tarafında bulunan kontrol kulübesinin orada bulunan görevlilere,

"-Kim bunlar? Komünistleri kim aldı getirdi buraya? Komünistlerin Türkiye'de yeri yok. Çağırın bana şoförü" diye bağırıp, emir vermeye başlar.

Arabanın şoförü karşıya götürülür. Gelen yetkili kişi, şoförün elinden arabanın anahtarını alarak, tekme, tokat dayak atmaya başlar. Bir süre dayak attıktan sonra karşı tarafa geçer ve,

"-Sen kimsin?" diye Enver Çayan'a sorar,

"-Ben amcasıyım."

"-Ya o kim?"

"-O da avukatımız."

"-Nereden buluyorsunuz bu paraları da avukat alıp getiriyorsun. Komünistin amcası. Komünistlere Türkiye'de yer yok" diye bağırır.

Gelen kişi, hırsını alamaz, bir karşı tarafa geçer şoförü yeniden döver, bir bu tarafa geçer bağırır, çağırır, hakaretler yağdırır.

Orada bulunan görevlilerden birisine Enver Çayan,

"-Bu adam kimdir?" diye sorduğunda,

"-Merkez Kumandanı Tümgeneral Tevfik Türüng" diye yanıt alır. Tevfik Türüng, daha sonra Enver Çayan'ın yanına gelerek,

"-Siz Ankara'daki birtakım kişileri harekete geçirmek istiyorsunuz. Bu nedenle şimdi gömülecek" der.

20-25 dakika geçtikten sonra 1-2 cemse dolusu asker ile MİT tarafından 1-2 otomobil gelir. Bir polis tarafından kullanılan Mahir'in cesedinin bulunduğu otomobil, askeri güvenlik güçlerinin kontrolunda konvoy halinde, Ankara'nın bir ucu Kayaş'tan diğer bir ucu sayılan Karşıyaka Mezarlığı'na doğru gece saat 22.00 veya 22.30'da ağır ağır yola koyulur. Gece yarısı saat 01.00 civarında Karşıyaka Mezarlığı'na varılır. Enver Çayan ilgililere,

"-Paralı bir yere gömmek istiyoruz" diyerek, isteklerini dile getirir. Fakat ilgililer,

"-Hayır. Bizim istediğimiz yere gömeceksiniz" der.

Karşıya Mezarlığı'nda, araba farlarının ışığında, yarım metre derinliğinde yeni kazılmış çukurlardan birisine Mahir'in cesedi, tabutsuz gömülmek istenir. Yakınları,

"-Tabutla gömülsün" diyerek karşı çıkar.

Kürekle çukurun sağ ve sol tarafı biraz genişletildikten sonra Mahir'in cesedi, 2 Nisan 1972 Pazar günü, Karşıyaka Mezarlığı'na gömülür.

Daha sonra, CHP'den milletvekili olan Alişan Canpolat isimli mezarlık müdürü, Mahir'in yakınlarına kaygılanmamaları için:

"-Geçmiş olsun. Siz üzülmeyin. Ben mezarı biliyorum" der.

Bazı işlemlerin yapılması için Ankara Emniyet Müdürlüğü'ne götürülen Mahir'in annesi, amcası ve avukat Yalçın Öztürk, işlemlerin bitmesinden sonra Emniyet Müdürlüğü'nden ayrılarak, otele gider.

Ertesi sabah, Mahir'in cesedinin nereye gömüldüğünü öğrenmek için Karşıyaka Mezarlığı'na giden Enver Çayan, Naciye Çayan ve Avukat Yalçın Öztürk, görevlilerden, Mahir Çayan'ın mezarının L-3 No.lu ada 29 No.lu mezarda bulunduğunu öğrenir.

"Grubun Sözcüsünün Yüzü ve Konuşmaları Unutulacak Cinsten Değildi"

1961 yılında, Kurmay Albaylıktan istifa eden, 1969 milletvekili seçimlerinde, Konya'dan CHP milletvekili seçilen, Nihat Erim Hükümeti'nde Devlet Bakanı ve Başbakan Yardımcısı olarak görev yapan Sadi Koçaş'ın 1970 yılında kendisini TBMM'de ziyarete gelen bir grup öğrenci ile yaptığı görüşme ve bu öğrenci grubunun sözcülüğünü yaptığını söylediği Mahir Çayan hakkındaki değerlendirmesi aynen şöyledir:

"Konuşma isteğinde bulunan üniversitelilerden bir başkası karma bir gruptu. Çoğunluğu Siyasal Bilgiler Fakültesi'ndendi. Sözcüleri iyi yetişmiş, terbiyeli ve sempatik etki yapan, enerji dolu, ama ölçülü bir gençti. Diğerleri gibi onlarla da TBMM kitaplığında konuşmuş, dinlemiş, olayları tartışmıştık. Çok hoşuma gitmişti bu sohbet ve tartışma. Genellikle bir kişi konuşuyordu. İsimlerini en başta söyledikleri için hepsini aklımda tutamıyor, sonra da -yanlış anlaşılmasın diye- sormuyor ve not etmiyordum. Ama bu grubun sözcüsünün yüzü ve konuşmaları unutulacak cinsten değildi.

Yepyeni bir gerçeğe uygun bir Atatürkçü görüş saptanmasını, aksi halde en sağdan en sola dek lastik gibi çekile çekile Atatürkçülüğün tanınmaz hale geleceğini, dejenere edileceğini ve eğer böyle olursa, Türk toplumu olarak benimsenecek ve savunulacak bir görüş ve anlayıştan mahrum kalacağımızı söylemişti.

Bu görüşü benimsemiştim. Daha doğrusu tıpa tıp uyuyordu benim kişisel görüşüme.

Türk gençliğinin ithal malı, gerçeklerimize uymayan ideolojiler peşinde bölünmesi önlenmelidir. Ama, bu devlet zoru ile olmaz, diyordu. Bunda da haklı idi.

Marksist felsefenin bile çeşit çeşit bölündüğünü, Marcuse'ün putları devirdiğini söylemişti. Aşırı sağ militanlarından dert yanmış, devletin bunu önlemesi gerektiğini savunmuştu. 'Dış politika', 'ikili anlaşmalar', en son olarak da 'Din ve Dil' başlıklı bir yazımdan sonra benimle görüşmeye karar verdiklerini anlatmıştı. Yarım saat için istedikleri randevu 3 saatten fazla sürmüştü.

Bu genci gerek fikirleri, gerekse hareketi yönünden ondan sonra birçok yerlerde anmış ve örnek göstermiştim.

Ama iki yıl sonra, bir gün o hiç unutamadığım yüzün fotoğrafını bir gazetede gördüğüm zaman donup kalmıştım. Mahir Çayan'dı bu... İki yıl evvel o çok beğendiğim insan, çok beğendiğim fikirlerini bu ölçüde nasıl değiştirdi? Ama değiştirmişti. Eli silahlı bir anarşist, bir eylemci idi o artık. Ve bu olayın, bu değişikliğin suçlusu kimdi?

İster istemez Tolstoy'un genç üniversitelisini hatırlamıştım. Bir ara olanak sağlayıp yüz yüze, tıpkı iki yıl evvelki gibi bir sohbet yapmayı düşündüm. Yararı olur muydu bilemem ama, imkan bulamadım. Çünkü o tutuklanmıştı. O, topluma meydan okuyan, insan kaçıran, öldüren bir anarşist; ben ise, onlarla mücadele ile görevli iki ayrı insandık. İrtibat kurmam bile olanaksızdı.

Bu yüzden, bir tek Mahir Çayan'ın kişiliğinde, o en aşırı anarşistlerin bile 2-3 yıl içinde yollarından saptıklarına inanır olmuştum. 'Bunun suçunun onlardan çok devlette ve toplumda olduğu' görüşünden kurtulamamışımdır bir türlü.

Bu tabii, sadece duygusal ve yeni bir görüş değildi. Ben daha evvel de bu görüşü savunmuştum. Eğer 1968-1971 arası, Türkiye'de dürüst, vatansever, liderlik niteliği olan, toplum bilimden anlayan ve değer veren bir yönetim olsa idi, bu gençlerin bu yollara sürüklenmelerine olanak verilmeyeceği görüşünde idim. Ve bu konularda durmadan yazmış, konuşmuştum.

Çayan, bana en çok aşırı sağ militanlardan bahsetmişti. 'Çağ dışı' diyordu onlar için. Ama Marks'cı, Mao'cu, Lenin'ci, Stalin'ci görüşlerden de şikayet etmişti. 'Marcuse'ün onların ipliğini pazara çıkaracağını' söylemişti. 'Türkiye gerçeklerine uymayan hiçbir ithal malı görüşe itibar etmemek gerektiğini' söylemişti. Atatürk adını bir o anmış ve Atatürkçülüğü en iyi o anlamıştı."[384]

"Mahir Çayan Türkiye'nin Belirli Bir Döneminin Özelliklerini Ayna Gibi Şahsında Yansıtan Bir İnsan Olarak Bu Dünyadan Ayrılıp Gitmiştir"

Öğretim üyesi Dr. Atilla Yayla, Mahir Çayan hakkında şu değerlendirmeyi yapmıştır:

"Mahir Çayan adının, ilk bakışta sosyal bilimciler açısından pek önem taşımadığı sanılabilir. Çünkü bu isim, ne bilim dünyasına 'değerli' katkılar yapmış bir akademisyeni, ne de ülkenin bir dönemine 'damgasını basmış' bir politikacıyı-devlet adamını çağrıştırmaktadır. Ne var ki, bu yüzden Çayan'ı yok saymak da hem yanlış hem de bir bakıma olanaksızdır. En azından Türkiye'nin yakın dönem siyasi tarihini yazmaya veya incelemeye kalkışacak kimseler onun adıyla ister istemez karşılaşacaklar ve mesailerinin bir kısmını onun fikir ve eylemlerinin araştırılması için harcamak zorunda kalacaklardır. Bu tespit siyasal-toplumsal olaylarla ve 'gençlik' olaylarıyla pek ilgilenmemiş kimselere bir abartma olarak görülebilir. Ancak, daha somut bir deyişle, Türkiye'de 1965-80 döneminde meydana gelen ve büyük çalkantılara, umulmayacak sonuçlara yol açan 'öğrenci olayları' ile 'şiddet eylemleri'ne göz atanlar öyle olmadığını anlamakla gecikmezler. Mahir Çayan'ın eylemleri ve fikirleriyle Türkiye'nin belirli bir döneminin aydınlatılmasında, anlaşılmasında, açıklanmasında kilit mevkilerden birini işgal ettiği; kişiliği ve hayatıyla o dönem Türkiye'si gerçeğinin bir vechesini, hem de önemli bir vechesini yansıttığı sonucuna varırlar...

Mahir Çayan adı değişik toplumsal kesimlerde farklı çağrışımlar yapar. Kimisi için o sadece bir 'şiddet eylemcisi'dir, bu yüzden adı yalnızca

'Beyaz Kitap'tan veya şiddet olaylarıyla ilgili resmi dökümanlardan hatırlanır. Bazılarına göre 'iyi niyeti'nin kurbanı olmuş, yanlış anlaşılmış ve hak etmediği bir sonla karşılaşmış bir gençtir. Daha başka bazı çevrelerin nazarındaysa Çayan bir 'ideolog', bir 'stratejist', bir 'militan' ve nihayet bir 'kahraman'dır. Çayan'ı böyle tek kelimelik vasıflar yakıştırmak yerine, fikirlerine ve eylemlerine yakından göz atarak 'anlamaya' çalışmak daha yerinde bir yaklaşım olsa gerektir.

Mahir Çayan Türkiye'nin belirli bir döneminde önemli yankılar uyandıran olayların baş 'aktör'ü olarak görünmüştür. Ancak bu 'sıcak eylemli' olaylar bir yana, onun asıl önemi, kanaatimizce, ortaya koyduğu fikirleriyle sonraki nesil(ler) üzerindeki etkisinden kaynaklanmaktadır. Gerçekten, özellikle 1973'ten sonra şiddet eylemlerine karışmış veya aynı çizgide yürümeyi sürdürmüş gençler üzerinde yapılan gözlemler, onların en fazla Mahir Çayan'dan etkilendiğini göstermektedir. Bu etkilenme hem Çayan'ın fikirlerini benimseme, hem de onun kişiliğini ve hayatını ulaşılmaya çalışılacak bir model olarak kabullenmek bakımından geçerlidir. Çayan'ın öldürülmesinden sonra onun izinden gittiğini söyleyen gruplarda Çayan'ın görüşlerinin başlıca fikri özü oluşturduğu ve gruplararası tartışmalarda da esas konunun bu olduğu kolayca tesbit edilebilmektedir. Bu gruplara mensup kişilerin ise kendilerine Çayan'ı örnek aldığı, onun gibi yaşamaya ve davranmaya çalıştığı görülmektedir. Kendisiyle uzun görüşmeler yapma fırsatı bulduğumuz bir şiddet eylemcisi, grup içinde kendini 'yeni bir Mahir Çayan' olarak algıladığını, 'tarihin akışı' sürecinde onun gibi 'kahramanca' yerini almak için eylemler yaptığını anlatmıştır. Aynı tavrın gruplar içinde yaşamış pek çok kişi için de geçerli olduğunu belirtmiştir. Bu bakımdan Çayan hem bir 'eylemci' olarak, hem de Türkiye için yeni bir 'devrim stratejisi' geliştirmeye çalışan bir 'teorisyen' olarak yakın dönem Türk siyasi hayatında yer alan 'gençlik hareketleri'nde önemli bir yer işgal etmiştir."[385]

DİPNOTLAR

BİRİNCİ BÖLÜM DİPNOTLARI

1- Prof. Dr. Nejat Diyarbekirli - Prof. Dr. Oktay Aslanapa, Türk Tarihi, Yükseköğretim Kurumu Yayınları, Ankara 1977.
Ayrıca konu için bak: a) Yüksel Turhal, Tarih, Lise 2, Ders Kitapları AŞ., İstanbul 1986 b)Bozkurt Güvenç, Türk Kimliği, Kültür Bakanlığı Yayınları, Ankara 1993 c) Claude Cahen, Osmanlılardan Önce Anadolu'da Türkler, E Yayınları, İstanbul, üçüncü baskı, 1994 d) Prof. Dr. Ruşen Dora, Anadolu Türk İnsanı Kimliği, Cumhuriyet, 17. 8. 1995.

2- Prof. Dr. Mehmet Eröz, Yörükler, Türk Dünyası Araştırmaları Vakfı Yayınları, İstanbul 1991, sayfa: 15.
Konu için ayrıca bak: Gündüz Tufan, Anadolu'da Türkmen Aşiretleri, Bilge Yayınları, Ankara, Ekim 1997, sayfa: 61,62.

3- Prof. Dr. Yusuf Halaçoğlu, XVIII. Yüzyılda Osmanlı İmparatorluğu'nun İskan Siyaseti ve Aşiretlerin Yerleştirilmesi, Türk Tarih Kurumu Yayınları, Ankara, ikinci baskı, 1991, sayfa: 72, 75, 95, 101, 104, 127, 128, 130.

4- Bak, not: 2, sayfa: 19, 20.

5- Gençlerin, o dönem, nelere ilgi duydukları hakkında, 17.10.1965 tarihli Milliyet Hafta Sonu ekinin yayınladığı bir ilan buna küçük bir örnektir:
"Mektuplaşmak isteyenler: Oktay Etiman, Reşatbey Mah., 232. Sokak No: 9, Adana. Shadows, Cılif Richard, Adamo, Beatles ve Beach Boys'u seviyor. İngilizce mektuplaşmak arzusunda."

6- Kuusinen, Diyalektik Materyalizm (çeviren: K. Sahir Sel), Sosyal Yayınları, İstanbul 1965, sayfa: 26

7- Sadun Aren, TİP Olayı, Cem Yayınevi, İstanbul, Kasım 1993, sayfa: 85, 89

8- Sadun Aren, TİP Olayı, Cem Yayınevi, İstanbul, Kasım 1993, sayfa: 99

9- Uğur Mumcu, Bir Uzun Yürüyüş, Tekin Yayınevi, İstanbul, sayfa: 54

10- M. Ali Aybar, TİP Tarihi, Cilt: 1, BDS Yayınları, İstanbul, Ocak 1988, sayfa: 212, 213, 251, 252

11- Sadun Aren, TİP Olayı, Cem Yayınevi, İstanbul, Kasım 1993, sayfa: 91

12- Süleyman Genç, 12 Mart'a Nasıl Gelindi?, İleri Yayınları, Ankara, Kasım 1971, sayfa: 24

13- Yarın, 16. 4. 1964, sayı: 53.

14- Yarın, 16. 4. 1964, sayı: 53.

15- Ulus/Cumhuriyet, 11. 1. 1965.

16- Yarın, 1. 12. 1965, sayı: 137.

17- Yarın, 1. 12. 1965, sayı: 137.

18- Yarın, 27. 4. 1966, sayı: 158.

19- Yarın, 14. 12. 1966, sayı: 191.

20- Cüneyt Arcayürek, Demirel Dönemi - 12 Mart Darbesi (1965 - 1971), Bilgi Yayınları, Ankara, ikinci baskı, Ağustos 1985, sayfa: 19.

21- a) Yön, 22.10.1965, sayı:134, b) Bahri Savcı, Süleyman Demirel Üzerine, Cumhuriyet, 18.6.1995.

22- Kim, 9 - 15 Mart 1966, sayı: 398.

23- Turhan Feyizoğlu, Türkiye'de Devrimci Gençlik Hareketleri Tarihi, Cilt: 1, Belge Yayınları, Nisan 1993, sayfa: 258, 259, 260.

24- Mehmet Beşli, Mahir Çayan'la ilgili bir anısında şunları anlatmıştır: "Zaman zaman Mahir'le annesinin evinde kalırdık. Bir gece yine evde kaldık. Mahir, sabahleyin erken uyanmış, radyoyu açmış, dinliyordu. Radyoda İstiklal Marşı söyleniyordu. Ben kalktım, elimi yüzümü yıkayacağım. Tuvalete doğru yöneldim. Mahir, "Dur, Mehmet" dedi. Durdum. Kalktı, esas duruşa geçti. "Bağımsızlığımızın simgesidir. Saygılı davranalım. Bağımsızlık andı içiyoruz. Milletin yanında başka, diğer yerlerde başka türlü davranış olmaz. İçimiz, dışımız bir olsun" dedi. İstiklal Marşı bitene kadar esas duruşta bekledik."

25- a) Yön, 27. 1. 1967, sayı: 200, sayfa: 5, b) Kim, 25-31 Ocak 1967, sayı: 444, sayfa: 4.

26- Yeni Gündem, 8-14 Mayıs 1987, yıl: 3, sayı: 53.

27- Gülten Savaşçı'nın, Kıbrıs konusunda verdiği yanıtların yayınlandığı dergi için bak: Kim, 8. 12. 1967, sayı: 488.

28- a) Aclan Sayılgan, Türkiye'de Sol Hareketler, Otağ Yayınları, üçüncü baskı, 1976, sayfa: 538. b) Aclan Sayılgan, Deprem, Tur Yayınları, Ankara, Ağustos 1976, sayfa: 347'den 485'e kadar.

29- Aclan Sayılgan, Türkiye'de Sol Hareketler, Otağ Yayınları, üçüncü baskı, 1976, sayfa: 557.

İKİNCİ BÖLÜM DİPNOTLARI

30- Türk Solu, 8. 12. 1967, sayı: 4.

31- Türk Solu, 29. 12. 1967, sayı: 7.

32- Türk Solu, 27. 12. 1968, sayı: 15.

33- THKP-C Davası Duruşma Tutanakları, 25. 6. 1973.

Konu için ayrıca bak: Vahap Erdoğdu, bu konuda şunları anlatmıştır: *"Benim Türk Solu ile ilişkimi kesmemden sonra, bana aynı dergiye yazılar yazmam teklif edildiyse de kabul etmedim. Bu arada Doğu Perinçek, Şahin Alpay, Erdoğan Güçbilmez ve arkadaşları 'Forum' Dergisine yazılar yazıyorlardı. Bana Forum dergisi Yazı İşleri Müdürlüğünü teklif ettiler, kabul etmedim. Zira imkan bulduğum takdirde kendim ayrı bir aylık dergi çıkartmak istiyordum. Bundan bir süre sonra aynı arkadaşlar bana geldiler ve o zamanlar Forum dergisi Yazı İşleri Müdürü olan Hasan Hüseyin Korkmazgil ile aralarının açıldığını söyleyerek birlikte dergi çıkartmayı teklif ettiler. Böylece yeni bir aylık dergi çıkartmak hususunda anlaştık. Sosyalist Aydınlık dergisi bu şekilde doğdu. Maaşı olan herkes 2.000 TL. kadar para verdi ve derginin ilk baskısı sağlandı. Dergide; Doğu Perinçek, Şahin Alpay, Erdoğan Güçbilmez, ben, Seyhan Erdoğdu, Münir Ramazan Aktolga, Gün Zileli ve Atıl Ant yazılar yazıyordu. Dergi sosyalist yönde teorik bir çalışma dergisi olarak çıkıyordu. Bağımsızdı ve TİP yöneticilerine karşı idi."* (Rasih Nuri İleri, Mihri Belli Olayı, Cilt:1, Anadolu Yayınları, İstanbul, Eylül 1976, sayfa:194).

34- Konu için bak: Mehmet Ali Aybar, TİP Tarihi, 3 cilt, BDS Yayınları, İstanbul, Temmuz 1988.

35- Sadun Aren, TİP Olayı, Cem Yayınları, İstanbul, sayfa: 128, 129.

36- Ant, 7. 1. 1969, sayı: 106.

37- Turhan Feyizoğlu, Türkiye'de Devrimci Gençlik Hareketleri Tarihi, Cilt: 1, Belge Yayınları, İstanbul, Nisan 1993, sayfa: 417'den 472'ye kadar.

Not: Bu dönem Dev-Güç üyesi olan FKF Genel Başkanı Doğu Perinçek, gençlik örgütlerinin bir araya getirilmesi konusunda şu düşünceleri öne sürmüştür. "Bazı somut hedefler koymak istiyorum. Mesela, gençlik önümüzdeki günlerde bütün gücüyle Amerikan üslerine, NATO'ya ve ikili anlaşmalara karşı eyleme girişmelidir. Bu eylemler muhakkak müşterek yapılmalıdır. Hatta gayri resmi bir organizasyon da düşünülmelidir." Türk Solu, 11. 6. 1968, sayı: 30, sayfa: 6.

38- Mahmut İhsan Özgen, TKP ve Organize Gençlik Hareketleri, 14 Mayıs Vakfı Yayınları, İstanbul, Eylül 1982, sayfa: 194, 195.

39- Göksenin (Hava Harp Okulu Kültür Yıllığı: 1968), Ararat Yayınevi, İstanbul, Temmuz 1968, sayfa: 123'ten 135'e kadar.

40- Türk Solu, 16. 9. 1969, sayı: 96.

ÜÇÜNCÜ BÖLÜM DİPNOTLARI

41- Yusuf Küpeli, Sosyalistlere Çağrı, Türk Solu, 4. 3. 1969, sayı: 68, sayfa: 12

42- Türk Solu, 6. 5. 1969, sayı: 77.
43- Proleter Devrimci Aydınlık, Kasım 1970, sayı: 25
44- Türk Solu, 3. 6. 1969, sayı: 81
45- Aydınlık, 6. 5. 1980.
46- Türk Solu, 12. 8. 1969, sayı: 91.
47- THKP-C Dava Dosyası/Yazılı Belgeler, Yar Yayınları, İstanbul, ikinci baskı, Mayıs 1988, sayfa:19, 20, 21, 22.
TİP Eski Senatörü Fatma Hikmet İşmen, Mahir Çayan'la ilgili olarak ayrıca şunları anlatmıştır:
"Ablam Fitnat İşmen'le İstanbul'dan Ankara'ya geliyoruz. Eskişehir'de Orduevi'ne uğrayarak, mola verdik. Daha sonra, Eskişehir'den ayrılarak Ankara'ya doğru otomobilimle yol almaya başladık. Mahir ve arkadaşları, bir otomobille gelip, süratle yanımızdan geçtiler. Ben, onlar gitsinler diye otomobilin hızını azalttım. Mahir ve arkadaşları da yavaşladılar. Ben, iyice hızımı azalttım. Onlar da azalttılar ve durdular. Bu kez ben, hızımı artırdım ve onları geçerek, yoluma devam ettim. Fakat, biraz sonra hızla yanımdan geçerek gittiler ve bir daha görmedim onları."
48- Oral Çalışlar, 68 Başkaldırının Yedi Rengi, Milliyet Yayınları, Temmuz 1988, sayfa: 73, 74.
49- THKP-C Dava Dosyası/Yazılı Belgeler, Yar Yayınları, İstanbul, ikinci baskı, Mayıs 1985, sayfa: 307, 308.
50- Aydınlık, Temmuz 1969, sayı: 9, sayfa: 209'dan 217'ye kadar.
51- Oral Çalışlar, 68 Başkaldırının Yedi Rengi, Milliyet Yayınları, Temmuz 1988, sayfa: 103, 104
52- Yeni Gazete, 14. 6. 1969.
53- Türk Solu, 1. 7. 1969, sayı: 85.,
54- Akşam, 16. 6. 1969.
55- Konu için ayrıca bak: THKP-C Davası Yazılı Belgeler, Yar Yayınları, İstanbul, ikinci baskı, Mayıs 1988, sayfa: 25'den 33'e kadar.
56- İki Lider/İki Örnek, Le-Ya Yayınevi, İstanbul, Ocak 1979, sayfa: 82, 83.
57- THKP-C Davası Duruşma Tutanakları, 28. 5. 1973.
58- Yeni Gazete, 11. 10. 1969.
59- İki Lider/İki Örnek, Le-Ya Yayınevi, İstanbul, Ocak 1979, sayfa: 83.
60- Proleter Devrimci Aydınlık, Seçmeler: II, Aydınlık Yayınları, İstanbul, Haziran 1979, sayfa: 47.
61- Teori, Ekim 1993, sayı: 46.
62- Aydınlık, Ocak 1970, sayı: 15.
Konu için not: Münir Ramazan Aktolga, şunları anlatmıştır:
" *Ayrılık üzerine ben bir yazı yazmıştım. Bu yazı Mihri Belli'ye ve hepsine karşıydı. Aydınlık Yazı Kurulundaki arkadaşlar okudular. Olmaz dediler ve yazı iptal edildi. O sırada Mahir Çayan da bir yazı yazmıştı. O yazıyı Aydınlık'a bastılar. Mahir Çayan yazısında Mihri Belli'ye hiç dokunmuyordu. Şimdilik böylesi daha doğru diyordu ve Mahir kısa zamanda Aydınlık Sosyalist Dergi'de ideolojik sözcü haline gelmiştir."*
63- Aydınlık, Mayıs 1969, sayı: 7.
64- Aydınlık, Haziran 1969, sayı: 8.
65- Aydınlık, Temmuz 1969, sayı: 9.
66- Aydınlık, Ekim 1969, sayı: 12.
67- Teori, Ekim 1993, sayı: 46, sayfa: 18.
68- Aydınlık, Ekim 1969, sayı: 12, sayfa: 448'den 472'ye kadar.
69- Aydınlık, Kasım 1969, sayı: 13.
70- Aydınlık, Ocak 1970, sayı: 15.
71- THKP-C Dava Dosyası/Yazılı Belgeler, Yar Yayınları, İstanbul, ikinci baskı, Mayıs 1988, sayfa: 314.

72- Sevim Belli, Boşuna mı Çiğnedik?, Belge Yayınları, İstanbul, Kasım 1994, sayfa: 473, 474.
73- Proleter Devrimci Aydınlık, Seçmeler: II, Aydınlık Yayınları, İstanbul, Haziran 1979, sayfa: 46.
74- Rasih Nuri İleri, Mihri Belli Olayı, Cilt: 1, Anadolu Yayınları, İstanbul, Eylül 1976, sayfa: 195.
75- THKP-C Dava Dosyası/Yazılı Belgeler, Yar Yayınları, İstanbul, ikinci baskı, Mayıs 1988, sayfa: 314, 315.
76- Türk Solu, 27. 1. 1970, sayı: 115.
77- ASD, Şubat 1970, sayı: 116.
78- İki Lider/İki Örnek, Le-Ya Yayınevi, İstanbul, Ocak 1979, sayfa: 83.
79- Türk Solu, 10. 3. 1970, sayı: 121.
80- Türk Solu, 10. 3. 1970, sayı: 121.
81- PDA Seçmeler, Cilt: 1, Aydınlık Yayınları, İstanbul, Ocak 1979, sayfa: 242'den 255'e kadar.
82- Çetin Altan, Suçlanan Yazılar, Kitaş Yayınları, İstanbul, sayfa: 157'den 178'e kadar.
83- İki Lider/İki Örnek, Le-Ya Yayınları, İstanbul, Ocak 1979, sayfa: 83.
84- Konu için bak: a) Haluk Yurtsever, Marksizm ve Türkiye Solu, Etki Yayınevi, İstanbul, Ekim 1992, sayfa: 184, 185. b) Sadun Aren, TİP Olayı, Cem Yayınevi, İstanbul, Kasım 1993, sayfa: 134'ten 138'e kadar.
85- Ahmet Hamdi Dinler, TİP Tarihinden Kesitler, Gelenek Yayınevi, İstanbul, Şubat 1990, sayfa: 221, 222.
86- ASD, Haziran 1970, sayı: 20, sayfa: 181.

Not: Devrimci Tip Komitesi hakkında Emniyet Genel Müdürü Sedat Kirtepe'nin 30 Haziran 1971 tarihiyle Sıkıyönetim Komutanlıklarına gönderdiği yazı:

Daire: ÖNEMLİ İŞLER DAİRE BAŞKANLIĞI T.C.
Şube: (A) İÇİŞLERİ BAKANLIĞI
KONU: DEVRİMCİ T.İ.P. Emniyet Genel Müdürlüğü
KOMİTESİ HK. Ankara

30 Haziran 1971

SIKIYÖNETİM KOMUTANLIĞINA ZATA MAHSUS ANKARA

Aşırı sol arasında meydana gelen fikir ayrılıkları, kısa zamanda bu grubun temsilcisi olan İŞÇİ PARTİSİ'ne de sirayet etmiş ve bu nedenle bir grup partinin halkımızın Milli Demokratik mücadelesini yürütemiyecek bir duruma düştüğünü, bunun içinde Proleter Devrimci Mücadelenin bir bütün halinde yürütülmesi ve oportunizme karşı örgütlü bir dayanışma gösterilmesi gerekçesi ile T.İ.P. Çankaya, Altındağ, Merkez İlçe, Türkiye Devrimci Gençlik Federasyonu, Aydınlık Sosyalist Dergi ve Proleter Devrimci Aydınlık temsilcilerinin bir araya gelmesi ile yapılan toplantı sonunda DEVRİMCİ TİP KOMİTESİ adı altında bir Komite kurulmuş, bu komite yönetici kadrosuna da ZAKİR KOÇAK, MAHİR ÇAYAN, SEYHAN ERDOĞDU, TANGÖR ÇAKIROĞLU ve İLHAMİ ARAS'ın getirildiği bütün teşkilata ve devrimcilere duyurulmuş, Komite ile irtibat kurmak isteyenlerin Süleyman Sırrı Sokak 2/12 Yenişehir-Ankara adresi ile muhabere etmeleri istenmiştir.

MAHİR ÇAYAN ve grubu Devrimci T.İ.P. Komitesinin kurulmasından sonra faaliyetlerini daha da arttırmış ve meydana gelen ortamın yaratılmasında etkili bir rol oynamışlardır.

Bilgilerinize arz ve rica ederim.

DAĞITIM ÇOK GİZLİ (İmza)
Bilgi için: Ankara, İstanbul, İzmir, SEDAT KİRTEPE
Eskişehir, Adana, Diyarbakır Emniyet Genel Müdürü
Sıkıyönetim K.lıklarına
Gereği için: İstanbul Em. Müdürlüğüne.
EKİ :
1- (10) SAHİFE BİLDİRİ. AD. MÜŞ. 30/HAZ./1971

87- Ant, 10. 3. 1970, sayı: 167.
88- Uğur Mumcu, Çıkmaz Sokak, Tekin Yayınevi, İstanbul, onuncu baskı, sayfa: 77.
89- Alev Er, Bir Uzun Yürüyüştü 68, Afa Yayınları, İstanbul, Mayıs 1988, sayfa: 81.
Konu için bak: a) Türk Solu, 14. 4. 1970, sayı: 126, b) Ant, 14. 4. 1970, sayı: 172.
Okuyucu için not: İstanbul İl Kongresine katılan Şaban Erik, kongre sırasında yaşadığı bir olayı şöyle anlatmıştır:"Oğlu vurularak öldürülen bir emekli subay (Taylan Özgür'ün babası Hasan Özgür)- Recep'in yanına geldi, burnunun dibine sokuldu:
'-Haydi artık he deyin de bu iş olsun bitsin...'
Recep onu görebilmek için başını biraz arkaya attı:
' -Hangi iş?'
'-Devrim.'
' -Devrim mi?'
' -Devrim ya!... Bu iş hazır... Sadece partinin tutumundan aksıyor her şey..." Şaban Erik, Zor Yıllar, Yalçın Yayınları, İstanbul, Şubat 1992, sayfa: 95.
90- Konu için bak: a) Cumhuriyet, 10. 4. 1970, b) Ant, 14. 4. 1970, sayı: 172.
91- THKP-C Davası Duruşma Tutanakları, 7. 6. 1973.

DÖRDÜNCÜ BÖLÜM DİPNOTLARI

92- Konu için bak: a) THKP-C Davası/İddianame, V Yayınları, Ankara, Mart 1988, sayfa: 94, 95-509, 510, b) "Devrimci Subaylarla İlişki Kurma" bölümü.
93- a) Yeni Gündem, yıl: 3, sayı: 53, 8-14. 3. 1987, sayfa: 16, b) Aydınlık, 11. 3. 1995, sayı: 403.
94- Siyah Beyaz, 20. 3. 1996
95- THKP-C Davası/İddianame, V yayınları, Ankara, Mart 1988, sayfa: 94.
96- O dönem SBF'de asistan olan Korkut Boratav, Mahir Çayan ile ilgili bir anısını şöyle anlatmıştır: "Benim çalışma odam Basın Yayın Yüksek Okulu binasında idi. Bir tarihte Basın Yayın Yüksek Okulu'nun daktilolarından biri kaybolmuş. BYYO yöneticileri daktilonun devrimciler tarafından 'kamulaştırıldığını' istihbar etmişler. Bana geldiler. İlgili memura zimmet çıkarmaları gerekebileceğini, mümkünse 'ilişkilerimi kullanarak' daktiloyu bulmaya ve geri almaya çalışmamı rica etiler. Biraz iz sürdükten sonra daktilonun fakülte yurdunda Mahir Çayan'da bulunduğunu öğrendim. Yurda gidip o tarihe kadar yüz yüze gelmediğim Mahir'i bulup durumu anlattım ve 'mümkünse' aletin iadesini rica ettim. Pek renk vermeden 'bakalım düşünürüz' diye geçiştirdi, ancak ertesi gün daktilo sessizce geri geldi." Cüneyt Akalın, Düşler ve Gerçekler, Sarmal Yayınevi, İstanbul, Kasım 1995, sayfa: 180, 181.
97- Cumhuriyet, 17. 12. 1969
98- Nazlı Ilıcak, 12 Mart Cuntaları, Tercüman Yayınları, İstanbul 1986, sayfa: 95
99- a) Konu için bak: Madanoğlu Dosyası, Töre-Devlet Yay., Ankara 1973, sayfa: 123
b) Bu konu için bak: Madanoğlu Davası Bant Çözümleri:
24 Aralık 1969'da yapılan toplantı: Mahir Kaynak, Cemal Madanoğlu'na şunları söyler: "Paşam, ihtilalin bir de sivil lideri var. O da Mihri Belli'dir. Sizinle tanışmak istedi. Sizin de, onunla tanışmanızda faide var. Zira, Mihri'nin toplumdaki hareketi bizim hazırlığımızı aşıyor. İhtilal erken doğabilir. Onun için askeri hazırlıkla sivil hareketleri koordine etmek zaruridir. Mihri Belli, her şeyi bilmektedir ve İlhan Selçuk'la temasları vardır." Bunun üzerine Madanoğlu, Mihri ile temasa karar verdi.
25 Ocak 1970 günü yapılan toplantı: Hıfzı Kaçar, Mahir Kaynak'a anlatıyor: "Cemal Madanoğlu'nun Mihri Belli hakkında Doğan Avcıoğlu ve İlhan Selçuk'la konuştuğunu, bu konuşma benim, Mihri Belli hakkında Madanoğlu'na söylemiş olduğum hususların tümünü, Madanoğlu'nun İlhan ile Doğan'a naklettiğini, bunun üzerine İlhan Selçuk'un; Mihri Belli ile temasını itiraf ettiğini, ancak İlhan'ın, Madanoğlu'na ben Mihri'ye güvenmiyorum, ihanet edebileceğini hesaplayarak tedbirli davranıyorum, dediğini nakletti."
15 Şubat 1970 günü yapılan toplantı: Mahir Kaynak, İlhan Selçuk'a anlatıyor: "Ben, Mih-

ri Belli'nin cunta ile ilgilendiğini, söyledim. İlhan da, Mihri iyi bir insandır. Fakat bizimle temasını, kadrosuna nasıl nakledeceğini bilemiyorum. Onun için senin aracılık yapmanı faydalı gördüm. Üstelik şimdi de Mihri tabanını kaybetti, dedi."

12 Eylül 1970 günü yapılan toplantı: "Cengiz Ballıkaya, Mihri Belli'nin bir ajan olduğunu ve devrimci hareketi baltaladığını söyledi. Ancak Madanoğlu, buna itiraz ederek birbirimizi itham etmeyelim, dedi. Bundan Madanoğlu'nun Mihri Belli ile işbirliği yapmak niyetinde olduğu anlaşılıyordu."

19 Kasım 1970 günü yapılan toplantı: Mahir Kaynak, anlatıyor: "Ben, teşkilata Mihri Belli'nin de alınmasını teklif ettim. Bu teklife İlhan Selçuk: O da çok takip ediliyor. Bu bakımdan mahzurludur. Fakat, teşkilat dışı olarak onunla yine irtibatımız var."

c) Bu ilişki için ayrıca bak: "Parlamentodan Devrimci Kanunlar Çıkmıyor"

TMGT tarafından düzenlenen "Türkiye'nin durumu" konulu seminerin, (Parlamento dışı siyasi durum) bölümünde söz alan Mihri Belli, 'Türkiye'de parlamenter politika alanında bir radikal köylü partisi, bir parlamenter devrimci parti, hatta bir milli burjuva partisi, kapitalist gelişmeden yana olan fakat emperyalizme, NATO'ya, Ortak Pazar'a karşı bir siyasi çizgi izleyen bir burjuva partisinin bile olmadığını" söyledi.

Parlamenter mücadelenin, "İşbirlikçi burjuvazi ile feodal mütegallibenin kapalı alanı" olarak kaldığına işaret eden Mihri Belli, "Bu duruma göre, proleteri, yoksul köylüsü, sanatkârı ve esnafı ile milli sınıf ve zümrelere kalan biricik politika alanı parlamento dışındaki alan olmaktadır" demiştir.

İkinci konuşmacı İlhan Selçuk ise, 27 Mayıs devrimi hariç, parlamentonun 25 yıldan beri daima gerici ve tutucu kanunlar çıkardığını söylemiş, "Bugün parlamentoda mebus pazarları kurulmuştur. Ahlaken rezaletin son perdesi halindedir" demiştir.

İlhan Selçuk daha sonra parlamento dışı güçler olarak, gençlik, ordu, sendikalar, basın ve derneklerin durumunu tek tek ele almış, "Ordumuzda, milli kurtuluş savaşından gelen tarih mirası vardır. Elbette bağımsızlık konusunda kıskanç olacaktır. Ordu politikaya girmek zorundadır. Bu ya Morison uşaklık politikası ya da istiklali tam, Mustafa Kemal politikasıdır" demiştir. Cumhuriyet - 21. 3. 1970.

100- Olay için bak: Akşam/Cumhuriyet/Milliyet, 7. 4. 1970.

101- Cüneyt Arcayürek, Demirel Dönemi/12 Mart Darbesi (1965-1971), Bilgi Yayınevi, Ankara, ikinci baskı, Ağustos 1985, sayfa: 353.

102- Konu için bak: Hikmet Çetinkaya, Sancılı Yıllar, Tekin Yayınevi, İstanbul, Mayıs 1986, sayfa: 104.

103- THKP-C Davası/İddianame, V Yayınları, Ankara, Mart 1988, sayfa: 104, 105.

104- ASD, Haziran 1970, sayı: 20.

105- ASD, Haziran 1970, sayı: 20

106- Koray Düzgören, THKP-C ve Kızıldere, BDS Yayınları, İstanbul, Nisan 1988, sayfa: 27.

107- Aktüel, 11-17 Şubat 1993, sayı: 84.

108- THKP-C Doğuşu ve İlk Eylemleri, Kaynak Yayınları, İstanbul, ikinci baskı, Temmuz 1987, sayfa: 14, 15.

109- Milliyet Yıllık 1970.

Not: 15-16 Haziran 1970 günleri meydana gelen olaylar konusunda Mahir Çayan'la ilgili olarak İTÜ-ÖB Başkanı Gökalp Eren, şunları anlatmıştır:"Mahir ve iki arkadaşı, 15 Haziran 1970 günü akşamı İTÜ'ye gelerek beni buldular. Onlar, 'Biz, 16 Haziran günü yaptığınız programlara katılarak kitle hareketinin içinde bir yerde görev almak istiyoruz' dediler. İstanbul'un değişik işçi bölgelerinde görev yapan arkadaşların nerelerde bulunacaklarını söyledim. Sonra gittiler. 16 Haziran günü eylemlere katılıp katılmadıklarını bilmiyorum."

110- Esat Korkmaz, Kafa Tutan Günler, Arba Yay., İst., Eylül 1992, sayfa: 240, 241.

Not: Kurtuluş Gazetesinin dağıtılmamasına neden olduğu söylenen yazı aynen şöyledir:

SIKIYÖNETİM KOMUTANI TARAFSIZ KALMAK ZORUNDADIR.

*Anayasal haklarını kullanan işçilerin üzerine ateş açan toplum polisinin cenazesine, Sıkıyönetim komutanı çelenk gönderdi. Polis kurşunlarıyla şehit edilen dört işçi kardeşimizin cenazesi sessiz ve gizli bir şekilde toprağa verildi.

*İşçilerin grev, toplantı, gösteri, sözleşme hakları ertelendi. İşyerleri askeri kordon altına alınarak, işçilerin çalışmaları için baskı yapıldı. Oturarak direnişe geçenler, çeşitli tesirlerle çalışmaya zorlandı. İşlerine gelmeyen işçiler, işe gitmeye zorlandı. İşçiler, kitleler halinde tutuklandı. Tutuklanan işçiler, avukatlarıyla dahi bir süre görüştürülmedi. Gözaltına alınan işçilere, karakollarda işkence yapıldı.

Patronlar, hiçbir kusur göstermeksizin, beş yüz işçiyi, işlerinden kovdu. Sıkıyönetim ilgilileri, işçilerin işlerinden kanunsuz yere kovulmasına hiç ses çıkarmadı. İşten kovulan arkadaşlarına destek olmak isteyenler, bunun için direnişe geçmek isteyen işçiler, tutuklandı, mahkemeye verildi.

*Maden-İş Sendikası'nın gazetesinin çıkarılması "Huzur bozucu" tahriklere yol açtığı iddia edilerek yasaklandı. Böylece, işçilerin uğradıkları haksızlıkları dile getiren hiçbir yayın organı bırakılmadı.

Ama, Türk-İş'e bağlı gazeteler çıkmaya devam etti. İşçilerin aleyhine her türlü yazı yazılması serbest.

*General Madanoğlu'nun Senato kürsüsünden söylediği gibi, Sıkıyönetim, devrimci avına çıktı. Devrimciler, gelişi-güzel tutuklandı. Beşer-onar gün yatırıldıktan sonra, birer ikişer bırakıldı. Ama işçilere ateş açtıran, işçilere ateş açanlar hakkında hiçbir işlem yapılmadı. İçişleri Bakanı, polisi, "kahramanca savaştığı" için tebrik etti. Kimse, bu cinayetlerin hesabını sormadı." (Kurtuluş, Temmuz 1970, Sayı: 3, Yıl: 1, Sayfa: 1.)

BEŞİNCİ BÖLÜM DİPNOTLARI

111- THKP-C Doğuşu ve İlk Eylemleri, Kaynak Yayınları, İstanbul, ikinci baskı, Temmuz 1987, sayfa: 13.

112- ASD, Ağustos 1970, sayı: 22, sayfa: 349.

113- Yeni Gazete, 27. 9. 1969.

114- Uğur Mumcu, Suçlular ve Güçlüler, Tekin Yayınevi, İstanbul, ikinci baskı, Haziran 1975, sayfa: 192'den 195'e kadar.

115- Gülten'in babası Mehmet Savaşçı'nın, Gülten ile Mahir'in evliliğine karşı tepkisi şöyle olmuştur: "Gülten, bizim muhalefetimize rağmen Mahir ile evlendi." Hürriyet, 22. 2. 1972.

116- İsmet Demir, Anılar/Deneyler, Odak Basın Yayın, İstanbul, Mart 1980, sayfa: 62.

117- İsmet Demir, Anılar/Deneyler, Odak Basın Yayın, İstanbul, Mart 1980, sayfa: 77, 78.

118- ASD, Ocak 1971, sayı: 27.

119- THKP-C Dava Dosyası/Yazılı Belgeler, Yar Yayınları, İstanbul, ikinci baskı, Mayıs 1988, sayfa: 345, 349.

120- Aydınlık, 7. 5. 1980.

121- PDA Seçmeler, cilt 1, Aydınlık Yayınları, İstanbul, Ocak 1979, sayfa: 377, 382, 393.

122- a) PDA, 5. 2. 1971, sayı: 29, sayfa: 3.

b) Mihri Belli, Devrimci Milliyetçilik ile Proleter Enternasyonalizmi Birbirini Tamamlar, ASD, Eylül 1970, sayı: 23, sayfa: 357'den 371'e kadar.

123- Yeni Ortam, 6-7 Nisan 1973.

124- TİP Davası Mahkeme Duruşma Tutanakları, 15. 5. 1972.

125- Sadun Aren, TİP Olayı, Cem Yayınevi, İstanbul, Kasım 1993, sayfa: 140.

126- Şaban Erik, Zor Günler, Yalçın Yayınları, İstanbul, Şubat 1992, sayfa: 242'den 246'ya kadar.

127- Emek, Ekim 1970, sayı: 5.

128- Yeni Gün, 14. 9. 1970.

129- Mahir Çayan'ın, "TİP İçindeki Mücadelede Nereye Geldik?" başlıklı yazısı aynen şöyledir:

"27 Mayıs'tan sonraki dönemde küçük-burjuva radikalizminin, ürkek ve tutarsız davranışları, emperyalizmin ve işbirlikçilerinin kararlı davranışları sonucu, Türkiye'de Filipin demokrasiciliği

yeniden tezgahlandı. TİP sahte demokrasinin bir unsuru olarak düşünülmüş ve kurulmuştur. Bu partiyi kuran on iki sendikacı burjuva anlamda politik kariyer düşüncesi ile hareket etmekteydiler. Bununla birlikte daha ilk gününden demokratik özgürlüğe susamış gerçek sosyalistler TİP'i bir eylem alanı saydılar. Ve İşçi Partisi'ni adına layık bir proleter siyasi kitle partisi durumuna yükselmek için mücadeleye giriştiler.

1962'de Mehmet Ali Aybar ve Behice Boran ekibinin partinin yönetimine gelmesi ile TİP ilerici çevrelerden daha güçlü bir destek gördü. Çünkü Aybar olsun, Boran olsun, daha önceki proleter devrimci eylemde doğrudan doğruya yer almakla birlikte, gene de demokratik devrimci eylemde doğrudan doğruya yer almamakla birlikte, gene de demokratik mücadele alanında bir ölçüde aktif rol oynamışlardı. Ve Türkiye'nin ilerici çevreleri bu iki şahıs hakkında genellikle olumlu bir izlenim taşıyorlardı. Proleter devrimcilerinin o dönemde genellikle TİP'i tasvip etmeleri ve örgüt olarak desteklemeleri son derece önemlidir. TİP yarım asırlık proleter devrimci zincirin bir halkası sayılmıştır. Yani TİP, 1963'te, bu birikimin üzerine teşkilatını oturtmuştur. Filipin tipi demokrasiciliğin şartları altında, derme çatma bir örgütlenme ve kısa bir seçim çalışması ile TİP'in üçyüz bine yakın oy almasının başlıca nedeni, yarım asırlık devrimci hareketin birikimidir; bu örgütün yarım asırlık devrimci hareketin uzantısı sayılmasıdır.

1963'ten 1956 seçimlerine kadarki süreç içinde TİP, halkımızın sesini Filipin tipi demokrasiciliğin arenasına yükselten bir örgüt oldu. Bu dönem, TİP yönetici kliğinin ilerici olduğu bir dönemdir. Çünkü bu evre, birtakım anayasal hakların, gerçekte kullanılabilir haklar haline getirilmesi için mücadele dönemiydi. Başta proleter devrimciler olmak üzere, bütün demokrat unsurlar ile birlikte, TİP'in yöneticileri de bu mücadelede aktif olmasa da, ilerici bir rol oynadılar.

1965 seçimlerinden sonra Türkiye'deki sınıflar savaşı görülmedik derecede sert ve şiddetli bir aşamaya girdi. Ve gitgide sosyalistlik, cesaret, atılganlık, coşku isteyen bir meslek haline gelmeye başladı. Bu niteliklere ve bu keskinleşen sınıflar mücadelesini yönlendirecek sınıfsal pusulaya sahip olmayan TİP'in merkez oportünist yönetici kliği, artık ilerici, devrimci değil, gerici, karşı-devrimci bir niteliğe bürünmeye başladı. TİP yöneticilerinin gitgide karşı-devrimci niteliğe bürünmesinde bu iki ana etkene, hakim gerici ittifakın TİP'i Filipin demokrasiciliğinin uydusu haline getirmeyi amaçlayan sistemli ve kendi açısından tutarlı çalışmalarını da ilave etmek gerekir.

Bu kliğin karşı-devrimci niteliği, emekçi sınıfların mücadelesini, Flipin tipi demokrasiciliğin sınırları içine hapsetmekten, kitlelerin bilinçlenmelerini ve eyleme geçmelerini pasifleştirmeye çalışmaktan, emperyalizmin demagojik silahı olan anti-komünizm silahını kullanmaya kadar çeşitli şekillere bürünmüştür.

M. Ali Aybar, Behice Boran, Sadun Aren ve öteki yöneticilerin nitelikleri bilinmesine rağmen, TİP'in proleter devrimcileri tarafından tasvip görmesi ve bugüne kadar desteklenmesinin hatalı bir davranış olduğu ileri sürülebilir mi? Hayır, sürülemez. Hatalı bir davranış olduğu konusundaki iddia iki bakımdan yanlıştır.

Bir kere, TİP yöneticilerinin politika arenasında ilerici bir rol oynar göründükleri 1963-65 dönemi içinde, sosyalizme sempati duyan, bilimsel sosyalizmin teorik-ideolojik-örgütsel ve diğer ilke ve esaslarını tam olarak bilmediği halde, kendisinin, halkının ve insanlığın kurtuluşunu sosyalizmde gören, bu düzene karşı savaşmaya kararlı, yiğit, içtenlikli pek çok kişi umutlarını TİP'e bağlamışlardı. Ve bizzat bu kişiler TİP içine girerek, TİP'in yurt çapında örgütlenmesi mücadelesinde en önde dövüşmüşlerdir. Bu bakımdan, TİP'i özörgüt gibi gören, TİP'e romantik bağlarla bağlı olan bütün bu kişileri, bu düzene karşı Anadolu'nun dört bir köşesinde mücadele veren bu devrimcilerin bu durumlarını dikkate almamak, ciddiye alınacak bir davranış değildir. İkinci olarak, TİP ile birlikte, uzun yıllar legal alana çıkamamış olan proleter devrimci hareket, ilk defa olarak, TİP'in çatısı altında devrimci bir grup olarak bir ölçüde emekçi kitlelerle bağ kurma imkanına sahip olacaktı. Nitekim oldu da. Özellikle TİP içindeki proleter devrimcileri, oportünist yönetici kliğe rağmen, TİP cihazını kullanarak, emekçi sınıflar ile organik bağlar kurmuşlar ve bütün mahalli devrimcileri eğiterek, proleter devrimci hareketimizin birer unsuru haline getirmişlerdir. İşte bu iki ana nedenden dolayı, bugüne kadar proleter devrimcilerinin TİP'in içine girerek, TİP'i adına layık bir örgüt hali-

ne getirmek için yaptıkları mücadele doğrudur. TİP içinde yürütülen bu aktif mücadele ile bugün başlangıçta bilimsel sosyalizmin ilke ve esaslarını bilmediklerinden dolayı, Aren-Boran hainlerini destekleyen pek çok dürüst ve namuslu TİP'li saflarımıza kazanılmıştır. Artık TİP içinde proleter devrimcilerinin zaptedecekleri alan yok gibidir. Bugün, yurt çapında kuzeyden-güneye, batıdan-doğuya kadar emekçi kitlelerin kendiliğinden gelişerek patlayan hareketlerini örgütleyerek, siyasi hedeflere yönlendiren TİP'liler, AYDINLIK Sosyalist Dergi'nin saflarındaki proleter devrimcileridir. Bugün, yurt çapında, hakim ittifaka karşı aktif mücadele içinde olan TİP'in oportünist yönetici kliğinin karşı-devrimci ideolojisini benimsemiş TİP'li yok gibidir. Demek ki, TİP içindeki mücadele artık hedefine ulaşmıştır. Hain yönetici kliğin etkinliği bilimsel sosyalizmin rehberliğinde yıkılarak, TİP içindeki en iyi unsurlar proleter devrimci saflara kazanılmıştır.

Aren-Boran Kliğinin İhanetlerini İyi Anlamak Gerekir.

TİP'in başına çöreklenmiş olan bu oportünist merkez kliğinin Türkiye'deki proleter devrimci harekete ihanetini somut örneklerle ortaya koymadan önce, defalarca belirtilmesine rağmen, oportünizmin genel niteliği üzerinde burada kısaca durmanın yararı olacaktır.

Oportünizm, hangi şekil altında ve proleter devrimci hareketin hangi evresinde ortaya çıkarsa çıksın, temelde proletaryanın devrimci ideolojisini ve bununla ilişkin olarak devrimci pratiğini saptırmayı amaçlar. Oportünizmin çeşitli görünümleri vardır. Oportünizmin bu sayısız görünümleri, gelişen proleter devrimci harekete göre değişebilir. Oportünizmin, proleter devrimci hareketi saptırıcı, yozlaştırıcı çabası hangi kılık altında ortaya çıkarsa çıksın, iki ana pozisyonda kendisini gösterir; ya işçi sınıfı ideolojisini çok açık olarak toplumlardaki diğer bir sınıf veya zümrenin çıkarını korumak için kullanmaya çalışır ki bu, oportünizmin birinci ana pozisyonudur. Ya da, oportünizm işçi sınıfının devrimci ideolojisini benimsemiş görünür; parlak, cazibeli ve keskin sözlerle ortaya çıkar; bilimsel sosyalizmin bayrağının sadece kendi elinde dimdik yükseldiğini iddia eder. Öte yandan Marksizmi eylemde tali duruma iter; kısacası, proletaryanın devrimci ideolojisini eylem kılavuzu olarak değil, bir zihni idman aracı gibi görür ve kabul eder. Ki bu da, oportünizmin ikinci ana pozisyonudur.

Her iki durumda da, oportünizm hangi pozisyonda ortaya çıkarsa çıksın, şu veya bu şekilde hakim sınıflara hizmet eder.

TİP merkez kliğinin oportünizmi, bilindiği gibi, ipliği çoktan pazara çıkartılmış olan eski oportünizmdir. Proleter devrimciler, bilimsel sosyalizmin ilkelerini açıkça reddeden bu oportünizmin niteliğini defalarca ortaya koymuşlardır. Aybar-Aren-Boran kliğinin "Sosyalist devrim" şiarı altında emperyalizmin ve işbirlikçilerinin hesabına nasıl çalıştıkları sergilenmiştir.

Aren-Boran oportünizmi günbegün güçlenen proleter devrimci hareket karşısında sapıklıklarını kabul ederek susup oturmuşlar mıdır? Hayır. Şu sıralarda son nefesini vermek üzere olan eski oportünizm, hesabına çalıştığı hakim gerici ittifaka daha açık seçik hizmet yolunu tutmuştur. Proleter devrimcilerini emperyalizmin ajanlarına, polise ihbar ede ede bu alanda kariyer(!) sahibi olan yıllanmış muhbir Behice Boran ve şürekası, her geçen gün bu ihanet halkalarına bir yenisini ilave etme çabasındadırlar. Bayan B. Boran ve şürekası, bugün anti-komünizm silahını kullanmakla ve proleter devrimcilerini "ihtilalci" diye ihbar etmekte, ünlü anti-komünizm simsarları Aclan Sayılgan'ları, Fethi Tevetoğullarını üstü-kapalı dolambaçlı demeçleriyle, çok gerilerde bırakmışlardır. Bayan B. Boran ve şürekası, bu alanda anti-komünizmin simsarlarını işlerinden edeceğe benzemektedirler!

Proleter devrimcilerini özellikle 1966'dan bu yana "ihtilalci komünist" oldukları gerekçesiyle durmadan polise ihbar eden bu hainler, provokasyonlarını geçen ay içinde de sürdürmüşlerdir. 15 Eylül 1970 tarihli, işbirlikçilerin gazetesi olan Tercüman gazetesinin manşet haberi şöyledir:

"Devlet İdaresine, Demokratik Olmayan Yollardan El Koyma Provasını Partide Gerçekleştirmek İstiyorlar"

"Behice Boran, Parti Merkezini basan grubu, sosyalizme ihanetle suçladı. Bir süreden beri yatışmış gibi görünen fakat içten içe devam eden TİP'deki anlaşmazlık önceki gün yapılan kavgalı Ankara il kongresinde tekrar su yüzüne çıkmıştır. Halen yönetimi elinde tutan gruptan bir yetkili, 'Milli Demokratik Devrimciler devlet yönetimine demokratik olmayan yollarla el koyma provasını önce partide gerçekleştirmek istiyorlar' demiştir."

Görüldüğü gibi artık her şey açık seçik ortaya çıkmıştır. TİP'i dünden bugüne bir "seçim-geçim" partisi haline getirenlerin iğrenç yüzlerini örten maske kesin olarak düşmüştür. Maskenin düşmesi, gerek TİP içinde, gerekse TİP dışında hakim ittifakın bütün baskı, şiddet ve cebirlerini en zor şartlar altında göğüsleyen, her türlü güçlüğü, provokasyonu, polis-TİP merkez kliğinin tezgahladığı oyunları boşa çıkartarak, çok yönlü aktif bir mücadele veren proleter devrimcileri sayesinde olmuştur.

Oportünizmle Mücadele Yöntemimiz Açıktır

Bu hainler güruhuna karşı, bugüne kadarki mücadelede takip ettiğimiz yöntem üzerine kısaca duralım.

Bizler, sonuna kadar TİP içinde ideolojik mücadeleyi savunduk. Aren-Boran oportünizmini ideolojik mücadele ile didik didik ettik. Bu oportünizmin ne menem bir şey olduğunu, TİP'in devrimci tabanına teşhir ettik. Üç-dört yıldır, gerek proleter devrimci yayın organlarında, gerekse il-il, ilçe-ilçe bütün TİP yönetim kademelerinde; genel toplantılarda olsun, kongrelerde olsun, yürütülen aktif ideolojik mücadele ile, TİP'in devrimci unsurlarını barındıran bütün alanlar geniş ölçüde zaptedildi. Bu süre içinde TİP oportünist merkez kliği yukarıda da belirttiğimiz gibi, ihbar, provokasyon, ihraç mekanizmasına devamlı başvurdular. Bütün engelleme çabalarına rağmen proleter devrimcilerinin, devrimci tabanın tam desteğini aldığını gören bu hainler güruhu, proleter devrimcilerinin ellerinde bulunan teşkilatları feshetme ve açıkça polisle işbirliği yaparak proleter devrimcilerini kongre salonlarına sokmama yoluna başvurdular. Kısacası, emperyalizmin isteğine uygun olarak, TİP içinde proleter devrimcilerinin yönetime geçmelerine engel olmak için, polisle işbirliğinden, devrimci ihbarına kadar ne yapmaları gerekiyorsa hepsini yaptılar. Özellikle Çankaya ile İstanbul il kongrelerindeki hezimetlerinden sonra, proleter devrimcilerle açık ideolojik mücadele ile baş edemeyeceklerini anlayan bu hainler güruhunun son altı ay içinde polisin uyarmasına uygun olarak, devrimcilerin ellerindeki teşkilatları feshetme, devrimcileri ihraç etme ve kongre salonlarına polis yardımı ile almama yollarına başvurmaları üzerine, bu klik ile ideolojik mücadele yapma imkanı parti içinde fiilen ortadan kalktı. Bu durumda, proleter devrimcileri iki yoldan birisini tercih etmek zorundaydılar; ya bu haince, anti-demokratik tedbirleri sessiz sedasız kabullenip, pasif bir tutum takınacaklardı; ya da polisle işbirliği yaparak parti içi demokrasiyi rafa kaldıran merkez, hainler kliğinin bu işlemini etkisiz hale getirmek, ideolojik mücadele için partide demokratik bir ortam yaratmak amacı ile mücadeleye girişeceklerdi. Birinci yol seçilmiş olsaydı, parti içindeki pekçok namuslu unsur, oportünizmin ideolojik etkinliğine terk edilmiş olacaktı. Böylece TİP'in devrimci tabanı üzerinde TİP'li proleter devrimcilerinin etkisi zayıflayacaktı. Yani devrimci grup, parti tabanının desteğine layık devrimci bir otorite olarak değil, güçsüz, pasif bir hizip etkisi uyandıracaktı. Anadolu'nun çeşitli yerlerindeki TİP'li devrimcilerin geçici merkezi otorite olarak gördükleri, Devrimci TİP Komitesi'ne olan güvenleri azalacak ve Devrimci TİP Komitesi irtibat ve ilişkiler merkezi olarak, görevini yapamamış olacaktı. Bu durum ise, TİP oportünist merkez kliği ile kader birliği yapmış olan küçük-burjuva hainlerinin karamsarlığını bir ölçüde dağıtacak ve onlara cesaret aşılayacaktı. Devrimci TİP Komitesi, bilimsel sosyalizmin emrettiği yolu, yani ikinci yolu tercih etti. Devrimci TİP Komitesi, bu oportünist kliğin yöneticiliğinin geçersiz olduğunu, dolayısıyla aldığı bütün kararların muteber olmadığını ilan ederek, bu hainlerin, Filipin demokrasiciliğinin siyasi partiler kanununa dayanarak parti içi demokrasiye tamamen aykırı bir şekilde feshettiği il ve ilçe yönetim kurullarını geçerli sayarak, TİP'in yurt çapındaki bütün teşkilatlarında aktif mücadele bayrağını açtı. İşte Ankara il kongresi sırasında olan olayları bu açıdan ele almak ve değerlendirmek gerekir.

Ankara İl Kongresi Olayları

Ankara il kongresindeki olayların doğru olarak değerlendirilebilmesi için mutlaka il kongresinden önceki olayların, merkez hainler kliğinin yaptığı işlemlerin bilinmesi gerekir. Çünkü Marksistler herhangi bir sosyal olayı, gelişim süreci içinde inceler ve değerlendirirler. Olayın gelişimi içinde belli bir kesiti alarak, yorumları ona göre yapmak küçük-burjuva tek taraflılığının ve dar görüşlülüğünün bir tezahürüdür. Ankara il kongresini, kongre gününü ele alarak değerlendirmek, Ankara ilinde aktif mücadele verilmediğini iddia etmek ve Ankara il kongresinde oportünizmin tezgahladığı oyunların kaçınılmaz sonucu olan olayları "baskın" diye nitelemek bu küçük-burjuva dar görüşlülüğün bir ifadesidir.

Bazı küçük-burjuva entelektüel çevrelerin Ankara il kongresi olaylarından dolayı proleter devrimcilerini kınamaya kalkmalarının temelinde bu yatmaktadır.

Ankara ilinde proleter devrimciler, partinin her ilçesinde aktif mücadele vererek, Ankara il teşkilatında doğru devrimci stratejiyi hakim kılmışlardır. Çankaya ilçesinde Aren-Boran oportünizmi etkisiz hale getirilmiş ve Ankara il kongresi delegeliklerinin büyük çoğunluğuna proleter devrimciler seçilmişlerdir. Altındağ ve Merkez ilçede de, ideolojik mücadele sonucu, üyeler Aren- Boran oportünizminin etkisinden kurtulmuş ve il delegeliklerini devrimciler kazanmışlardır. Devrimcilerin Ankara'daki bu başarıları Aren-Boran kliğini telaşa düşürmüştür. Eski demogojilerinin sökmediğini gören bu hainler kliği, burjuva politikacılığına, tüzük oyunlarına başvurarak, il teşkilatlarında tam bir ideolojik hakimiyet kurmuş olan proleter devrimcilerini tasfiye etmeye kalkışmışlardır. Bunun somut delilleri şunlardır:

1- Polatlı ilçesinin aslen 40 kadar üyesi olmakla birlikte, oportünistler bunu, sahte üye kaydederek 301'e çıkarmışlardır. Polatlı ilçe kongresine sadece 7 kişinin katılması bu durumun açık belgesidir. 7 kişinin katıldığı ilçe kongresinde, 30 delege seçilmiştir. Ancak kendi seçtikleri 30 delegeyi dahi kongreye getiremiyeceklerini, bunların bir kısmının gerçek devrimci çizgiden yana çıkacaklarını hesap ettiklerinden, Polatlı'ya fazla güvenememişlerdir.

2- İkinci olay, Şereflikoçhisar ilçesinde olmuştur. Şereflikoçhisar ilçesinin üye sayısı 143, il delegeleri sayısı 14'tür. Şereflikoçhisar'da oturup Ankara'da okuyan 10-15 kadar devrimci genç, Koçhisar'da parti üyelerini eğitme çabasına girmişlerdir. Bu eğitimin etkisiyle üyeler parti içi mücadelenin içine girmişler, Aren-Boran oportünizminin ne menem bir şey olduğunu kavramışlardır. Koçhisar TİP ilçe binası, merdiveni olmayan, seyyar merdivenle çıkılan bir binadayken, devrimci gençler bir bina tutmuşlar, bağış toplayarak binanın iki aylık kirasını vermişler ve ilçeyi buraya taşımışlardır. 22 Şubat 1970 tarihinde Koçhisar ilçe kongresi yapılacağı bildirilmiştir. Aren-Boran hainler grubu, bir hafta Koçhisar'da karargah kurup üyeleri kandırmaya çalışmışlardır. Fakat bu hainler kliği, devrimcilerin ideolojik mücadelesi karşısında bunu başaramıyacaklarını anlayınca, kongreden, daha doğrusu kongre çağrısından vazgeçmişlerdir.

24 üyenin bulunduğu Çıkınağıl köyünden 10-15 kadar üyeye içki ziyafeti vererek, kongreyi bu 10-15 kişiyle yapmak istemişlerdir. Bu durumu anlayan Koçhisar'ın içinde oturan devrimci TİP'liler ilçe binasında yapılacak olan kongreye engel olmuşlardır. Kongreyi ilçe binasında yapamayacaklarını anlayan oportünistler, kongre için başka bir yer aramaya başlamışlardır. Devrimci Koçhisarlılar buna da engel olunca, bu hainler güruhu Ankara'ya geri dönmek zorunda kalmışlardır. Ve devrimcilerin kazanacağı garanti olan Koçhisar kongresi bir daha yapılmamıştır.

3- Üçüncü olay Altındağ ilçesinde uygulanan fesih ve ihraç politikasıdır. Altındağ ilçe yönetimi, tüzük kurallarına uygun olarak yapılan ilçe kongresinde, proleter devrimcilerinin ideolojik mücadeleleri sonucu devrimci ellere geçmiştir. Yeni yönetim, bir bildiriyle, milli demokratik devrim stratejisinin doğruluğunu, proletarya ideolojisinin şaşmaz kılavuzluğunu anlatmış ve bu bildiriyi üyelere dağıtmıştır. Bunun üzerine, merkez oportünist kliniği devrimcilere karşı, malum ihraç ve fesih politikasına başvurmuş ve Altındağ ilçe yönetimini feshederek yerine bir müteşebbis heyet atanmıştır. Altındağ yönetim kurulu üyeleri de tüzüğün 43/ç maddesi gereğince haysiyet divanına verilmişlerdir. Altındağ ilçesinde, yeni müteşebbis heyetin başkanlığında, kongreyi yenilemek isteyen oportünistler karşılarında devrimci TİP'lileri buldular... Devrimci TİP'liler sahte Altındağ kongresini kabul etmediler; devrimci stratejiyi savunduğu için feshedilen Altındağ'da yönetimi oportünistlere devretmediler. Çünkü Altındağ yönetiminin devri, ideolojik mücadelenin inkarı olurdu. İdeolojik mücadele ile kazanılan bir yönetimi, merkez hainler kliğinin fesih politikası ile terk etmek pasifist bir tavır olurdu. Altındağ'da oyununu söktüremeyen merkez hainler güruhu, devrimci üyelere çağrı yapmadan gizli bir kongre yaparak, sahte bir yönetim kurulu ve sahte il kongresi delegelerini seçti. Bu arada Altındağ yönetim kurulu üyeleri de partiden ihraç edildiler.

4- Dördüncü olay, Devrimci TİP Komitesi üyelerinden il kongresi delegesi Mahir Çayan, Tangör Çakıroğlu, il delegesi ve Çankaya ilçe başkanı Zakir Koçak ve yönetim kurulu üye-

İlhami Aras'ın kongreden bir gün önce, parti tüzüğüne aykırı olarak ihraç edilmeleridir. (İlhami Aras arkadaşı, oportünistler partiden atarken, devrimci eylemden dolayı işbirlikçi iktidar da hapse atmaktadır. Bu ortaklık şaşırtıcı değil, oportünizmin niteliği gereğidir.)

İşte Ankara il kongresine bu ortamda gidilmiştir.

Merkez hainler kliği, kongre öncesi ihraç edilen devrimci delegelerin kongreye girmelerini engellemek için, kongrede ideolojik mücadeleyi önleyebilmek için, kongrenin yapılacağı Konak Pavyonu'nun kapısına zincirli, sopalı başka illerden de getirilmiş fedailerini yerleştirmişti. Oportünizmi ideolojik mücadele ile il delegelerine teşhir edip, alaşağı etmek amacı ile kongre binasına giden devrimci delegeler oportünizmin zincirli, muştalı, sopalı adamlarıyla karşılaşmışlardır. Kapıda gerçekler anlatılmaya çalışılmış, oportünistler dinlememişlerdir. Oportünistlerin bu tutumuna karşı, devrimciler kongreye devrimci şiddeti kullanarak, girebilecek güçte iken, bir provokasyona meydan vermemek için, topluca Genel Merkez'e, gerçek il kongresini yapmaya gitmişlerdir. Genel Merkez'e girerken Devrimci TİP Komitesi üyesi bir arkadaşımızın göğsüne silah dayayan bir oportünistin elinden silah alınmış, gene silah kullanan diğer iki oportünist de silahlardan tecrit edilmiştir. Polis çağırmak için telefona giden bir oportüniste de engel olunmuştur. Bu olaylar sırasında hainlerin iddiasının aksine, tahrikçi birkaç ajan provokatörün dışında hiç kimseye dayak atılmamış ve tahribat yapılmamıştır. TİP Genel Merkezi'nden daktilo, teksir makinesi vs. gibi bazı şeylerin alındığı, yağma edildiği yolundaki merkez hainler güruhunun çıkardığı söylentiler, proleter devrimcilerini Babıâli basını aracılığı ile karalamayı hedef almış söylentilerdir. Gerçekte ise, proleter devrimcileri için bu "karalama"nın hiçbir anlamı yoktur. İddia edilen bazı şeylerin alınmış olması durumunda bile, 13 Eylül Pazar günkü eylem doğru ve tutarlı bir eylemdir. Ancak sınıf mücadelesinden habersiz küçük-burjuva pasifistleri bu eylemi yağma olarak nitelendirebilir.

Biz merkez hainler kliğinin elinden TİP'in eşyalarını zamanı geldiğinde birer birer alacağız! Çünkü o eşyalar, İzmit'li işçi Ahmet arkadaşın, Karadenizdeki köylü emekçi Mehmet arkadaşın dar imkanlarına rağmen verdikleri paralar, teberrular ve aidatlarla alınmıştır. Ve o aidatlar bir avuç hainin emperyalizme hizmet etmesi için verilmemiştir. Bu nedenle, emekçilerin, devrimcilerin dar imkanları ile toplanan paralarla alınmış olan bu eşyalar, elbetteki, emekçilerin davasına ihanet eden bu hainlerin elinde bırakılmayacaktır. İşçi ve köylü emekçilerin devrimci mücadelesinde kullanılması için proleter devrimcilerine geçirilecektir. Kısacası, emekçilerden sosyalizm adına toplanan paralarla alınmış bu eşyalar, gerçek amacına uygun olarak, yani sosyalizm uğruna kullanılmalıdır. Ve kullanılacaktır! Anadolu'daki bütün parti teşkilatlarındaki TİP'li devrimci arkadaşlar bu eşyaları bu hainlere bırakmamalıdırlar!

Oportünizme Karşı Devrimci Şiddete Başvurmak Yanlış mıdır?

İcazetli sosyalizmin öteki fraksiyonu, yani yeni oportünizm, Emek fraksiyonunun ileri, anti-emperyalist bir güç olduğunu söyleyerek, devrimci şiddete başvurmanın yanlış olduğunu iddia etmektedir. Bu fraksiyona göre, ayrı ayrı "solcu" gruplar arasındaki mücadele sadece ideolojik planda yürütülmelidir. Mücadelede asla şiddete başvurulmamalıdır. Çünkü bu gruplar arasındaki mücadele yöntemi telkin ve ikna olmalıdır. Bu iddia, bilimsel sosyalizmin dışında bir iddiadır. Ve çeşitli bakımlardan yanlıştır.

Bir kere, Emek fraksiyonu, tıpkı kendileri gibi, ilerici, anti-emperyalist bir solcu fraksiyon değildir; tam tersine emperyalizmin devrimci saflardaki bir uzantısıdır. İki oportünist akım da, en son tahlilde, şu ya da bu derecede, hakim gerici ittifakın beşinci kollarıdır. İkinci olarak, oportünist bir gruba karşı, proleter devrimci mücadele, sadece ideolojik planda yürütülemez. Bu mücadele telkin ve iknadan, yani ideolojik mücadeleden, hakim sınıflara uygulanan bütün yöntemleri kapsar. Çünkü aradaki çelişki, uzlaşabilir bir çelişki değildir, zıtlıktır. Bu bakımdan bu zıtlık, halk içindeki uzlaşabilir çelişkilerden tamamen farklıdır. Tek başına telkin ve ikna metodu, yalnızca, bir devrimci hareketin sağ ve sol eğilimleri ile devrimci çizgi arasındaki mücadelede uygulanır. Çünkü bu eğilimler ile proleter devrimci çizgi arasındaki çelişki uzlaşmaz değil, uzlaşabilir bir çelişkidir; halk içindeki çelişkilerden birisidir. Ancak bu şekildeki çelişkilerin çözümünde şiddete başvurmak yanlıştır. Başvurulduğu zaman bu devrimci bir şiddet değil, zorbalık olur.

Yukarıda belirttiğimiz gibi, oportünist bir grup ile proleter devrimci hareket arasındaki zıtlı-

ğın çözümünde uygulanan şiddet, karşı-devrime uygulanan şiddet gibi devrimcidir. Ancak burada özellikle unutulmaması gereken husus şudur; bilindiği gibi proleter devrimcileri hakim sınıflara karşı mücadelede asla ilk önce zora, şiddete başvurmazlar. Proleter devrimcileri, demokratik özgürlükleri derecesi ne olursa olsun, daima sonuna kadar zorlarlar. Yani proleter devrimci mücadelede legalite esastır. Ancak karşı taraf bu özgürlük ortamını ortadan kaldırıp, baskı, şiddet ve zora başvurdukları an, devrimciler de devrimci şiddete başvururlar. Yani, devrimciler şiddete, karşı taraf başvurmadan başvurmazlar.

Proleter devrimcilerin, hakim sınıflara karşı uyguladıkları bu mücadele yöntemini, bu sınıfların devrimci saflardaki uzantısı olan oportünist gruplarla mücadelede de aynen uygularlar. Yalnız burada iki durum söz konusudur;

1- Örgüt içinde devrimciler yönetimdedirler: Bu durumda, oportünist gruplara karşı mücadele, ilk önce ideolojik planda yürütülür. Oportünizmin ideolojik etkinliği altında kalmış olan bütün iyi unsurlar kazanılmaya çalışılır. Ve mücadelenin sonunda, oportünist guruplar dağıtılır; doğru devrimci çizgiyi, öz-eleştiri yaparak kabul etmeyenler örgütten tasfiye edilirler.

2- TİP'de olduğu gibi oportünist bir grup yöneticidir: Örgüt içinde bir muhalefet grubu teşkil eden proleter devrimcilerinin bu oportünist yönetici kliğe karşı mücadelesinde başlıca amaç örgüt içi demokrasinin korunmasıdır. Daha doğrusu, örgüt içi demokrasinin imkanlarından yararlanarak bu oportünist grubu, ideolojik etkinliğini asgariye indirerek, bertaraf etmektir. Proleter devrimcileri, oportünist yönetici kliğin, bütün faşizan zihniyetle yaptığı işlemlere, engelleme çabalarına rağmen örgüt içi üyelik haklarından istifade edip, açık ideolojik mücadelede sonuna kadar ısrar ederek, bu kliğin niteliğini, bu kliğin ideolojik etkinliği altında kalmış olan devrimci unsurlara teşhir etmeye çalışırlar. Asla ilk önce şiddete başvurmazlar. Sonuna kadar bu oportünist yönetimi, ideolojik mücadele ile alaşağı etmeye çalışırlar. Fakat TİP'teki merkez hainler kliğinin yaptığı gibi, oportünist yönetici klik, fesih, ihraç, kongrelere devrimcileri sokmama vs. gibi örgüt içi demokrasiye aykırı tedbirler alır, şiddete başvurursa, artık mücadele biçimi değişir. Artık ideolojik mücadele yapma imkanı, oportünist yönetimin bu girişimi ile fiilen ortadan kalkmıştır. Oportünizm, karşı-devrimci şiddete başvurmuştur. Proleter devrimcileri, sosyal-pasifistler gibi, bu karşı-devrimci şiddet karşısında sinip pusamazlar. Bu terörü sineye çekemezler. Onlar örgüt içi demokrasiyi tekrar yaratmak, oportünist yönetimi ideolojik mücadele ile tasfiye etmek için, düşmanın başvurduğu şiddete karşı, proletaryanın devrimci şiddetine başvururlar. Bu durumda, hâlâ, "şiddete başvurmak yanlıştır. İdeolojik mücadele ile oportünizmi tasfiye etmeye çalışalım" diyen görüş, proletaryanın devrimci ilke ve esaslarını sosyal-pasifistlerin ilke ve esaslarına indiren bir görüştür. Bu, örgütü oportünizme peşkeş çekmekten başka bir şey değildir; proletaryanın devrimci mücadelesine ihanettir. Oportünizmle mücadelede, bilimsel sosyalizmin öngördüğü devrimci ilkeyi, Stalin, son derece açık bir şekilde ortaya koymaktadır: "İdeolojik mücadele ile partinin içinde oportünist unsurların hakkından gelinebileceğini, parti çerçevesi içinde bu unsurlara galebe çalınabileceğini savunan teori, partinin felce ve müzmin huzursuzluğa düşmesi tehlikesi yaratan bir teoridir, bu teori partinin oportünizme peşkeş çekilmesi tehlikesini doğurur; proletaryayı devrimci partisinden yoksun bırakmakla, emperyalizme karşı mücadelesinde başlıca silahından mahrum bırakmakla tehdit eder."(Leninizmin İlkeleri, sayfa: 110.) Devrimci hareketin esenliğini düşünen sosyalistler olarak, TİP'li devrimciler, proletaryanın adını kullanan bu partinin hain merkez kliğinin şiddetini, zorbalığını, elbette ki, sineye çekmeyeceklerdi.

Sonuç

Baştan beri söylediklerimizi özetlersek; proleter devrimcilerinin bilimsel sosyalizmin temeli üzerinde ve değişen şartlara göre uyguladıkları doğru taktiklerle TİP içindeki mücadele başarıya erişmiş; yaşayan TİP proleter devrimci harekete kazanılmıştır. Yani-yukarıda da belirttiğimiz gibi- TİP içinde Aren-Boran hainler güruhuna karşı uzlaşmaz bir ideolojik mücadele ile bütün teşkilatlar taranmıştır; artık ideolojik mücadele ile kazanılacak, zaptedilecek TİP içinde alan kalmamıştır; en iyi unsurlar proleter devrimci saflara kazanılmıştır. Aren-Boran hainler kliği tecrit edilmiştir.

Aren-Boran merkez hainler kliği artık "yönetici klik" değildir. Bay Aren- Bayan B. Boran ve şürekasının aldıkları bütün kararlar geçersizdir. Bir avuç hainin bugün polisle işbirliği yapa-

rak kapalı odalarda proleter devrimci avları düzenlemekten öte bir işleri (!) ve fonksiyonları (!) kalmamıştır. Şu anda TİP içinde geçici merkezi otorite, ilişkiler ve irtibatlar merkezi olan Devrimci TİP Komitesi'dir.

Bu nedenle, TİP Kurultayı merkez hainler kliğinin yönetiminde yapılamaz. Kurultayın yönetiminin Aren-Boran hainler şürekasına bırakılması demek, hakim güçlerin güdümünde polisin ve ajanların provokasyonlarını peşinen sineye çekmek demektir. Böyle bir tavır proleter devrimci uyanıklıkla bağdaşan bir tavır olamaz.

Bu bakımdan TİP gerçek kurultayı için bütün il teşkilatları, delegelerini, 29 Ekim 1970 tarihine kadar Devrimci TİP Komitesi'ne bildirmelidirler. Bu il teşkilatları için tarihi bir görev ve sorumluluktur. Merkez hainler kliğinin çoktan yok ettiği parti içi demokrasisinin, Kurultaya egemen olabilmesi için, gerekli hazırlıkların ve Kurultayın yönetiminin, yaşayan TİP'in geçici ilişkiler merkezi olan Devrimci TİP Komitesi tarafından yerine getirilmesi zorunludur. Aksi halde, TİP Kurultayı Aren-Boran merkez hainler kliği ve polisin ve ajan-provokatörlerin cirit attığı bir alan haline gelecek; Kurultay bir olup-bittiye getirilmek istenecektir.

Bu bir kehanet midir? Elbette hayır. Bu, merkez hainler kliğinin bugüne kadar uyguladıkları yöntemlerin bize kazandırdığı bir deneydir. Bu konuda asla iyimser olamayız.

Devrimci TİP Komitesi, gerekli hazırlıklara başlamıştır. Devrimci TİP Komitesi, TİP'li proleter devrimcileriyle TİP gerçek kurultayı için canlı bağlar kuracaktır. Kurultaya demokratik bir ortamın egemen olması için gerekli tedbirler alınacaktır.

TİP merkez hainler kliği ihanetlerinin bataklığına, proleter devrimciler zafere! Devrimci TİP Komitesi ve Aydınlık." (Aydınlık Sosyalist Dergi- Ekim 1970, sayı: 24.)

130- PDA, Kasım 1970, sayı: 25.

131- THKP-C Davası/İddianame, V Yayınları, Ankara, Mart 1988, sayfa: 70, 77.

132- Sosyalist Kültür Ansiklopedisi, cilt: 6, May Yayınları.

133- a) Taksim Atatürk Kütüphanesi, 19. 4. 1993, b) Çağdaş Marmara Gazetesi, Mayıs 1993, sayı: 38.

134- Bağımsız Türkiye, 24. 1. 1977, sayı: 7.

135- Mihri Belli, İnsanları Tanıdım II, Milliyet Yayınları, İstanbul, Eylül 1990, sayfa: 196 ve 205.

136- Hikmet Kıvılcımlı, Anarşi Yok - Büyük Derleniş, Derleniş Yayınları, İstanbul, dördüncü baskı, Mayıs 1993.

137- THKP-C Dava Dosyası/Yazılı Belgeler, Yar Yayınları, İstanbul, ikinci baskı, Mayıs 1988, sayfa: 349.

138- Sevim Belli, Boşuna mı Çiğnedik?, Belge Yayınları, İstanbul, Kasım 1994, sayfa: 489, 490, 485.

139- Mihri Belli, İnsanları Tanıdım II, Milliyet Yayınları, İstanbul, Eylül 1990, sayfa: 205, 206.

140- Mihri Belli, İnsanları Tanıdım II, Milliyet Yayınları, İstanbul, Eylül 1990, sayfa: 205, 206.

Okuyucu için not: Aclan Sayılgan da TKP davasında birlikte yargılandığı Mihri Belli hakkında şunları açıklamıştır:

"Sayın Mihri Belli... Hakkınızda pek sözler duyardım. 1944 TKP tevkifatında tabutluğa konmuşsunuz, dövülmüşsünüz, konuşmamışsınız. Ama kaldığınız odada yastığınız arasında ele geçen bir mektupla yiğitliğinizi (!) boşa çıkartmış, olanı biteni polisin eline -eser-i kaza ile- ulaştırmışsınız. Tuhaf bir tesadüf, 1954 mahkemesinde de gene üzerinizde bir mektup çıktı. Bugünkü sayın eşiniz, yazdığı mektupla ilk tahkikat sırasında vermiş bulunduğu 176 sayfalık ifadesini duruşmada reddetmesine rağmen size el yazısı ile yazılmış 54 sayfalık bir mektupla ilk tahkikat ifadelerini teyid etmiş, mektup, sizin üzerinizden çıkmış, pek çok gencin mahkumiyetine sebep olmuştu. O sıralar size (Mektupçu Mihri) diyorlardı. Daha ağır suçlamalar vardı ama, bunları tekrarlamak bana düşmez.

Sayın Mihri Belli: İster burjuva, ister proletarya, isterse karşı devrimci olsun; bunlardan birini seçen kişi öncelikle namuslu insanlarla işbirliği yapmak ister. Yani, İstanbul Emniyet Müdürlüğü'nde (Sansaryan Han) bugünkü sayın eşinize söylediğiniz gibi, başkalarının hayatlarına karşı da sorumluluk duyan insanlara! Tevkif edildiğim 8 Eylül 1952 tarihinde daha ilk sorgum sırasında isnadları reddederken, hakkımdaki eski dostlarımdan sekiz on kişinin ver-

diği ifadeyle kıskıvrak bağlanmıştım. 7 Kasım 1952'de Harbiye Cezaevi'ne geldiğim zaman, birbiri aleyhine ifade vermiş 150 sanık ihtilal marşları fısıldıyor, bu marşları birbirlerine öğretiyordu. Sinmesi lazım gelenler varsa ben değilim herhalde." (Türk Solu, 10. 12. 1968, sayı: 56, sayfa: 3.)

Konu için ayrıca bak: Madanoğlu Dava Dosyası. 18 Ekim 1969 günü yapılan toplantı: Doğan Avcıoğlu anlatıyor: "Milli Emniyet raporlarında Mihri Belli'yi çok sevimli yazıyorlarmış. Kendisine söyledim. Güldü bir şey söylemedi. Yani Milli Emniyet raporları geliyor, duyuyoruz. Yani öyle bir ortamda yaşıyoruz."

141- Toplumsal Dayanışma, 7. 4. 1993, sayı: 5.

142- Milliyet, 26. 6. 1973.

Not: Mihri Belli'nin Mahir Çayan ile yaptığını söylediği Kuğulu Park'taki görüşme konusunda Yusuf Küpeli şunları anlatmıştır: "Mahir, 29-30 Ekim 1970 günü yapılan toplantıya katılmadı. Üç dört gün sonra geldi ve bizden özür diledi. 'Ameliyat oldum' dedi. Kendini affettirmek için Münir Ramazan Aktolga ile bana, Mihri Belli'nin Kuğulu Park'ta bir CIA ajanı ile görüştüğünü anlattı. Mihri Belli, bir CIA ajanı ile görüşüyor. CIA ajanı, Mihri Belli'ye, 'Bizim Yugoslavya tipi sosyalizme kadar icazetimiz var' diyor. Biz o zaman anlamadık tabii. Sadece küfrettik. Sonra çözüldü olay. Yugoslavya demek, Sovyetler'in dışında, Sovyetler'e karşı demek. Şimdi Mihri, Mahir'e ne kadar güvenmişse bunu anlatmış. Fakat biz, olayın üzerine gidecek kafa olmadığı için gitmedik o zaman. Ve korktuğumuz için de yazmadık. Korktuk. Çünkü, sonunu getiremezsin. Kimdi CIA ajanı, neydi?"

Konu için ayrıca bak: Münir Ramazan Aktolga, bu konuda şunları söylemiştir: "Mahir Çayan bir gün geldi. Mihri Belli ile konuşmuştu. Bizde gene o sıralarda böyle bir partiye karşı hoşnutsuzluk vardı. Bize illaki parti kurmanın şart olmadığını (Halk Kurtuluş Teşkilatı) falan diye bir dernek kurulabileceğini, zaten, halkın particilikten, parti isminden hoşlanmadığını söylemişti.

Kısacası, o zaman hesap henüz Mihri Belli'nin kuracağı parti üzerindeydi. Bizlerin de ayrı baş çekmesi diye bir durumu zaten yoktu. Bu hesap yanlış da sayılmazdı. Örneğin ben böyle düşünüyordum. Bugüne kadar herkese karşı çıktık, ayrıldık. Ortaya bir şey çıkmadı, hep aynı. O yüzden oturup biraz okumak gerekir diyordum." (THKP-C Davası Duruşma Tutanakları, 25. 6. 1973.)

143- Rasih Nuri İleri, Mihri Belli Olayı, cilt: 1, Anadolu Yayınları, İstanbul, Eylül 1976, sayfa: 196.

144- THKP-C Davası Duruşma Tutanakları, 28. 5. 1973.

145- a) Rasih Nuri İleri, Mihri Belli Olayı, cilt: 1, Anadolu Yayınları, İstanbul, Eylül 1976, sayfa: 20, 21.

b) Mahir Çayan, İlhami Aras, Seyhan Erdoğdu, Tangör Çakıroğlu ve Zakir Koçak'ın oluşturduğu "Devrimci TİP Komitesi" tarafından TİP'in IV. Büyük Kongresi'nden önce bazı kişilere gönderilen genelge ve sorular:

"Devrimci Arkadaş,

Uzun süredir TİP içinde oportünizme karşı verdiğimiz doğru devrimci mücadelenin son halkası TİP Kurultayı'nda tamamlanacaktır. Yıllardır proleter devrimci arkadaşlarımızın TİP'den atılmalarına polise ihbar edilmelerine rağmen verdiğimiz yoğun ideolojik mücadele sonunda TİP'nin başında bulunan bir avuç hainler kliği ve hesaplarının gerçek yüzleri artık ortaya çıkarılmıştır. İdeolojik mücadele karşısında kesin yenilgiye uğrayan bu hainler kliği işi proleter devrimcilerin kazandığı parti teşkilatlarını feshetmeye, delegelikleri iptal etmeye ve hakim iktidarın polisi ile işbirliği etmeye kadar vardırmışlardır. Bütün bunlara rağmen TİP'nin içinde bulunan devrimci nitelikteki unsurlar proleter devrimci saflara kazanılmıştır. TİP'nin başında bulunan Aren-Boran kliği TİP içerisindeki gerçek devrimcileri temsil etmediği aşikardır. 29 Ekim 1970 tarihi bu gerçeği proleter devrimciler tarafından onaylanacağı gündür.

Devrimci arkadaş, 28 Ekim 1970 (Kurultay'dan bir gün önce) günü Ankara'da bulunmanızın önemi hareketimizin açısından büyüktür. Devrimci delegelerle TİP ve kurultay konusundaki proleter devrimci tavır tartışılacaktır. 28 Ekim sabahı delege arkadaşların Devrimci TİP

Komitesi ile ilişki kurmaları gerekmektedir.
Devrimci selamlar.
Devrimci TİP Komitesi
NOT: Ankara'da kaldığı sürece yatacak yer sağlanacaktır.
ADRES: Süleyman Sırrı Sokak 2/12 (Çalışma Bakanlığı yanı)
Aydınlık Sosyalist Dergisi, Sıhhıye-Ankara.

SORULAR
İLÇELERİN DURUMU :

1- İlinizin kaç ilçesi var, adları nelerdir, hangi ilçelerde TİP ilçe teşkilatı vardır?
2- İlçe kongrelerini yapmış ilçeler hangileridir?
3- Kongrelerin yapılmış olduğu ilçelerde, İlçe Yönetim kurulunun, Aybar-Aren oportünizmine karşı tutumu nedir?
4- İl kongresi delegelerinin (kongreleri yapılmış ilçelerde) Aybar-Aren oportünizmine karşı tutumları nelerdir?
5- İlçe yönetim kurullarının ve il kongresi delegeleri arasında olan veya bunun dışında bulunan o ilçede temas kurabileceğiniz proleter devrimcilerin isim ve adresleri nelerdir?
6- İlçe yönetim kurulunda veya il kongresi delegeleri arasında olan veya bunun dışında bulunan o ilçede temas kurabileceğiniz proleter devrimcilerin isim ve adresleri nelerdir?
7- İlçe teşkilatlarının yapısı nedir? Yani ilçeler esas itibariyle bir tabela teşkilatı, bir sahte kuruluş mu, yoksa gerçekten militanları barındıran bir kuruluş mu? Bu soruya yorum yaparak cevap verin.
8- İlçelerde eğitim çalışması var mıdır? Bu işle uğraşan proleter devrimcilerin adları ve adresleri nelerdir?

İLİN DURUMU

1- İl kongresi yapılmış mıdır?
2- İl kongresi yapılmamışsa yapılacağı tarihi ve Devrimci TİP komitesinden ne gibi bir yardım istediğinizi bildirin.
3- İl yönetim kurulunun (kongresi yapılmışsa) Aybar-Aren oportünizmine karşı tutumu nedir?
4- Büyük kongre delegelerinin (kongre yapılmışsa) Aybar-Aren oportünizmine karşı tutumu nedir?
5- İl yönetim kurulunun ve Büyük Kongre delegelerinin isim ve adreslerini gönderin.
6- İl teşkilatının yapısı nedir? Yani il esas olarak bir tabela teşkilatı, bir sahte kuruluş mu, yoksa gerçekten militanları barındıran bir kuruluş mudur? Bu soruya yorum yaparak cevap verin.
7- İl yönetim kurulunda veya Büyük Kongre delegeleri arasında bulunan veya bunun dışında bulunan o ilde temas kurabileceğiniz proleter devrimcilerinin isim ve adresleri nelerdir?
8- İlde eğitim çalışması var mıdır? Bu işle uğraşan proleter devrimcilerinin adı ve adresleri nelerdir?

Genel

1- Bulunduğunuz ilde ve ilçelerde veya yakın köylerde kitle hareketleri var mıdır? Varsa anlatınız. Kitle hareketine (örneğin bir toprak işgaline) yol açacak bir durum var mıdır? Anlatınız.
2- Yukarıda sözü geçen kitle hareketlerinde ilişki kurulabilecek köylerin listesini ve varsa parti dışında da olsa, bu kitle hareketlerinde ön plana çıkmış devrimcilerin isim ve adreslerini bildirin. Bu soru kağıdını hemen cevaplandırın. Bilgileri eksiksiz yazın. Gerekirse ayrıca yorumlarınızı ekleyin ve en kısa zamanda aşağıdaki adrese yollayın.
Adres: Devrimci TİP Komitesi

Süleyman Sırrı Sokak 2/12. Yenişehir/ ANKARA

Çalışmalarımızda birbirimize destek olalım, bağ kuralım. Emperyalizmin işbirlikçilerinin ve oportünizmin karşısına bir kale gibi dikilelim.

Yaşasın tam bağımsız gerçekten demokratik Türkiye.

Emperyalizme, işbirlikçilerine ve oportünizme karşı ileri. Devrimci TİP Komitesi"

146- ASD, Aralık 1970, sayı: 26, sayfa: 114, 115

147- Rasih Nuri İleri, Mihri Belli Olayı, cilt: 1, Anadolu Yayınları, İstanbul, Eylül 1976, sayfa: 213.

148- Rasih Nuri İleri, Mihri Belli Olayı, cilt: 1, Anadolu Yayınları, İstanbul, Eylül 1976, sayfa:196, 197.

Okuyucu için not-1) 29 Ekim 1970 günü yapılan toplantı basına şöyle yansımıştır:

Proleter Toplantısı: TİP kongresi devam ederken, parti dışında bulunan ve kendilerine, "Proleter devrimciler" adını veren, çoğunluğunu gençlerin teşkil ettiği bir başka grup da Ankara Birliği Tiyatrosu salonunda toplanmıştır. İhraç edilmiş bazı eski TİP'liler ile, kongreye katılmayan Genel Merkez'e karşı bazı TİP'li delegelerin de katıldıkları bu toplantıda ilk konuşmayı yapan Yusuf Küpeli adındaki genç, TİP'in yöneticilerini ağır şekilde suçlamış, emperyalizme karşı bir mücadele örgütü kurulmasını teklif etmiştir. Daha sonra söz alan konuşmacılar ise, "Yeni bir beyin ve örgüt etrafında toplanma"yı savunmuşlardır.

Okuyucu için not-2) 30 Ekim 1970 günü yapılan toplantı basına şöyle yansımıştır:

"TİP'ten Ayrılan Devrimciler, Yeni Parti Kurma Kararı Aldılar: TİP'ten ayrılan devrimciler, yeni bir siyasi parti kuracaklardır. Bu konudaki karar, "Proleter devrimciler" grubunun iki gün süren toplantıları sonunda alınmıştır.Yeni örgütütün bağlı bulunacağı esaslar için bir siyasi platform kaleme alınacaktır. Bu platformu hazırlamak üzere, "Aydınlık Sosyalist Dergi"nin yazı kurulunu oluşturan Mihri Belli, Muzaffer Erdost, Vahap Erdoğdu, Seyhan Erdoğdu ve Mahir Çayan görevlendirilmişlerdir. Görüştüğümüz Erdost, bu siyasi platformun en az 3, en çok 9 ayda hazırlanabileceğini ümid ettiklerini söylemiş, bundan sonra temsili mahiyette bir kongre yapılacağını, platform üzerinde gerekli rotüşlerin bu temsili kongrede kesin şekline kavuşturulacağını, siyasi partinin ondan sonra kurulacağını söylemiştir. Erdost, platformun hazırlanmasında Dr. Hikmet Kıvılcımlı ve Şevki Akşit'ten de müşavir olarak faydalanacaklarını bildirmiştir."

149- Mihri Belli, Yazılarım, Sol Yayınları, Ankara, Haziran 1970.

150- Konu için bak: Rasih Nuri İleri, Mihri Belli Olayı, cilt: 1, Anadolu Yayınları, İstanbul, Eylül 1976, sayfa: 99'dan 102'ye kadar.

Okuyucu için bilgi: O dönem, nasıl örgütlendiklerini Şaban İba, şöyle anlatmıştır: "1970 yazında TDGF, üniversitelerden kentlere, kasabalara ve köylere yönelerek örgütlenmeye başladı. Bu TİP'e karşı alternatif bir örgütlenmeydi. İnsanlar, Türkiye'nin birçok yerinden kendiliğinden bize gelip,

'-Bize örgüt tüzüğü modeli verin. Kendi bölgemizde Dev-Genç'in şubesini kurmak istiyoruz' diyorlardı.

Bir kısım referanslar doğruysa, kuruluş yetkisi yazısını yazıyor ve altına kaşeyi basıyorduk. Adam gidip tabelayı asıp, çalışmaya ve üye kaydetmeye başlıyordu. Böyle bir yığın TDGF şubesi ortaya çıktı. Bütün bu çalışmalar Türkiye'de, halkla teması olan, halktan çok şey öğrenen, halkta kendisini aydınlatma görevleri üstlenen, kitle bağları, okuma yazmayı da kendi pratiğinde birleştirebilen bir Dev-Genç'li militan tip yarattı. Herkes için demiyorum ama o günkü Dev-Genç militanı en az bir köylü çalışmasına gitmiştir. Bir mitinge katılmıştır. En az bilmem kaç tane afişlemeye çıkmıştır. En az bir kavgaya girmiştir.

Halk, Dev-Genç'i bir efsane olarak gördüğü gibi Dev-Genç'i dev gibi insan tipleri olarak algılıyordu. Bir örnek vermek gerekirse, 5 Ağustos 1970 Çarşamba günü, Gaziantep'te TDGF ile Gaziantepli fıstık ve üzüm üreticileriyle ortaklaşa, 'Fıstık ve Üzüm Mitingi' yapıldı. Bu mitingden önce, üçer, beşer kişilik ekipler halinde, köylerde miting hazırlıkları için propaganda çalışması yapılıyor. Bu ekipler, Gaziantep'in bütün köylerine giderek, köylüleri topluyorlar ve köylülere, 'Biz Dev-Genç'liyiz' diye, başlayan propaganda yapıyorlar. O zaman, 'Dev-Genç'li' olduğunu söylemek, merhaba demek gibi bir şey. Her yerde referans gibi kullanılıyor. Köylere giden bir ekip, yine daha önceden belirlenen bir köye gidiyor. Köylüleri, köy odasına toplayıp, 'Biz Dev-Genç'liyiz' diyerek ne için geldiklerini anlatmaya başlamışlar. Fakat köylüler, bunlarla, 'Böyle ufak-tefek Dev-Genç olur mu?' diye kafa bulmaya başlamışlar. Rastlantı olarak, bu köy çalışmaları içinde olan Celal Doğan'ın ekibi de köye geliyor. Celal Doğan da uzun boylu, iri yarı gerçekten insan azmanı gibi yapısı olan bir adam. Celal Doğan, tam Dev-Genç tartışması olduğu sıra boyu sığmadığı için yarı beline kadar eğilerek, köylülerin bulunduğu evin kapısından içeriye, 'Selamünaleyküm' diyerek giriyor. Köylüler, Celal Doğan'ı görünce, 'Hahh işte esas Dev-Genç geldi' diyorlar.

Espri bu. Hep dev gibi adamlar gibi düşünülüyor. Bir çok yerde buna benzer espriler oluyordu. Bir keresinde, Mihri Belli'nin hanımının otomobiliyle, Mihri Belli, Atilla Sarp, ben ve Celal Doğan Amasya'ya üreticiler arasında çalışma yapmaya gittik. Amasya'da polis, beni ve bazı arkadaşları, Amasya Kalesi'ne, 'Dev-Genç' diye yazdığımız için gözaltına aldı. 27 Ocak 1971 günü, evinin önünde pusuya düşürülerek öldürülen ve katilleri bulunmayan TİP Amasya il başkanı Şerafettin Atalay, karakola gelerek, komisere,

'-Sen bunları nasıl tutuklarsın? Eğer bunları bırakmazsan şimdi Ankara'ya telefon eder 50 tane Dev-Genç'liyi, elinde silah buraya getirtir, bastırtırım' diyerek, emniyet müdürüne posta atıyordu.

Zaten ortada tutuklanabilecek bir şey yoktu. Kimlik tespiti yapıldıktan sonra, bizi serbest bıraktılar. Ertesi gün, Merzifon'a giderek, orada daha önceden hazırlıkları yapılan ve haşhaş ekiminin yasaklanması ve Amerika'nın tutumunu protesto için, 10 Ağustos 1970 Pazartesi günü düzenlenen, 'Haşhaş Mitingi'ne katıldık. Öyle bir hale geldi ki, üreticiler, işçiler kendiliğinden TDGF'ye gelip, kendi eylemlerine çağırıyorlardı. Biz de gücümüzün oranında bu eylemlere katılmaya çalışıyorduk. Bu çok ciddi ve TDGF'yi örgüt olarak aşan bir şeydi. TDGF, o misyonları üstlenebilecek bir örgüt değildi. Zoraki bir üstlenme durumu oluşuyordu. Aslında, TDGF, sosyalist niteliği ağır basan bir gençlik örgütüydü, parti değildi. İllegal bir örgüt de değildi, ama daha sonra sıkıyönetimde, 'İhtilalci bir örgüt' olarak yargıladılar. Çünkü, bakıyorlar ki herkes Dev-Genç'li. Her şeyi bu örgüt yapmış.

İşler öyle bir noktaya geldi ki, TDGF, bu yükü taşıyamaz hale geldi ve TDGF, doğal bir süreçle ayrıştı. MDD ayrışması hayatın her alanına yansıdı. Önce TDGF'ye, oradan okullara yansıdı. Çünkü öğrenci en militan, en aydın kesim. Gerçekten eylemleri planlayan, yürüten kesimdi. TİP bir yerde bu insanlarla varolabiliyordu. İkincisi TDGF, o ayrışmada TİP'in yerine ikame edilmeye başlandı. Bir kısım insan, militan gençliğin muhalefeti sonucu, TİP'e kızıp tabelasını indirip yerine Dev-Genç tabelasını asıyordu. Özellikle 28-29 Ekim 1970 tarihlerinde yapılan, proleter devrimcilerin sohbet toplantısı esas kopuştur. Bize, 'Bilmem nerede TİP'in tabelasını indirdik, Dev-Genç'in tabelasını astık' gibi haberler geliyordu.

151- THKP- Dava Dosyası/Yazılı Belgeler, Yar Yayınları, İstanbul, ikinci baskı, Mayıs 1988, sayfa:220.

152- Aktüel, 11-17. 2. 1993, sayı: 84.

153- Konu için bak: a) THKP-C Dava Dosyası/Yazılı Belgeler, Yar Yayınları, İstanbul, ikinci baskı, Mayıs 1988, sayfa: 216'dan 242'ye kadar., b) Aydınlık Sosyalist Dergi'ye Açık Mektup, Kurtuluş Yayınları, Ankara, Ocak 1971.

154- Hikmet Kıvılcımlı, Sosyalist Gazetesi Yazıları, Diyalektik Yayınları, İstanbul, Ocak 1995, sayfa: 176'dan 181'e kadar.

Okuyucu için not: Münir Ramazan Aktolga, bu konuda şunları anlatmıştır: "O, sırada Doktor Hikmet Kıvılcımlı'nın kitapları da çıkmaya başlamıştı. Ben, oturdum bunları okudum. Amma bir türlü neden Doktorun da en sonunda asker, sivil, aydın zümre meselesini tekrarladığını tam olarak anlayamıyordum. Doktor için 'tarih tezine katılıyorum ama bürokrasi, ordu konusundaki görüşlerine katılmıyorum' diyordum. Mahir Doktorun kitaplarının hepsini okumadı. Doktor için revizyonist, dedi. Ben de kesin olarak meseleyi açıklayamadığımdan aradaki ilişkileri tartışmalı bir hava içinde bu şekilde sürüyordu. Doktora yakın bazı kişiler, bize gelin Sosyalist gazetesine siz sahip çıkın. Siz olmazsanız olmaz dediler." (THKP-C Davası / Duruşma Tutanakları, 26. 6. 1973.)

155- Sosyalist, 8. 12. 1970, sayı: 1.

156- Çağdaş Yol, Şubat 1988, yıl: 2, sayı: 3.
157- Sosyalist, 2. 3. 1971, sayı: 18.
158- Hikmet Kıvılcımlı, Sosyalist Gazetesi Yazıları, Diyalektik Yayınları, İstanbul, Ocak 1995, sayfa: 208.
159- H. Kıvılcımlı, Sosyalist Gaz. Yazıları, Diyalektik Yay., İst., Ocak 1995, s.: 204, 205.
160- Sosyalist, 16. 3. 1971, sayı: 20.
161- Hikmet Kıvılcımlı, Sosyalist Gazetesi Yazıları, Diyalektik Yayınları, İstanbul, Ocak 1995, sayfa: 269, 270.

ALTINCI BÖLÜM DİPNOTLARI

162- THKP-C Davası/İddianame, V yayınları, Ankara, Mart 1988, sayfa: 86.

Konu için ayrıca bak: a) Ertuğrul Kürkçü, bu konuda şunları anlatmıştır: "İçinde bulunduğum hareketin herhangi belirli bir anında ben yetkili, sorumlu, kendi arasında görev bölüşümü yapmış bir karar organı ile ve icra organıyla karşılaşmadım. Ancak, şüphesiz ideolojik seviyelerin ve tecrübe birikimlerinin benden fazla olduğuna inandığım ve kendilerine güven duyduğum arkadaşları kendimden üstün hissettim. Ve onlara tabi olmayı bir devrimci sorumluluk olarak kabul ettim." (THKP-C Davası Duruşma Tutanakları, 28. 5. 1973).

"Aslında hiç bir şey yokken ortaya çıkartılmış bir THKP ve Mahir Çayan tarafından savcılıkta ve mahkemede verilmiş ifadeler vardı. Ben bu ifadeyi tekrarlayarak bir ifade verdim. Bu ifadede Genel Komite üyeleri olarak ölen arkadaşlarımızı yani daha önce Mahir Çayan tarafından açıklanan Ulaş Bardakçı, Hüseyin Cevahir, Sinan Kazım Özüdoğru, Hüdai Arıkan, ben, Yusuf Küpeli, Münir Ramazan Aktolga, Mahir Çayan ve Mahir Çayan'ın yaptığı açıklamadaki Hüseyin Yavuz ve Bingöl Erdumlu konusunda gerçekten hiçbir fikrim olmadığı için olsa olsa Oktay Etiman olur diyerek Oktay Etiman'ı da kattım. Sanıyorum bir kaçkişi açıkta kaldı. On kişiye tamamlayamadım.

Bundan sonra bana, buna nasıl karar verdiğimizi sordular. Bizim Kavaklıdere'de gidip geldiğimiz bir ev vardı. Zaman zaman burda oturur konuşurduk. Bu evde yapılan konuşmalardan birini kastederek o konuşmada karar verdik şeklinde açıkladım. Ancak Yusuf Küpeli kendisine aynı soru yöneltildiğinde o da başka isimler hatırlayarak başka arkadaşların da isimlerini açıkladı. Bütün bunlar birbirine karışınca bu sefer yeni açıklanan isimlerle beraber on bir kişilik bir yeni liste yaptım... Genel Komite olunca ve bir de Merkez Komitesi söz konusu olunca bunlara çeşitli görevler dağıtılması gerekiyordu. Bunları da o anda nasıl uygun geliyorsa o şekilde yaptım."

"Bunun dışında daha önce Mahkemenizde ve bunun zorunlu bir sonucu olarak bizim ifadelerimizde açıklandığı şekliyle bir karar organı Genel Komite ve bir icra organı pratikte hiçbir zaman olmamıştır. Ancak olması belli zamanlarda, belli arkadaşlarca düşünülmüş olabilir." (THKP-C Davası Duruşma Tutanakları, 4. 6. 1973.)

b) Ulaş Bardakçı da, THKP Genel Komitesi'nin kimlerden oluştuğu konusunda, şunları söylemiştir: "Ben, Münir Aktolga, Yusuf Küpeli, Mahir Çayan, Sinan Kazım Özüdoğru, Ertuğrul Kürkçü, Hüseyin Yavuz, Hüdai Arıkan, Bingöl Erdumlu ve Hüseyin Cevahir olmak üzere 10 kişiden müteşekkildir." (Birinci THKP-C Davası Duruşma Tutanakları, 24. 8. 1971.)

c) Not: Hv. Teğmen Mehmet Alkaya, askeri savcılık ifadesinde bu konuda şunları söylemiştir: "Ankara'ya devamlı gidip geliyordum. Gerek örgüt içindeki subay arkadaşlarla, gerekse Mahir Çayan ve diğer arkadaşlarla görüşmeler yapıyordum. Bu görüşmelerimizde (Aydınlık Sosyalist Dergi'ye Açık Mektup) isimli Mahir Çayan, Ertuğrul Kürkçü, M. Ramazan Aktolga ve Yusuf Küpeli tarafından ortaklaşa kaleme alınan bir yazı çıkarıldı. Bu şahıslar böylelikle Kurtuluşçular kanadını teşkil ettiler. Biz de bu fikirlere ve kitapta belirtilen görüşlere sempati beslemeye başladık. Bir gidişimde de Yzb. Orhan Savaşçı, bana, Mahir Çayan ve arkadaşlarının oluşturmuş bulundukları Kurtuluş Grubu ile bizim askeri örgütün birleşmiş olduğunu bana söyledi."

d) okuyucu için ayrıca ek bilgi: Kurtuluş gazetesini çıkartan Mahir Çayan, Yusuf Küpeli, Münir Ramazan Aktolga ve arkadaşları tarafından bazı kişilere gönderilen genelge ve sorular:

"Arkadaşlar,

Proleter devrimci hareketimizin binbir zorluklarla finanse edebildiği KURTULUŞ bugüne kadar yeterli bir dağıtım sistemine sahip olamamıştır. Bu konuda hataların ve yetersizliklerin sorumluluğu büyük ölçüde merkezi örgütlenme eksikliğindendir. Ama gözden kaçırılması gereken husus genel olarak hareketimizin propaganda, örgütlenme, ajitasyon yetersizlikleri ve bunun yalnız merkezde değil, bütün Anadolu çapında yansımasındandır. Bunun sonucu hepimiz ortak hata ve eksikliklerden dolayı KURTULUŞ yeterli bir dağıtım sistemine sahip olmamıştır.

Kitle silahının önemli bir teşkilatlanma, propaganda ve ajitasyon, kitlelerde devrimci çizgide harekete geçirme aracı olduğunu bir an hatırımızdan çıkarmamalı ve böyle bir ihtiyacın gereğini etimizde, kemiğimizde duymalıyız.

Bir kitle silahının görevi nedir.

1- Teşkilatlanma konusundaki görevleri:

a) Doğru teşkilatlanma bilinci vermek.

b) Teşkilatlanmaya kitleleri sevketmek (dernek, birlik, sendika, parti).

c) Teşkilatlanma bilgisi ile pratiğe geçen öncü kadroların ve özellikle çiftçi, köylü genç proleter devrimci unsurların teşkilatlanma konusundaki pratiklerini ve bilgilerini eylem için geliştirmek.

d) Teşkilatlanma alanında tecrübeli yeni unsurları eylem içinde ortaya çıkarmak.

2- Propaganda Konusunda Görevleri:

a) Kitlelere, devrimci düşünceyi (siyasi, felsefi, ekonomik bütünlüğü ile) her pratik olaydaki görüşlerimizle yoğurup malederek ideolojimizin Amerikan emperyalizmi ve onun ortaklarını yıkacak maddi bir güç haline gelmesini sağlamak.

b) Propagandanın önemli aracı olan "Haber verme", "Haber alma" filosu ile halkımızın yurt çapındaki mücadelesinin bir bütünün parçaları olduğunu göstermek.

c)Halkımızın mücadelesinin bütün dünya proleter devrimci hareketinin bir parçası olduğunu göstermek.

d) Proleter devrimci unsurların mahalli çelişkileri ve somut meseleleri tespit ederek bilgi sahibi olmasını sağlamak, bu bilgileri kitlelere kitle silahı aracılığıyla yaymak.

3- Ajitasyon Konsundaki Görevler:

a) Ajitasyon kitleleri ülkemiz....mücadelenin bedellerinden, deneylerinden.....kazançlarından haberdar ederek bu tür eylemleri bütün yurt çapında yaygınlaştırmaya sevketmek (ajite etmek).

b) Mahalli çelişkileri tespit eden somut meseleleri tahlil eden diğer yerlerdeki deneyleri öğrenen ve bunları kitle silahı aracılığıyla kitlelere duyuran proleter devrimci militanları ve kitlelerin aktif unsurların kitle silahı ile, doğru slogan, doğru eylem ve doğru teşkilatlandırma hedefelerine sevketmektir.

Bu hedeflere varmada iyi bir dağıtım sistemi kurulması bir başlangıçtır. KURTULUŞ yeni bir dağıtım komitesi kurarak bu yolda adım atmıştır. Bugüne kadar çeşitli güçlüklerle bu işi omuzlayan arkadaşlar artık çabalarının karşılığını ancak sistemli bir çalışmayla ve ortak sorumluluk çerçevesinde kısa zamanda iyi bir dağıtım sistemi kurmak zorundayız. Bu deney sahibi olan sizlerin desteği ve çabası olmadan başarılabilecek bir iş değildir.

Yukarıdaki açıklamaların ışığında Dağıtım Komitesi, aşağıdaki konularda sizden bilgi istemekte ve destek beklemektedir:

1- İlişikteki sorulara, yazı elinize geçtikten en geç üç gün içinde "Taahhütlü" ya da "İadeli Taahhütlü" mektupla geniş bilgi istiyoruz.

2- Yazışmalar bundan sonra da devam edecektir. Yazışmalara anında cevap yazılmalıdır. Cevaplar ve yazışmalar her zaman taahhütlü ya da iadeli taahhütlü olacaktır.

NOT: Zarf içindeki adres yalnız sorulara verdiğiniz cevap ve bilgiler için bir defalık kullanılacaktır.

Bunun dışında normal yazışma adresimiz:

KURTULUŞ GAZETESİ, Süleyman Sırrı Sokak 2/12,

Yenişehir-Ankara.

İkinci belge: Kurtuluş Dağıtım Komitesi Soru Kağıdı

1- KURTULUŞ'un altı aydır çıkan bütün sayıları elinize geçti mi? Her sayıdan elinize geçen miktarı ayrı ayrı yazınız.
2- KURTULUŞ çevrenizde sıkı bir çalışmayla ne kadar satılabilir?
3- Şimdiki KURTULUŞ ihtiyacınız ne kadardır? Elinize bu ihtiyacı karşılayacak kadar KURTULUŞ geçiyor mu?
4- Çevrenizde KURTULUŞ'un dağıtımında sizin bildiğiniz hangi aksamalar olmaktadır. Gerek merkezden gönderilişte gerekse çevrenize dağıtılışta dağıtımın aksaklıklarını giderici bir dağıtım planı ya da teklifiniz var mıdır? (Bu soruya mümkün olduğu kadar geniş ve açık cevap veriniz.)
5- KURTULUŞ'u size elden ulaştırabilmek için düzenlice Ankara'ya gelip gidebilen (En az ayda iki kez) birisi gereklidir. Böyle bir tanıdığınız var mıdır? Böyle birisi varsa en kısa sürede KURTULUŞ adresine uğramasını sağlayınız.
6- KURTULUŞ'un bayilerde, sokakta, kahvede, köylerde, satış konusunda deney ve teklifleriniz nelerdir?
7- KURTULUŞ'un dağıtımı başlıbaşına bir görevdir. Ve temsilci olan kişi bu işe büyük zaman ayırabilmelidir. Bundan sonra yapılacak çalışmalarda proleter devrimci ciddiyetle görev alarak temsilci olabilecek kişilerin ve çevrenizden (il merkezi, ilçe, köylerde) tespit ederek adresleri ile bildiriniz ve çalışma şekli konusunda öneride bulununuz.
Çetin Akalın - Televizyon Müdürlüğü, Ziya Gökalp Caddesi, Onar Han - Elektrik Müh. Kızılay - Ankara."

163- Carlos Marighella, Şehir Gerillası, Ant Yayınları, İstanbul, Ekim 1970.
164- Yenigün, 30.12.1970.
165- Ankara Dev-Genç Davası Duruşma Tutanakları, 23. 11. 1972.
166- THKP-C Doğuşu ve İlk Eylemleri, Kaynak Yayınları, İstanbul, ikinci baskı, Temmuz 1987, sayfa: 16, 17, 18.
167- THKP-C Davası Duruşma Tutanakları, 28. 5. 1973.
168- a) Aydınlık, 11. 3. 1995, sayı: 403, sayfa: 8'den 11'e kadar.
b) Yeni Gündem, 8-14. 3. 1987, yıl: 3, sayı: 53, sayfa: 14, 15, 16.
c) Yüzbaşı Orhan Savaşçı, bu toplantı hakkında şunları anlatmıştır: "Sanıyorum 1971'in Ocak ya da Şubat ayında değişik sosyalist grup temsilcilerinin ve kişilerin katıldıkları Dikmen toplantısı yapıldı. Konu, ufukta görünen askeri dar benin desteklenip desteklenmeyeceğiydi. Biz bu toplantıya iki Dev-Genç üyesi ve iki havacı arkadaşımızı, bizleri temsilen gönderdik. Bu arkadaşlarımız, darbenin desteklenmesi gerektiği önerisini reddederek toplantıdan ayrıldılar. Sanıyorum 9 Mart' tan üç dört gün önceydi; İbrahim Keskin'le ilişkiyi sürdüren arkadaşımız Keskin'in görüşme isteğini bizlere iletti. Bu görüşmemizde İbrahim Keskin, darbenin 'İlerici' olacağını, 'düğmeye Muhsin Batur'un basacağı'nı ve darbeyi bizlerin de desteklemesinin doğru olduğunu söyledi. Biz aramızda konuşup bir karar aldıktan sonra kararımızı kendisine ileteceğimizi söyledik. Bu arada şunu da belirtmek isterim, bu teklifin dışında bize İbrahim Keskin'den hiçbir teklif gelmemiştir. Bir durum değerlendirmesi yaptık. İbrahim Keskin'in önerisi, Dikmen toplantısında savunduğumuz görüşte bir değişikliğe yol açmadı." (Yeni Gündem, 8-14. 3. 1987, sayı: 53.)
Konu için ayrıca not: Emekli Hava Kuvvetleri Komutanı Muhsin Batur, kendisiyle röportaj yapan bir gazeteciye, bu konuda şu bilgiyi vermiştir: "Esasen, Tağmaç, Genelkurmay Başkanı olarak 9 Mart'a ilişkin bütün gelişmelerden haberdardı. Biz de aynı şekilde haberdardık. Çünkü, MİT (Milli İstihbarat Teşkilatı) her kademeye yeteri kadar bilgi vermekteydi. Ayrıca, 9 Martçıların gizli toplantılarına katılan Atıf Erçıkan Paşa, toplantılardan sonra Memduh Tağmaç Paşa'ya bilgi veriyordu." (12 Mart, 3. 3. 1976, Politika.)
Konu için ayrıca bak: "Muhsin Batur: Darbeler Çözüm Değildir." Aksiyon- 13/19.1.1996, sayı: 58.
12 Mart 1971 muhtırasının verildiği zamana yaklaşırken, bu tip toplantılar çok sık yapılmıştır. Sarp Kuray, Mahir Çayan, Yusuf Küpeli'nin katıldığı bir toplantı konusunda THKP-C iddianamesinde şu bilgiler bulunmaktadır:

"Ali Cevat Taşıran ve Kamil Yüksel, Hv. Yzb. Orhan Savaşçı ve arkadaşlarının evine birkaç kere gitmişler, bir sefer gidişlerinde ise evde bunlardan başka Hv. Üstğ. Yılmaz Salih Veyisoğlu, Sarp Kuray, Mahir Çayan ve Yusuf Küpeli'nin bulunduklarını görmüşler, o gün özellikle Orhan Savaşçı ve Sarp Kuray arasında Yakacık'ta yapılan iki yüz elli kişilik toplantı eleştirilmiş, diğerleri de bu eleştirmeye katılmıştır." (THKP-C Davası/İddianame, V Yayınları, Ankara, Mart 1988, sayfa: 304.)

169- Devrim, 2. 2. 1971, sayı: 68.

170- Kurtuluş, Ocak 1971, Özel Sayı.

171- Kurtuluş, Yayın Politikamız, 15. 3. 1971, sayı: 1.

172- a) Kurtuluş, 15. 3. 1971, sayı: 1,

b) THKP- Dava Dosyası/Yazılı Belgeler, Yar Yayınları, İstanbul, ikinci baskı, Mayıs 1988, sayfa: 243'den 263'e kadar.

173- Siyah Beyaz, 16.3.1996.

174- THKP-C Davası Duruşma Tutanakları, 28. 5. 1973.

175- THKP-C Davası duruşma Tutanakları, 24. 8. 1971.

176- Bulunan belgeler şunlardır: "Bunlardan Bingöl Erdumlu -Eflatun Sokak 12/2 Feneryolu Kadıköy - İstanbul - 373372, Necmettin Giritlioğlu - 184754 yazı ve rakamları bulunan Türkiye Halk Kurtuluş Partisi Genel Komite üyesi Bingöl Erdumlu'nun; (Milliyet, Cumhuriyet, Akşam, Hürriyet, Günaydın, Tercüman, Adalet, Yeni Gazete, Yeni İstanbul, Bugün, Halkçı) kelimeleri mevcut olanın Türkiye Halk Kurtuluş Parti Genel ve Merkez Komiteleri üyesi Yusuf Küpeli'nin elinden çıktığı anlaşılmıştır." (THKP-C Davası/İddianame, V yayınları, Ankara, Mart 1988, sayfa: 120, 121.)

Not: Mesut Erdinç'in ölümü hakkında Ertuğrul Kürkçü, şunları anlatmıştır: "11 mart 1971 tarihinde ölü olarak bulunmasından sonra haberim oldu. Olayın ve bununla ilgili haberlerin televizyonda gösterildiği sırada Hüseyin Cevahir ile birlikte SBF Öğrenci Yurdu'nda televizyon seyretmekteydik. Bu şoförün bir soygun teşebbüsü sırasında bu soyguna kalkışan arkadaşlarca öldürülüp öldürülmediğini Hüseyin Cevahir'den sordum. O da, bana, 'kendisi için mücadele ettiğimiz insanlara zarar vermeye başladık' şeklinde cevap verdi. Bunun üzerine daha fazla durmamamı ve bu konuyu unutmamı söyledi." (THKP-C Davası Duruşma Tutanakları, 21.6.1973.)

Okuyucu için ek bilgi: Şoför Mesut Erdinç'in ölümü hakkında, Şafak dergisinin 5 nolu özel sayısında şu haber verilmiştir: "MİT kendi ajanlarını öldürtüyor: Şubat ayı sonunda Ankara'da Küçükesat semtinde bir apartman dairesinde bir "Şoför"ün ölü bulunması oayı MİT tarafından örtbas edilmiştir. Öldürülen şahıs, Ersan Taksi'de şoför kisvesi altında çalışan MİT ajanı bir subaydır. Bu MİT ajanının gene MİT'de çalışan eski İçişleri Bakanı Haldun Menteşeoğlu'nun oğlu olan bir şahıs tarafından öldürüldüğü gizlenmektedir."

177- Milliyet, 18. 2. 1971.

178- Yeni İstanbul, "Adıgüzel İçin Kampanya Açtık", 29. 3. 1971.

179- Mehmet Emin Değer, CIA/Kontrgerilla ve Türkiye, Ankara, Mart 1979, sayfa: 172, 173.

180- Celil Gürkan, 12 Mart'a Beş Kala, Tekin Yayınevi, İstanbul, Ocak 1986, sayfa: 511, 512.

181- Talat Turhan, Kontrgerilla Cumhuriyeti, Tümzamanlar Yayıncılık, İstanbul, Mart 1993, sayfa: 86'dan 89'a kadar.

Okuyucu için not: 9 Martçıların hazırladığı hükümet kabinesi ile ilgili çok değişik listeler yayınlanmıştır. Bunlardan bir diğeri de şöyledir:

1-Başbakan Yardımcısı: (isim belirtilmemiş), 2-Adalet Bakanlığı: Prof. Bahri Savcı, Miraç Aktuğ (Bayındır Bakanlığı Eski Baş Müsteşarı), 3-Bayındırlık Bakanlığı: Yük. Müh. Sedat Özkol, Şükrü Kaya (Bayındırlık Bakanlığı Müşaviri), 4-Çalışma Bakanlığı: Necdet Şaluuz (Tekel Eski Genel Müdür Muavini), Erciş Kurtuluş (Gelirler Gn. Md. Yr.), 5-Dışişleri Bakanlığı: Emekli Tümamiral Sezai Orkunt, Büyükelçi Osman Olcay (Brüksel'de), 6-Enerji ve Tabii Kaynaklar Bakanlığı: İhsan Topaloğlu (Eski TPAO Genel Müdürü), Mehmet Erdemir (Etibank Müşaviri), 7-Gümrük ve Tekel Bakanlığı: Sabahattin Teoman (Ortak Pazar Temsilcisi), Cemal Silahoğlu (Eski Tekel Genel Müdürü), 8-İçişleri Bakanı: Enver Koray (Eski Ankara

Valisi), 9-İmar ve İskan Bakanlığı: Selahattin Babüroğlu (Yüksek Mürakabe Kurulu Üyesi), Halit Karababa (İmar İskan Gecekondu Denetleme Başkanı), İlhan Tekeli (ODTÜ'de Uzman), 10-Köyişleri Bakanlığı: O. Nuri Koçtürk (Beslenme Uzmanı), Cevat Geray (Doçent), 11-Maliye Bakanlığı: Ziya Kayra (Eski Merkez Bankası Müdürü), Erhan Işıl (Eski Hazine Genel Müdürü), 12-Milli Eğitim Bakanlığı: Prof. Fehmi Yavuz, 13-Milli Savunma Bakanlığı: Fatih Özfakih (Hukukçu), 14-Sağlık ve Sosyal Yardım Bakanlığı: Prof. Nusret Fişek (Hacettepe), 15-Sanayi Bakanlığı: Tahsin Yalabuk (Eski Etibank Genel Müdürü), 16-Tarım Bakanlığı: Oğuz Atalay (Devlet Üretme Çiftlikleri Genel Müdürü), 17-Orman Bakanlığı: Celal Göldün-Yüksek Orman Mühendisi (Danıştay'da),18- Ticaret Bakanlığı: Adnan Başer Kafaoğlu (Maliye Bakanlığı Gelirler Genel Müdürü), Sebahattin Özmen (Devlet Personel Dairesi), 19-Turizm ve Tanıtma Bakanlığı: Nejat Erder-İktisatçı (ODTÜ), 20-Ulaştırma Bakanlığı: Hilmi Özgen (Yüksek Murakabe Üyesi), Nedret Utkan (Eski Denizcilik Bankası Genel Müdürü), 21-Gençlik ve Spor Bakanlığı: Halit Çelenk (Avukat), İrfan Solmazer. 22-Devlet Bakanlığı: Memdüh Aytür (Eski Devlet Planlama Müşteşarı), Numan Esin, 23-Devlet Bakanlığı: Atilla Sönmez (Eski Plancı), Orhan Kabibay, 24-Devlet Bakanlığı: Mucip Ataklı, Şaban Demir (İkt. Müş.), 25-Plan Kordinasyon Bakanlığı: O. Nuri Torun (İktisatçı), Atilla Karaosmanoğlu (İktisatçı), 26-Basın-Yayın: Sabahattin Selek (Basın İlan kurumu Genel Müdürü), Altan Öymen (Gazeteci), Mazhar Özkol (Büyükelçi, İktisat Dr.). (Günaydın-12. 3. 1971.)

182- Türkiye Solu Gazetesi, 6 Mart 1971, sayı: 1.

Not: Bu konudaki gelişmeler ve kimlerin kimlerle ilişkisi olduğu herkes tarafından bilinmektedir. Gelişmeler herkesin gözü önünde ve açıktan yapılmaktadır. Piyade Ütğ. Mehmet Haluk Ergüven askeri savcılıkta verdiği ifadesinde bu konuda özetle şunları söylemiştir: "Doğu Perinçek'le Oktay Cengizbay ve benim, üçüncü buluşmam yine 1971'in ilk ayları içinde ve PDA binasının üst katındaki bir evde vuku bulmuştur. Oktay ve ben, Doğu Perinçek'e, cunta faaliyetlerinden bahsettik. Doğu Perinçek de, eğer dahil olabilirsek cuntaya girmemizi bize öğütledi. Oktay, subay kesimi içinde bazı devrimci subayların Hikmet Kıvılcımlı, Mahir Çayan ve Deniz Gezmiş'in fikirlerini benimsediklerini eğer bu subaylara PDA stratejisi benimsetilirse maddi bakımdan örgüte yarar sağlanacağını, bu sebeple eğitici sivillere, devrimci subayların eğitim çalışmalarında görev verilmesini Doğu Perinçek'ten talep etti."

183- Doğan Avcıoğlu, Devrim Üzerine, Bilgi Yayınları, Ankara, Şubat 1971.

184- THKP-C Davası/İddianame, V Yayınları, Ankara, Mart 1988, sayfa: 122.

185- Celil Gürkan, 12 Mart'a Beş Kala, Tekin Yay. İstanbul, Ocak 1986, s. 249.

186- Cüneyt Arcayürek, Demirel Dönemi/12 Mart Darbesi (1965-1971), Bilgi Yayınevi, Ankara, ikinci baskı, Ağustos 1985, sayfa: 359, 360.

Konu için ayrıca not: "Ankara'daki Kara Birlikleri'nde sükûnet vardı. Hava Kuvvetleri ise 9 Mart saat 14.00'den beri alarmdaydılar.

İstanbul'daki 1. Ordu Karargahı'nda ise o akşam olağandışı bir hareketlilik vardı. Ordu Komutanı Orgeneral Faik Türün, akşamüstü Tugay Komutanlarını topladı. Bir süre sonra, 1. Ordu'ya alarm verildi. Saat 2.00'de bütün Tabur Komutanları birliklerinin başındaydılar." (12 Mart Dosyalarından İnsan manzaraları, Hazırlayan: Adil Özkol, 10. 3. 1976, Politika.)

187- İkibine Doğru, 22-28, 3. 1987, yıl: 1, sayı: 12, sayfa: 22, 23.

188- Celil Gürkan, 12 Mart'a Beş Kala, Tekin Yayınları, İstanbul, Ocak 1986, sayfa: 249'dan 253'e kadar.

189- Celil Gürkan, 12 Mart'a Beş Kala, Tekin Yayınları, İstanbul, Ocak 1986, sayfa: 513.

190- a) Ant, Mayıs 1971, sayı:13, sayfa: 7,8, b) Ortam, 19-26. 4. 1971, sayı: 1, sayfa: 3, 4.

191- Siyah Beyaz 20.3.1996

192- Siyah Beyaz, 20.3.1996

Not: Münir Ramazan Aktolga, bu konuda ayrıca şunları anlatmıştır: "Orhan Savaşçı ve arkadaşlarının durumu şu: Orhan ve arkadaşları asker. Orhan, Mahir'in kayınbiraderi olduğu için ilişkisi var. Görüşmeleri de oluyor. Batur cuntasının alt kademesi olmuş oluyorlar. Ama Orhan ve arkadaşları, 8-9 Mart'ın militanları olmadılar. Kendilerini solcu, komünist olarak görüyorlardı. Cuntacı olarak görmüyorlardı. Onu ayırmak lazım. 8-9 Martçıların en rahatsızlığıda buradan oldu. Çünkü, Hava Kuvvetleri'nin tabanı bizdeydi. Arada kontak kuran belli kişiler vardı. Görüşülüyordu. Bizim arkadaşlara geliyorlardı. Orhan'la görüşüyorlardı."

"Binbaşı İbrahim Keskin vardı. O, arada daha çok gidip geliyordu. Haberleri o getiriyordu Orhanlara. Biz de ne olup bittiğini Orhanlardan öğreniyorduk."

"Mahir, Orhan ile akrabalık ve başka ilişkileri olduğunu, söyledi. Mahir, hiçbir zaman, bunlar cunta içindeler falan diye söylemedi. Hepsi solcu, bizim gibi düşünen, asker arkadaşlar, diye bahsetti. Ve ben olumlu buldum tabii."

"Ordu içindeki çeşitli ilişkilerden duyuyorduk. Sarp Kuray vardı. O cepheden duyuyorduk. Necmettin Giritlioğlu'nun ağabeyi Aycan Giritlioğlu, Uğur Mumcu'nun çok yakın arkadaşıydı. Aycan aracılığıyla cunta haberlerini alıyoruz."

193- Talat Turhan, Bomba Davası, cilt: 1, İstanbul, Ocak 1986, sayfa: 81.

194- Ortam, 19-26. 4. 1971, sayı: 1, sayfa: 3.

195- Geçiş Sürecinde Türkiye (Derleyen: İrvin Cemil Schick/ E. Ahmet Tonak), Belge Yayınları, İstanbul, ikinci baskı, Ekim 1992, sayfa: 260.

196- Nazlı Ilıcak, 12 Mart Cuntaları, Tercüman yayınları, İstanbul 1986, sayfa: 48, 163, 164, 165, 166.

197- Cüneyt Arcayürek, Demirel Dönemi/12 Mart Darbesi (1965-1971), Bilgi Yayınevi, Ankara, ikinci baskı, Ağustos 1985, sayfa: 361, 362.

198- Türkiye Sorunları, Ağustos 1987, sayı: 2, sayfa: 38.

199- THKP-C Davası/İddianame, V Yayınları, Ankara, Mart 1988, sayfa: 133.

200- THKP-C Davası/İddianamesi, V Yayınları, Ankara, Mart 1988, sayfa: 133, 134.

201- THKP-C Davası/İddianamesi, V Yayınları, Ankara, Mart 1988, sayfa: 128.

203- THKP-C Davası/İddianame, V Yayınları, Ankara, Mart 1988, sayfa: 128, 129, 130, 131.

a) Konu için bak: Marmara Brifingi, Kaynak Yayınları, İstanbul, Nisan 1995, sayfa:50.

204- CHP İstanbul Milletvekili Orhan Birgit, Mete Has ile Talip Aksoy'un kaçırılışlarında, Etiler durağında fidyeyi Mahir ve arkadaşlarına veren Dr. Vecihi Demiral ve Kadir Has'ın muhasebecisi Nihat Uysal'ın duruşmasında tanıklık yapan Turan Çağlar'ın, 45 dakika önce fidyenin verileceğini Emniyet'e haber verdiğini söylemesi üzerine 15 Eylül 1971 Çarşamba günü, İçişleri Bakanı'na bir soru önergesi vermiştir. Orhan Birgit, önergesinde bu konuda, İçişleri Bakanı'na şunları sormuştur:

"1- Turan Çağlar'ın ihbarını tespit eden sorumlu İstanbul Emniyet görevlisi, ya da görevlileri kimlerdir?

2- Bu ihbarı öğrenen sorumlu görevliler, o anda hangi işlemleri yapmışlardır?

3- Turan Çağlar'ın ihbarı nasıl değerlendirilmiş, 27 Mayıs 1960'dan sonra uzun süre İstanbul Radyo Müdürlüğü ve devlet istihbaratında önemli görevler yaptığı bilinmesi gereken bir kimsenin verdiği haberden nöbetçi Emniyet Müdürü ve öteki yetkililer ne zaman bilgi sahibi edilmişlerdir?

4- Edilmemişlerse, böylesine önemli ve belki de o tarihten sonraki başka benzer olayları, bu arada İsrail Başkonsolosu'nun kaçırılması ve öldürülmesi eylemini de önleyecek bu ihbarı gerektiği şekilde değerlendirmeyenler hakkında ne gibi idari işlem yapılmıştır? Halen bu kimselerin ihmal ya da kasıtla mı hareket ettikleri yolunda adli bir kovuşturma var mıdır?".

İstanbul Emniyet Müdürü Muzaffer Çağlar, olayın polise haber verilişi konusunda şunları söylemiştir:

"İlk defa bana saat 18.30'da Kadir Has'ın evinden Turan Çağlar bey telefon ederek durumu bildirdi. Ancak, o anda paralar verilmiş, herşey olup bitmişti. Hemen Kadir Has ve Mete Has'ın evini arayarak bilgi aldım. Bundan sonra arkadaşlarımı gönderdim."

Turan Çağlar ise Kadir Has'ın aile dostu olduğunu belirttikten sonra şöyle demiştir: "Onlar polisi haberdar etmekten çekiniyorlardı. Ben, bunun doğru olmadığını, polise haber vermekten başka bir çare bulunmadığını söyledim ve Emniyet Müdürü'ne telefon ettim." (Milliyet, 7.4.1971)

Konu için şu yayınlara bakın:

a) Tuncay Özkan, Bir Gizli Servisin Tarihi, Milliyet Yayınları, İstanbul, Aralık 1996, sayfa:198, 199, 200.

b) Talat Turhan, Doruk Operasyonu, Sorun Yayınları, İstanbul, Ağustos 1989, sayfa: 41, 42, 43.

c) 3. Adam Anlatıyor - MİT/CIA İlişkisi, Kaynak Yayınları, İstanbul, sayfa: 63, 73.

205- THKP-C Davası/İddianame, V Yayınları, Ankara, Mart 1988, sayfa: 133

206- THKP-C Davası/İddianame, V Yayınları, Ankara, Mart 1988, sayfa:136,137.

207- THKP-C Davası Duruşma Tutanakları, 4. 6. 1973.

208- THKP-C Davası Duruşma Tutanakları, 28. 5. 1973.

209- Konu için bak:

a) Milliyet 1971 Yıllığı,

b) Carlos Marighella, Şehir Gerillası, Ant Yayınları, İstanbul, Ekim 1970, sayfa: 74.

210- THKP-C Davası Duruşma Tutanakları, 28. 5. 1973.

211- THKP-C Davası Duruşma Tutanakları, 30. 7. 1973.

212- Ankara Dev-Genç Davası Duruşma Tutanakları, 24. 11. 1972.

213- THKP-C Davası/İddianame, V yayınları, Ankara, Mart 1988, sayfa: 132, 133, 134.

214- THKP-C Davası Duruşma Tutanakları, 4. 6. 1973.

215- Ankara Dev-Genç Davası Duruşma Tutanakları, 24. 11. 1972.

YEDİNCİ BÖLÜM DİPNOTLARI

216- THKP-C Davası Duruşma Tutanakları, 28. 5. 1973.

217- THKP-C Davası Duruşma Tutanakları, 29. 9. 1971.

218- Sadi Koçaş, 12 Mart Anıları, May Yayınları, İstanbul 1978, sayfa: 213.

219- Talat Turhan, Bomba Davası, cilt: 2, İstanbul, Temmuz 1986, sayfa: 164.

Konu için ayrıca bak: Elrom olayı konusunda, bir dönem İTÜ Öğrenci Birliği Başkanlığı yapmış olan Harun Karadeniz, Kartal-Maltepe Askeri Cezaevi'nde tutuklu iken yaşadığı bir olayı şöyle anlatmıştır:

"Koğuşumuzda oldukça serbestiz. Daha doğrusu Emniyet Müdürlüğü ve benzeri yerlere göre daha rahatız. Hiç değilse kendi aramızda konuşuyoruz. Ulaş Bardakçı'yı burada tanıdım. Çok olaya katılmış, fakat son derece mütevazi ve iddiasız, içi dışı aynı samimi bir arkadaş.

Bir akşam, 'Kellemizi istiyorlar' dedi. Bunu dediği an bile neşeliydi, hayat doluydu.

Kolay olmaz bu iş' dedim. Gerçi Ulaş, çok olayda vardı, özellikle de İsrail Konsolosu'nun kaçırılma davası önemliydi. Fakat davalar bitene kadar şartların değişeceğine inanıyordum. Onun için de 'Kolay olmaz o iş' dedim.

Bir gece, Solmazer'le şundan bundan konuşurken, Ulaş, bazı arkadaşlarla gülüp oynuyordu. Bu onun tabii neşeli hal lerinden biriydi.

Solmazer onları göstererek:

'Dünyanın farkında değil bunlar' dedi. 'Bir yabancı devletin konsolosu kaçırılmış ve sonra öldürülmüş. Bunlar kurtulmaz. Yabancı devletlere karşı bunları feda ederler.'

Ranzaların üstünde karşılıklı oturmuşuz ve Solmazer, bunları söylüyor. Kendi aramızda konuşuyoruz, başka kimse duymuyor bizi. Dikkatle yüzüne baktım Solmazer'in. Son derece ciddi idi. 27 Mayıs sonrasında devletin bazı kuruluşlarında bulunmuş bu tür işleri bilen biri söylüyordu bunları." Harun Karadeniz, 27 Mayıs 1960 harekatının liderlerinden olan ve eski Milli Birlik Komitesi üyesi İrfan Solmazer'le yaptığı konuşmanın devamını şöyle anlatmaktadır:

"Solmazer'le aramızda geçen yukarki konuşmamdan birkaç akşam sonraydı. Koğuşta uluorta bir konuşma var. Konusu siyasi polis teşkilatları. Herkes bir şeyler söylüyor. CIA'den, MİT'den bahsediliyor. Haber alma, değerlendirme ve benzeri faaliyetler tartışılıyor.

Konuşanlar biraz küçümsüyorlar gibi geldi bana bu örgütleri. Ben: 'O kadar küçümsememek lazım bu örgütleri, özellikle haber alma konusunda hayli ileriler benim anladığım' dedim. O zamana kadar pek söze karışmamıştım, tartışmacılar pek kabullenmediler bunu: Yok canım' deyip kestiler.

Bu arada Solmazer söze karıştı:
'Çocuklar siz MİT'i pek kenara atmayın bu iş pek sizin bildiğiniz gibi değil' dedi. Gençler cevap verdiler.
'O kadar değil, pek bir şeyden haberleri yok.'
Gençlerin bu cevabı Solmazer'i kızdırdı, 'Siz biliyor musunuz ki Elrom'un kaçırılacağını hükümet sekiz gün evvelden biliyordu.'
Yok canım' dediler gençler.
Sekiz gün evvelden biliyordu sekiz, siz ne sanıyorsunuz?'
Doğrusu huzurum kaçtı, hapiste ne kadar huzurum varsa da kaçtı demek istiyorum. Bir süre ileri geri düşündüm. Solmazer bu sözü niye söylesin? Solmazer, bu sözü o an uydurmadı ya, bu işin daha önce konuşulmuş olması gerekir en azından. Ya bu söz doğruysa, o zaman bu gençlerin günahı ne? Oyun büyük çapta dönüyor, ama gençler idama gidiyor. Daha iki gün evvel Solmazer bunlar için:
'Dünyanın farkında değil, kurtulmaz bunlar' dememiş miydi?
Aklıma bir fikir geldi. Eğer hükümet gerçekten biliyor idiyse, gençler idamdan kurtulabilirlerdi. Yeter ki bu olay duyurulabilsin. Evet, bu olay yani Elrom'un kaçırılacağını hükümetin sekiz gün evvelden bildiği Türk ve dünya kamuoyuna duyurulabilirse büyük skandal olur. Bu skandal hükümetin düşmesine kadar varabilir diye düşündüm. Peki ama, bu olay nasıl duyurulabilir. Olayı söyleyen Solmazer, başka kimse bir şey bilmiyor. Uzatmayalım Solmazer'le konuşmaya karar verdim. Tartışmanın üstünden bir süre geçmişti ki, Solmazer'in yanına gittim ve başka kimse duymayacak şekilde konuşmaya başladık.
'Doğru mu hükümetin bildiği?' diye sordum. Başını sallayarak:
'Doğru' dedi.
'Peki bu arkadaşların suçu ne o zaman? Oyun büyük dönmüş ve bu gençler kurban seçilmiş'. Solmazer, bir şeyler demek istediğimi anlamış ve soru soran bir ifadeyle yüzüme bakıyordu. Ben, devam ettim:

'Demem şu ki eğer bu olay kamuoyuna duyurulursa, bu arkadaşlar kurtulur. Mesela gençlerden biri ya da avukatlardan biri mahkemede, Elrom'un kaçırılacağının Hükümetçe sekiz gün önceden bilindiğini söylerse, yabancı basından muhabir de bulunur mahkemede, muhtemelen yabancı basın da geçer bu haberi ve bu iş hükümetin düşmesine kadar gider. Gençler de idama gitmezler. Olayı siz biliyorsunuz, çocuklarla bir konuşun bakalım ne olur?'
'Denemeye değer.'
'Ben, buradan kalkıp gideyim, siz bir iki tanesini çağırıp konuşun.'
Ben, Solmazer'in yanından ayrıldım ve gidip yatağıma uzandım. Solmazer, gençleri çağırıp konuşmaya başladı. Beş-on dakika kadar konuştular ve sonra gençler, Solmazer'in yanından ayrılıp; gittiler. Aradan bir yarım saat kadar geçtikten sonra ben, tekrar Solmazer'in yanına gittim. Ve ne olduğunu sordum.
'Kabul etmiyorlar' dedi.
'Bir avukatın söylemesini filan da mı kabul etmiyorlar?'
'Etmiyorlar. Gurur meselesi biraz da.'
'Doğru tabii, fakat olayın aslı böyleyse? Gurur eninde sonunda biraz kırılır. Şu an önemli olan onların ölümden kurtulması.'
Solmazer, gençlerle konuşurken ben bu konuyu bir daha düşünmüştüm. Gençlerin bu teklifi reddetmeleri normaldi, onun için ikinci teklifimi hazırlamıştım bile.
'Bir başka çözüm daha var. Bu konu en iyi mahkeme salonunda duyurulurdu ama, gerçekten ters bir durum oluyor. Konunun duyurulabileceği ikinci yer Meclis'tir bence. Sizin tanıdığınız parlamenterler vardır nasıl olsa, onlardan biri sözlü soru şeklinde konuyu duyurabilir.'
Solmazer, bir gözünü kırparak başını salladı ve 'Dur bakalım' dedi.
Aradan bir iki hafta mı ne geçmişti ki gazetelerde küçük bir haber okuduk. Kabibay, sözlü soru önergesi vermiş. 'Daha önceden konsolosun kaçırılacağı ihbar edilmiş olduğu, fakat hükümetin yeter tedbir almadığı' yolunda bir soru önergesinden sözeden bir habercik. Aradan kısa bir süre daha geçti, yeni bir haber daha:

'İstanbul Emniyet Müdürü görevden alındı. Müdürün görevine ihmali olduğu öne sürülüyor.' Elrom'un kaçırılması davası sonra hayli dallandı budaklandı. Benim beklediğim kadar olmasa da epey etkisi oldu. Fakat Ulaş, önce beş arkadaşıyla hapisten kaçtı. Sonra, sonrası malum Arnavutköy'de öldürüldü.

Hükümetin kaçırma olayını önceden bilip bilmediği ve bir de Yüzbaşı İlyas meselesi pek konuşulmadı o günden bu yana." (Harun Karadeniz, Yaşamımdan Acı Dilimler, May yayınları, İstanbul, Aralık 1975, sayfa: 32, 33, 34, 35.)

Okuyucu için not: MİT Uyarmıştı İddiası: Bu konudaki söylentiler her dönem çok yaygın bir şekilde olmaktadır. Örneğin bu söylentilerde en son örnek Özdemir Sabancı'nın öldürülmesinde yayınlanan bir haberdir. Bu haber aynen şöyledir:

Soner Gürel-Milli İstihbarat Teşkilatı'nın (MİT), Özdemir Sabancı'nın öldürülmesinden 12 gün önce Sabancı Ailesi'ni ve ilgilileri suikast konusunda uyardığı öne sürüldü. Emniyet Genel Müdürlüğü İstihbarat Daire Başkanlığı'nın da saldırıyı öğrendiği, ancak kime yönelik olduğunu saptayamadığı iddia edildi. MİT'in üst düzey bir yetkilisi Milliyet'e, "Haber bize yaklaşık 12 gün önce geldi. Örgütün böyle bir eylem hazırlığı içinde olduğunu öğrenince, öncelikle kime, nasıl yapılacağını araştırdık" dedi. Aynı yetkili şunları söyledi: "Hedefin Sabancı Ailesi olduğunu da saptayınca öncelikle aklımıza Sakıp Sabancı'yla ailedeki bir başka isim geldi. Sakıp Sabancı'yla diğer Sabancı'nın isimleri, örgütün 1990'da yayınladığı hedef listede yer almıştı. Bilginin bize ulaşmasından hemen sonra harekete geçtik. Öncelikle Sabancı Ailesi'ni suikaste karşı önlem almaları konusunda uyardık. Daha sonra da yasamız gereği bağlı olduğumuz kurumlara, bize gelen bilgileri aktardık. Aileye suikastin nasıl yapılacağını öğrendik, ancak zaman konusunda net bir bilgi olmadığını söyledik." Üst düzey yetkili, gerekli önlemlerin neden alınmadığı sorusunu ise şöyle yanıtladı: "Teşkilatın görevi operasyon değildir. Sadece aldığı bilgileri devletin ilgili makamlarına iletmektir. Maalesef bizde 2-3 gün önlem alınıyor, bir şey olmadığı görülünce de gevşetiliyor." (Milliyet-12. 1. 1996.)

220- Aydınlık, 13. 3. 1980.

221- Okuyucu için bilgi: 7 Nisan 1971 Çarşamba günü, İstanbul Merkez Komutanlığına bağlı inzibat kuvvetlerinin yaptıkları arama sırasında 34 EU 870 plakalı otomobilde bulunan ve ismi açıklanmayan üç gencin gözaltına alındığı Emniyet yetkilileri tarafından açıklanır.

222- THKP-C Davası/İddianame, V Yayınları, Ankara, Mart 1988, sayfa: 138.

223- Aydınlık, 13. 3. 1980.

224- Aydınlık, 13. 3. 1980.

225- THKP-C Davası Duruşma Tutanakları, 4. 6. 1973.

226- Elrom'un kaçırılma olayı için bak: 18 Mayıs 1971 ve daha sonraki tarihli gazeteler.

227- Aydınlık, 15. 3. 1971.

228- Aydınlık, 15. 3. 1971.

229- Bildiriler için bak: THKP-C Dava Dosyası/Yazılı Belgeler, Yar Yayınları, İstanbul, ikinci baskı, Mart 1988, sayfa: 438'den 447'ye kadar.

230- Hürriyet, 21. 5. 1971.

231- Bülten için bak: THKP-C Dava Dosyası/Yazılı Belgeler, Yar Yayınları, İstanbul, ikinci Baskı, Mart 1988, sayfa: 443'den 447'ye kadar.

232- Haber, 11. 6. 1971.

233- THKP-C Davası Duruşma Tutanakları, 24. 7. 1973.

234- Olay için bak: 4. 5. 1971 ve daha sonraki gazeteler.

235- a) Yüksel Baştunç, Şu 68 Kuşağı, Yılmaz Yayınları, İstanbul 1992, sayfa: 378, 379, 380.
b) THKP-C Davası Duruşma Tutanakları, 11. 10. 1971.

236- Mahir, Elrom olayı sırasında, aranması en az düşünülen yerler olduğu düşüncesiyle daha çok Teğmen Saffet Alp ve Yüzbaşı İlyas Aydın'ın evinde kalır.

237- Hürriyet, 23. 5. 1971.

238- THKP-C Davası/İddianame, V Yayınları, Ankara, Mart 1988, sayfa: 142, 143.

239- Konu için ayrıca bak: THKP-C Davası/İddianame, V Yayınları, Ankara, Mart 1988, sayfa:

143.

240- THKP-C Davası Duruşma Tutanakları, 24. 7. 1973.

241- THKP-C Davası/İddianame, V Yayınları, Ankara, Mart 1988, sayfa: 143, 144.
Okuyucu için not: Elrom'u öldüren konusunda değişik isimler öne sürülmektedir. Bu konuda söylenenler şunlardır:
a) Askeri Savcı Hakim Kıdemli Albay Naci Gür: Mahir Çayan,
b) Ertuğrul Kürkçü: Mahir Çayan.
c) Yusuf Küpeli: Mahir Çayan.
d) Necmi Demir: Ulaş Bardakçı.

242- THKP-C Davası/İddianame, V Yayınları, Ankara, Mart 1988, sayfa: 144.

243- Ahmet Kahraman, Yılmaz Güney Efsanesi, V Yayınları, Ankara, Mayıs 1991, sayfa: 206'dan 211'e kadar.

244- THKP-C Davası Duruşma Tutanakları, 22. 9. 1971.

245- Hürriyet, 24. 5. 1971.
Okuyucu için not: 1) Yahudi cemaatinin tepkisi için bak: Akkan Suver, Ephraim Elrom, Şalom Gazetesi, 26. 5. 1971.
Okuyucu için not: 2) 14.9.1978 tarihli Aydınlık gazetesinde şöyle bir haber yayınlanmıştır: "Elrom olayına adı karışan bir Suriye'linin, Suriye'ye teslim edildiği ileri sürüldü. Şam (A.A.)- İsrail'in İstanbul Başkonsolosu Efraim Elrom'un kaçırılması ve öldürülmesi olayına karıştığı gerekçesiyle yargılanan ve 15 yıl hapis cezasına çarptırılan Suriyeli bir Tıp öğrencisinin Suriye'de tutuklu iki Türk'le değiştirildiği (Suriye Haber Ajansı) tarafından bildirildi. Ajans haberinde, Şerafettin Abaza adlı öğrencinin Suriye'ye iade edilmesi karşılığında, siyasal olmayan suçlardan Suriye'de hüküm giymiş iki Türk'ün Türk makamlarına teslim edildiği bildirildi. Ajansa göre değişim Bab-ül have sınır kapısında yapıldı."

246- Hürriyet, 28. 5. 1971. Not: Yılmaz Güney, 4. 6. 1971 günü serbest bırakılır.

247- Aydınlık, 19. 3. 1980.

248- THKP-C Davası/İddianame, V Yayınları, Ankara, Mart 1988, sayfa: 145.

249- THKP-C Davası/İddianame, V Yayınları, Ankara, Mart 1988, sayfa: 146, 147, 148.

250- Konu için bak: a) Devrimci Yol Dergisi, 1. 5. 1977, sayı: 1,
b) Mahir Çayan, Bütün Yazılar, Atılım Yayınları, İstanbul, Mart 1992, sayfa: 351, 352, 353,354.

251- THKP-C Davası Duruşma Tutanakları, 11. 10. 1971.

252- THKP-C Davası/İddianame, V Yayınları, Ankara, Mart 1988, sayfa: 145.

253- Hürriyet, 29. 5. 1971.

254- THKP-C Davası Duruşma Tutanakları, 27. 9. 1971.

255- THKP-C Davası Duruşma Tutanakları, 29. 9. 1971.

256- Konu için bak: Ömer Laçiner ve 32 subayın yargılandığı, "Devrimci Subaylar Örgütü" davası. Cumhuriyet, 29. 1. 1974.

257- Not: 23 Mart 1972 tarihinde yakalanan Oktay Etiman, yargılanır, idam cezası alır. 1974'te çıkan af yasasıyla cezası 30 yıla düşer. 14 yıl hapis yattıktan sonra Ertuğrul Kürkçü ve Nahit Tören ile 23 Mart 1986 Pazar günü tahliye edilir.

258- Konu için okuyucuya bilgi: Saffet Alp'in evinde bulunan belgelerden bazıları şunlardır:
a) İran ve Amerikan Başkonsoloslukları, bir çok şahıs ile bazı şirketlerin adres ve telefon numaraları.
b) Emniyet telsizinin kaydedildiği defter.
c) Teğmen Mehmet Alkaya'ya ait diploma.
d) THKP-C'ye ait bildiriler.

259- Konu için bak: THKP-C Davası/İddianame, V Yayınları, Ankara, Mart 1988.

260- İçel Milletvekili Celal Kargılı, Sibel Erkan'ın babası Binbaşı Dinçer Erkan'ın, Mahir Çayan'ın firarıyla ilgisi olup olmadığını, Başbakan ve Milli Savunma Bakanına yazılı olarak sormuştur. (Dünya, 14. 3. 1972.)

Birinci Ordu ve Sıkıyönetim Komutanlığı, Mahir Çayan ve arkadaşlarının, Maltepe Askeri Tutukevinden kaçmaları ile ilgili olarak, Sibel Erkan'ın babası Binbaşı Dinçer Erkan hakkında, özetle şu açıklamayı yapmıştır:

"İstanbul Sıkıyönetim Komutanlığınca yürütülmekte olan bir operasyon sebebiyle, bazı genç subay ve astsubayların sicil yoluyla emekliye sevk edildikleri ve haklarındaki soruşturmanın devam ettiği Genelkurmay Başkanlığınca açıklanmıştır.

Son günlerde, halk arasına yayılan, maksatlı dedikodular arasında, komünist kanun kaçaklarından Mahir Çayan ve dört arkadaşının Kartal Askeri Ceza ve Tutukevi'nden firar etmeleri olayı yüzünden bir süre önce evinde rehine tuttukları Sibel Erkan'ın babası Binbaşı Dinçer Erkan'ın da tutuklu bulunduğu yolunda bir söylenti de mevcuttur. Binbaşı Dinçer Erkan halen görevi başındadır, hakkında ne soruşturma açılmıştır, ne de bu olayla ilgisi vardır." (Milliyet, 18. 3. 1972).

261- Milliyet/Hürriyet/Cumhuriyet/Akşam, 2. 6. 1971.

262- THKP-C Davası Duruşma Tutanakları, 7. 11. 1971.

263- THKP-C Davası Duruşma Tutanakları, 4. 10. 1971.

Okuyucu için bilgi: Bu olayla ilgili olarak, duruşmada, o zaman, 2. Şube 1. Kısımda görevli polis memuru olan ve bu operasyona katılan Cavit Acar, özet olarak şunları söylemiştir: "Ben camı kırarak içeriye girdim. Hüseyin Cevahir ölü vaziyetteydi. Daha önce birçok ateş edilmişti. Ben nerelerde yara olduğunu bilmiyorum. Çamaşır makinası delik deşik olmuştu. Onun ölü olduğunu görünce ben kapıyı açıp diğer salona geçtim. Mahir Çayan'ın bulunduğu salona geçtim. O sırada diğer polis arkadaşlar, Mahir Çayan'ın başında toplanmışlardı."

Mahir Çayan'ın başında bulunan polis memurlarından Mehmet Surlu ise şu iddialarda bulunmuştur: "İşaret atışı üzerine üçüncü kata girdik. Devamlı olarak hem dışarıdan içeriye hem de içeriden dışarıya doğru ateş ediliyordu. Ben içeriye girdiğimde bilahare Hüseyin Cevahir olduğunu öğrendiğim şahsın yan yatmış ve ölü vaziyette olduğunu biraz ilerisinde bulunan ve Mahir Çayan olduğunu öğrendiğim şahsı da yaralı olarak gördüm. Yanlarında Mehmet Bayrak vardı. Ben bu yaralı şahsın üzerinde bulduğum bir sten şarjörünü aldım. Şarjör dolu vaziyetteydi. Kendisini odaya çektim ve orada kelepçe taktım. Kelepçe takmadan önce orası kalabalıktı. Hercümerç bir vaziyet vardı. Bu sırada vurmayın, beni öldürmeyin diyordu."

Mehmet Bayrak ise, operasyona nasıl katıldığını ve bundan sonrasını şöyle anlatmıştır: "Bir atışla binaya girilmesi kararlaştırıldı. İçeriye girecek olan şahıslar meyanında görevliydim. Nitekim karşıdan bir atış yapıldı. Ben mutfak panceresinden binaya dahil oldum. İçeriye baktığımda Mahir Çayan ve Hüseyin Cevahir olduğunu öğrendiğim şahıslar birbirleriyle konuşuyorlardı. Ellerindeki stenlerin namluları yere doğruydu. Mahir'in biraz ilerisinde Sibel bulunuyordu. Yanlış oldu, Hüseyin'in sağ tarafında ve dış kısımda Sibel bulunuyordu. Ben bu sırada ateş ettim. Hüseyin Cevahir sarsıldı. O da elinde bulunan stenle bana doğru tarama yaptı. Mahir Çayan da içeriye bir kişinin girip ateş ettiğinin farkına varınca o da ateşe başladı. Mahir Çayan, bu sırada banyo kısmının ön kısmına giderken düştü. Ben de bu fırsattan istifade ederek hemen yanlarına koştum. Hüseyin Cevahir'in ölmüş olduğunu gördüm. Mahir Çayan yaralı idi. Ben girdiğimde elleri ile karın nahiyesini tutuyordu. Yüz üstü sol yanağı yere gelecek şekilde duruyordu. Gözlerini kırpıştırıyordu. Ölmediğini anladım."

Mahir Çayan da, bunlara karşılık olarak, "As. Savcı çirkin bir oyunu tezgahlamıştır. Ben polislere beni öldürmeyin diye yalvarmadım. Nitekim dün bir polis ambülansta bana bir kurşun sıkıp, öldürmelerini söylemiş olduğumu beyan etti" demiştir.

264- THKP-C Doğuşu ve İlk Eylemleri, Kaynak Yayınları, İstanbul, birinci baskı, Mayıs 1987, sayfa: 57, 58.

265- THKP-C Davası Duruşma Tutanakları, 27. 8. 1971.

266- THKP-C Davası Duruşma Tutanakları, 24. 8. 1971.

267- Faik Muzaffer Amaç, Çayan Davası, Yücel Yayınları, İstanbul, Ekim 1971, sayfa: 59.

Not: Mahir, hastahanede yaralı olarak yatarken kendisiyle bir İsrailli gazetecinin görüştüğü yolunda basında haberler çıkmıştır. Bu haber özetle şöyledir:

"AP Ajansı, İstanbul'da girdikleri bir evde asayiş kuvvetleri tarafından yakalanarak yaralı olarak hastahaneye kaldırılan şehir eşkıyası Mahir Çayan'la ilk konuşmayı, Tel-Aviv'de yayınlanan Yediot Aharont gazetesinin muhabiri Louie Orcole'nin yaptığını bildirmiştir.

Ajansa göre, Mahir Çayan bu konuşma sırasında, İstanbul'un İsrail Başkonsolosu Ephraim Elrom'u öldürenin kendisi olduğunu kesin surette açıklamış ve 'Eğer öldürmeseydik planladığımız yeni eylemlere ciddi bir şekilde eğilemezdik' demiştir.

Şehir eşkıyası Mahir Çayan ile yabancı gazeteci arasında şu konuşma geçmiştir:

Soru: Elrom'u sen mi öldürdün?

Cevap:Evet, ben öldürdüm.

Soru: Nasıl öldürdün?

Cevap: 6.35 milimetrelik bir tabanca ile beynine üç kurşun sıkmak suretiyle öldürdüm.

Soru: Elrom ölürken ne söyledi ve ne hissetti?

Cevap: Hiçbir şey söylemedi ve hissetmedi. Zira, kendisini daha önce uyutmuştuk.

Soru: Niçin öldürdün?

Cevap: Eğer öldürmeseydik, planladığımız yeni eylemlere ciddi bir şekilde eğilemezdik.

Soru: Elrom'u öldürmeyi kim emretti?

Çayan, bu soruyu cevapsız bırakmış, sadece ilgili makamlara bu konuda geniş bilgi verebileceğini söylemiştir."

Basında çıkan bu haberler üzerine İstanbul 1. Ordu ve Sıkıyönetim Komutanlığı'nın bir yetkilisi, Anadolu Ajansı'nın bir sorusuna verdiği yanıtta, İsrailli gazetecinin şehir eşkıyası Mahir Çayan'la konuşması haberinin doğru olmadığını bildirmiştir.

1. Ordu ve Sıkıyönetim Komutanlığının yetkilisi, Goldenberg adında İsrailli bir gazetecinin şehir eşkıyası Mahir Çayan'ın fotoğrafını çekmek üzere Sıkıyönetim Komutanlığı'ndan izin istediğini, bu iznin kendisine verildiğini, muhabirin hastahaneye gittiğini doğrulamış, ancak, şehir eşkıyası Mahir Çayan ile muhabir arasında hiçbir konuşma geçmediğini, fotoğrafın dahi muhabir tarafından çekilmediğini, Sıkıyönetimce çekilen bir fotoğrafın İsrailli gazeteciye verildiğini, Louis Ercole adında bir gazetecinin ne Sıkıyönetim makamları ne de dolayısıyla şehir eşkıyası Mahir Çayan'la temas etmediğini bu nedenlerle bugün AP Ajansının İsrail gazetesine atfen yayınladığı haberin tamamen bir hayal mahsulü olduğunu, bildirmiştir." (Haber, 11. 6. 1971.)

268- THKP-C Doğuşu/İlk Eylemleri, Kaynak Yayınları, İstanbul, birinci baskı, Mayıs 1987, sayfa: 58.

269- THKP-C Davası Duruşma Tutanakları, 23. 8. 1971.

270- Meraklısı için not: a) Orfe De Negro (Siyah Orfe): Marcel Camus'un Brezilya'da çekilmiş filmi. 1962'de Türkiye'de gösterime girdi.
b) Haldun Taner, Siyah Orfe, Vatan, 25.1.1962.

SEKİZİNCİ BÖLÜM DİPNOTLARI

271- THKP-C Davası/İddianame, V Yayınları, Ankara, Mart 1988, sayfa: 151.

272- THKP-C Davası Duruşma Tutanakları, 28. 5. 1973.

273- Faik Muzaffer Amaç, Çayan Davası, Yücel Yayınları, İstanbul, Ekim 1971, sayfa: 75'ten 123'e kadar.

274- Cumhuriyet/Akşam/Milliyet/ Hürriyet, 17. 8. 1971.

275- a)Milliyet, 24. 8. 1971, b)Lenin, Mektuplar, Toplum Yayınevi, İstanbul, Şubat 1969.

276- THKP-C Davası Duruşma Tutanakları, 23. 8. 1971.

277- 23 Ağustos 1971 günü yapılan duruşma sırasında Mahir Çayan tarafından yanında oturan Ulaş Bardakçı'ya verilen not aynen şöyledir:
"Biz hükümetin şartlarımızı kabul etmeyen sert tutumu karşısında 2. günü İlbay Apt.'da toplantı yaptık. Ve konsolosu öldürmeyip, işi fidyeye dökmeye karar verdik (Hüseyin ve Oktay çekimser). Ve akşam Oğuz'u Ankara'ya bu aldığımız kararı bildirmek üzere gönderdik.

4. gün Oğuz'la beraber Hüdai, otobüsle İstanbul'a geldiler.
Senin ve benim 2 oyumuza karşılık Ankara'daki Genel Komite 5 oyla öldürme kararı almışlardı.
Arama yapılacağı gün bu meseleyi tekrar Hamarat Apt.da tartıştık. Ben, Saffet ve sen, öldürülmemesi, fidye istenmesi görüşündeydik. Buna karşılık Hüseyin, Hüdai, Oktay ve yüzbaşı, Genel Komite'nin oy çoğunluğu ile aldığı karara uymak gerektiğini söylüyorlardı. Tartışma uzadı. (Ben ve sen, G. Komite'nin kararının olumlu olduğunu savunuyorduk) Bunun üzerine ben 2 gündür uykusuz olduğum için 1-2 saat için sedire uzandım. Ne karar verilirse kabul edeceğimi söyledim. Ben uyurken evde kalma kararı alınıyor. Sen bu kararı Necmilere iletiyorsun. Sonra nakil için araba geliyor. Sen, ben ve Saffet, tekrar taşınması için direniyoruz. Ve sonra ben ve Saffet, bütün takdir yetkisi sizlere aittir deyip, evi terkediyoruz. Sende benden sonra evi terk ediyorsun (20-25 dk. sonra).
En son evde Hüseyin, Hüdai ve Yüzbaşı kalıyor. Tabanca yüzbaşının bir kadın arkadaşının. Hüdai, arama sırasında Çamlıca Apt.'da saklanıyor. Öldüren galiba Yzbş. Sonra (aramadan sonra) Levent'te buluşuyoruz. (Sen öldürenin Yüzbaşı olduğunu Hüdai'den öğreniyorsun.)"

278- a) THKP-C Davası Duruşma Tutanakları, 24. 8. 1971.
b) Milliyet, 25. 8. 1971.

279- THKP-C Davası Duruşma Tutanakları, 24. 8. 1971.
Okuyucu için bilgi: TBMM Bütçe Komisyonu'nda 22 Ocak 1978 Pazar günü söz alan üyelerden CHP İzmir Milletvekili yaptığı konuşmanın bir yerinde, "Elrom'u resmi örgüt içine girmiş illegal örgüt öldürdü"der. Tabii Senatör Suphi Karaman da özetle şunları söylemiştir: "12 Mart'tan kısa bir süre sonra, galiba Nisan sonlarındaydı. Ankara'daki Marmara Köşkü'nde bir brifing yapılmıştı, bir Cumartesi günü. O brifingden çıkanlar ellerinde listelerle bütün Anadolu'ya yayılmışlardı. Ertesi gün Pazar'dı, Senato'daki grup arkadaşlarımı toplayıp durumu anlattım. 'Bugün yarın önemli olaylar cereyan edebilir' dedim. Birkaç gün sonra radyodan yayınlanan bir hükümet bildirisi ile büyük tevkifler başladı. Bütün valiler kolları sıvamışlar, en çok tevkifi kendi bölgelerinde yaptırmak için yarışa girmişlerdi. Bu yarışta İçel ve Kayseri valileri en ön sırayı aldılar. Bu brfingi yapanlar, katılanlar kimlerdi? O günlerde öldürülen Elrom'u öldürenler kimlerdi?". Karaman, konuşmasının burasında tanınmış iki politikacının da bu kişilere yardım ettilerini ileri sürer, "isterseniz kim olduklarını da açıklayayım" der. Komisyon üyelerinin, "Açıkla, açıkla. Zabıtlara geçsin" sesleri üzerine birkaç saniye düşündükten sonra açıklama yapmaktan vazgeçtiğini belirtir. (Hürriyet, 24.1.1978)

280- Gerçek Haber Ajansı Bülteni, 1. 11. 1971.
Bu konuda, sanık avukatlarından Avukat Nebil Varuy, mahkemede şunları söylemiştir: *"Şahsi kanaatimce, bu davada bütün çabalara rağmen birçok noktalarda gerçek gün ışığına çıkamıyacaktır. İhbarın bir dolmuş hikayesinden nasıl çıktığı ve mantıkla kabili telif olmadığı ortaya konmuştur. Çünkü arabadaki konuşmalar apartman kiraya verildiğine göre artık geçersizdir ve kesinlikle söylenmemiştir. Söylenmesi mantığa aykırı olur. Bunun gibi bu dava gerek savcının gerek müdafiilerin ve gerek mahkemenin bütün gayretine rağmen karanlık noktalarla doludur. Biz, dünkü talebimizde bir noktayı aydınlatmak istedik. İhbarın nerelerden uzanıp buraya geldiğini öğrenmek istedik, kabil olmadı. Nitekim şahsi kanaatimce, Elrom'u öldüren Yüzbaşı İlyas Aydın'ın da durum ve fonksiyonu, tarihi karanlıkta kalacaktır. Maruzatım bu kadardır."* (THKP-C Davası Duruşma Tutanakları, 29. 9. 1971.)

281- THKP-C Davası Duruşma Tutanakları, 28. 5. 1973.

282- THKP-C Davası Duruşma Tutanakları, 29. 5. 1973.

283- 30. 10. 1993 günü, Şişli Belediyesi Kitap Şenliği'nde yaptığı söyleşiden.

284- Henri Charrie, Kelebek, E yayınları, İstanbul, birinci baskı, Eylül 1969.

285- a) Milliyet, 8. 3. 1993.
b) Adnan Gerger, Firar Öyküleri, Başak Yayınları, Ankara, beşinci baskı, Eylül 1990.

286- Faik Muzaffer Amaç, Çayan Davası, Yücel Yayınları, İstanbul, Ekim 1971.

287- THKP-C Davası/İddianame, V Yayınları, Ankara, Mart 1988, sayfa: 171.

288- THKP-C Davası/İddianame, V Yayınları, Ankara, Mart 1988, sayfa: 179, 180.

Eski MİT mensubu Mehmet Eymür, bu konuda şunları yazmıştır: "Teğmen Fuzuli Yazıcı da Zırhlı Birlik'te görevli subaylardan biriydi. Firar olayından birkaç gün önce üslerine tutuklulardan THKP-C mensubu Rüçhan Manas ile evlenmek istediğine dair dilekçe vermişti." (Mehmet Eymür, Bir MİT Mensubunun Anıları, Milliyet Yayınları, İstanbul, Ağustos 1991, sayfa: 59.)

289- THKP-C Davası/İddianame, V Yayınları, Ankara, Mart 1988, sayfa: 179, 180.

290- THKP-C Davası/İddianame, V Yayınları, Ankara, Mart 1988, sayfa: 180, 181.

291- THKP-C Davası Duruşma Tutanakları, 9-10. 7. 1973.

292- Zihni Çetiner, bu konuda şunları söylemiştir: "Necati Sağır'ın doktor kardeşi Nejdet Sağır, bana şunu söylemiştir, 'Olayı Kızıldere'ye çekmek. Amacımız Ankara'da darbe yapmaktı.'"

293- THKP-C Doğuşu ve İlk Eylemleri, Kaynak Yayınları, İstanbul, birinci baskı, Mayıs 1987, sayfa: 148, 149.

294- Savunma için bak: THKP-C Dava Savunması, Devrimci Savaş Yayınları, İstanbul, Şubat 1979.

Not: "Kaçma hazırlığı içinde olunduğu" gerekçesiyle THKP-C savunmasının "tam istenilen gibi olmadığı" söylenmektedir. Oysa Mahir, Kesintisiz Devrim II-III adlı broşürünü çok daha zor koşullar altında kaleme almıştır. Ayrıca taslak halinde iken ele geçip yayınlanan bu broşür daha sonra teorik bir metin olarak benimsenmiştir.

295- Konu için bak: THKP-C Davası/Yazılı Belgeler, Yar Yayınları, İstanbul, ikinci baskı, Mayıs 1988.

296- Nokta, 31. 1. 1988, yıl: 6, sayı: 4.

297- Cumhuriyet, 27.6. 1978.

298- Nokta, 31. 1. 1988, yıl: 6, sayı: 4.

299- Cumhuriyet, 26. 11. 1971.

300- Milliyet/Günaydın/Hürriyet, 27. 11. 1971.

301- THKP-C Davası/İddianame, V Yayınları, Ankara, Mart 1988, sayfa: 187.

302- Nokta, 31. 1. 1988, yıl: 6, sayı: 4.

303- THKP-C Davası/İddianame, V Yayınları, Ankara, Mart 1988, sayfa: 185'den 190'a kadar.

Not: Ziya Yılmaz, Kumkapı'daki bu evden Florya'daki eve nasıl gittiklerini şöyle anlatmıştır: "Beyazıt'ta bizi eski siyah bir arabanın bekleyeceği söylenmişti. Baktık bir araba var orada ama şoförü ve bizi götürecek arkadaş yok. Neyse bindik beş kişi arabaya, hâlâ kimlik filan yok. Durakta da bir adam gazete okuyor. Büyük Firar diye bir manşet altında bizim resimler. Yüreğimiz ağzımıza geldi. Biz de orada beş kişi tıkılmış bir arabada şoförü ve arkadaşı bekliyoruz. Gazeteciler bağıra bağıra büyük firar diye gazete satıyor, biz de orada oturuyoruz. Bayağı kaygılanmaya başlamıştık. Neyse şoför geldi ama adam sarhoş. Bir ara karanfil almak istedi. Neymiş, sarhoşmuş, trafik çevirirse içkili olduğu anlaşılmasınmış. Neyse sonunda Florya'ya vardık." (Nokta, 31. 1. 1988, yıl: 6, sayı: 4.)

304- Necip Torumtay, Org.Torumtay'ın Anıları, Milliyet Yayınları, üçüncü baskı, Ağustos 1994, sayfa: 58

Okuyucu için bilgi-a): Mahir Çayan, Cihan Alptekin ve arkadaşlarının cezaevinden kaçmaları ile ilgili olarak Emekli Deniz Binbaşısı Erol Mütercimler, 26 Nisan 1988'de Emekli Tümamiral Memduh Ünlütürk'le yaptığı konuşmada Ünlütürk'ün Mahir Çayan'ların hapishaneden kaçma olayını kendisine şöyle anlattığını açıklamıştır: 'Biz Mahir Çayan'ların hapishaneden kaçacağının enformasyonunu aldık. Bu enformasyonu aldıktan sonra Faik Türün, ben, sonra Turgut Sunalp geldi, bir durum değerlendirmesi yaptık. Sonra Faik Türün Ankara'yla konuştu. Bir gün sonra dört tane Amerikalı subay geldi. Bu toplantıda ben vardım, Amerikalı subaylar vardı, durum değerlendirmesi yapıldı. Hapishaneden kaçma hazırlığı yapıldığı istihbaratı kendilerine aktarıldı. Onlar şunu söylediler: Bırakın kaçsınlar. Ve bunların hapishaneden kaçabilmeleri için de ne gerekirse yapın Örneğin, hiç arama yaptırmayın. Kazılan toprakların saklanmasına göz yumun gibi bize 26 maddelik bir öneri dizisi verdiler. Ondan sonraki süreçte şu planlandı: Bunlar hapishaneden kaçacak. Kaçışları dakika dakika izlenecek. Ondan sonra hiçbirisi hayatta bırakılmayacak. Ben Amerikalı subaylarla iki toplantıya katıldım. Üçüncü toplantı yapıldığında beni odaya almadılar ve bundan sonra benim bu grupla herhangi bir ilişkim olmadı. Arana ne oldu bilmiyorum. Faik Türün'le de ilişkim koptu." (Teori dergisi, Temmuz 1997, sayı: 90, sayfa: 14,15).

Okuyucu için bilgi-b) Emekli Tümgeneral Memduh Ünlütürk, 28 Şubat 1991 günü, Üsküdar Emniyet Amirliğine 50 metre uzaklıktaki evinde saat 20.00 sıralarında öldürülür. Kapıyı çalan biri üsteğmen kıyafetli üç kişi, 74 yaşındaki Ünlütürk'ü yatak odasına götürüyorlar ve başına 7.65'lik tabancayla tek el ateş ediyorlardı. Saldırıyı Dev-Sol örgütü üstlendi. (Siyasi Cinayetler, Tempo Kitapları-1, Şubat 1993, sayfa: 84)

305- THKP-C Davası/İddianame, V Yayınları, Ankara, Mart 1988, sayfa: 165.

306- THKP-C Davası/İddianame, V Yayınları, Ankara, Mart 1988, sayfa: 167.

307- a) THKP-C Davası/İddianame, V Yayınları, Ankara, Mart 1988, sayfa: 169, b)THKP-C Davası Duruşma Tutanakları, 7. 6. 1973.

308- THKP-C Davası Duruşma Tutanakları, 2. 6. 1973.

309- Milliyet 1971 Yıllığı, sayfa: 137, 143.

310- THKP-C Davası/İddianame, V Yayınları, Ankara, Mart 1988, sayfa: 173.

311- THKP-C Davası Duruşma Tutanakları, 7. 6. 1973.

312- THKP-C Davası/İddianame, V Yayınları, Ankara, Mart 1988, sayfa: 195, 196.

313- THKP-C Davası Duruşma Tutanakları, 7. 6. 1973.

314- a)THKP-C Davası/İddianame, V Yayınları, Ankara, Mart 1988, sayfa: 206.

b) Örgütten ihraç kararı için bak: THKP-C Dava Dosyası/Yazılı Belgeler, Yar Yayınları, İstanbul, ikinci baskı, Mayıs 1988, sayfa:453, 454.

c) Marmara Brifingi, Kaynak Yayınları, İstanbul, Nisan 1995, sayfa: 55, 56.

Not: Mahir tarafından Münir'e imzalatılmak istenen "İhraç Kararı" ile ilgili olarak "İhraç Kararı"nın altında imzası olanlar, bu konuda şunları anlatmıştır:

Orhan Savaşçı: "Küpeli ve Aktolga'nın partiden ihraç edildiğine dair belgede belirtilen kararın alınmasında bizzat bulunmadım. Sorgumun önceki safhasında belirtiğim gibi Çayan ve Aktolga'nın Mustafa Baykara'nın evinde karşılıklı konuşmasından sonra karşılıklı yazı yazacaklarını kararlaştırmışlardır ve Çayan, Menekşe Sokak'taki eve döndüğümüzde ben evden ayrılmadan önce bu konuyu tekrar ele alacaklarını söylemişlerdi. Adı geçen belge ben orada iken yazılmadı. Yusuf Küpeli ve Münir Aktolga'ya da bu belgenin nasıl ve kim tarafından verildiğini bilmiyorum. Şayet bu durumdan malumatım olsaydı Ankara'ya dönüşümde durum budur şeklinde Ertuğrul Kürkçü'ye de söylerdim. Bu belgeyi Çayan'ın Ankara'ya gelişi sırasında kendisinde gördüm. Bana sorduğunda kabul ettiğimi söyledim." (THKP-C Davası Duruşma Tutanakları, 5. 6. 1973.)

Ziya Yılmaz: "Burada işte Mahir'in açıktan bir tavır alışı söz konusu oluyor. Bizim firar etmekle yeni bir güç kazandığımız ve bu gücü dışarıda oluşan muhalefeti ezme yönünde kullanabileceğimiz düşüncesi, o zaman bu derece somut bir şekilde ortaya çıkmasa bile böyle bir psikoloji içerisinde bulunuyorduk. Burada da ilk hareket Mahir'den geldi. Mahir eski yoldaşlara hitaben bir mektup kaleme aldı. Artık size karşı farklı konumlardayız ve yeniden iç ilişkilerimizi değerlendirmeliyiz şeklinde bir mektup kaleme aldı. Tabii bu mektubun firar eden üç arkadaş tarafından imzalanmasını istedi. Ulaş'la ben, bunun zamanı değil, bir kere arkadaşlarla karşılaşalım, düşüncelerini öğrenelim, ondan sonra söyleyecek sözümüzü söyleriz, diyerek yanlış bulduğumuzu belirttik. Fakat çok sıkışık koşullarda olduğumuz için biraz da duygusal davranarak Mahir'in bu isteğini engelleyemedik ve bu mektubu biz de imzaladık. Ve uzun süre arkadaşların bizimle olan ilişki kurma isteğini biz değişik gerekçelerle reddettik.

(...) Çıkar çıkmaz eski yoldaşlara diye hitaben yazılan mektubun yazılmasında en önemli etkenlerden biri de şudur: İlk defa karşı karşıya geldiğimiz bir arkadaş bizi şöyle karşıladı; 'Oh be, çıktınız, yeni bir devrimci ruh getirdiniz. Neredeyse boğuluyorduk.' Bu sözlerle gerçekten dışarıdaki çalışmalardan hoşnut olmayan geniş bir devrimci kadro olduğu düşüncesi, birdenbire kafamızda çağrışım yaptı. Belki de bu konumu hemen değerlendirmek için böyle bir mektup yazmaya da yöneltmiştir Mahir'i. Ondan sonraki karşılaşmalarımız olayı değerlendirmek ve bu noktada sıhhatli kararlar alabilecek koşullarda olmadı. Sürekli zıtlaşma ve çekişme şeklinde oldu. Aslında olaylardan bir tanesi de şudur: Dışarıdaki arkadaşların muhalefetinin temeli olan Mahir Çayan'ın vermiş olduğu ifadelerin koz olarak kullanılması Mahir'i çileden çıkartıyordu. Şimdi verilen ifadeler doğru mudur değil midir, ayrı bir konu. Fakat bu tür davranışları, bu arkadaşların bu tür davranışlarını pek hoş karşılayamadık. Bu gelişmeler olayları sağlıklı bir şekilde değerlendirmemizi engelliyordu. Ve iki üç defa karşılaşmamıza rağmen konu gerektiği gibi ele alınıp değerlendirilememişti. Tartışmalar yarıda kesilmişti. Sert tartışmalarla diyalog olanağı ortadan kaldırılmıştı. Bu sefer de biz, Yusuf Küpeli'yle Ramazan Aktolga'nın, parti içerisinde faaliyetlerinin parti politikasını engelleyen yönde olduğunu ve içeriden kaçan arkadaşlara gerekli yardımı sağlamadıklarını söyleyip karşı saldırıya geçerek onların tecrit edilmesine çalıştık. O dönemde Ramazan Aktolga ve Yusuf Küpeli'yle beraber Ertuğrul Kürkçü de aynı düşünceleri paylaşıyordu. Onunla ilişki kurduğumuz zaman bu kişilerden pek kopmuş değildi. Fakat birkaç kez mektuplaşmalarımızdan sonra Ertuğrul Kürkçü bizim görüşlerimiz doğrultusunda hareket etmeyi kabul etti ve dolayısıyla beraber olduk.

"Yusuf Küpeli ile Ramazan Aktolga'nın Partiden ihraç edilmesi kararlarında hiçbir zaman demokratik bir yöntem uygulanmamıştır. Bu yöndeki fikirlerimizi tartışarak bir yere varma olanağını da bulamamışızdır."(Koray Düzgören, THKP-C ve Kızıldere, BDS Yayınları, İstanbul, Nisan 1988, sayfa: 84, 85, 86.)

Ertuğrul Kürkçü: "Bu tartışmalar boyunca da İstanbul'da değildim. Bu arkadaşların neye göre ve hangi ölçülerle (ihraç) edildiklerini (...) bilmiyorum. Bu arkadaşlarla olan ilişkinin nasıl tanzim edileceği konusunda o anda bir bilgim yoktu."(THKP-C Davası Duruşma Tutanakları, 29. 5. 1973.)

İhraç kararının altında imzası bulunan beş kişiden üçünün bu açıklamalarına göre, ihraç kararının altındaki imza sayısı çoğunluğu değil, azınlığın gücünü daha doğrusu Mahir'in iradesini yansıtmaktadır.

Ayrıca,"İlhan ve Mahmut Arkadaşlara" başlıklı ihraç kararında, "Partimizin ideolojik-politik-örgütsel-stratejik ilkeleri Kurtuluş' un 1. sayısında, Parti ve Cephe bildirilerinde ve de parti tüzüğünde net ve açıktır" denilmektedir. (THKP-C Dava Dosyası/Yazılı Belgeler, Yar Yayınları, İstanbul, ikinci baskı, Mayıs 1988, sayfa: 453, 454.)

THKP Tüzüğü'nün 3. maddesine göre, "Parti disiplinine aykırı hareket edenlere çeşitli kademelerdeki parti teşkilatları, kendi yetkileri çerçevesinde somut duruma göre şu cezaları verirler:

İhtar, parti içi görevden çıkarma, cephe içinde sınama ve tardetme, parti içi görevden ve parti üyeliğinden çıkarma kararını Merkez Komitesi alır. Genel Komite onaylar."

Tüzüğün beşinci maddesinde ise, "Genel komite, çok seyrek toplanır, çok olağanüstü durumların varlığında (mesela, Merkez Komite üyeleri arasında bir ihtilaf çıktığında, partinin genel durumu ile ilgili önemli bir kararın alınacağında ve felaket anında vs.) toplanır ve karar verir."(Bak, THKP-C Davası İddianame, V Yayınları, Ankara, Mart 1988, sayfa: 435, 436.)

Ayrıca, Parti ve Cephe bildirileri ile Parti Tüzüğü, daha sonra Parti ve Cephe kurullarında; en azından 11 kişiden oluşan Genel Komite olarak adlandırılan yapıda görüşülüp, tartışıldıktan sonra karara alınacak taslak halinde yazılı metinlerdir. Oysa böyle bir toplantı hiçbir zaman olmamış ya da koşullar nedeniyle yapılamamıştır.

315- Konu için Bk. THKP-C Davası/İddianame, V Yayınları, Ankara, Mart 1988, sayfa: 206.

316- THKP-C Davası Duruşma Tutanakları, 29. 5. 1973.

317- Yeni Ortam, 19. 6. 1973.

318- THKP-C Davası/İddianame, V Yayınları, Ankara, Mart 1988, sayfa: 206.

Not: Takma isimler ve kimler oldukları şöyledir:
Hasan: Mahir ÇAYAN,
Memduh: Ziya YILMAZ,
Cevdet: Ulaş BARDAKÇI,
Rüştü: Ertuğrul KÜRKÇÜ,
Oral: Orhan SAVAŞÇI.

319- THKP-C Davası/İddianame, V Yayınları, Ankara, Mart 1988, sayfa: 198.
320- THKP-C Davası Duruşma Tutanakları, 29. 5. 1973.
Okuyucu için bilgi: Mahir Çayan'a destek olduklarını açıklayan mektup şöyledir:
Ertuğrul Kürkçü (Rüştü), Sinan Kazım Özüdoğru (Şükrü), Abdullah Oğuzhan Müftüoğlu (Orhan), Hüdai Arıkan (Ali Osman) tarafından müştereken yazılan ve Seyfi Akman (Cemal) tarafından Mahir Çayan ile arkadaşlarına gönderilen ve Mahir Çayan ve arkadaşlarının kaldığı Levent, Menekşe Sokak No: 1'deki evde bulunan mektupta özetle şu görüşlere yer verilmiştir:
"Partimizin çizgisi (ideolojik-politik-örgütsel) Parti bildirisi ve Cephe bildirisinde ortaya konmuştur. Bunun sol ya da sağındaki bütün görüşleri partimiz reddeder. Ve içinde barınmasına imkan vermez.
Partimizin ismi Türkiye devrimine kanla kazandırılmıştır. Partimizin şerefli mirasını ve geçmişini reddederek onun adına sahip çıkmaya kalkışan (leş kargalarının) partimizin içinde yeri olamaz.
Partimizin yediği darbe sola sapmasından değil, parti içindeki sağ sapmanın örgütü içten kemirmesi, görevleri savsaklaması ve partiyi hantallaştırmasından ötürüdür.
Bugün bu sapma sistemleşmiş ve ifadesini Dr. Hikmet'in ideolojisinde devrim ve örgütlenme anlayışında bulmuştur. Bu ideolojinin doğal sonucu olarak savaşmayı reddetmekte ve iki tekelci grubun çatışmasından devrimin doğmasını beklemektedir.
Ve yine şehirleri temel alarak eknomik ve demokratik mücadeleyi temel çalışma alanı olarak seçmekle, tali görevleri temel görevler seviyesine çıkartarak silahlı mücadelenin, silahlı propagandanın temel görev olduğunu gözlerden uzak tutmaya çalışmaktadır.
Ve yine kırsal alanlara savaşın yayılmasını gerektiren 'Birleşik Devrimci Savaş' ilkesi bir yana itildiğinden kırlık alanlar ve geniş köylü yığınları kendi kaderlerine terk edilmiştir.
Silahlı savaşın ülkeye yayılması için hiçbir kıpırdanma gösterilmemiştir.
Savaşmaktan başka hiçbir yolun olmadığı bütün legal mücadele imkanlarının yok edildiği, devrimcilerin zindanları doldurduğu bir evrede 'Taktik geri çekilme' teraneleri arasında pasifizm, savaştan kaçma, silah bırakmak tezgahlanmaktadır.
Bugün parti içinde bu görüşleri yapan, partinin hiçbir organının kararı olmaksızın bir avuç yüreksizin görüşlerini partiye egemen kılmaya çabalayanlar, dün birlikte savaştığımız kişiler olabilir. Onun bugün bizim için hiçbir önemi yoktur.
Bizleri birleştiren başlıca bağlayıcı faktör Marksizm-Leninizm' dir. Bizler kişilere bağlı değil Marksizme-Leninizm'e bağlıyız.
(...) Bizler proletarya yoldaşlığı dışında hiçbir dostluk, ahbaplık ilişkisine girmeyiz. Biribirimizi en sert biçimde eleştirmeli ve hareketi böylelikle ilerletmeliyiz. Ahbap-çavuş ilişkilerinin bıraktığı tortular ve partiye verdiği zarar ortadadır.
(...) Sonuç olarak partimiz içindeki sağ sapmayı bir çırpıda kesip atmalı, kendisini hareketsiz bırakan bütün unsurlardan temizlenmeli, geçmişte işlediği hataları düzelterek hızla ilerleme yoluna girmelidir. Kaybedilecek bir tek saniye bile yoktur."
321- Nokta, yıl: 6, sayı: 4, 31. 1. 1988.
322- Koray Düzgören, THKP-C ve Kızıldere, BDS Yayınları, İstanbul, Nisan 1988, sayfa: 95.
323- THKP-C Davası Duruşma Tutanakları, 29. 5. 1973.

DOKUZUNCU BÖLÜM DİPNOTLARI

324- THKP-C Davası/İddianame, V Yayınları, Ankara, Mart 1988, sayfa: 220.
325- Mahir Çayan'ın esas siyasi çizgisini ortaya koyan "Kesintisiz Devrim II-III" başlıklı yazısı için ekler bölümüne bakın.
326- Cumhuriyet, 31. 3. 1972.
327- a) Erol Kaymak, Sultan Galiyev ve Sömürgeler Enternasyonali, İrfan Yayınevi, İstanbul, Ocak 1993, sayfa: 221'den 234'e kadar,
b) Alexandre Benningsen/Chantel Lemercier Qelquejay, Sultan Galiyev (Üçüncü Dünya Devriminin Babası), Sosyalist Yayınları, İstanbul, Şubat 1995.

328- Tahkim, 15. 4. 1994-15. 5. 1994, yıl: 1, sayı: 8.
329- Bağımsız Türkiye, 24. 1. 1977, sayı: 7, sayfa: 4.
330- THKP-C Davası/İddianame, V Yayınları, Ankara, Mart 1988, sayfa: 234, 235.
331- Nokta, 31. 1. 1988, yıl: 6, sayı: 4, sayfa: 19.
332- Nokta, 31.1.1988, Yıl: 6, Sayı: 4, sayfa: 21.
333- Koray Düzgören, THKP-C ve Kızıldere, BDS Yayınları, İstanbul, Nisan 1988, sayfa: 86, 87, 88.
334- Toplumsal Dayanışma, 7. 4. 1993, sayı: 5.
335- Nokta, 5-11. 2. 1995, yıl: 13, sayı: 6, sayfa: 21.
336- Konu için bak: "Kesintisiz Devrim II-III" başlıklı yazı.
Müttefik: Uyuşmuş, birleşmiş.
Not: THKP-C Davasından yargılanan askeri kesimin sayısı hakkında bilgi: "256 sanığın 116'sı subay ve askeri öğrenci." Dünyada ve Türkiye'de Sabah, 17 Nisan 1973.
337- Nokta, 31. 1. 1988, yıl: 6, sayı: 4.
338- Koray Düzgören, THKP-C ve Kızıldere, BDS Yayınları, İstanbul, Nisan 1988, sayfa: 86, 87, 88.
339- Konu için bak: Yalçın Küçük, Aydın Üzerine Tezler, cilt: 4, Tekin Yayınları, İstanbul, Mart 1986, sayfa: 353, 354.
340- THKP-C Davası Duruşma Tutanakları, 29. 5. 1973.
341- Konu için bak: THKP-C Davası /İddianame, V Yayınları, Ankara, Mart 1988, sayfa: 207'den 231'e kadar.
342- Konu için bak: THKP-C Davası/İddianame, V Yayınları, Ankara, Mart 1988, sayfa:236, 237.
343- Konu için bak: Koray Düzgören, THKP-C ve Kızıldere, BDS Yayınları, İstanbul, Nisan 1988, sayfa: 88, 89.
344- Konu için bak: Koray Düzgören, THKP-C ve Kızıldere, BDS Yayınları, İstanbul, Nisan 1988, sayfa: 88, 89, 91.
345- Konu için bak: THKP-C Davası/İddianame, V Yayınları, Ankara, Mart 1988, sayfa: 254, 255.
346- THKP-C Davası Duruşma Tutanakları, 29. 5. 1973.
347- Konu için bak: THKP-C Davası/İddianame, V Yayınları, Ankara, Mart 1988, sayfa: 243, 244.
348- THKP-C Davası Duruşma Tutanakları, 29. 5. 1973.
349- THKP-C Davası Duruşma Tutanakları, 29. 5. 1973.
350- THKP-C Davası/İddianame, V Yayınları, Ankara, Mart 1988, sayfa: 545.
351- Koray Düzgören, THKP-C ve Kızıldere, BDS Yayınları, İstanbul, Nisan 1988, sayfa: 275, 276.
352- Mehmet Eymür, Analiz, Milliyet Yayınları, İstanbul, Ağustos 1991, sayfa: 77.
Not: Mahir Çayan'ın bu dönem Ankara'da kaldığı evler tarih sırasıyla şöyledir:
a) 31 Ocak 1972 günü: Mahir, İstanbul'dan Ankara'ya nakledilir. Hv. Üsteğmen Mustafa Şahin ve Dilek Türkan Şahin'in Ankara Emek Mahallesi 77. Sokak 2/6'daki evine götürülen Mahir, daha sonra başka bir eve nakledilir.
b) 1 Şubat 1972 günü: Hv. Teğmen Selim Özkar'ın örgüt için kiraladığı Ankara Küçükesat Başçavuş Sokak 89/2'deki eve götürülür. Mahir, bir süre de Anıt Caddesi 5/1'deki zemin kattaki evde kalır.
c) 13 Şubat 1972 gecesi: Hv. Teğmen Hakkı Gümüştaş'ın evine getirilir. Aynı akşam Firuzan Yavuz Gökmen ile Ayşe Füsun Gökmen (Özbilgen)'in evine geçer.
d) 18 Şubat 1972 günü: Süheyl Kırçak'ın evine gidilir.
e) 22 Şubat 1972 günü: Hüseyin ve İnci Tanrıöver'in evine gelir.
f) 27 Şubat 1972 günü: Nevin Tan'ın evinde kalır.

g) 28 Şubat 1972 günü: Kemal Kabaklı'nın ağabeysinin evine götürülür.
h- 6 Mart 1972 günü: Hülagü Bulguç'un evine getirilir.
ı- 10 Mart 1972 günü: Ferdane Yurtsever'in evine götürülür.
i- 14 Mart 1972 günü: Seyit Gökçe'nin evine götürülür. Mahir, bu evden ayrılarak Karadeniz bölgesine geçer.

353-Aydın Çubukçu, Bizim 68, Evrensel Yayınları, İstanbul, Kasım 1993, sayfa: 202.

354- Mihri Belli, İnsanları Tanıdım, Cilt: 2, Milliyet Yayınları, İstanbul, sayfa 242.

355- THKP-C Doğuşu/İlk Eylemleri, Kaynak Yayınları, İstanbul, Mayıs 1987, sayfa: 104.
Not: Hülagü Bulguç bu konuda şunları anlatmıştır: "Mahir, Maltepe'den kaçtıktan sora Ankara'ya geldiğinde örgüt çok dağınıktı. Kimse ne yapacağını bilmiyordu. Mahir de ne yapacağı, nereye gideceği konusunda bir şey söylemiyordu. 7 Mart ile 10 Mart 1972 günleri arasında Mahir Çayan, Cihan Alptekin, Ömer Ayna, Ertuğrul Kürkçü benim evimde kaldılar. Aramızdaki konuşmalara bu arkadaşlar da tanık oldular. Bir çıkış yolu aranıyordu ve çeşitli görüşler ortaya atılıyordu. Etrafımızdaki çemberin daraldığını görüyorduk. Mahir, yurt dışına çıkmayı hiç düşünmediğini söylüyordu. Doğu Perinçek'in yurtdışına çıktığı şeklindeki söylentilere inanmadığını söyledi. Doğuların Söke dağlarında olduğuna dair bilgiler de vardı. Böyle bir tartışma ortamında Mahir, 'Doğu ile bir görüşsek iyi olur, bulabilir miyiz, konuşabilir miyiz?' dedi. Fakat bu konuyu araştırmaya bile vakit bulamadık. 9 Mart'ta Koray Doğan'ın öldürülmesi üzerine aceleyle hareket etmeye karar verdiler. 10 Mart 1972'de benim evimden ayrıldılar."

356- THKP-C Davası Duruşma Tutanakları, 4. 6. 1973.

357- THKP-C Davası Duruşma Tutanakları, 5. 6. 1973.

358- THKP-C Davası/İddianame, V Yayınları, Ankara, Mart 1988, sayfa: 359, 392, 412, 414, 444, 517.

359- Not: Üstğ. Yılmaz Salih Veyisoğlu ile birlikte yakalanan Tğm. Mehmet Alkaya, bu konuda şunları anlatmıştır: "Sabahleyin beni Oğuzhan Müftüoğlu evden aldı. Fotoğrafçıdaki İlyas Aydın'ı Ali Butto'nun (Ali Başpınar) tamirhanesine götürdük. Günün geri kalan kısmını Koray Doğan'ın Meşelik Sokak'taki evinde geçirdik... Akşam üzeri Mehmet Yüksel'in evine gittik. Mahir Çayan'la konuştum... Buradan Haşmet Karaçam'ın gecekondusuna Salih Veyisoğlu ile birlikte gittik. Bu gecekonduda yakalanıncaya kadar üç kere dışarıya çıktım. Birincisinde Ali Butto'nun tamirhanesine gittim. Tamirhanede Hüdai Arıkan ve İlyas Aydın da bulunuyordu. Geceyi orada geçirdim. Ertesi gün, İlyas Aydın, saat 18.00'de geri dönmek üzere saat 14.00'te tamirhaneden ayrıldı. Söylediği saatte geri dönmedi. Yakalanacağı ihtimalini düşünerek tamirhaneyi terk ettik. Ben, Karaçam'ın Balgat'taki gecekondusuna döndüm. İkincisinde Müftüoğlu ile buluştum. Müftüoğlu, beni, Çayan'la buluşturacaktı. Dikimevi'nin yukarılarında Kemal Kabaklı'nın evine gittik. Eve giremediğimiz için Çayan'la görüşemedim. Üçüncüsünde Tamirhane'nin basıldığı haberi üzerine İlyas Aydın'ın yakalandığını düşünerek gecekonduyu Yılmaz Salih Veyisoğlu ile birlikte terk ettik. Abdullah Oğuzhan Müftüoğlu ve Koray Doğan ile 2 Mart 1972 günü Nokta durağında buluştuk. Çayan, bana, bir mektup göndermişti. Mektupta İlyas Aydın'ın kesin olarak ajan olduğunu söylüyordu. Mektupta ayrıca, gazetelerde ismimizin çıkması hakkında ne düşündüğümüzü, İstanbul'a gitmek isteyip istemediğimizi soruyordu. Mektupta, bizi moralman takviye edici cümleler de vardı. Çayan'ın bu kanıya nereden sahip olduğunu bilmiyorum. Aydın hakkında da hiçbir fikrim yok. Oğuzhan Müftüoğlu'nun, bizi, saklanmak için gönderdiği Mehmet Yüksel'in evinde polis karakoluna düştük ve 3 Mart 1972 günü yakalandık." 509

360- Cumhuriyet, 25.7.1996.

361- Mehmet Eymür, Analiz, Milliyet Yayınları, İst., Ağustos 1991, sayfa: 84.
Mehmet Eymür'ün tezi için Mahir Kaynak şu tezi öne sürmüştür: "Bu olayın aslında Filistin davasıyla ilgisi yoktu. Olayın politik yönü önemliydi. Bir konuda İsrail'i uyarmak anlamına geliyordu. O günlerde İsrail'in İngiltere ile ilişkilerine bakmak lazım." (Aksiyon, 11-17. 5. 1996, sayı:75)

362- THKP-C Davası/İddianame, V yayınları, Ankara, Mart 1988, sayfa: 422.

363- Konu için bak: Faysal Geyik'in haberi: Elrom'un Katili İlyas Aydın, El-Fetih'te Kurşuna Dizildi. "İsrail'in Başkonsolosu Elrom'un kaçırılıp öldürülmesine karıştığı için hakkında tutuklama kararı verilen ve emniyet makamlarınca aranırken, El-Fetih'e kaçan Yüzbaşı İlyas Aydın orada, 'polis ajanı' olduğu iddiasıyla, Türk Halk Kurtuluş Ordusu mensupları tarafından yargılanmış ve yine bir kaçak olan Teslim Töre ile arkadaşları tarafından kurşuna dizilerek idam edilmiştir."

"İlyas Aydın, Doğu ve Güneydoğu bölgesinde faaliyetlerini sürdürürken izi bulunmuş ve yakalanacağını anlayınca Suriye topraklarına geçerek El-Fetih örgütüne katılmıştır.

İlyas Aydın, El-Fetih'te komando eğitimi görürken, Mahir Çayan, eşi Gülten Çayan aracılığıyla arkadaşlarına birkaç mektup göndererek, 'İlyas Aydın'ın polis ajanı olduğunu' bildirmiştir. Bu mektuplar, yine polis tarafından aranmakta olan Teslim Töre tarafından gizlice El-Fetih'e götürülmüştür."

"Teslim Töre, El-Fetih'te bulunan Türk Halk Kurtuluş Ordusu mensuplarını toplamış ve Çayan'ın mektubunu okumuştur. Bunun üzerine El-Fetih'teki Türkler, 'İhtilal Mahkemesi' kurarak, Yüzbaşı İlyas Aydın'ı yargılamışlar ve Çayan'ın dediği gibi, 'İlyas Aydın'ın polis ajanı olduğu' sonucuna vararak, idamına karar vermişlerdir. Karar, Teslim Töre ve arkadaşları tarafından kurşuna dizilmek suretiyle Suriye'de infaz edilmiştir." (Hürriyet, 25. 1. 1975.)

Konu için ayrıca bak: İlyas Aydın öldürülmesine rağmen, bu konuda çelişkili haberler yayınlanmaktadır: 16 Temmuz 1982 tarihli Milliyet gazetesinde, Özgen Acar kaynaklı, "Elrom'un Katili Yüzbaşı İlyas Aydın Yaşıyor" başlıklı bir haber yayınlanmıştır. Özgen Acar'ın haberi özetle şöyledir: "Güney Lübnan İsrail askeri sözcüsü Yarbay Samuel Zochi, İstanbul'da İsrail Başkonsolosu Efraim Elrom'un öldürülmesi olayına adı karışan İlyas Aydın'ın ölmediği, İsrail ajanlarından kurtulabilmek için bu yolda söylenti çıkarıldığını iddia etmiştir."

364- Cumhuriyet, 25.7.1996.

365- Milliyet, 11. 3. 1972.

Not: Ahmet Fazıl Boyacı, Koray Doğan'ın öldürülmesi hakkında şunları anlatmıştır: "Sıkıyönetim güçleri, Mahir Çayan ile Cihan Alptekin'in Ankara'da olduğunu belirleyince kilit nokta olarak 3-4 kişiyi tesbit ediyorlar. Bunlardan ikisi Koray Doğan ve Hasan Ataol. İkisi de kurye düzeyinde çalışıyorlar.

Koray Doğan'ın babası Ahmet Doğan, o zaman, emekli tabip yarbaydı. Ankara Merkez Komutanı Tevfik Türüng ile de ya askeri ortaokul ya da Kuleli Askeri Lisesi'nden arkadaşlar. Sıkıyönetim güçleri, Koray'ın Ahmet Doğan'ın oğlu olduğunu öğrenince Tevfik Türüng, Ahmet Doğan'ın evine gidiyor, "Ahmet, çocuk nerede?" diye soruyor. Ahmet Bey, ilk başlarda, "Bilmiyorum" diyerek ketum davranıyor. Tevfik Türüng, "Yahu! Pek önemli bir mesele değil. Çocuğun ifadesini alıp bırakacağız" diyor. Ahmet Bey de, "Nişanlısının evinde" diyor. Sıkıyönetim güçleri, Koray'ın nişanlısının olduğu söylenen eve gidiyor. İlk gidişlerinde tespit edemiyorlar. Sonunda orada olduğunu tespit ediyorlar. Ben, Dev-Genç davasından yargılanıp 1974'te çıktıktan sonra Ahmet Amca'yı her gördüğümde, baba-oğul ilişkisi açısından, 'Koray'ım! Oğlum! Seni ellerimle öldürttüm.' diye ağlamaya başlıyordu."

366- THKP-C Davası Duruşma Tutanakları, 30. 5. 1973.

367- THKP-C Davası Duruşma Tutanakları, 29. 5. 1973.

368- Yeni Ortam, 18. 7. 1973.

369- THKP-C Davası Duruşma Tutanakları, 29. 5. 1973.

370- THKP-C Davası/İddianame, V Yayınları, Ankara, Mart 1988, sayfa: 288, 289.

371- Koray Düzgören, THKP-C ve Kızıldere, BDS Yayınları, İstanbul, Nisan 1988, sayfa: 150, 151.

372- THKP-C Davası/İddianame, V Yayınları, Ankara, Mart 1988, sayfa: 292, 293.

373- THKP-C Davası/İddianame, V Yayınları, Ankara, Mart 1988, sayfa: 293.

374- Uğur Mumcu, Çıkmaz Sokak, Tekin Yayınları, İstanbul, onuncu baskı, 1984 Ekim, sayfa: 18, 19.

375- Soner Yalçın/ Doğan Yurdakul, Bay Pipo/Bir MİT Görevlisinin Sıradışı Yaşamı: Hiram Abas, Doğan Yayınları, İstanbul, sekizinci baskı, Ocak 2000, sayfa: 219

Okuyucu için bilgi: Kızıldere operasyonuna bazı MİT mensuplarının katıldığı hakkında gazetelerde bilgiler yeralmıştır: Bunlardan bir tanesi de MİT Başkan Yardımcısı Süleyman Yenilmez'dir. (Aydınlık, 26.8.1978)

376- Mehmet Eymür, Analiz, Milliyet Yayınları, İstanbul, Ağustos 1991, sayfa: 82, 83.

377- Uğur Mumcu, Çıkmaz Sokak, Tekin Yayınları, İstanbul, onuncu baskı, 1984 Ekim, sayfa: 19, 20.

378- THKP-C Davası/İddianame, V Yayınları, Ankara, Mart 1988, sayfa: 293, 294.

379- Uğur Mumcu, Çıkmaz Sok., Tekin Yay., İstanbul, onuncu baskı, 1984 Ekim, sayfa: 7, 8. b) THKP-C Davası/İddianame, V Yayınları, Ankara, Mart 1988, sayfa: 585.

380- THKP-C Davası Duruşma Tutanakları, 30. 5. 1973.

381- Uğur Mumcu, Çıkmaz Sokak, Tekin Yayınları, İstanbul, 10. baskı, 1984 Ekim, sayfa: 21, 22.

382- Uğur Mumcu, Çıkmaz Sokak, Tekin Yayınları, İstanbul, 10. baskı, 1984 Ekim, sayfa: 37, 38.

383- Hürriyet, 1. 4. 1972.

384- Sadi Koçaş, Atatürk'ten 12 Mart'a Anılar, cilt: 4, May Yayınları, İstanbul, sayfa: 1910, 1911, 1912.

385- Yeni Forum, Ağustos 1990, cilt: 11, sayfa: 255.

EKLER

(EK – 1)

Mahirciğim, *22/Ocak/1969*

Neler yapıyorsun? Yavaş yavaş merak etmeye başladım. Mektuplarından olaylardan hiç bahsetmek istemediğin anlaşılıyor. Bana çok kısa bile olsa biraz bahsedersen sevinirim. Yoksa eski dostlar dosttan sayılmıyor mu?...

Ben hep bildiğin gibi lisan kurslarına gidip geliyorum. Yaşantı o kadar monoton ki insanı delirtebilir. Delirtebilir deyince aklıma geldi. İki üç gün önce bir Türk öğrenci intihar etti. Mülkiye mezunu Hakkı (galiba) isminde bir çocuk. Öğrenince bende moral sıfıra indi tabii... İki üç gün hiç ders çalışmadan geçti. Günleri saymağa başladım burada... Bu bizim geldiğimiz yolla gelenlerden dördüncü oldu. Bakalım sıra kimlerde. Kötü ve sıkıntı verecek şeyleri düşünmemeğe çalışıyorum, yapabildiğim kadar.

Sen, sen de orada sıkıntı içindesin anladığım kadarı ile. Yarısı iç sıkıntıların olsa bile yarısı da çevre ile ilişkilerinden geliyor. (Ben de dahil.) Derslerine çalışabiliyor musun? Biliyorsun ki senin için şu anda en önemlisi onlar. Diğerleri günün sıkıntıları. Bugün varsa bile yarının malı değiller.

(Ukalalık etmeye mi başladım dersin.)

Mahir'ciğim benim yerime Yusuf'u tebrik et. Ben sana söylemiştim onun Türkiye'den çıkmayacağını, yanlış hatırlamıyorsam. Ama çok memnun oldum başkan olduğuna, bakalım neler yapacak.

Şimdilik hoşçakal. İstediğin bir şey olursa bana hemen yaz olur mu?

Selam ve sevgiler.

Not: Fransa'dan para çıkmadığı için para başka kanallardan gelecek. Ancak istenilen kadar verebildiğim için daha fazla gönderemiyorum. Sana yaz dememin nedeni yollayıp yollamadıklarını öğrenmek içindir. Kusura bakma, hem miktarı hem de yazılış biçimi için.

Gülten Savaşçı'nın, 107, rue Mouffetard, Paris/France adresinden Mahir Çayan, Siyasal Bilgiler Fakültesi Yurdu, Cebeci/Ankara adresine gönderdiği mektup.

(EK – 2)

Mahir Çayan'ın Okuduğu Kitap ve Dergiler:

Yayınlanmış yazılarının dipnotlarından çıkartılmıştır.

Kitaplar :

ARZUMANYAN A., Dünya Kapitalizminin Bugünkü Buhranı, Sol Yayınları, Ankara, 1966.

AVCIOĞLU, Doğan: Türkiye'nin Düzeni, Bilgi Yayınevi, Ankara, Birinci Baskı, Aralık 1968.

BELLİ, Mihri: Yazılar, Sol Yayınları, Ankara, 1970.

BORAN, Behice: Türkiye ve Sosyalizm Sorunları, Gün Yayınları, İstanbul, 1968.

CASTRO, Fidel: Sosyalist Devrim, Habora Yayınevi, İstanbul, 1969.

DEUTSCHER, İsaac: Stalin-Bir Devrimcinin Hayatı, Ağaoğlu Yayınevi, İstanbul, Şubat 1969.

DİMİTROV, Georgi: Faşizme Karşı Birleşik Cephe, Ser Yayınları, Ankara, 1969.

DİMİTROV, Georgi: Halk Cumhuriyetine Doğru, Habora Yayınevi, İstanbul, 1970.

ENGELS, Friedrich: Almanya'da Köylü Savaşı, Payel Yayınları, İstanbul, 1967.

KIVILCIMLI, Hikmet: Türkiye'de Kapitalizmin Gelişimi, Cilt: 1, Tarihsel Maddecilik Yayınları, İstanbul, 1965.

KIVILCIMLI, Hikmet: Halk Savaşının Planları, Tarihsel Maddecilik Yayınları, İstanbul, 1970.

KIVILCIMLI, Hikmet: Oportünizm Nedir?, Tarihsel Maddecilik Yayınları, İstanbul, 1970.

LEFEBRE, Henri: Karl Marx-Hayatı ve Eserleri, Anadolu Yayınları, İstanbul, 1968.

LEFEBRE, Henri: Lenin-Hayatı ve Eserleri, Anadolu Yayınları, İstanbul, 1968.

LEFEBRE, Henri: Marks'ın Sosyoloji, Öncü Kitabevi Yayınları, İstanbul, 1968.

LENİN, V. İliç: Devlet ve İhtilal, Bilim ve Sosyalizm Yayınları, Ankara, 1969.

LENİN, V. İliç: Sosyalizm, Habora Yayınları, İstanbul, 1969.

LENİN, V. İliç: Bir Adım İleri İki Adım Geri, Sol Yayınları, Ankara, 1969.

LENİN, V. İliç: Ne Yapmalı?, Sol yayınları, Ankara, 1968.

LENİN, V. İliç: İki Taktik, Sol Yayınları, Ankara, 1967.

LENİN, V. İliç: Marksizmin Kaynağı-Karl Marks ve Engels, Gün Yayınları, İstanbul, 1967.

LENİN, V. İliç: Seçme Yazılar, Gerçek Yayınevi, İstanbul, 1966.

LENİN, V. İliç: İşçi-Köylü İttifakı, Sol Yayınları, Ankara, 1970.

LENİN, V. İliç: Sosyalizm ve Savaş, Sol Yayınları, Ankara, 1970.

LENİN, V. İliç: Emperyalizm-Kapitalizmin En Yüksek Aşaması, Sol Yayınları, Ankara, 1965.

LENİN, V. İliç: Köylu Meseleleri ve Sosyalizm, Payel Yayınevi, İstanbul, 1967.

MARX, Karl: Felsefenin Sefaleti, Sol Yayınları, Ankara, 1970.
MARX, Karl: Louis Bonaparte'nin Hükümet Darbesi, İzlem Yayınları, İstanbul, 1967.
MARX, Karl: Kapital, I. Cilt (5 kitap), Sol Yayınları, Ankara, 1966-67.
MARX, Karl: Fransa'da Sınıf Mücadeleleri, Sol Yayınları, Ankara, 1967.
MARX, Karl: Gotha ve Erfurt Programlarının Eleştirisi, Sol Yayınları, Ankara, 1970.
MARX, Karl: Ekonomi Politiğin Eleştirisine Katkı, Sol Yayınları, Ankara, 1970.
MARX, Karl: Fransa'da İç Savaş, Köz Yayınları, İstanbul, 1970.
MARX- ENGELS: Manifesto, Bilim ve Sosyalizm Yayınları, Ankara, 1969.
PİAO, Lin: Yaşasın Halk Savaşının Zaferi, Bilim ve Sosyalizm Yayınları, Ankara, 1968.
POLİTZER, George: Felsefenin Başlangıç İlkeleri, Sol Yayınları, Ankara, 1970.
POLİTZER, George: Felsefenin Temel İlkeleri, Sol Yayınları, Ankara, 1969.
POMEROY, J. William: Gerilla Savaşı ve Marksizm, Ekim Yayınları, Ankara, 1969.
STALİN, Josef: Sağ ve Sol Sapmalar Üzerine, Sol Yayınları, Ankara, 1970.
STALİN, Josef: Leninizmin İlkeleri, Sol Yayınları, Ankara, 1970.
TROTSKY, Leon: Ekim Dersleri, Ser Yayınları, Ankara, 1969.
TROÇKİ, Leon: Sürekli Devrim Çağı, Habora Yayınevi, İstanbul, 1970.

ZEDUNG, Mao (Bazı kitaplarında Mao Tse Tung olarak yazılmaktadır): Teori ve Pratik, Sol Yayınları, Ankara, 1966.
ZEDUNG, Mao: Yeni Demokrasi, Sosyal Yayınları, İstanbul, 1968.
Dünya Sorunları Bülteni- TRT Dış Haberler Bölümü - Türkiye'nin Sesi Radyosu Sorumlusu Emil Galip Sandalcı'nın Türkçeye çevirtip, yayınlattığı seçkiler.

Dergiler:

Aydınlık Sosyalist Dergi, Devrim, Devrimci TİP Haberleri, Emek, İleri, İşçi ve Köylü, Kurtuluş, Öncü Devrimci TİP Haberleri, Proleter Devrimci Aydınlık, Sosyal Adalet, Sosyalist, TİP Haberleri, Türk Solu, Yön.

KESİNTİSİZ DEVRİM 2-3

Giriş:

Bilindiği gibi Türkiye solunda uzun yıllar revizyonizm, pratiğe ışık tutmayan entelektüel tahlilleri, kuyrukçu çalışma tarzı ve iğrenç ilişkileri ile etkin ve yönlendirici unsur olmuştur.

1961 Anayasası'nın oluşturduğu sınırlı demokratik haklar, bu akıma hiçbir tarihsel dönemde olmayan maddi bir ortam yaratmıştır.

Devrimci hareket, devrimci-milliyetçi bir rotanın peşine takılarak, onun himayesinde entelektüel planda yıllar önce sosyalizmin ustaları tarafından yazılmış, çizilmiş ve her biri belli bir devrimci pratiğin ürünü olan siyasi tahliller, yerli "teorisyenler" tarafından adaptasyonlarla teori yeniden keşfedildi. (!) Yıllar ülkedeki devrimci mücadeleye ilişkin "nereden ve nasıl başlamalıdır?" sorusuna açıklık getirecek, somuta ilişkin hiçbir şey yazılmadan geçti. Kitap ve broşür çıkarma (ticaretle karışık) başlı başına bir eylem haline geldi.

Yetişen genç devrimci kuşaklar da bu ortamda, bu ortamın ilişkileri içinde sosyalist gıdalarını aldılar.

Ülkede belki hiç sömürge ülkede olmayan çok enteresan bir durum ortaya çıktı. Korkunç bir seviyede (!) (aslında yıllar önce ustalarca yapılmış olan) teorik polemikler, ideolojik spekülasyonlar solu kırıp geçirirken, pratik ise üç-beş üniversitelinin, küçük burjuva anlamda yaptığı gençlik eylemleri olarak kalıyordu.

Revizyonist anlayışla, Amerikalar yeniden keşfediliyor, üç aşağı beş yukarı, belli bir seviyede olan herkesin kabaca doğru olarak değerlendirebileceği, ülkenin tarihsel şartlarının içine "lider teorisyen kadrolar" balıklama dalıyorlar. Kademe kademe önce, Osmanlı İmparatorluğu'nda asya tipi üretim tarzı mı yoksa feodal üretim tarzı mı egemendi, arkasından da 1960'ların Türkiye'sinde feodalizm mi, yoksa kapitalist ilişkiler mi egemendir, yoksa var olan üretim ilişkisi kapitalize ilişkiler midir, tartışmaları solu kaplıyordu.

Feodalizm egemendir, kapitalizm egemendir tefrikalarının yayınlandığı dergiler etrafında fraksiyonlar savaşı en şiddeti ile yıllar boyu sürdü. Revizyonizm, oportünizm suçlamaları ortalığı kırıp geçirdi. Her çıkan dergi, birer "ciddi" hareketin temsilcisi iddiası içinde, sosyalist blok içindeki şu veya bu devlete karşı politik tavırlarından, Osman Gazi'den itibaren üretim ilişkilerinin gelişme sürecine ilişkin görüşlerini, ilk sayılarında 80-100 (hızını alamayan daha da fazla) sayfalık broşürlerle ortaya koyuyorlardı. (Aslında hepsinin değer-lendirmesi de, terminoloji ve nüans farkları hariç, öz bakımdan üç aşağı beş yukarı aynıydı.)

Genellikle soldaki samimi unsurlarda, bu havaya göre şartlanmışlardı. Sürekli olarak herkes, her gün dergilerde ve her yeni ayrılıkta yeni bir Amerika'nın keşfini bekliyordu. Oysa dünyanın hiçbir ülkesinde devrim hareketi, önce teorik planda binlerce sayfalık yazılar yazıp, sonra da pratiğe geçmemişti. Ulemaların yazıları arasında artık samimi unsurlar ne yapacaklarını şaşırmışlardı. (*)

İşte biz bu hava içinde, biraz da bu havanın etkisinde kalarak doğru çizgiyi, ayaklarımız bu bataklıkta olduğu için ağır ağır yürüyerek bulduk. Aynı yavaşlıkla da pratiğe geçtik. (Teoriyi devrim yapmak için okuduk, öğrendik. Ancak bu ulema olduk anlamında yorumlanmamalıdır. Biz sosyalizmin öğrencileriyiz. Ve bu öğrencilik hayatımız boyunca devam edecektir.)

Bu gerçeği de Kurtuluş'un birinci sayısında şu şekilde ortaya koymuştuk. "Bu hareket, revizyonizmin uzun yıllar etkinliğini sürdürdüğü bir ortamda filizlenip gelişmiştir. Dolayısıyla revizyonizmin (pasifizmin) kalıntılarını da içinde, savaşa savaşa atılacaktır." (Metin elimizde olmadığı için kelime kelime aynen değil de, hatırlayabildiğimiz şekilde yazdık.)**

Yine o sayıda bundan böyle yazılacak olan teorik yazıların kısa, öz ve açık yazılar olacağını ve teorik değerlendirmelerin masa başında değil de, pratikten çıkan zengin deney ve tecrübelerin, Marksizm-Leninizm kılavuzluğunda yoğrulacağını belirtmiştik.

Şu anda, daha önce genel hatları belirtilmiş olan partimizin ideolojik-politik-örgütsel-stratejik ilkelerini ortaya koyarken hareket noktamız bu devrimci tespit noktası olacaktır.

Bu ilkelerimizi, bir sürü genel doğrularla, Marksizmin lafızları arasında yüzlerce sayfalık metinlerle ortaya koymak, takdir edileceği gibi pekala mümkündür. Ve pekala mümkündür sözde pratiğe ışık tutacak, bir sürü masa başı ahkâmlar kesmek.

Ama hayır! Partimizin bünyesinde bu tip entelektüel tahlillere yer yoktur. Dilimiz, terminolojimiz ve tahlillerimiz genel olarak dünya devrimci pratiğinin, özel olarak da pratiğimizin ürünü olmalıdır.

Genel çizgimize ilişkin sorunlarımızı en açık, öz ve direkt pratiğimize ışık tutacak şekilde ele almalıyız.

Partimiz, diyalektik ve tarihi materyalizmin ilkeleri üzerine kurulmuş Leninist bir partidir.

Partimiz, Marksizm-Leninizmin kılavuzluğu altında, emperyalizmin III. bunalım döneminin çelişki ve ilişkileri ile, bu çelişki ve ilişkilerin Türkiye'ye yansımasının (ülkemizin tarihi, sosyal, politik, ekonomik, psikolojik niteliklerinin) devrimci tespitinden hareketle politikleşmiş askeri savaş stratejisini, devrim stratejisi olarak saptamıştır.

Bu stratejik çizgi, kır ve şehri silahlı propaganda ve öteki politik kitlevi mücadele biçimlerini diyalektik bir bütün olarak ele alan çizgidir.

Bilindiği gibi, gerilla savaşı kavramı, kavram olarak tek başına nitelik belirleyici değildir. Merkezi otoriteye karşı mahalli mütegallibe de, düzenli birlikleri yenilmiş bir ordu da düşmanına karşı gerilla savaşı yürütebilir.

Gerilla savaşının devrimci politik amaçlarla, siyasi gerçekleri açıklama kampanyasının bir aracı olarak yürütülmesine yani, politik kitle mücadelesi olarak ele alınmasına politikleşmiş askeri savaş stratejisi denir. Politikleşmiş askeri savaş stratejik çizgisinin teorik kaynakları, hareket çizgisi somut durumların somut tahlilindedir. Yani genel olarak emperyalizmin III. bunalım döneminin ayırdedici niteliklerinde özel olarak da bu çelişki ve özelliklerin Türkiye şartlarına yansımasında yatmaktadır.

Devrim stratejisini bu şekilde saptayan bir örgütün örgütsel ilkesi de, bu leninist çizginin örgütsel ilkesi olan, politik ve askeri liderliğin birliği ilkesidir.

Bu teorik temelleri kısa ve öz olarak açıklamadan önce, Marksist-leninist teoriye ilişkin bazı ön açıklamaların, meselenin somutlaşması açısından faydalı olacağı kanısındayız.

1-Marksizm Leninizm Bir Eylem Kılavuzudur

"Marksizm son derece derinliği olan, son derece karmaşık bir doktrindir.

Marksizm sürekli olarak hayatın yeni gerçekleri karşısında derinleşip, zenginleşen kendi kendini aşan bir doktrindir. Marksizmde esas olan lafızlar değil, muhtevadır. Marksizmde değişmeyen tek şey Lenin'in deyişiyle, onun yaşayan ruhu diyalektik metoddur. Diyalektiğin en elemanter iki unsuru olan zaman ve mekan kavramları dikkate alınmazsa, Marks ve Engels'e göre Lenin'in, Lenin ve Stalin'e göre Mao Tse Tung'un ve Mao'ya göre de emperyalizmin üçüncü bunalım döneminin muzaffer proleter devrimcilerinin revizyonizminden bahsetmek mümkündür.

Oportünizm, her yerde ve her zaman bilimsel sosyalizmi tahrifte iki metoda başvurur.

Ya zaman ve mekan kavramlarını dikkate almadan, Marksizmin ustalarının başka tarihi şartlar için ileri sürdükleri ve yaşanılan dönemde eskimiş olan tezlere dört elle sarılır ve bu tezleri kendi sapmasına dayanak yapmaya çalışır. Veya Marksizm-Leninizmin her şart altında geçerli tezlerini zaman ve mekan değişmiştir, o yüzden geçerli değildir, diyerek, Marksizmi revize eder."

Revizyonizm ve oportünizm, teoriyi bir dogma ve nas olarak ele alır. Sadece devrim anlayışı, sınıflar kombinezonu ve örgüt meselelerinde değil, çalışma metodlarında da revizyonizmin soruna yaklaşması böyledir. Geçmiş dönemde ustalar tarafından öngörülen metotların varlığı, oportünistlere göre teorinin revizyonudur. (...) Mesela, 1905-7 Ayaklanma döneminde, devrim dalgasının düşüş evresinde, gerilla savaşına başvuran bolşevikler, kadetler (burjuva partisi) ve menşevikler tarafından anarşizmle, narodnizmle ve blanquizmle suçlanmışlardır. Menşevikler bu mücadele biçiminin Marx ve Engels'in yapıtlarında olmadığını ileri sürmüşlerdir.

Keza Mao, şehir proletaryasının anahtar rolü oynamadığı (Ayaklanma ile değil, halk savaşı ile zafere erişecek olan) Çin devriminde, gerilla savaşını temel alarak Sovyet devrimi modelinden farklı bir çizgi izlemiştir. Mao, bu yüzden pasifistler tarafından leninist olmamakla, narodnik olmakla, leninizmi revizyona tabi tutmakla suçlanmıştır. Gerekçe, Mao'nun devrim yolu ve mücadele biçimlerine ilişkin öngördüklerinin Lenin ve Stalin'in kitaplarında mevcut olmayışıdır.

III. bunalım döneminde pasifistlerin itirazları gene aynıdır. Değişen tarihsel durumu dikkate almayan oportünistler için teoriyi diyalektik olarak ele alıp, pratiğe uygulayan Marksist-Leninistlerin çizgisi ve pratik içinde geliştirilen aktif mücadele metodları, Lenin, Stalin ve Mao'nun kitaplarında olmadığından anti-Leninisttir, sol sapmanın ve anarşizmin çizgisidir.

Her tarihsel dönemde, sağ oportünizm teoriyi "ortodoks" yönden dondurarak, Marksizmin yaşayan ruhu somut durumların somut tahlilini bir yana atarak, onun özüne değil de lafızlarına dört elle sarılır.

2- Leninizmin Evrensel Tezleri

Konuyu genişletip, laf kalabalığına yol açmadan siyasi pratiğe ilişkin evrensel ilkeleri şu şekilde belirtebiliriz: Özetle bu ilkeler, devrim, parti ve devlet teorilerinde yatmaktadır.

Sırasıyla özetleyelim:

-Devlet aygıtı, bürokrasi ve militarizmi ile bir bütün olarak egemen sınıfların bir baskı örgütüdür.

-Devrim, halkın devrimci girişimiyle -aşağıdan yukarı- mevcut devlet cihazının parçalanarak politik iktidarın ele geçirilmesi ve bu iktidar aracılığıyla -yukarıdan aşağıya- daha ileri bir üretim düzeninin örgütlenmesidir.

Bunun için: 1-) Milli krizin varlığı, 2-) Öncünün (varlığı), 3-) Kitlelerin bilinçli ve örgütlü olarak savaşa katılması şarttır.

-Emperyalist dönemde tek ülkede devrim olabilir. Bu dönemde burjuvazi devrimci niteliğini kaybetmiştir. Kendi devrimini yapamaz. Bu yüzden geri bıraktırılmış ülkelerde proletarya tek bir süreç içinde ikili devrimci görevle karşı karşıyadır. (Kesintisiz devrim esprisi.)

-Proletaryanın siyasi partisi olmadan proletarya devrimi olamaz.

-Proletaryanın partisi ideolojik, ekonomik-demokratik ve politik olmak üzere üç cephede birden savaşan, diyalektik ve tarihi materyalizmin temeli üzerine kurulmuş olan proletaryanın öncü müfrezesidir.

-Devrim sürekli ve kesintisizdir. Sadece iktidarın ele geçirilip, altyapının düzenlenmesi ile bitmez, üst yapıda, sınıflı toplumlara özgü çelişkiler ortadan kalkana kadar devam eder. (Kültür ihtilali.)

Leninizmin bu evrensel tezlerinin herhangi birisinin eskimiş olduğunu dolayısıyla geçersizliğini iddia edenler, bu iddialar ister soldan (Debray...) isterse de sağdan (klasik revizyonizm) gelsin anti-leninizmdir; revizyonizmdir.

3- Devrim, Evrim Aşamaları ve Çalışma Tarzı

Marx, Engels ve Lenin, devrimci mücadeleyi iki evrede mütalaa ederler: Evrim dönemi, devrim dönemi.

"Marx ve Engels, preletaryanın devrimci mücadelesini evrim ve devrim aşamaları olmak üzere iki aşamada formüle ederler. Her iki aşamada da proletaryanın devrimci taktiği değişiktir. Devrim aşaması kısa bir dönemdir. Bu aşama verili sosyal düzenin alt üst olması aşamasıdır. Bu kısa aşamada proletaryanın ve öncüsünün taktiği hücumdur; gündemde tek bir madde yazılıdır: Ayaklanma. Bu dönemde proletaryanın taktiği verili devlet mekanizmasını parçalayarak, proletaryanın devrimci iktidarını kurmaktır. Marx ve Engels, bu taktiğe Fransızların ihtilalci atılım ve geleneklerinden esinlenerek Fransızca konuşma koymuşlardır. (...)

Proletaryanın devrim dönemindeki taktiği budur." (Bkz. Kasintisiz Devrim I).

Evrim aşaması ise uzun bir dönemdir. Bu dönemde proletaryanın partisinin görevi proletarya ve müttefiklerini bilinçlendirme, örgütlendirme ve devrim aşamasının sosyal ve psikolojik şartlarını yaratmaktır. Marx ve Engels, bu evrim döneminin devrimci çalışma tarzını şu şekilde ortaya koymaktadırlar: "Bu uzun dönemin devrimci mücadelesi, içeride oportümizme karşı amansız ideolojik mücadele vermek, dışarıda ise, proletaryanın sendikal mücadelesinden, halk kitlelerinin ekonomik ve demokratik mücadelesine kadar kitlelerin günlük mücadelesini örgütlemekten, mevcut gerici yönetime karşı, demokratik muhalefetin en solunda yer alarak, siyasi muhalefeti yönlendirmeye kadar her çeşit eylem biçimini kapsar (Silahsız). Marx ve Engels, proletaryanın bu aşamadaki devrimci diline, Alman proletaryasının ideolojik-teorik seviyesinin yüksekliğinden ve halk kitlelerini kendi saflarına çekmekteki maharetinden dolayı, Almanca konuşma demişlerdir." (Bkz. Kesintisiz Devrim I).

"Marx ve Engels'deki evrim aşaması, devrim aşaması ve ihtilalin objektif şartları meselesi, Lenin'in tahlillerinde iyice açıklık kazanmaktadır. Bunda şüphesiz Lenin'in yaşadığı dönemin, proleter devrimleri çağı olmasının ve Lenin'in iki devrim tecrübesi geçirmesinin büyük rolü vardır.

Lenin'e göre emperyalist dönemde, bütün ülkelerde kesintisiz devrim anlayışı içinde proletarya devriminin objektif şartları vardır. Üretici güçlerin dünya çapında ulaşmış olduğu seviye devrim yapmak için olgundur. Hazır olarak var olmayan devrimin subjektif şartlarıdır. Leninizmin temellerini devrimin subjektif şartlarının hazırlanması teşkil eder. Lenin, Marx ve Engels'in evrim ve devrim aşamaları ayrımında somut durumların farklılığından dolayı değişiklikler yaptı. Marx ve Engels'e göre, dünya çapında devrimin objektif şartlarının olgun olduğu zaman, sosyalistlerin dili Fransızca olmalıdır.

Bilindiği gibi emperyalist çağ, dünya çapında devrimlerin objektif şartlarının olgun olduğu çağdır. Düz mantığa göre, Marx ve Engels'in önerilerinin doğal sonucu bu dönemde sosyalistlerin görevi sürekli Fransızca konuşmaktır. Durmadan, yılmadan devamlı taarruz etmektir.

Ama diyalektik mantık için durum böyle değildir. Dünya devrimi asla zamandaş olmayacaktır. Ön ve bir veya birkaç ülkede olacaktır. Bu yüzden her ülkenin kurtuluşu, bizzat o ülkenin proletaryasının kendi eseri olacaktır. Devrimler ne ithal edilebilir, ne de ihraç edilebilir.

Bir ülkede devrimin objektif şartlarının olabilmesi için, kapitalizmin dünya çapındaki genel bunalımından başka, o ülkenin milli bunalımını da yaşaması gerekmektedir. Lenin'in ayrımına göre, devrim aşamasında olunabilmesi için: a) Proletaryanın bilinç ve örgütlenme seviyesinin devrim için yeterli olması gerekir. (Devrimin subjektif şartlarının uygun olması şarttır.) b) Ezeni de, ezileni de etkileyen bir milli bunalımın olması şarttır. (...)

"Devrim aşaması kısa bir andır. Evrim aşaması ise uzun bir süreçtir..." (Bkz. Kesintisiz Devrim I).

Evrim aşamasına ilişkin bolşevik çalışma tarzı Lenin'e göre şöyledir: "Evrim döneminin devrimci hitap dili Almancadır. Almanca konuşma döneminde ihtilalci atılıma yer yoktur. Bu dönemin devrimci çalışma tarzı proletaryayı bilinçlendirmek, örgütlendirmek, proletarya ile öncüsünün bağlarını sıklaştırmak, proletaryanın ve emekçi halkın sınıf bilincini yükseltmek, demokratik muhalefetin en solunda yürüyerek, hakim sınıfları yoğun politik propaganda ile teşhir etmektir."

Eğer proletaryanın partisi henüz kurulmamış ise ana görev, proletaryanın öncü müfrezesini oluşturmaktadır. Proletaryanın sınıf partisinin olmadığı bir evrede, devrimci durumun olması halinde bile devrimci dil Fransızca olamaz. Bu dönemin proleter devrimci çalışma tarzını Lenin, şu şekilde özetlemektedir: "Propaganda ve bilinçlendirme, bilinçlendirme ve propaganda o sırada objektif şartlar tarafından gerçekten ön plana itilmişti. Bütün ülkeye hitap eden haftalık olarak yayınlanması ideal gibi gözüken bir siyasi gazetenin yayınlanması için çalışma, o zaman devrim hazırlığı çalışmasının temel taşı olarak gözüküyordu. (Ve Ne Yapmalı meseleyi böyle koyuyordu). (Silahlı aksiyon yerine) yığınların bilinçlendirilmesi şiarı, (yöresel ayaklanmalar yerine) ayaklanmanın sosyal ve psikolojik şartlarının hazırlanması şiarı, o sırada devrimci-sosyal demokrasinin biricik doğru şiarlarıydı. (İki Taktik, s. 78)" (Bkz. Kesintisiz Devrim I).

Evrim aşamasını ve çalışma tarzını bu şekilde ortaya koyan Lenin, 1905 Devrimi aşamasında şunları söylemektedir: "...Şimdi olaylar bu şiarları aşmış bulunuyor, çünkü hareket ilerleme kaydetmiştir, bunlar artık eskidir, kullanılmıştır, hizmetini tamamlamış eşyadır (Yani evrim aşamasına ilişkindir.)" (İki Taktik, s. 78.)

Kısa olan devrim aşamasında da bolşevik taktik ve şiarlar derhal ayaklanma değildir. "Bu kısa dönemde ayrıca kendi içinde geçiş devresi, taktik taarruz devresi ve stratejik taarruz devresi olmak üzere üçe ayrılır. a) Geçiş Devresi Fransızcası: Evrim döneminin hemen hemen bitiminden başlar. Devrim dalgasının yavaş yavaş yükseldiği ve kitleleri sarsmaya başladığı ve kitlelerin inancının kitlesel eylemlere dönüştüğü evrenin Fransızca konuşma taktiğidir.

1905 Devrimi döneminde, Fransızca hitabın bu aksanı şöyle idi; mahalli siyasi grevler, nümayişler, genel siyasi grev ve Dumayı boykottur. (...)

b) Taktik Taarruz Devresi: Bu kısa devre, öncünün şehir eylemlerini öğrendiği, dolayısıyla halk kitlelerine önderlik etmeyi becerebildiği ve halk kitlelerine ayaklanmanın doğru taktiklerini öğrettiği devredir. Bu devre, halkın devrimci potansiyelinin iyice yükseldiği, devrim dalgasının en üst seviyeye yaklaştığı, öncünün son hücum öncesi taktik taarruzlarının yoğunlaştığı evredir. Bu devrede başlıca amaç, düşman saflarında yılgınlık ve panik yaratmak, karşı-devrim cephesini dağıtmak ve yarıklar açmaktır.

1905 Devriminin taktik taarruz devresinin devrimci taktikleri; barikat savaşları (sokak savaşları) ve şehir gerillasıdır. Şehir gerillası, şehir proletaryasından oluşmaktadır.

Şehir gerillasının çeşitli görevlerinden bir tanesi olarak, halk kitlelerine ayaklanma konusunda Lenin, Moskova Ayaklanması'ndan alınacak dersler konusunda şöyle demektedir: "Aralık'tan beri Rusya'da süregelen gerilla savaşı ve korkunç şiddet hareketleri elbette bir ayaklanmanın doğru taktiğini öğretmekte kitlelere yardım edecektir."

c) Stratejik Taarruz Devresi, Nizami Orduya Geçiş ve Ayaklanma: 1905'in 10 Haziranı'nda Lenin diyor ki: "Parlamalar-gösteriler-sokak çarpışmaları, devrimci ordu birlikleri, işte halk ayaklanmasının gelişimindeki aşamalar bunlardır. Artık son aşamaya ulaştık."

İktisadi ve politik buhran iyice derinleşmiş ve en üst seviyeye çıkmıştır. Artık beklemek Lenin'in deyişiyle cinayettir. Ve ayaklanma gündemin birinci maddesi olmuştur. Stratejik taarruz nizami ordu ile, düzenli ordu ile yapılır. Son hücum için, önce dağınık olan bütün güçler bir araya toplanır; Kızıl Ordu yaratılır (Kızıl Ordu proleter ordusudur). Barikat savaşları ve şehir gerilla taktikleri artık yerini Kızıl Ordu'nun ayaklanma taktiğine bırakmıştır." (Bkz. Kesintisiz Devrim I.)

İşte Lenin, dünyanın 6 sömürgeci ülkesinden birisi olan Rusya da preletaryanın devrimci sürecini ve taktiklerini böyle koyuyordu.

Stalin, Leninizmin İlkeleri'nde, 1905 Devrim aşamasının taktiklerine devrimin med aşaması taktikleri demektedir.

Hemen görülebileceği gibi, Marx, Engels ve Lenin'de devrim ve evrim aşamaları ve taktikleri kesin çizgilerle ayrıdır.

Marx ve Engels'in tahlil ettikleri bu süreç, burjuva toplumuna ilişkin, Lenin'inki ise dünyanın en büyük altı sömürgeci ülkesinden birisi olan, öteki Avrupa üykelerine kıyasla nisbeten zayıf fakat iç dinamiği ile gelişen bir kapitalizmin olduğu Çarlık Rusyası'na ilişkindir.

Yine açıkça görülebileceği gibi her iki aşamada da, devrimci çalışmalar, şiar ve taktikler farklıdır. Evrim aşamasında öngörülen taktik, şiar ve metodlar, Almanca'dan kaynaklanmaktadır. Ve silahlı aksiyon, evrim aşamasının temel mücadele metodu asla değildir. Devrim aşamasında ise, devrim dalgasının yükselmesine paralel olarak silahlı aksiyon temel olmaktadır.

Marksizm-Leninizmde politik mücadele biçimleri çeşitlidir. Literatürde bu biçimler a) Silahlı aksiyon, b) Silahlı aksiyonun dışındaki mücadele biçimleri diye iki başlıkta mütalaa ederler. Devrimci sürecin evrim ve devrim diye kesin çizgilerle ayrıldığı ülkelerdeki Marksist-Leninist partiler daima bu iki mücadele biçiminin birisinin bu iki evreye göre temel ötekini ise ona tâbi (tali) olarak seçerler. (İçinde bulunduğumuz evrede bu kesin çizgili ayırım emperyalist-kapitalist ülkeler için geçerlidir).

Devrim için uzun ve dolambaçlı halk savaşının zorunlu bir durak olduğu, emperyalist hegemonya altındaki geri bıraktırılmış ülkelerin somut pratikleri, devrimci sürecin bu evreleri arasındaki ilişkide değişiklik yapmıştır.

Şöyleki, emperyalist hegemonya altındaki ülkelerde, (ister II. bunalım döneminin emperyalist hegemonyanın dışsal bir olgu olduğu feodal, yarı feodal ülkelerde olsun, istersede III. bunalım döneminde emperyalist-kapitalist üretim ilişkilerinin egemen olduğu geri bıraktırılmış ülkelerde olsun) evrim ve devrim aşamaları, (Çarlık Rusyasında olduğu gibi zayıf da olsa) içsel dinamikle kapitalizmin geliştiği ülkelerdeki gibi kesin çizgilerle ayrılamaz. Bu tip ülkelerde devrim aşaması kısa değil, oldukça uzun bir aşamadır. Evrim aşamasının nerede bittiğini, devrim aşamasının ise nerede başladığını tespit etmek fiilen imkansızdır. Her iki aşama iç içe girmiştir.

Bu ülkelerdeki emperyalist hegemonya bağımsız bir milli burjuvazinin gelişmesine engel olduğundan ülke kapitalist bir ülke olsa bile, var olan kapitalizm kendi iç dinamiği ile gelişmediğinden çarpıktır, emperyalizme göre biçimlenmiştir. Emperyalist hegemonya, toplumun kendi iç dinamiği ile gelişmesine engel olduğu için ülke alt yapı ilişkilerinden üst yapısına kadar, milli bir kriz içindedir.

Bu milli kriz, tam anlamı ile olgun değildir. Ancak şu veya bu ölçüde vardır. Var olan bu krizin derinleştirilip olgunlaştırılması, tamamen o ülke devrimcilerine bağlıdır.

Özetle söylersek, emperyalist hegemonya altındaki bütün geri bıraktırılmış ülkelerde milli kriz, tam anlamı ile olgunlaşmış olmasa bile mevcuttur. Bu ise, devrim durumunun sürekli olarak var olması, evrim ve devrim aşamalarının iç içe girmesi, bir başka deyişle silahlı eylemin objektif şartlarının mevcudiyeti demektir.

Emperyalist hegemenya altında bir ülke olan Türkiye'de silahlı kurtuluş savaşını sürdüren partimiz, evrim ve devrim aşamaları değerlendir ·esini bu gerçeğin ışığı altında şu şekilde ortaya koymuştur: "Ülkemizdeki pasifistler, evrim aşamasında olduğumuzu, bu yüzden de içinde bulunduğumuz evrede silahlı savaşın objektif şartlarının mevcut olmadığını iddia etmektedirler. Bu iddiaları temelden sakat ve yanlıştır. Bu şekildeki tahlillerin tek amacı teslimiyetçiliğe ideolojik kılıf giydirmektir. Emperyalizmin işgali altındaki ülkelerde evrim ve devrim aşamaları bu şekilde bıçak gibi birbirinden ayrılamazlar. Bu aşamalar birbirinin içine girmiştir. Ayrıca, emperyalizmin işgali karşı tarafın bizzat zora, şiddete, silaha başvurması demektir. Bu ise, silahlı savaşın objektif şartlarının mevcudiyeti demektir.

Şu anda iktidar mücadelesi yapan partimiz, iktidarı alabilecek güçte ve aşamada değildir. Ancak düzenli ordular aşamasında bütün yurt çapında yönetimi ele geçirmekten söz etmek mümkündür. Ve biz, bugün bu aşamayı yaşadığımızı asla iddia etmiyoruz. Biz, sadece halkımızın ihtilalci savaşının bu aşamaya gelebilmesi için, gerilla savaşının şart olduğunu iddia ediyor ve amaçla da döğüşüyoruz." (Bkz. THKP Devrim Stratejisi, 1 Nolu Parti Bildirisi.)

Bu devrimci değerlendirmeye karşı çıkış, sadece ülkemizin pasifistlerine özgü değildir. Emperyalist hefemonya altında olan bütün geri bıraktırılmış ülkelerin solundaki pasifistlerin şiddetle karşı çıktıkları bir değerlendirmedir bu.

Meselenin özü de budur. Gerilla savaşına karşı olan (lafta evet deyipte, pratikte karşı olanlar da dahil) bütün geri bıraktırılmış ülkelerin pasifistleri Lenin'in klasik tanımına dört elle sarılırlar. Meselenin, zaman ve mekan mefhumlarının ışığında bu devrimci konuş tarzı, onlara göre maceracılıktır, anarşizmdir, fokoculuktur vs.

Gerekçe, ülkede Lenin'in klasik tanımına uygun bir milli kriz mevcut değildir.

Bu konuda örnek verelim. Cezayir'de küçük-burjuva devrimcileri, Fransız emperyalizmine karşı, silaha sarılıp halk savaşını sürdürürlerken, Cezayir Komünist Partisi ise, Lenin'in klasik tanımına dört elle sarılıp, ülkede silahlı kurtuluş savaşının objektif şartlarının olmadığını, evrim aşamasını yaşadıklarını söyleyerek, evrim döneminin mücadele biçimlerini temel alıyordu. Bilindiği gibi Cezayir halk savaşı, Cezayir Komünist Partisi'nin değil, küçük-burjuva radikallerinin önderliğinde zafere erişti. Savaştan sonra, Cezayir Komünist Partisi'nin Sekreteri Beşir Hacı Ali'nin yaptığı özeleştiri ilginçti. Diyor ki, bu konuda Beşir Hacı Ali: "Durumu doğru değerlendiremememizin hemen akla gelen sebeplerinden biri de... Devrimci bir durumun gelişmesi konusunda yaptığımız değerlendirmelerin yüzeyde kalışıdır. Komünist Partisi'nin inandığı, Kasım 1954'te şartların bir ulusal kurtuluş savaşı vermemiz için elverişli bir olgunluğa erişmemiş olmasıydı. Çünkü Lenin'in koyduğu şartların kapitalist ülkelerle ilgili olduğunu ve askeri eylemlerle genel ayaklanmanın farkını unutuyorduk." (Bkz. Pomeroy, Gerilla Savaşı ve Marksizm, s.320).

İşte, iş işten geçtikten sonra pasifizmin trajik günah çıkarması!

Emperyalizmin Üçüncü Bunalım Dönemi ve Leninist Çizgi

I-) Emperyalizmin Üçüncü Bunalım Dönemi

Amerikan emperyalizmi, II. yeniden paylaşım savaşında en az yıpranmış ve en çok kârlar sağlamış emperyalist ülke olarak çıktı. Geçmiş dönemlerle kıyaslanmayacak seviyede yaptığı sermaye ihraç ve transferleri ile öteki emperyalist-kapitalist ülke ekonomilerini hegemonyası altına aldı. Halk savaşlarına ve de sosyalist bloka karşı, emperyalist blokun jandarmalığını üstlendi. Dünya kapitalist blokunun, bu dönemde, Amerikan İmparatorluğu'na dönüştüğünü söylemek herhalde yanlış olmayacaktır. (Kapitalist dünya üretiminin 2/5'ini USA yapmaktadır.)

Emperyalizmin III. bunalım dönemi denilen bu dönemde, emperyalist ilişki ve çelişkiler biçim olarak iki temel cephede değişikliğe uğramıştır.

1. Emperyalistlerarası rekabetin (uzlaşmaz çelişkilerin) emperyalistlerarası yeniden paylaşım savaşına yol açması imkanı ortadan kalkmıştır.

2. Emperyalist işgalin biçimi değişmiştir.

Bugün dünyada tam sömürge tipi ülke hemen hemen kalmamış gibidir. Açık işgal, yerini gizli işgale bırakmıştır.

II. yeniden paylaşım savaşından sonra dünya, burjuva araştırmacılarının "II. sanayi devrimi", Marksist araştırmacıların ise, "bilim ve teknik devrim" çağı dedikleri bir çağa girmiştir.

"İnsanlığın atom enerjisini kullanmasına, evrenin fethine, kimyanın gelişmesine, üretimin otomatikleştirilmesi ve teknik devrim çağına girdiğinden bugün kimsenin şüphesi yoktur."

Dünya sosyalist blokunun dev gelişmesinin yanında, emperyalizmin, özellikle Yankee emperyalizminin, bilimsel teknik ve keşifleri kullanarak, üretimi belli ölçülerde arttırarak, nükleer vurucu kuvvetleri ile

-dünya sosyalist bloku da bu güçlere sahiptir- dünyayı yok edecek bir seviye gelmiştir.

('Bu bilimsel ve teknik devrim' burjuva iktisatçılarının düz mantığına göre, kapitalizmin bunalımına ilaç olmuştur. Oysa durum tam tersidir. 'Bilimsel ve teknik devrim' kapitalist rejimin özündeki mevcut çelişkileri görülmedik seviyeye çıkartarak, kapitalist ilişkiler çerçevesini çatırdatmaktadır. Üretimin artan yoğunlaşması, sermayenin temerküzü, özel tekellerle devlet tekellerinin iç içe girmesi, anormal bir talep yetersizliği korkunç bir kaos yaratmıştır.)

Bir yandan sermayenin korkunç bir seviyede yoğunlaşması ve temerküz etmesi, öteki taraftan dünyanın 1/3'ünün kapitalist sömürünün dışına çıkması, kapitalizm için metropolün dışında pazarların korkunç derecede daralması sonucunu doğurmuştur.

İşte kapitalizmin bunalımını had safhaya çıkaran, onun kudurmuş ve azgın bir güç haline gelmesinin nedeni budur. Bu, emperyalistlerarası çelişkileri korkunç seviyede keskinleştirip, derinleştirmiştir.

"Kapitalist ekonominin gelişme ritmi, kapitalist pazarın durumu ile belirlenmiştir."

Nükleer vurucu güçlerin dünya çapında erişmiş olduğu seviye ve de esas tayin edici olarak da, dev dünya sosyalist blokunun varlığı, emperyalistlerarası had safhaya ulaşmış olan uzlaşmaz çelişkilerin ekonomik plandan, askeri plana sıçramasına engel olmaktadır. Bir yandan çelişkiler keskinleşip derinleşirken, öte yandan da entegrasyona gidilmektedir.

Emperyalistlerarası uzlaşmaz çelişkilerin had safhaya çıkması, ancak bu çelişkileri yeniden paylaşım savaşı ile geçici olarak çözümleyememeleri ve zorunlu olarak entegrasyona gitmeleri kapitalizmin krizinin en öldürücü aşamayı yaşaması demektir.

Bugün Yankee emperyalizmi tam bir kriz içindedir. Oysa II. yeniden paylaşım savaşını takip eden yıllarda, Avrupalı ve Japon dostlarını, tam bir ekonomik kontrol altına almış olan Yankee emperyalizmi, uzun bir süre ekonomisinin "istikrar"ını devam ettirebilmiş ve uzun süre kendi ekonomik ve politik taleplerini onlara dikte ettirmiştir. Kapitalist dünyada dolar değişmez birim olarak kalmıştır.

Ancak kapitalizmin dengesiz gelişme kanunu bu süre içinde işlemiş ve Avrupa ve de Japonya emperyalizmi, Amerikan hegemonyasını tehdit eder duruma gelmiştir. Amerikan ekonomisi -işleyen kapitalizmin kanunlarıyla- son on yıldır tam bir kriz içine girmiş ve son yıllarda bu krizi had safhaya gelmiştir. Amerikan ekonomisindeki kriz o derece artmıştır ki, Yankeeler efsanevi dolarının dokunulmazlığını istemeye istemeye -2 yıl geciktirerek- bozmuşlardır. Amerika dolarını 1969' da devalüe etmesi gerekirken, iki yıl dostlarını zorlamış fakat bazı tavizlerin dışında olumlu sonuç alamamış ve 1971' de devalüe etmiştir.

Eğer, III. bunalım döneminin belirttiğimiz özelliği olmasaydı, Yankeeler dostlarının tavizleri ile yetinmeyip, pazar sorununu halletmek için, işi silahla çözümlemek yolunu tercih ederdi. (Böylece bir taşla iki kuş vurmuş olurlardı. Çünkü aynı zamanda savaş, kapitalizmin talep yetersizliği hastalığının bir ilacıdır.) Ancak, dünya sosyalist blokunun varlığı ve de tekniğin ulaşmış olduğu dev gelişme seviyesi bu tip politikanın aynı zamanda kendi sonu demek olduğunu da hatırlatmaktadır. (Metropollerde ve sömürgelerdeki emekçi sınıflar arasında sosyalizmin bu dönemde kazandığı olağanüstü prestijin de dikkate alınması gerekir. Bu faktör de son derece önemlidir.)

Bu dönemde emperyalizmin iç ve dış pazarlarının son derece daralması, buna karşılık sorunun yeniden paylaşım savaşı ile çözümlenememesi karşısında, genel olarak emperyalizm, özel olarak da Yankee emperyalizmi içte ve dışta iki metoda başvurmuştur. İçte ekonomisini askerileştirmiş, dışta ise, eski sömürgecilik metoduna ilaveten yeni sömürgeciliğe başlamıştır.

Bilindiği gibi iç pazar emekçilerin ferdi tüketimini artırmakla mümkündür. Ancak çalışan nüfusun gerçek gelirlerinde esaslı yükselmelerle iç pazar genişleyebilir. Fakat bu kapitalizmin tabiatına aykırıdır. Artan kârlar peşinde koşmak tekellerin öz tabiatıdır. Sermayenin yoğunlaşıp, temerküzü, kapitalist toplumda işçi ve emekçi sınıfların gerçek gelirlerinin azalması sonucunu doğurmaktadır. 1952'den itibaren, Amerikan proletaryasının gerçek geliri, sürekli olarak düşmüştür.

İç pazarın daralması karşısında, talep yetersizliğine[2] Yankeelerin bulduğu formül, ekonominin daha fazla askerileştirilmesi formülüdür.

(Bu formülün de kapitalizmi kurtaramayacağını hayat bugün ortaya koymuştur.)

Sermayenin olağanüstü yoğunlaşması ve temerküzü,[3] tekelci kapitalizmi, gerçek anlamı ile tekelci devlet kapitalizmine dönüştürmüştür.

Bu da tekellerin gücüyle, devletin gücünün iç içe girmesi, tek bir mekanizma haline dönüşmesi demektir. (Tekelci devlet kapitalizmi aşamasını, bilindiği gibi Lenin, sosyalizme geçişin maddi şartlarının en olgunlaştığı aşama olarak nitelemektedir. Yani kapitalizmin uzlaşmaz çelişkileri en had safhadadır.)

Ekonomisini olağanüstü derecede militarize etmiş olan Yankee emperyalizmi, bu durumunun doğal sonucu olarak, dünya çapında saldırganlığını, kudurganlığını korkunç bir seviyede arttırmış, Pentagon bir yandan CIA'nın komploları ile sömürge ve yarı-sömürge ülkelerde temsili demokrasileri bile rafa kaldırtarak, militarist rejimlerin kurulmasını sağlarken, öte yandan, milli kurtuluş savaşlarının yürütüldüğü ülkeleri cehenneme çevirmek için bütün güçlerini seferber etmiştir.

Emperyalizmin stratejik planda çökerten, taktik planda gücünü ve saldırısının artırılması esprisi budur.

"Bilimsel ve teknik devrim" çağında, uluslararası kapitalizm, pazar darlığından dolayı, korkunç seviyeye gelmiş olan krizini geçici olarak gidermek amacıyla, dışta, eski sömürme metodlarında değişiklikler yapmıştır dedik. (Bu, eski metodlarını terkettiği anlamında yorumlanmamalıdır. Bugün, her iki biçim birlikte işlemektedir. Ancak ağırlık yeni biçimlerindedir.)

Bizim pratiğimizi birinci dereceden ilgilendiren bu konu üzerinde duralım.

I. ve II. genel bunalım dönemlerinde uluslararası kapitalizmin pazarları, III. bunalım döneminde olduğu gibi iyice daralmış değildi. Daha önce belirttiğimiz gibi, teknoloji ve de sermayenin yoğunlaşıp, temerküzü bu seviyede değildi. Bu yüzden uluslararası kapitalizm, sömürge ülkelere emtia ihracı ve nakit sermaye ihraç ve transferi ile pazar sorununu halledebiliyordu. Onun için dünya bu kadar küçülmüş (pazarları daralmış) ve de talep eksikliği bugünkü korkunç seviyeye gelmiş değildi. Bu bakımdan emperyalizmin sömürge ülkelerde pazar genişletmesi diye bir sorun yoktu. Mevcut yapı korunarak -tabii belli ölçülerle feodalizm çözültülüp, komprador burjuvazi yaratılmıştı- feodalizmle ittifaka giren emperyalizm sömürüsünü rahatlıkla sürdürebiliyordu.

Feodalizme karşı, feodal sopa ile sömürülen halkın özellikle hemen hemen serf statüsünde olan köylülerin -çelişkiler çok keskin- spontane patlamalarını ve isyanlarını örgütleyen proleter devrimcilerin mücadelesini, komprador-burjuvazi feodal mütegallibe yönetimi -zayıf merkezi otorite- engelleyemez duruma geldiği zaman - ki çoğu zaman pratikte böyle oldu- emperyalist işgal açık şeklini alıyordu. Zaten bu ülkelerde, emperyalist devletler, ticaret işlerini güven altında tutmak, öteki emperyalist ülkelerin kendi pazarlarına el atmalarını engellemek için, stratejik yerlerde, özellikle limanlarda ve ana haberleşme merkezlerinde askerlerini bulundurarak fiili kontrolu elinde tutmaktaydı. (Zaten ülkenin stratejik merkezlerinde emperyalizmin fiili durumu mevcuttu.)

III. bunalım döneminde ise, emperyalistlerarası ilişkilerde değişiklikler olmuştur.

İkinci olarak, metropollerde sermayenin had safhaya varan yoğunlaşması ve temerküzünün oluşturduğu, "talep yetersizliği" ve de özellikle II. yeniden paylaşım savaşından sonralarını kaplayan anti-emperyalist ve millici akımlar, zorunlu olarak emperyalizmin sömürü metodunda değişiklikler yapmıştır. Bu değişiklikler emperyalizmin çirkin yüzünün saklanması ve de sömürge ülkelerde pazar genişletilmesini amaçlayan yeni sömürgecilik metodlarıdır.

Yeni sömürgeci metodların temelinde, emperyalist tekellerin aç gözlü sömürü politikasına cevap verecek şekilde, sömürge ülkelerde meta pazarının genişletilmesi, "yukardan aşağıya kapitalizmin" bu ülkelerde hakim üretim biçimi olması, merkezi güçlü otoritenin egemen olması sonucunu doğurmuştur. "Yukarıdan aşağıya demokratik devrim" belli ölçülerde gerçekleştirilmiş; üst yapıda feodal ilişkiler genellikle muhafaza edilirken (emeğin feodal sömürüsü sürdürülüp, feodal ideolojiler muhafaza edilirken...) alt yapıda kapitalizm egemen unsur haline gelmiştir. (Pazar için üretim.)

Bu da, bu ülkelerde, hafif ve orta sanayinin kurulması ve de yerli tekelci burjuvazinin (emperyalizmin en gözde müttefiki olarak) oluşması ve gelişmesi demektir. Ancak gelişen yerli burjuvazi, iç dinamikle değil, emperyalizmle baştan bütünleşmiş olarak gelişmiştir. Böylece I. ve II. genel bunalım dönemlerinde bu ülkeler için dışsal bir olgu olan emperyalizm bu dönemde aynı zamanda içsel bir olgu haline gelmiştir. (Gizli işgal esprisi.)[4]

Emperyalizmin, yukarıda bahsettiğimiz sonucu doğuran yeni-sömürgecilik metodunu çok kısa özetleyelim.

Yankee emperyalizmi, özellikle 1946'dan sonra, yeni-sömürgecilik metodunu geliştirdi. Ve bu yeni sömürgecilik politikası, Truman, Marshall doktrinleri ve askeri paktlarla, ikili anlaşmalarla tezgahlandı.

Bu politikanın esası, daha az masrafla daha geniş pazar imkanı sağlayan, daha sistemli ve ulusal savaşlara yol açmayacak, daha üst seviyeye çıkmış emperyalizmin problemlerini daha fazla tatmin etmeye dayanmaktadır. En temel metodu, sermaye ihraç ve transferinin terkibindeki değişikliktir. Sermayenin 5-6 elemanı arasında yeni bir oran yaratılmıştır. Şöyle ki, savaş öncesi nakit sermaye ihracı, sermayenin isim, patent hakkı, yedek parça, teknik bilgi, teknik eleman vs. gibi diğer elemanlarına kıyasla çok fazla yer tutarken, savaş sonrası dönemde özellikle 1960'dan sonra bu işleyiş tersine dönmüş, nakit sermaye ihracının dışındaki sermayenin yukarıda özetlediğimiz elemanları ağırlık kazanmıştır.

Bugün geri bıraktırılmış ülkelerde, yabancı nakit sermaye oranının yerli nakit sermayeye oranla çok az olduğu fakat mutlak dışa bağımlı birçok sanayi kuruluşu mevcuttur. (Örneğin oto sanayi.) Birkaç yüzde yüz dışa bağımlı temel sanayii tesisi kurulmakta ve bunlara bağımlı olmaya mahkum hafif ve orta sanayi belli ölçülerde geliştirilmektedir.

(Bu sanayi kuruluşlarının temelinde ise, yabancı sermayenin nakit sermaye dışında kalan elemanları yatmaktadır.)

Kısaca özetlediğimiz bu yeni sömürgecilik metodu, bir yandan emperyalizmin ülkeye iyice yerleşmesi (yani emperyalizmin sadece dışsal bir olgu değil aynı zamanda içsel bir olgu haline gelmesi) sonucunu doğururken, öte yandan geri bıraktırılmış ülkelerde, geçmiş dönemlere kıyasla, izafi olarak -feodalizmin etkin olduğu, eski sömürgecilik dönemine kıyısla- belli ölçülerde pazarın genişlemesine paralel olarak toplumsal üretim ve nisbi refahı arttırmıştır.

Bunun sonucu olarak, geri bıraktırılmış ülke içindeki çelişkiler görünüşte yumuşamış (feodal döneme kıyasla) halk kitlelerinin düzene karşı tepkisi ile oligarşi arasında suni bir denge kurulmuştur. Emperyalist işgal gizlendiği için -emperyalizm aynı zamanda içsel bir olgu haline geldiği için- halk kitlelerinin milliyetçi tepkileri, gâvura alerjisi nötralize olmuştur. Merkezi devlet aygıtı, geçmiş dönemle kıyasla çok güçlenmiş ve ittifak projeleri, ikili anlaşmalar, askeri pakt ilişkileri ile oligarşik devlet cihazı, devrimci iç savaş dikkate alınarak militarize edilmiştir. (Emperyalist yardımların 3/4'ü askeri yardımlardan oluşmaktadır.)

Ülke içinde pazarın genişlemesine paralel olarak şehirleşme, haberleşme ve ulaşım çok gelişmiş ve ülkeyi ağ gibi sarmıştır. Eski dönemlerdeki halkın üzerindeki zayıf feodal denetim -emperyalizmin fiili durumu bütün ülke çapında değil ticari merkezlerde ve ana haberleşme yerlerindeydi- yerini, çok daha güçlü oligarşik devlet otoritesine bırakmıştır. Oligarşik devletin ordusu, polisi ve de her çeşit pasifikasyon ve propaganda araçları ülkenin her köşesinde egemenliğini kurmuştur.

Bütün bunlara, I. ve II. genel bunalım dönemlerindekilerle kıyaslanmayacak şekilde, bu ülkelerde emperyalizmin ve oligarşinin propaganda araçlarını korkunç seviyeye getirmesini, pasifikasyon yöntemlerini geliştirmesini ve geçmiş dönemlerde milli kurtuluş savaşlarından edindiği tecrübeleri ilave etmek gerekir.

Artık geri bıraktırılmış ülkelerdeki oligarşik devlet aygıtı, mevcut üretim ilişkilerini -buna ülkedeki kapitalizm iç dinamikle gelişmediği için, emperyalist üretim ilişkileri demek yanlış olmayacaktır- uzun bir süre koruyabilecek seviyeye gelmiş, bu ülkelerdeki halk kitlelerinin özellikle geniş emekçi yığınlarının tepkileri pasifize edilerek, bu tepkiler ile oligarşi arasında suni bir denge kurulmuştur. (Bu durum, pasifizmin, revizyonizmin bu ülkelerdeki maddi dayanağını teşkil etmektedir.)

II-) Oligarşik Dikta

Sanayi devriminden geçmiş olan emperyalist kapitalist ülkelerdeki yönetim de, geri bıraktırılmış ülkelerdeki yönetim de oligarşik yönetimdir. Ancak emperyalist kapitalist ülkelerdeki kapitalizm, gerici bir tarzda değil, "yukarıdan aşağıya değil" devrimci anlamı ile, iç dinamiği ile gelişmiş ve yerleşmiştir. Dolayısıyla, sadece alt yapıda değil, üst yapıda da burjuva demokratik ilişkiler egemen olmuş, feodal ilişkiler bertaraf edilmiştir. Fakat tekelci dönemde, kapitalizm, serbest rekabet, milliyetçilik ve demokratik yönetim ilkelerini bir yana iterek, yerlerine tekel, kozmopolitizm ve oligarşik diktayı ikame etmiştir.

Ancak geçmiş dönemlerde proletarya ve emekçi kitleler, uzun süren kanlı mücadeleler ile demokratik hak ve özgürlüklerine sahip olmuşlardır. Emekçi sınıflar gerek nitelik olarak, gerekse nicelik olarak güçlüdürler. Onun için bu ülkelerdeki oligarşi, klasik burjuva demokrasisini ve özgürlüklerini belli ölçülerde sınırlayabilmekte fakat asla özüne dokunamamaktadır. Bu ülkelerdeki oligarşinin niteliği finans oligarşisidir.

Bizim gibi ülkelerdeki oligarşik dikta ise sadece finans kapitalin damgasını taşımamaktadır. Çünkü ülkedeki kapitalizm, kendi iç dinamiği ile değil, "yukarıdan aşağıya" geliştirilmiştir. Dolayısıyla yerli tekelci burjuvazi, daha baştan, çekirdek halindeyken emperyalizmle bütünleşerek gelişmiştir. (Emperyalizm içsel bir olgu durumuna geldiği için bu oligarşi içindedir.) Ancak bu gelişen tekelci-burjuvazi tek başına emperyalizmle ittifakını sürdürerek emperyalist üretim ilişkilerini muhafaza edecek güçte değildir. Dolayısıyla, yabancı ve yerli tekellere zorunlu olarak bağlı olan toprak burjuvazisi ve feodal kalıntılarla yönetimi paylaşmaktadır.

Oligarşik yönetim içinde, işbirlikçi tekelci burjuvazi, emperyalizmin temel dayanağı olmasına rağmen, emperyalist üretim ilişkilerini muhafaza eden tek yerli sınıf değildir.

Bizim gibi ülkelerdeki oligarşik yönetim, rahatlıkla işçi ve emekçi kitlelerin demokratik hak ve özgürlüklerin olmadığı tam bir dikta yönetimi ile ülkeyi yönetebilmektedir. Buna sömürge tipi faşizm de diyebiliriz. Bu yönetim, ya klasik burjuva demokrasisi ile uzaktan yakından ilişkisi olmayan "temsili demokrasi" ile icra edilir, (gizli faşizm) ya da, sandıksal demokrasiye itibar edilmeden açıkça icra edilir. Ancak açık icrası sürekli değildir. Genellikle, ipin ucunu kaçırdığı zaman başvurduğu bir yöntemdir.

III-) Devrimci Çizgi ve Revizyonizm

Kısaca, III. genel bunalım döneminin karakteristiğini, emperyalizmin öteki genel bunalım dönemlerinden farklılığını belirttik.

Bu dönemde, solda revizyonizm ve oportünizm iki şekilde ortaya çıkmıştır.

Birincisi, bu dönemin karakteristik niteliklerine bakarak, leninizmin, emperyalizm bir sistem olarak çökene kadar devam edecek olan evrensel tezlerinin geçerliliğini yitirdiğini iddia ederek, barışçıl, pasifist devrim teorileri ortaya atmaktadırlar.

Oysa emperyalizmin özü değişmemiştir. Değişen emperyalistlerarası ilişki ve istismar biçimidir. Bu bakımdan, emperyalist dönemin Marksizmi olan leninizmin evrensel tezleri, emperyalizm bir sistem olarak çökene kadar geçerlidir.

İkinci tip sosyal reformist çizgi, emperyalizmin değişen ilişki ve istismar biçimini dikkate almayarak, teoriyi bir eylem kılavuzu olarak değil de, tam bir dogma olarak almaktadır.

Onlara göre, silahlı propaganda biçimi temel mücadele olamaz. Leninizmde böyle bir propaganda biçimi yoktur. Silahlı propaganda örgütleyici değildir. Bu şekilde ele alış, her şeye silahın ucundan bakmaktadır...vs...

Bu konu üzerinde biraz duralım.

Bilindiği gibi, Marx ve Engels, 19. yüzyılın ikinci yarısında, proletarya-burjuvazi mücadelesinin bir ileri aşamaya geçebilmesi ve de dünyada ilk proleter devriminin olabilmesinin, kapitalistlerarası bir evren savaşıyla mümkün olabileceğini söylemişlerdi. (Bkz. Kesintisiz Devrim I.)

Emperyalist dönemde, bu dahiyane gözlemi, Lenin ve bolşevikler dikkate alarak, dünyanın ilk proleter devrimini yapmışlardır.

Lenin daha 1900'lerde (Emperyalizm kitabını yazmadan çok önce) kapitalizmin sıçramalı ve dengesiz gelişme kanununun zorunlu olarak bir emperyalistlerarası savaşı doğuracağını ve bunun da, kapitalizmin en zayıf halkası olan Rusya'da devrime yol açacağını söylemişti. Lenin'in öngördüğü devrim biçiminin temelinde, emperyalistlerarası zıtlıkların kesin olarak askeri plana yansıyacağı görüşü yatar. (Bkz. Kesintisiz Devrim I ve Leninizmin İlkeleri.)

Bilindiği gibi, I. emperyalistlerarası evren savaşında, bu alt üst oluş aşamasında, dünya proletarya hareketi büyük bir sıçrama yapmış ve dünyanın 1/6'sı sosyalist olmuştur. II. emperyalist evren savaşının oluşturduğu alt üst oluş aşamasında ise, dünyanın 1/3'ü sosyalist olmuş ve sosyalizm dünya çapında büyük bir prestije sahip olmuştur.

II. evren savaşından sonra, kapitalizm yeni bir bunalım dönemine girmiştir. Bu dönemde, emperyalistlerarası zıtlığın savaşa yol açması imkansızdır. (Daha önce belirttiğimiz nedenlerden dolayı.)

Küba devrimi, çalışma tarzıyla, takip ettiği rota itibariyle bu tarihsel dönemin özelliklerinin bir sonucudur. Bir başka deyişle, Marksizm-Leninizmin, bu tarihsel dönemin pratiğine uygulanmasının bir sonucudur. (Küba proleter devrimi hariç bütün devrimler, iki evren savaşının alt üst oluşları içinde olmuştur.) Silahlı propagandanın temel mücadele biçimi olması ve de halkın devrimci öncülerinin savaşı, Marksizm-Leninizmin evrensel tezlerinin bu somut tarihsel durumun pratiğine uygulanması sonucu ortaya çıkmış olan, bütün emperyalist hegemonya altında olan ülkelerin proleter devrimcilerinin bolşevik çizgisidir.

İşte, silahlı propagandayı temel alan ve öncü savaşı ile emekçi kitleleri devrim saflarına çekerek, devrimci mücadelenin bir halk savaşı ile zafere ulaşacağını tespit eden partimizin bu tespiti, Marksizm-Leninizmin kılavuzluğu altında, içinde yaşanılan tarihsel durumun ilişki ve çelişkilerini ve bu çelişkilerin ülkemize yansımasının ışığında yapmıştır.

Gerek ülkemizdeki, gerekse de, dünyadaki pasifistler, silahlı propagandayı temel çarpışma biçimi alarak öncü savaşını sürdüren devrimci örgütlerin mücadelesini, "Bu, bir avuç adamın, hakim sınıflarla düellosudur. Bu anarşizmin, narodnizmin çizgisidir. Lenin'de böyle bir çarpışma biçimi yoktur. Sorunu bu şekilde ele alış, her şeye silahın ucundan bakmaktır...vs..." demektedirler. Aslında teslimiyetçiliğe ideolojik kılıftan başka bir şey olmayan bu iddiaların ciddiye alınacak bir tarafı yoktur. Şu kadarını söyleyelim ki, bu dönemde bir devrim olmuştur. Ve bu devrimi yapanlar ise silahlı propagandayı temel çarpışma biçimi olarak alıp, öncü savaşı ile başlamışlardır. Bu tarihsel durumun bu leninist çalışma biçimini temel alan devrimci hareketler, bugün dünyanın kırlık bölgelerinde halklarının kurtuluş destanını yazmaktadırlar. Pasifistler ise, gerek dünyada, gerekse de ülkemizde, emperyalizmin ve oligarşinin soldaki uzantısı bir avuç grup olarak, emperyalizme karşı kanla ateşle kurtuluş destanları yazanlara karşı, söz düellesu yapmaktadırlar.

Bu tip çarpışma biçiminin Lenin'de olmadığını söyleyen bu pasifistlere en iyi cevabı Lenin vermektedir.

Sözü Lenin'e bırakalım: "Marksizm çarpışma biçimleri sorunlarının salt tarihsel bir incelenmesini gerektirir. Bu sorunu, somut tarihsel durumdan ayrı olarak ele almak, diyalektik maddeciliğin esaslarının yeterince kavranmadığını gösterir. İktisadi evrimin değişik aşamalarında, siyasal-ulusal-kültürel canlı koşullardaki değişmelere bağlı olarak değişik mücadele biçimleri ortaya çıkar, bunlar başlıca çarpışma biçimleri olurlar; bunlarla ilgili olarak ikinci derecede, tamamlayıcı mücadele biçimleri de değişir." (Lenin)

Evet, yaşanılan somut tarihsel durumdan (emperyalizmin III. bunalım döneminden) ve de iktisadi evrimin (emperyalizmin) değişik aşamalarında siyasal, ulusal-kültürel canlı koşullardaki değişmeleri dikkate almadan Marx, Engels, Stalin, Mao'nun yapıtlarından, pratikten kopuk, mekanik olarak çalışma tarzları tespit edenler, iyi birer marksolog olabilirler, ama asla proleter devrimcisi olamazlar.

Oportünizmin her türü ile devrimci çizgi arasındaki temel farklılık, temel mücadele biçiminin seçilişinde ortaya çıkar. Bilindiği gibi hakim sınıflara karşı yürütülen proleter devrimci mücadele çok yönlüdür. Bu çok yönlülük literatürde iki ana başlık altında toplanır:

a) Barışçıl mücadele metodları (uzlaşıcı demek değildir), b) Silahlı aksiyon metodları.

Emperyalizmin işgali altında olan ülkelerde emperyalizm ve oligarşiye karşı mücadele nasıl yürütülecektir? Oligarşi ile halkın memnuniyetsizliği ve tepkileri arasında suni denge hangi mücadele biçimi temel alınarak bozulacaktır? Halkı devrim saflarına çekmek için hangi mücadele metodunu temel olarak seçeceğiz? Geniş bir siyasi gerçekleri açıklama kampanyasının temel aracı hangi mücadele biçimi olacaktır.

İşte, devrimci çizgi ile oportünist çizgiyi, devrimci teoriyi, "ortodoks" ideolojik-politik sözebeliğinden ayırt eden temel ölçü buradadır.

Devrimci mücadeleyi, yaşadığımız dönemde, evrim ve devrim aşamaları diye kesin çizgilerle ayıran, ulusalararası revizyonizmin, pasifizmin bu soruya cevabı şudur. (Aralarındaki ayrılıklar ne olursa olsun, şehirleri temel alandan, kırları temel alana kadar.)

"Kitlelerin içine girerek, kitlelerin acil gereksinmeleri etrafında, kitleleri örgütleyip, eyleme sokma ve kitlelere siyasi bilinç götürüp örgütlenme, yani emekçi kitlelerin ekonomik hak ve istemleri etrafında kitleleri örgütleyip, siyasi hedefe yönlendirme."

Demokratik hak ve özgürlüklerin kullanılamadığı -rafa kaldırıldığı- daha doğru bir deyişle oligarşi tarafından kullanılmasına "izin" verilmediği, ordusu, polisi ve diğer güçleri ile emekçi kitlelere tam bir tenkil politikasının izlendiği bütün geri bıraktırılmış ülkelerde, bu tip klasik "kitle çalışması" ile ekonomik ve demokratik mücadeleyi, politik mücadeleye dönüştürmek isteyen örgütler, düşmanın askeri üstünlüğü ve baskısı karşısında, güçsüzlüğe düşecekler, giderek de iyice sağa kayacaklardır.

Bu yol "oligarşik diktatörlük ile halktan gelen baskı arasında kurulmuş olan suni dengeyi bozacak yerde onu devam ettirecektir." (Che)

Evet devam ettirecektir. Elbette bu yoldan gidildiğinde de görünüşte bazı ilerlemeler olacaktır. Ancak bu yolun savunucuları, giderek başlangıçta savaşçı niteliklere sahip olsalar bile, bu niteliklerini kaybedecek, yozlaşacak ve giderek bürokratlaşacaklardır. Yitirilen devrimci öz ve de pasifize edilmiş beş-on emekçi; işte bu görüşün yolu basitleştirilince budur.[6]

Bu görüş, şehir proletaryasının anahtar rolü oynadığı ayaklanma ile sonuca gidilen Sovyet devriminde olduğu gibi evrim aşamasını uzun, devrim aşamasını ise kısa bir aşama olarak gören görüştür.

Bu mücadele biçimini temel alan örgütler giderek, devrimci-milliyetçilerin koltuğu altına girecek ve onların yönetiminin ülkede demokratik hak ve özgürlükleri sağlayacağını ve bu ortamda da, ekonomik ve demokratik mücadelenin etrafında kitleleri örgütleyip bilinçlendireceklerini düşüneceklerdir.

Misal, ülkemizdeki (x) grubu, siyasi gerçekleri açıklayan bir yayın organı etrafında toplanıp, fabrika vs. yerlerde üslenmeye çalışarak, ekonomik ve demokratik kitle hareketlerinin içine girerek, buradan hareketle kitleleri devrim saflarına çekmeye çalışırlarken, yani bu tip mücadele biçimini temel alırlarken, öte yandan örgütlenmelerine para sağlamak amacı ile bir iki soygun yapmışlar ve bir iki sabotaj ve suikast teşebbüsünde bulunmuşlardır. (Ancak yapılan bu silahlı eylemler, silahlı propaganda değildir.)

Ve bu çalışma tarzı içinde olan (x) grubu, bütün ümitlerini devrimci-milliyetçi bir cuntaya bağlamıştı. Çünkü bu cunta, 27 Mayıs Anayasası'nı fiilen işler hale getirecek, 141-142'yi kaldıracak ve temel olarak aldıkları mücadele biçimine uygun bir ortam yaratacaktı.

Devrimci Görüş:

Oligarşi ile halkın düzene memnuniyetsizlik ve genellikle bilinçsiz tepkileri arasında kurulmuş olan suni dengeyi bozmanın, kitleleri devrim saflarına çekmenin temel mücadele metodu silahlı propagandadır.

Emekçi kitlelerin ekonomik ve demokratik mücadelelerin, oligarşik diktatörlük -isterse temsili görünümde olsun- tarafından terörle bastırıldığı merkezi otoritenin ordusu, polisi vs. güçlü olarak halk kitlelerine gözüktüğü, gizli işgalin var olduğu bu ülkelerde, kitlelerle temas kurmanın, onları geniş bir siyasi gerçekleri açıklama kampanyası ile devrim saflarına kazanmanın temel mücadele metodu silahlı propagandadır.

Silahlı propaganda, askeri değil politik mücadeledir. Ferdi değil, kitlevi mücadele biçimidir. Yani silahlı propaganda, pasifistlerin iddia ettiği gibi kesin olarak terörizm değildir. Bireysel terörizmden amaç ve biçim olarak farklıdır. Silahlı propaganda, belli bir devrimci stratejiden hareketle, emekçi kitlelere elle tutulur, gözle görülür maddi ve somut eylemlerden hareketle, soyuta gider. Maddi olaylar etrafında siyasi gerçekleri açıklayarak, kitleleri bilinçlendirir, onlara politik hedef gösterir. Silahlı propaganda, halkın düzene karşı olan memnuniyetsizliğini ajite eder, onları emperyalist beyin yıkamanın giderek etkisinden kurtarır. Önce kitleleri sarsar, giderek de bilinçlendirir. Merkezi otoritenin görüldüğü gibi güçlü olmadığını, onun kuvvetinin her şeyden önce yaygaraya, gözdağına ve demogojiye dayandığını gösterir.

Silahlı propaganda, her şeyden önce, günlük maişet derdi vs. içinde kaybolan, emperyalist yayınla şartlanmış, düzenin şu veya bu "partisine" umudunu bağlamış kitlelerin dikkatini devrim hareketine çeker, uyuşturulmuş pasifize edilmiş kitlelerde kıpırdanma yaratır.

İlk dönemde, yoğun sağcı propagandanın (oportünist yayın da dahil) etkisi ile kitlelerdeki şaşkınlık ve tereddüt, giderek devrim hareketine karşı sempatiye, eylemler karşısında, yüzündeki "adalet" maskesini bir kenara atarak baskı ve terörünü halkın üzerinde görülmedik derecede arttıran oligarşinin çirkin yüzünü görerek ona karşı antipatiye dönüşür.

Silahlı propagandayı temel alan örgüt, giderek ezilenlerin tek umut kaynağı olur. Bir yandan işsizliğin ve pahalılığın giderek artması halkın memnuniyetsizliğini had safhaya ulaştırırken, silahlı propagandanın karşısında baskı ve terörünü iyice artıran, halkın giderek bütün demokratik haklarını rafa kaldıran oligarşi, başta aydınlar olmak üzere bütün halkın nazarında, değer yitimine uğrar. Gerilla savaşını başarı ile yürüten parti, önce soldaki çeşitli oportünist fraksiyonların etkisi altında kalmış olan halkın uyanık kesimlerini etrafında toplayacak, soldaki parazitleri giderek temizleyecektir. Pasifistlerin kafalarını karıştırdığı unsurlar -işçi, köylü, öğrenci- giderek, silahlı propagandanın etrafında toplanacaktır. Yani silahlı propaganda önce solu toplayacaktır. Başlangıçta çeşitli eğilimlerin etkisi altında olan samimi unsurlar tek bir strateji etrafında toplanacaklardır.

Silahlı propaganda, kır ve şehir gerilla savaşı ile psikolojik ve yıpratma savaşını içerir.

Temel mücadele biçiminin bu şekilde ele alınması, elbette ki öteki mücadele biçimlerinin ihmal edilmesi demek değildir. Silahlı propagandayı temel alan örgüt, öteki mücadele biçimlerini de gücü oranında ele alır. Ancak öteki mücadele biçimleri talidir. Silahlı propaganda, temel mücadele biçimidir. Bu ekonomik ve demokratik kitle hareketlerine seyirci kalınması demek değildir. Örgüt, gücü oranında, ekonomik ve demokratik hak ve istemler etrafında kitleleri örgütlemeye çalışır. Oligarşiye karşı her çeşit tepkiyi yönlendirmeye çalışır. Ancak başlangıçta asla her yere koşmaz, gücünü aşan silahla güven altına alınamayan kitle hareketlerinin içine girmez. Gücüyle orantılı olarak silahlı propagandanın dışındaki, bilinçlendirme, siyasi eğitim, propaganda ve örgütlendirme işleri ile uğraşır.

Klasik politik kitle mücadelesi ile silahlı propaganda birbirini izler ve birbirine bağımlıdırlar, her biri diğerini karşılıklı etkiler.

Silahlı propagandanın dışındaki öteki politik, ekonomik, demokratik mücadele biçimleri silahlı propagandaya tâbidir ve silahlı propagandaya göre biçimlenirler. (Tali mücadele biçimleri, temel mücadele biçimine göre şekillenir. Yani silahlı propaganda metodlarına göre şekillenir.)

İşte, III. bunalım döneminde, emperyalizmin işgali altında olan ülkelerin solundaki devrimci ve revizyonist çizgilerin görüşleri özetle budur.

Kısaca özetlersek: Bu ülkelerde "proleter devrimci" adı altında 2 tip sapma görülmektedir.

1-) Revizyonist, klasik "Ortodoks" çizgi:

(Karakteristikleri)

Askeri yanı ile politik yanı birbirine zıt şeylermiş gibi görüp, askeri yanın küçümsenmesi. Şehir proletaryasının siyasi işlevini, proletaryanın anahtar rolü oynadığı Sovyetik modelin ışığı altında görerek, aşırı abartma.

Silahlı propagandanın prestij kazanması üzerine solda prestij kaybına maruz kalan bu örgütler, sonradan gerilla yapan bir şube de açmışlardır. Tabii bu gerilla hikaye olmuştur.

Milli bir krizin ülkede olmasına rağmen barışçıl mücadele metodlarının temel alınmasının ve de evrim ve devrim aşamalarını kesin çizgilerle ayrılmanın, öncü savaşının reddinin oluşturduğu kendiliğindencilik.

2-) Bu görüşe tepki olarak doğan, Küba devriminin yanlış yorumlanmasının sonucu ortaya çıkan militan sol çizgi; fokocu görüş: Şehir-kır ilişkilerini, silahlı propaganda ve öteki mücadele biçimlerini diyalektik bir bütün olarak görmeyen, tek ve bütün olarak kırları ve silahlı propagandayı alan, şehirlerin ve de öteki mücadele biçimlerinin tali rolünü önemseyen bir görüştür. Bu görüşün temelinde, geri bıraktırılmış ülkelerdeki milli krizin en olgun bir şekilde değerlendirilmesi, öncünün mücadelesi ile köylülerin derhal silaha sarılarak, savaşın kısa zamanda halk savaşına dönüşeceği düşüncesi yatmaktadır.

Dolayısıyla bu çizgide "sol" bir kendiliğindencilikdir.

Ancak bu görüşün savunucuları, hayatın gerçekleri karşısında bu yorumlarının gerçekçi olmadığını anlayarak, hızla bu görüşü terketmişlerdir. Dünyada bugün hemen hemen fokocu anlayış içinde olan silahlı propaganda örgütleri yok gibidir.

***

Türkiye'nin, Tarihi-Sosyal-Ekonomik Özellikleri ve Pratiğimize İlişkin Sonuçlar

1-) Merkezi Feodal Osmanlı Devleti

Osmanlı Devleti'ni iki aşamada ele almak gerekir:

a) Askeri Merkezi Feodal Osmanlı İmparatorluğu.

b) Komprador-Feodal Osmanlı Devleti.

Osmanlı toplumu, klasik feodal bir bünyeye sahip olmamasına rağmen feodal bir devletti. Tam deyimiyle -özellikle 15. yüzyıldan sonra- toplumsal yapı; askeri merkezi-feodal bir yapıydı. Toprağa bağlı reaya üretiyor; artı-ürün, ikincil dereceden feodaller aracılığıyla merkezi otorite tarafından ele geçiriliyordu. Stratejik ticaret yollarının Osmanlı feodalizminin elinde olması ve dış talan, iç talanın -iç sömürünün- keskin olmamasını sağlıyordu.

Bu durum ve mevcut feodal yapının klasik tipte olmaması iç çelişkileri belli ölçülerde yumuşatıyordu. (Yani üretici güçlerle feodal üretim ilişkileri arasındaki çelişki kısa bir dönemde had safhaya yavaş uç vermeye başlarken, çelişkiler keskinleşme sürecine girerken Avrupa kapitalizminin dış müdahalesi ile bu engellenmiş, yerli kapitalizm gelişememiştir.[1]

Osmanlı toplumu, 18. yüzyıldan itibaren hızlı bir sömürgeleşme sürecine girmiş, devlet hızla kompradorlaşmış ruşeym halinde yerli kapitalizm Avrupa kapitalizminin rekabetine dayanayarak, ekonomi, feodal komprador bir yapıya sahip olmuştur.

Bu feodal-komprador ekonomik yapının önemli özelliklerinden birisi de, uluslaşmayı yürütecek, feodal veya yarı feodal toplum karakterinden, gelenek ve törelerinden doğan sosyal, psikolojik ve de kültürel oluşumun etkisi altında uyuyan halk kitlelerini harekete getirecek, ilerici ve demokrat düşünceyi yaygınlaştıracak güçte devrimci burjuvazinin olmayışıdır. Bu görev zorunlu olarak küçük-burjuvazinin omuzlarına yüklenmiştir.[2]

Bir başka deyişle, Osmanlı feodalizminin klasik bir bünyeye sahip olmayışının oluşturduğu zayıf otodinamizm askeri feodal devletin katı merkeziyetçiliğinin oluşturduğu imtiyazlı geniş bürokrasinin adeta bir sınıf gibi hareket kaabiliyetini doğurmasıdır.

Merkezi feodal devletin, 18. yüzyılda içte yavaş yavaş merkezi etkinliğini kaybederek, mahalli mütegallibenin iktidar gücünü artırması ve dış müdahaleye merkezi feodal devletin dayanamayarak ittifaka girip, kompradorlaşması, bu imtiyazlı kapıkulu zümresi içinde iki akımı ortaya çıkarmıştır. Kapıkulunun, Avrupa kapitalizminden paylar alan, imtiyazlı üst tabakası, sultan ailesi ile birlikte hızla kompradorlaşmışlardır.

Galata bankerleri, kompradorlaşmış saray ve kapıkulunun (feodal-komprador devlet) üst kesimi, batı sömürüsünden oldukça önemli paylar alan imtiyazlı gerici ittifakkı oluşturuyordu.

Batı Avrupa kapitalizminin talanı ile hızla eski imtiyazlarını kaybeden, eski "şanlı" ve imtiyazlı dönemlerinin özlemini çeken kapıkulunun bu tayfası devletin bu yeni sürecinden memnun olmadılar. (Bunda mahalli mütegallibenin gücünü artırması da etkilidir.) Eski imtiyazlı günlerin özlemi ile feodal-komprador akıma karşı önce "Osmanlılık" sonra da Avrupa'da gelişen milliyetçilik akımının etkisi ile "Türkçülük" bayrağı altında tavır aldılar. Ancak bu zümre karakteri gereği hedefleri daima bulanık, eylemleri de direkt sonuca gidecek eylemler değildir. Avrupa kapitalizmi bu zümre içinde kendine ajanlar bularak, temelde kendi istismarını daha da genişleten sahte devrimci hedeflere -Turancılık vs. gibi- çoğu kere rahatlıkla kanalize edilebilmiştir. Hatta zaman zaman feodalitenin tepkilerine karşı, bu zümreyi bir tehdit aracı olarak bile kullanabilmiştir.

Sonuç Olarak,

1) Avrupa'nın çoğrafi ve teknik keşiflerinden istifade edip kapitalizme geçmesi aşamasında, Osmanlı Devleti zayıf oto-dinamizminden dolayı geç kalmıştır. Dolayısıyla sömürgeleşme sürecine girmiştir.

2) Osmanlı feodalizminin niteliğinden dolayı (klasik anlamda feodal-serf ilişkisinin açık ve kesin olmaması ve de iç sömürünün yumuşak ve gizli olması) isyancılık, emekçilerde bir gelenek haline gelmemiştir. Merkezi feodal devlet dış talanı temel alıp, iç sömürüyü nispeten gizli ve yumuşak yürüttüğünden dolayı, Anadolu halkına bir yüce baba, bir hami gibi gözükebilmiştir.

3) Merkezi feodal otoritenin çok güçlü olması (mahalli mütegallibe çok zayıf) devlet otoritesinin "yenilmezliği" ve "karşı konulmazlığı" düşüncesini kitlelerde "fikri sabitlik" derecesinde yerleştirmiştir.

Özetle söylersek, feodal devletin kompradorlaşma öncesi dönemine kadarki süre içinde devlet "halkın babası" ve feodal devlete karşı Kuvay-ı Milliye'nin başarılı eylemleri ceberrut, "yıkılmaz", "karşı-konmaz", "gücünü tanrıdan alan" Osmanlı Devleti'nin bu görünümünü yıkıp atmıştır.

4) İç ve dış dinamiğin etkisi ile feodalizmin rahminden doğan devrimci bir burjuvazi gelişememiştir. Onun görevini zorunlu olarak küçük-burjuva aydınları omuzlamışlardır.

II-) Kemalizm

Kemalizm, emperyalizmin işgali altındaki bir ülkenin devrimci-milliyetçilerinin bir milli kurtuluş bayrağıdır. Kemalizmin özü, emperyalizme karşı tavır alıştır. Kemalizmi bir burjuva ideolojisi veya bütün küçük-burjuvazinin veyahut asker-sivil bütün aydın zümrenin ideolojisi saymak kesin olarak yanlıştır.

Kemalizm, küçük-burjuvazinin en sol, en radikal kesiminin milliyetçilik tabanında anti-emperyalist bir tavır alışıdır. Bu yüzden, Kemalizm soldur; milli kurtuluşçuluktur. Kemalizm, devrimci-milliyetçilerin, emperyalizme karşı aldıkları radikal politik tutumdur.[3]

Ülkede, kendi solunda, emperyalizme karşı hiçbir devrimci, ulusal-radikal sınıf hareketi olmadığı, dünyada, bugünkü gibi milli kurtuluş savaşlarının destekçisi bir dünya sosyalist blokunun olmadığı bir evrede emperyalizme karşı, dünyada ilk muzaffer olmuş bir halk savaşını veren radikal-milliyetçiler, bu bakımdan, ülkemizin -kökeni Osmanlı alt bürokrasisinin ilericiliğine dayanan- bir orijinalitesidir. Kemalistler için ülkemizdeki, asker-sivil-aydın zümrenin jakobenleri diyebiliriz.

III-) 1923 Devrimi, 1923-42 ve de 1942-50 Dönemleri

1923 Devrimi, önder sınıfın karakterini yansıtan bir milli devrimdir. Emperyalist işgal kırılmış, komprador-burjuvazi tasfiye edilmiş, yabancı sermayeye tanınan bazı imtiyazlara rağmen genellikle emperyalist istismar bertaraf edilmiş, feodalizmin ideolojik ve politik gücü kırılmıştır.

Bu, muhtevası burjuva olan bir devrimdir. (Stalin ve Mao, 1919-23 Anadolu harekatına devrim demektedirler. Keza Mao, 1923 Anadolu devriminden muhteva bakımından pek farklı olmayan Cezayir devrimi için de, milli demokratik devrim kavramını kullanmaktadır.) Ancak, önder sınıfın karakterinden dolayı, bu devrim sürekli kılınamamış, duraklamalara ve hatta geriye dönüşlere maruz kalmış, sonunda da ülke yeniden sömürgeleşme sürecine girmiştir.

I. Milli Kurtuluş Savaşı'nın ve de 1923 Anadolu devriminin önderinin büyük-burjuvazi olduğunu söylemek gerçeklere aykırıdır.[4]

Çünkü emperyalist dönemde burjuvazi, bütün dünyada devrimci, milliyetçi ve demokrat niteliğini kaybetmiştir. Onun ideolojisi artık milliyetçilik değil, kozmopolitizmdir. O, vatan, millet bayrağını geminin bordosundan aşağıya atmıştır. Bu bayrağı, emperyalist dönemde enternasyonalizm ve yurtseverlik tabanında proleter-devrimcileri, milliyetçilik tabanında ise küçük-burjuva radikal unsurları yükseltmektedir.

1923'te kurulan, milli, laik Türkiye Cumhuriyeti'nde yönetim, hiyerarşik tabanın üst kademesinde Kemalistler olmak üzere, küçük burjuvazinin ve de burjuvazinin bütün fraksiyonlarının ortak yönetimidir.

Feodal mütegallibe sindirilmiş, ancak politik ve ideolojik gücü kırılmasına rağmen, ekonomik gücü bertaraf edilememiştir.

Kısaca özetlersek, feodal-komprador devlet mekanizması parçalanmış yerine, tek parti yönetimi altında küçük-burjuvazinin diktatörlüğü egemen kılınmıştır.

Lenin, küçük-burjuvazinin hiyerarşinin en üstünde yer aldığı yönetimin niteliklerini şu şekilde belirtmektedir: "...otorite ve devlet gücünün bu sınıfın ekonomik, sosyal ve politik hiyerarşisinin başında kalmasının hizmete konulması ve emperyalizmle ittifak halinde bulunan feodalite ile sermaye diktatörlüğü yerine küçük-burjuva diktatörlüğünün kurulması, bunun için de baskıcı devlet mekanizmasının bu sınıfın çıkar ve ideolojisinin hizmetine konulması."

İşte 1923 Türkiye Cumhuriyeti yönetiminin ideolojik ve politik niteliği budur.

Ekonomik plandaki yönetimi ise özetle şudur: Özel mülkiyet ve kârı temel alan (başka türlü olması eşyanın tabiatına aykırıdır) kendi sınıfsal ve de ekonomik örgütlendirmesini genişleten, giderek de "milli-burjuvazi" sınıfını yetiştirmeye yönelik küçük üretime dayanan, özünde boş bir milli ekonomi yaratılmıştır.

Bu tip ekonomiye ilişkin, Lenin şöyle demektedir: "...şehir ekonomisinin hafif endüstri temeli üzerinde kurulması, daha doğrusu kırsal bölgelerde ve şehirlerde bir tüketim ekonomisinin kurulması (bu "ne üretilirse tüketilir" ilkesine dayanan ve birinci derecede küçük-burjuva tüketim ihtiyaçlarının hizmetinde olan bir ekonomidir; küçük-burjuva, proletaryanın ve yoksul köylülerin gücünde olan bir ekonomidir; küçük-burjuva, proletaryanın ve yoksul köylülerin gücünden elde ettiği artı-değerin büyük bir kısmını elinde tuttuğu için nispeten büyük bir satınalma gücüne sahiptir.)

1923 yıllarında yönetimin üst kademesinde bulunan Kemalistler, başlangıçta emperyalizmle ekonomik plandaki ilişkilerde çekimserdirler. Bir yandan emperyalizmin uzantısı komprador-burjuvazi, tasfiye olunurken, yabancı tekelleri ilişkin pek çok stratejik işletmeler satın alma yolu ile millileştirilir ve de borç almada son derece dikkatli davranılırken, öte yandan yine de kapitalist dünya içinde yer alınarak, yabancı sermayeye bazı imtiyazlar tanınmaktadır. İdeolojik ve politik alanda gücü iyice kırılan feodalizmin ekonomik gücüne fazla dokunulmamaktadır. Yani, küçük-burjuva yönetimi, sınıfsal karakterinden dolayı, emperyalizm ve feodalizmle olan bütün köprüleri atamamaktadır.

"...Küçük-burjuvazinin örgütlenmesinin genişletilmesi, bununla birlikte feodalite ile olan sınıfsal ve siyasal ilişkilerini koruyacak bir köprünün kurulması" (Lenin)

İstiklali Tam Türkiye yolunun her alanda tam bağımsız olmaktan geçtiğinin bilincinde olan bu yönetimin lideri G. Mustafa Kemal, milli ekonomi konusunda çok hassas davranmıştır. Gümrük himayeleri, millileştirme, yerli malı kullanma mecburiyetleri, vs.lerde milli bir kapitalist sınıfı oluşturma gayretleri içinde olan Cumhuriyet yönetimi, bu amaçla milli kapitalizmin gelişmesi için devletin bütün imkanlarını kullanmıştır. Ancak gittikçe gelişen politik ve ekonomik plandaki küçük-burjuvazinin örgütlenmesi, giderek ticaret burjuvazisi ile işbirliği içinde olan ve devletin imkanlarını bu alanlarda kullanan bir bürokrat burjuvazi oluşturmuştur.

Mesela, milli özel yatırımları desteklemek ve kredi vermek amacı ile kurulan İş Bankası'nın kurucuları, Milli Kurtuluş Savaşı'na katılmış, Cumhuriyet döneminin politikacıları ile tüccar ve eşraftır.

"İş Bankası'nın bir nevi politikacılar bankası olarak kurulmuş olması, Cumhuriyet dönemi için bir aferizm salgının başlangıcı olmuştur. (F.R.Atay, Bkz. Doğan Avcıoğlu, Türkiye'nin Düzeni) Giderek Cumhuriyet yöneticilerinin bir kesiminin bürokrat-burjuvazi haline dönüşmeleri, ticaret-burjuvazisi ve eşrafla birlikte ekonomik yatırımlar yapmaları, başlangıçta, ekonomide özel kartelleşme ve tröstleşmeye, yabancı sermaye yardımlarına ve işbirliğine karşı olan devlet üzerinde politik gücünü yavaş yavaş artırmayı doğurmuştur. Yavaş yavaş, bu konuda, Meclisten imtiyazlı kanunlar çıkartılmış, yabancı sermaye ile "işbirliği" gelişmiş, ekonomide reformist-burjuvazi ile bürokrat-burjuvazi ile işbirliği sonucu tekelleşmeye doğru gidilmeye başlanmıştır.

"Aslında sanayii ellerinde tutan İş Bankası grubunun büyük yatırımlara burnunu sokup tekel elde etmesi, bunun yanında perde arkasında bir şirket kurup o fabrika mamullerini ithal edip, yüksek tuttuğu fabrika fiyatları ile piyasaya sürmesi reformist-burjuvazinin İş Bankası içindeki bir kanadının sivrilmesine ve tekelleşmesine giderek yol açmıştır. Türkiye'de tekelci-burjuvazinin uç vermeye başlamasında en etkin grup, İş Bankası grubu olmuştur."

Özetle söylersek,

Bu dönemi üç evrede özetleyebiliriz:

1-) 1923-32 Dönemi: Ülkenin bağımsız, ekonominin ise bir milli tüketim ekonomisi olduğu evre.

Bürokrat-burjuvazinin doğuş evresi. Bu evre, yönetimde Kemalistlerin en ağırlıkta olduğu evredir.

2-) 1932-42 Dönemi: Bu evrede, bürokrat-burjuvazinin, ticaret burjuvazisi ve de yabancı tekellerle birleşip yavaş, yavaş tekelci-burjuvaziye doğru dönüşmeye başladığı evredir. 1932 Dünya krizinin oluşturduğu ekonomik sarsıntıdan bu zümre geniş ölçüde istifade etmiş ve palazlanmaya başlamıştır. (Bkz. 1932 Milli Korunma Kanunu, Savunma)

3-) 1942-50 Dönemi: Savaş yıllarında özellikle Saraçoğlu döneminde, Saraçoğlu yönetiminin fiyatları serbest bırakması, ülkede dört nal bir enflasyon yaratmış, Marshallı, Truman yardımları Amerikan emperyalizmi ülkeye iyice girmiş ve yabancı sermayeye geniş imtiyazlar sağlanmıştır. (Ülkenin Sömürgeleşme Sürecinin Başlaması)

IV-) 1950-71 Dönemi

Bu yıllar ülkeye Amerikan emperyalizminin ekonomisinden politikasına, kültüründen sanatına kadar damgasını vurduğu ve bizzat oligarşi içinde yer aldığı yıllardır. (Emperyalizmin içsel bir olgu haline gelmesi). Bu yıllarda emperyalist üretim ilişkileri ülkenin en ücra köşesine kadar egemen olmuştur.

Kısaca dersek, küçük-burjuva milli ekonomisi, emperyalist istismara cevap verecek şekilde değişikliğe uğramış, emperyalist üretim ilişkilerinin egemen olduğu oligarşinin gayri milli ekonomisine dönüşmüştür. Küçük-burjuva diktatörlüğü yerini oligarşik diktaya terk etmiş, küçük-burjuvazinin milli ideolojisi ve politikası, oligarşinin gayrimilli ideolojisi ve politikasına yerini bırakmıştır.

Emperyalist tekellerde baştan bütünleşmiş olarak doğan yerli tekelci-burjuvazinin gerçek anlamda gelişip yaygınlaşması bu devrede olmuştur. Özellikle 1960'dan sonra, emperyalist üretim ilişkilerinin derinlemesine yayılmasına paralel olarak, yerli tekelci-burjuvazi de oligarşi içinde emperyalizmin temel dayanağı olmuştur.

Ancak, bu dönemde her şeye rağmen, oligarşi ile küçük-burjuvazi arasında bir nispi denge ülkede süregelmiştir. Yani oligarşi devlete bu dönemde tam anlamı ile hakim değildir. Bu yüzden belli ölçülerde özellikle bürokrasi ve ordu içindeki devrimci-milliyetçiler etkinliklerini bu dönemde devam ettirebilmişlerdir. Fakat özellikle 1963'den sonra, yerli ve yabancı sermayenin ülkemizde giderek merkezileşip, yoğunlaşması ve meta üretiminin ta köylere kadar girmesi ile oligarşi kademe kademe gücünü arttırmış ve nihayet 1971'de küçük-burjuvazinin sağ ve orta kanadını da kendi saflarına çekerek, ordu ve bürokrasi içindeki Kemalistlerin gücüne büyük bir darbe indirmiştir.

V-) 12 Mart ve Değişen Sınıfların İlişkisi

12 Mart Darbesi ile birlikte, ülkedeki sınıflar kombinezonunda tam bir değişiklik olmuştur. Ülkedeki devrimci milliyetçilerle oligarşi arasındaki nispi denge bozulmuş devletin bütün kurumlarına oligarşi tam anlamı ile hakim olmuştur.

Kökenini, Osmanlı Devleti'nden ve yirmibeşlik Cumhuriyet dönemi küçük-burjuva yönetiminden alan Türk ordusunun küçük-burjuva devrimci geleneği artık son bulmuş, ordu doğrudan emperyalizmin ve oligarşinin sömürgeci politikasının aleti olmuştur. (Bu, Türk Ordusunda devrimci milliyetçilerin hiç kalmadığı anlamında yorumlanmamalıdır. Sosyal olayların sonucu birden ortaya çıkmaz. Ordu ve bürokrasi içinde devrimci-milliyetçiler bir süre daha barınacaklardır. Ancak artık eski güçlerini kaybetmişlerdir. Ve giderek de hızla tasfiye olacaklardır.)

Ülkemizde 12 Mart Askeri Darbesi'nin olması bir tesadüf değildir. Bu genel olarak, emperyalizmin üçüncü bunalım döneminin, özel olarak Amerikan ekonomisinin 1967'den beri içine girdiği korkunç krizin, Yankee işgali altındaki ülkemize yansımasının bir sonucudur. Ülkemizdeki rejimin militarize olması ve de saldırganlığını artırması, Amerikan emperyalizminin ekonomisini askerileştirmesini olağanüstü arttırıp, içeride ve dışarıda terörünü artırmasının "Küçük Amerika"da yansımasıdır.

Amerikan emperyalizminin krizinin had safhaya ulaşması, ülkemizdeki tekelcilerin aç gözlü sömürüsünün artması emperyalist üretim ilişkilerinin iyice kökleşmesini oluşturdu. Bu ise, ülkemizdeki sosyal, iktisadi ve siyasi krizi iyice derinleştirdi. Paramız devalüe edildi. Fiyatlar görülmedik bir seviyeye yükseldi. Emekçi halkın yoksulluğu, sefaleti had safhaya ulaştı.

Amerika, Türkiye'deki Süleyman Demirel hükümetine iki tavsiyede bulundu. Ülkede kendi sömürüsünü arttıracak bir dizi "rasyonalizasyon" tedbirleri (dolayısıyla işbirlikçi-tekelci burjuvazi lehine) almasını (Bkz. OECD raporları) ve orduyu yönetime katarak hızla gelişen demokratik mücadeleyi, bastırmasını tavsiye etti.

Süleyman Demirel yönetiminin bir ayağı tekelleşememiş vurguncu Anadolu burjuvazisine ve feodal kalıntılara dayandığından bu tedbirleri gereği gibi yerine getiremedi. Tekeller için "huzuru" sağlayamadı.

Bunun üzerine alaşağı edildi. Ve askeri diktatörlük kuruldu. Böylece bir yandan aç gözlü tekellerin istismarını daha da arttıracak, öteki egemen sınıf ve zümrelerin aleyhine sömürüyü disipline edecek bir dizi "reformlar" yapılmış olurken, öte yandan ordu ve bürokrasi içindeki devrimci-milliyetçiler geniş ölçüde temizlenmiş ve halkımızın korkunç seviyede artan sefaletin oluşturduğu tepkileri terörle engellenmiş, tekellerin açgözlü sömürüleri için "huzur" sağlanmış olacaktı.

12 Mart Askeri Darbesi'nin sonuçlarını ve aşamalarını sırasıyla şöyle özetleyebiliriz:

1-) Ülkemizdeki askeri diktatörlük, Amerikan emperyalizminin ülkemizdeki işgalinin aldığı son biçimdir. Bu, temsili demokrasinin rafa kaldırılması, düzen partilerinin rolünün asgariye indirilmesi demektir. Artık Türk Ordusu, oligarşinin halkımıza karşı yürüttüğü baskı politikasının açık ve doğrudan bir aleti olmuştur.[6]

Fakat Türk Ordusu'nun alt kademe subaylarının niteliğini belirleyen milliyeçiliktir. Çoğunluğu da askeri liselerden gelen, küçük-burjuva emekçi kökenli kişilerdir. On yıldır emperyalizm sistemli çalışarak, ordunun küçük-burjuva devrimci geleneğini geniş ölçüde değiştirmiş, 12 Martla birlikte geniş tasfiyelere gitmiştir. Latin Amerika'daki gibi iç savaşa uygun bir biçimlenişi olmayan, geniş Türk Ordusu'nda daha bir süre devrimci geleneğin izleri görülebilir. Ancak süratle oligarşi, tasfiyeler ve yeniden düzenlemelerle orduyu iç savaş ordusu haline getirerek doğrudan vurucu gücü haline getirmektedir.

2-) Oligarşi, 12 Mart Darbesi'ni ülkemizdeki küçük-burjuvazinin gücünü dikkate alarak, onlara ters düşmeyecek, "Atatürkçü, milliyetçi", "İlerici", "Reformcu" sloganlarla yapmış, I. Erim Hükümeti de reformist bir hükümet olarak görünmeye özel olarak dikkat etmiştir.

Bu, askeri-sivil aydın zümrenin radikal kanadının sağ kanat ile olan ittifakını bozmak, onu tecrid edip, bu sloganlarla en azından nötralize edip, bürokrasi ve ordu içindeki, "tarafsız" ve sağ kanadı kendi saflarına çekmek için uyguladıkları bir yöntemdir. Oligarşi, ülkedeki nispi dengeden dolayı, bu yöntemi uygulamaya mecburdu. Çünkü Türk Ordusu, ülkenin tarihsel gelişmesinin sonucu olarak, Latin Amerika orduları gibi oligarşinin henüz vurucu gücü olmuş ve o şekilde örgütlenmiş değildi. Bu mekanizmayı, kendi politikasının doğrudan aracı olarak kullanabilmesi için, bu türlü sloganlarla işini yürütmesi zorunluydu.

Ayrıca, Amerikan emperyalizmi sömürüsünü daha da genişletebilmek (tabii işbirlikçi-tekelci burjuvazi lehine de) yani sömürüyü disipline edebilmek için, börokrasi ve ordu içindeki küçük-burjuva aydınlarının desteğine de muhtaçtı.

Şöyleki, bu sömürüyü disipline etme eylemi, oligarşinin içindeki eski etkinliklerini kaybetmiş olsalar bile, hala belli bir güç olan, özellikle Meclis'te önemli bir çoğunluğu oluşturan öteki gerici sınıf ve zümreleri -ticaret ve tarım burjuvazisi ile feodal kalıntıları- son derece rahatsız etmektedir. Bu yüzden başlangıçta bu sarı "reformları" büyük bir tepkiyle karşıladılar. Bu gerçeği emperyalizmin ve işbirlikçi tekelci burjuvazinin teorisinin yapıldığı Milliyet gazetesi şu şekilde özetlemektedir: "...büyük burjuvazinin öncü çekirdeğini teşkil eden grup özel sektörün bazı kesimlerine göre daha ileri görüşlere de sahiptir. İstekler öncelikle geleneksel ticaret ve tarım sermayelerini (kapitalizm öncesi ortamdaki güçlerini sarsacak biçimde etkileyeceğinden) fazlasıyla rahatsız etmektedir. Oysa, varolan koşulların getirdiği kapitalist üretim biçimi Türkiye'de daha rasyonel tedbirlerin alınmasını zorunlu kılmaktadır. OECD, 1970'in daha ilk günlerinde, Türkiye için bu yönde bir dizi rasyonelleşme tedbiri tavsiye etmişti." (Ali Gevgilili, Türk Kapitalizmi ve Yeni İstekleri)

Bu kapitalizm öncesi sınıf ve zümrelerin sömürüyü disipline etmeye yönelik "reformlara" karşı tepkilerini, emperyalizmin ve yerli tekelci-burjuvazinin saf iktidarı olan I. Erim Hükümeti, "İlerici, Atatürkçü, reformist" görünüm altında, küçük-burjuva aydın çevrelerin desteğini alarak, bu çevreleri bu zümreler üzerinde baskı unsuru olarak kullanıp, kırmaya çalışmıştır.

Ve ilk dönemde, en radikal küçük-burjuva kanadının bile bu konuda desteğini almayı da başarmıştır.

3-) Ancak, silahlı propaganda, I. Erim Hükümeti'nin gerçek yüzünü ve emellerini, oligarşinin en gerici, en azgın ve terörist yönetimi olduğunu açığa çıkarmıştır. Böylece, Amerikan emperyalizminin ve işbirlikçi yerli burjuvazinin oyununu alt üst ederek, maskesini alaşağı etmiş, kademeli planını bozmuştur. "İlerici, reformist, Atatürkçü" görünümü altındaki açık faşizmin erken doğum yapmasını sağlayarak, küçük-burjuva aydın çevreler de dahil olmak üzere kamuoyunun gözlerini açtı.

Bugün, aşağı yukarı bütün küçük-burjuva devrimci aydınları I. Erim Hükümeti'nin niteliğini açıkça anlamış bulunmaktadırlar.

4-) Küçük-burjuva aydın kamuoyunun desteğini kaybeden emperyalizm-işbirlikçi (tekelci) burjuvazi ikilisi, bu sefer zorunlu olarak, sömürüyü disipline etmeye yönelik bir dizi rasyonelleştirme tedbirlerinden (sarı reformlarından) tavizler vererek, tekrar bu tedbirlerden zarar görecek olan öteki gerici sınıf ve zümrelerle ortak müşterekler etrafında anlaşmışlardır.

Bugün oligarşi içinde tam bir bayram havası hüküm sürmektedir. II. Erim Hükümeti de, bu anlaşmanın ve gericilerarası barışın hükümetidir.

İşte 12 Mart ile birlikte ülkemizde sınıflar kombinezonunda meydana gelen değişiklikler bunlardır.

Bütün bunların anlamı, kaba deyişle, ülkemizin Latin Amerika ülkelerinden farksız bir ülke haline gelmesidir.

Artık 1961-70 döneminin sınırlı demokratik ortamı tarihe karışmış, nispi denge bozulmuştur. Emperyalist işgalin ve istismarın Türk Ordusu aracılığıyla sürdürüldüğü, ekonomik ve demokratik amaçlı her çeşit kıpırdamanın terörle susturulduğu bir ülke haline gelmiştir Türkiye.

Bundan böyle, bütün legal yolların tıkanmasından emekçi kitlelere karşı tenkil politikasının en gaddarca sürdürülmesinden dolayı, kitlelerle diyalog kurmanın ve onları devrim saflarına çekmenin temel mücadele biçimi silahlı propagandadır.

Ülkemizin Latin Amerika ülkelerinden ve de öteki geri bıraktırılmış ülkelerden kendine özgü temel farklılıkları ise şunlardır (Bu temel faktörlerin yanında daha pek çok tali faktör sayılabilir.)

1-) Ülkemizin Jeo-politik Durumu:

Askeri ve taktik bir sorun olduğu için şu kadarını söyleyelim. Devrimciler için ülkemizin jeo-politik durumu oldukça önemli bir avantajdır.

Dezavantajı ise, anti-komünizm propagandasının tarihi "Moskof düşmanlığına" dayandırılmasıdır.

2) Tarihi ve Sosyal Gelişmenin Oluşturduğu Özellik:

Osmanlı feodal bünyenin ayırt edici özelliklerinden (katı merkeziyetçiliği, güçlü devlet aygıtı ve zayıf otodinamizmi) dolayı, Anadolu insanının kafasında devlet mefhumu karşı konulmaz, yıkılmaz bir kavram olarak yerleşmiştir. Keza, ülkede 1950'ye kadar yönetimi elinde tutan küçük-burjuvazi diktatörlüğünün, geniş bürokratik mekanizması ve tek parti anlayışının küçük-burjuva yukarıdan aşağıya tahakkümü, devlet otoritesinin "karşı konulmaz, yenilmez ve yıkılmaz" bir güç olduğuna ilişkin yüzyılların yerleşmiş düşüncesini perçinlemiştir.

Ayrıca merkezi devlet otoritesinin baskısı altında ezilmiş, bunalmış Anadolu insanı, kaderci bir düşüncenin rijid kalıpları içinde, "böyle gelmiş, böyle gider" düşüncesi ile politik pasiflik içindedir. (Emperyalizmin III. bunalım döneminde, geri bıraktırılmış ülkelerde oligarşi ile halk kitlelerinin düzene karşı tepkileri arasında kurulmuş olan suni denge, ülkemizin tarihi, sosyal özelliklerinden dolayı, çok daha fazladır.) Yıllardır aldatılmış, kazıklanmış olduğundan lafa, söze vs.ye artık inanmaz olmuştur. Bu nedenle kendisine söylenenlerin bizzat söyleyenler tarafından eyleme döküldüğünü görmeden inanmaz.

II. yeniden paylaşım savaşından, özellikle 1960'dan sonra (Amerikan gizli işgalinin oluşturduğu ekonomik, sosyal ve politik kriz) ülkedeki sınıflararası kutuplaşmayı ve emekçi kitlelerin memnuniyetsizliğini had safhaya çıkarmıştır.

Bugün Anadolu'nun pek çok yerinde halkın uyanık kesimleri, düzenin bütün partilerinden umutlarını kesmişler ve bu sefaletten kurtulmanın tek yolunun isyan etmek olduğunun bilincine varmışlardır. Halkımızın uyanık kesimleri, Amerikan "gavuru" ile işbirliği içinde olan ağaların, patronların, parababalarının nasıl kendilerini iliklerine kadar sömürdüklerinin farkındadırlar. Kitlelerde zenginlik düşmanı had safhadadır. Onların anlayamadığı tek şey, yenilmez bir güç olarak gözlerinde büyüttükleri oligarşik devlet cihazının kof ve çürüklüğüdür. (Oligarşi, kitlelerin bilincinde fikri sabitlik derecesinde, "devlete karşı konulmaz" düşüncesini iyice perçinlemek için, sürekli olarak yaygara, gözdağı, kuvvet gösterisi ve demagoji ile özellikle bu konuyu işlemektedir.)

Bu yüzden beş-altı tane devrimci askeri eylem, (Propagandası yapılmamasına rağmen) kitlelerde derin bir şaşkınlık ve sempati yaratmıştır. Latin Amerika ülkeleri de dahil olmak üzere hiçbir geri bıraktırılmış ülkede, henüz mayalanma aşamasında olan bir gerilla mücadelesi, kitlelerin üzerinde bu kadar etkili ve prestijli olmamıştır.

Bunun nedenleri açıktır.

Bir kere, hiçbir geri bıraktırılmış ülke insanında "devlete karşı-konulmaz, çünkü yenilmez" yanlış düşüncesi, Anadolu insanının kafasında şekillendiği biçimde şekillenmemiştir.

İkinci olarak, Meclisi'nden, düzen partilerinden ve politikacılardan nefret, nutuk ve lafta kalan propagandaya karşı alerji, ülkemizin emekci kitlelerinde, hemen hemen öteki geri bıraktırılmış ülkelerdeki kitlelerdekinden kıyaslanmayacak seviyededir.

Üçüncü olarak, halkımızın uyanık kesimleri pasifist, kuyrukçu çalışma tarzı içinde olan "solculardan" bıkmış ve onlardan hiçbir hayır gelmeyeceğini de anlamışlardır. Yıllardır bu kesim gerçekten devrim meselesini ciddiye alan, umutlarını bağlayabileceği bir savaşçı örgütün özlemini duymaktadır. (THKP-C'nin bugünkü prestijinin kaynağı da budur.)

İşte bu nedenlerden dolayı, devrimci propagandanın etkili olabilmesi, kitlelerin devrim saflarına çekilebilmesi için silahlı propaganda, Latin Amerika ülkeleri de dahil olmak üzere bütün geri bıraktırılmış ülkelerden çok daha fazla ülkemiz için şart ve elzemdir.

Kitlelerin düzene karşı memnuniyetsizlik ve kıpırdanmalarının eyleme dönüşmesi için, önce inandırıcı olmalıyız. Söylediklerimizi bizzat eylemimizle onlara göstermeliyiz. Devrimciler her şeyden önce bir yandan kitlelere, hakim sınıfların baskı örgütünün, yüzyıllardır kafalarında şekillendiği gibi olmadığını, aslında çürük ve kof olduğunu, onun bütün gücünün yaygara, gözdağı ve demagojiden ibaret olduğunu askeri eylemleri ile göstermelidirler. Öte yandan, kitleleri devrimci propagandaya açık hale getirebilmek ve bu yolla devrimci bilinci onlara götürüp onları devrim saflarına çekmek için, askeri eylemlerin üzerine oturmuş propagandayı işletmelidirler. Tekrar niteliğinde de olsa söylediklerimizi kısaca özetleyelim:

Ülkemizin ekonomik, sosyal ve tarihi gelişiminin sonucu olarak, bir başka deyişle, geçmiş dönemlerde devletin niteliğinden dolayı, halkımızın tepkileri ile devlet arasında bir suni denge hep süregelmiştir. Emperyalizmin, üçüncü bunalım döneminde istismar metodunda yaptığı değişiklikte böyle bir suni dengeyi kurmayı amaçlamaktadır. bu bakımdan Amerikan emperyalizmi ülkemizde çok iyi bir zemin bulmuştur.

Bu bakımdan Latin Amerika ülkeleri dahil olmak üzere bütün geri bıraktırılmış ülkelerinkinden çok daha güçlü olan suni dengeyi kurmayı amaçlamaktadır. Bu bakımdan Amerikan emperyalizmi ülkemizde çok iyi bir zemin bulmuştur.

Bu bakımdan Latin Amerika ülkeleri dahil olmak üzere bütün geri bıraktırılmış ülkelerinkinden çok daha güçlü olan suni dengeyi devam ettirmekten başka hiçbir şey yapamaz.

Ve bütün baştan beri sıraladığımız nedenlerden dolayı, Şubat-Mayıs şehir gerilla eylemleri sonucu, halkımızın uyanık kesimlerinde düzene karşı duyulan memnuniyetsizlikler devrimci sempatiye dönüşmüştür.[7]

Her yeni, önce tepki ile karşılanır. Giderek yer eder ve benimsenir. Oligarşinin yurt çapında yürüttüğü karşı-propaganda önceleri belli ölçülerde etkili olmuşsa da, şu anda artık eski etkinliğini yitirmiştir. Halkımızın düzene karşı nefreti o seviyededir ki, oligarşiye karşı yürütülen 5-6 askeri hareket bir anda devrimciler lehine azımsanmayacak bir prestji yaratmıştır.

Silahlı devrim cephesine karşı, somut bir yönelmenin olduğu ve mücadelenin tam bir nitelik sıçraması yapacağı evrede, silahlı propaganda, henüz rüşeym halinde iken darbe yedi.

Şu anda bizlerin görevi, düzen değişikliğinin şu veya bu biçimde gerekliliğine inanan kitlelere böyle bir değişikliğin mümkün olabileceğinin güvencini yaratmaktır. Örgütsüz olan ve idealist düşüncenin perspektifinden, oligarşik devlet gücünü "dev gibi" güçlü ve yenilmez olarak gören kitlelere, merkezi otoritenin aslında göründüğü kadar güçlü olmadığını, kof olduğunu, bütün gücünün yaygara ve gözdağı olduğunu bizzat devrimci pratik içinde göstermek suretiyle bu güvenceyi yaratabiliriz.

Evet, kitlelere, oligarşiye karşı savaşan silahlı devrim cephesinin güçlü olduğunu göstermemiz, bir bakıma kuvvet gösterisi yaparak, düşmanı yıpratmamız, moralman çökertmemiz gerekmektedir. Bunun tek yolu öncünün bir dizi askeri zaferleridir. Sağlanan potansiyelin kaybolmamasının giderek genişlemesinin tek yolu budur. Devrimci merkezi yayın organı ancak, bir dizi askeri eylemlerden sonra söz konusu olabilir. (Bu, bu süre içinde deneme yayınının tatil edileceği anlamında yorumlanmamalıdır. Bu süre içinde kitlelere elbette askeri eylemlerin üzerine oturmuş, devrimci yayın yapılacaktır. Ancak bu aşamada bu periyodik olmayacaktır. Ayrıca siyasi kadroların eğitilmesini amaçlayan pratiğimize ışık tutan broşürler de çıkartılacaktır.) Gerek neşir yolu ile, gerekse de propagandistler aracılığıyla yapılan ajitasyon ve propaganda var olan bir şeyin üzerine oturmak zorundadır. Bugün, birkaç tane sözde devrimci yayın organı çıkmaktadır. Zaman zaman çeşitli "solcu" fraksiyonların, kitleleri silaha sarılmaya davet eden bildirileri dağıtılmaktadır. Ektileri nedir? Etkileri hiçtir. Çünkü soyutun propagandasıdır. Kitleler, kendilerini bir dizi keskin laflarla, ayaklanmaya, silaha sarılmaya çağıranı bizzat savaşın içinde görmek ister. Özellikle Türk halkı, soyut propagandaya "ceğiz, cağız"a hiç ama hiç itibar etmez. Kitleler 1961'den beri bu tip dergilere, bildirilere alışıktırlar. "Lafla peynir gemisi yürümez." Kitle, öncüsünü bizzat savaşın içinde görmek ister. Görecek ki, senin içtenliğine inansın. Bu da yetmez. Senin önemli bir güç olduğuna inanacak ki sana meyletsin, sempatisi güvene, güveni de giderek desteğe dönüşsün.

Ülkemizde pasifistler özellikle şunu söylemektedirler: "Yapılan eylemler kitlelerde sempati yaratıyor, ama hepsi o kadar..."

Doğrudur. Kitleler bizlere karşı sempati duymalarına rağmen, henüz aktif olarak desteklemiyorlar ve mücadelenin içine girmiyorlar. Bu son derece doğaldır. Ne bekleniyordu yani- 5-6 askeri eylem sonucu, kitlelerin ayaklanıp, ülkede devrim yapması mı?

Bu pasifistlerin devrimci mücadeleyi, kısa bir süreç olarak görmelerinin ve sosyal oluşumdan habersizliğinin bir kanıtıdır.

Biz bugüne kadar şunu söyledik ve hâlâ da söylüyoruz; Devrim yolu engellidir, dolambaçlıdır, sarptır. Onyılların mücadelesidir. Bugün henüz savaşın başındayız. Ve henüz mayalanma aşamasında kitlelerin bu sempatisi bile silahlı devrim cephesi için büyük bir kazançtır. Çünkü desteğin yolu, sempati ve güvenden geçer. Kitle önce silahlı devrim cephesine sempati duyacaktır. Ama gözünde büyüttüğü merkezi devlet otoritesinden dolayı, silahlı devrim cephesinin ezileceği dşüncesi ile eylemleri tereddüt ve büyük merakla izleyecektir. Gerilla savaşının başarı ile yürütülmesi üzerine görecektir ki, silahlı devrim cephesi önemli bir güçtür; yıkılmaz ve yokolmaz. O zaman sempatisi güvene dönecektir. Bu ikinci evredir. Güvene dönmesi, çoğunluğun desteğinin kazanılması demek değildir. Ancak gerilla savaşı devamlı ve istikrarlı kılındıktan sonra, güven yavaş yavaş desteğe dönecektir.

Herşey bizim kararlı, inançlı ve tutarlı savaşçılığımıza bağlıdır. Hiçbir zaman yılmamalıyız. Darbeler ve bozgunlar yılgınlık değil, tam tersine devrimci inanç ve daha az hatasız savaşmamızı sağlamalıdır.

3-) Ülkemizin Ekonomik Bünyesinin ve de Küçük Burjuvazinin Politik ve Ekonomik Örgütlendirmesinin Oluşturduğu Özellik:

Ülkemizde küçük-burjuvazinin ekonomik ve politik örgütlenmesi, öteki emperyalist işgal altında olan geri bıraktırılmış ülkelerden daha güçlüdür. Bu bakımdan ülkemizdeki oligarşi bugüne kadar zorunlu olarak bu zümreye ters düşmeden işlerini yürütmüştür. Hatta 12 Mart' tan sonra, azgınlığını ve terörünü artırmasına rağmen, yine de bir Pakistan, Yunanistan ve Brezilya'daki gibi gerici yönetimler gibi açıkça hukukiliği ve demokratlığı reddetmemekte, görünüşte bazı ufak tefek tavizler vermektedir.

İkinci olarak, ülkemiz, öteki emperyalist işgal altındaki geri bıraktırılmış ülkelerin çoğuna göre, yüzde yüz dışa bağımlı da olsa, daha güçlü orta ve hafif sanayiye sahip bir ülkedir.

İkinci temel özellikte belirtiğimiz tarihi, sosyal, politik ve psikolojik etkenlerin yanında, bu iki etken de kitlelerin spontane patlamalarını pasifize etmede temel rolü oynamaktadır.

Bu da solda, revizyonistlerin ve pasifistlerin barışçıl ve uzlaşıcı sözde mücadelelerine bir gerekçe olmaktadır. Pasifistler, uzlaşıcı ve teslimiyetçi tutumlarını, "Ülkemiz, Uzak Doğu veya Latin Amerika ülkeleri gibi değildir; Oralarda kitlelerde bir isyancı gelenek vardır. Oysa ülkemizde durum başkadır, böyle bir gelenek yoktur. Bu yüzden, önce kitleleri silahlı aksiyonun dışındaki mücadele biçimleri ile bilinçlendirip, örgütleyelim, yani silahlı mücadele için asgari (!) örgütlenmeyi sağlayalım, ondan sonra silahlı mücadeleye başlarız" diyerek haklı ve mazur göstermeye çalışmaktadırlar.[8]

Bu da, belli ölçülerde, önemli sayılmasa bile solda bulanıklık yaratmaktadır. Bu revizyonist ve pasifist yorum, formel mantığa göre çok mantiki (!) olduğu için, meselelere henüz diyalektik materyalizmin ışığı altında bakamayanların kafalarını bulandırmaktadırlar.

Bizim gibi ülkelerin ekonomik ve sosyal durumunun revizyonizmin ve pasifizmin statik örgütlenmesi (kurumculuk) için maddi bir temel teşkil ettiğini Guevara şu şekilde izah etmektedir: "Yoğun bir şehirleşmenin ve gerçek bir sanayileşme değilse bile az çok gelişmiş bir hafif ve orta sanayiin bulunduğu ülkelerdeki gerilla grupları teşkil etmek daha zordur. Şehirlerin ideolojik etkisi, barışçıl usüllerle örgütlenmiş kitle savaşları umudunu yaratarak gerilla savaşlarını frenler. Bu da bir çeşit 'örgütçülük' ya da 'kurumculuk' (revizyonist örgütlenme) yaratır ki, az çok 'normal' sayılabilecek olan dönemlerde, halkın geçim şartlarının başka durumlara nazaran pek o kadar çetin olmaması ile nitelenebilir."

4-) 1919-23 Harekatının Oluşturduğu Özellik:

Emperyalist açık işgali yaşamış ve emperyalizme karşı muzaffer olmuş bir anti-emperyalist kurtuluş savaşı vermiş olan Türkiye halkında, anti-emperyalist duygular, yabancıya karşı alerji, Latin Amerika ülkelerinden çok daha fazladır.

Bu duygular devrimciler için çok önemli bir potansiyeldir. Gizli işgal esprisini iyi işleyebilen bir silahlı propagandayı temel alan örgüt, bu duygu ve alerjinin oluşturduğu potansiyeli, sınıfsal bir temel üzerine oturtabilir. (Eğer bu potansiyel iyi işlenmezse, oligarşi bunu anti-komünizm demagojik silahının bir aracı olarak devrimcilere karşı kullanabilir. Nitekim bugün bu konuyu oligarşi özellikle işlemeye çalışmaktadır. Ayrıca oligarşi, ülkemizdeki Türk ve Kürt halklarını birbirine düşürmek için de bu konuyu istismar aracı olarak kullanmaktadır.)

İşte devrimci pratiğimize ışık tutan ülkemizin, emperyalist gizli işgal altında olan öteki geri bıraktırılmış ülkelerle olan ortak temel özellikleri ile, onlardan farklı kendine özgü temel özellikleri özetle bunlardır.

Stratejik Hedefimiz, Anti-Emperyalist ve Anti-Oligarşik Devrimdir

Bugüne kadar Türkiye solunda, strateji hep yanlış anlaşılmış, stratejik hedef ve stratejinin planı ile bizzatihi stratejinin kendisi sürekli olarak karıştırılmıştır.

Stratejik hedef, bilindiği gibi, üretici güçlerle, üretim ilişkileri arasındaki temel çelişkinin, ideolojik, politik, sosyal ve ekonomik çözüm platformudur.

Ülkemizdeki tekelci kapitalizm kendi iç dinamiği ile gelişmediğinden ve değerli tekelci burjuvazi, baştan emperyalizmle bütünleşmiş olarak doğduğundan, stratejik hedefimiz anti-emperyalist ve anti-oligarşik devrimdir. (Anti-emperyalist ve anti-oligarşik devrim kavramı kavram olarak milli demokratik devrimden pek farklı değildir. Ancak daha geniş bir muhtevayı ve niteliği belirtmektedir. Emperyalizmin III. bunalım döneminin emperyalist işgal biçimi belirtmesi açısından bu kavram daha tutarlıdır. Milli Demokratik Devrim kavramı, genellikle, emperyalizmin eski istismar metodlarının temel olduğu dönemi karakterize etmektedir.)

II. yeniden paylaşım savaşından önce, emperyalist istismar metodu sonucu, geri bıraktırılmış ülkelerde, emperyalizmin müttefiki yerli egemen sınıf feodalizmiydi. (Komprador-burjuvazi emperyalizmin uzantısından başka bir şey değildir.) İkinci bölümde etraflı şekilde belirttiğimiz gibi, emperyalist kontrol ve fiili durum, genellikle kıyı bölgelerinde, limanlarda, stratejik yerlerde ve ana haberleşme merkezlerindeydi. Merkezi otorite çok zayıftı. Ülkenin ve nüfusun 3/4'ü, kendi aralarında da çelişkileri olan zayıf feodal mahalli devletçiklerin kontrolü altındaydı. Şehirleşme, ulaşım, haberleşme, kapitalizm egemen olmadığından zayıftı. Ülke için emperyalizm dışsal bir olgu, toplumsal süreç de feodal bir süreçti. Bu yüzden ülkedeki baş çelişki ülkenin ve nüfusun dörtte üçünü kontrol altında tutan zayıf feodal birimler ile yarı-serf durumunda olan köylüler arasındaydı. (Demokratik mücadele.) Köylülerin spontane mücadele ve patlamalarını örgütleyip, onlara proleter devrimci bilinci götürecek, proletarya partisinin yönetiminde kurulan köylü ordusu ile zayıf mahalli feodal otoritelerin güçlerini kırarak üs bölgeleri kurmaya başlayıp, ülkeyi yavaş yavaş denetim altına almaya başladıkları evrede, emperyalizm, kendi sömürüsünü korumak için, ülkeyi bütün olarak işgal ediyordu. O zaman, ülkenin baş çelişkisi emperyalizm ve bir avuç hainin dışında bütün ulus arasında olmaktaydı (Milli Mücadele). İç savaş döneminde savaş, genillikle sınıfsal şiarlarla ve sınıfsal planda yürürken, devrimci milli savaş evresinde savaş, ulusal planda ve ulusal şiarlarla yürümektedir.

Emperyalizmin üçüncü bunalım döneminde ise, bizim gibi ülkelerde, toplumsal süreç feodal süreç değildir. Emperyalizm de, sadece dışsal bir olgu değildir. Emperyalist üretim ilişkilerinin ülkenin ta en ücra köşelerine kadar uzanması, emperyalizmi aynı zamanda içsel bir olgu haline getirmiştir. Zayıf-feodal mahalli otoritecikler yerini, bizzat emperyalizminde içinde yer aldığı güçlü oligarşik devlet otoritesine bırakmıştır. Öyle ki, emperyalizm bu ülkelerde, CIA, FBI vs. gibi örgütleri ile, isteği zaman kendi çıkarları doğrultusunda oligarşinin çeşitli fraksiyonları arasında iktidar değişikliklerinden, oligarşinin halkımıza yürüttüğü tenkil politikasına yön vermeye kadar her çeşit müdahalelerde ve düzenlemelerde bulunabilmektedir. Bu bakımdan, bu nükleer vurucu güç çağında, emperyalist kontrol, bu ülkeler için sadece ekonomik değil, politik, ideolojik ve askeri niteliktedir. Mesela Nato askeri örgütü içinde olan Türkiye'de, Amerikan emperyalizmi oligarşik dikta yönetimi yönledirmeden, ülkedeki ekonomiye kadar tam bir hegemonya kurmuştur. (Gizli işgal esprisi.)

Bu bakımdan ülkemizdeki yerli hakim sınıflarla, Amerikan emperyalizmini kalın çizgilerle ayırmak fiilen imkansızdır.

Ülkemizdeki baş çelişki oligarşi ile halkımız arasındadır.[9]

Oligarşi içinde bizzat emperyalizm yer aldığı için devrimci savaş sadece sınıfsal planda yürümeyecektir. Savaş, sınfsal planda yürümiyecektir. Savaş, sınıfsal ve ulusal planda yürüyecektir. Şüphesiz oligarşik devlet cihazının militarize gücü yetersiz kalıp, Amerikan ordularının açıkça savaş içinde yer almasına kadar, sınıfsal yan ağır basacaktır.

Ülkemizdeki revizyonist ve pasifistler, emperyalizmin II. yeniden paylaşım savaşından sonra istismar metodlarında yaptığı değişikliği yani ekonomik, politik ideolojik ve askeri gizli işgal esprisini gözden kaçırarak, emperyalizmin eski sömürü metodunun ağırlıklı olduğu dönemlerdeki geri bıraktırılmış ülkelerin devrimcilerinin yaptığı gibi, emperyalizmi dışsal bir olgu kabul edip, onunla hakim sınıfları kalın çizgilerle ayırmamaktadır. İster baş çelişkiyi feodalizm ile köylüler arasında tespit eden oportünistler olsun, ister yerli tekelci burjuvazi ile emekçi kitleler arasında tespit eden oportünistler olsun, bu tespitleri ile Amerikan emperyalizminin ekmeğine yağ sürmektedirler. Amerikalı işgalcilerin bizzat kendileri bütün güçlerini kullanarak, her çeşit ince metodları kullanarak işgallerini gizlemeye çalışmaktadırlar. Bu kesin ayrımlı tespit, Amerikalı emperyalistlerin bu yöndeki gayretlerini "soldan" takviye etmekten başka bir şey değildir.

Stratejik hedefin tespiti ile sorun halledilmez. Stratejik hedef, devrimin başlıca darbesinin doğrultusunu tespit etmek işidir. Yani stratejik planın sadece bir kesimidir. Bu nedenle sorun sadece stratejik hedefin doğru tespiti ile bitmez; temel, öncü ve ihtiyatları da doğru tespit etmek gerekir.

Devrimimiz, halk savaşı ile zafere erişecektir. Ancak daha önce belirttiğimiz gibi, içinde yaşadığımız tarihsel durum ve ülkemizin özelliklerinden dolayı, halk savaşı öncü savaşı aşamasından geçecektir.

Politikleşmiş askeri savaş stratejinin ışığında devrimci rota şöyle bir çizgi izleyecektir:

1. Aşama: Şehir gerillasını yaratma.

2. Aşama: Şehir gerillasını geliştirme, kır gerillasını yaratma ve kuvvet gösterisi. Bu iki aşamada, savaşın psikolojik yıpratma yönü ağır basacaktır.

3. Aşama: Şehir gerillasını yaygınlaştırma, kır gerillasını geliştirme.

4. aşama ise; Kır gerillasını yaygınlaştırma aşamalarıdır. Neden şehir gerillası ile gerilla savaşına başlandı? Savaşa, şehir gerillası ile başlamanın sebebi ikilidir.

A) Objektif Nedenler:

a) Savaşçı bir örgütün varlığını kitlelere duyurmanın şehirlerde daha olanaklı olması. Çünkü, propaganda ve kamuoyunda tanınma olanakları açısından başlangıçta şehir, kıra nazaran daha avantajlıydı.

b) Küçük-burjuva anlamda da olsa, Dev-Genç'in büyük şehirlerde yürüttüğü devrimci şiddet hareketleri ve de kitle eylemleri, daha sert ve üst düzeyde silahlı eylemlerin yadırganmayacağı uygun bir ortam yaratmıştı.

B) Subjektif Neden:

Hem silahlı propagandayla hazırlık döneminde işleri gevşek olarak ele almamızdan, hem de, silaha sarılmakta geç kalmamızdan dolayı, kır gerillası için gerekli teçhizat, tecrübe, mühimmat gibi maddi ve manevi ön koşullardan yoksunduk.

İşte bu objektif ve subjektif şatlardan dolayı partimiz, gerilla savaşına şehir gerillası ile başlamıştır.

Bundan böyle partimiz daha önce tespit edilen bu rotayı izleyecektir. (Uzun bir faaliyetsizlik döneminden sonra)

Politikleşmiş askeri savaş stratejsine göre, devrimin önder, temel güçleri ve ihtiyatlarını şu şekilde sıralayabiliriz:

Önder Güç: Proletaryadır.

Önder güç sorununda, partimiz halk savaşı ile devrimin zafere erişeceğini tespit ettiğinden proletaryanın ideolojik önderliğini temel almıştır. (Temel bölgenin kırlar olması esprisi) Öncü savaşı aşamasında, partimizde emekçi kökenden gelen gelmeyen ayırımı yoktur. Önemli olan savaşçıların profesyonel devrimciler olmasıdır. Savaş genişledikçe yönetim kademeleri de dahil, emekçilerin ağır basmasına özel olarak dikkat edilir.

Temel Güçler: Köylülerdir: (Feodal kalıntılar ve tarım burjuvazisi hariç bütün köylü unsurlardır.)

Sırasıyla; Köy proletaryası, köy yarı-proletaryası, yoksul köylüler, Orta köylüler.

Şehir proletaryası da elbette bu devrimin temel kitle kuvvetleri içindedir. Ancak devrimde onun belirleyiciliği, devrimin yükselme aşamasındadır. Ve son sözü o söyleyecektir. "Küçük savaşçı çekirdeklerin başlattıkları mücadeleye (öncü savaşı) giderek sürekli bir şekilde yeni yeni güçler katılır, kitle hareketleri boy göstermeye başlar, eski düzen yavaş yavaş yıpranır, çöker; işte tam bu sıradadır ki işçi sınıfı ve şehirli yığınlar savaşın kaderini tayin ederler." (Che Guevara).

Vasıtasız İhtiyatlar: Kemalist aydın çevre, dünya sosyalist bloku, sömürge ülkelerindeki, özellikle Orta Doğu'daki milli kurtuluş hareketleri.

Vasıtalı ihtiyatlar: Küçük-burjuvazinin sağ kanadı, demokrat batı ülkelerdeki ve kamuoyu, oligarşinin kendi içindeki çelişkileri.

Gerek vasıtasız, gerekse de vasıtalı ihtiyatlardaki dizi sırası, şartlara göre değişir.

12 Mart Sonrası Türkiye Solu

Giriş bölümünde belirttiğimiz gibi "sosyalist cephe"de ülkenin objektif ve tarihi şarlarının bir sonucu olarak revizyonizm ve pasifizm etkin ve yönlendirici unsur olmuştur.

Türkiye'de küçük-burjuvazinin ekonomik ve politik örgütlenmesinin güçlü ve yaygın olması ve ülkemizin 1946'lara kadar küçük-burjuvazi diktatörlüğü altında bir ülke olmasından ve de küçük-burjuvazinin 12 Mart'a kadar bürokrasi ve ordu içinde belli ölçüde etkinliğinden dolayı, küçük-burjuva devrimciliği ülkemizde yaygın bir alana sahip olmuştur.

Yirminci yüzyılın üç çeyreğinde sosyalizmin dünya çapındaki prestijinden dolayı, radikal küçük-burjuvazi geri bıraktırılmış ülkelerde sosyalizm adı altında politik arenada yer almaktadır.

Ülkemizdeki küçük-burjuva radikalizminin güçlülüğü ve devlet üzerindeki etkinliği "sosyalist cephede" şu veya bu biçimde ve görünüm altında pasifizm ve de küçük-burjuva radikalizmine bel bağlama umudunu yaratmıştır.

Bu ortamda ülkemizdeki sosyalist hareket bağımsız olamamış, sürekli olarak küçük-burjuva radikalizmi ile içiçe olmuş ve küçük-burjuvazinin legalite şemsiyesi altında gelişmeye çalışmıştır.

İşte bu ortamda 12 Mart Askeri Darbesi olmuş ve 1923'den beri süre gelen nispi denge (önce devrim cephesi lehine, 1946'dan sonra aleyhine olan) bozulmuş ülkedeki oligarşi, küçük-burjuvazinin politik gücünü kırarak devletin bütün kurumlarına egemen olmuş ve baskı ve şiddet politikası ile solu dağıtmıştır.

12 Mart öncesinde yedi-sekiz fraksiyon halinde sol, bugün başlıca iki kampa ayrılmıştır:Silahlı devrim cephesi, oligarşinin soldaki uzantısı pasifist cephe.

Silahlı propagandaya, gerillaya karşı olmanın hainlik sayıldığı hemen hemen herkesin savaş, silahlı eyleme geçme sözlerini ağzından düşürmediği 12 Mart öncesi ortamı ile 12 Mart sonrası ortam iki ayrı dünya gibidir. En iyi devrimciliği en keskin gözükmek şeklinde anlayan, silahlı propagandayı savunmayan herkesi hainlikle suçlayan pek çok legal dönemin keskin "gerilla uzmanları" silaha sarılmaktan başka hiçbir yolun kalmadığı 12 Mart sonrasında ise, 12 Mart öncesinde devrim meselesini iyi düşünmediklerini, aslında silahlı propagandanın örgütleyici olmadığını, yanlış olduğunu, daha önce meseleleri iyi bilmediklerini, 12 Mart'tan sonra teoriyi öğrendiklerini söyleyerek, daha önce pasifizm diye küfrettikleri uluslararası revizyonizmin çizgisine dört elle sarılmışlardır.

Bu son derece doğaldır. Çünkü her darbe, sağ ve pasifist eğilimleri ortaya çıkartır. (1905 yenilgisi menşevik çizgiye geçici olarak güç kazandırmıştır.)

12 Mart'tan sonra Türkiye solunda birbirine zıt iki gelişim olmuştur.

Birincisi genellikle öğrencilerin dışında halkın çeşitli kesimlerinden gelen pek çok yeni ve tutarlı eleman silahlı propagandanın etrafında toplanırken legal dönemin bazı keskin "cazip şöhretleri"de, geçmişte yanlış düşündüklerini söyleyerek, pasifizmin cephesine gönüllü yazılmışlardır.

Soldaki bu oluşum, partimizi de etkilemiş ve partimizin içinden en ufak bir grup, partimizin ideolojik, teorik ve stratejik görüşleri ile eylemlerini narodnizmin, anarşizmin, teorisi ve pratiği diyerek, pasifist cephenin parti içindeki uzantıları olmuşlardır.

Bu sağcı unsurlara göre:

THKP-C'nin ideolojik-stratejik temellerini açıklayan 1 No.lu parti ve cephe bildirileri ve de Kurtuluş'taki "Devrimde Sınıfların Mevzilenmesi" yazıları, anarşizmin, fokoculuğun ve narodnizmin teorileridir.

Şubat-Mayıs gerilla hareketleri, yani partimizi kitlelere tanıtan silahlı devrimci eylemler, bu narodnik ideolojinin pratikleridir. Temellerinde sol oportünist ideoloji yatmaktadır.

THKP'nin halkın devrimci öncüleri savaşı, bir avuç adamın oligarşi ile olan düellosudur.

Politikleşmiş askeri savaş stratejisi fokocu bir staretejidir. Silahlı propaganda yanlıştır, örgütleyici değildir, asla temel alınamaz.

İçinde bulunduğumuz dönemde, devrimci görev, mrkezi yayın organı etrafında örgütlenip, işçilerin ekonomik ve demokratik mücadelelerini yönlendirmektir.

İşte partimizdeki sağ çizginin öz olarak ileri sürdüğü eleştiriler bunlardır. Bu eleştiriler Kıvılcımlı ve Şafak pasifist gurublarının, partimize yönelttiği eleştirilerin tamamen aynısıdır. (Bu pasifist görüşlerin eleştirileri partimizin görüşlerini açıklayan bu yazıdır.)

Partimizin ideolojik-pratik ilkelerine aykırı bir rota izleyen bu grupçuk, Parti Genel Komitesi üyelerinin oy çoğunluğu ile partiden ihraç edilmişlerdir. İtirazları ayrıca teker teker eleştirmeyi, gereksiz çaba olarak görüyoruz.)

Parti Genel Komitesi'nin kararı, partimizin çizgisinin, Marksizm-Leninizmin dünyanın ve ülkemizin somut şartlarına uygulanmasının oluşturduğu proleter devrimci çizgidir. Ve eylemlerde, bu Leninist ideolojik ve politik tespitin pratiğe yansımasıdır.

Oligarşinin terörü, şiddeti ne kadar artarsa artsın, partimiz gerilla savaşına devam edecektir. Partimizin yolu, ihtilalin yoludur. İhtilalin yolu, partimizin yoludur.

Savaş, Mayıs darbesinden sonra kaldığı yerden devam edecektir.

Örgütü, örgüt yapan, onu kitlelere tanıtan, programlar veya yaldızlı laflar değil, devrimci eylemdir.

***

Kesintisiz Devrim 2-3 bölümünün notları

1-Uluslararası revizyonizm, buradan hareket ederek emperyalizmin özünün değiştiğini, bu yüzden de leninizmin evrensel tezlerinden birisi olan "şiddete dayanan devrim" tezinin geçersiz olduğunu iddia etmektedir. Oysa değişen öz değil biçimdir. Emperyalizm bir sistem olarak çökene kadar da Leninizmin evrensel tezleri geçerliliğini muhafaza edecektir.

2-Amerikan savaş mekanizması garip şekilde ve aşırı ölçülerde büyümüştür.

Ekim 961'de Amerikan Nation dergisi, Fred Cook'un 'Jaggernsut, Savaşa Yönelen Devlet' adlı incelemesini bir özel sayıda yayınladı. 'Sınai-asker karması yani meslekten yetişmiş askerler grubu ile savaş malzemesi sayesinde zenginleşen kapitalistler' Amerikan politikasını gittikçe daha fazla tayin etmektedir. Akan milyarlar, Pentagon'a bütün ülkeye yayılan ekonomik bir kuvvet vermektedir. Silahlı kuvvetlerin aktifi, United States Steel, American Telephone and Telegraph, Metropolibin Life İnsürance, General Motors ve Standart Oil of New Jersey şirketlerinin toplam aktifinden üç kat büyüktür. Savunma bakanlığından ücret ve maaş alanların sayısı... bu büyük şirketlerde çalışan toplam işçi ve memur sayısından üç kat daha fazladır. Cook'un belirttiğine göre, 1960-61'deki askeri bütçenin aşağı yukarı 21 milyar doları savaş malzemesi ve askeri donatım satın alımı için sarfedilmiştir. Bu siparişler ve girişimler, Amerikan ekonomisini askeri programa sıkı sıkıya bağımlı kılmaktadır.

1960-61'de durum böyleydi. Son on yıl içinde ise ekonominin askerileştirilmesi korkunç bir seviyeye gelmiştir.

3- Bu aşamada, bankalar gibi "para oyunları ile ilgili" örgütler mali oligarşiye yetmemektedir. Bu konuda emekli sandıkları, karşılık sandıkları, sigorta şirketleri gibi örgütler güçlerini artırmaktadırlar.

4- Bu değişikliğe dikkat etmeyen sözde "sosyalist" tahlillere göre, Türkiye öteki sömürge ülkeler gibi değildir. Hatta bazılarına göre işgal nisbidir. Kimileri bu yanlış değerlendirmeden sosyalist devrim stratejileri çıkarırken, bir kesim de sovyetik modele uygun devrim tabloları çizmektedirler.

5- III. bunalım döneminde, emperyalizmin sömürü metodunda yaptığı değişikliği yani yeni-sömürgeciliğini bu dönemin muzaffer proleter devrimcilerinden E. Che Guevera, 1968'de Verde Olive Dergisi'nde yayınlanan, "Latin Amerika Devriminin Taktik ve Stratejisi" makalesinde şu şekilde belirtmektedir: "...hâlâ ayakta duran eski feodal yapıları yıkmak ve milli-burjuvazinin en ilerici unsurları ile ittifak kurmak onların da (emperyalistlerin de) işine gelmekte, bazı mali reformlar yapmaya, toprak mülkiyeti rejiminde bazı değişiklikler meydana getirmeye, tercihen tekniği ve hammaddeleri Amerikan Birleşik Devletleri'nden ithal edilen tüketim mallarına dayanan mutedil sanayileşmeye bir itirazları bulunmamaktadır.

En mükemmel formül, milli-burjuvazinin yabancı çıkarlarla işbirliği yapmasıdır; böylece birlikte o ülkede yeni sanayiler kurarlar, bunlar için gümrük indirimleri elde ederek bu sayede rakip emperyalist ülkeleri tamamen bertaraf ederler ve ayrıca bu suretle elde ettikleri kârların gevşek kambiyo yönetmeliklerin himayesinde ülkeden dışarıya çıkmasını sağlarlar.

Bu çok yeni ve daha akıllıca sömürü sistemi sayesinde, (milliyetçi) ülkenin bizzat kendisi, muazzam kârlara imkan veren imtiyazlı gümrük tarifeleri çıkarmak suretiyle Amerika Birleşik Devletleri'nin çıkarlarını korumayı üzerine alırlar. (Tabii Amerikalılar bu kârları gerisin geriye ülkelerine götürürler.) Malın fiyatı da böylece ortada rebaket diye bir şey kalmayınca tekeller tarafından tayin edilir. Bütün bunlar ilerleme için ittifak projelerinde yansır. Bu ittifak emperyalizmin ülkedeki devrim şartlarının gelişmesini durdurmak için, kârların küçük bir kısmını milli sömürücü sınıflar arasında dağıtmak teşebbüsünden başka bir şey değildir. Amaç bu sınıfları en çok sömürülen sınıflara karşı emperyalizmin sağlam müttefikleri haline getirmektir. Başka bir söyleyişle, ittifak, iç çelişkileri mümkün mertebe ortadan kaldırmaya çalışmaktadır."

Bunları söyledikten sonra Che, içinde bulunduğumuz dönemde, emperyalistlerarası çelişkilerin savaşla çözümlenmesinin olanaksız olduğunu belirterek, bizim gibi ülkeler için kader tayin edici siyasi ve ekonomik bunalım olarak, emperyalizm ve yerli müttefiklerinin (Che, yerli yerine milli kavramı kullanmaktadır) bu dönemdeki korkunç krizlerinin gerekli olan objektif şartı oluşturduğunu söylemektedir: "Bugün için tayin edici unsur, emperyalizm ve milli burjuvazi cephesindeki kaynaşmadır."

Bu çizginin kitleleri bilinçlendirme politikası:

-Merkezi periyodik bir yayın organı (siyasi gerçekleri açıklama kampanyasının bir aracı olarak),

-Broşürler,

-Nakil ip görevini yapan merkezi organın dağıtım şebekesinde, mahaller birim alınarak örgütün bürokratik kademelerini kurma.

-Ve de sözde askeri hareketlerin (silahlı propaganda değil) asgari örgütlenmesi.

Bütün bunlara revisyonistler stratejik örgütlenme derler. Önce bu sözde stratejik örgütlenme için çalışılır.

Ancak oligarşinin baskı ve tenkil politikasının ağır şartları altında:

-Merkezi periyodik yayın organı ve broşürler çıkarmak,

-Klasik sözde kitle çalışması ile devrimin "taze kuvvetlerini" oluşturmak,

Henüz oluşum halinde olan ve asla da stratejik örgütlenme aşamasında olmayan örgütün yöneticilerinin ve önde gelen üyelerinin çalışmalarını, dergi ve broşür çıkarmaya ve de dağıtmaya teksif eder.

Karşı-devrimin baskı şartları altında örgüt bir türlü silaha sarılacak seviyeye gelemez. Zaman geçer.

Asgari örgütlenme için şartlar bir türlü hazır olamaz. Giderek örgüt tam bir bürokratizmin batağına saplanır. Üyelerdeki savaşçı ruh (eğer varsa) yiter, elemanlar merkezi organın çıkmasını bekleyen gazete bayilerine dönerler. Dağıtılması güç, okuyucusu fazla olmayan gazete bayileri halinde "İşçi-Köylü bölge komiteleri" iki-üç sözde yönetici pasifistin gevezelik, entelektüel tartışma ve de rapor alan, rapor veren bir bürokratik mekanizması haline dönüşür.

Aşırı gizlilik ile gevezelik ve laçkalık beraber gider. İllegalitenin çarkları pasifizm adına döner. Arada bir hazırlop para gaspı işi olursa, merkez birkaç kişiyi tayin ederek bu işin yapılmasını organize eder. Böylece örgütün çok yönlü çalışmayı başarı ile yürüttüğü kanısına varılır. Haftalar, aylar stratejik örgütlenmeyi ve de askeri eylemler için asgari örgütlenmeyi tamamlama hikayesi ile, "büyük işler planlanıyor" kanısı içinde, gevezelik, yazı-çizi işleri ile geçer.

İşte silahlı mücadeleye sözde evet diyen pasfizmin çalışma tarzı pratikte budur.

Yaptığı bütün iş, ideolojik mücadele paravanası altında, emperyalizm ve oligarşiye karşı, halkın devrimci savaşını sürdüren devrimcileri eleştirmek onlara kara çalmaya çalışmak, silahlı propagandanın sağladığı sempatiyi kafaları bulandırarak dağıtmaya çalışmaktır. Oportünizmin, emperyalizmin soldaki uzantısı olması esprisi budur.

***

Türkiye'nin, Tarihi-Sosyal-Ekonomik Özellikleri ve Pratiğimize İlişkin Sonuçlar, bölümünün notları

1- 18. yüzyıllarda, Osmanlı toplumunda -toplumun iç dinamiğine ilişkin engelleyici faktörlerin bulunmasına rağmen- feodal üretim biçimine kıyasla daha ileri bir üretim biçimi olan kapitalizmin oluşumu kendisini göstermiş.

a) Tarım, zanaat ve ticaret birbirinden ayrılmış, belli bir ticari ve tefeci sermaye birikimi meydana gelmiş

b) Verimli yatırımlara yönelik zihniyet gelişmiş ve

c) Serbest iş gücü doğmuş

d) Belli bir sermaye birikimini elinde tutan ve verimli yatırımlara yönelen yerli burjuvazi çekirdekleşmiştir.

Denilebilir ki, Osmanlı toplumu otodinamizmi -güçlü olmamasına rağmen- kapitalizmin bağımsız gelişmesi sanayi devriminin yapılabilmesi için elverişliydi.

Kapitalist düzene geçilemesinin ve Avrupa kapitalizmin sömürü sahası olmasının nedenlerini şu şekilde özetleyebiliriz:

a) Dünya ticaretinin mihrakı durumunda olan Anadolu'nun yeni deniz yollarının bulunması ile bu özelliğini yitirmesi, deniz ticaretinin önem kazanması.

b) Avrupa'nın Asya, Afrika, Amerika ve Hindistan'ın insan gücü ve doğal kaynaklarını yağmalıyarak elde ettikleri büyük sermaye birikimi.

c) Avrupa'da vurucu gücü büyük, ateşli silahlarla donatılan profesyonel orduların kurulması, vs.

Bütün bunlar Batı Avrupa ülkelerinin toplumsal yapılarında ileriye doğru atılımın, modern kapitalizmin oluşumunun sıçrama tahtası olurken Osmanlı toplumunun kapitalist düzene geçmesine dış engel teşkil etmişlerdir. (Daha etraflı bilgi için bkz. Savunma.)

2- Modern bir sosyal sınıf olmayan küçük-burjuvazi, -açık işgal şartları hariç- emekçi halk kitlelerini uyandırıp, onları yüzyılların feodal uyuşukluğundan kurtaracak güçlü bir devrimci hareket yaratma kabiliyetinden yoksundur. Bu bakımdan Osmanlı milliyetçi asker sivil aydınların bulanık milli ve devrimci hedeflere yönelik hareketleri daima zayıf ve cılız olmuş, halk kitleleri üzerinde önemli bir etkiye sahip olamamış, genellikle kitleler bu hareketlerin seyircisi olmuşlardır.

3- Bu sorunun bu şekilde tespit edilmesi, 972'nin Türkiye'sinde gerilla savaşını sürdüren partimizin (içinde bulunduğumuz devrimci öncü savaşı aşamasında) ittifaklar politikası açısından son derece önemlidir. Küçük-burjuva aydın çevrelerde asgari müşterek içinde olacaklarımız kimlerdir? Bu sorunun cevabı, Kemalizmin doğru tanımlanmasında yatmaktadır. Ayrıca bu tanımlama kitle çizgisinin tespiti açısından da önemlidir. Şöyle ki, Kemalizmi bir ideoloji, asker-sivil-aydın zümrenin bir ideolojisi olarak ele alırsak takip edilecek kitle çizgisi ayrı olur; Kemalizmi asker-sivil-aydın zümrenin sol kanadının, emperyalizme karşı, milliyetçilik tabanında takındıkları, milli kurtuluşçu politik tutum olarak ele alırsak ayrı olur. Çağımızda sosyalizmin dünya çapında sahip olduğu prestijden ve SSCB'nin radikal devrimci-milliyetçi hareketlerin baş desteği olmasından dolayı, bugün devrimci-milliyetçiler de kendilerini sosyalist olarak lanse etmektedirler. Bu nedenle ülkemizdeki pek çok Kemalist bugün kendisine sosyalist demektedir. Bilindiği gibi geri bıraktırılmış ülkelerdeki küçük-burjuvazinin niteliği, kapitalist-emperyalist ülkelerinden farklıdır. Bu sınıfın emperyalizme ve yerli hakim sınıflara karşı tavrı homojen değildir. Tavır bakımından bu sınıfı üç gurubta mütalaa etmek gerekir. Bu gurublardan birisi, gerici-ittifakın içinde yer alır, biri de "kontrol kulesi"ne çıkarak sonucu bekler. Üçüncü grup ise "radikal-ulusal" sınıfların hareketine katılır; milliyetçilik tabanında anti-emperyalist bir tavır alır.

İşte Kemalizm, küçük-burjuvazinin en sol, en aydın kanadının milli kurtuluşçu politik tutumudur.

Bizim, öncü savaşındaki, küçük-burjuva aydın çevrelerde asgari müşterek içinde olabileceğimiz, "hem dostluk, hem mücadele" ilkesini uygulayacağımız, müttefik sayacağımız kesim, bu Kemalist kanattır. Evrimci düşünceye sahip, bütün küçük-burjuva aydınlarını, Kemalist sayarak, onların bugün eylemlerimiz karşısında takındıkları olumsuz tavırlara bakarak; "eyvah demokratik çevrelerden koptuk, sola saptık" demek, Kemalizmin esprisini hiç anlamamak demektir. Bugün, özel olarak asker-sivil-aydın zümrenin, genel olarak küçükburjuvazinin sağ kanadı, kesin olarak oligarşinin saflarındadır. Orta kanadı ise, 12 Mart öncesinde, "kontrol kulesinde" bir radikal iktidar değişikliği gözlediğinden kendisini sol tarafa doğru fırlatmıştı. Şimdi ise, çaktırmadan iyice sağa yaklaşmıştır. Sol kanat ise, tabiatı gereği (darbeci devrimci geleneği gereği) asker-sivil-aydın zümrenin sağ kanadı ile ittifak kurup iktidara geleceği hülyaları içinde iken, 12 Mart Darbesi kafasına balyoz gibi inmiş, 12 Mart öncesi müttefiki olan asker-sivil-aydın zümrenin evrimci kanadının, kendisini yapayalnız bırakarak oligarşinin koluna girip, Mart sonrası balayına çıkması oligarşinin balyozu kadar etkili olmuştur. Ve bugün bu demoralize hava içinde geri çekilip toparlanmaya çalışmaktadır.

Öncü savaşı aşamasında olan THKP-C'nin küçük-burjuva aydın çevrelerdeki müttefiki, ancak Kemalistler olabilir. Onlarla olan ilişkilerimizde sağ kanadın oligarşinin kesin müttefiki olduğunu, her zaman devrimci saflara, tarihi bir hareket anında ihanet edebileceğini, nedenleri ile birlikte anlatmalıyız. Ortak cephe bu kanadın, darbeciliğin çıkar yol olmadığını anlayıp, sağ kanadı artık dostu olarak görmediği zaman mümkün olacaktır.

4- Devrimin sosyal muhtevasından devrimin öncü sınıfını çıkartma diyalektik materyalizme aykırıdır.

5- Bu gelişmeye paralel olarak, emperyalizm de bürokraside yandaşlar bulmaya başlamıştır. Örneğin, "Bu arada 'İş' karşılığı komisyonlar almış yürümüş, eski İstiklal Mahkemesi Başkanı ve İş Bankası İdare Meclisi üyesi İhsan Bey'in çevresi, yabancı silah tekelleri tarafından Deniz Kuvvetleri'nin siparişi için rüşvetlere boğulmuştur."

6- Bu, devrimci-milliyetçilerin gücünün kırılması, nispi dengenin sona ermesi demektir.

7- Sadece THKP-C'nin değil, THKO'nun silahlı eylemleri de bu konuda etkili olmuştur.

8- Pasifistlerin, emperyalizmin işgali altında olan ülkemizde meseleyi bu şekilde koymalarını Türkçesi, "önce revizyonist çalışma yaparak, kitleyi ve kendimizi örgütleyelim, ondan sonra da devrimci mücadeleye başlarız demektir. Oysa, barışçıl mücadele metodları temel alınarak yapılan örgütlenme asla savaşma aşamasına geçemez. Yunanistan örneği açıktır.

9- Bunun pratikteki görünümü, halkın devrimci öncüleriyle oligarşi arasındadır.

(EK – 4)

İsrail'in İstanbul Başkonsolosu Ephraim Elrom'un 22.5.1971 tarihinde öldürülmesi sonrasında, İstanbul Emniyet Müdürlüğü'nde görevli Zeki Akkaya (Başkomiser), Ramiz Taşdemir (Komiser), Recep Yıldırım (Komiser) tarafından hazırlanan 11.6.1971 tarihli fezlekede Mahir Çayan ile ilgili olan bölüm:

Sanık Mahir Çayan savunmasında: (3.6.1971 günü Haydarpaşa Numune Hastahanesi'nde yaralı iken el yazısı ile alınan ifadesinde):

Dev-Genç üyesi olduğunu, El-Fetih'e gitmediğini, FKF Kulübü başkanlığı yaptığını, Ankara'da ve İstanbul'da yapılan eylemlerden malûmatı olmayıp, bilfiil katılmadığı gibi katılanları da bilmediğini, yapılan eylemlerin herkes tarafından bilinemiyeceğini, bunları sadece hücrelerin bildiğini, Dev-Genç'de gizliliğin esas olduğunu, Ankara Küçükesat Ziraat Bankası soygunu ve Kadıköy Türk Ticarat Bankası soygunu bilmediğini, Mete Has ve Talip Aksoy'ın kaçırılma olayına iştirak etmediğin, edenleri bilmediğin, ancak bunun örgüt olarak yapıldığını bildiğini, eylemlerden elde edilen gelirlerin, Dev-Genç merkezinde toplandığını, elde edilen gelirlerin Dev-Genç Merkez Yürütme Kurulu örgütü tarafından, silah, mermi, patlayıcı madde ve diğer ihtiyaçlara harcandığını, benimsemiş olduğu fikrin Marksist ve Leninist olduğunu, bu fikre inanan arkadaşlarının birleşmesiyle hüreler teşkil edildiğini, bu hücrelerin de Türkiye Halk Kurtuluş Cephesini meydana getirdiğini, bu günkü şartlar altında iktidara gelmelerinin imkân dahilinde olmadığından iktidara gelmenin tek yolu gerilla savaşı ve silah yoluyla olacağını düşünerek Brezilya savaşçısı Karlos Marigella'nın Şehir Gerillası kitabını uygulamaya başladıklarını, ve şehirlerde tatbike geçtiklerini, şehir gerillası tam manasıyla uygulandıktan sonra kır gerillası tatbikatına başlıyacaklarını, bu uygulamalar devam etmekte iken, Mayıs ayının ilk haftasında Ankara'dan İstanbul'a yalnız olarak geldiğini, Levent'de kalmakta olan Ulaş Bardakçı ile Rüçhan Manas'ın evine gittiğini, bu evde bir müddet kaldıktan sonra Fındıkzade'de oturan ismini bilmediği hava teğmeninin evinde bir müddet kalarak tekrar Levent'e döndüğünü, Teğmenin evinde iken bu sırada İlyas Aydın ve Hüseyin Cevahir'in de olduğunu, Yüzbaşı İlyas Aydın olduğu halde hep birlikte İsrail Boşkonsolosunun kaçırılmasının iyi olacağını konuştuklarını, kendisinin de iyi olur dedikten sonra bundan evvel evinin tesbit ve keşif işinin yapılmış olduğunu, program ve keşif işinin İlkay Alptekin (Demir)'e verildiğini, bundan başka istihbarat işinde başkasının çalıştığını bilmediğini, yalnız konsolosun evi hakkındaki istihbarattan haberi olduğunu, Teğmenin evinden Levent'teki eve dönüşlerinde konsolosu kaçırmaya karar verdiklerini ve Necmi Demir ile İlkay'ın Mis Sokağındaki evine geldiğini, orada Necmi Demir, İlkay Alptekin, Yüzbaşı İlyas Aydın, Hüseyin Cevahir, Ulaş Bardakçı toplanarak hazırlıkları gözden geçirdiklerini, ve konsolosun kaçırılmasına karar verildiğini, ancak onların bayramı olduğu için kaçırılmanın ertelendiğini, kaçırılmadan bir kaç gün önce hazırlıkların yapıldığını, arabayı çalma işi gerçekleştirilemeyince kaçırmanın geciktiğini, Konsolosun son kaçırma tarihini kararlaştırıp hep birlikte ayrılarak Halaskargazi caddesindeki Ziya Yılmaz'ın evine gidildiğini, geceyi orada geçirdiğini, 17.5.1971 günü saat 12.30 sıralarında Seyhan Apartmanının kapısında Ulaş Bardakçı, Hüseyin Cevahir, Yüzbaşı İlyas Aydın ile buluştuklarını, Yüzbaşının sivil olduğunu, kendisinin, Ulaş Bardakçı ve Hüseyin Cevahir'in apartımandan içeri girdiklerini, bundan evvel çiçekçiden buket yaptırdığını, Apartımında Doktor Eskenazi'yi görmek istediklerini bildirdiklerini, kapıda bir şahsı silah tehdidi ile enterne ederek, bunları girişteki sol daireye soktuklarını, ve bunları Yüzbaşı tarafından getirilen çanta içindeki naylon çamaşır ipleri ile bağladıklarını, ağızlarını flasterle kapadıklarını ve daire sahipleri ile diğer şahısları da aynı şekilde bağlıyarak ağızlarını kapattıklarını, Konsolosun geliş saatini beklediklerini, dairede Rafet paşanın fotoğrafını tetkik ettiklerini, saat 13.30 sıralarında gelen konsolosu aralıkta beklemekte olan Hüseyin Cevahir ve Yüzbaşı İlyas Aydın'ın karşıladıklarını, bu sırada kendisinin dışarı çıktığını, konsolosu Yüzbaşı ile birlikte İngilizce olarak teslim alıp içeriye girmesini söylediklerini, girmemekte diretince Yüzbaşı İlyas'ın elindeki tabanca ile bir kaç defa kafasına vurduğunu ve hep birlikte içeriye götürdüklerini, üstü başı kanlı olduğu için gömlek ve kravat değiştirdiklerini, el ve ayaklarını bağladıklarını, ancak ağzını bağladıktan sonra, paket şeklinde Yüzbaşının çanta ile getirdiği hurç'a konsolosu koyduklarını, Anadol otonun kanapesine uzatarak Hüseyin ve kendisinin arabanın ön tarafına, Yüzbaşının arka tarafa bindiklerini, Ulaş Bardakçı'nın da arabayı kullandığını, Hamarat Apartmanına geldiklerini, kendisi ile Ulaş'ın otoda kaldıklarını, Hüseyin Cevahir ile Yüzbaşı İlyas Aydın'ın konsolosu alarak kat'a götürdüklerini, oto ile Ulaş ile birlikte Beşiktaş'a gidip otoyu bıraktıklarını, Levent'teki eve geldiklerini, Necmi Demir ile İlkay Demir'in, konsolosun kaçırılışında gözcülük yaptıklarını, Rüçhan Manas'ın yiyecek işlerini ayarlamak için Apartmana gittiğini, İlkay Alptekin'in bildiri basmak için aynı kata gittiğini, Konsolosu eve götürdüklerinde hüviyetini bilmediği, devrimci olarak tanıdıkları Metin isminde birisinin de olduğunu, Metin'i Yüzbaşının iyi tanıdığını, bilahare dikkati çekmemek için bu yere gitmediklerini, Konsolosun kaçırılışında Fahri Aral'ın ve tahminime göre Teknik Üniversite Makine Fakültesi 1 veya 2. sınıfında soyadını bimediği, Ümit isminde birisinin de olduğunu, bunların Konsolosu kaçırdıktan sonra bir kaç dakika Seyhan Apartmanında bekledikten sonra nereye gittiklerini bilmediğini, Konsolosun durumunu Rüçhan Manas vasıtası ile öğrendiklerini, Konsolos kaçırıldıktan sonra ileri sürecekleri şartlar kabul edilmemesi halinde öldürüleceği daha önceki toplantılarında kararlaştırılarak istediklerinin bildirilerle açıklandığını, isteklerinin; 1- İsteklerimizi bildirir bildirilerin radyo ile okunması, 2- Halen cezaevlerinde bulunan devrimcilerin serbest bırakılması olduğunu, bu istekleri belirtir iki adet bildiri ile bir adet parti bildirisinin Ankara'da daha önce ana hatlarının hazırlanıp parti bildirisi olarak tamamlandığını, diğer ildirilerin ise kanaatine göre Ertuğrul Kürkçü, Yusuf Küpeli tarafından el yazısı ile hazırlanıp, Ziya Yılmaz'a gönderildiğini, bunların Ziya'dan kendisinin, Ulaş'ın ve Rüçhan'ın aldıklarını, Yüzbaşı İlyas Aydın'a gösterdiklerinde onun beğendiğini ve teksir edilmesi için İlkay Alptekin'e verdiklerini, onunda herhalde evinde bunları teksir ve daktilo edip çoğaltarak, Necmi ve İlkay vasıtasıyla dağıtıldığını, beyanla, 22.5.1971 günü Hamarat Apartmanı 8 numaralı dairesinde Hüseyin Cevahir, Yüzbaşı İlyas Aydın, soyadını bilmediği Metin'in olduğunu, gece yasağını duyunca hava teğmeni Saffet Alp'in Fındıkzade'deki evine gittiğini, orasının aranmıyacağı için geceyi orada geçirdiğini, sabahleyin radyodan İsrail Başkonsolosu'nun öldürüldüğünü işittiğini, bu öldürme olayının doğru bir hareket olduğunu, kendi kendine söylediğini, yasak kalktıktan sorra Levent'e gidip, bilahare Ulaş, Hüseyin ve Yüzbaşı İlyas'ın geldiğini, bir müddet konuştuktan sonra herkesin evlerine gittiğini, burada konuşmalar sırasında herkes saklanacağı evin tesbit edilmesi hususunda karara vardıklarını, Levent'te iki üç gün kaldıktan sonra, bilahare Yüzbaşının evinde kendisinin, Yüzbaşının, İlkay ve Necmi, Necati Sağır ve İrfan Uçar buluştuklarını, kendisinin burada bir gece kalıp, Fındıkzade'de, Teğmen Saffet Alp'in evine gittiğini, orada bir iki gün kaldığını, arkadaşlarının yakalandıkları haberini Yüzbaşının getirdiğini, oradan ayrılıp tekrar Levent'e geldiğini, Ertuğrul Kürkçü tarafından yapılan cihazla polis telsizlerinden Şişli'deki evin basıldığını öğrenince Kadıköy ile Levent'teki evlerin kaldığını düşündüklerini, ikişer ikişer evden çıkıp Kadıköy'e geçtiklerini, Kadıköy Pastahanesinin önünde mühendis Bingöl'ün eşi Tülay ile karşılaştıklarını, başlarının darda olduğunu kendisine söylediklerini, ve içinde silah, para, alıcı radyo v.s. bulunan valizi eve bırakmalarını rica etiklerini, onunda kabul ettiğini, ve Hüseyin ile birlikte Maltepe'deki Tülay'ın evine gittiklerini, anahtar olmadığı için camı kırıp valizi içeri bıraktıklarını, Hüseyin Cevahir ile birlikte birlikte Kadıköy'de Ulaş tarafından tutulan eve geldiklerini, evin önünde kalabalık görünce Tülay hanımın evine dönüp iki üç gün orada kaldıklarını, Pazar günü sabah kapı zilinin çaldığını, arka taraftan baktığında üç dört kişinin beklediğini gördüğünü, Hüseyin'e durumu söyleyip kapıyı açtıklarını, gördükleri bekçiyi yukarı götürmeye çalıştıklarını, bekçinin ellerini bağlayıp kaçacaklarını, buna muvaffak olamayıp bekçinin koşarak kaçtığını, ve 14'lü tabanca ile arkasından bir el ateş ettiğini, yaralandığını görmediğini, Hüseyin'in gördüğünü, orada yaralanan kadının kimin tarafından yaralandığını bilmediğini, Hüseyin'in de tabancasını çekmiş olduğunu, fakat ateş edip etmediğini bilmediğini, kaçarken Hüseyin'in elindeki içerisinde silah v.s. bulunan çantayı yere atıp koşarak o semtte bir eve sığındıklarını, evde kadınlar ve çocukların olduğunu, bilahare üst kata çıktıklarını, Binbaşıya ait kata çıktıklarında bir kadın, bir erkek, bir de kız çocuğunun olduğunu, erkekle kadını alt kata gönderdiklerini, kızı rehine olarak alakoyduklarını, blöf olarak oraya gelen emniyet ve askeri kuvvetlere kızı öldüreceklerini bildirdiklerini, aynı zamanda Filistin'e mülteci olarak gitmek üzere iltica haklarının tanınmasını istediklerini, kıza kendisini öldürmiyeceklerini söylediklerini, ona köşede bir yer yaptıklarını, iki gün bu şekilde devam ettiğini, son gün olan 1.6.1971 günü saat 11.00 sıralarında uykuda iken bir tabanca sesi duyduğunu, bu sırada Hüseyin'e sen mi ateş ettin dediğini, onun hayır dışardan ettiler dediğini, bu esnada her ikisinin de sağa sola rastgele ateş ettiklerini, kızın öldürülmemesi için ateşin kesilmesini rica ettiklerini, kalabalıkta kimin ne yaptığının belli olmadığını, daha evvel ev sahibi binbaşıya ait tabancayı alıp cebinde sakladığını, bu tabancayı ateşe hazır duruma getirdiğini, ve sol eline alarak kalbine bir el ateş ettiğini, bu esnada tabancanın elinden düştüğünü, kendinin de yere düştüğünü, tabancayı yerde kıvranarak aradığını, bulabilse başına ateş edeceğini, tekrar ateş yapmadığını, bu sırada Hüseyin'e çabuk bana ateş et diye bağırdığını, bu esnada çenesine sert bir şey vurulduğunu, bağırmalar olduğunu, oradan kendisini hastahaneye getirdiklerini, olay yerinde tabanca ve mermilerin kaldığını, Hüseyin Yılmaz tarafından verilen 10.000 lira ile 1923 senesinden bu yana devrimci gelişimleri dile getiren yazıyı ve ceplerinde ne varsa yaktıklarını, Hüseyin Cevahir tarafından atılan çantada 20.000 lira olduğunu, boş nüfus cüzdanlarının Ulaş Bardakçı tarafından temin edildiğini, kendisinin adına Mehmet Yalçınkaya ismi ile Ulaş Bardakçı tarafından sahte nüfus cüzdanı yapıldığını, iki adet daha nüfus cüzdadını orada yaktıklarını, Türkiye Halk Kurtuluş Cephesi ve Partisinin kimler tarafından kurulacağını bilmediğini ancak hali hazırda Türkiye Halk Kurtuluş Cephesinin mevcut olduğunu, bunun da hücrelerden meydana geldiğini, hücrelerin ancak kendi mevcudiyetlerini bildiklerini, Konsolosun kaçırma olayından başka bir olaya katılmadığını, Konsolosun kimin tarafından öldürüldüğünü bilmediğini, kendisinin öldürmediğini, bu olayda Kâmil Dede ve Oktay Etiman'ın olmadığını beyan etmiştir. (Fezleke sahife: 14'den 17'e kadar)

*

NOT: Araştırmacı-yazar Rıfat N. Bali'nin özel arşivinde bulunan bu belge kendisinden izin alındıktan sonra yayınlanmıştır.

(EK – 5)

İsrail'in İstanbul Başkonsolosu Ephraim Elrom'un 22.5.1971 tarihinde öldürülmesinden sonra İstanbul Emniyet Müdürlüğü'nde görevli Zeki Akkaya (Başkomiser), Ramiz Taşdemir (Komiser), Recep Yıldırım (Komiser) tarafından hazırlanan 11.6.1971 tarihli fezlekede yeralan Ulaş Bardakçı ile ilgili bölüm:

Sanık Ulaş Bardakçı savunmasında:

Orta Doğu Teknik Üniversitesi'nde öğrenci olup, Orta Doğu Sosyalist Fikir Kulübü'ne üye olduğunu, bilimsel sosyalizme inanıp, onun Türkiye koşullarında tatbik edilmesine çalıştığını, bu gün için Türkiye'de sosyalizme geçiş imkânını şartlandıran muhtelif gruplar olduğunu, Deniz Gezmiş grubunun, Yusuf Küpeli, Mahir Çayan, gruplarının amaçları bir olup, eylem ve strateji bakımından bazı ayrılıklar gösterdiğini, kendisinin Yusuf Küpeli-Mahir Çayan grubuna mensup olduğunu, bu grubun proleteryanın ideolojik öncülüğünde köylünün temel gücü teşkil ettiği bir kuruluş, Türkiye'deki sosyalist devrimi yapacağını, bunun iki aşamalı olduğunu, önce şehir çalışmaları daha sonra kır çalışmaları hazırlanacağını, ikinci aşamada Deniz Gezmiş'inki gibi olmayıp önce şehirlerden kırlara ve bilahare kırlardan şehirlere inileceğini, beyanla, 1971 Şubat ayı içinde Ankara'da Küçükesat semtindeki Ziraat Bankasını kendisinin, Mahir Çayan, Hüseyin Cevahir, Oktay Etiman ve Kâmil Dede adındaki arkadaşları ile birlikte soyduklarını, bu eylemi Mahir Çayan'ın koordine ettiğini beyanla ifadesinde bu soygunu tafsilatla olarak anlatmıştır. Ankara'daki İş Bankası soygunu ve şoförün öldürülme olayı ile bir alakası olmadığını, Ocak ayında Rüçhan Manas ile İstanbul'a geldiklerini, Mahir Çayan'ın gönderdiği 5.000 lirayı İstanbul'da Ziya Yılmaz'a verdiklerini, Ziya Yılmaz'ın iş ortağı Abdullah Çeceloğlu ile tanıştıklarını, Otel'den çıkıp bir ev kiralamayı kararlaştırdıklarını, Ziya Yılmaz ile Rüçhan Manas'ın nişanlı imiş gibi Şili'de İlbay Apartmanındaki daireyi kiraladıklarını, burada yatıp kalkmaya başladıklarını, Ankara'ya giderken Mahir Çayan'ın isteği üzerine 4 adet peruk alıp, Ahnkara'da Mahir Çayan'a verdiğini, bundan sonra Ankara'da yaptıkları Ziraat Bankası şubesi soygununda bu perukları kullandıklarını, İstanbul'a geldiğinde Rüçhan Manas ile evli imiş gibi Levent'deki daireyi tuttuklarını, Ankara'da iken İstanbul'da da soygun eylemlerinin yapılmasının konuşulduğunu, Kadıköy'de Türk Ticaret Bankası soygunundan 15 gün evvel, Ankara'dan Mahir Çayan, Hüseyin Cevahir, Oktay Etiman ve Kâmil Dede'nin geldiklerini, bu arada Abdullah Çeceloğlu'nun Topağacı'nda bir daire tuttuğunu, bu dairelerde yatıp kalktıklarını, Mahir Çayan, Hüseyin Cevahir, Oktay Etiman ve Kâmil Dede Ankara'dan gelirken iki adet sten otomatik tabanca, çok miktarda mermi, ve tabanca getirdiklerini, ayrıca dört adet peruğu da getirdiklerini, Kadıköy Türk Ticaret Bankası şubesini kendisinin, Mahir Çayan, Hüseyin Cevahir, Oktay Etiman ve Kâmil Dede ile birlikte silah tehdidi ile soyduklarını, ifadesinde tafsilen açıklamıştır. Bu soygundan sonra daha çok para elde edebilmek için Mete Has ile Talip Aksoy'u kendisinin, Mahir Çayan, Hüseyin Cevahir, Oktay Etiman ve Kâmil Dede ile birlikte kaçırarak karşılığında 400.000 lira fidye alındığını, geniş şekilde anlatmıştır. Bu olaydan sonra hapisteki devrimci arkadaşlarının serbest bırakılması için siyasi bir şahsiyetin kaçırılması fikrini Mahir Çayan'ın ortaya attığını, İran veya İsrail Konsoloslarının söz konusu olduğunu, Mahir Çayan'ın İsrail Konsolosunun gidiş geliş saatlerini tesbit için kendisine İlkay Demir ve Rüçhan Manas'a görev verdiğini, bir ay kadar üçü bu istihbarat işinde çalıştıklarını, gerekli tetkikat ve hazırlıkları yaptıktan sonra kaçırma işinde Mahir Çayan, Hüseyin Cevahir, Oktay Etiman, Kâmil Dede, Ziya Yılmaz, ve kendisinin görev alacağını, Kâmil Dede'nin o günlerde Erenköy'deki evde olması münasebetiyle irtibat kurulamadığından onun yerine Necmi Deir'in katılacağını ve İlkay Demir'in de konsolosun getirileceği Hamarat Apartmanında bekliyerek durumu izliyeceğini kararlaştırdıklarını ve olay günü olan 17.5.1971 tarihinde saat 12.30 sıralarında Seyhan Apartmanı civarında buluştuklarını, Ziya Yılmaz'ın gözcülük görevi için dışarıda beklediğini, Mahir Çayan, Hüseyin Cevahir ve kendisinin zili çalarak Seyhan Apartmanına girdiklerini, iki kapıcıyı silah tehdidi ile kapıcı dairesine indirip bu daireden Perihan Bele'nin dairesine geçtiklerini, içeride Perihan Bele ve hizmetçisinin olduğunu, bu sırada dışarıda bulunan Oktay Etiman ile Necmi Demir'in bu daireye geldiklerini, muhtelif sebeplerle bu daireye gelen 10 kadar kişiyi salondu muhafaza altına aldıklarını, kendisi muhafız olarak beklemekte iken, Konsolosun yakalanıp içeriye alındığını, beraberlerinde getirdikleri, İlkay Demir'e ait hurç'a konsolosu bağlayıp sararak koyduklarını, Konsolosu bu vaziyette kapı önündeki daha evvel çaldıkları Anadol otoya koyduklarını, direksiyona kendisinin geçtiğini, Mahir Çayan ve Hüseyin Cevahir ile konsolosu Hamarat Apartmanına getirip birlikte 8 numaralı daireye çıkardıklarını, kendisinin Anadol Anadol otoya dönerek otoyu Beşiktaş'a bıraktığını, bundan sonra devrimcilerin serbest bırakılması için bildiri dağıtıldığını, kaçırılışının ertesi günü Hamarat Apartmanına gidip Konsolosu yatarken gördügünü, kendisine tazyik yapılmadığını, İngilizce olarak hatır sorduğunu, Konsolosun iyiyim diye cevap verdiğini, bundan sonra Levent'deki evde Rüçhan Manas ile kaldıklarını, 22.5.1971 günü gece ve ertesi gün sokağa çıkma yasağı olduğu için Şişli'deki eve geldiğini, evde Ziya Yılmaz, Necmi Demir ve İlkay Demir'in olduğunu, bu eve gittiğinde Hüseyin Cevahir'in de orada olduğunu, bu sırada Hamarat Apartmanında Mahir Çayan ile Oktay Etiman'ın beklediğini, aralarında yaptıkları konuşmada Konsolosu bağlayıp Hamarat Apartmanında bırakarak bu yerin terk edilmesi fikrinin hâkim olduğunu, bu durumu konuşmak üzere Hüseyin Cevahir ile birlikte saat 18.00-19.00 arasında Hamarat Apartmanına gittiklerini, orada Mahir Çayan, ve Oktay Etiman ile bu mevzuda konuştuklarını, Mahir Çayan'ın bu fikri kabul etmeyip, konsolosu öldürdükten sonra evin terkedileceğini söylediğini, Mahir Çayan lider durumunda olduğu için onun fikrine karşı çıkmadıklarını, kendilerinin öldürme fikrinde olmadıklarını, Oktay Etiman ile Hamarat Apartmanını terk ettiklerini, Mahir Çayan ile Hüseyin Cevahir'in dairede kaldıklarını, yolda Oktay Etiman'ın, Fındıkzade'de Teğmen Saffet'in evine gitmek üzere ayrıldığını, Levent'teki eve geldiğinde Rüçhan Manas'a o günkü olayı anlattığını, ve Mahir'in Hüseyin Cevahir ile birlikte Konsolosu öldürüp evi terkedecekleri hususundaki kararlarını söylediğini, o gece Rüçhan ile birlikte evde kaldıklarını, gece aramada sahte cüzdan ibraz ederek yakalanmadıklarını, sabah radyo haberinden konsolosun öldürülmüş olduğu haberini duyduklarını, sokağa çıkma yasağından sonra, Mahir Çayan, Hüseyin Cevahir ve Oktay Etiman'ın geldiklerini, Mahir Çayan'ın, Taksim'de bir gözlükçüye birlikte gittikleri sırada yolda konsolosu tabanca ile ben öldürdüm diye kendisine söylediğini, 6.35 tabancayı olaydan evvel Mahir Çayan'da gördüğünü, 28.5.1971 günü, Rüçhan Manas ile Erenköy'deki eve gittiklerinde polislerin kendilerini yakaladığını, üzerinde star marka tabanca, elindeki çantada bulunan dinamit lokumlarını zaptettiklerini ifade ederek Beyazıt Nüfus Memurluğundan boş nüfus cüzdanlarını ve mühürleri kendisinin çaldığını, ifade etmiştir. (Fezleke sahife: 17, 18).

*

NOT: Araştırmacı-yazar Rıfat N. Bali'nin özel arşivinde bulunan bu belge kendisinden izin alındıktan sonra yayınlanmıştır.

GÖRÜŞME YAPTIĞIM KİŞİLER

(Ses kayıt cihazı, Belgeçeker, Mektup, Telefon ile)

ADAKLI, Ergun: 11 Haziran 1998 - İstanbul
AKALIN, Cüneyt: 1993 - İstanbul
AKBULUT, Saim: 17 Mart 1994 - İzmir
AKSOY, Nurcihan: 29 Ağustos 1997 - İstanbul
AKTOLGA, Münir Ramazan: 1 Aralık 1995 - Almanya
AL, Savaş: 29 Ekim 1994 - İstanbul
ALBAYRAKTAROĞLU, Şule: 9 Mayıs 1997 - Ankara
ALPAY, Necmiye: 22 Nisan 1995 - İstanbul
ALTINTAŞ, Aydınel: 28 Temmuz 1998 - Ankara
ANADOL, Çağatay: 24 Şubat 1994 - İstanbul
ANT, Atıl: 11 Ekim 1993 - İstanbul
ARAS, İlhami: 14 Ekim 1993 - İstanbul
AROLAT, Osman Saffet: 13 Ekim 1995 - İstanbul
ARTUN, Ali: 9 Mayıs 1997 - Ankara
ATAOL, Hasan: 18 Mayıs 1993 - İstanbul
ATAUZ, Mehmet Akın: 18 Mayıs 1998 - İstanbul
ATEŞOĞLU, Şahin: 23 Kasım 1994 - Gaziantep
BABUŞ, Fikret: 12 Mayıs 1996 - İstanbul
BAŞKAYA, Fikret: 17 Mayıs 2000- Ankara
BATU, Alpaslan: 29 Ağustos 1997 - İstanbul
BAYKARA, Mustafa: 9 Ağustos 1993- İstanbul

BEHRAMOĞLU, Kemal Namık: 12 Aralık 1998 - İstanbul
BELLİ, Mehmet Mihri: 22 Haziran 1994 - İstanbul
BEŞLİOĞLU, Mehmet: 9 Aralık 1996 - İstanbul
BEŞPINAR, Mehmet Mehdi: 25 Kasım 1993 - İstanbul
BOZCALI, Hikmet: 29 Aralık 1997 - İstanbul
BÖRÜBAN, Ahmet: 29 Temmuz 1998 - Adana
BULUT, Arslan: 28 Mart 1998 - İstanbul
CEVAHİR, Ali Kamer: 27 Nisan 1994 - Ankara
CİNEMRE, Tayfur: 14 Mayıs 1997 - İstanbul
COŞKUN, Bekir Sıtkı: 25 Mayıs 1994 - İstanbul
ÇALIŞKAN, Habip: 28 Nisan 1994 - Ankara
ÇALIŞLAR, Oral: 1993 - İstanbul
ÇAYAN, Enver: 21 Temmuz 1993 - İstanbul
ÇAYAN, Hüseyin Ergün: 1993 - İstanbul
ÇELEN, Tuncay: 8 Mayıs 1997 - Ankara
ÇELİMLİ, Halil: 8 Mayıs 1997 - Ankara
ÇETİN, Namık: 28 Temmuz 1998 - Ankara
ÇETİNBAŞ, Ertunç: 27 Kasım 1998 - İstanbul
ÇETİNER, Zihni: 4 Temmuz 1994 - İstanbul
ÇIĞ, Ali Aydın: 20 Mart 1997 - İstanbul
ÇILADIR, Sina: Eylül 1994 - Karadeniz Ereğlisi
ÇUBUKÇU, Aydın: 30 Temmuz - Ankara
DEDE, Kamil: 30 Temmuz 1994 - İstanbul
DİNLER, Ahmet Hamdi: 9 Ekim 1993 - İstanbul
DOĞU, Fahri: 9 Eylül 1998 - İstanbul
ERDUMLU, Bingöl: 3 Temmuz 2002, İstanbul
EREL, Erhan: Ağustos 1993 - İstanbul
EREN, Gökalp: 23 Temmuz 1993 - İstanbul

ERGÜN, Halil: Haziran 1993 - İstanbul
ERGÜN, Hüseyin: 7 Eylül 1998 - İstanbul
ERSOY, Kaya: 21 Mart 1995 - İstanbul
ERTEKİN, Mete: 12 Ağustos 1995 - İstanbul
ERTUĞRUL, Kenan Rıfkı: 9 Kasım 1998 - İstanbul
ERTÜRK, Berrin: 24 Haziran 1994 - İstanbul
ERYILMAZ, Tuğrul: 1993 - İstanbul
ETİMAN, Oktay: 28 Nisan 1994 - Ankara
GÜLEÇ, Selâhattin: 10 Nisan 1997 - Ankara
GÜRKAN, Mustafa İlker: 4 Nisan 1993 - İstanbul
GÜRSOY, Halil İbrahim: 30 Nisan 1998 - İstanbul
GÜVENÇ, Sefer: 26 Mayıs 1995 - İstanbul
HÜSREVOĞLU, İsmet: 29 Temmuz 1998 - Adana
HÜSREVOĞLU, Necmiye: 29 Temmuz 1998 - Adana
İBA, Şaban: 14 Temmuz 1993 - İstanbul
İLERİ, Rasih Nuri: 15 Haziran 1994 - İstanbul
İNAN, Hıdır: 2 Nisan 1998 - İstanbul
İŞMEN, Fatma Hikmet: 17 Eylül 1996 -İstanbul
KAÇAROĞLU, Mustafa Kemal: 1 Kasım 1994 - İstanbul
KANAR, Ercan: 1 Ağustos 1997- İstanbul
KARAGÖZOĞLU, Aydın: 2 Eylül 1997 - İstanbul
KAYA, Celal: 5 Mayıs 1994 - İstanbul
KAYNAK, Oktay: 8 Ocak 1997 - İstanbul
KAYPAKKAYA, Ali: 14 Haziran 1997 - Ankara
KILIÇ, Muharrem: 8 Temmuz 1993 - Ankara
KINACILAR, Ahmet: 23 Kasım 1994 - Gaziantep
KIYICI, Mustafa Lütfü: 1993 - İstanbul
KOÇ, Ruhi: 7 Temmuz 1993- Ankara
KOĞACIOĞLU, Murat Cahit: 17 Mart 1994 - İzmir
KORKMAZ, Esat: 28 Ekim 1994 - İstanbul
KOZACIOĞLU, Sait: 11 Mayıs 1997 - Ankara
KURAY, Sarp: 3 Nisan 2000- İstanbul
KURŞUNCU, Feyyaz: 26 Nisan 1994- Ankara
KÜÇÜKAYDIN, Demir: 2 Aralık 1995 - Almanya
KÜPELİ, Hasan Yusuf: 8 Aralık 1995 - İsveç (Telefon, Mektup ile)
KÜRKÇÜ, Ertuğrul: 22 Nisan 1993 - İstanbul
LAÇİNER, Ömer: 8 Eylül 1993 - İstanbul
MENEMENCİOĞLU, Haluk: 25 Ekim 1996 - İstanbul
MERT, Özkan: 11 Kasım 1993 - İstanbul
MÜSTECAPLI, Orhan: 15 Haziran 1994 - İstanbul
NERGİS, Ahmet: 20 Haziran 1996- İstanbul
OFLUOĞLU, Rahmi Aydın: 8 Haziran 1994 - İstanbul
OKUR, Selahattin: 15 Haziran 1995 - İstanbul
ORÇUN, Alp: 18 Şubat 1994 - İstanbul
ORHAN, Alaattin: 29 Temmuz 1994 - İstanbul
ÖNAL, Akın Nejat: 18 Haziran 1997 - İstanbul
ÖNAL, Nazif: 1 Mart 1997 - İstanbul
ÖZCAN, Celal: 23 Kasım 1994 - Gaziantep
ÖZDEŞ, Müfit: 11 Temmuz 1997 - İstanbul
ÖZEL, İsmet: 28 Haziran 1993 - İstanbul
ÖZKAN, Suat: 23 Mayıs 1996- Ankara
ÖZKONUKSEVER, Edip: Ekim 1993 - İstanbul
ÖZTÜRK, İsmet: 1993 - İstanbul
ÖZTÜRK, Yalçın: 1994 - İstanbul
PAKOĞLU, Cemal Salman: 28 Nisan 1994 - Ankara

PERİNÇEK, Doğu: 13 Kasım 1997 - İstanbul
POLAT, Selçuk Şahin: 4 Temmuz 1994 - İstanbul
SAKIN, Recep: 28 Temmuz 1998 - Ankara
SAMER, Şadi: 1993 - İstanbul
SARGIN, Nihat: 8 Kasım 1998 - İstanbul
SARISÖZEN, Veysi Kemal: 21 Temmuz 1992- İstanbul
SARP, Atilla: 15 Mart 1993 - İstanbul
SAYILGAN, Aclan: 25 Nisan 1996 - İzmir
SONAD, Arslan: 5 Temmuz 1993 - Ankara
SUNGUR, Rüstem: 1993 - İstanbul
SÜERKAN, Ömer Erim: 6 Aralık 1994 - İstanbul
SÜMER, Tuncer: 27 Mayıs 1994 - İstanbul
SÜNGER, Hüseyin: 22 Mart 1998 - Ankara
ŞAHHÜSEYİNOĞLU, Hasan Nedim: 10.8.2000-İstanbul
ŞAHİN, Mustafa: 29 Nisan 1994 - Ankara
ŞAHİN, Zülküf: 10 Ocak 2000- İzmir
TAT, Tülay: 10 Ağustos 1993 - İstanbul
TEKEŞ, Zeki: 29 Aralık 1997 - İstanbul
TEKİN, Saffet Rüştü: 1993 - İstanbul
TELLİ, Ahmet: 10 Nisan 1997 - Ankara
TEMİZ, Şadi: 28 Nisan 1994 - Ankara
TOKCAN, Osman: 1993 - İstanbul
TONAK, Hacı: 12 Mayıs 1996 - İstanbul

TOY, Erol: 3 Kasım 1994 - İstanbul
TÖRE, Teslim: 15 Ağustos 2002, İstanbul
ULUDERE, Fatih: 25 Temmuz 1998 - İstanbul
YAĞCIOĞLU, Ahmet: 26 Nisan 1996 - İzmir
YALÇINER, Mustafa: 9 Kasım 1997 - İstanbul
YAŞARGÜN, Abdülkadir: 23 Kasım 1994 - Gaziantep
YENER, Sevgi: 1 Aralık 1993 - İstanbul
YEŞİLYURT, İsmail: 5 Mayıs 1994 - İstanbul
YILMAZ, Ziya: 28 Nisan 1994 - Ankara
ZÜLKADİROĞLU, Mustafa: 8 Ağustos 1994 - İstanbul

Arşiv ve Kütüphanesinden Yararlandığım Kişiler:

1- Fahri ARAL
2- Faik BULUT
3- Zeynep ve Musa DAĞDEVİREN
4- Kaya ERSOY
5- Fulya ve Hasan Basri GÜRSES
6- Rasih Nuri İLERİ
7- Nihat SARGIN
8- Hakan TANITTIRAN
9- Nebil VARUY

Yararlandığım Kurum, Kuruluş ve Vakıflar:

1- 68'liler Birliği Vakfı - Taksim
2- Atatürk Kitaplığı - Taksim
3- Aydınlık Arşivi - İstanbul
4- Milli Kütüphane - Ankara
5- Devlet Kütüphanesi - Beyazıt
6- Türkiye Ekonomik ve Toplumsal Tarih Vakfı - İstanbul

RESİMLERLE GEÇMİŞE YOLCULUK

Mahir Çayan (Şezlongta oturan), Hüseyin Ergün Çayan

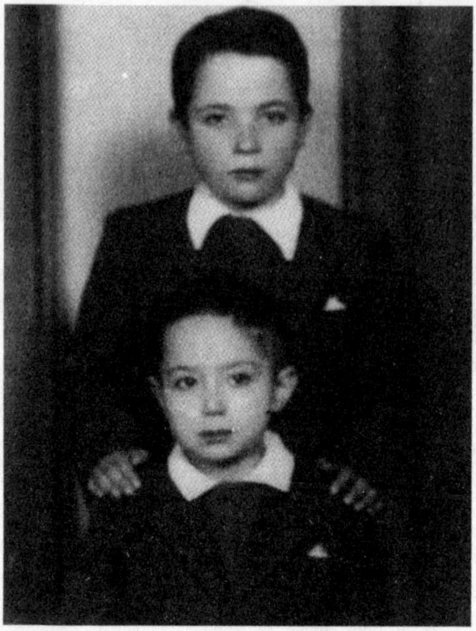

Mahir Çayan ile kardeşi Hüseyin Ergün Çayan

Mahir Çayan , Annesi Naciye Çayan, kardeşi Hüseyin Ergün Çayan

1957 yılı. İlkokul diploması ile

Mahir Çayan ikinci sınıfta. Küçük Asker müsameresi

Haydarpaşa Lisesi Futbol takımında. Soldan birinci Mahir Çayan

Haydarpaşi
Lesi'nden
arkadaşları ile.
Gözlüklü olan
Mahir Çayan.

16 Mart 1963. Hürriyet Gazetesini Kınama Yürüyüşü. Sağdan ikinci Mahir Çayan

1960'lı yıllar. Mahir Çayan (Koltukta oturan), Yusuf Küpeli (Sağ başta), Sevgi Yener (sağdan üçüncü, oturan), Işık Alamur (Ayakta, sağdan üçüncü).

1964 yılı. Babası Abdülaziz Çayan ile

12 Kasım 1966. Amerikalılara Karşı Türk Halkının Başkaldırması Eylemi. Sağdan ikinci Mahir.

9 Nisan 1969 DTCF olayları. Yusuf Küpeli (Soldan birinci), Mahir Çayan (Soldan üçüncü), Oral Çalışlar (Sağdan birinci)

Elçin Odman (Soldan birinci), Rüstem Sungur (Soldan ikinci), Suat Asutay (üçüncü), İlker Ağca (yedinci), Mahir Çayan(Sağdan birinci)

Cenap Nurhat(Ayaktakilerden soldan birinci), Şerif Baykut, Sami Tezveren. Ortada oturanlar, soldan itibaren: Halil İbrahim Ergün, Mahir Çayan, Yusuf Küpeli. Önde oturanlar: Hurşit Kemal Baykal, Savaş Dizdar.

Ayakta duranlar, soldan itibaren: Mehmet Beşli, Mahir Çayan (Üçüncü), önde oturan: Saffet Rüştü Tekin.

Arkadakiler: Erdal Yavuz, Mahir Çayan. Önde torunlar, soldan itibaren: Mehmet Beşli, Cüneyt Akalın, Ziya Öztan

Öndekiler, soldan Mehmet Beşli, Mahir Çayan, Yusuf Küpeli, Özkan Mert. Arkada: Hüseyin Onur

Soldan itibaren: İsmail Bulmuş, Mahir Çayan, Mehmet Ali Kılıçbay ve Banu isimli bir bayan arkadaşları

Rasih Ulaş Bardakçı ve Mahir Çayan

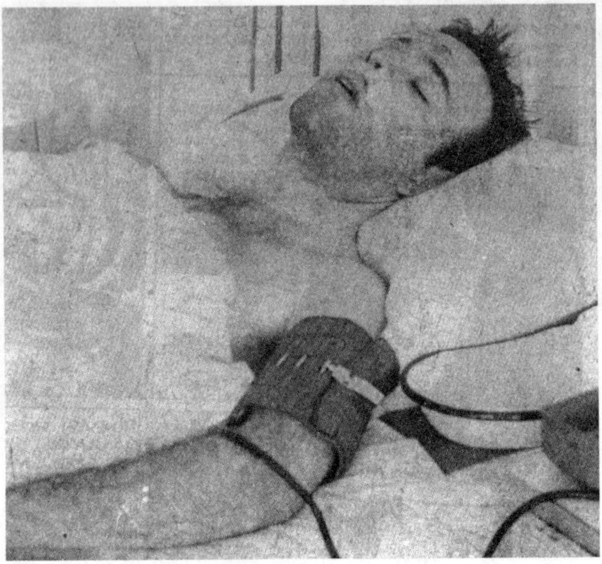

Mahir Çayan, Haydarpaşa Numune Hastahanesi'nde. 1.6.1971

Sibel Erkan'ı rehin alma olayından sonra Mahir Çayan yaralı olarak götürülüyor. 1.6.1971

Rasih Ulaş Bardakçı ile Mahir Çayan. İstanbul Sıkıyönetim Askeri Mahkemesi'ndeki duruşmada.

Rasih Ulaş Bardakçı ile Mahir Çayan, İstanbul Sıkıyönetim Askeri Mahkemesi'ndeki duruşmada

9 Nisan 1969 DTCF olayları. Mahir Çayan, Oktay Etiman, Mustafa Kaçaroğlu, İlhami Aras, Mustafa Kemal Çamkıran, Oral Çalışar, Gün Zileli.

1967 yılında. Ankara Bahçelievler'deki evin balkonunda

TURHAN FEYİZOĞLU'NUN YAYINEVİMİZDEN ÇIKAN DİĞER KİTAPLARI

TURHAN FEYİZOĞLU
nurhak dağları'ndan
sonsuzluğa
SİNAN

F K F
fikir
kulüpleri
federasyonu
Demokrasi Mücadelesinde Sosyalist Bir Öğrenci Hareketi
TURHAN FEYİZOĞLU

Turhan Feyizoğlu
Fırtınalı Yıllarda
ÜLKÜCÜ HAREKET